ACTE II, SCÈNE VI.

UN COUP D'ÉPÉE,

COMÉDIE-VAUDEVILLE EN DEUX ACTES,

Par M. P^re Tournemine.

Représentée pour la première fois à Paris, sur le théâtre de la Gaîté, le 26 octobre 1837.

PERSONNAGES.	ACTEURS.	PERSONNAGES.	ACTEURS.
M. BERVAL, ancien manufacturier et riche propriétaire.	MM. DANGUIN.	PHILIPPIN, receveur particulier des contributions.	MM. BARET.
ERNEST DE VERCOURT, chef d'escadron de chasseurs.	FOSSE.	UN ADJUDANT-MAJOR.	ARMAND.
EDMOND, avocat.	ANATOLE.	PAULINE, fille de M. Berval.	MM^es JENNY.
DURAND, ancien menuisier et père adoptif d'Edmond.	CHÉRI.	LAURETTE, filleule du même.	LÉONTINE.
		AMIS DE M. BERVAL. DOMESTIQUES.	

La scène se passe à Béziers, chez M. Berval, en 1818.

ACTE I.

Le théâtre représente un riche salon donnant sur un jardin : à droite et à gauche, au deuxième plan, une porte de cabinet.

SCÈNE I.

LAURETTE, d'abord seule, puis UN ADJUDANT-MAJOR.

LAURETTE (près de la porte, à gauche du spectateur, et regardant par le trou de la serrure). C'est bien heureux qu'il se soit enfin décidé à cette démarche !... Bon, le voilà près de mon parrain ; tiens, il n'ose pas s'asseoir... Ah bien ! pour un garçon, il est joliment timide, par exemple !

L'ADJUDANT (entrant). Comment, morbleu ! personne au quartier-général !

LAURETTE (se tournant vivement). Ah ! mon Dieu !... Qu'est-ce que vous demandez donc, monsieur l'officier ?

L'ADJUDANT. Oh ! oh ! je n'avais pas vu ce petit conscrit-là.

LAURETTE. Eh bien! est-ce que vous ne savez plus ce que vous voulez?

L'ADJUDANT. Eh! ma foi...

Air du Premier prix.

Pourquoi chercherais-je à le taire,
Parbleu! je dois en convenir :
Je viens ici pour une affaire
Dont je ne puis me souvenir.
Si ma mémoire est infidèle
Excusez-moi, car, entre nous,
Lorsque l'on vous a vu, la belle,
On ne doit plus penser qu'à vous.

LAURETTE (à part). Eh! la vieille moustache est galante. (Haut.) Vous êtes bien honnête... mais cependant...

L'ADJUDANT. J'y suis... Je venais parler au chef d'escadron de Vercourt, qui loge dans cette maison.

LAURETTE (lui désignant la porte à gauche du spectateur). Monsieur Ernest?... voilà son appartement; mais je ne crois pas qu'il soit encore levé.

L'ADJUDANT. A midi! Il n'a donc pas entendu le boute-selle? tendez, attendez, je vais le réveiller, moi... (frappant à la porte sabre.) A cheval, commandant, à cheval.

ERNEST (dans la coulisse). Qui va là?

L'ADJUDANT. France et manœuvre.

SCÈNE II.

LES MÊMES, ERNEST en petit uniforme de chasseurs à cheval.

ERNEST (sortant de sa chambre). Comment, c'est toi, mon vieux camarade? Qui diantre t'amène de si bonne heure?

L'ADJUDANT. Commandant, l'escadron est en bataille, et n'attend que vous pour passer l'inspection. Vous savez que c'est ce matin...

ERNEST (achevant de se boutonner). Tu as parbleu, raison!... Ce diable de Champagne que monsieur Berval, mon digne hôte, nous a versé hier soir, m'a si bien fait dormir, que je l'avais totalement oublié... Ah! dis-moi donc, il n'est venu de Paris aucune dépêche pour moi?...

L'ADJUDANT. Non, commandant; mais c'est aujourd'hui le jour des courriers, et si vous attendez quelque lettre...

ERNEST (à part). Pourvu que le ministre daigne m'accorder ma demande!... Je serais si heureux, que ce fut à mes sollicitations que le père de Pauline... (haut.) Allons, allons partons vite.

LAURETTE. Comment, monsieur Ernest, sans me dire seulement bonjour?

ERNEST (revenant à elle). Eh! c'est la gentille Laurette! Eh! bien, conçoit-on ma distraction? J'allais sortir sans lui dire un mot, sans l'embrasser!... (à l'adjudant) Tu permets, mon vieux?... (Il embrasse Laurette.)

L'ADJUDANT. Faites, mon commandant, faites.

ERNEST.   Air nouveau de M. Béaucourt.

J'en conviendrai, du fond de l'âme,
Sans être superstitieux,
Au tendre baiser d'une femme
J'attache un pouvoir merveilleux.
Quand cette faveur m'est donnée
Le matin, par un jeune cœur,

Je ne sais, mais pour la journée
Je suis sûr d'avoir du bonheur.

LAURETTE. Fi! l'inconstant, qui fait la cour à ma maîtresse, et qui m'embrasse.

ERNEST. Eh! c'est parbleu bien pour cela! Si tu n'appartenais à l'adorable Pauline, est-ce que tu crois... Ce que je viens de faire n'est qu'à son intention, parole d'honneur!

L'ADJUDANT. Commandant, le temps passe...

ERNEST. Bien vite auprès d'une jolie fille, n'est-ce pas? (à Laurette) Ah! ça, dis-moi, crois-tu que ta belle maîtresse finisse pas m'aimer?... C'est qu'il faudrait qu'elle se dépêchât, d'abord; parce que d'un moment à l'autre nous pouvons changer de garnison... Ce ministre de la guerre n'a pas plus pitié du sentiment... Voilà ce qui est terrible!... Nous autres, militaires, nous arrivons dans une ville; nous attaquons un cœur, et quand nous sommes sur le point d'emporter la place, crac, un ordre survient, il nous faut lever le siége, et c'est un habitant à poste fixe, qui achève l'ouvrage que nous avions commencé.

L'ADJUDANT. Mon commandant, l'escadron s'impatiente...

ERNEST. Parce qu'il n'est pas amoureux. Ma chère Laurette, tu [...] dévouée, n'est-ce pas? Eh! bien, plaide ma cause auprès de [...] Pauline, prie, conjure, peins-lui... mon délire, mon déses[...] dis-lui que je n'attends qu'un mot d'elle pour me déclarer à [...]e, et si je réussis, compte sur ma reconnaissance...

[L'ADJU]DANT. Ah! ça, mais, mon commandant...

[ERN]EST.   AIR de la Tancrède (contredanse).

Oui, je pars aussitôt,
Car le devoir me presse,
Oui, je pars aussitôt,
Mais je reviens bientôt.
(A Laurette.)   Toi, ma déesse,
Sers-moi bien en ce jour;
A ta maîtresse
Parle de mon amour;
Mais la trompette
Ici près me répète :
Malgré tant d'appas,
Songes bien, hélas!
Que Mars t'attend là-bas...

(Ensemble): ERNEST. Oui, je pars aussitôt, etc.

L'ADJUDANT et LAURETTE.

Partez donc aussitôt,
Car le devoir vous presse,
Partez donc aussitôt,
Et revenez bientôt.   (Ernest et l'adjudant sortent.)

SCÈNE III.
LAURETTE (seule).

Eh! bien, c'est ça, je m'en vas parler pour son compte : et M. Edmond, qu'est-ce qui dirait, lui, qui soupire en silence depuis au moins deux ans! Pauvre jeune homme! il est si intéressant! Dire qu'il n'a jamais eu ni père ni mère... Et c'est que ça ne l'empêche pas d'être un fameux avocat; on dit qu'il gagne toutes ses causes... Aussi faut voir comme ce brave M. Durand en est fier! C'est moi que je l'ai élevé, qu'il dit, c'est moi que je l'ai fait instruire, et ça, c'est vrai qu'il lui fait fameusement d'honneur!... Quelle jolie petite paire de mariés ça ferait, lui et mam'selle!... Si toutefois pourtant, c'est lui qu'elle aime; car c'est bien la jeune fille la plus froide, la plus impénétrable... Ce qui me semble drôle, c'est que lui, il ait attendu si long-temps pour se déclarer : monsieur Ernest, qui ne connaît mon parrain que depuis quinze jours, est presque aussi avancé que lui ; c'est qu'en voilà un qui n'est pas honteux, et, que si on le laissait faire, qu'irait vite en besogne !... Eh! ben vrai, il a beau être bien gentil et m'embrasser toujours, je préfère encore monsieur Edmond, qui est moins bien et qui ne m'embrasse jamais, rien qu'à cause de ses manières... romantiques ; j'aime un homme qui a l'air langoureux, moi...

AIR : Moi, ces bijoux-là.

J'suis seule en c'moment,
Je puis bien être sincère ;
J'crois que l'sentiment
En amour est nécessaire ;
Lorsque l'on cherche à me plaire,
J'n'suis jamais en colère,
Si je vois dans un amant
Un p'ti brin de sentiment ;
Et quoiq' d'un' vertu farouche
Toujours un amant me touche
S'il parl' sentimental'ment,
Car j'suis pour le sentiment,
Oui, je suis pour le sentiment (bis).
J'vois des femmes rire
D'un tendre martyre,
Moi, qu'un homm' soupire
V'là d'quoi m'désoler ;
Et si la tendresse
Cause sa tristesse,
Malgré moi sans cesse,
J'voudrais l'consoler...
Je conçois pourtant
Que c'est imprudent...

mais... J'suis seule en c'moment, etc.

(Regardant de nouveau par le trou de la serrure.)

Je n'entends rien, je ne vois rien non plus, monsieur Edmond me tourne le dos... Pourvu que je ne me sois pas trompée, et que cet entretien soit bien au sujet...

SCÈNE IV.
LAURETTE, PHILIPPIN.

PHILIPPIN (entrant). Bonjour Laurette, bonjour mon enfant.

LAURETTE (à part). Ah ! voilà ce maudit receveur particulier !... Il n'a pas les yeux langoureux, lui, mais en revanche il a un air goguenard qui fait que je le haï !...

PHILIPPIN (gaîment). Friponne, tu es plus jolie ce matin que jamais ; et moi, ai-je bonne figure ?

LAURETTE (à part). Dieu ! qu'il est laid ! (Philippin voulant l'embrasser, elle le repousse.) Laissez-moi donc, monsieur Philippin.

PHILIPPIN. Ces villageoises vous ont des manières...

AIR de l'Ecu de six francs.

Il faut être moins incivile,
Et surtout ne pas oublier
Que Philippin est de la ville,
Le receveur particulier.   (BIS.)
Mon rang, d'après les ordonnances,
T'impose un respect peu commun,
Car enfin, ici, je suis un   } BIS.
Petit ministre des finances.

LAURETTE. Qu'est-ce que ça me fait à moi ; ce n'est pas une raison pour que vous m'embrassiez... (à part) Voyez-vous sa vilaine joue venir se frotter sur la mienne.

PHILIPPIN. Allons, voyons, faisons la paix, et dis-moi où est ton maître.

LAURETTE. Mon parrain, vous voulez dire?... Dans son cabinet ; mais vous ne pouvez pas entrer ; il est en affaire.

PHILIPPIN. En affaire, pour moi ? Allons donc, tu veux rire ; il n'y en a pas de plus pressée que celle qui m'amène.

LAURETTE. Voyez-vous ça?... même s'il s'agissait d'une demande en mariage, n'est-ce pas ?

PHILIPPIN (très-vivement). Que dis-tu, la main de mademoiselle Pauline... (Se remettant). Et quel est donc celui...

LAURETTE. Comment, vous qui êtes si malin, vous ne devinez pas!... C'est M. Edmond.

PHILIPPIN (à part). Edmond ! j'en étais sûr.

LAURETTE (malicieusement.) Tiens, cette nouvelle-là ne paraît pas vous faire plaisir.

PHILIPPIN (se contraignant). Par exemple ! et pourquoi veux-tu que cela ne m'en fasse pas ?

LAURETTE (en confidence). Il y a déjà long-temps qu'ils sont là tous les deux, voyez-vous, et moi, j'attends qu'ils sortent pour tâcher de savoir au juste... (On entend le bruit d'une sonnette.) Là, voilà mademoiselle qui m'appelle à présent ; est-ce contrariant, je ne pourrai rien apprendre !... (On sonne de nouveau.) Dites donc, monsieur Philippin, restez-là, je vais revenir, et si vous savez quelque chose, vous me le direz, n'est-ce pas ? (Elle sort).

SCÈNE V.

PHILIPPIN, seul.

Voilà ce que je craignais !... Et cependant, tout espoir est-il donc perdu ?... Voyons, Philippin, examine froidement les choses : Pauline, jeune, riche et jolie, est entourée d'une foule d'adorateurs dont tu fais partie, mais excepté l'avocat Edmond, et le chef d'escadron de Vercourt, tous les autres prétendants s'éloigneront dès que tu te seras déclaré, c'est un fait certain. Edmond est d'un mérite reconnu, mais, quoique M. Berval soit l'homme du monde qui ait le moins de préjugés, est-il probable, que lui, le propriétaire le plus considéré du pays, consente à donner sa fille à... un orphelin sans nom, car enfin, il n'a pas de nom... Quant au militaire, c'est différent, il en a un, et un fort beau. A la vérité, on ne le connaît ici que depuis peu de jours, et d'ailleurs, en annonçant à mon tour mes prétentions à M. Berval, n'aurai-je pas à lui rappeler que pour servir ses désirs les plus chers, c'est moi qui ai fait signer à tous les notables de l'arrondissement, cette pétition par laquelle nous demandons au ministre qu'il soit nommé à la sous-préfecture vacante de Béziers ? De quoi m'inquiéterai-je donc ? il me semble que tout cela ne va pas trop mal ; et si, pour me débarrasser plus sûrement encore de mes rivaux, j'arrangeais... une petite querelle entre eux, par exemple... Oui, ce moyen serait infaillible : le plus léger scandale dans lequel figurerait le nom de sa fille, et je suis certain que, si avancé qu'il puisse être... Je suis ravi d'avoir trouvé cela, j'y repenserai... On vient, c'est le père adoptif d'Edmond, tâchons de le faire jaser un peu, et tenons-nous prêt à agir s'il est nécessaire.

SCÈNE VI.

PHILIPPIN, DURAND. (Durand entre en chantonnant un vieux refrain de l'empire.)

PHILIPPIN (l'interrompant.) Assez, assez, mon bon monsieur Durand...

ce fameux chœur est devenu d'un commun !... Il y a dix ans que cela ne se chante plus.

DURAND. Dix ans !... c'est drôle, il n'y a pas huit jours qu'un orgue de Barbarie me l'a appris, et ça m'a paru si gentil que depuis ce moment-là, je suis toujours à chanter : Tra, là, là, là, là...

PHILIPPIN. Assez, vous dis-je, il est du plus mauvais genre de fredonner cela à présent.

DURAND. Ah ! dame, écoutez donc, je ne sais pas ce que c'est que votre genre, moi ; je dis, je chante et je pense ce qui me fait plaisir sans m'inquiéter...

PHILIPPIN. Et voilà justement ce qu'il ne faut pas, mon cher : Je suis loin de vouloir vous faire de la peine, mais vous devez pourtant concevoir qu'un homme que monsieur Berval admet dans sa société intime...

DURAND. Eh ! bien, où voulez-vous en venir ?... parbleu, si monsieur Berval me reçoit et me montre de l'amitié, je lui rends la pareille, ça fait quitte... et puis, après tout, c'est parce qu'il a reconnu que je suis un bon voisin, que mon humeur lui plaît, et qu'il sait aussi que jamais il n'y a eu rien à dire sur mon compte, au moins !...

PHILIPPIN. Oh ! je pense absolument comme lui !... Je voulais uniquement vous faire comprendre que vous oubliez peut-être un peu trop souvent ce que vous avez été jadis.

DURAND (vivement). C'est faux ! oublier ce que j'étais ! oh ! que non ; il n'y a pas de sots métiers, monsieur Philippin, il n'y a que de sottes gens, entendez-vous ?

AIR : Un homme pour faire un tableau.

J'sais qu'autrefois j'fus menuisier,
Et je m'en fais honneur et gloire,
Pourquoi voudrais-je l'oublier.
Et chercher à m'en faire accroire ?
Je ne suis pas noble, et ne puis
Vous dire que c'est mon affaire ;
Mais quoiqu' menuisier, p'têtr' que j'suis
Du bois dont on pourrait les faire.

Et certes, il y a vingt-cinq ans lorsque j'avais la pratique du château de Versailles en 1793, tout le monde aurait pu vous dire...

PHILIPPIN. Que vous étiez un brave et digne homme, je le sais, et votre conduite envers les parents de monsieur Edmond...

DURAND. Ah ! quant à ceux-là, c'est autre chose.

AIR : Dans un castel, dame de haut lignage.

En d'autres cas, p't'être aurais-j' pu leur nuire,
Car, à coup sûr, je n'pensais pas comme eux ;
Mais ils fuyaient, la loi v'nait d'les proscrire,
Ils m'imploraient, ils étaient malheureux.
Plus d'un, je l'sais, dans son zèl' pour la France,
En les livrant, d'leur sang eût touché l'prix...
Moi, j'les sauvai... sûr, en ma conscience, } BIS.
Qu'par un' lâch'té l'on n'sert pas son pays.

PHILIPPIN. Ah ! c'est un beau trait ! mais vous avez été bien récompensé : ce cher monsieur Edmond, quel sujet, et quel attachement il vous porte !

DURAND. Ah ! ça, c'est vrai qu'il m'aime ?... (regardant machinalement du côté du cabinet de monsieur Berval.) Aussi, je prends une part à tout ce qui l'intéresse !

PHILIPPIN. Oui, oui, je conçois ; ainsi, par exemple, la démarche qu'il fait en ce moment auprès de monsieur Berval...

DURAND. Comment, vous savez !... c'est singulier, je croyais qu'il n'avait confié ça qu'à moi... Dites donc, n'allez pas ébruiter... ça n'aurait qu'à ne pas réussir...

PHILIPPIN. Soyez donc tranquille... Et, tenez, le voici justement... vous allez savoir à quoi vous en tenir.

SCÈNE VII.
LES MÊMES, EDMOND.

DURAND (à part). Comme il a l'air triste... (allant à lui.) Eh ! bien, mon Edmond, quelle nouvelle ?

EDMOND. C'est vous, mon digne ami ! apprenez... (apercevant Philippin.) Mais nous ne sommes pas seuls.

PHILIPPIN. Je vous gêne, n'est-ce pas ?

DURAND (avec embarras). Non, non, pas du tout, monsieur Philippin, au contraire.

PHILIPPIN. Si fait, si fait, cela se voit tout de suite ; vous avez un air... mais c'est bien naturel ; on a des petits secrets qui ne regardent personne... Eh ! mon Dieu ! est-ce que je ne connais pas ça.

EDMOND. Nous allons nous retirer.

PHILIPPIN. Du tout, je ne le souffrirai pas ; est-ce que je n'ai pas affaire aussi avec monsieur Berval ; le motif de ce grand dîner, de cette fête qu'il donne aujourd'hui, est-ce que ce n'est pas aussi un secret entre lui et moi ?... Causez, causez, je vous laisse. (à part en sortant.) Il n'a pas l'air content ; ça va bien... ça va bien... (Il entre dans le cabinet de monsieur Berval).

SCÈNE VIII.
DURAND, EDMOND.

DURAND (vivement). Maintenant qu'il est parti, hâte-toi de m'apprendre...

EDMOND. Calmez-vous, mon ami ; monsieur Berval m'a parfaitement accueilli, et ma demande n'aurait souffert aucune difficulté sans une condition que je ne puis trouver injuste, mais que je crains bien, hélas ! de ne pouvoir remplir !

DURAND (avec surprise.) Et laquelle ?

EDMOND. Edmond, vient-il de me dire, je ne vous cacherai pas que c'est avec plaisir qu'après avoir consulté ma Pauline, j'accueillerai votre demande si, dans un entretien que je veux avoir avec monsieur Durand, il lui est possible de me donner sur votre famille des renseignements tels que je les désire.

DURAND. Des renseignements... Eh ! bien, il s'adressera bien, ma foi !

EDMOND. Cruelle position ! Quoi, depuis vingt-cinq ans, vous n'avez eu aucun indice, aucune nouvelle...

DURAND. Mon Dieu, non ; aussi voyant que ni père ni mère ne venaient le réclamer, j'ai cru qu'ils étaient morts, et ayant vendu mon fonds, dix ou douze ans après, j'ai quitté Versailles, pour me retirer ici, où j'avais un peu de bien.

EDMOND (avec chagrin). Ah ! Durand ! comment avez-vous pu les laisser partir sans exiger d'eux des explications qui pouvaient un jour m'être si nécessaires !

DURAND. Parbleu ! j'aurais bien voulu t'y voir, quand ils vinrent te confier à moi, en me disant : Brave homme, nous avons deux fils : l'aîné va partager nos périls, mais cet autre... c'était toi, tu avais trois ans... cet autre est trop jeune pour nous suivre ; et cependant, il nous faut fuir, car nous sommes proscrits ; ayez pitié de lui, adoptez-le jusqu'à des temps meilleurs, et prenez avec ces bijoux qui le feront reconnaître, cet or qui doit suffire à son éducation... Fallait-il alors les accabler de questions, quand la mort était sur leurs têtes ? quand un instant perdu pouvait les conduire au supplice ?... Ah ! Edmond, je ne pensais pas qu'un pareil reproche pût m'être fait par toi !

EDMOND (attendri et le serrant dans ses bras). Pardon, mon généreux ami... mais il est si affreux de se dire : jamais je ne connaîtrai les auteurs de mes jours ; le ciel m'a donné un frère, et jamais ma main ne pourra presser la sienne... et si vous saviez combien me rend malheureux cet amour qui s'est emparé de mon âme ! hélas ! c'est lui qui pour la première fois m'a fait apercevoir que je n'ai pas de famille ; oh ! mais, pardon, pardon, car malgré ma douleur, je ne suis pas ingrat envers vous.

DURAND. Ingrat, toi ?... Veux-tu bien ne pas dire de ces mots-là ; il semblerait que tu me dois quelque chose. Pauvre garçon, je ne conçois que trop ton chagrin ; car, malgré tout l'attachement que je te porte, je ne suis toujours pas ton père !

EDMOND (vivement). Que dites-vous !

Air d'Aristippe.

Quand vous avez protégé mon enfance,
Quand, grâce à vous, mes jours sont illustrés ;
A mon amour, à ma reconnaissance
N'avez-vous pas acquis des droits sacrés ?   (BIS.)
Vos tendres soins, votre amitié sincère,
Sont gravés là pour jamais dans mon cœur ;
Un bienfaiteur est souvent plus qu'un père...
Et vous êtes mon bienfaiteur.

DURAND (tout ému). Je suis ton bienfaiteur, moi ?... par exemple !... je t'ai élevé, j'ai veillé sur toi, je t'ai fait donner une éducation et des talents que je n'ai pas, c'est vrai, mais tout ça n'est pas suffisant, puisque tu n'es pas heureux... Aussi, où diable vas-tu t'aviser de devenir épris d'une demoiselle du grand monde !... Si tu avais tout bonnement placé ton amour dans une condition plus simple, les difficultés qu'on te fait ne se présenteraient pas aujourd'hui. Enfin, nous essaierons de les aplanir... nous ferons des démarches... je ne sais pas trop lesquelles, mais si nous ne réussissons pas, sois tranquille ; j'ai depuis long-temps un projet... tu ne seras pas orphelin pour ça.

EDMOND (vivement). Que dites-vous ? Ah ! parlez ; par quel moyen...

DURAND. Dame, un bien simple : qu'est-ce qu'on trouve qui te manque ? un nom, v'là tout... Eh ! bien, j'en ai un, moi ; un qui n'est pas bien brillant, mais enfin, vaudrait mieux celui-là que pas du tout.

EDMOND (avec joie). Votre nom ! je vous devrais encore ce bienfait... oh ! merci, merci cent fois, mon ami ! mon père !

DURAND (de même). Tu consentirais, n'est-ce pas ?... Oh ! tu es un brave et bon jeune homme de causer autant de joie à ton vieil ami !.. peut-être, et il faut l'espérer, n'auras-tu pas besoin que je te rende ce petit service, mais c'est égal, je sais maintenant que tu l'accepterais ; et rien que ça, vois-tu, me rend si fier ! si heureux !... Tiens, vois plutôt, j'en pleure, j'en suffoque de plaisir !... (Ils s'embrassent, puis voyant s'ouvrir la porte du cabinet de M. Berval). Mais on vient, trève de sentiment ; M. Philippin trouverait que c'est mauvais genre.

SCÈNE IX.
LES MÊMES ; M. BERVAL, PHILIPPIN.

M. BERVAL. Bonjour, mon cher M. Durand, je suis enchanté que vous soyez venu d'aussi bonne heure ; car, non seulement, j'ai à causer avec vous, mais, connaissant votre goût et votre complaisance, j'allais vous faire prier de venir inspecter un peu les préparatifs que j'ai fait faire dans le jardin.

DURAND. Avec grand plaisir, M. Berval : c'est pour votre fête de ce soir ?... Il faut se dépêcher alors.

M. BERVAL. Oh! tout est presque achevé, il vous suffira d'un coup-d'œil... vous, M. Philippin, à tantôt, et vous aussi, mon cher Edmond.

PHILIPPIN (à part). Ce diable d'homme est d'une discrétion... Je n'ai pu rien savoir (désignant Edmond). Dirigeons nos batteries sur celui-ci...

DURAND (bas à Edmond). Ne quitte pas le jardin : Je te dirai tout-à-l'heure le résultat de notre conversation. (Edmond salue et sort. Philippin le suit.)

SCÈNE X.
M. BERVAL, DURAND.

M. BERVAL. Nous sommes seuls, profitons de ce moment, et causons un peu d'affaire.

DURAND (à part). Nous y voilà.

M. BERVAL. J'ai gagné dans le commerce vingt-cinq mille livres de rente. Le jour où je marierai ma Pauline, je lui en donne la moitié; vous voyez que je pourrais rêver pour elle une brillante alliance; mais le caractère, la conduite et les talents sont aussi à mes yeux une fortune, et sous ce rapport, Edmond me semble assez riche pour que je n'hésite pas à l'accepter pour gendre.

DURAND. Eh bien! qu'est-ce qu'il me disait donc, lui? ne s'est-i pas imaginé que, parce qu'il ne connaît ni son père ni sa mère, c'était une raison pour que vous le refusiez? comme si un homme de votre trempe pouvait avoir la simplicité de tenir à ces bagatelles-là.

M. BERVAL. Il avait tort, et vous m'avez mieux jugé, vous, M. Durand : un autre motif m'a dicté la condition que j'ai mise à l'accomplissement de ses désirs.

DURAND. Ah! oui; l'entretien que vous vouliez avoir avec moi au sujet de ses parents, n'est-ce pas ? Eh! bien, voyons, causons-en, et pourvu que vous ne me demandiez ni leur nom, ni ce qu'ils faisaient...

M. BERVAL. Il est pourtant nécessaire que vous m'éclairiez au moins sur ce dernier point; car, enfin, il se pourrait qu'Edmond les retrouvât, et quand on s'allie à une famille...

DURAND (vivement). Oh! oh! soyez tranquille, c'était des gens comme il faut, allez !

M. BERVAL (de même et avec inquiétude). Ah! vous croyez...

DURAND. Ça toujours été mon opinion; et tenez, je me souviens surtout de sa mère... une belle grande femme... coiffée en poudre... et des manières ! un langage !... je parie que je la reconnaîtrais; et d'ailleurs, une autre chose dont je vous fais juge vous-même : cette somme, laissée entre mes mains pour l'éducation de l'enfant; plus de sept mille francs en or, à une époque où les petits écus étaient si rares... et puis le moment, les circonstances... vous savez bien que ce n'étaient pas les gens obscurs qui avaient besoin d'émigrer ; c'était ce qu'on appelait les ci-devants, les marquis, les gros bonnets, enfin.

M. BERVAL (vivement). Il serait noble !

DURAND (en confidence). Ma foi !... vis-à-vis de lui je ne voudrais pas avoir l'air de le croire, parce que, pendant assez long-temps, c't'idée-là ne lui avait que trop tourné la tête, mais entre nous...

M. BERVAL. Noble !.. voilà quelle était ma crainte, mais je cherchais à m'abuser, j'espérais... maintenant je suis de votre avis, cela est certain, et il me faut renoncer à mes projets, car une alliance entre nous est désormais impossible.

DURAND (vivement surpris). Hein ? qu'est-ce que vous dites donc ?

(à part) Eh bien! en voulant parler pour lui, j'aurais joliment arrangé ses affaires!...

M. BERVAL. Ecoutez-moi, M. Durand : J'avais une sœur que j'aimais avec tendresse. Veuve à vingt-deux ans de celui qui avait été non seulement mon associé, mais encore mon ami, sa fortune, qui était égale à la mienne, lui valut l'honneur de fixer les regards d'un de ces hommes qui croient qu'un titre les place tellement au-dessus des autres, que tout ce qui les entoure doit ramper devant eux. Ma sœur eut la faiblesse de lui donner sa main. Pauvre femme! non seulement il dissipa sa fortune, mais elle fut encore abandonnée, méprisée, sacrifiée à l'orgueil de celui qu'elle avait enrichi. Enfin, dévorée d'humiliations et de chagrins, je la perdis : alors ma douleur éclata en justes reproches contre le misérable, que, pour elle, j'avais jusque-là ménagé. Une querelle s'engagea entre nous. L'infâme! il m'insultait publiquement, et refusait de m'en rendre raison, sous le prétexte que ma naissance ne valait pas la sienne!... il fallait le souffleter pour qu'il consentît à se battre... il se battit, et je le tuai.

DURAND (vivement). Qu'entends-je!... ah! c'est affreux!

M. BERVAL. Oh! oui, c'est affreux; car, quoiqu'elle fût légitime, j'ai bien des fois déploré le succès de ma vengeance! Jugez maintenant si, manquant au serment que j'ai fait, je puis exposer ma fille au même sort qu'a éprouvé ma sœur?... Edmond, roturier, je me serais fait une joie de l'appeler mon fils ; Edmond noble, ne doit plus penser à s'allier à moi.

DURAND. Dame, vous avez raison ; j'en ferais autant.

M. BERVAL. Chargez-vous donc de lui faire part de cette résolution.

DURAND (reprenant sa bonne humeur). Non pas ; je m'en garderai bien.

M. BERVAL. Comment?...

DURAND. Parce que c'est inutile; si vous saviez ce que je lui ai offert, et qu'il a accepté, là, tout à l'heure... venez, venez, je vais vous conter ça plus au long, et vous serez content, c'est moi qui vous le dis. (Ils entrent dans le cabinet de gauche.)

SCÈNE XI.
EDMOND seul.

(Entrant en scène avec agitation). Oh! non, c'est impossible ; monsieur Philippin se trompe; je ne me suis jamais aperçu que cet Ernest de Vercourt ; mais si fait, cependant ; ses galanteries, son air constamment empressé... hier encore, au sortir de table, ne l'a-t-il pas suivie au jardin, n'a-t-il pas même causé fort long-temps avec elle?... Ah! j'ignorais ce que c'était que la jalousie, mais cette fatale confidence... (Apercevant Ernest qui paraît au fond.) Le voici ; il faut que je sache...

SCÈNE XII.
EDMOND, ERNEST, puis ensuite PAULINE.

ERNEST (sans voir Edmond.) En vérité, c'est charmant! un bal, des préparatifs de fête... Voilà la plus jolie ville de garnison!... (se tournant vers Edmond.) Eh! c'est notre jeune avocat! Parbleu, mon cher, je pensais à vous ce matin ; oui, je faisais en m'éveillant un rapprochement assez singulier entre nos deux états.

AIR du Verre.

Nous nous ressemblons, en honneur,
Bien que jouant différents rôles,
Rien ne résiste à ma valeur,
Rien ne résiste à vos paroles.
Nos moyens de succès, pourtant,
Diffèrent avec la casaque,

Car vous gagnez en défendant,
Et moi je gagne quand j'attaque.

Mais qu'avez-vous donc? comme vous voilà sérieux... (Plus gaîment). Que diantre, mon cher, vous n'êtes pas au tribunal, il y a temps pour tout. Comment, une foule de jolies femmes va, dans une heure, se disputer nos hommages; la table et la danse vont provoquer ici l'allégresse, et vous serez aussi triste que de coutume? Vous apporterez à cette fête la physionomie d'un plaideur qui a perdu son procès, ou d'un amoureux que sa maîtresse congédie.

EDMOND (avec impatience). Monsieur...

ERNEST (sans l'écouter). Tenez, c'est comme hier, tandis qu'on sablait joyeusement ce délicieux Champagne, dont monsieur Berval fait si bien les honneurs, vous étiez d'un flegme!... Oh! mais, je suis trop votre ami pour ne pas me moquer de vous jusqu'à ce que je vous aie corrigé; et dès aujourd'hui, j'entreprends votre conversion. Vous danserez, vous serez gai, ou vous direz pourquoi: et alors vous verrez comme les femmes vous trouveront aimable!... Il n'y a que les étourdis pour se faire adorer.

EDMOND (avec ironie). Et c'est de cette opinion qu'est née sans doute la si grande confiance que vous paraissez avoir en vous-même? Vous vous flattez peut-être de plaire à toutes sans exception?

ERNEST. Mais, oui, parbleu!... Seulement plus ou moins...

EDMOND (avec une intention bien marquée). J'espère pourtant qu'il en est une...

ERNEST (d'un ton moqueur). Comment, vous seriez amoureux?... Allons donc, ce n'est pas possible!

EDMOND (piqué). Cela est, cependant, monsieur; et quand j'ajouterai qu'il s'agit de mademoiselle Pauline, et que son père connaît mes désirs, j'augure assez bien de votre franchise pour espérer que vous ne refuserez pas de m'apprendre si vous l'avez rangée dans la catégorie de celles à qui vous voulez plaire, ou bien de celles qui vous adorent?

ERNEST (étonné). Voilà une singulière question, par exemple!

EDMOND (plus vivement). Oh! il faut y répondre; car, je vous le répète, monsieur, j'aime mademoiselle Berval, et je ne saurais pas plus endurer qu'on la compromît, que souffrir la rivalité de personne.

ERNEST. Ah! ça, voyons, entendons-nous; tout à l'heure je vous raillais, je l'avoue; si c'est maintenant votre tour, cela est juste, et je n'ai rien à dire; mais si nous ne plaisantons plus...

EDMOND. Non, monsieur...

ERNEST. Bien, bien, alors c'est différent... et puisque vous tenez tant à connaître ma pensée, je vous avouerai, non pas que je suis sûr d'être aimé de la charmante Pauline, parce que, cela fût-il, une pareille confidence serait indigne d'un galant homme, mais que j'éprouve pour elle absolument les mêmes sentiments qu'elle vous a inspirés; et enfin que je ne sais personne qui le mérite mieux que moi, non plus qu'aucun obstacle qui puisse m'empêcher de lui adresser mes vœux.

EDMOND (s'échauffant). Il en est un, cependant, qu'il vous faudra ren   r pour obtenir sa main.

PAULINE (paraissant au fond et les écoutant). Ah! mon Dieu! est-ce qu'ils se querelle   ...

ERNEST (à   nd). Oh! oh! une partie d'honneur! Un homme de

EDMOND. Air : Soldat français né d'obscurs laboureurs (de Garrick.)

Il vous surprend que moi, simple avocat,
J'ose exciter votre humeur martiale ;
Vous souriez d'un semblable combat,
Tant vous croyez la partie inégale.
Oui, j'en conviens, la plume est mieux mon lot ;
Mais, quand par vous mon ardeur est trompée,
    Je puis vous prouver, et bientôt,
    Que ma main sait, quand il le faut,
    Se servir aussi d'une épée.

ERNEST. Eh! bien, soit ; touchez-là... (Tous deux se prennent la main, puis apercevant Pauline qui vient de paraître tout à coup. (ensemble) : Ciel! mademoiselle Pauline!

PAULINE (cherchant à cacher l'émotion qu'elle éprouve.) Pardon, messieurs ; je ne trouble pas, j'espère, un bien grave entretien?

EDMOND (à part). Elle n'a rien entendu!

ERNEST (à Pauline). Point du tout, mademoiselle ; nous causions... de votre bal ; et ce cher Edmond refusait de tenir le pari que je voulais lui faire, de danser au moins vingt contredanses. (Bas à Edmond.) Vos armes?

EDMOND (de même). L'épée...

PAULINE (qui vient de les entendre, à part). Un duel! Ah! si mon père... (haut, et pour déguiser l'émotion qu'elle éprouve.) Je cherchais Laurette...

ERNEST. Sans doute, pour, de concert avec elle, augmenter par quelques atours vos moyens de séduction?... Cependant plus de toilette ne peut rien ajouter à vos grâces, et c'est priver les autres de l'unique ressource qu'elles avaient de soutenir une comparaison déjà bien dangereuse.

EDMOND. Nous bénissons le hasard qui nous procure le bonheur de vous voir, mademoiselle, car, perdus que nous serons bientôt, au milieu de tous ceux qui aspirent à vous plaire, il nous sera impossible de vous adresser nos compliments et nos hommages.

ERNEST (bas à Edmond). Le lieu et l'heure?

EDMOND (de même). Après le dessert, dans la grande allée au bout du parc.

SCÈNE XIII.
LES MÊMES, LAURETTE.

LAURETTE (accourant). Mademoiselle Pauline! Mademoiselle... Ah! je vous trouve enfin ; du monde qui arrive, et vous qui n'êtes pas prête.

PAULINE (à part). Ah! mon Dieu, les laisser ensemble! Que faire?... Ah! monsieur Philippin... je pourrai par lui... (haut). Viens m'habiller, Laurette... (Saluant). Messieurs...

ERNEST. Et moi, je vais en faire autant. Un grand dîner et un bal, diable!... c'est qu'il faut avoir la grande tenue! (saluant.) Mademoiselle... Au revoir, mon cher Edmond... (Lui prenant la main.) Je ne me ferai pas attendre. (Pauline et Laurette sortent par le fond, à gauche. Ernest rentre dans son appartement)

SCÈNE XIV.

EDMOND, DURAND (Ce dernier entre en remettant son habit.)

DURAND. Là, voilà qui est fait ; ça n'a pas été long, comme tu vois : c'est fort bien, fort bien ; et je suis sûr qu'aux lumières... Eh! bien, tu ne m'écoutes pas, qu'est-ce que tu as donc? Je te trouve un air tout drôle. Est-ce à cause de ce qu'a dit ce matin M. Berval?... Allons, allons, tranquillise-toi, tout ça se civilisera...

EDMOND (vivement agité). Ne l'espérez pas, un autre obstacle...

DURAND. Voilà qui est fort!... Voyons, voyons, explique-toi.

EDMOND. Je ne le puis!

DURAND. Hein!... de quoi s'agit-il donc?... Tu as un nouveau chagrin, et tu ne veux pas me le dire? à moi, ton ami, ton père; moi, qui me ferais casser jambes et bras pour toi.

EDMOND. Mon ami!...

DURAND. Il ne s'agit pas de ça, c'est parler qu'il faut, et tout de suite.

EDMOND (hésitant.) Eh! bien... apprenez donc que ce jeune officier qui loge ici... Il est mon rival.

DURAND. Bah! qui est-ce qui t'a dit ça?

EDMOND. Monsieur Philippin, qui, pénétré d'intérêt pour moi...

DURAND. Joli intérêt, Te monter la tête, te rendre jaloux à présent!... monsieur Philippin!... Il ne fallait pas le croire; je n'aime pas cet homme-là, moi; son ton me déplaît, et je lui trouve l'air méchant.

EDMOND. Ah! il disait vrai, car je l'ai vu, cet Ernest; je l'ai contraint à me répondre, et il est convenu...

SCÈNE XV.
LES MÊMES, PHILIPPIN.

PHILIPPIN (accourant, à Edmond). Ah! vous voilà, mon cher, qu'est-ce que je viens donc d'apprendre; est-il vrai que nous nous battons?

DURAND (très-vivement). Comment, que dites-vous... se battre!...

PHILIPPIN. Eh! sans doute; vous concevez bien qu'un militaire ne badine pas... (A Edmond.) Fou que vous êtes, allez! Parce que par amitié j'ai eu l'imprudence de vous communiquer quelques soupçons, peut-être fort insignifiants.

DURAND. Eh! corbleu! il fallait alors vous taire!... (A Edmond.) Tu dois te battre, et tu me le cachais... Ah! Edmond, c'est mal, très mal!

EDMOND. Ne m'en veuillez pas, mon ami, je craignais de vous affliger, et... comme d'ailleurs l'instant de ce duel n'est pas encore fixé... (A Philippin.) Mais qui a pu vous instruire...

PHILIPPIN. C'est mademoiselle Pauline; elle a entendu votre querelle.

EDMOND (vivement). Pauline!

PHILIPPIN (continuant). Et elle vient de me prier d'empêcher, s'il se peut...

EDMOND (l'interrompant). Non, non, c'est impossible; j'ai été l'agresseur, et il prendrait pour une lâcheté...

PHILIPPIN (à part). Fort bien... (Haut.) Je conçois cela; l'amour-propre, le point d'honneur... C'est au fait extrêmement embarrassant...

DURAND. Bah! bah! des querelles plus graves se sont arrangées! Les témoins ont aussi un rôle à jouer dans ces sortes d'affaires; et pour éviter que cet étourdi d'Ernest aille s'adresser à quelque officier de son régiment, ce qui ferait demain de cette aventure la fable de toute la ville, il faut que vous vous proposiez pour être son second...

PHILIPPIN. Y pensez-vous? Agir ostensiblement contre un ami!... j'aimerais beaucoup mieux être...

DURAND. Oh! le sien est tout trouvé... C'est moi!

EDMOND. Quoi! vous voudriez... Oh! non...

DURAND (avec émotion). Et pourquoi?... Tu as provoqué cet homme sans songer au chagrin que me causerait ton imprudence, et tu veux maintenant ménager ma sensibilité? Crois-tu donc que je pourrais attendre tranquillement chez moi l'issue de ce combat?... Et voyons, toi-même, il ne te manquerait donc rien, si, dans pareil moment, j'étais loin de toi?... Tu aurais donc tout ton courage, toute ta présence d'esprit, si tu me savais rongé d'inquiétudes, et tremblant pour tes jours?... Non, non, ça ne se peut pas; tu n'as pas calculé tes forces, il faut que je te suive, et je te le demande en grâce, mon fils, mon Edmond, promets-moi que je serai là?

PHILIPPIN. Silence, voici monsieur Berval, et une partie de la société...

SCÈNE XVI.

LES MÊMES, M. BERVAL, PAULINE, LAURETTE, CONVIVES,
et bientôt après, ERNEST, en grand uniforme.

FINAL. (Musique de M. Beaucourt.)

BERVAL.   Mes amis, je vous remercie ;
          De vous voir mon cœur est heureux.   } BIS.

TOUS.   Entrons, entrons!

PHILIPPIN bas à PAULINE. Tout est au mieux,
          Chaque adversaire
          Dans cette affaire
          A prouvé beaucoup de raison,
          Mais ne montrez aucun soupçon.

PAULINE (Même jeu).
          Ah! combien je vous remercie!

BERVAL.   Livrez-vous tous à la folie.
(Bas à Philippin). D'ici je vois le bel effet,
          Lorsque je serai (BIS) sous-préfet

ERNEST (entrant et allant à M. Berval).
          Dieu! que de monde! quel tapage!

LAURETTE (bas à Pauline).
          Du courage, tout ira bien,
          A la fête il ne manque rien.

PHILIPPIN (bas à Pauline). Allons, courage. (BIS.)

BERVAL.   Mes amis, entrons.

TOUS.   Partons, partons!

ERNEST (présentant la main à Pauline).
          Allons, la main, belle Pauline.

EDMOND.   On le préfère.

PHILIPPIN (à part).   Ah! je devine
          Et son courroux   }
          Et ses soupçons   } BIS.

DURAND (bas à Edmond).
          Tu feras naître des soupçons.

EDMOND (bas à Ernest).   A ce soir.

ERNEST (même jeu). A ce soir! à ce soir...

TOUS.   Doux espoir
          Quel plaisir ce soir!   } BIS.
          Chantons, le plaisir nous rassemble   }
          Honneur à qui nous rend heureux ;   } BIS.

Chantons ensemble, TER.
Vive le maître de ces lieux !
Chantons ensemble TER.
Vive le maître de ces lieux ! QUATER.

FIN DU PREMIER ACTE.

ACTE II.

Le théâtre représente un jardin. A gauche du spectateur, le perron qu'on a vu au premier acte, à travers les fenêtres du salon. Dans le fond, des massifs, un jet d'eau et un parterre. A droite, l'entrée d'une allée de peupliers, auxquels sont suspendues des guirlandes en verres de couleur, et au premier plan, un buisson et un banc de jardin.

SCÈNE I.
PAULINE, LAURETTE.

LAURETTE (à Pauline, qui est assise sur le banc). Eh bien ! comment vous trouvez-vous maintenant ?

PAULINE. Mieux... beaucoup mieux... Mais il faisait une telle chaleur là dedans... (A part.) S'il m'avait suivie, si j'avais pu lui dire un seul mot... Mais il ne m'a pas comprise.. mon Dieu !... mon Dieu ! que faire !... Rentrons, Laurette.

LAURETTE. Y pensez-vous, agitée comme vous l'êtes ?

PAULINE. Agitée ?... mais non, je t'assure... Tu te trompes, Laurette...

LAURETTE. Tenez, mademoiselle Pauline, vous n'êtes pas franche... avec moi qui vous aime tant !... et comme si entre femmes il n'était pas tout naturel de se conter ces choses-là...

PAULINE (embarrassée). En vérité, Laurette, je ne comprends pas...

LAURETTE. Laissez donc ! ce n'est pas la chaleur qui vous a fait quitter la salle du festin : c'est l'idée de la querelle qui s'est élevée entre M. Edmond et M. Ernest ; et bien certainement, si l'un des deux ne vous intéressait pas plus que vous ne voulez en avoir l'air...

PAULINE. M'intéresser ! l'un d'eux ?... Ne suffit-il pas, pour expliquer, mes alarmes, que je puisse me reprocher d'être involontairement la cause de ce cruel événement ? Je connais la sévérité de mon père, son opinion sur les duels, et si ces messieurs...Oh ! mais j'ai tort de m'inquiéter, puisque M. Philippin m'a promis d'apaiser cette malheureuse affaire.

LAURETTE. Monsieur Philippin ? Joli confident que vous avez choisi là !... Il est homme plutôt à envenimer les choses...

PAULINE (avec effroi). O ciel ! tu le crois capable... Quel embarras... et à qui me fier ?

LAURETTE. Mais à moi, mademoiselle ; est-ce que je n'ai pas déjà plus de la moitié de votre secret ?... Voyons, un peu de confiance... Voulez-vous que je vous aide ?

PAULINE. AIR : Je sais attacher des rubans.
Laurette, qu'attends-tu de moi,
Entr'eux, tu veux que je prononce,
Ah ! prends pitié de mon effroi
Et n'exige pas ma réponse.
Comprends ici mon cruel embarras,
De ce secret, dois-je t'instruire :
Ce que mon cœur pense tout bas, } BIS.
Ma bouche ne peut te le dire.

LAURETTE. Allons, courage ; ceci est déjà presque un aveu... Encore un petit effort... Je ne vous demande que son nom.

PAULINE (après avoir hésité). Eh bien ! (Elle s'arrête, interrompue par le chœur suivant, qu'on chante dans le pavillon.)

AIR : Le vin par sa douce chaleur (du Solitaire).

Dans ce séjour rempli d'attraits
Que le plaisir nous accompagne   (BIS.)
Et, qu'en s'échappant le champagne
De la gaité fasse les frais.   (TER.)

PAULINE (continuant avec une grande agitation). On est au dessert, le bal va bientôt commencer...

(Voix dans la coulisse.) A la santé de monsieur Berval !... A la santé de mademoiselle Pauline !... (Applaudissements.)

PAULINE (même jeu). Tu l'entends, on s'occupe de moi... Mon absence peut être remarquée... Ah! rentrons, rentrons vite. (Elle sort précipitamment.)

LAURETTE (la suivant). Allons, il est décidé que je ne saurai rien !... Qu'on dise encore que les femmes sont bavardes! (Elle rentre dans le pavillon.)

SCÈNE II.
PHILIPPIN, seul.

(Pendant le chœur, il est entré en scène, et vient mystérieusement cacher dans le buisson à gauche, deux épées et deux pistolets qu'il porte). Oh! oh! ça chauffe là dedans !..... Très bien !... Pendant qu'ils boivent et qu'ils chantent, je pourrai tranquillement m'occuper de mon affaire. Ce que c'est que le monde ! Là, l'insouciance, le plaisir ; ici, le sang-froid, la prudence ; et, tandis que les uns savourent toutes les joies de la vie, les autres vont se battre !... Quand je dis se battre, c'est une façon de parler ; car, tout ce qu'il me faut à moi, c'est qu'ils mettent l'épée à la main, et que M. Berval les surprenne ; je n'en veux pas plus... Quel dommage que j'ignore l'heure fixée pour ce duel !... Enfin, l'important était de me faire accepter comme témoin par cet étourdi d'Ernest, et maintenant... (Avec contentement de lui-même) parbleu ! il faut convenir que tout ce que j'ai fait depuis ce matin est bien adroit !

AIR : De sommeiller encor ma chère.

Au doux objet de ma tendresse,
Ils osaient adresser leurs vœux ;
Il fallait donc agir d'adresse
Pour les évincer tous les deux.
J'aurais pu leur chercher querelle ;
Mais il est plus plaisant ma foi,
Qu'au lieu de me battre pour elle,
Ils aillent se battre pour moi.

(Apercevant M. Berval qui sort du pavillon.) Monsieur Berval... C'est la providence qui me l'envoie !

SCÈNE III.
PHILIPPIN, BERVAL.

BERVAL. Ah! vous voilà, Philippin ?

PHILIPPIN. Moi-même, mon cher Sous-Préfet.

BERVAL (vivement). Sous-Préfet !... auriez-vous appris quelque chose de positif?

PHILIPPIN. Pas encore ; mais c'est tout comme. Songez donc à mes nombreuses connaissances... aux moyens que j'ai employés !...

BERVAL. Ecoutez, mon ami : je ne vous cacherai ni mes désirs, ni mon impatience ; ce poste est le légitime objet de mon ambition, et vous savez que ce n'est que sur votre promesse formelle, que j'ai donné ce grand dîner... ce bal... Eh bien! en voyant la journée s'écouler sans recevoir aucune nouvelle, je tremble...

PHILIPPIN. Rassurez-vous donc, votre nomination est sûre : je suis bien renseigné, que diable !... Que vous importe l'heure, pourvu qu'elle arrive aujourd'hui !

BERVAL. Allons, allons, je vous crois, et mon amitié, ma reconnaissance...

PHILIPPIN. Votre reconnaissance !... Fi donc ! Pensez-vous que j'oblige par intérêt ?... Et tenez, je vous en fais juge ; ce matin, le jeune Edmond vous a demandé la main de votre fille, vous me l'avez caché : cette circonstance m'a fait beaucoup de peine, parce que, au point où nous en sommes, j'avais lieu de croire...

BERVAL (vivement). O ciel ! l'aimeriez-vous aussi !

PHILIPPIN. Pourquoi pas ? parce qu'on n'a plus vingt-cinq ans en a-t-on moins un cœur ? Eh puis l'emploi que j'occupe, le crédit dont je jouis auprès du ministre... Mais ce n'est pas de moi qu'il s'agit... Edmond vous a fait sa demande...

BERVAL. Cela est vrai ; mais je ne me suis pas entièrement engagé.

PHILIPPIN (à part). C'est bon à savoir. (Haut.) Il paraît pourtant qu'il a plus que des espérances, car il est jaloux.

BERVAL. De vous ?

PHILIPPIN Non, pas de moi ; mais de M. de Vercourt, dont les assiduités auprès de la charmante Pauline...

BERVAL. Quelle folie !... Si ma fille avait fait un choix, j'en aurais été le premier instruit ; d'ailleurs, je n'ai jamais rien remarqué entre elle et lui qui puisse faire croire qu'elle autorise...

PHILIPPIN. Eh ! mon cher sous-préfet !...

AIR : Traitant l'amour sans pitié.

Pour déclarer son amour,
Pour avouer sa faiblesse,
Pour savoir si sa tendresse
Obtiendra quelque retour ;
Pour reprocher l'inconstance
Pour rassurer d'une absence,
Quand ils sont d'intelligence,
Deux cœurs s'entendent si bien,
Que, sans nul apprentissage,
Les amans ont un langage
Où la bouche n'est pour rien.

Après tout, je suis loin d'affirmer que ses soupçons soient justes, et qu'il ait même le droit de les laisser paraître ; mais comme à certaine confidence qu'il m'a faite, j'ai pressenti qu'un événement grave pourrait arriver...

BERVAL (très vivement). Que dites-vous ?... Un duel !... Ah ! malgré l'intérêt que je porte à ce jeune homme, s'il donnait un pareil scandale... mon cher Philippin, je vous en prie, conseillez-moi, que faut-il faire ?...

PHILIPPIN. Vous en rapporter à ma prudence, à ma sincère amitié ; car pour vous en donner une nouvelle preuve, j'ai sacrifié mes propres intérêts, je me suis attaché aux pas de nos jeunes gens, et, quand je devrais me faire une querelle avec eux pour les empêcher d'en avoir une ensemble, je vous réponds...

BERVAL. Ah! quel dévouement ! je me fie à votre sagesse : observez-les, pénétrez leurs desseins, et si vos doutes se changeaient en certitude, dites-leur bien que quel que fût le vainqueur, et quand

2

même il aurait l'amour de ma fille, jamais il n'obtiendrait mon consentement.

PHILIPPIN (à part). C'est tout ce que je voulais.

BERVAL. Je rejoins mes convives; vous, mon ami, demeurez pour agir, et songez que je compte sur vous... (Comme il va rentrer dans le pavillon, il aperçoit Edmond qui en sort.)

SCÈNE IV.
LES MÊMES, EDMOND.

BERVAL (froidement). Eh! quoi monsieur Edmond, vous abandonnez le salon au moment où le bal va commencer? Je croyais même que vous aviez invité ma fille pour la première contredanse.

EDMOND (avec embarras). Je ne l'ai point oublié, monsieur; je cherchais... M. Philippin à qui j'avais un mot à dire, et je rentre à l'instant. (Tous deux se saluent, et M. Berval quitte la scène après avoir, par un signe d'intelligence, rappelé à Philippin qu'il compte sur lui.)

PHILIPPIN (revenant à Edmond)!... Eh! mon dieu, mon cher, comme vous voilà rêveur... Ah! je conçois, à l'approche d'un pareil moment.... on n'est pas maître...

EDMOND (vivement). M. Philippin, votre supposition est un outrage.

PHILIPPIN. Là, là... est-ce que j'ai voulu vous fâcher. Mais j'ai été comme ça à mon premier duel, moi. J'étais tout ému, je tremblais même... Eh bien! c'étaient les nerfs, rien que les nerfs; car chacun sait que je suis aussi brave que je suis sûr que vous l'êtes! et...

EDMOND (l'interrompant). Ainsi que nous en sommes convenus, vous avez apporté des armes?

PHILIPPIN. Elles sont là, derrière ce buisson; deux petites lames d'une finesse!.. et pour le cas où l'épée vous déplairait, une paire de pistolets qui visent presque tout seuls; vous voyez que je suis de précaution et que je vous ai servi en ami?.. J'espère pourtant que si l'on peut arranger...

EDMOND (avec impatience). C'est bien, c'est bien; ceci nous regarde.. (Se promenant à grands pas). Plus de huit heures... Et il ne vient pas!

PHILIPPIN. Qui ça, votre témoin, le père Durand?

EDMOND. Eh! non! M. Ernest!...

PHILIPPIN (vivement). C'est donc maintenant que doit avoir lieu... L'étourdi! manquer d'exactitude!.. Je gage que le Champagne le retient là dedans, peut être autant que les jolis yeux de mademoiselle Pauline : pourvu qu'il n'aille pas oublier auprès d'elle....

EDMOND (vivement). Auprès d'elle!.. Ah! si je le croyais....

PHILIPPIN (le retenant). Pour dieu! mon jeune ami, modérez-vous; vous êtes d'une vivacité!... Mais dans une affaire de ce genre, il faut du sang-froid, du calme... Regardez-moi, est-ce que je m'échauffe?.. On ne peut douter de la bravoure du commandant; il faut donc qu'une impossibilité!..... Je vais le trouver, et qu'il soit encore à table ou aux pieds de la belle Pauline je réponds de vous l'amener. (A part.) Ça va bien!.. Un mot à Ernest, et prévenons vite M. Berval. (Il rentre rapidement dans le pavillon.)

SCÈNE V.

EDMOND (seul avec agitation). Vingt minutes perdues!... moi, qui avais avancé l'heure pour que Durand arrivât trop tard... pauvre ami! quel dévouement... et quelle épreuve!.. Si je succombe, ce sera pour lui un chagrin éternel... si le sort m'est favorable, il faudra fuir les reproches de M. Berval et le courroux d'une famille puissante... Ah! ces réflexions sont affreuses, et je n'ai pas même la consolation de savoir si je suis aimé!.... (avec émotion, et après un court moment de silence, pendant lequel il s'est laissé tomber sur un banc.)

AIR : Patrie, honneur.

Lieux fortunés, délicieux séjour,
En vous voyant mon cœur soupire encore,
Asile heureux où j'ai connu l'amour,
Bosquets chéris de celle que j'adore,
Où donc trouver le bonheur désormais,
S'il faut hélas vous quitter pour jamais !

Triste jouet d'événements affreux,
Fils étranger d'une terre chérie,
J'allais enfin vaincre un sort rigoureux,
Mais, ô mon père ! et toi, chère patrie,
Où donc trouver le bonheur désormais,
S'il faut hélas vous quitter pour jamais !

(A ce moment, de bruyants éclats de rire se font entendre dans le bâtiment. Edmond plongé dans le plus grand accablement.) Quel contraste !... (apercevant Ernest). Ah ! enfin !...

SCÈNE VI.

EDMOND, ERNEST. (Ernest paraît sur le perron, la serviette sous le bras, et tenant un verre de Champagne.)

EDMOND (froidement). Vous vous faites bien attendre, monsieur ; j'allais croire...

ERNEST (descendant en scène). Monsieur Edmond...

AIR des Deux Turenne.

Cet habit aurait dû, je pense,
Vous mieux rassurer sur ma foi :
Sachez qu'en toute circonstance,
Un serment est sacré pour moi.   BIS.
Je puis oublier une belle,
Par inconstance... mais soldat
Alors qu'il s'agit d'un combat
Ma mémoire est toujours fidèle.

(Reprenant sa gaîté). Mais en conscience, je ne pouvais m'échapper sans éveiller les soupçons. Il y avait autour de moi une foule de jeunes provinciales toutes plus jolies les unes que les autres ; et la charmante Pauline même...

EDMOND (vivement). Pauline... Partons, monsieur...

ERNEST. Une seconde encore, et je suis à vous.

EDMOND (impatienté). Ce délai...

ERNEST. Ah ! écoutez, mon cher...

Musique de M. Beaucourt, ou Ces postillons sont d'une maladresse.

En bon vivant je veux quitter la terre,
Et si ce jour doit être mon dernier,
Ah ! permettez que je vide ce verre,
Je ne saurais l'abandonner entier,
Non, je ne puis l'abandonner entier.
C'est un désir ; et n'allez pas combattre
Ce dernier vœu, ni ma crédulité...
Il m'est permis, lorsque je vais me battre,
De boire à ma santé.

(Il boit, et, jetant aussitôt son verre, sa serviette dans un taillis.) Maintenant, où sont vos armes ? (Edmond prend derrière le buisson, celles qu'on a vu Philippin y cacher, et les pose sur le banc. A ce moment, celui-ci paraît sur le perron, et, sans être aperçu des deux jeunes gens, va se mettre en observation derrière un massif d'arbres. Ernest faisant choix d'une épée.) J'aurais désiré, monsieur, qu'une explication franche, précédât notre affaire. Mais...

EDMOND (l'interrompant). Enfin, êtes-vous prêt, monsieur. (Ernest pour toute réponse, a fait un pas vers l'allée, à droite du spectateur, en même temps le bâtiment s'éclaire et le bruit de plusieurs instruments se fait entendre.)

EDMOND (s'arrêtant tout à coup). O ciel ! cette musique annonce l'ouverture du bal... et Pauline qui m'attend !

ERNEST (joyeusement). Parbleu ! ce bruit nous sert à merveille ! nous allons pousser une tierce sur un avant-deux, une quarte sur une queue du chat, et un dégagé sur une chaîne anglaise... Voilà le plus joli duel que j'ai eu de ma vie !

EDMOND (qui, de même que Ernest, vient d'ôter son habit qu'il laisse sur le banc). Marchons, monsieur. (Ils sortent.)

SCÈNE VII.
PHILIPPIN, puis DURAND.

PHILIPPIN (quittant sa cachette et regardant avec précaution du côté de l'allée de peupliers, tandis que Durand sort du salon, et l'observe avec soin). Ah ! pour le coup, j'ai réussi !... ils ne pourront pas dire qu'ils ne se battent pas. Je vais chercher monsieur Berval, et je les lui fais prendre en flagrant délit...

DURAND (l'arrêtant comme il va gagner le pavillon). Oh ! oh ! c'est là votre plan ?... eh bien, il est joli ! Mais vous ne l'exécuterez pas, morbleu !...

PHILIPPIN (surpris). Monsieur Durand, que signifie...

DURAND (rapidement). Oh ! pas de détours : je sais tout. Ce que je viens d'apprendre de votre bouche... on a changé l'heure de ce combat, de peur que ma présence n'empêchât qu'il eût lieu.

PHILIPPIN. Mais, est-ce ma faute ?...

DURAND (s'échauffant de plus en plus). Oui, c'est votre faute ; car je devine le reste maintenant. C'est pour satisfaire votre propre passion que vous les avez armés l'un contre l'autre... Monsieur Philippin, vous êtes un misérable et un lâche.

PHILIPPIN. Monsieur, vous m'insultez...

DURAND. Voyez, le grand malheur !

PHILIPPIN (se montant). Et j'aurai raison de cet outrage.

DURAND (de même). Quoi ! tu te battrais aussi ?... Eh bien, soit, j'accepte, ça fera partie carrée, au moins !

PHILIPPIN (se sauvant jusque près du banc où sont cachés les pistolets.) Mais c'est un enragé !... (Lui présentant les armes qu'il vient de saisir.) Monsieur Durand, ne m'approchez pas...

DURAND. Des pistolets ? allons donc, je connais bien ça, ma foi !... et puis, d'ailleurs, ça fait du bruit... (prenant un rateau qu'il démanche). Tiens, tiens, voilà qui est à la convenance de tout le monde... en garde... et ne t'avise pas d'appeler, car au lieu seulement de te casser les reins, je t'assomme.

SCÈNE VIII.
LES MÊMES, EDMOND, ERNEST. (Le premier poussé par l'autre, entre en scène en rompant.)

DURAND (dans la plus grande agitation). Edmond !... mon fils !... (Il s'élance pour les séparer. A cet instant, Edmond se fend sur son adversaire qu'il atteint légèrement au côté, et ne pouvant se remettre assez promptement en garde, il en reçoit un coup dans le bras.

EDMOND (chancelant et soutenu aussitôt par Durand). Ah !...

ERNEST (s'appuyant contre un arbre, et se frottant la poitrine). Diable ! le coup était bien appliqué. (Au moment où Ernest a été touché, on a vu tomber un portrait à ses pieds. Pendant ce jeu de scène rapide, Philippin est rentré dans le pavillon.)

DURAND (qui a quitté Edmond pour arrêter Philippin, et n'a pu y réussir). Le misérable ! il m'échappe, et va sans doute tout conter à monsieur Berval... Oh ! mais il ne le portera pas en paradis ! (Revenant vers Edmond, qu'Ernest est en train de panser.) Pauvre garçon !

ERNEST. Ce n'est rien ; une simple égratignure.

DURAND. Ah ! vous me rassurez !... (Ramassant le portrait que Ernest a laissé tomber). Qu'est-ce que cela ?

EDMOND (se levant, et à Ernest, en lui serrant la main). Merci, monsieur Ernest ; cette conduite...

DURAND (examinant le portrait avec la plus vive attention). C'est singulier ; voilà des traits...

ERNEST. Maintenant il faut songer...

DURAND (même jeu). Oh! non, je ne me trompe pas...

EDMOND (l'observant). Qu'a-t-il donc?

DURAND (continuant). Ces yeux... cette bouche... Parbleu! je suis sûr d'avoir vu cette figure là quelque part...

ERNEST (qui s'est approché de Durand). Par quel hasard ce médaillon est-il dans vos mains ?

DURAND. Je viens de le trouver là... Serait-il à vous ?

ERNEST. C'est le portrait de ma mère.

DURAND (étonné). De sa mère !...

ERNEST. Mais comment se fait-il... (Il se tâte, et s'apercevant que la poche de son gilet a été percée par l'épée d'Edmond.) Ah! j'y suis ; la pointe de votre épée... Ma foi, il était temps ; car le coup aurait porté, au moins! (Portant le médaillon à ses lèvres.)

AIR de l'*Angelus*.

Portrait aimé, portrait charmant,
Image d'une tendre mère ;
Anime-toi pour un moment,
Entends mes vœux et ma prière. BIS.
Ce secours pouvait m'arriver ;
Mais d'une main bien moins chérie ;
C'était à toi de me sauver,
Pour me donner deux fois la vie !

EDMOND. Hélas! je n'aurais pas eu ce bonheur, moi...

ERNEST (avec une vive curiosité). Serait-il vrai !... vos parents...

EDMOND (avec indifférence, et pendant que Durand examine toujours le médaillon, en cherchant à rappeler ses souvenirs). Abandonnèrent la France, il y a vingt-cinq ans.

ERNEST (à lui-même et avec surprise). C'était en 1793...

EDMOND (continuant). Sans doute, ils moururent dans l'émigration, puisque jamais aucun d'eux n'est revenu demander au bon Durand l'enfant qu'on avait confié à ses soins !... Mais quel intérêt pouvez-vous prendre...

ERNEST (avec un élan de joie). Quel intérêt ?... Un bien grand ; car je suis le seul rejeton d'une famille qui, proscrite à la même époque, reçut un pareil service d'un pauvre diable, menuisier à Versailles ; et depuis neuf ans que le hasard m'a fait découvrir ce secret, toutes mes recherches...

DURAND (l'interrompant, et avec joie). Se pourrait-il !... Et ces traits... Oh! oui, je me souviens à présent... C'est cela, c'est bien cela, Edmond !... mon Edmond, ce portrait... c'est celui de ta mère !

EDMOND (le lui prenant et le couvrant de baisers). Ma mère !... (Avec larmes.) Ma mère !...

ERNEST (avec joie). Oh! vous en êtes bien sûr, n'est-ce pas ?

DURAND (même jeu). Si j'en suis sûr ?... Cet homme, ce pauvre diable demeurait rue des Deux-Portes... On l'appelait alors du fameux nom de Caligula... Eh bien ! Caligula là, c'est moi.

ERNEST (très vivement.) On vous remit donc une tabatière...

DURAND (même jeu). Où devait s'adapter un médaillon... juste de la dimension de celui-ci.

ERNEST (plus vivement encore). Une petite croix brisée ?...

DURAND (de même). Et trois cents louis en or...

ERNEST (se jetant dans les bras d'Edmond). Mon frère!... (A Durand.) Bon Durand, que ne vous dois-je pas!...

DURAND (avec larmes et lui prenant la main). Et dire que c'est grâce à un coup d'épée... En voilà une permission du ciel!

ERNEST (même jeu). Et c'est moi qui ai fait couler son sang!... Oh! mais je veux tout réparer... Tu aimes Pauline; je vais la demander à monsieur Berval; il ne pourra te refuser : je te rends un nom, une fortune... Attends-moi, frère, bientôt je te ramène une épouse. (Il entre précipitamment dans le salon.)

SCÈNE IX.
DURAND, EDMOND.

DURAND (courant sur les pas d'Ernest). Ah! mon Dieu! que fait-il?... Mais s'il parle, tout est perdu.

EDMOND (surpris et vivement). O ciel! expliquez-vous?

DURAND (avec rapidité). Tu viens d'embrasser ton frère, n'est-ce pas?...

EDMOND. Et mon cœur en palpite encore de joie!

DURAND. Sans doute, et le mien aussi; car, enfin, un frère qu'on n'a jamais vu, et qu'on retrouve juste au moment où il vous donne un coup d'épée... c'est un événement heureux.

EDMOND. Je ne vois pas alors...

DURAND. Tu ne vois pas! tu ne vois pas!.. Eh bien! cet événement heureux, c'est le plus grand malheur qui pouvait t'arriver; car, pour ce nom et ce titre qui te tombent des nues, il te faudra renoncer à celle que tu aimes, puisque son père a juré de ne jamais la donner à un noble.

EDMOND. Il se pourrait!...

DURAND. Eh! mon Dieu, oui; voilà ce qu'il m'a dit ce matin, dans l'entretien secret que j'ai eu avec lui ; juge maintenant si tu as à te réjouir du changement survenu dans ta position.

EDMOND (après avoir un instant réfléchi). Et vous êtes certain que pas d'autre obstacle...

DURAND. Celui-là est déjà bien assez grand, à ce qui me semble!

EDMOND (vivement et avec joie). Rassurez-vous, mon ami, tout espoir n'est pas encore perdu.

SCÈNE X.
LES MÊMES, ERNEST, M. BERVAL, PAULINE, PHILIPPIN, LAURETTE, INVITÉS, DOMESTIQUES portant des flambeaux.

CHŒUR.   Musique de M. Beaucourt.
Plus de chance importune,
Hâtons-nous d'accourir;
En ce jour la fortune
Vient de les réunir.

PAULINE (allant courir à Edmond et priant M. Berval.)
Edmond!... Grâce, grâce, mon père
Daignez pardonner aujourd'hui...

EDMOND (à part). Se peut-il qu'elle me préfère...

LAURETTE (de même). J'étais bien sûr' que c'était lui.

CHŒUR. Plus de chance importune, etc.

ERNEST (avec joie et à tout le monde). Oui, mes amis, cet Edmond que vous aimez tous, c'est le second rejeton de l'illustre famille des comtes de Vercourt...

DURAND (à part). Allons, le voilà comte à c't'heure!

PHILIPPIN (de même). Hum! adieu mes prétentions.

ERNEST (continuant). C'est mon frère, avec qui je suis heureux de partager ma fortune.

DURAND (de même). Pauvre garçon !... tous les malheurs à la fois !

BERVAL (avec une émotion marquée). M. Ernest, la noble conduite que vous venez de tenir, en prenant sur vous la responsabilité d'un duel qui m'afflige, me permettrait peut-être d'user d'indulgence envers votre adversaire, mais je dois refuser la demande que vous me faites pour lui... parce que la position dans laquelle il se trouve, n'est pas celle que j'espérais.

ERNEST (gaîment). Et qu'espériez-vous donc, mon cher hôte ? Est-ce un duc ou un prince qu'il vous faut ?

BERVAL. Détrompez-vous, monsieur, mes vues ne vont pas jusque là. Edmond, pauvre, simple avocat, et seulement d'une famille honnête, eût obtenu ma fille; votre frère, comte ou marquis de Vercourt, ne deviendra jamais mon fils.

PAULINE (avec douleur). O ciel !

ERNEST (avec dépit). M. Berval, cet affront...

BERVAL (ému). Oh ! ne donnez pas cette interprétation à un refus qui m'est pénible, et que me prescrit un serment.

DURAND (bas à Edmond). Tu vois si je t'ai trompé ?

PHILIPPIN (à part). Eh! mais, voilà qui fait hausser mes actions !

EDMOND (s'avançant vers M. Berval.) Et si Edmond abandonné par sa famille depuis vingt-cinq ans, ne voulait plus en être ; si, élevé parmi ce peuple que l'état qu'il s'est choisi l'appelle chaque jour à défendre, il ne voulait pas cesser d'être peuple lui-même; si, au lieu de se nommer comte de Vercourt, Edmond se nommait simplement Edmond Durand, le refuseriez-vous encore pour gendre ?

TOUS. Que dit-il !

PHILIPPIN (à part). Le niais.

DURAND (les larmes aux yeux). Quoi ! tu... tu pourrais renoncer... tu accepterais...

EDMOND (avec tendresse). Ce matin quand, par amour pour Pauline, je déplorais le malheur de n'avoir pas un nom à lui donner, ne m'avez-vous pas offert le vôtre ? Eh bien ! j'accepte, j'accepte avec joie, avec reconnaissance !

DURAND (hors de lui et le pressant dans ses bras). Se peut-il !... toi !... toi !... mon fils !...

EDMOND (avec attendrissement). Et ne le suis-je pas déjà ? Ernest, ne m'en veuillez pas ; je n'ai pas été élevé dans le monde où votre générosité voulait me faire une place ; conservez-moi votre amitié et laissez-moi sacrifier l'ambition au bonheur.

DURAND (s'essuyant les yeux). Hein! j'espère qu'en voilà un brave garçon ! c'est pourtant moi que je l'ai élevé !.. (pleurant et riant à la fois). Ah! je suis d'une joie !... d'une joie !

ERNEST. Touche-là, Edmond, nous serons toujours frères par le cœur... Eh bien M. Berval ?...

BERVAL (donnant la main de Pauline à Edmond). Voici ma réponse.

PHILIPPIN (à part). Allons, j'ai échoué complètement !

SCÈNE XI.

LES MÊMES (LAURETTE accourant).

LAURETTE (à M. Berval). Monsieur, un courrier arrivant de Paris vient d'apporter ce paquet à votre adresse.

BERVAL (vivement puis cherchant à se contenir). Un courrier de Paris... (lisant la suscription) du ministère de l'intérieur !...

PHILIPPIN (à part). C'est sa nomination... bravo !... j'étais un peu effacé, voilà qui va me rendre tout mon lustre (haut à M. Berval). lisez donc ?

BERVAL (jouant l'indifférence). Plus tard.

PHILIPPIN. Vous hésitez, pourquoi? j'ai le pressentiment qu'il s'agit d'une nouvelle qui doit nous faire plaisir à tous; et si vous voulez permettre... (prenant le paquet que lui abandonne M. Berval, et qu'il ouvre avec importance). Je réclame le plus impérieux silence.

DURAND (à part). Faiseur d'embarras!

PHILIPPIN (lisant). 16 juin 1818. Monsieur, j'ai l'honneur de vous informer que par décision de son excellence, en date du 12 de ce mois, vous êtes nommé à la sous-préfecture de Béziers.

BERVAL, PHILIPPIN et ERNEST (à part). J'ai réussi!

Les invités. Bravo! bravo!

BERVAL (dissimulant sa joie). Comment, le ministre aurait eu la bonté...

PHILIPPIN (bas et redoublant d'importance). N'en étais-je pas sûr? (continuant à lire). Une pétition adressée par un nommé Philippin, et appuyée par ses subordonnés et ses amis... a failli vous faire perdre... (il se trouble et s'arrête).

DURAND (d'un ton goguenard). Eh bien! vous vous arrêtez au plus intéressant! achevez donc!

BERVAL (prenant la lettre et continuant). A failli vous faire perdre une place que vous méritez à tous égards. Son nom rappelait au ministre quelques griefs jusqu'ici pardonnés, et ce n'est qu'aux vives sollicitations de M. Ernest de Vercourt, l'un de nos officiers les plus distingués, que vous devez enfin votre nomination. Son excellence vous charge donc, monsieur, de veiller scrupuleusement sur les opérations dudit Philippin, qui ne conservera son emploi qu'autant que vous répondrez de lui.

PHILIPPIN (à part). C'est un coup de massue!

DURAND. Dites donc, mon brave homme, il paraît que vous n'êtes pas chanceux aujourd'hui? comment ni propos, ni duel, ni pétition, ne vous réussissent!

BERVAL. Qu'est-ce à dire?

PHILIPPIN (vivement). Rien; M. Durand plaisante... (à part) sortons, car j'étouffe de dépit... (haut) Messieurs et mesdames, je vous souhaite toutes sortes de prospérités. (Il sort au milieu des huées de tout le monde.)

BERVAL (quand il est parti). M'expliquerez-vous enfin...

DURAND. Laissez-le aller, c'est un tartufe, un méchant démasqué; il n'est plus à craindre.

CHOEUR.   AIR :

Ah! quel bonheur!   BIS.
Retrouver un frère qu'on aime :
Hasard heureux! plaisir extrême!
Pour eux quel moment enchanteur.
Ah! quel bonheur!

DURAND (au public).

AIR : Je suis la petite bergère.

S'lon la coutum' j'viens à votre indulgence
Ici Messieurs faire un appel nouveau,
Puiss' cett' démarche, au gré d'mon espérance,
N'pas fair' l'effet d'un coup d'épé' dans l'eau.
Daignez ce soir ne pas être sévères,
Et, plus que moi, montrez-vous généreux;
Car je n'voulais adopter qu'un des frères
Et vous pouvez les adopter tous deux.   } BIS.

REPRISE DU CHOEUR.   Ah! quel bonheur, etc.

PARIS. — IMPRIM. DE G.-LAGUIONIE, Rue Christine, n° 2.

ACTE 1ᵉʳ, SCÈNE X.

LA DOT DE CÉCILE,

COMÉDIE-VAUDEVILLE EN DEUX ACTES,

Par MM. Gabriel et Angel.

Représentée pour la première fois, à Paris, sur le théâtre du Palais-Royal, le 30 octobre 1857.

PERSONNAGES.	ACTEURS.
RAYMOND, jeune homme de vingt-cinq ans, calme, réservé, un peu froid même, mais franc et sensible.	MM. GERMAIN.
LE CHEVALIER DE BEAUMONT, homme d'affaires à la mode. Demi caricature.	LHÉRITIER.
FLORIDOR, coiffeur en renom, caricature d'artiste.	SAINVILLE.
CÉCILE, jeune personne de vingt ans, d'un caractère confiant et tendre.	Mᵐᵉ DUPUIS.
UN GARÇON COIFFEUR.	M. FELTIS.

La scène est à Paris.

ACTE I.

Un salon élégant de coiffeur, formant arrière-boutique; glaces, fauteuils, toilette, tableaux, bustes, etc.

SCÈNE I.

FLORIDOR, seul, occupé d'une coiffure.

Dix heures!.. et pas une tête ne s'est encore présentée pour se faire coiffer... nos jeunes fashionables se dérangent... ou le siècle rétrograde.

Air : Il me faudra quitter l'empire.

Reviendrait-on à cette époque obscure,
Où, la Titus se montrant en tous lieux,
Il suffisait pour soigner sa coiffure,
De se passer la main dans les cheveux!
Titus, Brutus, César, eurent leur gloire,
Mais en tout temps leur tête m'a déplu :
Les cheveux courts, de tout temps, m'ont déplu...
Pour les coiffeurs le grand roi de l'histoire
C'est Clodion le Chevelu.

Clodion le Chevelu!.. l'inventeur de la coiffure moyen-âge et de la barbe à la François Ier. Louis XIV était encore un grand roi... c'est l'inventeur des perruques... mais ne me parlez pas des Caracalla et des Charles XII... ce sont des rois que je ne peux pas souffrir... ils n'avaient pas de cheveux, mais ils avaient des toupets... oh! ils en avaient... Ah!.. ah!.. voici enfin une tête qui se présente... ce n'est pas une de mes pratiques...

SCENE II.
FLORIDOR, RAYMOND.

RAYMOND. Êtes-vous le maître de cette boutique?

FLORIDOR. Pardon, monsieur... mais nous appelons ceci un salon.

RAYMOND. Voudriez-vous me faire préparer les divers objets qui sont sur cette note.

FLORIDOR. Monsieur ne vient pas se faire coiffer?

RAYMOND. Non, je viens faire des emplettes... veuillez m'expédier sur-le-champ.

FLORIDOR, à part. Oh!.. oh!.. une commande de deux ou trois cents francs... (Haut.) Si monsieur veut s'asseoir un instant... je vais faire faire une petite caisse des huiles, pommades et cosmétiques que monsieur désire. (A part.) C'est quelque coiffeur de province qui vient se fournir à Paris.

RAYMOND. Veuillez me servir en conscience;... je désire avoir ce que vous avez de plus fin... (Souriant.) Et de plus cher.

FLORIDOR. Monsieur, je vous passerai tout à ce prix-là... (Il appelle.) Edmond!..

UN GARÇON, paraissant. Monsieur?..

FLORIDOR. Tenez!.. servez monsieur... (Bas.) C'est pour la province.

LE GARÇON, sortant. Il suffit.

FLORIDOR. Si monsieur veut s'asseoir, voici deux journaux : la GAZETTE DES TRIBUNAUX et le PEIGNOIR.

RAYMOND. Avez-vous un journal politique?

FLORIDOR. Jamais!.. je recevais deux journaux de couleurs différentes... l'un rouge... et l'autre blanc... vous comprenez... mes pratiques étaient toujours à la veille de se prendre aux cheveux... ici, ça pouvait avoir des suites... c'est pourquoi je n'ai gardé que ces deux journaux... le PEIGNOIR qui est de mon état, et la GAZETTE DES TRIBUNAUX qui amuse tout le monde... le scandale est de toutes les opinions.

RAYMOND. C'est juste!.. Votre salon est d'un goût parfait... des peintures... de la sculpture...

FLORIDOR. Aujourd'hui, il faut cela... car le talent est de jeter aux yeux des chalands la poudre qu'on ne leur jette plus sur la tête... chaque siècle a ses usages, ses préjugés... l'art de la coiffure est en progrès... mais, je vous dis cela... à vous, qui le savez peut-être mieux que moi.

RAYMOND. Quelle est cette tête?

FLORIDOR. Une étude de Dantan... il l'a faite exprès pour moi, afin d'immortaliser une coiffure que j'ai montée pour les fêtes du mariage... mon chef-d'œuvre.

RAYMOND. Vous connaissez Dantan?..

FLORIDOR. C'est mon ami intime... tous les artistes sont frères... (Avec grace.) c'est pourquoi je suis bien le vôtre...

RAYMOND. Trop sensible...

FLORIDOR. Le nom de Floridor doit être venu jusqu'à vous... surtout si, comme je n'en doute pas, vous êtes dans la partie.

RAYMOND. Ah! vous avez deviné que j'étais un de vos confrères...

FLORIDOR. L'artiste a le coup d'œil sûr... Vous avez pu voir mes titres sur mon enseigne... je suis coiffeur ordinaire de la cour de Prusse... de la reine de Wurtemberg... de l'impératrice de toutes les Russies...

RAYMOND. Comment faites-vous donc pour les coiffer, quand elles vont au bal, le même jour... dans leur capitale respective...

FLORIDOR. Lorsqu'on est posé comme moi, monsieur, ce n'est point un obstacle...

Air : Vaud. de la Famille du Porteur d'eau.

> A Berlin, je suis en honneur,
> J'ai des partisans en Russie,
> Aujourd'hui, nargue d'un coiffeur
> Qui manque de diplomatie!..
> Si mon talent est dans mes doigts,
> Je puis en donner la recette :
> Chaque jour je fais des envois
> Chez les princes et chez les rois..
> Et je coiffe par estafette!

RAYMOND, à part. Il est original.

FLORIDOR. Ah! j'ai beaucoup travaillé... aussi pour prix de mon zèle et de mon application, j'ai aujourd'hui entre les mains toutes les têtes illustres de Paris... depuis M. de Balzac jusqu'à la Sylphide de l'Opéra.

RAYMOND. Vous connaissez cette danseuse célèbre?

FLORIDOR. Tous les artistes sont frères!

RAYMOND. Frères et sœurs... à ce qu'il me paraît...

FLORIDOR. Si la Sylphide danse si bien, elle le doit à la manière dont je la coiffe.

RAYMOND. Je ne comprends pas trop quels rapports il peut y avoir entre les jambes d'une danseuse...

FLORIDOR. Et sa tête?.. Eh! monsieur, les extrèmes se touchent... Que notre Sylphide se confie à des mains sans tact, sans goût, et vous verrez des choses épouvantables, monsieur... des choses à faire dresser les cheveux!.. Une danseuse arrive en scène avec ses jambes...

RAYMOND, riant. Probablement.

FLORIDOR. Attendez... (Imitant les diverses attitudes.) Elle se pose... ça va!.. elle s'avance tout doucement... ça va encore... elle agite ses bras... ça va toujours... mais qu'elle s'élance, et ça ne va plus... qu'elle risque un entrechat, voilà ses nattes qui se défont... deux entrechats... elle a l'air d'avoir des serpens sur la tête... des monceaux de serpens... qu'elle aille jusqu'à la pirouette, et il arrivera... je n'ose pas prévoir, monsieur, tout ce qui arrivera.

RAYMOND. Vous me faites frémir.

FLORIDOR. Un grand talent doit s'entourer de grands talens, et c'est ce que notre sublime danseuse a parfaitement senti... (Ici Cécile entre dans la boutique.) Mais, pardon...voici quelqu'un qui, sans doute, a besoin des secours de mon génie.

RAYMOND. Ne vous dérangez pas pour moi. (Il continue sa lecture.)

SCÈNE III.
LES MÊMES, CÉCILE.
(Elle est vêtue très modestement; robe grise, petit châle noir, chapeau de paille*.

CÉCILE, s'adressant à Raymond. Etes-vous le maître de la maison, monsieur?

RAYMOND. Non, je n'ai pas cet honneur, c'est monsieur... (A part.) Elle est vraiment fort jolie...

FLORIDOR. Mademoiselle vient se faire coiffer, je vais appeler un de mes garçons.

CÉCILE. Non, monsieur... non, je ne viens pas pour cela... au contraire.

FLORIDOR, étonné. Au contraire! que voulez-vous dire?

RAYMOND, à part. Elle paraît tremblante...

* Floridor, Cécile, Raymond.

FLORIDOR. Ma belle enfant, veuillez vous expliquer clairement.

RAYMOND. C'est peut-être ma présence qui gêne mademoiselle...

FLORIDOR, à Cécile. Monsieur est du métier, et je n'ai point de secret pour lui.

CÉCILE. Oh! ce n'est pas monsieur qui m'intimide...

RAYMOND. Parlez, mademoiselle... parlez...

CÉCILE, à part. Allons... courage!... (Haut.) Puisque vous ne devinez pas... il faut bien vous dire ce qui m'amène... Je viens de lire sur les vîtres de cette boutique, que vous achetiez des cheveux...

FLORIDOR. Oui mademoiselle, cela m'arrive quelquefois... quand ils sont beaux.

CÉCILE. Eh bien! monsieur... je viens vous proposer les miens!

FLORIDOR. Les vôtres!...

RAYMOND. Qu'entends-je?

CÉCILE. Veuillez les regarder...

(Elle se décoiffe et de beaux cheveux inondent ses épaules.)

FLORIDOR, à part. Superbes, magnifiques!... dignes d'une duchesse... (Haut.) Ils sont assez bien.

RAYMOND. Dites qu'ils sont magnifiques...

FLORIDOR. Ah! ah! monsieur est connaisseur. (A part.) J'étais sûr que c'était un confrère. (Haut.) Quel prix mademoiselle en veut-elle avoir?..

CÉCILE. Vous savez, mieux que moi, ce que cela peut valoir.

FLORIDOR. Dites votre prix, mon enfant.

CÉCILE. Le mien, monsieur.

Air : Je sais attacher des rubans.

Ah! franchement, je vous le dis,
Car j'ignore encor l'imposture,
Je n'attache pas un grand prix
A cette modeste parure...
Mais son prix pourrait s'augmenter...
Elle vous paraîtrait plus chère,
Si vous saviez ce qu'elle va coûter
De larmes à ma pauvre mère!..

RAYMOND. Sa mère!..

FLORIDOR. Dans le commerce, ma belle enfant, on ne peut pas compter cela pour une valeur.

CÉCILE. Je le sais, monsieur; mais c'est afin que vous n'attachiez pas à ma démarche d'autre motif que celui qu'elle doit avoir.

RAYMOND, à part. Pauvre fille... il faut qu'elle soit bien malheureuse...

FLORIDOR. Tenez, mademoiselle... je vous parlerai franchement... ce que je vois est bien... très bien... mais cela souffre... oui, il y a de la mélancolie et des peines de cœur dans cette belle chevelure-là... ça vaut trente-cinq francs, bien payé.

CÉCILE, avec douleur. Trente-cinq francs...

RAYMOND, s'avançant. J'en donne cinquante!

FLORIDOR. Vous!..

RAYMOND. Moi-même!..

FLORIDOR. Vous feriez une mauvaise affaire.

RAYMOND. Cela me regarde.

FLORIDOR. Songez donc qu'il faudrait un mois de soins particuliers et la main d'un artiste habile, pour donner quelque prix à cette marchandise-là.

RAYMOND, souriant. Bon!.. puisque je suis du métier je dois m'y connaître aussi bien que vous... j'en donne cinquante francs.

CÉCILE. Cinquante francs!.. ah! monsieur... je vous remercie... on m'avait dit...

FLORIDOR, s'animant. J'en donne soixante.

RAYMOND. J'en donne cent!..

CÉCILE, joyeuse. Oh! mon Dieu!..

FLORIDOR. Diantre!.. vous avez donc des pratiques bien haut placées.

RAYMOND. Mais, oui... je suis en train de chercher en ce moment cette nuance pour une tête de comtesse.

FLORIDOR. Cette nuance... mais... c'est noir... tout simplement.

RAYMOND. Oui, mais quel noir!.. le jais... l'ébène...

FLORIDOR. Je ne dis pas non... mais cent francs...

RAYMOND. Voudriez-vous surenchérir?.. à votre aise... mais il me les faut à tout prix.

FLORIDOR. Non, monsieur... je n'irai pas sur les brisées d'un confrère aussi haut placé dans la partie... que vous paraissez l'être.

RAYMOND. Mais, oui... je suis dans une assez bonne position... Mademoiselle, voici la somme en or.

CÉCILE. Ah! monsieur... monsieur... si vous saviez quel service...

FLORIDOR, avançant une chaise. Allons... puisque le marché est conclu, il ne reste plus qu'à l'exécuter.

CÉCILE, pâlissant. Oh! mon Dieu!.. déjà...

RAYMOND, à part. Pauvre petite!.. ce sacrifice est au-dessus de ses forces!..

FLORIDOR. L'instinct de la coquetterie... Confrère, voici des ciseaux.

RAYMOND*. Un moment...

FLORIDOR. Est-ce que vous seriez fâché de votre marché?

RAYMOND. Non... non... au contraire... M. Floridor, veuillez aller voir si les objets que j'ai demandés sont prêts... je veux causer avec cette jeune fille, et savoir d'elle...

FLORIDOR. Je vous comprends... nous autres artistes, nous sommes toujours grands et généreux... (Bas.) Franchement, vous payez trop cher.

(Il sort.)

SCENE IV.

RAYMOND, CÉCILE.

RAYMOND, à part. Comme elle paraît triste et pensive...

CÉCILE, revenant de sa rêverie. Hâtez-vous, monsieur... je vous prie... car mon seul désir est d'accomplir promptement le sacrifice que je me suis imposé.

RAYMOND. Mais, qui vous a portée à le faire... ce sacrifice?

CÉCILE. Le malheur!

RAYMOND. Le malheur?

CÉCILE. Le malheur de ma mère, monsieur... car, moi, je sais tout supporter... mais, la voir en butte à la persécution... à la misère... aux outrages...

RAYMOND. Votre position est donc bien cruelle?

CÉCILE. Nous manquons de tout, monsieur... et demain nous n'aurions plus d'asile, sans cet or que vous venez de me donner.... car notre hôte impitoyable... Prenez, monsieur, ce qui vous appartient.

RAYMOND. Avant d'en venir là... et si je ne craignais de paraître importun... j'aurais quelques questions à vous adresser.

* Floridor, Raymond, Cécile.

CÉCILE. Parlez, monsieur, parlez!... vous avez droit à toute ma confiance.

RAYMOND. Votre mère connaît-elle votre démarche?..

CÉCILE. Oh! non, monsieur... j'ai profité d'un moment où elle reposait pour m'échapper et accourir ici... si elle eût pu se douter de ma résolution, elle n'y aurait jamais consenti.

RAYMOND. Vous avez donc eu un secret pour elle?..

CÉCILE. C'est le premier, monsieur, et ce sera le dernier... Jusqu'à ce jour, ma mère fut ma seule amie; je lui confiais tout... joies, peines, désirs, espérances... aujourd'hui, j'ai commencé à me cacher d'elle... j'hésitais... je tremblais... oui, monsieur, j'ai tremblé... c'était la première fois que je sortais sans elle... à chaque pas les forces me manquaient... le dévoûment a donc quelquefois les apparences d'une grande faute?..

RAYMOND. Jamais vis-à-vis de ceux qui ont un cœur... une ame...

CÉCILE. Je me trouvais seule... au milieu de la rue... j'ai été suivie... les remarques, les éloges même... tout me glaçait d'effroi... mais faisant un dernier effort... je suis venue jusqu'ici... je vous ai rencontré... et j'en bénis le ciel.

RAYMOND. Votre position n'a-t-elle donc jamais éveillé la sollicitude d'un ami... d'un protecteur?..

CÉCILE. Il s'en est présenté plus d'un... ils prenaient ce titre pour arriver jusqu'à nous... mais leurs intentions étaient coupables...

RAYMOND. Vous m'intéressez de plus en plus... et si je pouvais vous être utile... à vous, et à votre mère... Avez-vous quelque talent d'agrément?

CÉCILE. Oh! oui, monsieur... je joue de la harpe, et je peins les fleurs avec une patience, qui a fait croire à quelques personnes que j'avais du talent et du goût.

RAYMOND, surpris. Quel est votre nom?

CÉCILE. Cécile, monsieur.

RAYMOND. Cécile, c'est bien... mais le nom de votre mère?

CÉCILE. Cécile!.. Monsieur, après la démarche que j'ai faite... et dans le lieu où nous sommes... permettez-moi de vous le taire...

RAYMOND, à part. Charmante! (Haut.) Je respecte votre secret, et je tâcherai d'être utile à Mlle Cécile... je puis même m'occuper de vous à l'instant. Je connais un riche marchand de porcelaines, qui fait peindre beaucoup de fleurs... je me rends chez lui à votre intention. *

CÉCILE. Et ma chevelure...

RAYMOND. Ah! oui... mais elle est si bien où je la vois.

CÉCILE. Mais, monsieur, notre marché?..

RAYMOND. Si je vous priais de la garder encore une heure...

CÉCILE. Une heure! une heure encore!..

RAYMOND. Toute la journée, si vous voulez... je ne pars que ce soir.

CÉCILE. Oh! non... non... j'accepte pour une heure... car, voyez-vous, je puis vous dire mon secret... Ce qui causait ma peine, c'est que ce matin même, c'est la fête de ma mère...quand je lui présenterai mon bouquet, elle m'embrassera... et puis... selon son usage, elle prendra ma tête dans ses deux mains... et si elle s'apercevait... (Elle pleure.) Vous comprenez, il n'y aurait plus de fête pour elle...

RAYMOND. Tant d'infortune et tant de grace... le ciel est bien injuste quelquefois.

CÉCILE. Dans une heure, je reviendrai...et alors...

RAYMOND. Dans une heure, mademoiselle... n'y manquez pas.

CÉCILE. Oh! comptez sur moi!.

* Cécile, Raymond.

Air : Vous verrez ma tournure. (COLONEL D'AUTREFOIS.(1)

ENSEMBLE.
A votre confiance,
Oui, Cécile répondra,
Et sa reconnaissance,
Monsieur, va se graver là !
RAYMOND.
Oui, j'en ai l'assurance,
Cécile ici reviendra,
Et bientôt sa souffrance
Par mes soins s'apaisera !

CÉCILE, à part
Le sort doit-il suspendre
Les coups qu'il porte à mon cœur ?
J'étais loin de m'attendre
A rencontrer le bonheur.

(Regardant Raymond.)
Oui, pour mon cœur,
C'est du bonheur.

ENSEMBLE.
RAYMOND.
Oui, j'en ai l'assurance, etc.
CÉCILE.
A votre confiance, etc.   (Elle sort précipitamment.)

SCENE V.
RAYMOND, seul.

L'aimable fille !.. si elle dit vrai, elle mérite bien qu'on s'emploie en sa faveur... Allons chez ce riche marchand; je connais M. Lefèvre, c'est un brave et digne homme, et c'est lui rendre service que de lui fournir l'occasion d'obliger cette jeune personne.

SCENE VI.
FLORIDOR, LE GARÇON, portant une petite caisse, RAYMOND.

FLORIDOR. Mon cher confrère en la perruque blonde d'Apollon, votre commande est prête.

RAYMOND. Etes-vous bien sûr, mon cher confrère, qu'Apollon portât perruque ?

FLORIDOR. Historique, car j'ai là-haut une gravure du siècle de Louis XIV, où ce dieu est coiffé comme le grand roi.

RAYMOND. C'est une preuve irrécusable... Combien vous dois-je ?

FLORIDOR. Voici la petite note.

RAYMOND. Cent écus !.. c'est un peu cher.

FLORIDOR. Monsieur a demandé ce prix-là... c'est d'ailleurs ce que paient tous les artistes...

RAYMOND. Et les artistes sont frères !

FLORIDOR. J'allais vous le dire.

RAYMOND. Voici 500 francs, veuillez me rendre.

FLORIDOR. Diable !.. je n'ai point de monnaie chez moi, mais nous touchons au Palais-Royal, et le garçon... Edmond, tenez, changez ce billet... vous rapporterez 200 francs en or à monsieur.

(Le garçon sort. Raymond prend le journal et se rassied.)

SCENE VII.
RAYMOND, BEAUMONT, FLORIDOR.

BEAUMONT, au fond. Robinson, conduis mon tilbury sur la place de la Bourse... je daignerai aller à pied jusque-là !.. (Descendant la scène.) Bonjour, Floridor. (Il va se regarder dans la glace.) Dieu ! que c'est beau, l'homme !

(1) Le Colonel d'autrefois fait partie du Musée dramatique. (Note de l'éditeur.)

FLORIDOR. Oui, quand il est coiffé.

BEAUMONT, se mirant toujours. Allons, voulez-vous bien n'être pas joli garçon comme cela...

RAYMOND, à part. Feu Narcisse, ressuscité.

BEAUMONT. Je suis adorable... mais ce n'est pas tout... Floridor, il faut que tu me fasse aujourd'hui une de ces têtes qui font tourner toutes les autres... hâte-toi, surtout, car je suis pressé... mon domestique va m'attendre devant la Bourse, c'est bon genre... ou est autre part... mais votre tilbury est là, ça vous classe !

FLORIDOR. Savez-vous, monsieur le chevalier, que vous avez bien fait de quitter votre état de premier clerc d'huissier pour prendre la Bourse.

(Beaumont se place sur une chaise à gauche, Raymond est assis à droite.*)

RAYMOND, riant. Comment l'entendez-vous ?

FLORIDOR. Monsieur est marron... et un joli marron, je m'en vante.. On végète, on meurt sur pied dans une étude d'huissier... et monsieur est né coiffé.

BEAUMONT. Il est sûr que tout me réussit... mais ce n'est pas étonnant... je suis joli homme... et la fortune est femme et coquette...

FLORIDOR, en le coiffant. Vous étiez trop joli homme pour faire un clerc d'huissier.

BEAUMONT. Tais-toi donc... est-ce qu'on dit ces choses-là devant le monde ?

FLORIDOR. Monsieur est un confrère !..

BEAUMONT. Un homme d'affaires...

RAYMOND. Non... un coiffeur.

BEAUMONT. Ah !.. fort bien... Tel que tu me vois, Floridor, je vais me marier.

FLORIDOR. Diantre !.. avec une tête comme la vôtre, c'est dangereux...

RAYMOND, riant à part. C'est assez bien observé.

BEAUMONT. Oh !.. celle que je veux épouser n'est pas une de ces femmes comme on en voit tant à Paris... Croirais-tu, Floridor, qu'elle m'a résisté ?

FLORIDOR, le coiffant. Que voulez-vous ? nous sommes au temps des miracles.

RAYMOND, à part. Le fat !..

BEAUMONT. Après ça, je dois dire, pour mon honneur, que je n'ai pas fait jouer jusqu'à ce jour toutes mes batteries... j'y ai mis de la délicatesse... Comme tôt ou tard, il faut que cela finisse par un mariage... C'est honnête... et puis il y a six cent mille francs de dot.

FLORIDOR. Six cent mille francs de dot !

BEAUMONT. Peut-être plus... peut-être moins... je ne sais pas.

FLORIDOR. Et vous êtes bien certain de faire ce mariage ?..

BEAUMONT. On raffole de moi, mon cher !.. on m'adore !.. tu conçois, avec une tête comme celle-là..

FLORIDOR. Surtout quand elle est coiffée par moi... Six cent mille francs... trente mille francs de rente... on ne gagne pas ça, en faisant des contraintes par corps... Il faut se dépêcher de conclure... (Le frisant.) Chaud, chaud !..

BEAUMONT, tressaillant. Prends donc garde, tu me brûles !..

FLORIDOR. Ne faites pas attention... c'est le fer... continuez.

BEAUMONT. Ah ! c'est toute une histoire.

RAYMOND, à part. Le moraliste a bien raison... un indiscret est une lettre décachetée que tout le monde peut lire.

BEAUMONT. Figure-toi que la petite... (Bas.) Mais es-tu sûr que monsieur...

* Raymond, Floridor, Beaumont.

FLORIDOR. Ne craignez rien... vous dis-je... c'est un confrère.

BEAUMONT. De Paris ?..

RAYMOND. Non, monsieur, de Bruxelles.

BEAUMONT. De Bruxelles... ah! ah !.. alors monsieur doit connaître le comte d'Alberg... le ministre des finances des Pays-Bas?

RAYMOND. Je le coiffe tous les jours, monsieur.

FLORIDOR, bas. Quand je vous disais, un confrère... il ne me fait pourtant pas l'effet d'être bien fort.

BEAUMONT. On le dit un peu sévère... un peu dur même.

RAYMOND. Surtout pour les intrigans.

FLORIDOR. Et à Bruxelles, il y en a tant... les nôtres vont tous là !..

Air du Verre.

C'est étonnant, dans ce pays,
Comme d'ici l'on court en foule,
Car vers Bruxelles de Paris,
Sans relâche la poste roule.
Ce mode de transport est cher ;
Heureusement, en commandite,
On va faire un chemin de fer
Afin de se sauver plus vite.

BEAUMONT. Farceur de Floridor, va !.. Pour en revenir au vieux comte d'Alberg... qui n'aime pas les intrigans... n'a-t-il pas lui-même ruiné la famille Moranville par un procès injuste ?..

RAYMOND. Qui vous a dit qu'il était injuste, monsieur?

BEAUMONT. Eh! parbleu, ceux qui l'ont perdu !..

RAYMOND. Ce n'est pas là précisément une raison.

BEAUMONT. Si vous connaissiez l'affaire... vous diriez comme moi...

RAYMOND. J'ai lu ce procès dans la GAZETTE DES TRIBUNAUX.

BEAUMONT. Eh bien! alors... n'est-il pas clair... évident... prouvé... que le comte de Moranville avait fait une vente simulée de sa terre, à sa sœur, la comtesse d'Alberg...

RAYMOND. Cela n'est pas prouvé du tout, car sa veuve aurait gagné son procès.

BEAUMONT. Puisqu'on n'a pas pu retrouver la contre-lettre...

RAYMOND. Ceci prouve évidemment qu'elle n'existait pas.

BEAUMONT. Elle existait... des témoins l'ont vue... mais le notaire de Rouen, chez lequel elle était déposée, s'étant réfugié en Belgique... et de là aux Etats-Unis... courez après !.. Le comte d'Alberg a refusé de rendre le domaine... mais, patience... il ne sera peut-être pas si heureux en appel... En attendant, puisque vous avez l'honneur de le coiffer, vous pouvez lui dire que le comte de Moranville est mort de chagrin, et que sa famille languit au fond de la Normandie, dans la plus profonde misère... ceci l'amusera... et l'attendrira peut-être... si quelque chose peut attendrir un ministre belge... un vieil avare qui n'a plus d'entrailles que pour son or, à ce qu'on dit.

RAYMOND, à part. Voilà comme on juge les hommes!

FLORIDOR. Vous êtes coiffé, monsieur le chevalier.

RAYMOND. Chevalier ?..

BEAUMONT, se levant*. Oui, chevalier... je m'en flatte... Un titre ne fait de mal à personne, et fait beaucoup de bien à celui qui le porte... Dans ce siècle, le premier point c'est d'éblouir... A cette jolie figure-là... et à cette tournure ravissante, il fallait un titre... je l'ai pris... Qui viendra me le contester... dans un temps où les chevaliers sont si communs.

FLORIDOR. C'est vrai !..

* Raymond, Beaumont, Floridor.

Air : Encore du charlatanisme.

Ce titre est de tous les états,
Il encourage la science,
Orateurs, artistes, soldats,
Pour tous c'est une récompense.
Les chevaliers sont en tout temps,
Le noble orgueil de la patrie...

RAYMOND, jetant un regard à Beaumont.
Mais, il se glisse dans leurs rangs
Plus d'un chevalier d'industrie. (Bis.)

BEAUMONT. Eh! monsieur... l'industrie... c'est la divinité du siècle... aujourd'hui... le talent... faiblesse... le génie... bêtise... de l'industrie et un physique comme celui-ci... (Il pirouette.) et votre fortune est faite.

FLORIDOR. Quand vous aurez fait fortune, monsieur le chevalier, vous n'oublierez pas ma petite note... voilà déjà deux ans...

BEAUMONT. Qu'est-ce que c'est?.. tu me demandes de l'argent... toi!.. allons donc!.. défais-toi de ces manières-là!..

FLORIDOR. Mais, cependant, les artistes...

BEAUMONT. Les artistes sont frères... (Il retourne à la glace.) J'en reviens à mon dire, l'homme est une superbe chose... (à Floridor.) Ne me demande plus d'argent, ou je me ferai coiffer chez un autre.

(Il sort en fredonnant.)

SCENE VIII.

RAYMOND, LE GARÇON, FLORIDOR *.

LE GARÇON, entrant. Voici, monsieur.   (Il remet de l'or à Raymond.)
RAYMOND. Voici pour vous.
FLORIDOR. Vingt francs pour le garçon... oh! générosité d'artiste... voilà comme nous sommes tous.
LE GARÇON. Oui... à dix-neuf francs près.
FLORIDOR, le poussant. Allez donc, mon ami, allez donc.

SCENE IX.

FLORIDOR, RAYMOND.

FLORIDOR. Et cette caisse... qu'en faut-il faire?..
RAYMOND. Je l'enverrai prendre dans la journée... je vais jusqu'à la place de la Bourse... Si cette jeune fille revenait avant moi, vous la feriez attendre.
FLORIDOR. Vous l'avez laissée sortir sans terminer?.. eh bien!.. vous êtes bon enfant... elle sera allée vendre à un autre... j'en mettrais mon fer... c'est-à-dire ma main au feu.
RAYMOND. Je suis tranquille sur son compte... M. Floridor, n'oubliez pas ma recommandation...On vient... ah! justement, c'est elle...

SCENE X.

LES MÊMES, CÉCILE **.

CÉCILE, fort agitée. Ah! monsieur... vous voici.
RAYMOND. Qu'est-ce donc, mademoiselle?..
CÉCILE. Ah!.. je suis bien malheureuse... car le monde est bien méchant...
RAYMOND. Que vous est-il donc arrivé?..
CÉCILE. Cet or que vous m'avez donné...

* Raymond, le garçon, Floridor.
** Raymond, Cécile, Floridor.

RAYMOND. Eh bien ?..

CÉCILE. J'avais acheté quelques fleurs pour la fête de ma mère... et je rentrais chez nous... toute joyeuse... quand, dans sa chambre même, j'ai trouvé notre impitoyable créancier qui s'emportait en menaces contre elle... Je l'ai payé à l'instant, monsieur... mais ma mère a voulu savoir où j'avais pris cet argent... et comme je n'osais pas lui dire par quel moyen je me l'étais procuré... le méchant homme a fait planer sur moi d'odieux soupçons... il a prononcé le nom de M. de Beaumont... il a parlé d'intrigues secrètes... Ma mère ne l'a pas cru, monsieur, oh !.. non... elle connaît trop sa Cécile... mais le bruit que faisait cet homme avait attiré les voisins, et comme je ne suis qu'une pauvre fille... les plus lâches conjectures... les plus cruelles assertions ont été répandues sur mon compte... oh !.. voici mes cheveux... prenez-les, monsieur... prenez-les bien vite, afin que je ne puisse rentrer chez ma mère qu'en prouvant à tout le monde que ma conduite a toujours été pure.

RAYMOND. Pauvre enfant !..

CÉCILE. De grace, hâtez-vous... hâtez-vous !.. car si ma mère n'a pu ajouter foi aux propos de notre créancier... j'ai du moins vu sur ses traits une inquiétude qui me tue...

Air : Vaudeville de la Petite Gouvernante.

    Oui, tout cela lui paraissait un songe,
    Et chaque instant doublait mon embarras;
    Il me fallut recourir au mensonge,
    Je l'avouerai... je ne balançai pas...
    Mais, après tout, en cette circonstance,
    Je n'ai du moins pas forfait à l'honneur...
    Car j'ai, monsieur, pour moi ma conscience
    Et Dieu qui lit dans le fond de mon cœur!
               (La musique continue jusqu'à la fin.)

FLORIDOR, qui a pris ses ciseaux, à Raymond. Monsieur... je suis à vos ordres... faut-il ?..

CÉCILE, vivement. Oui, monsieur... oui, sur-le-champ.
(Elle se place sur la chaise *.)

RAYMOND, à part. Pauvre fille !.. (Floridor s'approche avec ses ciseaux.)

FLORIDOR, déclamant.

  « Peut-on voir, sans frémir, cette fille charmante
  » Tendre au fer de Calchas une tête innocente. »

CÉCILE. O ma mère !.. ma mère !..

(Le rideau baisse au moment où Floridor prend les cheveux de Cécile pour les couper.)

FIN DU PREMIER ACTE.

ACTE II.

Un intérieur fort modeste, peu de meubles; des chaises en paille; une petite table garnie de tout ce qu'il faut pour peindre.

SCÈNE I.

CÉCILE, assise et travaillant.

Air de Bérat.

    En vérité, je vous le dis,
    Désespérer serait folie;
    Dans la couronne de la vie,
    Les roses sont près des soucis.

* Raymond, Floridor, Cécile.

Le plaisir touche à la souffrance,
En un jour les pleurs sont taris...
Croyez au ciel, à l'espérance,
En vérité, je vous le dis.

En vérité, je vous le dis,
J'étais malheureuse et souffrante;
Un bon jeune homme se présente,
Soudain, tous mes maux sont finis;
Sa douceur, sa noblesse extrême,
Ont su gagner mon cœur surpris;
En secret je sens que je l'aime...
En vérité, je vous le dis!.. (On frappe).

Ah! voilà quelqu'un... si c'était M. Raymond...   (Elle va ouvrir).

SCENE II.
FLORIDOR, CÉCILE.

CÉCILE. Ah! c'est vous, M. Floridor.

FLORIDOR. Mademoiselle Cécile, je suis bien le vôtre... avec l'admiration et le respect d'usage... en pareille circonstance.

CÉCILE. Eh bien! M. Raymond est-il arrivé?

FLORIDOR. Pas encore, mademoiselle, mais on l'attend aujourd'hui... je sors de son hôtel.

CÉCILE. Savez-vous que voilà près de deux mois qu'il est parti?

FLORIDOR. Deux mois, pardon!.. avec votre permission, il n'y a aujourd'hui que vingt-neuf jours... mais je conçois que vous soyez impatiente de le revoir!... quel cœur!.. quelle âme!... comme on voit que c'est un artiste!... d'un coup d'œil j'avais démêlé ses nobles qualités... Mais il a mis le comble à mon admiration, le jour où vous étiez là, sur une chaise, attendant le coup fatal... pour consommer le plus grand sacrifice que puisse faire une jolie femme. Je me vois encore avec mes ciseaux, comme les sacrificateurs de l'antiquité... tout à coup, vous poussez un cri (Faussant.) ah!.. et vous restez évanouie.. Qu'aurait fait un homme ordinaire?.. Il vous aurait fait respirer des sels... du vinaigre des quatre voleurs... j'en avais justement là... et du bon... on ne trouve chez moi que des premières qualités... M. Raymond, lui, demande un fiacre... il vous prend dans ses bras... vous emporte... et ce n'est que près de votre mère que vous reprenez connaissance. — Prenez mes cheveux, monsieur, prenez-les, je le veux. — Mademoiselle, dit le magnanime coiffeur... ils ont besoin de soins, je vous prie de les garder encore un mois... Tout ce que je vous demande, c'est de permettre que M. Floridor vienne, pendant ce temps, prodiguer à cette belle chevelure l'heureux secours de son beau talent. — Là-dessus, il me glisse cent francs dans la main... et me voilà, comme de coutume, à mon poste pour gagner mon argent d'abord, et ensuite pour remplir les intentions d'un homme délicat... d'un autre moi-même... car, c'est le cas ou jamais de le répéter, les artistes sont frères... surtout, quand ils se tiennent par les cheveux... comme moi et M. Raymond.

CÉCILE. Mais êtes-vous bien sûr que ce soit un coiffeur?

FLORIDOR. Eh! mademoiselle... quel autre qu'un confrère eût fait une pareille acquisition?

CÉCILE. Ma mère pensait que c'était un moyen de nous obliger.

FLORIDOR. Alors, pourquoi me charger de soigner sa marchandise jusqu'à son retour?... Et puis, la tournure distinguée de M. Raymond... son air noble, réfléchi... cet homme est coiffeur dans l'âme... Cependant, je prendrai les informations que madame votre mère m'a demandées sur son compte, et je saurai vous dire sa véritable profession... Ce qu'il y a de bien sûr, c'est un digne jeune homme.

CÉCILE. Oh! oui... et ma reconnaissance lui est acquise pour la vie... car la recommandation qu'il m'a donnée pour ce riche marchand, M. Lefèvre, nous assure à jamais le nécessaire.

FLORIDOR. Vous êtes une bonne fille, et vous méritez d'être heureuse... aussi je vous dois un conseil... un conseil d'honnête homme... n'épousez pas votre homme d'affaires... vous savez...

CÉCILE. M. le chevalier de Beaumont.

FLORIDOR. Chevalier... c'est possible... je ne dis pas ça pour lui nuire... tous les artistes sont frères... mais vous êtes un ange!.. et M. Beaumont ne vous convient pas...

SCENE III.

Les Mêmes, BEAUMONT*.

BEAUMONT. Eh bien! ne vous gênez pas, monsieur l'artiste en cheveux... Combien vous faut-il pour m'accommoder ainsi?..

FLORIDOR, à part. Oh!.. (Haut, avec embarras.) Monsieur le chevalier... c'est encore un éloge de vous... car, je disais à mademoiselle... si vous voulez un mari, qui ait du talent... du mérite... prenez M. de Beaumont... mais... mais... si vous voulez un époux qui ne se fasse pas aimer de toutes les femmes... M. de Beaumont ne vous convient pas... demandez à mademoiselle... (Avec aplomb.) Voilà... monsieur le chevalier, voilà comme je vous accommode...

BEAUMONT. Il suffit!..

FLORIDOR, sort en ricanant. Ah!.. ah!.. ah!..

SCENE IV.

BEAUMONT, CECILE.

BEAUMONT. Disait-il cela, charmante Cécile?..

CÉCILE. J'ignore ce qu'il me disait, monsieur.... j'étais distraite.... préoccupée... Mais voilà bien long-temps que nous n'avons eu le plaisir de vous voir.

BEAUMONT. Vous avez donc remarqué mon absence... (A part, se frisant.) j'en étais sûr!..

CÉCILE. C'est ma mère, monsieur.

BEAUMONT. Votre mère, Cécile... le mot est cruel... mais je suis certain qu'il n'est pas sincère... Avouez que vous avez songé à moi... je le sais... je le vois... vous avez pleuré...

CÉCILE. Monsieur....

BEAUMONT. On se connaît... l'on connaît les femmes!.. les jeunes filles surtout... Eh bien! rassurez-vous... je ne me suis éloigné de vous que pour songer à vous, pour m'occuper de vous... je reviens de Bruxelles.

CÉCILE. De Bruxelles!..

BEAUMONT. Maintenant... je puis, je dois vous apprendre la cause de ce voyage... Une lettre que j'avais reçue de la Belgique m'annonçait que cette pièce importante, qui devait vous faire gagner votre procès, la contre-lettre, était déposée chez l'un des principaux notaires de Bruxelles. Je me suis rendu dans cette ville, et pendant un mois, j'ai fait les recherches les plus minutieuses...

CÉCILE. Eh bien?

BEAUMONT. Il m'a été impossible de rien découvrir... Malgré les offres brillantes que j'ai faites!.. malgré les menaces les plus formelles... rien, absolument rien... Je suis allé voir le vieux comte d'Alberg et son épouse... je leur ai parlé avec l'éloquence du cœur... de vos malheurs... de vos vertus... de vos droits... de votre beauté... (Cécile fait un mouvement d'impatience.) Ça ne gâte jamais rien... la beauté m'a fait gagner plus d'une cause...

* Beaumont, Floridor, Cécile.

CÉCILE. Enfin!..

BEAUMONT. Le vieux comte m'a répondu, avec un ton fort malhonnête, qu'il ne pouvait pas souffrir les gens d'affaires... et sa digne épouse, le croiriez-vous, m'a regardé avec son binocle, en disant : qu'est-ce que c'est que ça?.. puis tous les deux m'ont tourné le dos en ricanant... à moi!.. le chevalier de Beaumont... Oh! alors, l'indignation m'a dicté mon devoir... j'ai pris la poste... et je reviens à Paris pour mettre ma fortune à vos pieds.

CÉCILE. Quoi, monsieur?..

BEAUMONT. Oui... mes talens... ma fortune!.. mes agrémens personnels... mon cœur... je mets tout cela à vos pieds... Votre avenir est désormais fixé... car si vous gagnez votre procès, vous serez riche... et si vous le perdez, vous serez riche encore... votre mère vous devra une position honorable... fortunée. Voilà Cécile, voilà quel est mon projet... Si vous l'approuvez, je ne réclame qu'une seule chose... l'autorisation de demander à madame votre mère l'honneur de devenir son gendre.

CÉCILE, avec effroi. Ah!.. monsieur... monsieur!..

BEAUMONT, à part. J'étais sûr que ça lui ferait plaisir!.. (Haut.) je connais votre rang... votre famille... mais la mienne est noble aussi... quoique je me sois jeté dans les affaires... Aujourd'hui, la noblesse à la mode, c'est l'argent, et j'en gagne horriblement... Tout cela sera pour vous, Cécile... (Appuyant.) Pour votre mère...

CÉCILE. Ah! M. de Beaumont, je ne sais comment vous exprimer...

BEAUMONT. En m'accordant l'autorisation que je sollicite!

CÉCILE, avec embarras. Parlez à ma mère, monsieur... moi, j'ai juré d'épouser celui qui la rendra heureuse.

BEAUMONT. Ah!.. vous me ravissez!..

Air : Mes amis, c'est dans sa patrie.

Je vais voir votre bonne mère,
A mes vœux elle se rendra,
Et bientôt un hymen prospère
A jamais nous enchaînera.
Je crains peu qu'elle se récrie ;
Vous êtes noble... je le suis...
Je suis beau... vous êtes jolie...
Il faut des époux assortis!..

ENSEMBLE.

Je vais voir votre bonne mère, etc.

CÉCILE.

Allez voir cette bonne mère ;
Franchement elle répondra ;
Du sort de sa fille si chère,
Sa volonté décidera.

(Beaumont entre à droite en arrangeant ses cheveux.)

SCENE V.
CÉCILE, seule.

L'épouser... lui!.. oh!.. j'espère bien que ma mère n'y consentira jamais... et cependant s'il était vrai qu'il dût changer son sort... je me résignerais... Encore s'il ressemblait à ce bon M. Raymond, si modeste... si délicat dans ses procédés!.. (Elle soupire.) Il n'est qu'un artisan, lui... et M. de Beaumont est chevalier... voilà la fortune... (Elle devient rêveuse ; on entend la voix de Raymond.) Mais c'est sa voix... (Cécile court à la porte.)

SCENE VI.
CÉCILE, RAYMOND.

RAYMOND. Cécile!..

CÉCILE, avec un cri. Ah! c'est bien lui!..

RAYMOND. Je suis indiscret, peut-être... mais pendant un mois j'ai tant pensé à vous... à votre mère... qu'il me semblait que vous deviez m'attendre...

CÉCILE. Oh! oui... oui... M. Raymond, nous vous attendions... Depuis un mois... nous comptions les jours... et depuis ce matin, les heures.

RAYMOND. C'est comme moi.

CÉCILE. Avez-vous fait un bon voyage?

RAYMOND. Oui, bon... mais il n'a pas été heureux... je n'ai pas trouvé les personnes que j'étais allé chercher... il m'a fallu courir tout le département, et mes recherches ont été sans résultat... j'étais d'une impatience... Mais, pardon... on m'avait dit que vous n'étiez pas seule.

CÉCILE. Notre homme d'affaires, que vous ne connaissez pas... M. de Beaumont.

RAYMOND. M. de Beaumont!.. oh! pardonnez-moi... je le connais pour un fat... qui se croit aimé de toutes les femmes... qui se trouve charmant.

CÉCILE. Je crois qu'il est seul de son avis.

RAYMOND. Comment se porte madame votre mère?

CÉCILE. Bien mieux, depuis que, grace à vos soins, l'aisance est rentrée dans notre petit ménage.

RAYMOND. Quant à vous, Mlle Cécile, vous êtes d'une fraîcheur... je vous trouve encore embellie.

CÉCILE, souriant. Oui, ma chevelure, surtout... Quand prenez-vous ce qui vous appartient?

RAYMOND. Oh! j'ai le temps...

CÉCILE. Il faut pourtant que notre marché se réalise.

RAYMOND. Avez-vous bien travaillé, en mon absence?

CÉCILE, montrant ses dessins *. Oh! voyez!.. voyez!.. M. Raymond.

RAYMOND. Ah! le joli bouquet!..

CÉCILE. Vous trouvez?.. j'ai près de cent francs à recevoir.

RAYMOND. Oh! mais c'est une fortune... Eh bien! je vous propose un marché... donnez-moi ces fleurs... et gardez cette parure naturelle qui vous va si bien.

CÉCILE, avec émotion. Ah!.. monsieur... monsieur... vous n'êtes donc pas un marchand... un coiffeur?

RAYMOND. Je n'ai pas cet honneur!

CÉCILE. Mais qui donc êtes-vous?

RAYMOND. Un voyageur qui s'est trouvé là, par hasard... qui a vu vos larmes... a compris votre peine, et a voulu la soulager.

CÉCILE, pleurant. Ah!.. ah!.. mon Dieu!.. que vous me faites de bien!..

RAYMOND. Vous pleurez?

CÉCILE. Oh! oui... oui, je pleure... et ne m'en demandez pas la cause... je ne pourrais vous la dire... je ne la comprends pas moi-même... Ne croyez pas que ce soit un mouvement de coquetterie, au moins... non, non... mais il y a dans votre procédé tant de noblesse... tant de délicatesse... et ma mère et moi, avons rencontré si rarement ces deux sentimens depuis que nous sommes à Paris... que je me sens troublée... émue... malgré moi... Qui donc êtes-vous, monsieur?.. ah!.. de grace!.. qui donc êtes-vous?..

RAYMOND. Qu'importe mon nom et mon état, mademoiselle Cécile? Nous allons nous séparer pour ne plus nous revoir, peut-être...

CÉCILE. Ne plus nous revoir?..

RAYMOND. Je n'habite point Paris... des devoirs me rappellent chez

---

* Raymond, Cécile.

moi... Je vais partir le cœur satisfait... puisque j'ai pu contribuer à vous rendre le repos.

CÉCILE. Quoi !.. je ne saurai pas même votre nom.

RAYMOND. M'avez-vous dit le vôtre? vous êtes pour moi... mademoiselle Cécile... je suis pour vous... M. Raymond... nous voilà quittes... Veuillez demander à madame votre mère, si je puis prendre congé d'elle.

CÉCILE, passant à droite. Comme votre départ va l'affliger !..

SCENE VII.
LES MÊMES, FLORIDOR*.

FLORIDOR, accourant. Mlle Cécile ! Mlle Cécile...

CÉCILE. Qu'est-ce donc ?

FLORIDOR, apercevant Raymond. Le voilà ! c'est lui !.. M. Raymond, j'ai bien l'honneur... le plaisir... la satisfaction**... (Bas à Cécile.) Je sais qui il est à présent.

CÉCILE, bas à Floridor. En vérité ?

FLORIDOR, bas. Ce n'est pas un coiffeur... non, c'est le premier architecte du roi des Belges.

CÉCILE, respirant. Ah !

FLORIDOR, bas. Il a acheté chez le libraire, mon voisin... vous savez... trois nouveaux traités d'architecture moderne qui viennent de paraître.

CÉCILE, bas. Un architecte ?

FLORIDOR, à part. C'est donc ça qu'il est si bien bâti !

CÉCILE. Un architecte !..   (Elle entre chez sa mère.)

SCÈNE VIII.
FLORIDOR, RAYMOND.

FLORIDOR, à part. La petite aimerait mieux que ce fût un coiffeur. (Haut.) M. Raymond a vu comme j'ai rempli la tâche qu'il m'a donnée... il doit être content de moi.

RAYMOND. Oui, M. Floridor... mais j'attends de vous un nouveau service, un service important.

FLORIDOR, relevant ses manches. Disposez de moi, monsieur l'architecte...

RAYMOND, avec surprise. Ah ! ah ! je suis architecte, maintenant... j'aime mieux cet état que l'autre.

FLORIDOR. Où diable avais-je la tête de vous prendre pour un coiffeur ?.. Mais aussi cette tournure distinguée, cet air comme il faut... enfin vous êtes architecte... c'est encore un artiste, et les artistes sont frères... Ce qui m'a trompé surtout, c'est cet achat considérable chez moi.

RAYMOND, gaîment. Est-ce qu'on peut faire un voyage à Paris, sans être chargé d'un déluge de commissions ?

FLORIDOR. C'est vrai... mais l'acquisition que vous avez faite à mon détriment ?.. car je guettais cette nuance pour la femme d'un courtier qui a vu blanchir sa chevelure, après une affaire que son mari avait faite à la Bourse.

RAYMOND. Il avait donc tout perdu ?

FLORIDOR. Au contraire... mais en rentrant de la Bourse, il a trouvé un chapeau d'homme chez sa femme !.. (Baissant la voix.) Vous comprenez?

RAYMOND. Fort bien... mais, revenons au service que j'attends de vous.

FLORIDOR. De quoi s'agit-il ?

RAYMOND. Il faut porter cette lettre et attendre la réponse, que vous me remettrez... vous-même...

* Cécile, Floridor, Raymond.
** Floridor, Cécile, Raymond.

FLORIDOR. Moi-même... (Il regarde l'adresse.) A la Préfecture de police! (A part.) Ah! mon Dieu! est-ce que je me serais encore trompé...
(Il le regarde.)

RAYMOND. Vous hésitez?

FLORIDOR, embarrassé. Non, monsieur... mais, est-ce qu'un de mes garçons ne suffirait pas?

RAYMOND. Donnez, j'irai moi-même.

FLORIDOR. Ce que j'en dis ce n'est pas pour vous refuser. (A part, en l'examinant toujours.) Oh! non, ce n'est pas possible, il a l'air si loyal... d'ailleurs... un architecte!.. (Haut.) Car vous êtes bien architecte, n'est-ce pas? (Mouvement d'impatience de Raymond.) Pardon, j'ai là mon tilbury... je vais vous rendre ce bon office.

RAYMOND. Je vous attends ici.

FLORIDOR. Vous n'aurez pas l'ennui de m'attendre long-temps.

Air de Marianne.

Mon cheval est des plus rapides;
Quoiqu'en gagnant plus d'un grand prix
Il ait gagné les Invalides,
Il trotte encor bien dans Paris.
Oui, comme Eole,
Toujours il vole,
Rasant les chars
Sur son passage épars...
Quand il s'emporte,
Il me transporte
Comme l'éclair
Ou le chemin de fer.
Aussi dans mes courses légères,
Jamais d'un coup de fouet brutal
Je n'ai frappé cet animal...
Les artistes sont frères!
(Il sort.)

RAYMOND. M. Floridor est fou, décidément... Mais, la raison le veut, dès que j'aurai rempli la mission dont je suis chargé, je quitterai Paris... Mlle Cécile deviendrait trop dangereuse pour moi!

SCÈNE XI.
BEAUMONT, RAYMOND.

BEAUMONT, parlant à la cantonnade, en sortant de la chambre de la mère de Cécile. Oui, mesdames, vous me rendez le plus heureux des hommes.

RAYMOND, à part. Que dit-il?

BEAUMONT, se retournant. Ah! ah! voici l'architecte du roi des Belges... il me tarde bien que ce monsieur soit allé reprendre ses fonctions.

RAYMOND, à part, en s'asseyant. Cet homme a le don de me déplaire au plus haut degré.

BEAUMONT, sans le regarder. Monsieur, je viens d'apprendre une chose assez étrange... Mlle Cécile a dit à sa mère que vous n'étiez point coiffeur.

RAYMOND. Elle a dit vrai.

BEAUMONT, voyant que Raymond ne bouge pas, va prendre brusquement une chaise de l'autre côté de la scène et s'assied avec une intention marquée. J'ai cru d'abord que vous n'étiez que perruquier... mais il se trouve que vous êtes architecte... c'est du moins ce que dit Mlle Cécile.

RAYMOND. Elle a peut-être rencontré juste...

BEAUMONT. Je le crois... mais alors, vous avez donc voulu nous mystifier, monsieur... ou bien, le marché singulier que vous aviez conclu chez Floridor, le mois dernier, n'était qu'un prétexte spécieux pour vous introduire auprès de ces dames.

RAYMOND. A votre tour, monsieur le chevalier... vous pourriez avoir deviné.

La dot de Cécile.

BEAUMONT. J'ai beaucoup de pénétration, monsieur... mais alors, je vous demanderai franchement quelles sont vos intentions?

RAYMOND. Et moi, monsieur... je vous dirai franchement que je n'ai aucune raison pour répondre à cette question... au moins indiscrète.

BEAUMONT. Dans la position de ces dames, deux raisons seules peuvent vous conduire auprès d'elles.

RAYMOND. Malgré votre pénétration, il en est peut-être une troisième... qu'il ne vous est pas donné de sentir, monsieur.

BEAUMONT. Je ne pénètre pas la profondeur de ce discours, mais je vois clairement que monsieur a pris un prétexte d'humanité pour venir ici tenter de séduire Mlle Cécile... ou peut-être même pour chercher à l'épouser... si elle gagne son procès.

RAYMOND, se levant. Ces deux intentions ne sont pas les miennes... elles peuvent être les vôtres.

BEAUMONT, l'imitant. Je n'ai qu'une chose à vous dire... c'est qu'un homme comme vous, ne peut pas aspirer à la main de Mlle Cécile... et qu'un homme comme moi, ne souffrira pas que l'on cherche à l'outrager, par une coupable intention... c'est vous dire, que ce que vous avez de mieux à faire, c'est de reprendre la route de Bruxelles.

RAYMOND. Je prendrai la liberté grande, monsieur le chevalier, de retourner votre phrase... et je vous dirai qu'un homme comme vous, n'est pas fait pour être le mari de Cécile, et qu'un homme comme moi, châtiera l'insolent qui aurait sur elle des vues qui ne seraient pas honorables.

BEAUMONT. Qu'est-ce que c'est?..

RAYMOND. Quant à la route de Bruxelles... en votre qualité d'homme d'affaires, il est probable que vous la connaissez mieux que moi... mais, je vous avertis que ce lieu n'est plus un refuge.

BEAUMONT, élevant la voix. Ce ton me paraît fort amusant... Vous ignorez donc à qui vous parlez... le chevalier de Beaumont n'a jamais souffert une insulte... même d'un architecte.

RAYMOND. Il est possible, monsieur, que vous soyez brave... (Avec fierté.) mais, je ne le crois pas.

BEAUMONT. Monsieur... monsieur... je vous prouverai...

RAYMOND. Je vous conseille de vous hâter, car, chaque minute ajoute à mon incrédulité.

BEAUMONT, avec embarras. Eh bien! monsieur... à l'instant même... j'ai chez moi des fleurets...

RAYMOND, tranquillement. Cela suffit.

BEAUMONT, reprenant de l'audace. Sortons, monsieur... je vous tuerai, monsieur!..

RAYMOND. C'est possible! et c'est dans cette chance que je vous prie de vouloir bien permettre que j'aille faire mes adieux à ces dames*.

BEAUMONT. J'espère bien que vous n'allez pas les alarmer sur mon compte en leur racontant ce combat.

RAYMOND. Vous me faites pitié, monsieur.   (Il entre.)

SCÈNE X.

FLORIDOR, BEAUMONT.

BEAUMONT. Pitié!.. pitié!.. mais voilà un architecte insolent comme un maçon! Mais je le châtierai... je le châtierai.

FLORIDOR, accourant. Ah! grand Dieu! quelle bévue j'avais faite... je viens de l'hôtel de cet étranger, et je sais enfin ce que c'est.

BEAUMONT. Et qu'est-il donc, cet insolent personnage?

FLORIDOR. Ce n'est pas un architecte... c'est un maître d'armes!

* Raymond, Beaumont.

BEAUMONT, stupéfait. Un maître d'armes !..

FLORIDOR, appuyant. Un maître d'armes !.. Qui l'aurait jamais dit... et un fameux à ce qu'il paraît... Il m'avait prié de porter une lettre à la Préfecture de Police, et je le prenais pour un... (Il lui dit le mot à l'oreille.) Enfin, la réponse qu'il attendait avait été envoyée à son hôtel... je vais la chercher pour la lui remettre... et comme j'étais chez le concierge, on a apporté pour lui des fleurets, des masques et un plastron... avec un cœur rouge... vous savez...

BEAUMONT. Un maître d'armes ! et moi, qui viens de m'enferrer...

FLORIDOR. Il paraît qu'il sait se faire respecter, car le concierge n'en parle qu'avec une circonspection... ça doit être le maître d'armes de la cour de Bruxelles.

BEAUMONT, à part. Je n'ai pas une goutte de sang dans les veines.

FLORIDOR. Par exemple, je n'aurais jamais deviné son état à son air calme et doux... mais on dit que ce sont les plus dangereux... ils vous tuent un homme avec une tranquillité... une précision... ça fait frémir rien que d'y penser !.. Après ça, ce que j'en dis, ce n'est pas pour moi... un maître d'armes, c'est encore un artiste, et les artistes sont... (Se retournant vers Beaumont.) Mais qu'avez-vous donc, monsieur le chevalier ?.. vous êtes tout pâle.

BEAUMONT, cherchant à se remettre. Moi, quelle idée !.. Je suis rose et blanc !

SCENE XI.
Les Mêmes, RAYMOND.*

RAYMOND, en sortant de la chambre voisine. Allons ! je suis content de moi, de ma résignation. (Haut.) Je suis à vos ordres, monsieur.

FLORIDOR. Voici votre réponse, monsieur le maître d'armes.

(Il lui donne la lettre.)

RAYMOND, à part, en la prenant. Voilà une qualité qui m'arrive bien à propos..

BEAUMONT, à part. Ah ! oui, oui... il a bien l'air assuré d'un spadassin.

RAYMOND, lisant à part. Grand Dieu ! que vois-je ?.. en croirai-je mes yeux ?.. Voilà un coup du ciel !.. et moi qui suis allé les chercher en Normandie...

FLORIDOR, à Beaumont. Il paraît que la réponse lui fait plaisir... je suis sûr qu'on lui annonce que quelqu'un qu'il a tué n'est pas mort de sa blessure...

RAYMOND, à Beaumont. Partons, monsieur, partons, car j'ai hâte de me débarrasser...

BEAUMONT**. De vous débarrasser de moi, n'est-ce pas, monsieur ?.. Oh ! je vous connais maintenant, monsieur le maître d'armes, et vous pensez bien que je ne suis pas assez fou... D'ailleurs à quoi cela servirait-il ? je suis en position de mépriser vos injures... car Cécile m'aime.

RAYMOND. Cécile vous aime !

BEAUMONT. Sans doute... eh ! regardez-moi... Oui, monsieur, Cécile m'aime.

RAYMOND. Elle vous l'a dit ?

BEAUMONT. Tout à l'heure, ici, et de plus, elle a promis de m'épouser.

RAYMOND. Elle vous l'a promis !

BEAUMONT. Et la mère a ratifié le choix de sa fille.

RAYMOND. Sa main vous est promise par la mère, et sa fille consent...

BEAUMONT. Mais, oui, oui, monsieur, combien de fois faut-il vous le dire ?.. Vous comprenez qu'alors je ne dois pas beaucoup me soucier de me battre... cela pourrait avarier ma jolie figure et je tiens à la conserver. Adieu, monsieur le maître d'armes.

* Raymond, Floridor, Beaumont.

** Floridor, Raymond, Beaumont.

Air : Séduisante image. (GUSTAVE.)

ENSEMBLE.
RAYMOND.
Cécile si sage
Recevrait l'hommage
D'un fat sans courage...
A peine j'y crois.
BEAUMONT.
Malgré mon courage,
Je dois, en vrai sage,
Mépriser l'outrage
Qu'ici je reçois.

Oui, Cécile m'adore;
Je l'entends qui m'implore
Et qui me dit. Modère-toi...
Conserve-toi pour moi !

ENSEMBLE.

BEAUMONT.
Malgré mon courage, etc.

RAYMOND, FLORIDOR.
Cécile si sage, etc.

SCÈNE XII.

FLORIDOR, RAYMOND.

FLORIDOR. A votre place, monsieur le maître d'armes, je couperais les oreilles à ce drôle-là... et si vous avez besoin d'un second, vous savez que je sais manier le fer.

RAYMOND. Non, je vous remercie.

FLORIDOR. Là-dessus, je vais à mes occupations... J'ai tous les jours quinze têtes sur les épaules... quinze têtes !..

SCENE XIII.

RAYMOND, seul.

Cécile aime cet homme !.. elle que je croyais si raisonnable... elle dont l'esprit et la candeur m'avaient charmé !.. Toutes les femmes se ressemblent... et la moindre poupée à la mode suffit pour leur tourner la tête !.. La voici !.. hâtons-nous de remplir la mission dont je me suis chargé.

SCENE XIV.

CÉCILE, RAYMOND.

CÉCILE. Vous êtes encore ici, M. Raymond !.. oh ! que je suis heureuse de vous revoir !

RAYMOND. Heureuse !.. vous me trompez !..

CÉCILE, étonnée. Monsieur !..

RAYMOND. Écoutez-moi, Mlle Cécile, j'ai un grand secret à vous révéler.

CÉCILE. A moi ?..

RAYMOND. Il y a un mois environ, je vous quittai pour aller en Normandie, à la recherche d'une famille que j'avais le plus grand intérêt à rencontrer... une dame et sa fille...

CÉCILE. En Normandie !.. une dame et sa fille !..

RAYMOND. Oui, dans la petite ville de Bolbec.

CÉCILE. Bolbec ! se peut-il ?..

RAYMOND. Et dans le voisinage du beau château de Moranville... dont on leur dispute injustement la propriété.

CÉCILE. M. Raymond...

RAYMOND. Cette dame et cette fille, je les ai trouvées enfin... et j'étais loin de penser que Cécile et sa mère étaient l'épouse et l'unique enfant du comte de Moranville, lieutenant-général, mort dans l'exil.

CÉCILE. Qui vous a donc appris?..

RAYMOND. L'homm oit to ut savoir dans Paris.

CÉCILE. Comment a-t-il pu découvrir?..

RAYMOND. Qu'importe?.. l'essentiel, c'est que je vous aie retrouvées... je puis remplir le message dont je suis chargé par M. le comte et Mme la comtesse d'Alberg, vos adversaires.

CÉCILE. Ah! monsieur, de grace... ne prononcez pas ce nom... si ma mère l'entendait... le comte d'Alberg nous a fait tant de mal...

RAYMOND. Vous ne le haïrez peut-être plus, quand vous saurez que c'est lui qui m'envoie vers vous... pour rendre l'honneur à votre père... en terminant ce fatal différend.

CÉCILE. Qu'entends-je?..

RAYMOND. Ou plutôt, en vous faisant gagner votre procès... car, cette contre-lettre, que vous avez si long-temps cherchée, Cécile...

CÉCILE. Et bien?..

RAYMOND. La voici!..

CÉCILE. Il se pourrait! (Elle la regarde.) C'est donc à vous, M. Raymond, que je devrai toujours la joie et le bonheur... Mais, comment se fait-il que M. le comte d'Alberg...

RAYMOND. Il pensait être dans son droit... il n'avait jamais entendu parler de cette pièce importante... lorsque, tout-à-coup, un message arrivé de Philadelphie et signé, Granger...

CÉCILE. C'est le nom du notaire de Rouen.

RAYMOND. Il avait appris l'issue de ce procès, et il écrivait au comte d'Alberg, pour lui annoncer que la justice s'était trompée, et que la contre-lettre était déposée chez un notaire de Bruxelles... Le comte, à cette lecture, fut frappé d'un chagrin mortel... il versa des pleurs... (Je les ai vus, Cécile...) des pleurs amers sur son injustice, et dégoûté du monde, il se retira dans une de ses terres, après avoir cédé ses emplois, ses dignités à son fils unique... et il m'envoie vers vous, chargé de ce titre qui rend à votre père l'honneur, et à votre mère et à vous, une fortune, que les hommes allaient si impitoyablement vous ravir... Vous voyez, Mlle Cécile, que M. le comte d'Alberg n'est pas si coupable que vous avez dû le penser.

CÉCILE. Ah!.. oui... oui... monsieur... ce que vous m'apprenez pénètre mon ame de la reconnaissance la plus vive pour lui... pour vous, M. Raymond... qui semblez être un ange envoyé de Dieu, pour finir les malheurs de ma mère et les miens!.. ma mère!.. je n'ose pas lui apprendre ce changement de fortune... elle va mourir de joie peut-être... car l'avenir de sa fille est assuré.

RAYMOND, avec amertume. Votre avenir!.. ah! oui, maintenant... un mariage brillant... un époux de votre choix... ce M. de Beaumont... que vous aimez...

CÉCILE. Qui vous a dit?..

RAYMOND. Mais... lui-même.

CÉCILE. Il vous a dit que je l'aimais!

RAYMOND. Ne lui avez-vous pas fait cet aveu?

CÉCILE. Moi? à lui! à lui!.. Et vous avez pu le croire!..

RAYMOND. Votre cœur serait libre?..

CÉCILE. Non, il ne l'est pas!

RAYMOND. Grand Dieu!.. cependant vous avez promis d'épouser M. de Beaumont...

CÉCILE. J'ai promis d'épouser celui qui rendrait à ma mère sa fortune... quels que soient son rang, son état... et d'après ce serment, vous voyez bien que ce n'est pas à M. de Beaumont que je dois appartenir!

RAYMOND. Cécile!..

CÉCILE, faisant quelques pas. Allons porter cette heureuse nouvelle à ma mère!

RAYMOND. Un mot encore, Cécile... En vous apportant cet acte qui rend le bonheur à votre mère, je n'ai rempli qu'un devoir... je n'ai aucun droit à votre reconnaissance... mais si, touché de vos vertus, épris de vos charmes... je sollicitais aussi la permission de demander votre main à madame votre mère...

CÉCILE, souriant. Vous seriez bien sûr de n'être pas refusé.

RAYMOND. Par elle?..

CÉCILE, baissant la voix. Par moi!

CÉCILE et RAYMOND.

Air de Marion carmélite.

O moment enchanteur!
Dans un tendre délire
Je vais pouvoir me dire :
Je possède son cœur!
Vous seul / seule occupiez mes instans ;
Votre image était là ! vous veniez me surprendre...
Je croyais vous entendre
Répondre à mes premiers sermens...
Vous aviez mon amour,
Mon ame était ravie...
Et de toute ma vie,
C'était le plus beau jour!

(Il la presse sur son cœur.)

SCÈNE XV.

LES MÊMES, BEAUMONT *.

BEAUMONT. Eh bien! ne vous gênez pas, monsieur le maître d'armes!

CÉCILE. Un maître d'armes!..

RAYMOND. Oui, monsieur me voit ainsi... la peur grossit les objets.

CÉCILE. Oh! n'importe... qui que vous soyez, Cécile est à vous!..

RAYMOND. Vous l'entendez, monsieur le chevalier, Cécile est à moi!.. et avec votre permission, je vais donner l'ordre de dresser mon contrat de mariage... avec mademoiselle de Moranville.

BEAUMONT. Mademoiselle de Moranville...

RAYMOND. Vous voyez, monsieur le chevalier, qu'il ne vous reste qu'à prendre la route de Bruxelles. (Il sort.)

SCÈNE XVI.

BEAUMONT, CÉCILE.

BEAUMONT. Eh quoi! mademoiselle, après m'avoir promis....

CÉCILE. J'ai promis d'épouser celui qui rendrait à ma mère le repos et le bonheur.

BEAUMONT. Eh bien!..

CÉCILE, montrant à Beaumont la contre-lettre. Lisez...

BEAUMONT. Que vois-je!.. cet écrit...

CÉCILE. Il vient de m'être remis à l'instant par M. Raymond... Vous voyez qu'en lui accordant ma main, je ne fais que remplir un engagement sacré.

BEAUMONT, à part. Maladroit que je suis!.. (Haut.) C'est fort bien, mais un pareil écrit ne peut pas se trouver entre les mains d'un maître d'ar-

---

* Beaumont, Cécile, Raymond.

mes... c'est donc un homme d'affaires, un notaire?.. mais, alors je serais offensé!..

SCENE XVII.
Les Mêmes, FLORIDOR *.

FLORIDOR, entrant vivement. Non, non... ce n'est pas un notaire, du tout... j'ai enfin découvert qui il est.

CÉCILE. Qu'est-il donc, M. Floridor?..

FLORIDOR. C'est un riche maquignon de Bruxelles, le fournisseur du roi des Belges!

BEAUMONT, riant. Un maquignon!.. c'est cela! il était allé en Normandie pour faire ses acquisitions... un maquignon! oh! oh! oh!.. un maquignon! (A part.) Mais alors je serais horriblement offensé!..

CÉCILE. Qui vous l'a dit, M. Floridor?..

FLORIDOR. Le fils de Crémieux, que je coiffais et qui vient de le voir passer dans la rue, m'a dit que son père lui avait vendu ce matin même six chevaux de la plus grande beauté... Pour un maquignon?.. c'est un maquignon, bien sûr!

BEAUMONT, ironiquement. Allons, madame, dès que j'aurai voiture, ce qui ne peut tarder, c'est à votre mari que je donnerai la préférence.

CÉCILE, à part. L'insolent!..

FLORIDOR. Son mari!..

MUSIQUE DOUCE.

CÉCILE. Dans quelque position que se trouve M. Raymond... fut-il maître d'armes... maquignon... ou même clerc d'huissier... je n'en aurai pas moins pour lui la reconnaissance que lui méritent ses bienfaits...

BEAUMONT. Je n'insiste plus, madame... Il ne nous reste maintenant qu'à voir l'héritière des ducs de Moranville échanger le nom glorieux de ses ancêtres, pour celui de.....

SCENE XVIII.
Les Mêmes, RAYMOND **.

RAYMOND, entrant. La comtesse d'Alberg!..

TOUS, faisant un mouvement de surprise. Ah!...

CÉCILE, allant à Raymond. Est-il possible?

BEAUMONT, à part. Un comte... je ne suis plus offensé!..

CÉCILE. Quoi! vous seriez...

RAYMOND. Votre cousin, ma chère Cécile... le fils de la comtesse d'Alberg et de l'homme qui, sans le vouloir, vous a causé tant de chagrins... heureux si je puis vous faire oublier tous les torts de mon père.

CÉCILE, émue. Ah! M. le comte... la surprise!.. le bonheur!.. (Avec amour.) Venez embrasser notre mère.

FLORIDOR, à part. C'était un comte!.. eh bien! je m'en étais toujours douté... (Allant à Raymond.) Monsieur le comte... (Il le salue bien bas.)

CHOEUR.

Air : Mire dans mes yeux tes yeux.

Ce jour finit leur malheur;
Cécile et sa mère
Vont enfin d'un sort prospère
Goûter la douceur.

CÉCILE, au public.

Il vous sera bien facile
De finir tous mes chagrins,

---

* Beaumont, Cécile, Floridor.
** Beaumont, Cécile, Raymond, Floridor.

Car de la pauvre Cécile
La dot est entre vos mains,
Oui, de la pauvre Cécile,
La dot est entre vos mains.
Daignez donc la soutenir,
Loges et parterre,
Vous connaissez la manière
De nous enrichir.

TOUS.

Daignez donc la soutenir, etc.

FIN.

Imp. J.-R. MEYREL, pass. du Caire, 54.

SCÈNE X.

UNE PARTIE DE DOMINOS,

PIÈCE EN UN ACTE MÊLÉE DE CHANT,

PAR M. P^{re}. Tournemine.

Représentée pour la première fois, à Paris, sur le théâtre de l'Ambigu-Comique, le 12 novembre 1857.

PERSONNAGES.	ACTEURS.
LE BARON DE PIBERMANN.	MM. PROSPER-AUGUSTE.
BELAMOUR, jeune français, sergent de carabiniers.	BLÉS.
LANDRIN, son intime, caporal dans le même corps.	CULLIER.
UN CAPITAINE français.	MONNET.
UN VIEUX DOMESTIQUE.	
LA COMTESSE DE BERLINGHEM.	Mmes SAINT-FIRMIN.
LUCIENNE, sa femme de chambre.	HÉLOÏSE.
SOLDATS en uniforme recouvert d'un domino.	

La scène est à Stralsund, dans l'hôtel de la comtesse, pendant l'occupation des troupes françaises, en 1809.

⸻

Le théâtre représente un riche salon. A droite du spectateur, deux portes, dont la première est perdue dans la tenture; à gauche, au second plan, un cabinet; du même côté et en deçà, un canapé et un guéridon sur lequel est une lampe à demi-baissée. Des fauteuils, une table couverte d'un tapis, complètent l'ameublement.

SCÈNE I.
BELAMOUR, LANDRIN.

(Au lever du rideau, un jour douteux éclaire la scène. La porte du premier cabinet de droite s'entr'ouvre et laisse apercevoir les deux Français dont l'uniforme est caché sous un domino.)

BELAMOUR, poussant Landrin.

Avance donc...

LANDRIN.

Un moment, il faut bien reconnaître où l'on est.

BELAMOUR.

Où l'on est?.. parbleu! chez une femme qui s'est éprise de moi : une comtesse, une marquise... que sais-je!.. ne vois-tu pas le luxe qui règne dans cet appartement?

LANDRIN, *examinant les lieux.*

Oh! toi, toutes les conquêtes sont toujours des princesses; c'est comme cette petite Lucienne, que tu n'as pas revue depuis cinq ou six jours, et dont tu n'as pu même découvrir la demeure; ne t'ai-je pas entendu parler que c'était une grande dame?

BELAMOUR.

Et je le parie toujours; le mystère qu'elle a voulu mettre dans notre liaison, n'en est-il pas une preuve certaine?

LANDRIN.

Lovelace!.. ainsi tu crois fermement encore...

BELAMOUR.

Que je suis ici en bonne fortune? Dame! il me semble qu'à la suscription seule de cette lettre, on n'en peut guère douter.

LANDRIN.

Oui, oui, l'adresse est bien la tienne; et d'ailleurs, il y a en tête joli sergent... c'est une épithète non équivoque!

BELAMOUR.

Enfin on ne t'en écrirait pas autant.

LANDRIN.

Par une raison bien simple, je ne suis que caporal.

BELAMOUR, *s'approchant de la lampe qu'il lève, et lisant haut.*

16 février 1809. Joli sergent... » (Parlé.) Hein? comme ça sonne? (Il continue.) « Une femme qui vous aime et veut vous en donner la preuve, vous » invite d'un bal masqué, au milieu duquel elle espère trouver l'instant » de vous entretenir. Mettez un domino de couleur brune, avec une cein- » ture bleue; venez ce soir à dix heures, rue de l'Arcade, et servez-vous » de la clé ci-jointe pour ouvrir la petite porte que vous trouverez à main » droite, au bout du mur de l'hôtel de Berlinghem. » (Après avoir lu.) Est-ce assez positif?

LANDRIN.

D'accord, les renseignemens sont exacts; mais regarde, vois-tu la moindre chose qui ressemble aux apprêts du bal auquel on t'invite?

BELAMOUR.

Qu'est-ce que cela prouve? cet hôtel paraît vaste, et peut-être que dans d'autres pièces...

LANDRIN, *avec une intention marquée.*

Oui, peut-être...

BELAMOUR.

Ah! le diable t'emporte! tu es plus craintif qu'un abbé.

LANDRIN.

Oh! craintif, non; mais prudent, oui; et c'est parce que j'ai eu des soupçons sur la démarche que je te voyais faire, que j'ai voulu te suivre, afin que tu eusses un second, dans le cas où tu serais tombé dans un piége.

BELAMOUR, *gaîment.*

Un piége!.. une aventure de carnaval...

LANDRIN.

Carnaval! carnaval!.. raison de plus alors pour que je craigne qu'on t'attrape. Ecoute, Belamour, tu es doué d'un physique séducteur, c'est bon; tu as l'habitude du monde, c'est bien; tu es brave et bon garçon avec cela, c'est encore mieux; mais tu ne connais pas le terrain sur lequel tu fais tes caravanes, et voilà l'avantage que j'ai sur toi. Tu veux agir ici, aussi étourdiment que si tu étais encore à Paris dans l'étude de ton huissier du faubourg Saint-Jacques? c'est une faute grave: tu es à Stralsund, ville que nous avons prise aux Prussiens et que nous occupons militairement depuis deux mois, or, comme en pays ennemi plus que partout ailleurs, on trouve des maris et des pères assez ridicules pour se fâcher quand on fait la cour à leurs femmes ou à leurs filles, et que tu es un bambocheur fini, qui a déjà mis le désordre dans plusieurs ménages, je ne serais pas étonné que par vengeance ou jalousie, et sous le prétexte d'une aventure amoureuse...

BELAMOUR, *lui montrant la lettre qu'il tient.*

Tu es fou! regarde donc ce billet... quelles inquiétudes puis-je avoir? c'est une femme qui l'a écrit, mon ami; une femme qui m'attend, qui m'aime, une femme jeune et jolie, sans doute.

Air : *De sommeiller encor ma chère.*

J'en suis certain, elle doit être blonde,
Ses dents sont blanch' et son œil... est fripon;

Sa taille est svelte, et sa figure... est ronde,
Sa jambe est fine, et son pied est mignon.

LANDRIN.

Eh bien! loin de croire à tant d'graces divines,
L'écritur' même, ajoute à mes soupçons;
Car, je n' sais pas si ses jambes sont fines,
Mais ses jambag's sont de fameux bâtons.

BELAMOUR.

Ah! pour le coup, mon cher Landrin, c'est pousser la prévention jusqu'au ridicule; eh! que diantre! chacun prend son plaisir où il le trouve! Est-ce que je te sermonne jamais sur ton goût immodéré pour la bonne chère?

LANDRIN.

Je crois bien; où est le danger de s'adonner aux douceurs d'un bon repas?..

BELAMOUR.

Où est le mal de se livrer aux charmes de l'amour?

LANDRIN.

La table engraisse et l'amour maigrit; or, la table doit passer avant tout...

BELAMOUR.

Non pas, ce sont les femmes.

LANDRIN.

Je te dis que c'est la table!

Air : Ne sont pas ceux qui tournent, tournent. (CHUT!)

A table, jamais de tristesse,
Point de souci, point de chagrin;
Crois-moi, d' l'amour, la fausse ivresse
Ne vaut pas l'ivresse du vin.
Les pein's du cœur, on les ajourne,
Quand d' Bacchus seul, on suit la loi,
Et l' bonheur, c'est lorsque tout tourne,
Lorsque tout tourne autour de soi,
Lorsque tout tourne, tourne, tourne,
Lorsque tout tourne autour de soi.

BELAMOUR.

Ton système est une folie,
Et vraiment je plains ton erreur :
Quant à moi, l'amour est ma vie,
C'est lui seul qui fait mon bonheur.
Qu'import' que le souci séjourne
Dans mon cœur qui subit sa loi;
Pourvu que chaque tête tourne,
Qu' chaque tête tourne pour moi,
Pourvu qu' chaqu' tête tourne, tourne,
Tourne, tourne, tourne pour moi.

LANDRIN.

Enragé, va!.. fasse le ciel que cette partie de dominos finisse mieux que je ne l'espère!..enfin, comme dit le proverbe, le vin est tiré, il faut...

BELAMOUR, écoutant.

Chut! il m'a semblé entendre... oui, quelqu'un vient de ce côté...

LANDRIN, vivement.

Quelqu'un?.. Eh bien! tant mieux, mille bombes! nous allons du moins savoir à quoi nous en tenir; et puisqu'heureusement personne ne nous a fait déposer nos armes à la porte; par mesure de prudence, en avant le commissaire.

(Ils se placent un peu à l'écart, Landrin ayant ouvert son costume, et gardant la main sur la poignée de son sabre.)

SCÈNE II.

LES MÊMES, LUCIENNE, UN VIEUX DOMESTIQUE, portant un panier de vin à son bras.

LUCIENNE, s'arrêtant au fond et s'adressant à l'homme qui la suit.

Vous avez entendu? retournez à votre logement, et sous quelque prétexte que ce soit, n'en sortez et n'ouvrez à personne.

LANDRIN, à part.

Une femme !

BELAMOUR, de même.

C'est singulier, je connais cette voix-là.

LUCIENNE, continuant au domestique.

Je vous paie généreusement, j'espère ; ce panier de vin pour exécuter un ordre que vous a déjà donné madame la comtesse.

BELAMOUR, bas à Landrin.

Tu entends ; il y a une comtesse...

LE DOMESTIQUE.

Soyez tranquille, mademoiselle Lucienne, vous serez obéie. (Il sort.)

BELAMOUR et LANDRIN.

Lucienne !

BELAMOUR, allant vivement à elle.

Air : Lève-toi, ma belle amie. (ALBERT GRISARD.)

O joie ! ô surprise extrême !
Quoi ! c'est la femme que j'aime,
Quel instant délicieux !

LUCIENNE.

Oui, c'est moi, c'est bien moi-même,
Oui, c'est la femme qui t'aime,
Qui t'attendait en ces lieux.

BELAMOUR.

Ah ! désormais plus de peine,
Le sort me rend en ce jour
Ma Lucienne, ma Lucienne,
Mon amour !

ENSEMBLE.
{ Ta Lucienne
  Ma
  Ton amour.
  Mon }

BELAMOUR.

Mais si c' n'est pas un vertige,
Apprends-moi, par quel prodige...

LUCIENNE.

Un moment, eh quoi ! déjà,
Après six grands jours d'absence,
N'avez-vous d'impatience
Que pour savoir ce s'cret-là ?

BELAMOUR, parlé.

Oh ! pardon, pardon ; le bonheur me rend fou et j'oubliais...

(Il l'embrasse plusieurs fois.)

LUCIENNE, parlé.

A la bonne heure !

BELAMOUR, reprenant le couplet.

Ah ! désormais plus de peine,
Le sort me rend en ce jour,
Ma Lucienne, ma Lucienne
Mon amour.

ENSEMBLE.
{ Ta Lucienne
  Ma
  Ton amour. (bis.)
  Mon }

LANDRIN, bas à son ami.

Dis donc, je vois que tu ne coures aucun danger, je te laisse.

BELAMOUR, de même.

Ah ! tu es donc enfin convaincu ? eh bien ! je suis généreux, reste.

LANDRIN.

Rester, pourquoi faire ?

BELAMOUR.

Parbleu ! tu vois bien que la maison est bonne ; et puisqu'elle peut donner un panier de vin à un laquais, il ne lui sera pas plus difficile d'en faire autant pour toi.

LANDRIN.

Diantre! c'est différent, je ne te quitte pas, alors.

LUCIENNE, à Belamour.

Quel est ce monsieur?

BELAMOUR.

Un ami dévoué qui, doutant de mon bonheur, a voulu en être témoin.

LUCIENNE.

Ah! monsieur doutait...

LANDRIN.

Ecoutez donc, belle dame, une lettre sans signature, c'est terriblement anonyme.

BELAMOUR.

Au fait, j'y songe, pourquoi donc m'avoir fait mystère...

LUCIENNE.

Pourquoi? pour prévenir toute indiscrétion; et parce qu'en piquant ainsi votre curiosité, j'étais beaucoup plus sûre de votre visite.

BELAMOUR.

Je vois, le bal en question n'était qu'un prétexte.

LUCIENNE.

Point du tout : ce soir, à six heures, il devait encore avoir lieu.

BELAMOUR et LANDRIN.

Et maintenant...

LUCIENNE.

Voici le fait : Mme la comtesse de Berlinghem, dont j'ai l'honneur d'être la femme de chambre...

BELAMOUR, l'interrompant.

Ah! tu es sa...

LANDRIN, de même.

Tu vois bien que ce n'est pas une princesse.

LUCIENNE.

Que dit monsieur?

LANDRIN, vivement.

Je dis, mademoiselle, que je vous avais pris pour la maîtresse.

LUCIENNE, continuant.

Mme de Berlinghem, veuve d'environ 50 ans, qui n'est ni belle, ni même à vrai dire, fort aimable, avait, je ne sais dans quel but, consenti à donner ce bal, où devait se réunir l'élite de la noblesse prussienne. Le décor du salon, plus de quarante costumes loués exprès, et rangés dans cette pièce. (Elle désigne le second cabinet à droite.) L'orchestre, le souper même, tout était prêt...

LANDRIN, vivement.

Le souper aussi? quel dommage!

LUCIENNE, continuant.

Lorsqu'au grand étonnement de chacun, tout a été contremandé, et l'ordre d'un départ immédiat donné à tous les gens de l'hôtel.

LANDRIN.

Voilà qui est étrange!

BELAMOUR.

Et cet ordre...

LUCIENNE.

A reçu son entière exécution; en moins de deux heures les malles étaient faites, trois chaises de poste arrivaient dans la cour, et tous maintenant galopent sur la grand'-route, excepté le vieux Zurich qu'on a laissé à son poste de concierge, et moi, qui ne dois partir que lorsque j'aurai reçu l'avis de les rejoindre dans l'endroit qui me sera désigné.

LANDRIN, bas à son ami.

Tout ça n'est pas clair.

BELAMOUR, de même.

Ah! tu vas recommencer?..

LUCIENNE, à Belamour.

Tu juges si cet événement devait rien changer à mes projets? aussi maintenant que je suis dame et maîtresse au logis...

LANDRIN.

Dame et maîtresse, seule?

LUCIENNE.

Tout ce qu'il y a de plus seule.

(A ce moment le bruit d'une sonnette se fait entendre dans le cabinet de gauche.)

LANDRIN, vivement surpris.

Hein? qu'est-ce que c'est que ça?

LUCIENNE, de même.

Qu'entends-je? c'est la sonnette de madame.

BELAMOUR, même jeu.

De la comtesse qui est partie?

LUCIENNE, très vivement.

Partie... ou enfin qui devrait l'être.

LANDRIN, entendant un pareil bruit au fond.

Ah! et cette autre, est-ce encore votre comtesse?

LUCIENNE, redoublant de surprise.

Est-il possible! chez M. le baron de Pibermann aussi! par quel hasard?

BELAMOUR.

Qu'est-ce que c'est que le baron de Pibermann?

LUCIENNE, rapidement.

Le frère de madame... oh! un brave et digne homme qui n'a d'autre volonté que la sienne, et à qui elle ferait accroire...

LANDRIN.

Que des sonnettes peuvent sonner toutes seules, peut-être? Il y a pourtant des gens qui sont de pâte à croire ça!

BELAMOUR, à Lucienne.

Voyons, réponds, que signifie?

LUCIENNE.

Mais je n'y comprends rien... (Ici les deux sonnettes s'agitent en même temps.) O ciel! que faire... ils s'impatientent et vont venir... s'ils vous surprenaient...

LANDRIN.

Oh! moi, je n'ai pas peur, et avec l'aide du commissaire...

LUCIENNE, très agitée.

Oh! cachez-vous, cachez-vous, je vous en prie... là, dans cette pièce...

BELAMOUR.

Lucienne, prends garde, si tu m'as trompé...

LUCIENNE.

Eh! qui y songe! je suis bien plus embarrassée que vous, mon Dieu! (Elle leur a ouvert la porte du second cabinet de droite, et ils y entrent au moment où le baron et la comtesse paraissent)

LUCIENNE, se remettant, et à part.

Il était temps.

SCÈNE III.

LUCIENNE, BELAMOUR et LANDRIN cachés; LA COMTESSE DE BERLINGHEM et le BARON DE PIBERMANN.

LA COMTESSE, vivement à Lucienne.

Eh bien! mademoiselle, vous n'avez pas entendu que je vous sonnais? pourquoi n'êtes-vous pas accourue de suite?.. où étiez-vous, que faisiez-vous?..

LUCIENNE, balbutiant.

Madame...

LA COMTESSE, poursuivant

Une autre fois, je vous chasse; retenez ceci, afin d'être à l'avenir plus prompte et plus exacte.

LE BARON, avec bonhomie.

Voyons, comtesse, je l'appelais en même temps, et peut-être que cette pauvre fille...

LA COMTESSE.

Voudriez-vous la défendre?..

LE BARON.

Non, non, certes; je voulais seulement dire qu'à mon avis...

LA COMTESSE.

Alors, reprochez-lui donc aussi sa lenteur, son peu de zèle; car c'est inimaginable, plus on est bon avec ces gens-là, et plus ils prennent leurs aises!

LE BARON, à Lucienne.

Ma sœur a raison, Lucienne, vous faites fort mal votre service; qu'est-ce que c'est que ça, donc!.. prenez-y garde, ou bien...

BELAMOUR, sur la porte du cabinet.

Vieille girouette!

LUCIENNE.

Mais, monsieur le baron, je vous croyais partis, vous et madame, et je n'étais pas dans cette pièce, voilà tout mon crime.

LE BARON.

Partis?.. ah! bien oui! tous ces maudits laquais ne se sont-ils pas jetés des premiers dans les voitures? Ils étaient déjà loin, quand nous nous sommes aperçu qu'il aurait fallu demander une quatrième chaise, et comme on ne peut nous la fournir que pour deux heures du matin, j'ai été de l'avis de ma sœur, qu'il valait mieux...

LA COMTESSE.

Eh! mon frère, à quoi bon ces détails! demandez ce qu'il faut à cette fille et qu'elle se retire.

LE BARON.

C'est juste : montez-moi à souper, Lucienne, je suis d'avis qu'avant de se mettre en route...

LUCIENNE.

Madame avait aussi un ordre à me donner?

LA COMTESSE.

Vous m'apporterez une mantille et mon flacon de voyage; maintenant, laissez-nous.

(Lucienne sort.)

SCÈNE IV.

Les Mêmes, excepté LUCIENNE.

LANDRIN, bas à son ami.

Ah! ça, est-ce que nous allons rester bloqués là jusqu'à ce qu'ils partent?

BELAMOUR, de même.

Inspecte la chambre où nous sommes, et fais silence; peut-être dans l'entretien qu'ils vont avoir, pourrons-nous découvrir...

LA COMTESSE, s'asseyant.

Quelle contrariété! attendre encore trois mortelles heures!

LE BARON.

Ce sont trois siècles, dans la position où nous sommes!

Air : Vaudeville de l'Ours et le Pacha.

Il me revient en souvenir,
D'avoir lu dans certaine fable,
Qu'on a souvent tort de courir,
Et qu'attendre est bien préférable.
Ce précepte, dans son entier,
N'est pas juste, car, à tout prendre,
Quand on craint de se faire pendre;
Quoiqu'en dise le fablier,
♣ vaut mieux courir que d'attendre.

BELAMOUR, à part.

Oh! oh! voilà qui commence à devenir intéressant!

LA COMTESSE, avec inquiétude.

Eh! mon frère, parlez donc moins haut; vous êtes d'un ridicule, avec vos craintes!.. ne semblerait-il pas que vous courez plus de dangers que moi?

LE BARON.

Mais, oui, certes; on ne pend pas les femmes, vous le savez bien; tandis que si l'on découvrait vos manœuvres, moi, homme paisible, dont le nom a été jeté en avant par vous, et à mon insu, pour donner plus de poids à des projets de fous, je serais condamné au gibet et bien pendu, tout innocent que je suis.

LA COMTESSE, vivement.

Mais, taisez-vous, pour Dieu!

LE BARON.

Non, non, nous sommes seuls, et il faut qu'une fois au moins, vous sachiez quel est mon avis à ce sujet, car j'ai aussi mon avis, entendez-vous, ma sœur.

LA COMTESSE, fort agitée.

Quelle imprudence!

LE BARON.

De l'imprudence?.. oh! ce reproche vous sied mal; quand on a fait l'école que vous avez faite...

LA COMTESSE.

Quelle école, baron ?

LE BARON.

Quelle école, comtesse?.. vous mêler de ce qui ne vous regardait pas; changer une position calme et indépendante, contre les tribulations, les périls qui attendent les chefs de partis.

BELAMOUR, à part.

A la bonne heure, cela est tout-à-fait clair!

LA COMTESSE.

Mon attachement au prince, l'amour de mon pays, ma haine pour nos vainqueurs, me faisaient un devoir...

LE BARON.

Oh! tout cela est très beau, très chevaleresque, sans doute; mais le prince qui a laissé envahir ses états, n'a pas compté sur vous pour les lui rendre; le pays ne vous aura pas d'obligation pour les mesures de rigueur que cette échauffourée fera déployer contre lui, et votre haine pour nos vainqueurs, tient, j'en suis sûr, à si peu de chose, que je parierais que vous chanteriez leurs louanges, si seulement un de leurs officiers se fût donné la peine de vous faire la cour...

LA COMTESSE.

Ah! quelle horreur! avilir ainsi les plus purs sentimens!

LE BARON, s'animant de plus en plus.

Oui, jolis sentimens! cacher une réunion de conjurés, sous le prétexte d'un bal; comploter dans l'ombre l'assassinat de cinq mille hommes qui n'ont d'autre tort que d'avoir été plus heureux que nous, au noble jeu de la guerre!

LA COMTESSE.

Ce sont de justes représailles!

LE BARON, s'échauffant tout-à-fait.

Représailles? non pas, car ils nous ont battus loyalement, entendez-vous, madame.

LA COMTESSE.

Ainsi, les malheurs de la Prusse...

LE BARON.

Oh! j'y suis plus sensible que vous, peut-être, mais vouloir prendre ma revanche d'une défaite honorable, par un guet-apens, non, comtesse, non, ce n'est pas mon avis; et quant à la nouvelle, fausse ou vraie, de l'arrestation de ce jeune homme que vous m'avez dit connaître, ce lord Arveld, que le général Rippert envoyait pour s'entendre avec nous, quant à cet événement qui vous désole, parce qu'il nous oblige à fuir, eh bien! moi, j'en suis enchanté, ravi, même; parce que si j'ai le temps de pourvoir à ma sûreté, j'aurai du moins la conscience nette, et qu'à l'avenir, je le jure bien, on ne me retrouvera plus dans vos machinations diaboliques.

BELAMOUR, à part.

Oh! que j'ai bien fait d'écouter!

(Il paraît s'entendre avec Landrin, qu'on ne voit pas, et dès ce moment, cesse lui-même d'être en vue.)

LA COMTESSE, furieuse, et sans que le jeu muet qui précède, ralentisse en rien le dialogue.)

Avez-vous enfin fini?

LE BARON, se jetant dans un fauteuil.

J'ai fini...

LA COMTESSE.

Eh bien! il y a encore autre chose qui doit finir aussi; ce sont nos rapports, entendez-vous, baron ?... ah! le renversement de nos projets vous réjouit ?.. vous voulez vous mettre en sûreté et abandonner nos rangs ?.. joueur déloyal, vous pensez à retirer votre enjeu, parce que vous croyez la partie perdue ?.. la partie n'est pas perdue que pour celui qui la quitte, baron de Pibermann; vous attendez à deux heures une chaise de poste qui doit protéger votre fuite ?.. ce n'est pas ici qu'elle viendra, ce n'est pas vous qu'elle doit prendre...

LE BARON, très vivement.

Est-il possible!

LA COMTESSE, continuant.

Je sais où je dois la rejoindre, et je partirai seule.

LE BARON, hors de lui.

Mais c'est une affreuse perfidie!

LA COMTESSE.

Qu'importe ; ah ! vous m'avez voulu dire votre avis, vous connaissez maintenant le mien, mon frère, et vous savez quand elle a pris une résolution, si la comtesse de Berlinghem y a manqué jamais.
(Elle rentre dans le cabinet à gauche du spectateur.)

LE BARON, de plus en plus agité.

Eh bien ! elle me laisse !.. oh ! je m'attache à ses pas, je la suivrai comme son ombre ; il faut qu'elle me sauve... pour la première fois que j'ai voulu lui montrer du caractère, comme cela m'a bien réussi ! (Courant après elle.) Comtesse de Berlinghem ?.. ma sœur, écoutez-moi... (Il sort.)

SCENE V.

BELAMOUR, LANDRIN, en costume de courrier.

BELAMOUR, se montrant avec précaution.

Ah ! ils sont partis ! (Parlant à la cantonnade.) Es-tu prêt ?

LANDRIN.

Un instant... (Il paraît en achevant d'ajuster son costume.) Je te demande un peu quelle diable d'idée...

BELAMOUR, baissant la voix mais vivement.

Idée du ciel, au contraire ! c'est ma bonne étoile qui m'a conduit ici.

LANDRIN, même jeu.

Qu'as-tu donc appris pendant que je m'affublais de ce costume ?

BELAMOUR.

Nous sommes chez des traîtres.

LANDRIN.

Là, qu'est-ce que je t'avais dit ?.. cré coquin !..je vais chercher le commissaire...   BELAMOUR, le retenant.

Inutile ; remplis adroitement le rôle que je vais te tracer, laisse-moi faire, et je te promets qu'avant une heure nos frères seront sauvés.

LANDRIN, vivement.

Nos frères ?.. c'est donc une conspiration en grand ? voyez-vous ces scélérats de Prussiens !.. ah ça ! et ta Lucienne ?

BELAMOUR.

Oh ! innocente, mon cher, j'en ai la preuve certaine. Ecoute-moi, et surtout n'oublie rien... je suis le lord Arveld, envoyé au baron de Pibermann, par le général Rippert.

LANDRIN.

Ah ! je m'embrouillerai avec tous ces noms-là.

BELAMOUR.

Ne t'en avise pas, au moins !.. A quelques lieues de Stralsund, je suis tombé dans un parti de Français ; on a tiré sur moi, j'ai été pris ; mais je me suis échappé, je t'envoie en avant, et j'arrive sur tes pas.

LANDRIN.

En voilà un tas de fagots ! enfin, si ça peut prendre...

SCENE VI.

LES MÊMES, LUCIENNE.

LUCIENNE, entrant. Elle porte la mantille et le flacon demandés par la comtesse.

Que vois-je ! pourquoi ce déguisement ?.. si monsieur ou madame...

BELAMOUR, vivement.

Chut !.. m'aimes-tu, Lucienne ?..

LUCIENNE.

Quelle demande !

BELAMOUR.

Quitterais-tu, pour me suivre, ton baron et ta comtesse ?

LANDRIN, à part.

Ah ! ça, devient-il fou ?

BELAMOUR, rapidement.

Eh bien ! à tout ce que tu vas voir et entendre, promets-moi qu'il ne t'échappera pas une marque d'étonnement, pas un mot de réflexion ; rien enfin qui puisse me trahir : à ce prix, je t'assure un sort, je te donne mon nom...   LANDRIN, à part.

Compte là-dessus.

BELAMOUR.
Et je te conduis en France.
LANDRIN, à Lucienne.
Vous voyez où cela peut vous mener ?
LUCIENNE, vivement.
J'accepte.
BELAMOUR, de même.
Procure-moi tout ce qu'il faut pour écrire... (à Landrin.) Toi, en vedette, crainte de surprise.
(Pendant que Lucienne lui donne ce qu'il a demandé, et qu'il se met à écrire sur le guéridon, Landrin sans être vu, court au cabinet de droite, y prend leurs sabres et vient les cacher derrière le canapé.)
LUCIENNE, à Landrin.
Que veut-il donc faire ?
LANDRIN.
Si je vous le disais, cela vous semblerait bien étrange... je ne le sais pas moi-même.
BELAMOUR, à Lucienne.
Dans un instant, quand je serai parti, tu annonces un courrier à ton maître... (A Landrin en lui remettant un billet.) Toi, ces quatre lignes au baron... tu descends de cheval, tu es moulu, harassé. (Il continue d'écrire.)
LANDRIN.
Diantre ! mes bottes sont trop luisantes, alors.
BELAMOUR.
Mets-y de la cendre, nigaud... (A part, en pliant un second mot qu'il vient d'achever.) Quant à cette autre lettre, je sais à qui je la ferai tenir.
(Il entre précipitamment dans le second cabinet de droite.)
LANDRIN, qui a suivi le conseil de son ami.
C'est étonnant comme c'est ça !.. (A Lucienne.) Dites donc, épouse future de mon ami, vous m'offrirez une bouteille de vin, n'est-ce pas ?.. pour donner plus de naturel à la scène, et abattre aussi la poussière que j'aurai sensément dans le gosier.
BELAMOUR, rentrant vivement en scène avec un paquet sous le bras.
Allons, allons, tu discourras plus tard.

Air : Délices de l'Italie.

Sans perdre de temps,
Commençons la manœuvre,
Motus dans les rangs,
Soyons discrets, prudens.
Je reviens céans,
Mettre la main à l'œuvre ;
Un temps, deux mouv'mens,
Et les autr's sont dedans.

(A Landrin.) Tâche bien surtout,
De ne pas faire de sottise,
Songe que la moindre bêtise
Ici, peut compromettre tout

LANDRIN.
J'ai l'intention
D' fair' de mon mieux, je te le jure
Mais pour qu' la chose soit plus sûre,
Ne m' laiss' pas long-temps d' faction.

ENSEMBLE.

BELAMOUR et LANDRIN.	LUCIENNE.
Sans perdre de temps,	Dieu sait si j' comprends
Commençons la manœuvre,	Le but de leur manœuvre ;
Motus dans les rangs,	Au diabl' les amans,
Soyons discrets, prudens.	Si discrets, si prudens !
Je / Tu reviens céans,	Quel projet, céans,
Mettre la main à l'œuvre,	Veut-il donc mettre en œuvre,
Un temps, deux mouv'mens,	Et quels sont les gens
Et les autr's sont dedans.	Qu'il va mettre dedans ?

(Belamour disparaît par l'escalier dérobé.)

SCENE VII.
LANDRIN, LUCIENNE.
LANDRIN.
Maintenant, à mon tour...
(Il se met à courir et fait plusieurs fois le tour de la chambre.)
LUCIENNE, gaîment.
Que veut dire ce manége?
LANDRIN, sans s'arrêter.
Il faut que je fasse cinq ou six lieues...
LUCIENNE.
Comme cela?
LANDRIN.
Non, c'est seulement une petite préparation pour m'essouffler un peu et être mieux dans mon rôle...
LUCIENNE, à part.
L'original!
LANDRIN, s'arrêtant réellement essoufflé.
A présent, je frappe à la petite porte qui est en bas de l'escalier... moyen adroit d'éviter le vieux concierge... (Il frappe trois coups assez forts, sur la porte du cabinet.) Vous venez m'ouvrir... j'entre excédé de fatigue... (En parlant, il a fait effectivement le simulacre et se laisse tomber sur un siège.) Le baron... de Pibermann... il faut que je vois le baron... ce message... (Par transition brusque, à Lucienne qui le regarde étonnée.) Hein? j'ai bien l'air, n'est-ce pas?
LUCIENNE.
Eh bien! après?
LANDRIN.
Comment, après?.. eh bien! allez donc appeler le baron; vous ne voyez pas que c'est commencé?..
LUCIENNE, gaîment.
Ah! c'est commencé?.. je ne m'en serais pas doutée par exemple! (Allant au cabinet de gauche.) Monsieur le baron!.. monsieur le baron!.. un courrier qui arrive, chargé d'une mission pour vous. (A Landrin.) Est-ce comme cela?
LANDRIN.
Très bien! très bien!..
LE BARON, répondant du dehors.
Un courrier!.. j'y vais...
LANDRIN, à part.
Le voici; allons, Landrin, de l'aplomb...

SCENE VIII.
LES MÊMES, LE BARON puis LA COMTESSE.
LE BARON, entrant vivement.
Où est cet homme, ce courrier?.. par où est-il entré?
LANDRIN, désignant le cabinet de droite.
Par cette issue, seigneur baron.
LE BARON, à part.
Je respire, personne ne l'aura vu... (Haut.) Sortez, Lucienne, et ne reparaissez pas avant qu'on vous appelle.
LUCIENNE.
Il suffit, monsieur. (A part.) Oh! je m'arrangerai de manière à savoir de quoi il s'agit.
(Elle sort; au même instant paraît la comtesse.)
LE BARON, à Landrin.
Maintenant, parlez; de quelle mission êtes-vous chargé pour moi?
LANDRIN, se fouillant.
Ce billet, de la part de lord Arveld...
LA COMTESSE, vivement.
Lord Arveld! il serait sauvé?.. ah ça! mais l'événement...
(Elle n'achève pas; le baron vient de l'arrêter par un signe qui exprime sa méfiance.)
LANDRIN, remettant sa lettre au baron.
Quoi, madame a connaissance du piége dans lequel nous sommes tombés?.. C'était hier, à environ cinq lieues de cette ville... pour voyager plus sûrement, nous avions quitté la grand'route; au détour d'un petit bois, le cri de qui vive nous arrête, et nous reconnaissons, avec une douloureuse surprise, que nous nous sommes jetés dans un avant-poste français.

LA COMTESSE, vivement.

Grand Dieu !

LANDRIN, continuant.

Ah ! la position était critique, car nous avions affaire à des gaillards qui sentaient bien que la prise était importante ! cependant...

Air : Mon pays avant tout.

Comme vifs on voulait nous prendre,
Nous avons pu batailler vaillamment :
On nous criait bien de nous rendre,
Mais tous les deux nous avions fait serment
D' mourir, plutôt que d'agir lâchement.
Vaincus enfin, mais sans demander grace,
Nous sommes fiers de c' combat inégal ;
Car vingt d'entr' eux, sont restés sur la place,
C'est dix chacun, et ça n'est pas trop mal,
 Chacun dix, ça n'est déjà pas mal,
 Chacun dix, c'est un joli total.

LE BARON.

Je crois bien ; c'est à mon avis un fait d'armes superbe !

LA COMTESSE.

Et vous avez pu vous échapper de leurs mains ?

LANDRIN.

Oh ! par un miracle ; mais je laisse au noble envoyé du général Rippert, que je ne précède que de quelques instans, le soin de vous expliquer lui-même... LE BARON, qui a lu la lettre que lui a remise Landrin.
En effet, ce mot s'accorde parfaitement... (A ce moment on frappe trois coups au dehors. Le baron continuant.) Eh tenez, c'est sans doute lui...

LANDRIN, qui a couru à l'escalier du cabinet.

Précisément.

LA COMTESSE.

Quel bonheur !

SCÈNE IX.

LES MÊMES, BELAMOUR en uniforme d'officier d'état-major anglais, recouvert par un grossier costume de paysan ; plus tard, LUCIENNE.

LANDRIN, aidant Belamour à ôter son vêtement de dessus.

Venez, lord Arveld... (Bas et vivement.) Ça marche à ravir.

BELAMOUR, de même.

Ils ont tout avalé, n'est-ce pas ?

LANDRIN.

Je vous présente le dévoué baron de Pibermann... (Bas.) Bête comme une oie... LA COMTESSE, s'avançant et lui faisant de grandes révérences.
Ainsi que la comtesse de Berlinghem...

LANDRIN.

Encore tout émue du récit de nos périls.

BELAMOUR.

Trop bonne, en vérité, charmante comtesse... (Au baron.) Monsieur le baron... (Ils se saluent et se prennent la main. Belamour continuant.) Ah ! j'ai donc pu leur échapper, et atteindre heureusement le but de ce pénible voyage !

*Musique nouvelle de M. H***

Merci, divine providence,
Sauvé par toi, j'ai vu le port ;
Je puis enfin braver le sort.
 Reconnaissance,
 Je suis au port !

Le ciel a pris votre défense,
Pour vous, peuple trop malheureux,
L'Angleterre, contre la France,
Fait marcher un renfort nombreux.
Plus de soucis et plus de larmes,
Car votre destin va changer :
L'heure a sonné, prenez vos armes,
Rippert accourt pour vous venger.

Merci, divine providence, etc.

Ici, ma présence est le gage
Qu'enfin vos maux sont tous finis;
Je viens avec joie et courage,
M'unir contre vos ennemis.
Bientôt ils battront en retraite,
Redoublez donc de fermeté;
Car le signal de leur défaite
Sera pour vous la liberté,

REPRISE EN CHOEUR.

Merci, divine providence, etc.

LA COMTESSE, vivement.

Est-il possible! l'Angleterre s'intéressant aux malheurs de Frédéric-Guillaume...

BELAMOUR.

Envoie un secours de vingt mille hommes au général Rippert qui, avant vingt-quatre heures, sera lui-même dans vos murs.

LE BARON, bas à sa sœur.

Vingt mille hommes? à la bonne heure, au moins, avec cela on peut tenter quelque chose et espérer le succès.

LA COMTESSE, même jeu.

Ah! vous n'avez plus envie de fuir maintenant?

LE BARON, de même.

Eh! ma foi, si vous vouliez que bien franchement je vous dise encore mon avis...

LA COMTESSE.

Oh! vous êtes l'homme le plus pusillanime!.. (Haut.) Et voyez si, même, vous pensez jamais à rien de ce qu'il faut?.. lord Arveld, qui doit être accablé de fatigue, et à qui vous n'avez pas même offert le moindre rafraîchissement.

LE BARON.

Ecoutez donc, ma sœur, quand il est question d'affaires aussi sérieuses que celles qui nous occupent...

BELAMOUR.

Pourquoi, baron? on cause aussi fort bien à table; surtout, je vous assure, quand on n'a rien pris depuis douze heures, et qu'on vient de faire cinq grandes lieues au galop.

LA COMTESSE.

Pauvre jeune homme!

LE BARON.

Oh! alors, c'est différent, je suis de votre avis; et je vais commander...

LA COMTESSE.

Je me charge de ce soin.

(Elle sonne. Lucienne paraît, et sur l'ordre qu'elle a reçu, va et vient pour disposer un couvert.)

LANDRIN.

Excellente idée! car, pour ma part, je suis exactement dans les mêmes dispositions que mon ami.

LA COMTESSE et LE BARON, vivement.

Votre ami?

BELAMOUR, à part.

L'imbécile! (Haut.) Oui, oui, belle comtesse...

LA COMTESSE, à part.

Belle comtesse!.. m'aurait-il reconnue!

BELAMOUR, continuant.

Vous voyez, sous ce simple déguisement, mon meilleur ami, sir Oswar, conseiller à la cour des lords.

LE BARON.

Ah! pour lors... pardon, conseiller, je n'aurais pas supposé que sous ce costume... (Il rit.)

BELAMOUR, de même.

C'est parbleu bien ce qu'il voulait.

Air : vaudeville du Charlatanisme.

La justice, dans aucun cas,
Ne se pique de promptitude,
Et l'on sait que d'aller au pas

Elle a contracté l'habitude.
Or, pour éviter tout malheur,
Et fuir un danger vraisemblable,
Il a, voyez-vous, le farceur,
Pris un costume de coureur
Pour se rendre méconnaissable.

LE BARON.
Je comprends, c'est très adroit!

LUCIENNE, qui a tout préparé.
Ces messieurs sont servis.

LA COMTESSE.
Si vous voulez prendre place... (Elle fait signe à Lucienne de s'éloigner et s'asseyant à table.) Nos nobles convives excuseront le peu de cérémonie avec lequel ils seront traités, mais à la nouvelle de l'affreux événement arrivé à lord Arveld...

BELAMOUR.
Comment, vous étiez instruits...

LA COMTESSE.
Eh! mon dieu oui, par malheur; car n'osant espérer votre délivrance, et craignant d'être compromis nous-mêmes, sans pouvoir vous servir, nous avions tout préparé pour que cette nuit une prompte fuite...

BELAMOUR, vivement.
Qu'entends-je! ainsi cette réunion que vous aviez projetée, n'aurait pas lieu?.. mais songez donc qu'il est indispensable que je connaisse les hommes auxquels vous avez donné votre confiance; qu'il faut que je m'assure de leurs dispositions, de leurs ressources; et qu'enfin c'est seulement devant les principaux chefs du parti, que j'ai ordre de vous communiquer les projets que le général compte mettre à exécution.

LANDRIN, mangeant toujours.
C'est incontestable.

LE BARON.
Je serais pourtant d'avis...

LA COMTESSE.
Mais, mon frère, lord Arveld a raison.

LE BARON.
Comment, vous voulez qu'à l'heure qu'il est...

BELAMOUR.
N'avez-vous ici personne de confiance qui puisse se rendre près d'eux, et leur remettre un mot par lequel vous les convoqueriez immédiatement?

LE BARON.
Soupons, soupons, d'abord, nous aviserons ensuite..

BELAMOUR.
Oh! baron, il n'y a pas une minute à perdre : deux lignes seulement... sir Osward vous aidera, vous n'aurez qu'à signer. L'heure et la circonstance sont favorables : qu'ils mettent un domino, un masque... que votre envoyé se tienne même à cette issue secrète, afin que leur introduction se fasse avec plus de mystère et de sécurité, mais surtout point de retard.

LA COMTESSE.
Ce plan est fort convenable.

LE BARON.
Convenable! convenable!.. selon vous, peut-être; mais à mon avis ..

BELAMOUR.
Ah! pas la moindre objection, ou je repars à l'instant.

LE BARON, vivement.
Repartir?.. lord Arveld, ce mot me décide.

BELAMOUR, bas à Landrin.
Veille à ce qu'il fasse exactement tout ce que je viens de lui prescrire.

LE BARON, se levant de table.
Air du Bonsoir d'Edouard Gouvé.

Puisqu'il le faut, je vais vous satisfaire;
Dans peu d'instans, j'aurai comblé vos vœux;
Vous les verrez, et vous saurez, j'espère,
Jusqu'à quel point on peut compter sur eux.

BELAMOUR.
Songez-y bien, qu'aucune inconséquence
Ne vienne, ici, détanger nos projets...
LE BARON.
Comptez sur moi, j'aurai de la prudence,
J'en mets partout, cela ne nuit jamais.
ENSEMBLE.

Puisqu'il le faut, {je vais vous / il va nous satisfaire, / il va vous

Dans peu d'instans, {j'aurai comblé vos / il comblera nos vœux! / il comblera vos

Vous les verrez et vous saurez
Nous les verrons et nous saurons   j'espère
Jusqu'à quel point on peut compter sur eux.

Le baron sort par le fond, Landrin le suit

SCÈNE X.
LA COMTESSE, BELAMOUR, puis après, LUCIENNE
BELAMOUR.
Dieu soit loué! voici les choses en bon train; et grace à vous, noble dame...
LA COMTESSE.
Ah! lord Arveld, ménagez ma modestie... de pareils éloges, quand mon secours vous aura été si peu utile...
BELAMOUR, vivement.
Quelle erreur! n'avez-vous pas tout préparé? n'êtes-vous pas le centre, le foyer où sont venus se réunir tous les dévoûmens, toutes les combinaisons, toutes les espérances? (A ce moment Lucienne parait au fond, et frappée des paroles qu'elle entend, elle s'arrête et observe. Belamour continue sans la voir:) Sans vous qu'aurais-je pu entreprendre? Est-ce que Thésée serait sorti du fameux labyrinthe de Crète, sans le peloton de fil que lui donna la séduisante Ariane?
LA COMTESSE, à part.
Qu'il est aimable!
LUCIENNE, en gagnant le second cabinet de droite.
Singulière conversation... je suis curieuse de savoir...
LA COMTESSE, continuant.
Ainsi vous pensez donc qu'un heureux résultat...
BELAMOUR.
Je l'espérais avant mon arrivée, belle comtesse, jugez maintenant quelle doit être ma confiance?

Air d'Aristipe.

Depuis long-temps, j'ai le secret de lire
Dans un miroir qui ne trompe jamais;
En vous voyant, j'aurais osé prédire,
La réussite de tous nos projets.
LA COMTESSE.
Que dites-vous...
BELAMOUR.
je réponds du succès.
LA COMTESSE.
Mais ce secret...
BELAMOUR.
Quoi, faut-il vous l'apprendre;
Mes yeux, déjà, ne vous l'ont-ils pas dit?
Lorsque deux cœurs sont d'accord pour s'entendre,
Un mot, un signe, un seul regard suffit.
LUCIENNE, à part.
Eh! bien, c'est assez positif!
LA COMTESSE, avec minauderie et gagnant le canapé.
Etourdi! parler aussi haut, divulguer un secret qui ne vous appartient pas entièrement... Voyons, venez vous asseoir là, qu'au moins il n'y ait que moi qui puisse vous entendre.

BELAMOUR, à part en lui obéissant.

Près d'elle !.. ah ! si Landrin me voyait ! j'espère que cette fois en voilà une vraie comtesse !

LUCIENNE, de même.

J'étouffe de jalousie.

LA COMTESSE, tendrement.

Répondez-moi, Arveld, vous n'avez donc pas oublié la pauvre Sophie?

BELAMOUR, avec vivacité.

L'oublier?.. par exemple !.. (A part.) Si je sais ce qu'elle veut dire... Sophie... est-ce que ce serait une de mes anciennes?

LA COMTESSE, continuant.

Ah! c'est que tout ce qui se rattache à la première époque de la vie, se grave profondément dans la mémoire, n'est-ce pas?

BELAMOUR, à part.

De quoi diantre me parle-t-elle!

LA COMTESSE.

Pour moi, je vois encore la riante campagne où s'écoula notre jeunesse.

BELAMOUR, étonné.

Notre jeunesse... oui, oui, un paysage superbe !.. (A part.) Situé je ne sais où, par exemple ! comment, c'est d'elle qu'il s'agit !

LUCIENNE, même jeu.

Ah! il y a quiproquo, et il va la dissuader.

LA COMTESSE, reprenant.

Je me souviens de nos jeux d'enfant, puis plus tard, de nos projets, de vos sermens d'amour, Arthur...

BELAMOUR, riant à part.

Oh! Arthur !..

LA COMTESSE.

Sermens que le vent a emportés!

BELAMOUR, toujours à part.

Je comprends, celui que je remplace... (Haut et avec emphase.) Ah! chère Sophie, cet injurieux soupçon...

LA COMTESSE.

Pourquoi vous en défendre; avions-nous alors le droit de disposer de notre avenir? mais lorsque tant d'événemens se sont passés pour tous deux, lorsque le hasard nous réunit après une séparation de quatorze années, dites, Arthur, pourquoi vouloir troubler mon repos par des paroles que dément sans doute votre cœur?

BELAMOUR, vivement.

Ah! ah! comtesse; croyez bien que la passion la plus vraie...

LUCIENNE, à part.

Comment, il continue son rôle? le monstre!

BELAMOUR, continuant.

Chère Sophie, pourquoi vous plaire à me désoler? n'êtes-vous pas bien vengée de mon abandon, par le regret que j'éprouve de n'avoir pas su apprécier alors le bonheur que vous m'aviez offert?

LA COMTESSE, se fâchant.

Offert!.. oubliez-vous donc, au contraire, avec quelle vertu je vous ai refusé?

BELAMOUR.

Ah! c'est bien aussi ce que je veux dire... (Se rapprochant d'elle et avec tendresse.) Mais maintenant que je sens le véritable prix du trésor que j'ai perdu, maintenant que je donnerais tout au monde pour le reconquérir, dites, ma Sophie, ne répondrez-vous à mes prières que par l'indifférence?

Air : Pour noble princesse. (D'ALADIN.)

Ce pardon si tendre
Que j'attends de vous,
C'est à vos genoux
Que je veux l'entendre.
Par un mot d'amour,
Calmez mon martyre ;
Que je puisse dire
Encore un beau jour!

LA COMTESSE, cherchant à dégager ses mains qu'il vient de prendre.

Non, Arthur, non, finissez.

BELAMOUR.
Si bonne et si belle,
Laissez-vous fléchir ;
A mon repentir
Soyez moins cruelle.
D'un tendre retour,
Payez mon délire ;
Que je puisse dire
Encore un beau jour !

LUCIENNE, se montrant, mais encore à part.
Ah ! je n'y tiens plus, c'est trop fort !

LA COMTESSE, se levant vivement.
Que voulez-vous ? vous êtes bien hardie de vous permettre d'entrer sans que je vous appelle.

LUCIENNE, balbutiant.
C'est que... j'avais cru entendre la sonnette de madame, et ne présumant pas que je la dérangerais...

LA COMTESSE, piquée.
Vous êtes une sotte et une impertinente... sortez.

LUCIENNE, gagnant le fond et à part.
Quo', pas un mot ; tout entier à elle, il n'entend pas qu'on m'humilie... il le souffre !.. oh ! je devine son but à présent, mais qu'il prenne garde !..

LA COMTESSE.
Eh bien ! mademoiselle, sortirez-vous enfin ?

ENSEMBLE.
Air : Vengeons-nous.

LA COMTESSE.	LUCIENNE, à part.
C'est affreux !	C'est affreux !
Promptement quittez ces lieux ;	Croyez donc les amoureux ;
(A part.) Par bonheur, à mon gré,	Par bonheur, à mon gré,
Bientôt je la chasserai.	Bientôt je me vengerai.

BELAMOUR, à part.
C'est affreux !
J'ai vu la rag' dans ses yeux ;
Par bonheur, à mon gré,
Bientôt je l'apaiserai.

(Lucienne sort.)

SCENE XI.

BELAMOUR, LA COMTESSE, LE BARON, LANDRIN, armé de deux bouteilles.

LA COMTESSE, à Belamour qui la presse vivement.
Laissez-moi, Arthur, vous êtes d'une imprudence !..

BELAMOUR, au baron qui entre.
Eh bien ! cher baron.

LANDRIN.
C'est une affaire faite.

LE BARON.
Mon vieux Zurich est en route.

BELAMOUR.
Et, vous avez fait prévenir...

LANDRIN.
Oh ! une dixaine, seulement. (Lui remettant un papier.) Mais comme de tous les noms de cette liste, ce sont ceux dont le noble baron m'a dit être le plus sûr...

BELAMOUR.
En effet, cela suffit... (Bas à Landrin.) Tu as travaillé merveilleusement : ça marche, mon ami ! ça marche !..

LANDRIN, au baron.
Ah ! ça, il me semble que nous avons perdu un temps qu'il est utile de réparer : sans doute, vous ne m'avez pas chargé de ces deux flacons pour me les laisser vider tout seul ; voyons, baron, êtes-vous homme à me tenir tête ?
(Il se remet à table.)

LE BARON, même jeu.
Oh ! pour cela, conseiller, je ne vous crains pas.

LANDRIN.

Oui-dà?.. j'ai pourtant dans l'idée qu'il ne serait pas difficile de vous mettre dedans.

LE BARON.

Je vous gage le contraire.

LANDRIN, à part.

A-t-il un aplomb, ce prussien-là !.. il faut que je le grise.

LE BARON, qui vient de remplir les verres.

A nos santés, et au succès de notre entreprise !

LANDRIN, à Belamour, occupé à courtiser la comtesse.

Ah! pour ce toast-là, j'espère, lord Arveld, que vous vous joindrez à nous?

BELAMOUR.

De grand cœur, messieurs.

ENSEMBLE.

Air : Chœur de la Tentation. (Opéra.)

Ça, versez, versez plein,
Versez ce jus divin;
Au succès d' nos projets,
Buvons tous à longs traits.

Ici, point de soucis,
Les doutes sont bannis;
Point de vaines terreurs,
Dieu nous verra vainqueurs :
Ça, versez; etc.
Buvons, trinquons,
Car nous triompherons.

(Comme ils achèvent, on entend frapper trois coups en dehors de l'escalier dérobé.)

LA COMTESSE, vivement.

Ecoutez, ce sont eux...

LE BARON, allant ouvrir.

J'espère qu'ils ne se sont pas fait attendre.

LANDRIN, bas à Belamour.

Ah! ça, voyons, le moment est décisif, qu'est-ce que tu comptes faire? tu ne crois pas sans doute que nous soyons capables de les arrêter tous.

BELAMOUR, même jeu.

Peut-être...

LANDRIN.

Mais enfin...

BELAMOUR.

Assez! observe, et tais-toi.

LANDRIN, à lui-même et avec humeur.

Diable de fou, va!.. s'ils n'étaient que trois ou quatre, on pourrait espérer qu'avec chacun son commissaire... mais une dizaine, en voilà de l'ouvrage!..

(Pendant cet à-parté de Belamour et de Landrin, dix individus masqués et couverts de dominos, sont entrés silencieusement et ont formé un cercle autour des autres personnages.)

SCENE XII.

Les Mêmes, DIX HOMMES masqués, et bientôt après LUCIENNE.

LE BARON, aux nouveaux personnages.

Soyez les bien-venus, mes seigneurs.

L'UN DES MASQUES, au sergent.

C'est vous, monsieur, qui dites être le lord Arveld?

BELAMOUR.

Moi-même, beau masque. (Il veut lui prendre la main que celui-ci retire. Belamour continuant d'un air étonné.) Prétendriez-vous le contraire?

LE MASQUE.

Précisément.

BELAMOUR, à part et vivement.

O ciel! est-ce que ce ne serait pas...

LE BARON et LA COMTESSE, étonnés.

Que dites-vous?

LE MASQUE.

L'exacte vérité; l'envoyé du général Rippert, lord Arveld, a été pris hier par les Français, et est encore leur prisonnier.

LANDRIN, à part.

Diable! ça se gâte!

LE BARON.

Voici quelque chose d'étrange... il est pourtant nécessaire de savoir...

BELAMOUR.

Comment, baron, lorsque je vous affirme...

LE MASQUE.

Oh! moi aussi, j'affirme; et à moins de preuves convaincantes...

LE BARON.

C'est cela, des preuves; c'est mon avis.

LANDRIN, à part.

Commissaire, commissaire, nous allons avoir besoin de toi...
(Il gagne doucement l'endroit où il a déposé les sabres, et s'en empare sans être vu.)

LA COMTESSE, avec un vif intérêt.

Voyons, lord Arveld, il vous est aisé de détruire un pareil doute; il ne peut y avoir dans tout cela, qu'erreur, mal-entendu...

BELAMOUR, embarrassé.

Certainement.

LUCIENNE, paraissant.

Non, comtesse; car dussé-je encourir votre colère, je viens vous avouer que c'est moi-même qui ai eu l'imprudence d'introduire ici cet homme.

BELAMOUR, vivement et à part.

Elle aussi, contre moi, je suis perdu!

LA COMTESSE et LE BARON, ensemble.

Vous le connaissez!.. et qui est-ce donc?

LE MASQUE.

Un français, j'en suis sûr...

LE BARON.

Un espion, sans doute...

LA COMTESSE, avec compassion.

Un amant, peut-être...

LUCIENNE.

Oui, madame, le mien; mais un infidèle, un infâme!..

LA COMTESSE, avec mépris.

Votre amant?.. Messieurs, ce misérable peut nous perdre tous, point de pitié pour lui.

TOUS.

Non, point de pitié!

BELAMOUR, bas et rapidement à Landrin.

Tu es décidé à mourir, n'est-ce pas?

LANDRIN, même jeu.

Dame, si on ne peut pas faire autrement...

LE MASQUE, s'adressant à tous.

Amis, il ne faut pas que ces portes se rouvrent pour eux.

LE BARON, vivement.

C'est mon avis; s'être ainsi joué du baron de Pibermann!..

LA COMTESSE, de même.

De la comtesse de Berlinghem!..

TOUS.

A mort, les Français!.. à mort!..

BELAMOUR, à qui Landrin vient de passer son sabre.

Eh bien! oui, cette fille a dit vrai : amené ici par elle, j'y ai surpris vos affreux desseins, et pour les faire échouer, je n'ai pas hésité à jouer ma tête contre la vôtre, baron de Pibermann... j'ai perdu, vengez-vous, soit, mais avant que nous tombions sous vos coups, plus d'un, je vous le jure, aura laissé son ame à la pointe de nos sabres.

LE BARON, effrayé.

Quoi! ils oseraient contre nous tous...

LANDRIN.

Vous osez bien contre nous deux?.. allons, allons, Belamour, attention, mon vieux; après tout, qu'est-ce que nous sommes venus faire ici, une partie de dominos... ils sont dix, eh bien! c'est d'ouvrir chacun les cinq... tu ne boudes pas, j'espère, regarde le coup... à moi la pose...

LE MASQUE, à ceux qui l'entourent.

Et nous, messieurs, pour prouver à ces imprudens qu'ils ne sont pas de force, jouons à jeu découvert.

(A ce commandement, tous se sont débarrassés de leurs dominos ainsi que de leurs masques, et paraissent sous l'uniforme du régiment de Belamour.)

BELAMOUR, LANDRIN, LE BARON, LA COMTESSE.

Que vois-je!..

LANDRIN.

Cré coquin! la bonne surprise!

BELAMOUR, rapidement.

Ainsi, grace à la lettre que je vous ai fait tenir, les nobles collègues de monsieur le baron...

LE MASQUE.

Ont été arrêtés au fur et à mesure qu'ils se sont présentés à cette porte, et conduits devant le général en chef qui, pour reconnaître le signalé service que vous venez de rendre à vos frères, approuvera, j'en suis sûr, l'avancement que je lui demanderai pour vous deux.

LANDRIN, gaîment.

Vous êtes bien bon, capitaine... (A Belamour.) Tiens, quand ça ne nous ferait monter chacun que d'un cran, sais-tu que ça serait fameux?

LA COMTESSE, à son frère.

Joués!.. trahis!.. ah! j'étouffe, je suffoque de rage.

LE BARON.

Et tout cela, par votre faute; si vous aviez été de mon avis..,

LUCIENNE.

Voyons, mon petit Belamour, pardonne-moi; car sans mon attachement extrême...

BELAMOUR.

Oh! vous, ma chère amie, bien obligé! en passant à l'ennemi, vous m'avez dégagé de ma promesse; tirez-vous de là, si vous pouvez, mais ne comptez plus sur moi. Peste! comme la jalousie vous pousse! mon affaire était bonne, si le vent n'eût tourné contre vous!.. je me souviendrai du péril, et ce sera une leçon.

LANDRIN.

A la bonne heure!

LE BARON, à part.

Et aucun moyen de se venger!

BELAMOUR.

Allons, allons, baron, ne faites pas le méchant, et prenez votre parti en brave. Que diantre! en projetant ce bal, vous saviez bien que vous paieriez les violons; et puis après tout, on ne peut pas dire que vous avez échoué, bien au contraire...

LE BARON.

Voilà qui est fort, par exemple!

BELAMOUR.

Sans doute, n'agissiez-vous pas dans l'intérêt de Frédéric-Guillaume? eh bien! puisqu'en résultat vous avez travaillé pour le roi de Prusse, vous avez atteint votre but.

LE MASQUE.

Ah! vous n'avez rien à répondre à cela, baron de Pibermann... (Aux soldats.) Vous, messieurs, offrez la main à ces dames, et partons.

CHOEUR.

Vive le carnaval,
Vive, vive le bal,
Grace au ciel, leurs concours
Vient à notre secours!
Le succès de ce soir
Doit combler notre espoir,
Car il est pour demain,
Un augure certain.

BELAMOUR, au public.

Air : Je sais attacher des rubans.

Vous savez tous que, n'importe à quels jeux,
Partout, c'est la règle établie,
Qu'entre joueurs, lorsqu'un coup est douteux,
On consulte la galerie?
Auprès de vous, quand j'implore un bravo,
Décidez donc, messieurs, je vous en prie,
Si notre auteur, a bien fait domino,
Et s'il a gagné la partie.

REPRISE DU CHOEUR.

Vive le carnaval, etc.

FIN.

J.-B. MEVREL, pass. du Caire, 54.

LES MARCHANDS DE BOIS,

VAUDEVILLE EN UN ACTE,

Par MM. Saint-Yves et Montréal.

Représenté pour la première fois sur le théâtre de la Porte-Saint-Antoine, le 11 novembre 1837.

DUCASTEL, march. de bois. MM. LAFORET.
GODUROT DE BOISJOLI, son associé. ADOLPHE.
MOLÉON,) officiers de hus- (ANATOLE.
DARCY,) sards.   (Hipp. REY.
LALOUETTE, garde forestier. PELVILAIN.

Mad. DE MERTEUIL, jeune veuve. MMes BARVILLE.
HERMANCE, fille de Ducastel. ADÈLE.
MARCHANDS DE BOIS.

La scène se passe dans la forêt de Senart.

(Une forêt. Sur un des côtés, un poteau avec cette inscription : ROND ROYAL.)

SCÈNE I.
Mme DE MERTEUIL, HERMANCE.

MADAME DE MERTEUIL.
Eh bien! petite cousine, toujours triste, toujours rêveuse. Décidément, tu ne m'as appelée au Plessis que pour gémir avoir toi.

HERMANCE.
Vous repentiriez-vous déjà d'être venue me consoler!

MADAME DE MERTEUIL.
Quelle pensée! Tu sais bien le contraire, méchante; mais enfin, puisque cette adjudication qui occupe si fort ton père, doit nous retenir toute la journée dans la forêt, il me semble qu'au lieu d'y échanger d'inutiles doléances, nous pourrions chercher à nous distraire un peu.

HERMANCE, soupirant.
Hélas!

MADAME DE MERTEUIL.
Encore un soupir! Vraiment, ma chère, sans connaître ce monsieur Darcy, j'en suis jalouse : il est trop aimé.

HERMANCE, vivement.
Ah! ma cousine! comme vous tournez les choses. Je ne vous ai jamais dit que je l'aimais.

MADAME DE MERTEUIL.
Tu ne l'aimes pas! tant mieux; toutes les difficultés disparaissent, et tu épouseras son rival, M. de Boisjoli.

HERMANCE.
Qui? lui, ce monsieur Godurot, qui se fait appeler de Boisjoli, depuis qu'il a changé de commerce.... un personnage si ennuyeux, si ridicule... Comment pouvez-vous croire?...

AIR du Piége.
Ma cousine, ai-je mérité
De votre part une semblable injure.

MADAME DE MERTEUIL.
Tu me sembles, en vérité,
Très difficile... je le jure.

HERMANCE.
Allez, ici j'en fais serment,
Ce mari-là, malgré les apparences,
Ne me convient pas...

MADAME DE MERTEUIL.
Justement !
C'est un hymen de convenances.

HERMANCE.
C'est précisément ce que dit mon père...

MADAME DE MERTEUIL.
Il a peut-être ses raisons.

HERMANCE.
Comment ?...

MADAME DE MERTEUIL, d'un ton mystérieux.
Ignores-tu qu'il s'est associé monsieur de Boisjoli, pour l'acquisition de cette haute futaie, qui doit être adjugée aujourd'hui.

HERMANCE.
Je le sais.

MADAME DE MERTEUIL.
A la bonne heure; mais, ce que tu ne sais pas, c'est que ton nom figure tout au long dans le traité; ton contrat n'en est qu'un article.

HERMANCE.
Est-il possible! je suis comprise dans le marché, moi; c'est odieux, c'est abominable; j'en mourrai de désespoir.

MADAME DE MERTEUIL.
Fi donc! que tu es enfant! Réjouis-toi plutôt; rien n'est encore perdu; le moment du danger est celui des inspirations.... Que Darcy se montre, et...

HERMANCE, froidement.
Darcy! de grâce ne m'en parlez plus.

MADAME DE MERTEUIL.
Ah! j'oubliais, tu le boudes, ce pauvre jeune homme.

HERMANCE.
Ai-je tort? Depuis que monsieur est à Paris, je n'ai pas reçu la moindre nouvelle de lui. Quelle froideur, après les serments qu'il m'avait faits !

AIR *languedocien* (de Gillette).

Je crois encor l'entendre
Me peindre son ardeur,
Sa voix était si tendre !..
Mais je hais un trompeur.

MADAME DE MERTEUIL.
Pourtant, des pleurs, ma chère,
Te démentent déjà.

HERMANCE.
Il verrait ma colère
S'il était là.

MADAME DE MERTEUIL.
Quoi ! tu serais en colère
S'il était là !

MADAME DE MERTEUIL.
C'est ainsi d'ordinaire
Que l'on parle en amour ;
De loin on est sévère,
On pardonne au retour.

HERMANCE.
Que l'ingrat se présente,
Qu'il m'approche, il verra !..

MADAME DE MERTEUIL.
Tu serais moins méchante
S'il était là !

HERMANCE.
Pour que je sois méchante,
Que n'est-il là ?

MADAME DE MERTEUIL.
Et que dirais-tu si l'ingrat venait aujourd'hui même réparer tous ses torts.
HERMANCE.
Je dirais que c'est impossible ; d'abord, parce qu'ils sont irréparables ; ensuite, parce que monsieur a bien d'autres choses à faire, vraiment.
MADAME DE MERTEUIL.
C'est dommage... J'avais conçu le plus joli projet, et je vois bien que...
HERMANCE.
Quel projet ?... Ah ! parlez, ma cousine.
MADAME DE MERTEUIL.
Quand je dis un projet, ce n'était pas précisément un projet ; c'était une de ces idées en l'air.
HERMANCE.
N'importe ; dites toujours.
MADAME DE MERTEUIL.
Je supposais que monsieur Godurot de Boisjoli, jaloux de ton amour pour Darcy... (c'est une supposition) envoyait un cartel à son ennemi, et lui donnait rendez-vous dans la forêt de Sénart, ici même.
HERMANCE.
Quelle folie !
MADAME DE MERTEUIL.
Darcy ne manque pas de répondre à cet appel ; un militaire !... Il accourt, et au lieu d'un rival, que rencontre-t-il ?... une femme... une femme adorée ; car ce n'est plus une supposition, je suis sûre qu'il t'adore, et ensuite... La suite se devine aisément...
HERMANCE.
Tiens, mais votre idée en l'air n'est pas si mauvaise, ma cousine ; par malheur, il aurait fallu que quelqu'un envoyât un cartel à Paris... et monsieur Godurot ferait plutôt cent factures qu'un billet pareil...
MADAME DE MERTEUIL.
Qui sait ?... Quelqu'un peut-être s'est chargé de ce soin pour lui.
HERMANCE.
Que voulez-vous dire ?...
MADAME DE MERTEUIL.
Chut ! voici ces messieurs que le garde amène de ce côté.

SCÈNE II.
LES MÊMES, DUCASTEL, BOISJOLI, LALOUETTE.
LA LOUETTE.
Par ici, par ici... nous sommes sur la voie.
DUCASTEL.
Ah ! enfin, les voilà ; ce n'est pas malheureux ; il y a une heure que nous vous cherchons.
MADAME DE MERTEUIL.
Et nous, une heure que nous vous attendons.
DUCASTEL, appelant.
Godurot ! Godurot !
BOISJOLI, dehors.
Au secours ! Lalouette ! au secours ! je suis pris... Aie, la jambe ! la jambe !
LALOUETTE.
Miséricorde, il aura mis le pied dans un piége !
BOISJOLI.
Arrive donc ! Ah ! oh ! oh ! le tibia !...
LALOUETTE.
On y va, on y va.
DUCASTEL.
C'est bien fait ; il a la manie de n'aller jamais son droit chemin ; il faut toujours qu'il buissonne.

BOISJOLI, en se tenant la jambe.

Ouf! je dois nécessairement avoir quelque chose de démis; la compression a été monstrueuse.

MADAME DE MERTEUIL.

Vous souffrez beaucoup?...

BOISJOLI, se redressant.

Au contraire, c'est une de ces petites épreuves que l'on peut braver, lorsqu'on a des jambes de résistance, comme celles-ci... Je gagerais qu'un renard ou un blaireau y auraient laissé leurs pattes.

LALOUETTE.

Sans moi, vous ne vous en seriez pas tiré, allez !

BOISJOLI.

Dis donc que sans toi je n'y serais pas tombé; que diable, quand on tend des piéges, on met un écriteau au-dessus : *Ici, il y a un piége*. Ça ne fait rien pour les bêtes qui ne savent pas lire; mais les gens en profitent.

LALOUETTE.

Ah bien oui! des écriteaux, et pour qui? Pour les braconniers... merci...

DUCASTEL.

Voilà, j'espère, mon gendre, qui vous apprendra à musarder.

BOISJOLI.

Musarder! Ah! quel calembourg! Moi, j'aurais dit : *Muser*. C'est égal. Je vous déclare, mes dames, puisque musarder il y a, que vous ne devez vous en prendre de notre retard, qu'à M. Ducastel.

MADAME DE MERTEUIL.

Comment donc !...

DUCASTEL.

Je voudrais bien savoir, par exemple.

BOISJOLI.

Oui, beau-père. (à Hermance.) Pardon, mademoiselle, si en ma qualité de futur, je mets tout au présent... Mais quoique gendre par anticipation, je dirai la vérité; il n'y a pas, dans toute sa garde nationale de France, un seul colonel qui passe la revue de la légion avec un soin plus minutieux que monsieur Ducastel en a mis à inspecter son bois.

AIR *de Céline*.

Il était sans cesse en extase,
Et demeurait sourd à ma voix ;
Se récriant avec emphase
Sur tous les arbres de son choix;
Mais ceux auxquels il rend les armes
N'ont à mes yeux que peu d'attraits,
(Regardant Hermance.)
Car, selon moi, les plus beaux charmes
Ne sont pas ceux de la forêt.

DUCASTEL.

Plaisanterie à part, je suis enchanté de mon inspection; jamais je n'ai vu une plus belle réserve.

LALOUETTE.

Je crois bien; une futaie de quatre-vingt-quinze hectares, âgée de cent ans ; ce n'est pas du petit pied; savez-vous bien qu'une adjudication de cette espèce, ça fait époque dans la vie.

DUCASTEL.

Aussi, l'éveil est donné à tous les environs, c'est à qui entrera en concurrence avec nous.

BOISJOLI.

Oui, nous aurons à lutter contre Paris et la banlieue.

DUCASTEL.

C'est Paris, surtout que je redoute; l'avis que vous avez reçu nous annonce que nous aurons affaire à forte partie.

HERMANCE, à part.

Puisse la concurrence l'emporter et rompre leur fatal traité!

BOISJOLI.
Ah! ça, Lalouette, en ta qualité de garde-vente de la compagnie Ducastel et Boisjoli, tu connais ta consigne?
LALOUETTE.
Oui, certes, me voici aux aguets, et dès qu'un enchérisseur montrera seulement le bout de son nez, tout beau, je donne l'alarme.
BOISJOLI.
Très bien! le reste me regarde.
MADAME DE MERTEUIL, à part.
Voici qui pourrait bien déconcerter mon plan; ah! à la grâce de Dieu!
DUCASTEL.
Il n'y a pas un moment à perdre; et pour cela il faut commencer....
MADAME DE MERTEUIL.
Par déjeuner.
HERMANCE.
Oui...
BOISJOLI.
Bien dit; on ne se bat pas à jeun.
DUCASTEL.
AIR *de Victorine*.

Elle a raison; allons nous mettre à table,
L'air de ces bois excite l'appétit.
MADAME DE MERTEUIL, à Hermance.
Grâce du moins à ce repas aimable
Nous obtiendrons un instant de répit.
Fée invisible, en ces lieux ton amie
Veille sur toi... notre sort est lié.
HERMANCE de même.
Oh oui! je veux croire à votre magie.
MADAME DE MERTEUIL.
Ah! crois plutôt, crois à mon amitié.
TOUS ENSEMBLE.
Oui, sans tarder, allons nous mettre à table,
L'air de ces bois excite l'appétit;
Grâce du moins à ce repas aimable
Nous obtiendrons un instant de répit.

SCÈNE III.
LALOUETTE seul.

Attention! Lalouette, c'est aujourd'hui grand jour de bataille; il y va d'un pot de vin, et d'un fameux encore, si la compagnie l'emporte; vienne midi, le premier feu est allumé, puis le second, puis le troisième, v'là qu'ça va s'éteindre, v'là qu'ça s'éteint... Adjugé! adjugé! ah! ah! les forains, quelle figure ils feront! quel pied de nez! hein, si c'était... Tout beau! là! tout beau! (Il remonte le théâtre avec précaution.)

SCÈNE IV.
LALOUETTE, DARCY, MOLÉON. (Ils entrent en regardant de tous côtés.)
MOLÉON, lisant l'inscription du poteau.
Rond royal.
DARCY.
C'est ici.
MOLÉON.
Il paraît que nous sommes les premiers au rendez-vous; c'était bien la peine de tant nous presser.
DARCY.
Fallait-il arriver les derniers? (tirant un billet de sa poche.) A midi.... il est?...
MOLÉON.
Onze heures vingt.

DARCY.

La différence n'est pas si grande, attendons.

LALOUETTE, à part.

Ils tiennent un papier... quel indice !...

DARCY, apercevant Lalouette.

Hé ! brave homme, dites-nous ! n'auriez-vous pas vu, par hasard, quelqu'un se promener dans les environs ?

LALOUETTE, à part.

Nous y voilà... (haut.) P't'être ben...

MOLÉON.

Eh ! qui était-ce ?

TOUS DEUX.

Parlez.

LALOUETTE.

Qui qu'c'était ?

TOUS DEUX.

Oui.

LALOUETTE.

Quelle personne ?

TOUS DEUX.

Oui.

LALOUETTE.

J'vas vous instruire, prenez garde... Ah ! je suis connu dans la forêt, voyez-vous... et depuis qu'on en a confié une partie à mes soins, on ne peut pas me reprocher la plus petite indiscrétion... ce n'est pas que si je voulais parler... Mais non... mutus...

AIR : *Je voulé bien* (Fra Diavolo).

Je ne sais rien.　BIS.
On dit que la femme du notaire
Dans l'endroit le plus solitaire,
Ne va pas seule avec son chien ;
　Je n'en sais rien.　TER.
On dit encor qu'avec mystère
On a vu près d'certain' commère
Un homme qui n'était pas l'sien,
　Je n'en sais rien ;
Moi je n'vois rien, je n'entends rien ;
　Non, non je ne sais rien.

Je ne vois rien.　BIS.
Un jour, c'est la fill' d'la mercière
Qui vient, avec la p'tit' fermière
Prendre l'frais... C'est p't'êtr' pour leur bien,
　Moi je n'vois rien.　TER.
N'y a pas jusqu'à la femme du maire ;
Ces dam's aiment, dit-on, l'militaire,
Et dans l'bois chacun trouv' le sien ;
　Moi je n'vois rien,
Je n'entends rien, je ne sais rien,
　Non, non je ne sais rien.

DARCY.

Eh ! mais, sans manquer à vos principes, il me semble que vous pourriez bien nous dire si vous avez vu, oui ou non, celui que nous cherchons.

MOLÉON.

Il ne s'agit ni de la femme du maire, ni de celle du notaire.

LALOUETTE.

Oh ! je m'en doute bien.

MOLÉON.

Comment ?...

LALOUETTE.
On sait qui vous êtes...
DARCY.
Vous ! qui vous l'a dit ?
LALOUETTE.
Ceux qui sont ici pour la même affaire que vous, quoi !
MOLÉON.
Nous serions charmés de les connaître.
LALOUETTE.
Oui dà, je suis ben vot' serviteur... rira bien qui rira le dernier. (A part.) Courons prévenir la compagnie.

SCÈNE V.
DARCY, MOLÉON.

DARCY, avec humeur.
Je crois, en vérité, qu'il se moque de nous, qu'en dis-tu?
MOLÉON.
Je dirais comme toi, si je pouvais deviner quel intérêt... mais franchement:..
DARCY regardant le billet qu'il a tiré de sa poche.
C'est pourtant bien ici le lieu désigné.
MOLÉON.
Montre-moi donc ce mystérieux cartel, car du diable si je sais pourquoi nous sommes venus dans cette forêt....
DARCY le lui donnant.
Le voilà.

MOLÉON.

AIR *de Thémire.*

D'honneur, je n'y puis rien comprendre :
Vois donc quel élégant format !
Jamais le billet le plus tendre,
N'eut un parfum plus délicat.
Avec ça l'on doit, sans rien craindre,
Par le plomb se laisser atteindre,
Et sans le moindre acharnement
Se laisser tuer gentiment...
Mon cher, le moyen de se plaindre
Quand on s'y prend si poliment?

DARCY.
Il est de fait que jamais invitation de se couper la gorge n'eut une si galante tournure.
MOLÉON lisant.
« Monsieur, je suis sur le point d'épouser la fille du respectable « M. Ducastel ; je sais qu'elle vous aime encore. » S'il sait cela, que ne nous laisse-t-il en repos?
DARCY à part.
Qu'elle m'aime encore!
MOLÉON, continuant.
« Et votre existence est un obstacle à mon bonheur. » Tant pis pour lui ! qu'il se marie comme tant d'autres à ses risques et périls. « Je serai dans trois jours, à midi, dans la forêt de Sénart, au rond « royal, j'espère vous y rencontrer. » Pas de signature... Hum ! hum! veux-tu que je te dise, moi.. Je crains fort qu'il n'y ait quelque mystification là dessous.
DARCY.
Pourquoi cette supposition?
MOLÉON.
Ce n'est peut être qu'une affaire d'instinct chez moi ; mais j'ai vu quelques billets dans ma vie, et je serais bien étonné si des doigts féminins n'avaient point passé par celui-ci...

DARCY.

En voilà bien d'une autre à présent! ne nous perdons pas en conjectures... attendons...

MOLÉON.

Il le faut bien...

DARCY.

Ce qu'il y a de clair, c'est que sans ce billet, je n'aurais jamais osé remettre les pieds au Plessis. Quelque chose qui arrive donc, je suis enchanté de l'avoir reçu.

MOLÉON.

A la bonne heure, c'est prendre les choses au mieux... Mais dis moi donc comment il se fait que tu ne l'aies pas emporté depuis longtemps sur tes rivaux, toi l'officier le plus rangé, le plus sage, et à coup sûr, le moins léger de toute la cavalerie légère.

DARCY.

Une maudite dette dont le père a eu connaissance...

MOLÉON.

Une dette... Ah! bah! tu te vantes... Toi, une dette?...

DARCY.

Oui, pour un ami qui était perdu, s'il ne trouvait pas deux cents louis dans les vingt-quatre heures, j'ai emprunté pour lui... Et tu devines le reste.

MOLÉON.

Fort bien; mais deux cents louis ne sont pas une somme si considérable qu'on ne puisse aisément, avec une réputation telle que la tienne...

DARCY.

J'aurais dû me libérer depuis long-temps, sans doute; mais j'ai eu affaire à un arabe qui avec les intérêts des intérêts réclame aujourd'hui dix mille francs.

MOLÉON.

Dix mille francs!... Ah! mon ami, quel juif! il veut que tu meurres insolvable.

DARCY.

J'en ai bien peur... et pourtant c'est à peu près la même somme qu'une bonne tante m'a laissée en mourant, hypothéquée sur un certain M. Godurot, espèce d'intrigant dont je ne puis arracher un centime... J'ai beau lui écrire fort poliment qu'il me doit dix mille francs; monsieur me répond, courrier par courrier, et avec la même politesse, qu'il ne me doit rien. Que faire? le tuer, il n'en vaut certainement pas la peine; plaider... ce serait à n'en pas finir, et, en attendant, si je ne peux m'acquitter, M. Ducastel, qui est un homme à grands principes sera toujours inflexible...

MOLÉON.

Allons, mon cher, nous pouvons nous donner la main; nous ne sommes pas heureux dans nos amours.

DARCY.

Comment?... Est-ce que tu serais aussi amoureux?...

MOLÉON.

Tu sais bien que je le suis toujours... Mais cette fois, j'ai bien peur que ce ne soit sérieux...

DARCY.

Vrai?...

MOLÉON.

Parole d'honneur! c'est dans mon dernier voyage à Plombières!... j'ai rencontré une veuve qui a failli me rendre fou et qui pour me rachever a disparu, sans même me prévenir...

DARCY.

Et cette merveille?

MOLÉON.

Habite Paris, dit-on; je suis à sa poursuite depuis un mois, et il n'a rien moins fallu que l'affaire qui t'amène ici pour me déterminer à interrompre mes recherches.

DARCY.
Service pour service, si je puis t'être utile, je...
MOLÉON.
Nous en reparlerons... Maudit soit l'anonyme qui nous fait promener et qui ne se montre pas!... (riant.) Ah! ah! ah! il serait plaisant que nous ne vissions apparaître, du fond de cette forêt, qu'un de ces courages de grand appétit, qui enlèvent toutes les affaires d'honneur la fourchette à la main...
DARCY.
Sois tranquille, j'y mettrai bon ordre... Mais on vient; c'est mon homme, peut-être.
MOLÉON.
Retirons-nous un peu, et observons.

SCÈNE VI.
LES MÊMES, BOISJOLI.

BOISJOLI, entrant.
Personne!... Lalouette m'avait pourtant bien dit qu'ils étaient ici... oh! je les trouverai... qu'ils se tiennent fermes!... ce n'est pas la première fois, Dieu merci, que je me trouve à pareille affaire, et je saurai bien rester maître du champ de bataille.
MOLÉON, bas à Darcy.
C'est lui.
BOISJOLI, se croyant seul.
Cette petite Hermance me va comme la futaie; il faut qu'elle soit à moi.
MOLÉON, à Darcy.
Je crois qu'il parle d'Hermance.
DARCY, à Moléon.
Plus de doute, approchons.
BOISJOLI, se retournant.
Hein!... si j'ai le coup-d'œil juste, voilà nos deux concurrents parisiens. (Passant devant et derrière les deux amis en les toisant.) (A part.) Quelles tournures pour des spéculateurs! Dieu! que c'est jeune et pincé!.. allons, de l'énergie, de l'aplomb, et la peur va m'en délivrer.
DARCY, à Moléon.
Abordons-le.
MOLÉON, à Darcy.
Du sang-froid, je t'en prie!
BOISJOLI, à part.
Ils se concertent; il faut désunir leur action. (Il se place entre eux deux.)
DARCY, le saluant.
Monsieur, j'ai l'honneur...
BOISJOLI, d'un ton sec.
Serviteur, monsieur.
MOLÉON, le saluant.
Monsieur, j'ai l'honneur d'être...
BOISJOLI, de même.
Serviteur, monsieur, serviteur.
DARCY.
Je me félicite de vous avoir enfin rencontré.
BOISJOLI.
Et moi aussi, monsieur.
MOLÉON.
Nous sommes ici depuis long-temps...
BOISJOLI.
Pourquoi tant vous presser? Il n'est pas encore l'heure.
DARCY.
Vous savez que dans ces sortes d'affaires, on craint toujours d'arriver trop tard.
BOISJOLI.
Oui, mais on ne gagne souvent rien à arriver trop tôt.

2

DARCY.

C'est ce que l'événement prouvera.

MOLÉON, à Darcy.

Pas d'emportement, mon cher. (A Boisjoli, en se rapprochant de lui.) Pourriez-vous du moins, monsieur, nous donner un mot d'explication ?

BOISJOLI.

Des explications! non parbleu! vous devez en savoir autant que moi... si non, tant pis pour vous.

DARCY, avec vivacité.

Eh bien, soit! pas d'explication et terminons.

BOISJOLI, ricanant.

A vous parler franchement, je ne crois pas que vous fassiez ici vos affaires, comme vous l'espérez.

DARCY.

Pensez-vous m'effrayer ?

BOISJOLI.

Moi, Dieu m'en garde! je n'ai pas besoin de recourir à de si petits moyens.

DARCY.

Je vous avertis que vous n'y parviendriez pas.

BOISJOLI, à part.

C'est ce que nous verrons.

MOLÉON.

Apprenez, monsieur, que mon ami a fait ses preuves, et que..

BOISJOLI.

C'est possible; mais ce n'est pas ici.

DARCY.

Ici, comme ailleurs, monsieur, et je vous le montrerai.

BOISJOLI, à part.

Sachons s'il connaît bien la futaie. (Haut.) Vous l'avez vue sans doute, monsieur.

DARCY.

Je pourrais me dispenser de répondre à cette question; mais soyez satisfait... Non, monsieur, je ne l'ai pas vue.

BOISJOLI, à part.

Bon, on peut aller de l'avant. (Haut) Vous ne l'avez pas vue... Eh bien, vrai, vous serez étonné du prix qu'on y met.

DARCY.

Monsieur, je vous prie de mesurer vos expressions; je ne souffrirais pas un mot qui lui fût défavorable...

BOISJOLI, à part.

Oh! mon Dieu! quelle tendresse!

DARCY.

Vous n'ignorez pas d'ailleurs que je la connaissais avant vous, et que j'ai eu le temps de l'apprécier.

BOISJOLI, à part.

Allons, il la connaissait avant moi, et il ne l'a pas vue... Ah! depuis son arrivée, sans doute. (Haut) Il y a peut-être long-temps que vous n'êtes venu de ce côté, voyez-vous, et elle a bien changé...

MOLÉON.

Rêvez-vous? à son âge!...

BOISJOLI.

Je conviens que son âge est respectable.

AIR : *On dit que je suis sans malice.*

Elle est pourtant fort ordinaire...

DARCY.

Mais elle a le don de me plaire.

BOISJOLI.

Elle a perdu ses agréments.

DARCY.

Elle a reçu tous mes serments.

BOISJOLI.
C'est peu pour moi que je l'envie.
DARCY.
Je veux lui consacrer ma vie.
BOISJOLI.
C'est une spéculation.
DARCY.
Et moi c'est une passion.
BOISJOLI, à part.
Mais il est fou.
DARCY.
Au surplus, monsieur, j'ai juré qu'elle ne serait qu'à moi... Vous prétendez me la ravir... C'est assez, le sort en décidera.
MOLÉON.
Oui, monsieur, et si j'ai un conseil à vous donner, c'est de renoncer...
BOISJOLI.
Renoncer !... Ah! vous ne me connaissez pas.
MOLÉON.
Permettez-moi de vous dire qu'après les remarques peu flatteuses que vous avez faites sur elle, il est surprenant que vous y teniez si fort...
BOISJOLI.
Monsieur, j'y tiens, parce que, pour ce que je veux en faire...
DARCY.
C'en est trop... Finissons.
BOISJOLI.
Quant à ce qui est d'en finir... (d'un air solennel.) Il n'est pas encore midi.
MOLÉON, à Darcy.
Il attend son témoin.
DARCY.
Eh bien, il suffit.
BOISJOLI.
Tranquillisez-vous, je suis exact, et ma montre ne retarde jamais.
MOLÉON.
C'est donc entendu : à midi.
BOISJOLI.

AIR : *C'est trop fort.*

A midi   BIS.
Ce beau feu peut être attiédi,
Refroidi.
A midi   BIS.
N'agissez pas en étourdi.
Du triomphe je suis jaloux,
Je lutterais seul contre tous ;
Oui, quelque soit votre courroux,
Je prétends enchérir sur vous.

DARCY, parlant.
C'est ce que nous verrons.
BOISJOLI, parlant.
C'est ce que vous verrez... Oh! oh! oh! monsieur, si vous vous figurez que...
(Chantant.)   A midi, etc.

DARCY et MOLÉON.
A midi   BIS.
Vous nous retrouverez ici.
A midi
A midi   BIS.
Nous punirons un étourdi. (Ils sortent.)

SCÈNE VII.

BOISJOLI, seul.

Ils n'ont pas l'air intimidé du tout ; est-ce que par hasard ils seraient de force à soutenir la partie ? Diantre ! ne nous laissons pas couper l'herbe sous le pied... C'est le cas d'avoir du génie... et j'en ai quelquefois, je m'en flatte...

AIR *de Marianne.*

Je suis un héros d'industrie ;
Je puis dire que j'ai le fil ;
Tout rend honneur à mon génie :
Il n'en est pas de plus subtil.
　　Combien d'affaires
　　Assez peu claires,
　　Sans me vanter,
J'ai déjà fait sauter ;
　　Par mon adresse,
　　Par ma souplesse
　　Je changerais
　　Les plus fins en niais.
J'ai su tromper, chose incroya!
Des avoués le plus trompeur ;
Et quand on joue un procureur
　　On peut jouer le diable.

Ah ça ! j'entends, je crois, le papa Ducastel... Il arrive à propos ; car il est urgent de nous entendre, de nous concerter ; il me donnera son avis ; je n'en ferai qu'à ma tête, et tout ira pour le mieux.

SCÈNE VIII.
BOISJOLI, DUCASTEL, LALOUETTE.

DUCASTEL.

Tu dis donc, Lalouette, que c'est ici que monsieur Godurot...

LALOUETTE.

Et tenez, le v'là.

BOISJOLI.

Allons donc, beau-père, allons donc ! un peu d'activité, si c'est possible.

DUCASTEL.

Comment ! mais j'accours.

BOISJOLI.

A pas comptés, je le vois.

DUCASTEL.

Doucement ! avez-vous vu les deux hommes en question.

BOISJOLI.

Et certes, je les ai vus... Vous êtes bienheureux de m'avoir pour associé... Si nous n'y prenons garde, nous sommes enfoncés.

DUCASTEL.

Hein.

LALOUETTE.

Bah ! vous avez peur de ces intrus ?

BOISJOLI.

Je n'ai pas peur ; mais ils n'ont pas peur non plus, et je crois, Dieu me pardonne, qu'ils se sont moqués de moi.

DUCASTEL.

C'est tout simple.

BOISJOLI.

Comment, c'est tout simple ?

DUCASTEL.

Oui, pour vous effrayer vous-même.

BOISJOLI.

Ecoutez donc, sans avoir peur, il est permis d'avoir des... sollicitudes, quand il s'agit du succès d'une affaire si importante.... Songez donc qu'il y va de ma fortune et de mon mariage, rien que cela ? Et si nous n'avons pas le dessus, je me vois sans argent et sans femme... Sans femme, passe encore... J'aurais beau vouloir rester garçon, je

sais bien que le sexe ne le souffrirait pas... mais sans argent !... Entendez-vous, beau père, sans argent !
DUCASTEL.
Mais enfin, que prétendez-vous faire?
BOISJOLI.
Les éconduire.
DUCASTEL.
Comment cela? Croyez-vous qu'ils soient assez bons pour vous faire le plaisir de s'en aller?..
BOISJOLI.
Il est clair que je n'irai pas leur dire : Messieurs, ôtez-vous de là que je m'y mette; j'ai fait le méchant, ça n'a pas pris ; une autre tactique réussira. A la guerre comme à la guerre : quand une place forte est menacée, et que l'on n'a pu écarter l'ennemi en faisant grand tapage, on sonne le tocsin (Il agite la bourse.)... Saisissez-vous la métaphore?...
DUCASTEL.
Oui, oui ; mais votre tocsin n'est pas à mon usage ; j'aime à remporter une victoire ; je n'aime pas à l'acheter.
BOISJOLI.
Ah! quels sentiments étroits ! quel système Pompadour !
DUCASTEL.
Quoi! vous prétendez...
BOISJOLI.
Qu'il faut, au besoin, savoir faire un sacrifice... leur offrir une somme de... plus ou moins... pour les engager à renoncer à leurs prétentions.
DUCASTEL.
Eh! quoi! donner son argent pour expulser un concurrent, lorsqu'on peut en rencontrer vingt autres!

AIR du *Premier Prix*.

Oh! pour le coup je vous admire ;
Vous me prenez pour un enfant :
A mes dépens vous voulez rire.
Vous êtes fort adroit, vraiment ;
Mais c'est abuser de vos forces
Que de prétendre me prouver
Qu'on jette aux poissons des amorces
Afin de les faire sauver.   BIS.

BOISJOLI.
Corbleu, beau-père, ce n'est pas pour les faire sauver, c'est pour les prendre ; je vous défie bien d'avaler l'amorce, sans vous accrocher à l'hameçon.
LALOUETTE.
Dans le fait...
DUCASTEL, haussant les épaules.
Allons donc !...
BOISJOLI.
Au lieu de perdre le temps à discuter, allons nous entendre avec tous nos confrères, et vous verrez s'ils n'adoptent pas ma proposition à l'unanimité !...
DUCASTEL.
A la bonne heure...

SCÈNE IX.
LES MÊMES, MADAME DE MERTEUIL, HERMANCE.
MADAME DE MERTEUIL.
On vous attend, messieurs ; on vous demande à grands cris.
BOISJOLI.
Ce sont eux... nos associés... A merveille ; je craignais un retard. Volons, beau-père, volons...
DUCASTEL.
Doucement! doucement!
BOISJOLI, galamment.
Ne vous impatientez pas, belles dames, nous serons bientôt de re-

tour.. Oui, divine Hermance, dans quelques minutes, je viendrai déposer à vos pieds mon cœur, ma main et 95 hectares de bois haute futaie, première qualité. Vous serez la plus heureuse des femmes...

HERMANCE.

Monsieur !

MADAME DE MERTEUIL.

Heureuse cousine, reçois mes compliments.

BOISJOLI.

AIR : *Ne raillez pas la garde citoyenne.*

Au revoir donc ; sachez, ô vous que j'aime
Que je ne suis ici qu'un bûcheron,
Mais dès ce soir redevenant moi-même,
Je veux prouver que je suis un luron.

TOUS.

Au revoir donc ; si pour celle qu'il aime
Il n'est ici qu'un pauvre bûcheron,
Là-bas, ce soir, redevenant lui-même,
Il prouvera qu'il a parfois du bon.

(Ducastel, Boisjoli et Lalouette sortent.)

SCÈNE X.
MADAME DE MERTEUIL, HERMANCE.

MADAME DE MERTEUIL.

Je ne sais, en vérité, pourquoi M. de Boisjoli te déplaît si fort. Je le trouve très amusant, moi... Un choix d'expressions... Une originalité.

HERMANCE.

Oh oui ! pour cela, il est d'une originalité rare...

MADAME DE MERTEUIL.

Il faut que Darcy ait un grand mérite pour l'emporter sur un tel rival...

HERMANCE.

Encore !... Ce n'est pas généreux.

SCÈNE XI.
LES MÊMES, DARCY.

DARCY, sans le voir.

Puisque ce cher Moléon se trouve si bien à table, qu'il y reste ; moi, pendant qu'il termine son interminable déjeuner... (Apercevant Hermance). Que vois-je ! Hermance !...

HERMANCE.

D'Arcy !... (à Madame Merteuil) Quelle trahison !...

MADAME DE MERTEUIL.

Plains-toi, je te le conseille (A part). Ma lettre a réussi, mon plan réussira, j'en ai leur amour pour garant.

HERMANCE et DARCY, à part.

AIR : *Éternelle amitié.*

ENSEMBLE.

O bonheur imprévu !
Sitôt { qu'elle / qu'il } a paru,
De plaisir et d'espoir tout mon cœur s'est ému.
Nous voilà réunis,
Nos chagrins sont finis ;
Mais, du moins, cachons-lui } quels étaient mes ennuis.
Qu'elle sache à présent

MADAME DE MERTEUIL, à part.

Je l'avais bien prévu :
Sitôt qu'il a paru,
De plaisir et d'espoir tout son cœur s'est ému.
Les voilà réunis,
Leurs chagrins sont finis ;
De l'absence un moment calmera les ennuis.

AUX JEUNES GENS.
Sous ces ombrages frais,
Tout invite à la paix ;
Les dépits de l'amour n'y résistent jamais.
Dans un moment si doux
Redoutant les jaloux,
Près d'ici moi je veille et sur eux et sur vous.

TOUS ENSEMBLE.
O bonheur)
Moi, j'avais) etc.

(Madame de Merteuil remonte le théâtre et s'éloigne.)

SCÈNE XII.
HERMANCE, DARCY.

HERMANCE, voulant suivre madame de Merteuil.

Ma cousine...

DARCY, l'arrêtant.

Hermance, j'ai peine encore à croire à mon bonheur... Que de grâces n'ai-je pas à rendre à l'heureux hasard qui nous réunit!...

HERMANCE.

Vous dites bien, monsieur, le hasard seul peut maintenant nous réunir... Je ne m'explique pas autrement votre présence ici... et dans la crainte de vous faire manquer le but d'un voyage que vous n'avez sans doute pas fait pour moi, souffrez que je m'éloigne.

DARCY, l'arrêtant de nouveau.

Restez, restez, je vous en conjure... Eh! pourquoi perdre en reproche un temps si précieux?... Est-ce à vous de m'accuser, Hermance, quand votre père me repousse, quand vous-même vous m'abandonnez?...

HERMANCE.

Que dites-vous? Mon père ne vous avait-il pas autorisé à m'écrire? Comment en avez-vous profité depuis votre retour à Paris?... Le silence que vous gardez depuis si long-temps prouve bien...

DARCY, vivement.

Mon silence!... Qu'entends-je!... Je vous ai écrit plusieurs fois sans qu'une seule réponse...

HERMANCE.

Je n'ai reçu aucune lettre...

DARCY.

Tout s'éclaircit enfin ; on vous les a cachées... Hermance! chère Hermance, avez vous pu penser un moment que j'avais cessé de vous aimer!... Ah! s'il vous faut de nouveaux serments...

HERMANCE.

Des serments!... A quoi bon?... Hélas! on a promis ma main, et bientôt, peut-être...

DARCY.

Jamais!... je sais tout... Mais vous, Hermance, ne pouvez-vous résister? Aurai-je la douleur de vous voir d'accord avec tout le monde, excepté avec votre plus tendre, votre meilleur ami?...

HERMANCE.

Que ne suis-je bien sûre de votre sincérité!...

DARCY.

Pouvez-vous en douter encore?...

HERMANCE.

On vient... Séparons-nous...

DARCY.

Quoi! sitôt!...

HERMANCE.

AIR: *Moi je suis là* (l'If de Croissey.)

Il le faut, car, monsieur, je tremble
Qu'on ne nous ait aperçus là.

DARCY.
A peine le sort nous rassemble,
Et vous voulez partir déjà !
J'ai tant de choses à vous dire !
Ah ! laissez-moi suivre vos pas,
Ou de douleur ici j'expire...
HERMANCE vivement.
Prenez mon bras.   BIS.   (Ils sortent.)

SCÈNE XIII.
MADAME DE MERTEUIL, puis MOLÉON.

MADAME DE MERTEUIL, accourant.
Alerte ! alerte (s'arrêtant.) Ils sont déjà loin !... Il paraît que la réconciliation est faite. Tant mieux, c'était le plus difficile, et maintenant... Mais quel est cet étranger qui m'a fait donner si brusquement le signal de la retraite ? Il vient droit ici...

MOLÉON, une boîte de pistolets à la main.
Mon ami, ne t'impatiente pas, voici tes armes. (Il tire les pistolets de la boîte).

MADAME DE MERTEUIL.
Eh mais, je ne me trompe pas...

MOLÉON, à part.
Est-il bien possible ?... (Il jette vivement les pistolets sur un banc de gazon).

MADAME DE MERTEUIL.
Comment ! c'est vous, Monsieur !

MOLÉON.
Enfin, je vous retrouve, Madame.

MADAME DE MERTEUIL.
Vous dans les bois !...

MOLÉON, d'un ton mélancolique.
C'est dans la solitude, madame, que doit se réfugier l'amour malheureux.

MADAME DE MERTEUIL, riant.
Oh ! mon Dieu ! en seriez-vous déjà réduit à vous faire ermite ? Votre caractère serait donc bien changé ?...

MOLÉON.
Non, madame, il fut de tout temps porté à la mélancolie.

MADAME DE MERTEUIL.
Mais à Plombières, il courait des bruits tout contraires.

MOLÉON.
A Plombières, il n'y avait qu'une voix sur mon humeur rêveuse et taciturne.

MADAME DE MERTEUIL.
Qu'une voix !... C'était la vôtre, apparemment...

MOLÉON.
J'ignore, madame, si quelques traits malins ont été lancés contre moi, je n'en serais pas surpris : on est si méchant en province !... N'a-t-on pas voulu me persuader, à moi, votre admirateur le plus fervent, que vous étiez fière de votre beauté, un peu frivole, coquette même...'et que votre plus grand plaisir était de faire tourner les meilleures têtes !...

MADAME DE MERTEUIL, d'un air piqué.
Monsieur !...

MOLÉON.
Je n'en ai rien cru, madame, vous devez bien le penser ; mais à votre tour, n'userez-vous pas envers moi de la même réserve ?

MADAME DE MERTEUIL.
C'est m'honorer beaucoup, monsieur, que de m'associer ainsi à votre sort ; il me siérait mal de manquer d'indulgence quand vous m'en faites un devoir... une nécessité...

MOLÉON, à part.
Du dépit !... Bravo !... (Haut.) N'avez-vous pas déjà trop d'avan-

tage sur moi, madame, sans emprunter encore le secours de la satyre? Devais-je m'attendre à être traité avec tant de rigueur, quand j'ai fui sans retour les regards de la société; quand j'ai dit adieu au monde pour ne songer qu'à vous; lorsqu'enfin je ne suis venu ici que pour me jeter de nouveau à vos pieds?

MADAME DE MERTEUIL.

C'est pour moi que vous êtes ici?...

MOLÉON, vivement.

En douteriez-vous, madame?

MADAME DE MERTEUIL.

Pour moi?...

MOLÉON, de même.

Pour vous seule, femme adorable!...

MADAME DE MERTEUIL, lui montrant du doigt les pistolets.

Voilà deux témoins qui semblent déposer contre vous.

MOLÉON, d'un air égaré.

Ce sont les armes du désespoir, et puisqu'enfin vous avez résolu...

MADAME DE MERTEUIL.

Pas de comédie... Je crois deviner le motif qui vous amène en ces lieux... Vous connaissez M. Darcy?...

MOLÉON.

Darcy?... C'est mon meilleur ami... Mais comment se fait-il qu'il soit connu de vous, et que...

MADAME DE MERTEUIL.

Vous le saurez... le temps presse... On vient, éloignons-nous...

MOLÉON.

AIR : *Moi je suis là*.

Quel est cet étrange mystère?
Jamais je ne fus plus surpris.

MADAME DE MERTEUIL.

Il faut et me suivre et vous taire;
Mon indulgence est à ce prix.

MOLÉON.

Ah grand Dieu! que vous êtes bonne!
Mais non, je ne m'abuse pas,
Eh! quoi, Madame, on me pardonne?

MADAME DE MERTEUIL.

Prenez mon bras.   BIS.

SCÈNE XIV.

BOISJOLI, DUCASTEL, MARCHANDS DE BOIS

DUCASTEL.

Par ici... par ici, messieurs!...

CHOEUR.

AIR *de Turiaf le pendu*.

Allons, Messieurs, notre présence
Est nécessaire dans ces lieux;
Il faut nous concerter d'avance;
Bientôt vont s'allumer les feux.

BOISJOLI, tirant son lorgnon et regardant du côté par lequel madame de Merteuil et Moléon sont sortis.

Oh! c'est unique! madame de Merteuil avec un de nos corsaires

DUCASTEL.

Qu'est-ce que vous dites?

BOISJOLI.

Que ces élégants, messieurs, sont, à ce qu'il paraît, de la connaissance de madame votre nièce. (A part) Dieu merci, elle connaît tout le monde.

DUCASTEL.

Eh bien, qu'est-ce que ça signifie?

BOISJOLI.

Ça signifie que si je l'avais su plus tôt, j'en aurais tiré parti... Un homme habile ne néglige rien... les femmes surtout, voyez-vous, beau-père; les femmes peuvent!...

DUCASTEL.

Qu'est-ce qu'elles peuvent, les femmes?

BOISJOLI, à part.

Oh! bah! je lui parle femmes, et il n'entend seulement rien aux hommes... (Haut) Messieurs, pas de discours superflus. Je suis décidé, et si vous l'êtes tous comme moi, ainsi que je le juge à votre silence, il faut...

TOUS.

Mais, monsieur...

DUCASTEL.

Moi! je ne connais pas de plus grand danger que de lâcher le certain pour l'incertain ; il faut temporiser.

TOUS.

Oui, oui !... il faut temporiser.

BOISJOLI.

Temporiser... Ils n'ont que ça à dire... Laissez donc là vos vieilleries, par pitié.   DUCASTEL, à part.

Mes vieilleries !.. l'impertinent! (Haut) Avant tout, la conscience veut être en repos.

BOISJOLI.

Allons, voici la conscience à présent! autre vieillerie!

SCÈNE XV.
LES MÊMES, LALOUETTE.

LALOUETTE, accourant.

Messieurs, l'adjudication va commencer.

TOUS.

On y va, on y va.

BOISJOLI, d'un ton solennel.

Comment! vous balancez encore!

DUCASTEL.

Du tout; je m'y rends de ce pas.

TOUS.

Oui, partons...

BOISJOLI, sur le même ton.

Arrêtez!... Eh quoi! de jeunes aventuriers viendront nous enlever le fruit de tant de peines! C'est en vain que j'aurai fait visites sur visites au conservateur, à l'inspecteur, au sous-inspecteur; politesses sur politesses, aux gardes-ventes, aux gardes à pied, aux gardes à cheval?...   DUCASTEL.

Nous entendons jouer cartes sur table.

TOUS.

Oui.   BOISJOLI.

Ainsi, votre parti est bien pris?...

DUCASTEL.

Irrévocablement pris.

TOUS.

Oui, oui.

BOISJOLI, éclatant.

Eh bien! tout est rompu entre nous! je ferai seul le sacrifice qui vous épouvante; mais seul j'en profiterai.

DUCASTEL.

Libre à vous! Ne nous étourdissez pas davantage; je suis votre serviteur... Allons, messieurs.

DUCASTEL et LES MARCHANDS.

AIR *de Prosper et Vincent.*

ENSEMBLE.

C'en est fait : entre nous
Tout commerce est dissous ;
Allez, nous pouvons tous
Braver votre courroux

Et nous moquer de vous.
Oui, nous bravons votre courroux.
BOISJOLI.
C'en est fait : entre nous
Tout commerce est dissous ;
Je suis seul contre tous,
Mais craignez mon courroux,
Je me moque de vous ;
Oui, craignez mon courroux.

(Ils sortent.)

SCÈNE XVI.
BOISJOLI, ensuite MOLÉON.

BOISJOLI, avec colère.

Va, va, spéculateur dégénéré! tombe de la futaie au taillis! Descends, s'il le faut, jusqu'au cotret, jusqu'au fagot, jusqu'à la bûche! Voilà quelle place la nature assigne à ton génie étroit, baliveau du commerce!

MOLÉON, entrant. (A part).

Tout est donc éclairci! Le cartel anonyme et.. Bon! voici monsieur Godurot de Boisjoli, le débiteur récalcitrant, qui fait le désespoir de Darcy... Attention!...

BOISJOLI, apercevant Moléon.

Bien, c'est un de mes capitalistes; allons au fait. (A Moléon.) Monsieur, je suis enchanté de vous rencontrer.

MOLÉON, le saluant.

Qu'y a-t-il pour votre service?

BOISJOLI, d'un ton insinuant.

J'ai remarqué en vous, du premier coup-d'œil, quelque chose d'affable, de conciliant, que n'a peut-être pas votre ami.

MOLÉON, à part.

Où diable veut-il en venir? (Haut.) Monsieur...

BOISJOLI.

Il est un peu vif, ce jeune homme; ça tient à son âge... il n'a pas encore ce tact, ce liant... ah! vous savez bien ce que je veux dire, car vous êtes un finaud, vous...

MOLÉON.

Moi, il n'y a personne de plus simple.

BOISJOLI.

Laissez donc, allez ; j'y vois clair; mais entre hommes d'esprit, on peut s'entendre... Il n'y a que les sots qui ne s'entendent pas... que dites-vous de la futaie? En conscience, la mise à prix est exorbitante : deux cent-cinquante mille francs! c'est une folie.

MOLÉON, à part.

Il y vient... (Haut.) Mais je ne trouve pas.

AIR : J'en guette.

Pour vous, monsieur, c'est très possible,
Elle peut bien excéder vos moyens,
Mais cependant cette forêt terrible
A du bon, moi je le soutiens.
Elle est par nous très bien appréciée,
Aussi, monsieur, mon ami l'avouera,
En l'achetant tous deux à ce prix-là,
Nous ne l'aurons jamais payée.

C'est qu'il ne s'agit pas d'arbres grands comme des allumettes, qui attendent les passants pour avoir de l'ombre... Une futaie!...

BOISJOLI.

Futaie tant que vous voudrez, le prix est ridiculement forcé!... c'est monstrueux... et il faudrait avoir perdu la tête pour la faire monter encore par une concurrence...

MOLÉON.
Que voulez-vous, donc !...
BOISJOLI.
Que vous soyez raisonnable, que vous vous retiriez.
MOLÉON.
Me retirer, moi ! et qui vous dit que je me présente ?
BOISJOLI.
Monsieur veut plaisanter... ah ! comme c'est mauvais ! plaisanter en affaires !...
MOLÉON.
Je n'y songe pas, je vous jure. Nous n'avons aucune affaire à démêler ensemble. BOISJOLI, à part.
Le farceur, comme il est fort ! (Haut.) Parlons catégoriquement. Si l'on vous proposait un arrangement à l'amiable ?
MOLÉON.
J'en rirais.
BOISJOLI.
Et si l'on vous offrait un bénéfice clair, ririez-vous encore ?
MOLÉON, à part.
Hein ?.. ah ! ça, mais il s'enferre complètement ; il serait drôle que je fusse contraint de me laisser séduire.
BOISJOLI.
Un bénéfice net, de l'argent comptant, espèces sonnantes... cinq mille francs enfin ? MOLÉON.
Cinq mille francs !.. (A part.) Oh ! quelle idée ! c'est la moitié de la créance... (Haut.) Non, monsieur, il n'y a aucune convention à faire entre nous ; ainsi, toute discussion devient inutile.
BOISJOLI.
Monsieur, un mot encore ! (Le retenant).
MOLÉON.
Qu'est-ce ?
BOISJOLI.
Six.
MOLÉON.
Eh non !
BOISJOLI.
Sept.
MOLÉON.
Pas davantage.
BOISJOLI.
Eh bien, huit.
MOLÉON.
Laissez-moi donc tranquille, je ne veux rien. (A part.) J'aurai tout
BOISJOLI à part.
O le juif ! le bédouin ! le pirate ! (regardant à sa montre) midi moins cinq ! Allons, coûte que coûte, je n'en aurai pas le démenti. (Haut.) Voyons, confrère, soyez traitable, en voici dix dans ce portefeuille, prenez, prenez. MOLÉON, à part.
Eh bien, vrai, il me fait de la peine. (Haut.) Monsieur, je ne suis pas ce que vous pensez. BOISJOLI.
Comment ?
MOLÉON.
Non, je ne suis pas marchand de bois.
BOISJOLI riant.
A d'autres !.. nous connaissons ces défaites-là... ils ne sont jamais marchands lorsqu'ils ne veulent pas s'arranger ; ils se feraient passer volontiers pour amateurs.
MOLÉON.
Franchement, Monsieur, je vous proteste...
BOISJOLI riant.
Gardez vos protestations pour des niais. Voilà vos dix mille francs bien comptés en bons billets de banque (Il les lui remet.)

MOLÉON
Mais...

BOISJOLI.
AIR : *Au temps heureux de la chevalerie.*
Ils sont à vous, je ne puis les reprendre,
Et sans retard, il le faut... acceptez.

MOLÉON.
Morbleu! monsieur, voudrez-vous donc m'entendre ?

BOISJOLI.
Non pas vraiment ! mes instants sont comptés.
Bientôt pour moi quelle double victoire !
Je vais cueillir deux lauriers en un jour ;
Je cours au feu sur l'aile de la gloire,
Et je reviens sur l'aile de l'amour. (Il sort en courant.)

MOLÉON.
A la bonne heure... il ne se plaindra pas de moi, j'ai rendu son vol plus léger.

SCENE XVII.
MOLÉON, MADAME DE MERTEUIL, DARCY, HERMANCE.

MADAME DE MERTEUIL.
Que faisiez-vous donc là avec monsieur Boisjoli ?.. aurais-je eu le malheur de le mettre en fuite ?..

DARCY.
Monsieur Boisjoli?

MOLÉON.
Oui, mon cher, M. Godurot de Boisjoli... Ton homme, enfin ; tiens, voilà les dix mille francs qu'il te devait. (Il lui remet les billets.)

DARCY.
Comment se fait-il ?...

MOLÉON, vivement.
Je n'ai pas le temps de t'expliquer tout cela... Il faut aller au plus pressé. Je cours auprès de M. Ducastel ; je l'attendrirai... Nous l'attendrirons... (à madame de Merteuil.) Venez, Madame, une si belle cause vous revient de droit.

MADAME DE MERTEUIL.
Au moins, faites-moi connaître...

MOLÉON.
Chemin faisant, vous saurez tout...

MADAME DE MERTEUIL.
A mon tour, je me laisse conduire.

MOLÉON, à Darcy et à Hermance.
AIR *d'Estelle.*

Reprenez courage !
Vous serez heureux ;
Un prompt mariage
Comblera vos vœux.
(A madame Merteuil.)
Allons ouvrir le temple !
Mais puisse un tel exemple
En frappant d'autres cœurs,
Faire ici des imitateurs !

ENSEMBLE.
Reprenez }
Reprenons } courage, etc.

(Moléon sort avec Madame de Merteuil.)

SCENE XVIII.
DARCY, HERMANCE.

DARCY.
Je n'y comprends rien.

HERMANCE.

Ni moi non plus.

DARCY.

Nous serions unis !...

HERMANCE.

Mais mon père...

DARCY.

Plus d'obstacle pour lui, en effet. Une dette était l'unique prétexte de son refus ; je puis l'acquitter maintenant ; qu'aura-t-il à m'opposer.

HERMANCE.

Son engagement... Ce M. Boisjoli, auquel ma main est promise.

DARCY.

M. Godurot !... Soyez tranquille, je ne le manquerai pas... Avant une heure, il ne sera plus question de lui.

HERMANCE, effrayée.

Que voulez-vous dire ?

DARCY.

Que je le tuerai.

HERMANCE.

Oh ciel ! voulez-vous tout perdre ?... De grâce, repoussez une telle pensée ?...

DARCY.

Eh bien ! non, je ne le tuerai pas ; mais qu'il capitule, si non !..

HERMANCE.

Evitez un éclat... Je vous en conjure... ou plutôt je fais mieux, je vous l'ordonne...

DARCY.

Bonne Hermance !... (Il lui baise la main.)

BOISJOLI, s'élançant sur la scène.

Adjugé !... (Il reste ébahi.)

LALOUETTE.

Adju !...

HERMANCE.

Ciel ! (Elle s'échappe.)

SCÈNE XIX.
DARCY, BOISJOLI, LALOUETTE.

BOISJOLI.

C'est gentil !... c'est très gentil !... Ne vous gênez pas !...

DARCY.

Monsieur !...

BOISJOLI, élevant la voix.

Non content d'avoir voulu me souffler mon bois, tenter encore de me souffler ma femme !...

DARCY.

Monsieur, apprenez...

BOISJOLI, enfonçant son chapeau et plongeant ses mains dans ses poches.

Savez-vous bien, Monsieur... (A Lalouette) Approche-toi donc, Lalouette... Savez-vous bien que vous êtes un suborneur, et que ça ne se passera pas comme ça !...

DARCY.

Il est midi, Monsieur ; quand vous voudrez, je suis à vous...

BOISJOLI.

Qui est-ce qui vous demande l'heure ? Il s'agit bien de cela !... (A Lalouette.) Ne t'éloigne donc pas, toi.

DARCY.

Nous sommes seuls... (Prenant les deux pistolets qui sont sur le banc.) Dépêchons, Monsieur, choisissez.

BOISJOLI.

Comment, que je choisisse ?...

DARCY.

Oui, Monsieur, il est temps de terminer notre affaire.

BOISJOLI.

De quelle affaire me parlez-vous ?

DARCY.

De celle, morbleu ! pour laquelle vous m'avez fait venir ici.

BOISJOLI.

Moi! je vous ai fait venir?...

AIR : *Ces postillons.*

Est-il possible? ah ça, pas de bêtise,
Et n'allez pas sur moi lâcher vos chiens;
Je tombe ici de surprise en surprise;
Les Godurot jamais, je le soutiens,
N'ont employé de semblables moyens.
Cette futaie, objet de mon envie,
En franc marchand, j'ai voulu, s'il vous plaît,
La disputer au feu d'une bougie
Mais non d'un pistolet.

DARCY.

Il n'est plus temps de reculer, j'aurai votre vie ou vous aurez la mienne.

BOISJOLI.

Encore une fois, pas de coq-à-l'âne. (A Lalouette.) Lalouette, je n'y tiens plus, il va arriver un malheur!...

LALOUTTE, à Darcy.

Tout beau, jeune homme! tout beau! En ma qualité de garde...

DARCY.

Vous nous servirez de témoin. (à Boisjoli.) Allons, Monsieur, pas de phrases, choisissez.

BOISJOLI.

Ah! vous le prenez sur ce ton-là! Eh! bien, oui, je choisis.
(Il s'empare des deux pistolets.)

LALOUETTE.

Monsieur Boisjoli.

BOISJOLI.

Ne me retiens pas; la nature se révolte... (criant.) Au secours! au meurtre!

DARCY.

Vous tairez-vous, Monsieur?

BOISJOLI.

Laissez-moi donc tranquille! (criant plus fort.) Au secours! au secours!

SCENE XX.

LES MÊMES, DUCASTEL, MADAME DE MERTEUIL, MOLÉON, HERMANCE.

CHOEUR.

AIR *du Siége de Corinthe.*

Ah quel tapage!
A nous l'on a recours,
Sous ce feuillage,
Qui donc crie au secours?

BOISJOLI.

C'est moi, c'est moi... on m'assassine!

TOUS, riant.

Ah! ah! ah! ah!

BOISJOLI, à Moléon.

Monsieur, votre ami est fou.

MOLÉON, sans l'écouter.

Mon cher Darcy, ton Hermance est à toi.

DARCY.

Il serait vrai! (A Ducastel.) Ah! Monsieur, que de reconnaissance!...

BOISJOLI.

Hein! plaît-il? son Hermance!... c'est la mienne...

DUCASTEL.

Du tout... en renonçant à notre association, vous m'avez dégagé de ma parole, et je donne ma fille à monsieur, si en effet, cette malheureuse dette...

DARCY, lui remettant le portefeuille.

Jugez-en vous-même.

BOISJOLI.

Mon portefeuille!...

MOLÉON.

Renfermant les dix mille francs que vous deviez à mon ami Darcy.

BOISJOLI

Darcy, Darcy... ce n'est donc pas un marchand de bois?

MOLÉON.

Eh! non, vous n'avez pas voulu me croire.

BOISJOLI.

Je suffoque! j'étouffe! vous êtes bien heureux que je ne sois pas mauvaise tête.

DARCY.

Comment! mais ce cartel?

MOLÉON.

Quoi! tu ne sais pas encore? étourdi que je suis (montrant madame de Merteuil.) Mon ami, je te présente le héros anonyme qui t'avait provoqué.

DARCY.

Ah! je comprends.

HERMANCE.

Cette bonne cousine!

MOLÉON, regardant madame de Merteuil.

Que ne puis-je recevoir une pareille provocation! comme j'y répondrais!

MADAME DE MERTEUIL.

Qui sait?... Si les eaux de Plombières ne sont pas devenues trop fortes pour vous, peut-être qu'à mon prochain voyage...

MOLÉON.

Que ce soit le plus tôt possible, c'est l'ordre du médecin.

BOISJOLI.

C'est bien... j'entrevois que tout le monde se mariera.

LALOUETTE.

Excepté vous.

BOISJOLI.

Eh bien! tant mieux... je perds une femme, mais la futaie me reste... c'est une compensation.

CHŒUR.

AIR du *Tourlourou*.

Puisqu'enfin sans effort
Tout le monde est d'accord,
Célébrons en ce jour
Et l'hymen et l'amour.

BOISJOLI au public.

AIR du *Baiser au porteur*.

Dans ce quartier, malgré la concurrence,
Messieurs, quand je viens m'établir
Pour obtenir la préférence
Je prétends d'abord vous offrir
Un bon marché qui doit vous convenir :
N'oubliez pas, de grâce, mon adresse...
Quoique mon bois soit au plus juste prix,
Messieurs, ce soir chauffez la pièce
Et dès demain, je vous rends ça gratis.

IMPRIMERIE DE COSSE ET G.-LAGUIONIE, RUE CHRISTINE, 2.

LA RÉVOLTE DES COUCOUS,

VAUDEVILLE CRITI-COMICO-FANTASTIQUE,

Par M. Pre. Tournemine.

Représenté pour la première fois, à Paris, sur le théâtre de la Gaîté,
le 26 novembre 1837.

PERSONNAGES.	ACTEURS.	PERSONNAGES.	ACTEURS.
M. PUBLIC.	MM. BARRET.	LE PROGRÈS, protecteurs	GUSTAVE.
LE CHEMIN DE FER.	FOSSE.	LE COMPÈRE, du chemin.	PROSPER.
BÉCHAMEL, traiteur à		LA PUBLICITÉ, Mmes	ST-ALBE.
l'hôtel du Chariot-d'Or.	RAYMOND.	LA VOGUE, fille de M.	
CABOCHET, entrepreneur des diligences de		Public.	MÉLANIE.
		LA VAPEUR, génie du	
Paris.	CHARLET.	chemin de fer.	LÉONTINE.
BOULINO, compagnon		CÉLESTE, fille de	
serrurier, son neveu.	ARMAND.	Béchamel.	PAULINE.
L'EMPAILLÉ, conducteur		CINQ GARÇONS TRAITEURS.	
de coucous.	PRADIER.	QUATRE EMPLOYÉS DU CHEMIN DE FER.	
SIX COCHERS DE COUCOUS.			

La scène est à Saint-Germain-en-Laye, à l'hôtel du Chariot-d'Or.

Le théâtre représente une salle à rez-de-chaussée. Au deuxième plan à droite et à gauche, un cabinet; plus haut à droite, une fenêtre. Au fond, l'entrée principale donnant sur la cour de l'hôtel.

SCÈNE I.
BOULINO, CABOCHET.

BOULINO, tirant son oncle qui fait des façons pour entrer.
Voyons, mon petit oncle Cabochet, faites ça pour le fils de vot' sœur... v'là dieu merci assez de fois que nous venons pour c'te démarche! vous faites comme quand on va chez le dentiste; dès que vous êtes à la porte, la résolution vous manque et c'est toujours à remettre.
CABOCHET.
Hum! c'est qu'il s'agit en effet d'une fière dent à arracher! le père Béchamel est bien le traiteur le moins maniable!.. un homme qui n'a jamais fait de liaisons qu'avec les gens de son état!
BOULINO.
Bah! bah! pour lui demander la main de sa fille, i ne vous mangera pas, peut-être? Et puis! moi, d'abord, je n'y tiens plus; ma Céleste est aussi impatiente que moi, et s'il me la refuse...
CABOCHET.
Fou que tu es!
BOULINO.
Eh bien! oui, là, j' suis fou, c'est le mot... oh! ma Céleste! je la trouve si gentille!.. n'y a pas sa pareille dans tout Saint-Germain ni dans le département de l'Oise, au moins!
CABOCHET.
Oui, c'est ce qu'on appelle un petit minois chiffonné.
BOULINO.
Chiffonnée?.. elle n'est pas chiffonnée du tout... elle a une si belle peau! de si beaux cheveux!..
CABOCHET.
Des cheveux... parbleu! toutes les femmes en ont.
BOULINO.
Et une bouche! et des yeux!..

CABOCHET.

Elle n'en a pas plus que les autres; et tout ça chez elle n'est déjà pas si merveilleux pour tant te monter la tête!

BOULINO.

Elle n'a pas de jolis yeux?.. pour son âge!... vous êtes donc aveugle?.. c'est justement ses yeux qui m'ont donné dans l'œil... elle a de très beaux yeux, et raillez...

CABOCHET, vivement.

Éraillés?..

BOULINO.

Non, je dis, et raillez si vous voulez, je l'aime comme ça, là, voilà...

CABOCHET.

Tu l'aimes comme ça!.. ça n'empêche pas qu'en ma qualité d'oncle, je dois te dire que tu vas faire une bêtise. Te marier!.. triple nigaud! si comme moi, tu savais ce que c'est!..

Air de Préville et Taconnet.

On dit qu' l'hymen est une loterie,
Où s' trouv'nt pêl' mêle, et chagrin et souci :
A c' jeu, j'n'ai joué qu'un' seul' fois dans ma vie,
Et pour ma part, j' peux m' vanter, dieu merci,
D'avoir parbleu! fameus'ment réussi!
Moi qui n'ai pas l'am' bien ambitieuse
Et qu'un extrait eût contenté plutôt,
A c' beau jeu-là, vois comme je suis sot :
J'ai tant d' bonheur, j'ai la main si chanceuse,
Qu' du premier coup, j'ai gagné le gros lot.

BOULINO.

Oui, oui, je me souviens d'avoir entendu raconter que feue ma tante... elle vous en a fait voir des grises, à ce qu'il paraît?..

CABOCHET.

Des grises!.. j'en ai vu de toutes les couleurs, mon ami! et si tu m'en crois,..

BOULINO.

Vous croire?.. non, non, parbleu! oh! moi c'est pas ça qui me fait peur.

Air : On dit que je suis sans malice.

I' s' peut, en mainte circonstance,
Que quéqu' maris n'ai'nt pas la chance ;
Mais ça n'est pas une raison,
Pour demeurer toujours garçon.
Le célibat, c'est froid, c'est triste,
Dans le printemps, on y résiste,
Mais dans l'automn', tout bien compté,
L' mariage a son bon côté.

Et comme v'là mon été qui s'avance...

CABOCHET.

Frileux !

BOULINO.

Tenez, j'aperçois justement l'objet de la chose; nous allons nous mettre tous les deux après vous: faudra que vous soyez ben dur, si vous ne vous laissez pas atendrir.

SCÈNE II.

Les Mêmes, CÉLESTE.

CÉLESTE.

Tiens, c'est vous M. Boulino?

BOULINO.

Oui mam'selle, c'est moi avec mon oncle...

CÉLESTE.

Votre servante, M. Cabochet... est-ce que vous venez pour l'affaire en question?..

BOULINO.

Tout juste...

CÉLESTE, à Boulino.

Et vous n'avez pas fait plus de toilette que ça?.. vous êtes joliment adroit, mon père qu'est si vaniteux!

BOULINO.

Ah! dame, écoutez donc, mam'selle...

Air : Vaudeville de l'Ours et le Pacha.

J' n'ai pas l' genr' coquet, ça, j' suis franc,
Et je n' rougis pas d'être en veste ;
Quand j'ai les mains propr', un col blanc,
Je m' trouv' suffisamment du reste.
J' m'habille selon mon métier,
En bott', en frac, je vous assure,
J' n'aurais pas meilleure tournure ;
L'habit d' travail de l'ouvrier,
Voilà sa plus belle parure.

SCÈNE III.
LES MÊMES, BÉCHAMEL.

BÉCHAMEL, accourant, une lettre à la main.

Céleste! Céleste!.. ah! si tu savais... je suis d'une joie!. bonjour, M. Cabochet, bonjour... (A part.) Oh! cette lettre!..

BOULINO, bas à son oncle.

Dites donc, le moment est favorable; dépêchez-vous.

CABOCHET, passant à Béchamel.

Voisin Béchamel, je suis venu...

BÉCHAMEL.

Je vois bien, je vois bien... mais pardon, je suis si affairé...

CABOCHET.

Je ne vous prendrai qu'un moment. Voici le fait : votre Céleste est bonne à mettre en ménage ; Boulino est un brave garçon qui la trouve à sa convenance ; eh bien! consentez à leur bonheur !

BOULINO et CÉLESTE, à part.

V'là le grand mot lâché!

BÉCHAMEL.

Diable! vous allez rondement au but!.. et qu'est-ce que vous faites pour votre neveu, à cette occasion-là?.. car, lorsque comme vous on est propriétaire de huit voitures, qui font quotidiennement le service de Saint-Germain à Paris, et vice versa...

CABOCHET, l'interrompant.

Versa! versa!.. pour une seule fois que c'est arrivé, faut-il pas...

BÉCHAMEL.

Ce n'est pas ce que je veux dire : et vice versa, est un proverbe qui signifie qu'avec vos trente chevaux, vous devez avoir mis du foin dans vos bottes; partant de là, je vous demande ce que vous donnez à ce garçon pour l'établir?

CABOCHET.

Mais... je lui donne... d'abord mon consentement.

BÉCHAMEL.

Ensuite?

CABOCHET.

Ensuite... je lui donne... le conseil de rendre sa femme heureuse.

BÉCHAMEL.

Et puis encore?

CABOCHET.

Diable! vous êtes bien exigeant!.. et puis encore... dame, ma bénédiction.

BOULINO.

J'espère qu'il fait bien les choses!

BÉCHAMEL, continuant à Cabochet.

Oui, mais en argent; car enfin il n'a rien.

CABOCHET.

Il a un bon état, il est serrurier.

BÉCHAMEL.
Vous ne répondez pas à mon ouverture... je sais bien qu'il est serrurier, mais posons d'abord l'article des sonnettes.

CABOCHET.
Ah! pour ça, il m'est totalement impossible...

BÉCHAMEL, prenant un air de hauteur.
Et vous venez me demander de lui octroyer ma fille? savez-vous ce que c'est que ma fille, M. Cabochet?.. ma Céleste est une fille unique, et elle peut prétendre aujourd'hui à une alliance plus huppée que la vôtre, entendez-vous?

CÉLESTE.
Mais, mon petit père...

BÉCHAMEL.
Silence!

CABOCHET.
Il me semble pourtant que votre fortune...

BÉCHAMEL.
Ma fortune?.. ma fortune est faite, M. Cabochet.

TOUS, vivement.
Serait-il possible!

BÉCHAMEL.
Très possible!.. écoutez la lecture de ce billet. — Mon cher M. Béchamel, fatiguée d'affaires et de plaisirs, et voulant jouir d'un peu de tranquillité, j'ai décidé mon père, ce bon M. Public, à quitter Paris pour venir passer quelques jours dans votre jolie ville. Nous arriverons presque en même temps que cette lettre, et nous descendrons dans votre hôtel. Signé, la Vogue.

TOUS.
La Vogue chez vous!

BÉCHAMEL.
La Vogue chez moi... la Vogue au Chariot-d'Or, rien que cela; et vous concevez que si je puis la retenir... car je suppose bien que ce n'est pas le seul motif de prendre l'air de la campagne qui la décide à ce voyage.

CABOCHET.
Dans quel but croyez-vous donc...

BÉCHAMEL.
Ah! c'est une gaillarde si changeante dans ses amours... qui sait si nous n'avons pas quelque chose qui l'attire?.. notre projet de chemin de fer, par exemple!

CABOCHET, vivement.
Quoi! il serait encore question de cette entreprise diabolique?

BÉCHAMEL.
Je crois bien; on dit que l'ordonnance est rendue.

CABOCHET.
Rendue! ah! malheureux Cabochet!

Air : Quand on ne dort pas de la nuit.

J'suis infailliblement ruiné,
Il ne m'reste plus d'espérance;
Après l' mal que je m' suis donné,
Voyez où cela m'a mené,
Hélas! voilà ma récompense!
Chienn' d'entrepris'! quel embarras;
Et dans ma fortun' quelle entaille!
Mes voitur' m' rest'ront sur les bras,
Et mes ch'vaux (bis.) m' mettront sur la paille.

BÉCHAMEL.
Le fait est que si vous n'avez pas autre chose...

CABOCHET.
Ma foi, à l'exception de deux arpens de luzerne qui me restent là, en bas de la côte...

BÉCHAMEL.
Deux arpens de luzerne? eh bien! mais il me semble qu'avec ça on peut vivre.

BOULINO.

Parbleu! un homme seul... (A Cabochet.) Vous ne mangerez pas encore tout, allez!.. vous, papa Béchamel, j'conçois vot' affaire; l'opulence de l'argent, ça produit sur l'homme l'effet de l'empois sur les cols de chemises; ça donne du raide... ça fait redresser la tête... eh bien! moi, j'ai pas de préjugés; et quoi que vous soyez dans une meilleure passe aujourd'hui qu'hier, j'épouse vot' fille tout de même : ça va-t'y?

CÉLESTE.

Ah! oui, mon petit père, faut pas que ça vous change.

BÉCHAMEL.

Me changer?.. fi donc!.. je suis toujours le même... que Boulino s'enrichisse, et je lui promets de le préférer à tout autre... qui en aurait moins que lui.

TOUS.

Bonne occasion!

BÉCHAMEL.

Mais à moins de ça, qu'il regarde bien la maison pour la reconnaître et n'y jamais rentrer; car s'il se permet de te dire dorénavant un seul mot de son amour!..

CÉLESTE.

Ah! par exemple!

BOULINO.

Comment, traiteur! v'là comme vous me traitez? mais songez donc que ne plus la voir, c'est m'ôter tout mon courage?

CABOCHET.

M. Béchamel, vous abusez de notre position...

BÉCHAMEL.

M. Cabochet, vous voulez profiter de la mienne...

BOULINO.

Souffrez du moins que de temps à autre...

BÉCHAMEL.

Non pas!

TOUS.

Mais...

BÉCHAMEL.

Mais! mais!.. vos mais sont hors d'œuvre, je suis maître chez moi, il me semble?

Air : Accourez tous, venez m'entendre. (Charlatan.)

Finissons-en, ou je vous quitte;
Car je n' puis perdre ainsi mon temps :
Grand merci de votre visite,
Et recevez mes complimens.

BOULINO.

Quand vous d'vriez m' battre comm' plâtre,
Puisque vous me poussez à bout,
Je vous prouverai, pèr' marâtre
Qu'un serrurier, passe partout.

BOULINO.

Puisque vous l' voulez, je vous quitte,
Mais craignez tout d' mes r'sentimens;
J' vous promets une autre visite,
Que vous n'attendrez pas long-temps.

CABOCHET, CÉLESTE.

ENSEMBLE.

Le pauvre garçon! il $\genfrac{}{}{0pt}{}{me}{vous}$ quitte,
Aussi, vous êt's décourageant,
N' pas souffrir qu'il $\genfrac{}{}{0pt}{}{me}{lui}$ fass' visite,
C'est être par trop exigeant.

BÉCHAMEL.

Finissons-en, ou je vous quitte, etc.

(Cabochet et Boulino sortent.)

SCENE IV.

BÉCHAMEL, CÉLESTE, puis CINQ GARÇONS.

CÉLESTE.
C'est bien gentil, et v'là de la belle ouvrage!

BÉCHAMEL.
De la belle ouvrage! comme ça parle!.. ah ça! tu ne peux donc pas desserrer les dents sans écorcher ta langue?.. ne t'avise pas de faire de pareils pataquès devant les nobles pratiques que j'attends, au moins?

CÉLESTE.
Vot' Vogue et son vieux bon homme de père? ah ben! c'est ça que je suis contente de leur visite, et vous allez voir la belle mine que je leur z'y ferai.

BÉCHAMEL.
Leur z'y ferai!

CÉLESTE.
Ah! mais oui, parce que c'est eux qui sont cause...

BÉCHAMEL.
Veux-tu te taire... s'ils arrivaient.. Ah! mon dieu! justement les voilà... et personne pour les recevoir!.. Jacquemin! François! Philippe!.. (Au garçons qui accourent.) Rengez-vous là... vous avez tous vos bonnets?... eh! bien chapeaux bas.

CÉLESTE.
La belle réception!

BÉCHAMEL, à sa fille.
Si tu ne te tais pas... Vous, mes amis, dites comme moi.

SCÈNE V.

LES MÊMES, LAVOGUE, M. PUBLIC.

CHOEUR.
Air : Fragment du chœur des démons. (Tentation.)

Répétons tous en chœur,
Quel plaisir! quel bonheur!
Quel moment enchanteur!
Quell' faveur! quel bonheur!
Chantons en chœur,
Le moment enchanteur,
Qui nous procure un aussi grand bonheur!

M. PUBLIC.
Assez! assez! bon Dieu!.. nous ne venons point passer ici quelques jours, pour entendre autant de bruit que dans la capitale! Nous voulons être libres, tranquilles; et, excepté pour vous et quelques cochers qui viennent de reconnaître ma fille, n'oubliez pas que nous tenons à garder le plus sévère incognito.

BÉCHAMEL.
Mais, nobles voyageurs, à la vue seule de ces costumes...

M. PUBLIC.
Bon! n'avons-nous pas le pouvoir de les rendre méconnaissables à tous les yeux? dès ce moment nous ne sommes plus ici que de simples passans. Retirez-vous, et en attendant le déjeuner, faites-nous servir la moindre chose... un peu de thé, par exemple.

BÉCHAMEL.
Tout de suite, illustres passans... (Aux garçons.) Montez à la cave, descendez à la grande chambre du premier... non, ce n'est pas cela, c'est le contraire. Courez à la basse-cour, allumez la broche, mettez les fourneaux... non, je me trompe encore... je suis si troublé!.. du zèle, mes enfans; toi aussi, Céleste... (Au Public et à la Vogue.) Un peu de patience, nobles étrangers, vous serez contens, je vous le promets. (A ses garçons.)

Air contredanse nouvelle.

Courez de c'pas,
Pressez le r' pas,

Allons courage ;
Vite à l'ouvrage
Et surtout ne flânons pas.
(A part.) Dieu ! quel honneur immense !
J'en suis ma foi,
Tout en émoi :
Faut-il avoir un' chance,
La Vogue enfin chez moi !..

M. PUBLIC.

Quel contre-sens, par grace,
Hâtez-vous d'en finir ;
Vous restez tous en place,
Quand vous parlez d' courir…

ENSEMBLE.

Courons
Courez } de c' pas,
Pressons
Pressez } le r' pas,
Allons courage,
Vite à l'ouvrage
Et surtout ne flânons
    ne flânez } pas.

(Béchamel sort avec Céleste, en poussant ses garçons devant lui.)

SCENE VI.

LA VOGUE, M. PUBLIC, puis **CELESTE,** qui vient servir un thé.

LA VOGUE, allant à une fenêtre.

Ah ! nous voilà installés !.. au moins on respire, ici !.. et puis, cette vue est si belle !.. je suis satisfaite, cette maison me plaît.

M. PUBLIC.

Ce qui ne veut pas dire que tu y resteras long-temps ; tu es si peu stable dans tes goûts !

LA VOGUE.

Ah ! cela, j'en conviens.

Musique nouvelle de M. Béancourt.

On air : Encore un préjugé.

Au plaisir seul, j'ai foi,
L'insouciance
Est mon essence :
Changer est tout pour moi,
L'inconstance, voilà ma loi !

Pour ses amans nombreux,
Qu'une autre soit sévère ;
Je suis heureuse et fière
Quand les miens sont heureux,
Mais un tendre retour,
Jamais ne me captive ;
Chez moi, l'amour arrive
Et meurt le même jour.

Au plaisir, etc.

Loin de me prévaloir
De ma vieille noblesse,
Je suis bonne princesse
Et d'excellent vouloir.
J'exauce un tendre vœu,
Sans calcul, sans mystère !
Il est si doux de plaire
Et ça coûte si peu !..

Au plaisir, etc.

Par la légèreté,
Il faut charmer la vie;
Se fixer, c'est folie,
Sottise, absurdité.
Mais, papillon joyeux,
N'obéir qu'au caprice,
Voilà le vrai délice
Et le plaisir des dieux!

Au plaisir seul, j'ai foi,
L'insouciance
Est mon essence:
Changer est tout pour moi,
L'inconstance, voilà ma loi.

M. PUBLIC.

Ah! j'envie ton sort!.. tu seras toujours jeune et folle, brillante et recherchée!

LA VOGUE, gaiment.

N'avez-vous pas à peu près le même privilége? que vous importe de vieillir, puisque les années ne vous ôtent ni vos facultés, ni vos forces; et que vous rajeunissez tous les siècles?

M. PUBLIC.

Oui, je ne dis pas; mais j'ai vu tant de choses!.. je crois que je commence à me blaser... je suis moins gai, moins curieux, moins... flâneur; je perds de ma bonhomie habituelle... je deviens difficile... philosophe... misanthrope, même.

LA VOGUE, vivement.

Vous!.. l'homme de toutes les époques!.. le public!.. par exemple!..

LE PUBLIC.

Oh! c'est vrai!.. je raisonne, je réfléchis maintenant, et cela m'attriste; car on a besoin d'illusions, et le monde n'est pas beau quand on le voit ce qu'il est!

Air : Je sais le maître de choisir.

Le monde, est un amas de gens;
Nous avons des gens humoristes,
Gens querelleurs, et gens tranchans,
Gens froids, gens faux, gens fatalistes,
Gens intrigans, gens alarmistes.
Il est aussi des gens méchans,
Gens indiscrets, gens tourmentans,
Gens envieux, gens malhonnêtes;
Et je vois parmi tous ces gens,
Que les gens bons (ter) sont les plus bêtes!

LA VOGUE.

Quelle aigreur! je ne vous ai jamais entendu parler ainsi!

M. PUBLIC.

Oui, je te dis, je suis tout changé; mais j'espère que tu vas m'apprendre à ton tour, dans quel but tu m'as amené ici?

LA VOGUE.

Je ne sais; idée vague, caprice, besoin de déplacement.

CÉLESTE, qui apporte un plateau garni, qu'elle va poser sur la table.

Monsieur et madame sont servis... ah! j'oubliais... v'là aussi des lettres que la poste vient d'apporter pour vous : y en a pour trois francs...

(Elle les remet à M. Public et sort.)

LA VOGUE.

Comment, pas même affranchies!

M PUBLIC.

Quinze lettres par la poste!.. eh bien! il est joli, notre incognito! (Regardant la suscription et passant à sa fille celles qui lui sont adressées.) La Vogue... la Vogue... M. Public...

LA VOGUE, en ouvrant plusieurs et lisant.

Des cafés, des restaurans qui ouvrent et sollicitent mon assistance!.. Ils attendront... quelle est cette autre?.. la brasserie lyonnaise!.. à la

bonne heure, voilà une entreprise qu'il est facile de faire mousser...
(Ouvrant une autre lettre.) Ah! l'Opéra-Comique me presse de me déclarer pour sa pièce nouvelle.

M. PUBLIC.

Et il te fait payer un port de lettre pour cela! il aurait mieux fait de t'envoyer son postillon... (Ouvrant une lettre.) Tiens, notre premier théâtre lyrique me fait à peu près la même demande; il se plaint que depuis quelque temps il ne me voit plus; comme si c'était ma faute...

Air : J'arrive à pied de province.

Avec Duprez, salle pleine,
Succès d'engoûment,
Duprez, trois fois par semaine,
Faisait de l'argent.
C'est un fait que je constate
Contre l'Opéra
Qui, depuis qu'il a sa Chatte,
Ne voit plus un chat.

LA VOGUE, brisant une nouvelle enveloppe.

Musard... ah! oui, je me souviens...

M. PUBLIC.

Il n'a pas à se plaindre, tu as déjà fait assez pour lui; m'y as-tu mené des fois!.. il faut dire aussi qu'à cette époque, il avait un bien joli courant d'airs... quand il était aux Champs-Elysées.

LA VOGUE, riant.

Ah! ah! très bien, très bien!.. à la bonne heure, voilà votre gaîté revenue... mais quel est ce bruit?..

SCÈNE VII.

LES MÊMES, CABOCHET, L'EMPAILLÉ, cochers de coucous.

CHOEUR.

Clique et claque, et roule et roule!
Mam' la vogue, protégez-nous,
Pour ram'ner vers nous la foule;
Nous v'nons nous adresser à vous.

CABOCHET.

A notr' prièr' veuillez vous rendre,
Les mains joint's, nous somm's à vos g'noux...

L'EMPAILLÉ.

Soyez, en daignant nous entendre
La protectrice des coucous.

CHOEUR.

Clique et claque, etc.

LA VOGUE.

De quoi vous plaignez-vous, et que puis-je faire à vos jérémiades?

CABOCHET.

Tout, puissante déesse : il s'agit du chemin de fer qui vient s'établir à Saint-Germain.

LA VOGUE.

Je comprends; si je lui refuse mon appui...

CABOCHET.

Ça nous sauve tous.

LA VOGUE.

Et si, au contraire, je la protége...

L'EMPAILLÉ.

Ça coupe le cou aux coucous.

CABOCHET.

Voyons, M. Public, mettez-vous de notre côté?

L'EMPAILLÉ, vivement.

M. Public?.. oh! connu, connu!.. un bon lapin, lui!

M. PUBLIC.
Oh! moi, messieurs, je me suis trop souvent plaint de vous, pour que mon opinion vous soit aujourd'hui favorable, ainsi...

L'EMPAILLÉ.
Voyons, l'ancien, faut-il baisser ses prix?..

LA VOGUE.
Oh! vous n'en iriez pas plus vite!.. avant de nous prononcer, mon avis est qu'il faut voir.

M. PUBLIC.
C'est le plus sage.

CABOCHET.
Ainsi, vous nous abandonnez?

L'EMPAILLÉ.
Vous ne voulez pas nous rendre justice, eh bien! nous nous la ferons nous-mêmes... nous mettrons des bâtons dans ses roues.

TOUS LES COCHERS.
C'est ça! Mort au chemin de fer.

M. PUBLIC.
Il n'est pas encore fait.

TOUS.
C'est égal.

Air du pantalon des Huguenots.

Puisque vous nous refusez votre assistance,
Ici, nous vous le jurons d'avance;
Qu'il craigne tout de notre vengeance,
Car, voyez-vous,
Gare, s'il tombe sous nos coups.

(Cabochet et les cochers sortent.)

SCÈNE VIII.
LA VOGUE, M. PUBLIC, LE CHEMIN, puis LA VAPEUR.

LA VOGUE.
Conçoit-on pareille insolence! m'imposer leur vouloir!.. rien que cela seul me déciderait en faveur de leur adversaire!
(Une musique rauque et lugubre annonce l'arrivée du Chemin qui paraît bientôt apporté par quatre hommes à sa livrée.)

LE CHEMIN.
C'est bien, posez moi là... (Les hommes le placent sur un siége, et vont se ranger au fond. Le Chemin continuant sans voir les personnages en scène.) Comment, pas un garçon dans la cour!.. et dans la maison, pas même la moindre odeur de cuisine; au Chariot-d'Or, l'un des hôtels les plus vantés de Saint-Germain! ah! ça, tout est donc mort dans cette pauvre ville?.. oh! mais il n'en sera pas long-temps ainsi!..

Air : Ça viendra. (Poletais.)

Me voilà (ter.)
Une ère nouvelle
A brillé pour elle;
Me voilà, (ter.)
Patience, tout ça changera.

(Voyant M. Public et la Vogue.) Eh, tiens, je n'avais pas aperçu...

M. PUBLIC, venant à lui.
Monsieur est, à ce qu'il paraît, privé de l'usage de ses jambes?

LA VOGUE, à part.
Pauvre jeune homme!

LE CHEMIN, répondant à M. Public.
C'est vrai, monsieur, je ne puis marcher seul, et j'en suis bien assez puni!.. mais c'est une infirmité passagère : qu'il m'arrive quelqu'un que j'attends, et vous verrez.. tenez, justement le voici...

LA VAPEUR, accourant.
Air : C'est Lucifer échappé de l'enfer. (Petites Danaïdes.)

Gar', rangez-vous,

Ou j' vous culbute tous ;
Qu'on me fasse
De la place ;
D'peur de malheurs,
Rangez-vous donc, flâneurs,
Respect, honneur,
Je suis la vapeur.

M. PUBLIC.

Comment, la vapeur chante? cela tient du prodige !

LA VAPEUR, s'adressant au Chemin.

Tu vois, maître, si j'ai été prompte ?

LE CHEMIN.

Et tu as réussi ?

LA VAPEUR.

Pouvait-il en être autrement !... oh ! mais j'ai un succès fou, mon cher !

Air : Le nom de celle que j'aime.

On me recherche, on me fête,
Chacun brigue mon appui ;
L'univers est ma conquête,
Partout je règne aujourd'hui.
Rien ne va (bis.) que par moi,
Et chacun (bis.) suit ma loi.

Quoique légère en apparence,
J'ai conçu d'énormes travaux ;
J'ai le vouloir, j'ai la puissance,
Je suis sans égal', sans rivaux.
Si l'on me jugeait sur l'écorce
On me croirait faible, et pourtant
Je suis un Samson pour la force,
Et je marche à pas de géant...

aussi...

On me recherche, on me fête, etc.

LE CHEMIN.

Alors, mon projet !..

LA VAPEUR.

Est approuvé ; en voici l'ordonnance signée d'aujourd'hui même, et bientôt tu recevras d'importantes visites.

LA VOGUE.

Comment ! monsieur est le Chemin de fer ?

LE CHEMIN, désignant la Vapeur.

Oui, belle dame, et voici mon inséparable, mon génie familier.

M. PUBLIC, à part.

Très familier, il le tutoie.

LA VOGUE.

Il vous est donc bien utile ?

LE CHEMIN.

Il ne l'est pas qu'à moi !

Air : Je voudrais bien. (Fra-Diavolo.)

A la vapeur (Bis.)
Tout se conçoit et s'exécute ;
Penser, agir c'est la minute,
L'éclair même, c'est la lenteur
A comparer à la vapeur.
Grâce à sa puissance infinie,
Plus de bornes pour le génie ;
Car, le secret du créateur,
C'est la vapeur. (3 fois.)

LA VAPEUR.

Sans la vapeur, (Bis.)
Que de grands hommes qu'on ignore ;
Dans le néant seraient encore,

Mais pour leur honneur, par bonheur,
On a découvert la vapeur.
Aussi maint'nant, on s' fait artiste,
Publiciste, capitaliste,
Homme d'état, auteur, acteur,
    A la vapeur. (3 fois.)

LA VOGUE.

Mais comment avez-vous pu acquérir tant d'importance ?

LA VAPEUR.

Par une raison bien simple : mêlée à tous les sentimens, à toutes les passions des hommes, j'ai profité de ma force.

LA VOGUE.

Je ne comprends pas.

LA VAPEUR.

Air : Le fleuve de la vie.

Chacun a ses goûts qu'il caresse,
Sa folie, ou sa fiction.
C'est l'amitié, c'est la richesse,
L'espérance, l'ambition.
Titres, constance, renommée,
Rêves d'amour, gloir' des combats,
En ce monde, tout n'est-il pas
    Ou vapeur ou fumée?

LA VOGUE.

C'est juste.

LE CHEMIN.

Monsieur et madame sont sans doute venus ici exprès pour moi ?

LA VOGUE, à part.

Eh bien ! il n'a pas de vanité.

M. PUBLIC.

Pour vous, pas tout-à-fait ; mais comme nous avons résolu d'explorer les environs, et qu'il y a peu de jours, ma fille était encore à Versailles...

LA VAPEUR.

Versailles, ah ! il a fait courir les Parisiens, celui-là !.. en berline, en cabriolet, en coucou, en charrette, même...

LA VOGUE.

Et en tapissière, donc !

LE CHEMIN.

Et sa vogue était méritée, car c'est bien certainement, après moi, ce que le siècle aura produit de plus curieux !.

LA VOGUE.

Oh ! après !.. avant, vous voulez dire ; c'est que je suis connaisseuse, voyez-vous...

Air Vaud. d'Amour et Mystère.

Versaills' si vieux, si beau, si grand,
Brille d'une splendeur nouvelle,
Et rien n'effac'ra maintenant
Les souvenirs qu'il nous rappelle.
  Grace à d' nobles projets,
  Pour ne périr jamais
  Il a r'trouvé sa gloire ;
Car Versaill's au milieu d'un palais
Possède un cours d'histoire.

M. PUBLIC.

Almanach vivant, glorieux,
Nouveaux et nobles prytanées !
Ses murs déroulent à nos yeux
Notre gloire de mille années !
  Versaill's, au monde entier
  Ne doit rien envier ;
Car, c'est l' temple d' mémoire,
Où l' voyageur et l'écolier
Feront leur cours d'histoire.

Mais pour en revenir à vous, M. le Chemin, puisque le hasard, nous procure l'honneur de faire votre connaissance, je ne serais pas fâché d'avoir quelques petits renseignemens...

LE CHEMIN.

Tous ceux que vous voudrez, monsieur. (Bas à la Vapeur.) C'est peut-être un capitaliste.

M. PUBLIC.

Vous êtes trop honnête... monsieur, ma première question sera celle-ci : à quel endroit de Saint-Germain, comptez-vous arriver?

LA VAPEUR.

A quel endroit de Saint-Germain? au Pec! monsieur...

LA VOGUE.

Au Pec? mais ce n'est pas la même chose!

LE CHEMIN.

Ah! quelle différence y a-t-il? la montagne!.. et à cela près de cette petite difficulté, que mes architectes n'ont pu applanir, que d'avantages j'offre au public!.. économie et rapidité; voilà une devise!

M. PUBLIC.

Ah! s'il en est ainsi...

LE CHEMIN.

Je fais neuf lieues à l'heure!.. suivez-moi bien... moyennant six sous, vous montez dans un omnibus qui vous conduit à la place de l'Europe : de la place de l'Europe, pour trente-deux sous, je vous transporte dans une bonne berline jusqu'au pont du Pec, et du pont du Pec, en prenant encore un omnibus de cinq sous, ce qui fait en tout quarante-trois...

LA VOGUE.

Et vous appelez ça une économie? mais les diligences dites accélérées ne prennent qu'un franc cinquante...

LE CHEMIN.

Eh bien! cela ne fait que treize sous de plus.

M. PUBLIC.

Et les trois heures que j'ai perdues avec tous vos changemens de voitures?

LE CHEMIN.

Écoutez donc, je ne puis pas vous aller prendre à domicile.

M. PUBLIC.

Ah! mon cher Chemin, je vois que le but de votre entreprise...

LE CHEMIN.

Est merveilleux! c'est l'inouï de l'utilité.

M. PUBLIC.

Oui, pour les flâneurs peut-être, mais ensuite...

LE CHEMIN.

Eh bien! ensuite le commerce m'emploiera; j'espère bien même servir à tous en même temps; et voiturer à la fois les simples curieux et une foule de marchandises de tous genres : l'amant et la maîtresse et autres combustibles, ainsi que le laborieux habitant des communes environnantes, avec sa famille, ses bestiaux et autres animaux domestiques.

M. PUBLIC.

Tout ça ensemble? pêle-mêle? et vous voulez me faire accroire que cette petite aura la force... Mais vous serez une semaine en route!

LA VAPEUR.

Une semaine! Ah bien! vous ne me connaissez pas; je ferai huit voyages par jour.

M. PUBLIC.

Plus souvent?

LE CHEMIN.

Ah! c'est exact, et tenez, voulez-vous une preuve de ma rapidité?

Air : Ces postillons.

Vous voulez voir l'heure des Tuileries,
  Au coup d' midi, vous quittez Saint-Germain;
En moins d'une heur', sans null' plaisanteries,
  Aller rev'nir, vous f'rez deux fois l' chemin...

M. PUBLIC.

Ça n' se peut pas...

LE CHEMIN.
Vous l' f'rez, l' fait est certain.
A midi vingt, votre plan s'exécute,
Midi trent'-cinq vous r'montez en wagon.
Retour vingt-quatre, il vous reste un' minute
Pour faire le garçon.

M. PUBLIC.
Ah! mon cher monsieur, permettez-moi de vous dire que vous êtes un blag... tout cela en une heure! doit-on être cahoté!..

LA VAPEUR.
Cahoté? bon si je roulais; mais figurez-vous donc que je glisse.

LA VOGUE.
Vous glissez, vous glissez... vous sautez bien aussi quelques fois.

LA VAPEUR.
Oh! à présent c'est bien rare!

M. PUBLIC.
Eh! il suffit que ça puisse arriver!

LA VOGUE.
Et du jour où vous mettrez vos travaux en train, combien faudra-t-il d'années pour les voir finir?

LA VAPEUR.
D'années! croyez-vous donc que ce sera comme la fontaine de l'Eléphant?.. commencé ce matin et fini ce soir, voilà comme je travaille, moi. (Au Chemin.) Et tiens, j'aperçois précisément les visites que je t'ai annoncées; si leurs nouvelles sont bonnes...

LE CHEMIN, vivement.
Ce sont donc des protecteurs?

LA VAPEUR.
Et d'utiles, je t'en réponds!

SCÈNE IX.

Les Mêmes, LA PUBLICITÉ, LE PROGRÈS, LE COMPÈRE.

LA VAPEUR, allant aux nouveaux venus qui entrent sur une brillante fanfare.
Salut, précieuses divinités.

M. PUBLIC, à part.
Des divinités! peste! ces gaillards-là ne font pas de mauvaises connaissances!

LE CHEMIN.
Puis-je savoir, aimables visiteurs, qui j'ai l'avantage de saluer, et quels motifs...

LE PROGRÈS.
Quoi, tu ne reconnais pas ton parrain?

LE CHEMIN.
Mon parrain? écoutez donc, si je ne vous ai pas vu depuis le jour de ma naissance...

LE PROGRÈS.
Cette époque est si peu ancienne, que je m'étonne que tu aies pu en perdre le souvenir; mais je vais te remettre sur la voie.

Air de Kettly.

Etre extravagant,
Esprit fort, que rien ne chagrine,
Jamais intrigant
Mais enthousiaste, entreprenant;
Courageux, constant,
Combattre partout, la routine,
Ne r'culer jamais...

LE CHEMIN.
J'y suis, vous êtes le Progrès.

LE PROGRÈS, continuant.
Le nœud gordien,
Pour moi, n'est qu'une bagatelle,
Je n' doute de rien

Et cherch' même au-delà du bien :
Le désœuvrement
Serait pour moi, chose mortelle,
Car le mouvement
C'est ma vie et mon élément.

Etre extravagant,
Esprit fort, que rien ne chagrine,
Jamais intrigant
Mais enthousiaste, entreprenant;
Courageux, constant,
Combattre partout la routine,
Ne r'culer jamais,
C'est la devise du progrès!

LE CHEMIN, au Compère.

Et vous, monsieur, ai-je aussi l'avantage de vous compter parmi mes alliés?

LE COMPÈRE.

Non; mais parent de la camaraderie qui, je le sais, te veut du bien, je viens en son absence t'offrir mon appui, et t'engager par mes conseils, à exécuter promptement ton projet.

M. PUBLIC.

Qui diantre est celui-là?

LE COMPÈRE.

Qui je suis? le compère...

LE CHEMIN, LA VOGUE, M. PUBLIC.

Le compère!

LE COMPÈRE.

Oui, messieurs, et ne vous y trompez pas, mon influence est pour le moins aussi grande que la vôtre.

Air : Moi, ja flâne.

Le compère,
Est un être nécessaire;
Sans compère,
On ne mène rien
A bien.

Dégoûté, blasé, lassé,
C'est en vain que l'on s'exerce,
Dans les arts, dans le commerce,
Si l'on n'est prôné, poussé !
Sans nul mérite, au contraire,
Soyez servi chaudement,
L'influence du compère
Peut remplacer le talent.

Le compère, etc.

Succès de drames nouveaux,
Ecrits, dont on nous inonde,
Rien ne se fait à la ronde
Sans compère de journaux.
De la tribune à l'église,
Régnant, sans exception,
L'enfant même qu'on baptise
Cherche sa protection.

Chose claire
Le compère
Est un être nécessaire ;
Chose claire
Sans compère
On ne mène rien
A bien.

(Au Chemin.) Tu comprends?

LE CHEMIN.
Parfaitement; moyen de fortune par assurance mutuelle : vous me prônez aujourd'hui, et par compérage, moi, je vous vanterai demain.

LE COMPÈRE.
C'est cela; je te pousse, tu me pousses, nous nous poussons...

M. PUBLIC.
Quelle bousculade!

LE COMPÈRE.
Autrement dit, nous nous faisons tous la courte échelle; et tu conçois qu'on peut arriver haut, comme cela?

LE CHEMIN.
C'est pyramidal!

LA VOGUE, à M. Public.
Eh mais! voilà une puissance qui va sur nos brisées.

M. PUBLIC, de même.
Que veux-tu, cela prouve en faveur du siècle, il y a concurrence de génies!

LE CHEMIN, à la Publicité.
Quant à vous, gentille déesse, daignerez-vous aussi m'apprendre de quel genre de protection je vous suis redevable?

LA PUBLICITÉ.
Quoi! mes attributs ne te l'indiquent pas?

Air : Mon rocher de Saint-Malo.

Il faut qu'on me lise,
Qu'on fasse ou qu'on dise,
Chacun subira ma loi,
Ou dira pourquoi.

Je sais bien que sur mon compte,
Quelques gens, font des propos!
A leur fureur que j'affronte
Je ne réponds que ces mots :
Craignez mon autorité;
Je suis la publicité!..

Il faut qu'on me lise,
Qu'on fasse ou qu'on dise;
Chacun subira ma loi,
Ou dira pourquoi.

Je parais tous les jours à plus de 30 mille exemplaires, tu vois si je puis t'être utile?

LE CHEMIN.
Plus de 30 mille!.. cela doit faire de l'impression!

LA PUBLICITÉ.
Et mes affiches-monstres!.. quelle différence avec le système d'autrefois! je t'en fais juge : (Elle déroule sa bannière, sur laquelle on lit en lettres énormes : CHEMIN DE FER.) N'est-il pas flatteur d'être annoncé ainsi?

LE CHEMIN.
Oui, certes, et il faut reconnaître qu'il y a progrès dans les belles-lettres; celles-ci, surtout, sont moulées!

LA PUBLICITÉ.
Au moins, cela saute aux yeux.

LE CHEMIN.
Je crois bien! cela se lirait sans savoir lire.

LA VAPEUR, bas au Chemin.
Eh bien! tu ne les remercie pas?

LE CHEMIN.
Si fait, parbleu! et ma reconnaissance...

LA PUBLICITÉ.
Nous y comptons bien; mais avant de te révéler tout ce dont tu nous est redevable, nous tenons à connaître ta profession de foi.

LE CHEMIN.
Air : Vaud. du premier prix.

Un' profession d' foi, ma chère.

Y pensez-vous sérieusement ?
Inutil', quand on est sincère,
Qu'en est-il besoin si l'on ment?
Pour ratifier de tell's closes,
Il n'est qu' l'honneur ; tant d' faux amis,
Auraient à tenir trop de choses,
S'ils tenaient tout c' qu'ils ont promis !

LE PROGRÈS.

Cette réponse est celle d'un honnête homme, et nous n'exigeons rien de plus. (A la Vapeur.) Allons, la Vapeur, voici l'instant d'agir.

LA VAPEUR.

Oh ! avant cinq minutes, je vous réponds d'être à l'œuvre.

M. PUBLIC, à part.

Parbleu ! je suis curieux de la voir opérer : pauvre Vapeur, si elle ne réussit pas, comme elle fumera ! (A la Vogue.) Tu viens avec moi, sans doute ?

LA VOGUE.

Non, ce jeune homme m'intéresse, et je veux veiller sur lui.

M. PUBLIC.

Encore un accès de tendresse... méfie-toi, tu vas te laisser prendre ?

LA VAPEUR.

Air : Les papas, les mamans.

Vite en train, (Bis.)
Rendons-nous sur le terrain ;
Commençons sans retard,
Car
Demain il s'rait trop tard.

LA VOGUE.

Eh ! quoi, sitôt...

LA VAPEUR.

Je gage
Qu'avant une heur' d'ici,
J'aurai fait et fini
Tout l'ouvrage :
Ma force est invincible,
Quand je prends mon essor,
D'ailleurs, tout, avec l'or
Est possible.

CHOEUR.

Vite en train,

(La Vogue se cache dans le cabinet à gauche du spectateur, tous les autres personnages sortent, excepté le Chemin qui, dès que la Vapeur l'a quitté, est retombé sur un siége.)

SCENE X.

LE CHEMIN, seul, et faisant d'inutiles efforts pour se servir de ses jambes.

Diable d'infirmité ! ah ! c'est que c'est immanquable, elle me quitte pour me donner un coup de main, zeste, je n'ai plus de jambes, par bonheur, e ne tarderai pas à la revoir.

Air de la Lanterne sourde.

Tout marche donc, tout marche enfin !
Bientôt au gré de mon envie,
En dépit de la jalousie,
Enfin
Je ferai mon chemin !

Puisque le lutin s'en mêle,
Rien ne peut plus m'arrêter ;
Sur son appui, sur son zèle
Je sais que l'on peut compter.
Toujours actif, toujours bouillant,

Ami franc, plein d'ardeur, sincère,
Tel fut toujours son caractère,
Et quand il sert, c'est chaudement.

(On entend au loin le bruit des travaux.)

Déjà pétille et s'allume
Le feu brillant des fourneaux,
Déjà même, sur l'enclume
J'entends frapper les marteaux ;
Aussi l'ivresse et le bonheur
Pénètrent au fond de mon ame,
Et je sens une douce flamme
Ranimer, réchauffer mon cœur.
Comme le travail avance !..
Le miracle est obtenu ;
Et je ressens l'influence
D'un charme encore inconnu !
Pour toi, mon maître, mon appui !
Ce cœur bat de reconnaissance,
Je te dois tout, et ma naissance,
Grace à toi, date d'aujourd'hui.
Rien, non rien, ne te résiste,
J'en donne la preuve ici :
O vapeur par qui j'existe,
Merci donc, cent fois merci !..

(Se levant.) Oui je marche, je marche enfin !
Et bientôt, selon mon envie,
En dépit de la jalousie,
Enfin
Je ferai mon chemin.

(Entendant du bruit au fond et remontant la scène.) Que vois-je ! ces cochers qui se dirigent de ce côté...je les reconnais...que veulent ces oiseaux de malheur ?

SCÈNE XI.

LE CHEMIN, CABOCHET, L'EMPAILLÉ, Cochers de petites voitures.

CHOEUR.

Air vaud. des Deux Valentins.

Accourons, accourons,
Vengeons-nous, cherchons,
Le voici, nous l' tenons
Maint'nant, procédons :
Sans façons, sans façons,
Et sans plus d' raisons
Nous le démolissons.

LE CHEMIN.
Ciel ! quel bruit d'enfer !

TOUS.
C'est le chemin d' fer..,

LE CHEMIN, à part.
De chiens, est-ce une meute ?

TOUS.
Il nous cass' le cou
Faut qu'il tomb' sur l' coup ;

LE CHEMIN, à part.
C'est pire qu'une émeute !..

CHOEUR.
Accourons, etc.

LE CHEMIN.
Malheureux ! que voulez-vous ?

L'EMPAILLÉ.
Nous ne te voulons pas, v'là ce que nous voulons.

CABOCHET, les excitant.

C'est ça, c'est ça !.. allez, allez ferme !

L'EMPAILLÉ, continuant.

Ah ! tu crois, moderne, qu'il n'y a qu'à se dire : je vas suicider une population entière de cochers estimables, tous citoyens plus ou moins égaux devant la Charte, dont moi, Jean Finot, dit l'Empaillé, j'ai l'honneur d'être membre, et que ça passera comme un poisson de blanc, un petit verre, ou une lettre à la poste ? du tout !.. n'y a pas plan, vois-tu... ton chemin est enrayé, enfoncé dans le néant ; et ce qui va rouler à sa place, c'est une friction de coups de fouets qui sera soignée, je t'en réponds !

LE CHEMIN.

Comment, vous oseriez...

L'EMPAILLÉ.

Nous nous gênerons, tu vas voir... nos bêtes, nos femmes, nous demandent du pain et de l'avoine, et nous, nous te demandons raison ; v'là la chose.

LE CHEMIN.

Mais, mes amis...

L'EMPAILLÉ.

Tes amis !..

Air : Les cancans.

Le pot d'chambr', le coucou
N' sont pas tes amis du tout.
Renonce à ton c'hmin d' fer,
Ou sans ça, ça t' coût'ra cher.

LE CHEMIN.

C'est pour cela, justement
Qu' vous m'y voyez t'nir autant :
Ça me coût'ra des millions...

L'EMPAILLÉ.

N'import', nous nous en moquons.

CHŒUR.

Le pot d' chambre, le coucou, etc.

TOUS.

Oui ! à bas le chemin de fer !

LE CHEMIN, à part.

Ah ! c'est fait de moi ! comment résister à des gaillards qui sont décidés à mourir sur la place ! (A ce moment on entend une forte détonnation. Très vivement.) Dieu ! je gage que c'est la Vapeur qui vient de faire des siennes !.. il ne me manquait plus que ça !

SCÈNE XII.

LES MÊMES, LA VAPEUR, puis LA VOGUE, puis encore M. PUBLIC.

Air : Si l'or est une chimère. (Robert-le-Diable.)

Tout' fièr' de ma réussite,
J'accours vous en faire part ;
Prenez vos billets bien vite,
C'est l' premier départ
Qui part.

LE CHEMIN, vivement surpris.

C'est ell' ! j'en perds la tête !
Quoi, cette détonnation...

LA VAPEUR.

C'est l' signal de la fête
Qu'on t' donn' pour ton inauguration.

Tout' fière de ma réussite,
Je viens vous en faire part :
Prenez vos billets bien vite :
C'est l' premier départ
Qui part.

L'EMPAILLÉ.

Qui part! qui part!.. minute... c'est qui ne part pas qu'il faut dire; parce que nous sommes là, et que nous ne le souffrirons pas, entends-tu, moutarde.

TOUS.

Non! non!..

L'EMPAILLÉ.

C'est votre avis, n'est-ce pas? eh bien! tombons d'sus et cassons tout...

LA VOGUE, paraissant.

Arrêtez!..

TOUS.

La Vogue!

LE CHEMIN, à part avec surprise.

La Vogue! et c'est elle qui me protége!

LA VOGUE, aux cochers.

Vous voulez empêcher une nouvelle industrie de s'élever à côté de la vôtre? et de quel droit?

Air : Soldat français, né d'obscurs laboureurs

Quand chacun d' vous, rêve l'égalité,
Songe trompeur, séduisante chimère;
Quand vous d' mandez chaqu' jour la liberté,
Pour l'obtenir, vous voulez l'arbitraire!
Imitez Dieu, dans ses desseins si grands,
Portez respect à tout ce qu'il féconde,
Les malheureux, les rich's, les p'tits, les grands;
Tous les hommes sont ses enfans;
Le soleil luit pour tout le monde!

CABOCHET.

O honte! la guimbarde et la diligence céder le pas au système des marmites autoclaves!

L'EMPAILLÉ.

Le coucou pur sang, écrasé sous le wagon!

CABOCHET.

Et la Vogue ne craint pas d'avouer publiquement de si humiliantes faiblesses!

LA VOGUE.

La Vogue se doit à toutes les inventions nationales ou étrangères, parce qu'en fait de découvertes utiles, tous les peuples ne forment qu'une famille. Sans la liberté pour tous, point d'émulation; et souvenez-vous que c'est la concurrence qui féconde l'industrie.

M. PUBLIC, entrant.

Très bien! et preuve que je partage son avis, c'est que je vais prendre une action sur le chemin de fer de Versailles.. il faut pousser les entreprises utiles!..

CABOCHET.

Possible, mais si jamais je change d'opinion!

LE CHEMIN, à Cabochet.

Pourquoi pas? eh mon Dieu! dans les spéculations de commerce, une affaire vous brouille, une autre vous raccommode! vous aviez là, où je passe maintenant, deux arpens de luzerne? au lieu de quatre ou cinq mille francs qu'ils valaient, ils vous s'ront payés douze.

CABOCHET, très vivement.

Se peut-il? oh! alors c'est différent : Vive le chemin de fer!

L'EMPAILLÉ.

Vieille girouette! qui nous met en avant, et qui cède le premier! ce n'est pas moi! qu'on emblêmerait comme ça!

LE CHEMIN, à l'Empaillé.

J'ai besoin d'un inspecteur intelligent, dévoué, si vous voulez cette place avec mille écus de traitement...

L'EMPAILLÉ.

Mille écus!.. à moi?.. Vive le chemin de fer!

LA VAPEUR, à part.

Il les aura tous.

LE CHEMIN, continuant aux autres cochers.

Pour vous, mes amis, plantez-moi là vos casse-cous gothiques et vos rossinantes qui, franchement ne peuvent plus marcher avec le siècle; la vapeur ne fera pas tout dans mon administration; j'ai aussi besoin de bras, et je compte sur les vôtres.

TOUS LES COCHERS.

Vraiment? eh bien! adopté, vive le chemin de fer!

SCENE XIII.

LES MÊMES, BOULINO en élégant du jour, LE PROGRÈS, LA PUBLICITÉ. LE COMPÈRE, et en même temps, CÉLESTE et BÉCHAMEL.

CÉLESTE, admirant Boulino.

Quel changement, mon Dieu!

BOULINO, gaîment.

Ah! voilà ce que c'est que de savoir battre le fer quand il est chaud; je me suis jeté tête baissée dans les rails; et par les bénéfices que j'ai faits sur les travaux qui m'ont été confiés, me v'là maintenant en état de n'en plus entreprendre d'autres.

BÉCHAMEL.

Et moi qui n'ai qu'une parole, je t'accepte pour gendre.

(Bruit de cloches et de trompettes.)

LA VOGUE.

Qu'est-ce que cela?

LA VAPEUR.

C'est le signal du départ. Voyons, la paix est faite avec tout le monde?

TOUS.

Avec tout le monde.

LA VAPEUR.

En ce cas, roulons; et brou, ou, ou, ou!..

RONDE FINALE.

LE CHEMIN.

Air : L'économie est une vertu.

Entendons-nous,
Sout'nons-nous tous;
Il faut s'unir
Et se servir :
Raison ou tort,
On est bien fort,
Lorsque l'on est toujours d'accord.

REPRISE EN CHOEUR.

CABOCHET.

Pour s' marier une dame sans nom,
M' fait des avanc's, et j' suis prêt à la prendre ;
Mais est-ell' veuve ou d'moisell', car au fond,
C'est sur ce point qu'il faut au moins s'entendre.
Entendons-nous, etc.

M. PUBLIC.

Sur le boul'vart, j' vois un jour un farceur
Qui f'sait l' mouchoir, j'appell' pour le fair' prendre...
La garde vient, je lâche mon voleur,
Et l'on m'arrête, faute de s'entendre,
Entendons-nous, etc.

LE PROGRÈS.

Vous qui, partout, imposez votre avis,
Esprits frondeurs, qu'on a peine à comprendre;
Aux passions, à la haine, aux partis,
Enseignez donc le moyen de s'entendre.
Entendons-nous, etc.

CÉLESTE.

Entr' homm's, un' qu'rell' se termin' lestement,
Avec un mot, ils savent se comprendre :
Un' qu'rell' de femm's, dure bien autrement,
Car, lorsqu'ell's crient, on ne peut plus s'entendre.
Entendons-nous, etc.

LE COMPÈRE.
Pour corriger la chance, à certains jeux,
Filer la carte, est chos' qu'il faut apprendre
A l'écarté, l'on est toujours heureux,
Avec les rois, lorsque l'on sait s'entendre.
Entendons-nous, etc.

BÉCHAMEL.
D'un voyageur, je reçois deux soufflets :
Je m' plains, je jur', mais il n' peut me comprendre ;
J' lui montre l' poing... juste, il était anglais,
J'avais trouvé l' seul moyen d' nous entendre.
Entendons-nous, etc.

BOULINO.
J'ai deux voisins, qui s' disput'nt, c'est affreux !
Les rac'mmoder, je voudrais l'entreprendre ;
Mais comment faire, ils sont sourds tous les deux,
N'y a pas moyen qu'ils puiss'nt jamais s'entendre.
Entendons-nous, etc.

LA PUBLICITÉ.
Il est à croir' qu'autrefois, vers le ciel,
L'homm' s'rait monté... quitte à n' pas redescendre ;
L' coup était sûr, par la tour de Babel),
Si l'on avait trouvé l' moyen d' s'entendre.
Entendons-nous, etc.

LE CHEMIN.
De Constantin' nous avons eu raison,
Nos brav's l'ont pris, et pour ne pas le rendre :
On est toujours sûr avec du canon
D'entrer partout, et de se faire entendre.
Entendons-nous, etc.

L'EMPAILLÉ.
J'aime ma femme autant que mon cheval,
Mais quand l'un s' cabre, et qu' l'autr' veut m'entreprendre,
J' leur tiens la bride, si bien qu'au final,
Y a toujours mèche pour me faire entendre.
Entendons-nous, etc.

LA VOGUE.
Toi, que j'aimais pour ton divin talent,
Martin, reçois cette fleur sur ta cendre ;
Dans leurs concerts, c'est aux ang's, maintenant
Qu'est réservé le bonheur de t'entendre.
Entendons-nous, etc.

AU PUBLIC.
LE CHEMIN.
Deux bruits distincts annoncent vos arrêts,
LA VAPEUR.
Deux bruits auxquels on ne peut se méprendre ;
LE CHEMIN.
L'un fait les chut's, l'autre fait les succès...
LA VAPEUR.
C'est ce dernier que nous voudrions entendre...

EMSEMBLE.
Accueillez-nous,
Sout'nez-nous tous,
Allons en train,
Qu'un bon coup d' main
    p'tit
Nous prouve encor
Q'on est bien fort
Lorsqu'avec vous, ont est d'accord.
REPRISE EN CHOEUR.

FIN.

LES SAVETIERS FRANCS-JUGES,

CHRONIQUE MESSINAISE EN TROIS ACTES,

MÊLÉE DE CHANTS.

Par M. A. Barrière.

Représentée pour la première fois, à Paris, sur le théâtre du Panthéon, le 22 décembre 1837.

PERSONNAGES.	ACTEURS.	PERSONNAGES.	ACTEURS.
FERDINAND, fils du vice-roi.	MM. ALEXANDRE.	MARCELLO, chef des sbires.	M. ADRIEN.
FACINO, podestat.	WILLIAMS.	FRANCESCA, fille du comte de Trésane.	Mmes DESPRÉAUX.
GRIMALDI, secrétaire du premier ministre.	ROGER.	PAOLA, camériste de Francesca.	ÉLÉONORE.
UBERTI, juge.	ARMAND.	STÉNO, autre savetier de la ville.	BENARD.
DOMINIQUE, savetier bossu.	A. VILLOT.	BONELLI, id.	
GRITTI, savetier boiteux.	LANSOY.	ROBERTO, id.	
BARBARIGO, savetier borgne.	FARON.	UN PROCUREUR.	
STÉPHANO, écuyer de Ferdinand.	FONTENAY.	UNE VIEILLE DÉVOTE.	
AGNOLO, domestique du Podestat.	DOCHE.	UN GARÇON MARCHAND DE VIN. CONJURÉS.	
SBIRES.		SAVETIERS.	

La scène est à Messine, en 1760.

ACTE I.

Une place publique de la ville de Messine. A gauche, au premier plan, l'échoppe de Dominique ; au même plan, à droite, la maison du comte de Trésane, ayant un grand balcon à l'entresol, du même côté, au second plan, un cabaret, avec des tables et des siéges en dehors. Au fond, une ancienne abbaye en ruine.

SCENE I.

DOMINIQUE, GRITTI, BARBARIGO, STENO, BONELLI, ROBERTO et autres savetiers de la ville, couverts de grands manteaux, de chapeaux à larges rebords et entrant mystérieusement par le fond.

Air du Guet. (Clapisson.)

DOMINIQUE, à voix basse.
Parlez tout bas !

LES AUTRES, de même.
Parlons tout bas !

ENSEMBLE.
Amis, l'on peut suivre nos pas !

DOMINIQUE.
Observez bien...

GRITTI.
Faites silence !

ENSEMBLE.
Et songeons tous qu'il ne faut pas
Faire ici la moindre imprudence!
DOMINIQUE.
Parlez tout bas!
TOUS.
Parlons tout bas!
Chut! chut! chut!
DOMINIQUE.
A nos projets l' ciel est propice,
On sommeill' dans tous les quartiers;
Mais nous veillons et la justice
Règne ici, grace aux savetiers.
TOUS.
Oui, nous veillons et la justice
Règne ici, grace aux savetiers.
REPRISE.
Parlons tout bas! etc. *

DOMINIQUE.
Commençons par nous débarrasser de ce déguisement...
(Il ôte son manteau et son chapeau et les porte dans son échoppe. Les autres, à l'exception de Roberto, en font autant.)
GRITTI.
J'espère que la nuit a été bonne!
BARBARIGO.
Oui, pas mauvaise! et si la besogne allait souvent comme ça...
DOMINIQUE, tenant deux sacs d'argent qu'il a pris dans son échoppe.
Il est midi, c'est l'heure où tout le monde dort à Messine... ne perdons pas une minute, confrères; ces fonds-là ne doivent pas rester entre nos mains... une pauvre veuve était réduite à la misère par suite du procès que lui a intenté le podestat Facino, et qu'elle a perdu malgré son bon droit... j'ai condamné le podestat et le juge Uberti, son complice, à une restitution, en attendant que je puisse leur infliger le châtiment qui leur est dû, tant pour ce fait que pour d'autres peccadilles... vous avez exécuté fidèlement mon arrêt; maintenant, il faut porter c't argent-là à qui il appartient...
GRITTI.
C'est juste.
(Dominique remet les deux sacs à Roberto, qui les cache sous son manteau.)
BARBARIGO, à Roberto qui sort.
Prends bien garde... j'ai vu là-bas des gens qui ont eu l'air de me regarder d'un mauvais œil...
DOMINIQUE.
Ah! oui, de ces gens qui vous regardent en dessous, et en faisant le gros dos, hier, il y en a eu un comme ça qui m'a accosté et qui a voulu me tirer les vers du nez... mais je n'ai pas donné dans la bosse... C'est peut-être une idée... c'est égal, il faut redoubler de prudence...
GRITTI.
Oh! il n'y a pas de danger aujourd'hui, c'est la fête de not' patron, et not' réunion n'effarouchera pas les sbires.
DOMINIQUE.
Eh! mon cher Gritti, ne sais-tu pas que l'inquisition de Messine a peur de son ombre.

Air vaud. de l'Homme vert.
A moins d' lui donner la berlue,
On n' peut s'arrêter en chemin,
Et deux amis n' peuv'nt dans la rue,
Sans l'effrayer, s' donner la main;
Sa vigilance qu'on renomme,
D'un mirmidon fait un géant...
Et quand ell' rencontre un gros homme,
Ell' croit voir un rassemblement.

* Tout ce morceau doit être chanté piano, et pour les forte, seulement rinforzando.

Encore, si ces gens-là exerçaient leur industrie dans l'intérêt de la propriété mobiliaire et conjugale !.. mais, pas du tout; on monte et on descend par les croisées, et les galans et les voleurs font leur métier le plus tranquillement du monde... heureusement nous mettrons ordre à tout ça. Asseyons-nous, confrères, et occupons-nous un peu des affaires de notre tribunal... Toi, Steno, va faire le guet là-bas, et si quelqu'un vient, avertis-moi. (Dominique prend un tabouret dans son échoppe et s'assied au milieu du théâtre; les autres prennent deux bancs de bois à la porte du cabaret et se placent de chaque côté de Dominique; Steno va s'asseoir sur une borne au fond du théâtre.)

GRITTI, à Dominique.

Il faut convenir que ce tribunal est bien imaginé, et que tu as eu là une fameuse idée !

DOMINIQUE.

N'est-ce pas? savez-vous ce qui me l'a donnée, c' l'idée-là?

GRITTI.

Non, ma foi !

DOMINIQUE, tirant un livre de sa poche.

C'est ce petit livre que vous voyez... l'histoire des Francs-Juges !.. Connaissez-vous ça?

TOUS.

Non.

DOMINIQUE.

Le tribunal des Francs-Juges, voyez-vous, était un tribunal comme le nôtre... qui n'était pas autorisé par le gouvernement, et dont les membres exerçaient une magistrature de contrebande et rendaient aussi la justice en fraude... seulement, il y a une petite différence... c'est que nos anciens confrères n'en faisaient ni une ni deux... quand un homme était condamné... v'lan! un bon coup de poignard... vot' serviteur, bonsoir la compagnie...

TOUS.

Ah !..

GRITTI.

Fameux ! fameux ! ça valait bien mieux, ma foi !

DOMINIQUE.

Est-il féroce, ce coquin de Gritti! Non, non, vive not' tribunal ! il est bien plus moral et bien plus drôle !.. J'ai aboli la peine de mort, et je l'ai commuée en une prison perpétuelle... (Il met le livre dans sa poche.) Mais, à propos, que dit-on dans le quartier, de la disparition du marquis Alvisi, ce noble seigneur, qui séduisait et enlevait les jeunes filles, puis les mettait ensuite à la porte, en se moquant d'elles et de leurs familles?

BARBARIGO.

Tout le monde trouve ça un peu louche.

DOMINIQUE.

Je le crois bien, je suis sûr qu'ils disent de celui-là comme des autres, que c'est le diable qui l'a emporté.

GRITTI.

Oui, mais il y a des gens qui ne donnent pas là-dedans; et ils vont faire aujourd'hui, chez les habitans, des... comment donc qu'ils appellent ça?

DOMINIQUE.

Des perquisitions?

GRITTI.

Non... des visites domicinaires.

DOMINIQUE.

Tu veux dire domiciliaires... au surplus, ils peuvent visiter mon échoppe, ça m'est bien égal.

GRITTI.

Et la mienne aussi. Ils seront bien malins s'ils le trouvent.

DOMINIQUE.

Il y a long-temps que je le guettais, le coquin ! et s'il ne s'était pas avisé, cette nuit, de venir se promener au clair de lune, près des ruines de l'abbaye... (A Gritti.) Mais, voyons, greffier, as-tu de nouvelles notes à me remettre?

GRITTI.

Oui... (Tirant de sa poche un papier.) En voici concernant un honnête particulier que l'inquisition a condamné injustement, et deux coquins qu'elle laisse dormir tranquillement chez eux.

DOMINIQUE.

Et que dit-on dans le public de cet arrêt inique?

GRITTI.

Oh! c't événement-là a mis toute la ville en humeur.

DOMINIQUE.

Tu veux dire en rumeur... Mais, bah! nos concitoyens sont d'une si bonne pâte! leur insouciance me fait suer... moi, je porte tous ces gens-là sur mon dos!

Air : Il me faudra quitter l'empire.

> Ainsi que ces oiseaux funèbres,
> Dont l' soleil bless' l'œil délicat,
> Ici l' peuple, ami des ténèbres,
> Du grand jour évite l'éclat.
> Oui, les lumièr's chez nous sont chose rare,
> Les Messinais là-d'sus sont arriérés,
> Et malgré leur superbe phare
> Ils n'en sont pas plus éclairés.

Enfin, ça aura un terme, avec un peu de patience... heureusement, je suis philosophe, moi!.. et pourquoi ne le serais-je pas, philosophe? je vous demande un peu ce qu'il y a d'incompatible entre le tire-pied et la philosophie.

GRITTI.

Rien du tout... car, le tire-pied, voyez-vous, a une certaine... élasticité... et la phisolophie...

DOMINIQUE.

Tu veux dire philosophie... mon ami Gritti, tâche donc de parler un peu correctement... Mais pour en revenir à l'affaire en question, je casserai l'arrêt de la cour et je réhabiliterai la réputation de l'honnête homme... quant aux deux coquins, je les flétrirai par un arrêt terrible!

GRITTI, boitant.

C'est ça! point de pitié pour ceux qui ne marchent pas droit! Il faut mettre les choses sur un bon pied, et qu'à l'avenir, il n'y ait plus rien qui cloche.

DOMINIQUE.

Nous avons fait déjà de fameuses captures, mais il nous en reste encore de meilleures à faire... J'ai condamné Antonio, Barnabé, Foscarini, ce méchant moine dominicain, qui s'est emparé de l'esprit du vice-roi et qui gouverne sous son nom, ainsi que ce vieux coquin de podestat... le banquier Cornaro, qui a fait faillite six fois et a ruiné plus de cent familles... le fournisseur Agrippa, qui a fait vingt campagnes, en carosse... tandis que nos braves manquaient de souliers, ce qui, par parenthèse, faisaient aussi du tort aux cordonniers... La signora Bianca, Modesta, Ezzelino, cette vieille dévote, qui nourrit dix-sept chiens, vingt-deux chats, et qui refuse du pain aux pauvres... Tous ces gens-là sont jugés, il ne s'agit plus que de les pincer, et si j'en viens à bout...

GRITTI.

Nous savons que tu es un homme expéditif.

DOMINIQUE.

Dis un homme terrible, mon ami, un homme... comme on n'en voit pas beaucoup.

Air : Ces postillons.

> J' suis inflammable et bouillant par nature,
> D' soufre et d' salpêtre est imprégné mon flanc,
> Je suis l'Etna, l' Vésuve en mignature;
> Ma bosse en pointe est l' sommet du volcan,
> L' cratèr' ma bouche, et la l'av', c'est mon sang,
> Depuis long-temps en silence je fume...
> Peuples d' Sicile et d' Naple, attention!

A présent j' gronde... et si mon feu s'allume,
Gare à l'éruption !

J' sais bien que je mène une drôle de vie !.. savetier le matin et le soir, juge... le jour, raccommoder les vieux souliers, et la nuit, réparer les bévues du Saint-Office !.. Eh ! où en seriez-vous tous, si le ciel n'eût placé là, dans cette échoppe, un homme dévoué à la chose publique !.. les riches et les grands se permettaient impunément toute licence... le peuple, comme un vil troupeau, se laissait conduire et tondre, et se contentait de bêler !.. Justice ! justice ! criait-on de tous côtés ; et la justice était là, la bouche béante, et les mains dans ses poches, qui regardait et laissait faire... nos lois sont comme ces anciens caractères que chacun explique à sa façon... nos justiciers, un tas de ganaches et de têtes à perruque, et je ne vois de gens respectables que parmi les savetiers !

GRITTI.

C'est vrai... il n'y avait à la cour qu'un honnête homme, ce brave comte de Trésane, et il vient d'en être banni.

DOMINIQUE.

Oui, mais je connais les auteurs de sa disgrace et leur procès est fait... (Désignant l'échoppe.) Les pièces sont là !.. enfin, grace à nous, la justice règne à Messine ! aussi, à présent je suis content ! je suis heureux ! et je ne donnerais pas mon échoppe pour tous les palais du monde ! mon bonnet de laine, pour la plus belle couronne !

Air de Turenne.

Soit que j'acquitte ou soit que je punisse,
Vous m' second'rez en hommes intelligens !
Et je réponds que bientôt d' la justice
(A Gritti et Barbarigo.) Vous deviendrez, vous deux, d' parfaits agens ;
Oui, vous ferez deux juges excellens.
(A Barbarigo.) Car de Thémis parfois l' bandeau, je pense,
Comme le tien ne voil' qu'un de ses yeux ;
(Riant à Gritti.) Et toi, Gritti, pauvre boiteux,
Tu représentes sa balance !

STENO, accourant du fond.

Président ! deux hommes viennent de ce côté !

DOMINIQUE.

C'est p't-être des agens d' police... séparons-nous, mes amis, et venez un peu plus tard me rejoindre au cabaret voisin.

GRITTI.

Au revoir, président.

DOMINIQUE.

Au revoir, confrères.

REPRISE.
Parlons tout bas ! etc.

(Dominique entre dans son échoppe, dont il ferme la porte avec précaution ; les autres sortent par la gauche, tandis que Facino et Agnolo entrent par l'autre côté.

SCÈNE II.

FACINO, AGNOLO, entrant par la droite, DOMINIQUE, dans son échoppe.

FACINO.

Parbleu ! Agnolo, tu es un grand maladroit ! Comment, tu as vu cette nuit, deux hommes rôder là, sous les fenêtres de Francesca ; tu as entendu l'un d'eux causer à voix basse avec elle, et tu ne peux me dire quels sont ces individus !

AGNOLO.

Ma foi, seigneur podestat, la nuit tous les chats...

FACINO.

Alors, il fallait les suivre jusque chez eux.

AGNOLO.

Oui !.. et si c'est des lutins, des farfadets...

FACINO.

Tu es un sot! et je vois bien que j'ai eu tort de compter sur toi... depuis quelque temps il se passe dans la ville, des choses vraiment extraordinaires ; plusieurs personnes ont disparu, et on ne sait ce qu'elles sont devenues. Cette nuit, deux vols audacieux ont été commis simultanément chez monsieur le juge Uberti et chez moi-même... j'ai mis tous mes agens sur pied, et j'espère bien que mon argent me sera rendu... une somme que j'avais touchée le matin même... le produit de ce procès que j'ai si légitimement gagné... tu sais?..

AGNOLO.

Oui, oui... eh ben! il y a pourtant des gens qui prétendent... qui se permettent de dire... mais c'est des horreurs! des calomnies!.. tout de même, il faut convenir que vous avez du bonheur... je ne sais pas comment vous faites; mais vous les gagnez tous, vos procès... et dieu merci, vous n'en manquez pas!

FACINO.

Laissons cela, laissons cela, mon ami... de quoi parlions-nous, tout-à-l'heure?

AGNOLO.

De mam'selle Francesca.

FACINO.

Ah! oui... je disais donc que tu t'y es mal pris, et que la nuit prochaine, pour plus de sûreté, je viendrai ici moi-même ; je tâcherai de surprendre le signal au moyen duquel le galant se fait reconnaître, et si, à la faveur de l'obscurité...

AGNOLO.

Oui, ça serait un bon tour!

DOMINIQUE, entr'ouvrant la fenêtre de l'échoppe.

C'est singulier... on dirait...

FACINO.

Conçois-tu, Agnolo, quelle jouissance pour moi, si je pouvais à la fois satisfaire la violente passion que les charmes de Francesca m'ont inspirée, et la haine que je porte au comte de Trésane, son père!.. à cet homme qui a voulu me faire perdre la faveur du vice-roi, et qu'heureusement, j'ai réussi à éloigner de la cour!

AGNOLO.

Oui, seigneur, oui, je comprends la haine... mais l'amour, c'est différent... j'aurais cru que votre âge...

FACINO.

Eh! tu me crois donc bien vieux, mon garçon? je n'ai que soixante-treize ans et onze mois... et je suis encore vigoureux!

DOMINIQUE, à part.

C'est le podestat!

FACINO.

Air : Faisons la paix.

Au sein des airs,
Et toujours fiers,
Dans nos forêts et dans nos plaines,
Même après quatre-vingts hivers,
Ne sais-tu pas que les vieux chênes
Sont encor verts, (bis.)
Oui, les chênes sont toujours verts.

AGNOLO.

Ainsi, décidément, vous en tenez pour mam'selle Francesca?

FACINO.

J'en suis ce qui s'appelle coiffé, j'en suis fou, mon ami!

Dans l'univers, (bis.)
Rien n'égale à mes yeux ses charmes!
Loin de vouloir briser mes fers ;
A ses attraits je rends les armes...

DOMINIQUE, à part.

Ils sont trop verts, (bis.)
Pour toi, vieux r'nard, ils sont trop verts.

AGNOLO.

Il est sûr qu'il y a des hommes plus cassés que vous, qui se font aimer des femmes, et qui n'ont pas vos agrémens extérieurs et pécuniaires.

FACINO.

Fripon! tu me flattes!

AGNOLO.

Du tout, seigneur; je ne suis pas capable de ça... (A part.) Gauache!

FACINO.

Je te remercie, mon ami, de la bonne opinion que tu as de mon mérite... par malheur, Francesca ne paraît point l'apprécier aussi bien que toi.

AGNOLO.

Peut-être que vous avez été trop timide... on dit qu'il faut de l'audace avec les femmes de son sexe.

FACINO.

C'est possible... oui, je ne suis peut-être pas assez téméraire... si je ne craignais pas de me compromettre, j'aurais bien un moyen sûr... cet ordre d'exil que j'ai obtenu contre son père, je pourrais lui offrir de le faire révoquer...

DOMINIQUE, à part.

Ah! vieux damné!

AGNOLO.

Oui, je comprends.

FACINO.

Mais, avant tout, il faut que je sache à quelle espèce de rival j'ai affaire... dis-moi donc, Agnolo?

AGNOLO.

Plaît-il, seigneur?

FACINO.

Est-ce que tu ne pourrais pas me trouver dans le quartier, un homme dévoué et intelligent, qui, moyennant un bon salaire...

AGNOLO.

Vous dites, un homme dévoué et intelligent?

FACINO.

Oui.

AGNOLO.

Si vous aviez plus de confiance dans ma capacité, je vous répondrais: me v'là! mais...

FACINO.

Non, non... un homme plus adroit, plus rusé que toi.

AGNOLO.

Ça ne sera peut-être pas facile; cependant... (Apercevant l'échoppe.) Oh! seigneur!... j'ai votre affaire!

FACINO.

Où donc?

AGNOLO.

Là, dans cette méchante échoppe.

FACINO.

Tu crois?

AGNOLO.

Oui, oui; c'est un pauvre diable de savetier qui demeure là...en qualité de voisin, il peut, sans bouger de son trou...

DOMINIQUE, à part.

Mon trou! insolent!

AGNOLO.

On dit que par nature ces gens-là sont des espèces d'espions.

DOMINIQUE, à part.

Ah! coquin! si je te tenais!

FACINO.

Sans doute, mais s'il allait commettre une indiscrétion...

AGNOLO.

Est-ce que vous n'avez pas parlé d'un bon salaire! allez, je vous garantis qu'il sera muet.

DOMINIQUE, à part.

Tâche donc aussi de me rendre sourd, pendard!

FACINO.
Eh bien ! alors, comme tu voudras... essayons-en.
AGNOLO.
Je vais le réveiller, et vous allez voir...
FACINO.
Aie bien soin de ne pas faire de bruit...
DOMINIQUE, se retirant de sa fenêtre qu'il referme doucement et à part.
Ah ! tu as peur du bruit !

SCENE III.
LES MÊMES, excepté DOMINIQUE.

AGNOLO, frappant doucement à la porte de l'échoppe.
Hé ! l'homme !.. je crois que j' l'entends ronfler !
FACINO.
Voyez donc comme ces drôles-là dorment !
AGNOLO, frappant plus fort.
Hé ! marchand de savates !.. ah ! attendez donc... il a peut-être un nom... (Regardant l'enseigne.) Oui... Dominique, savetier... (Secouant fortement la porte.) Hé ! père Dominique !
FACINO.
Doucement...
DOMINIQUE, dans l'échoppe, criant de toutes ses forces.
Qui est là ? qui est là ?
FACINO.
L'animal !.. dis-lui donc...
AGNOLO, parlant à travers la porte.
Silence ! ouvrez la porte, et n'ouvrez pas la bouche...
DOMINIQUE, même jeu.
On y va ! on y va ! attendez un petit instant...
AGNOLO, stupéfait, s'éloignant de l'échoppe.
Pas moyen de le faire taire.
FACINO.
Mais c'est donc un sauvage, une bête fauve ! (Dominique ouvre sa porte et paraît.)
AGNOLO, l'apercevant
Ah ! le v'là, enfin !..

SCENE IV.
DOMINIQUE, FACINO, AGNOLO.

FACINO.
Maudit braillard, va !
DOMINIQUE, feignant de ne pas les apercevoir.
C'est drôle ! il m'avait semblé entendre gratter à ma porte.
AGNOLO.
Dites donc, il appelle ça gratter ! (S'approchant de Dominique.) Bonjour, père Dominique.
DOMINIQUE.
Quoi ! messieurs, c'est vous qui avez gratté... je vous ai peut-être fait attendre ! dam', c'est qu'à c't' heure-ci il ne me vient pas ordinairement beaucoup de pratiques.
FACINO, bas à Agnolo, et portant la main à son front.
Ah ! un trait de lumière !
AGNOLO.
Quoi donc ?
FACINO.
Laisse-moi faire... (Haut.) Il est vrai que dans ce moment toute la ville repose ; mais depuis quelques jours, nous sommes atteints d'une insomnie...
AGNOLO.
Qui nous empêche de dormir.
DOMINIQUE.
Ah ! ah !
FACINO.
Et tout en nous promenant nous avons aperçu ton échoppe...
DOMINIQUE.
Ah ! oui, ma boutique... elle est gentille, n'est-ce pas ?

AGNOLO.
Oui, elle est drôlette.

DOMINIQUE, à Facino.
Est-ce que monsieur aurait envie de m'acheter mon fonds?

AGNOLO, bas à Facino.
Ah! bien, en v'là une fameuse...

FACINO.
Non, non, ton enseigne m'a rappelé que je venais de chasser mon cordonnier.

DOMINIQUE.
Bah! et pourquoi donc ça?

AGNOLO, à Facino.
N'est-ce pas parce qu'il vous donnait de mauvaise marchandise!

FACINO.
De très mauvaise marchandise.

AGNOLO.
Ah! et puis, je me rappelle... je crois que vous avez des cors...

FACINO, portant la main à sa jambe.
Ah! oui... j'ai un coquin de cor... ahi! ahi!

DOMINIQUE.
Mais je ne suis pas pédicure, et si c'est pour ça...

FACINO.
Non... figure-toi que ce misérable avait l'obstination de me faire toujours des souliers trop étroits.

AGNOLO.
Et trop courts... de plus de six pouces.

DOMINIQUE.
Diable! il paraît que monsieur a un fameux pied!

FACINO.
Alors je me suis dit : je ne veux plus avoir affaire à ces cordonniers en réputation; ce sont des gens à système... Il faut te dire que celui dont il s'agit, a été cordonnier du Pape, et depuis ce temps-là...

AGNOLO.
Il est entêté comme une mule.

DOMINIQUE.
Je comprends; monsieur me fait l'honneur de me donner sa pratique?

FACINO.
La mienne et celle de tous mes gens.

DOMINIQUE.
Bonne affaire, ma foi!.. puis-je savoir à qui j'ai l'honneur...

FACINO.
Tu le sauras plus tard; prends-moi d'abord la mesure d'une paire de pantoufles.

DOMINIQUE.
Volontiers, seigneur... (A part.) Ils prennent un biais; laissons-les venir. (Il entre dans son échoppe.)

FACINO.
Parbleu! Agnolo, tu n'es pas si sot que je croyais... tu mens avec un àplomb...

AGNOLO.
Dam! je profite de vos leçons.

FACINO.
Oui, oui, je commence à croire que je te formerai...

DOMINIQUE, sortant de l'échoppe et tenant sa mesure et un vieux tabouret.
Me voici à vos ordres, seigneur. (Présentant le tabouret à Facino.) Si vous voulez vous donner la peine de vous asseoir...

FACINO.
N'oublie pas ce que je t'ai dit.

DOMINIQUE.
Soyez tranquille, j' mettrai plutôt six pouces de trop que de moins.

FACINO.
Si je suis content de toi, tu ne tarderas pas à pouvoir t'acheter de plus beaux meubles, et à remplacer cette méchante échoppe par une belle boutique... (S'asseyant.) Mais il n'est pas trop solide, ton tabouret...

DOMINIQUE.
C'est vrai : dame! c'est qu'il n'est pas jeune... mais, voyons, donnez-moi vot' pied, seigneur.

FACINO, levant une jambe.
Air : J'espère que c'est bien.

D'abord
Songe à mon cor...
DOMINIQUE
Laissez fair', vous s'rez d' mon talent
Content.
Vous r'voir
Est mon espoir.
FACINO.
Ton siège n'est pas, mon garçon,
Très-bon ;
Crois-moi,
Dépêche-toi...
DOMINIQUE.
T'nez-vous donc bien, n'ayez pas peur,
Seigneur ;
L'vez vot' jamb' jusque-là.

(Il élève la jambe de Facino un peu plus haut, le tabouret se brise et le podestat tombe à la renverse.)

FACINO.
Ah !
DOMINIQUE, à part.
Sur ton compte, prends toujours ça !

Ah ! mon Dieu ! est-ce que vous vous êtes fait mal ?

AGNOLO, riant aux éclats.
Ah ! le maladroit !.. ah ! ah ! ah !

FACINO.
Comment, malheureux, tu ris !

AGNOLO, continuant.
Ah ! ah ! ah ! excusez, seigneur... ce n'est pas de vous que je ris... c'est de lui...

FACINO.
Veux-tu te taire, imbécile, et m'aider à me relever !..

DOMINIQUE.
C'est pourtant ce malheureux tabouret...

FACINO, à Agnolo qui l'aide à se relever.
Doucement... prends bien garde... (A Dominique, qui lui présente aussi la main.) Non, non, tu ferais encore quelque gaucherie... Aye ! aye ! les reins !

AGNOLO, à son maître.
Vous n'êtes pas blessé ?

FACINO, se tenant les reins.
Non, non... je crois qu'il n'y a rien de cassé.

DOMINIQUE, à part.
Malheureusement ; excepté mon tabouret.

AGNOLO, riant toujours.
C'est égal, v'là une maladresse qui peut compter.

FACINO.
Allons, allons, qu'il ne soit plus question de ça... ce brave homme n'y a pas mis de mauvaise intention.

DOMINIQUE.
Bien au contraire ; je vous assure que c'est avec la meilleure intention du monde...

FACINO.
Il suffit, je te crois... Je te disais donc qu'il ne tiendrait qu'à toi de t'établir honorablement, il ne s'agit pour cela que de me montrer du zèle, de l'intelligence... et si tu veux me rendre quelques petits services...

DOMINIQUE, vivement.
Des services ? oh ! parlez, seigneur ; je suis à vous corps et âme.

FACINO.
C'est bien ; c'est bien ; j'aime cet empressement... mais ce n'est pas tout : es-tu discret ?

DOMINIQUE.
Discret? Je vous en réponds : je suis muet.
FACINO.
Mais tu as de bons yeux et de bonnes oreilles?
DOMINIQUE.
Oh! pour ça, je m'en vante! je vois tout et j'entends tout.
FACINO.
Alors, tais-toi, et écoute... Tu vois bien cette maison?
(Il indique celle du comte.)
DOMINIQUE.
Certainement, que je la vois.
FACINO.
Il s'agit de ne pas la perdre de vue... et de me rendre compte de ce qui se passe entre certain individu qui rôde le soir par ici, et une jeune personne qui demeure là; m'as-tu compris?
DOMINIQUE.
Parfaitement, seigneur. Tout ça n'est pas bien difficile, et je pensais que vous auriez mis mon adresse à une plus rude épreuve.
FACINO.
Parbleu! tu es un brave garçon! mais fais seulement ce que je te dis; plus tard, sois tranquille, je te donnerai de l'occupation... (Lui donnant une bourse.) Tiens, prends cet à-compte sur ce que je me propose de te donner.
DOMINIQUE, prenant la bourse.
Merci, seigneur, merci... oh! moi, d'abord, quand on me donne de bonnes raisons...
FACINO, riant.
Oui, des raisons palpables...
DOMINIQUE.
Et aussi facile à comprendre que les vôtres.
FACINO.
Allons, je suis content; tu m'as bien entendu, et je compte sur toi.
DOMINIQUE.
Soyez parfaitement tranquille... Vous reverrai-je bientôt?
FACINO.
Dès aujourd'hui.
DOMINIQUE.
Vous me trouverez toujours là, prêt à vous servir de même.
FACINO.
Au revoir, Dominique.
AGNOLO, à son maître en sortant.
Etes-vous satisfait, seigneur.
FACINO.
Enchanté, ravi, mon cher Agnolo.
(Il sort en boitant et en s'appuyant sur Agnolo.)
DOMINIQUE, regardant sortir Facino.
Il boite, le vieux coquin!.. quel dommage qu'il ne se soit pas cassé le cou... (Secouant la bourse.) C'est égal, v'là des fonds qui arrivent à propos, car les miens commençaient à baisser : ça servira à payer les frais de justice. A présent, je vas faire un bout de toilette en attendant mes confrères.
(Il entre dans l'échoppe.)

SCÈNE V.

PAOLA, sortant de la maison du comte, FRANCESCA.

FRANCESCA, tenant à la main une lettre ouverte.
Eh bien! tu l'as entendu, Paola... mon père, absent de Messine depuis quelques jours, me fait espérer son retour pour ce soir, mais il m'annonce en même temps la résolution qu'il a prise de s'expatrier et il me défend de songer désormais à Ferdinand... il m'ordonne, même d'éviter sa rencontre, en vain je m'étais flattée que le temps finirait par éclairer le vice-roi, son père, sur ses véritables intérêts, et que le mien, rappelé à la cour, d'où injustement banni... mais loin de perdre de leur faveur auprès prince, ses ennemis prennent chaque jour sur lui un nouvel ascendant, et je vois bien qu'il me faut renoncer à mes rêves de bonheur...
PAOLA.
Croyez-moi, mademoiselle, ne perdez pas encore courage... monsieur

le comte veut quitter la Sicile, il doit vous emmener dans quelques jours, mais d'ici là qui sait ce qui peut arriver !

FRANCESCA.

Ne cherche point à m'abuser, Paola; un tel espoir serait une chimère.

Air de la bergère châtelaine.

Oui, pour toujours celui que j'aime
De mon cœur il faut le bannir ;
Et de notre amour il faut même
Eloigner jusqu'au souvenir !
Mais pour remède à ma souffrance,
S'il n'est plus que l'indifférence,
Ah ! du mal qui me fait souffrir,
J'aime mieux ne jamais guérir.

SCENE IV.

LES MÊMES, DOMINIQUE, sortant de l'échoppe; il a changé de costume.

DOMINIQUE, à part.

Parbleu ! ça se trouve à merveille ! v'là justement la jeune personne...

PAOLA.

Eh bien ! mademoiselle, allons-nous sur le port ?

FRANCESCA.

Oui, Paola, viens... allons y attendre l'arrivée de mon père...

(Elles vont pour sortir.)

DOMINIQUE, s'approchant de Francesca.

Pardon, ma belle demoiselle... je voudrais vous dire deux mots...

FRANCESCA.

A moi ?

DOMINIQUE.

Oui, signorin'...

FRANCESCA.

Que me voulez-vous ? parlez.

DOMINIQUE.

C'est que, voyez-vous... tout le monde ici vous estime et vous aime, ainsi que monsieur le comte.

FRANCESCA.

Je suis sensible à votre attachement pour nous, pour mon père, surtout; il le mérite bien !

DOMINIQUE.

Ça, c'est vrai... mais ce n'est pas là tout ce que j'avais à vous dire, apprenez que l'on conspire encore contre lui.

FRANCESCA.

O ciel !

DOMINIQUE.

Cet enragé de podestat vient d'obtenir contre lui un ordre d'exil.

FRANCESCA.

Est-il possible ! mais d'où savez-vous ?..

DOMINIQUE.

C'est un secret que j'ai attrappé au vol... mais vous pouvez sauver monsieur votre père.

FRANCESCA.

Ah ! dites, dites; que faut-il faire ?

DOMINIQUE.

Dissimuler un peu, et v'là tout.

FRANCESCA.

Je ne vous comprends pas.

DOMINIQUE.

Je le crois bien ; sachez donc que le podestat n'a pu être insensible à votre mérite, et qu'il vous aime comme un vieux fou qu'il est.

FRANCESCA.

Le vilain homme ! que je le déteste !

DOMINIQUE.

Détestez-le tant que vous voudrez, mam'selle, mais, pour Dieu ! n'en ayez pas l'air.

FRANCESCA.

Quoi ! il faudrait...

DOMINIQUE.

Eh ! mon Dieu ! quelques petits regards bien gentils, ça coûte si peu, quand c'est pour un pareil motif... il y a bien des femmes qui en font pour moins que ça, une terrible consommation !.. croyez-moi, essayez-en.

FRANCESCA.

Mais, non, cela m'est impossible...

DOMINIQUE, ayant regardé au fond.

Silence ! je l'aperçois... allons, mam'selle, allons, un peu de courage !.. regardez-le en vous figurant que c'est un autre... un certain M. Ferdinand, par exemple...

FRANCESCA, à part.

Que dit-il ! mais cet homme sait donc tout !

DOMINIQUE.

Le voici, attention !.. (Il remonte la scène et rencontre Facino.)

FRANCESCA, à Paola.

Il faut donc rester ? ah ! quel supplice !

FACINO, au fond, bas à Dominique.

Ah ! te voilà ! eh bien ! où en est la besogne ?

DOMINIQUE.

Vos pantoufles ?

FACINO.

Non, tu sais bien... (Apercevant Francesca.) Que vois-je ! Francesca !

FRANCESCA, à Paola.

Il m'a vue !

DOMINIQUE, à Facino.

Oh ! à cet égard-là, j'en ai fait plus que vous ne m'en aviez commandé... j'ai bien deviné que la belle vous tenait au cœur, je lui ai fait part de ma découverte...

FACINO.

Que me dis-tu là ?

DOMINIQUE.

La pure vérité, et vous sentez bien que l'amour-propre d'une femme... allez, allez, vous serez bien reçu. (Il rentre dans son échoppe.)

SCENE VII.

FACINO, FRANCESCA, PAOLA.

FACINO, à part.

Est-ce un rêve !.. (S'approchant de Francesca.) Je ne m'attendais pas, belle Francesca, au bonheur de vous rencontrer.

FRANCESCA.

Si c'est un bonheur, vous n'en jouirez pas long-temps, car vous n'ignorez pas, sans doute, que nous allons quitter Messine.

FACINO, à part.

Elle sait tout. (Haut.) Vous voulez parler de l'ordre d'exil que le vice-roi...

FRANCESCA.

Non, je l'ignorais, et c'est vous qui me l'apprenez.

FACINO, à part.

Ah ! maladroit !

FRANCESCA.

Mais mon père n'avait pas attendu ce coup pour prendre sa résolution.

FACINO.

Ce que vous me dites là m'afflige beaucoup, belle Francesca !.. car je n'ai pas le pouvoir de m'opposer aux volontés du comte, tandis que cet ordre, on pouvait le faire révoquer.

FRANCESCA.

Mais que reproche-t-on à mon père ? et qu'a-t-il fait pour motiver une telle rigueur ?

FACINO.

On l'accuse de sourdes menées, d'intelligences avec l'étranger...

FRANCESCA,

Quelle infâme calomnie ! je ne comprends pas que le vice-roi ait pu y prêter l'oreille, et je ne puis croire même à l'existence de l'acte qu'on lui attribue.

FACINO.

Oh! pour l'acte, mademoiselle, je vous garantis qu'il existe, et je peux vous en donner la preuve. (A part.) Dominique ne m'avait pas trompé... elle n'a plus cet air dédaigneux et fier...

DOMINIQUE, paraissant à sa fenêtre.

L'hameçon est jeté; voyons si le goujon s'y prendra.

FACINO, tirant de sa poche un papier qu'il montre à Francesca sans le lâcher.

Le voilà, cet arrêt fatal!.. voyez si je vous en impose...

FRANCESCA, y ayant jeté les yeux.

En effet, c'est bien la signature du prince.

FACINO.

Cet ordre est formel... il faut que demain, le comte soit embarqué.

FRANCESCA, à part.

Demain!.. allons, il n'y a point à hésiter... (Bas à Paola.) Eloigne-toi...

(Paola se retire au fond.)

FACINO.

Le vice-roi est très irrité... mais vous connaissez mon crédit, et je pourrais l'employer en faveur de votre père si je vous croyais disposée à m'en savoir quelque gré...

FRANCESCA.

En pouvez-vous douter!.. ne savez-vous pas combien il m'est cher! ah! l'homme généreux qui fera révoquer cet ordre cruel est assuré d'avoir des droits éternels à ma reconnaissance, à mon amitié...

FACINO.

Votre amitié, belle Francesca! c'est un sentiment qu'on doit être fier d'inspirer... mais je connais certaine personne qu'il ne satisferait pas complètement...

DOMINIQUE.

Le v'là qui frétille!

FRANCESCA.

Tous les sentimens que mon cœur est susceptible d'éprouver sont acquis d'avance à celui qui rendra une patrie à mon père.

FACINO.

Ah! charmante, adorable Francesca! il m'est donc permis d'espérer...

DOMINIQUE.

Il mord!

FACINO.

Tenez, le voilà, cet ordre cruel! prenez-le, je vous l'abandonne.,.

(Il lui remet l'ordre d'exil.)

FRANCESCA, prenant le papier et le déchirant.

Je vous remercie, seigneur podestat!.. allez maintenant en solliciter un autre du vice-roi; vous l'obtiendrez sans doute, mais peut-être aurons-nous le temps de vous prévenir.

DOMINIQUE, sautant dans son échoppe.

Bravo! bravo!

FACINO.

Qu'ai-je entendu!

FRANCESCA, avec ironie.

Air de Michel et Christine.

Ah! de bon cœur, je vous rends grace!
Voilà notre exil différé.

FACINO, à part.

Peut-on plus loin pousser l'audace!
Perfide! ah! je m'en vengerai.

FRANCESCA.

Oui du départ l'instant peut se remettre
Pour le vaisseau qui nous attend au port;
Et malgré vous nous resterons encor... (Lui faisant la révérence)
Si vous voulez bien le permettre.

ENSEMBLE.
Ah! seigneur!
Vous êtes mon sauveur.
Ah! seigneur!
Je vous devrai le bonheur.

PAOLA.
Ah! seigneur!
Vous faites son bonheur.
Ah! seigneur!
Oui, vous êtes son sauveur!

DOMINIQUE.
Ah! seigneur!
Vous étiez dans l'erreur.
Ah! seigneur!
Qu' voulez-vous, c'est un malheur.

FACINO.
O fureur!
Quelle était mon erreur!
O fureur!
O sexe infâme et trompeur!

(Francesca et Paola sortent par le fond.)

SCÈNE VIII.

FACINO, puis AGNOLO, entrant par la droite, et DOMINIQUE sortant de son échoppe.

FACINO, furieux et marchant avec agitation.
O damnation! ô infernales femmes! c'est vous qui avez perdu le premier homme, et c'est vous qui perdrez le dernier!

AGNOLO.
Ah! mon Dieu! qu'est-ce que vous avez donc, seigneur podestat? vous avez la figure longue...

FACINO.
Laisse-moi.

DOMINIQUE, sortant de l'échoppe en riant et en se frottant les mains.
Oh! que c'est bien fait!

AGNOLO.
Mais, seigneur, vous avez les yeux tout de travers!

FACINO.
C'est bon... (Apercevant Dominique.) Ah! te voilà! tu peux te vanter de m'avoir fait faire un beau coup!

DOMINIQUE.
Je crois bien!

AGNOLO, riant.
Comment, c'est encore lui!..

DOMINIQUE.
Vous êtes content, n'est-ce pas?

FACINO.
Eh! maladroit! tu n'as pas vu que c'était un piége!

AGNOLO, riant.
Ah! ah! ah!

FACINO, à Agnolo.
Vas-tu encore recommencer, imbécile!

DOMINIQUE.
Un piége! ah! bah! vous voulez rire!

FACINO.
Oui, un piége infâme, atroce... elle nous a attrappés tous les deux.

DOMINIQUE.
Ah! bien, par exemple!

AGNOLO, continuant.
Il vous a fait faire quequ' bêtise!..

DOMINIQUE.
Qui se serait jamais douté... on a bien raison de dire que les femmes ont le diable au corps!

FACINO.

C'est Satan lui-même en personne, c'est le démon incarné!.. que cela te serve de leçon pour ne pas faire à l'avenir plus qu'on ne te commande... n'approche plus de ce serpent!.. crains son dard empoisonné!.. ces êtres dangereux se cachent souvent sous des fleurs... contente-toi d'observer tous ses mouvemens; ne souffle pas le mot, et rends-moi compte de tout ce que tu verras... (Lui donnant une bourse.) Tiens, voilà pour ta peine... tu n'es pas cause du mauvais succès de ta démarche...

AGNOLO.

Ah! ben! en v'là une bonne!

FACINO, à Dominique.

Continue à me servir avec le même zèle; seulement ne le pousse pas plus loin qu'il ne faut.

DOMINIQUE, prenant la bourse.

Merci, seigneur!.. cependant, en bonne justice, vous ne me deviez rien; j'ai fait de mon mieux, c'est vrai, mais il paraît que je n'ai pas fait grand chose de bon.

FACINO.

N'importe, ce n'est pas le résultat, c'est l'intention que je paie.

DOMINIQUE.

Oh! pour ce qui est de l'intention... à propos, vous ne vous ressentez plus de l'accident de tantôt?

FACINO.

Non, non, je boite un peu, mais cela ne m'empêchera pas d'agir pour prendre ma revanche, et je te réponds que la perfide me le paiera!

DOMINIQUE.

Ça, c'est trop juste.

FACINO, s'en allant.

Adieu, ne bouge pas d'ici, et fais bien attention...

DOMINIQUE.

Excusez si je ne vous reconduis pas...

FACINO.

C'est inutile; reste à ton poste.

DOMINIQUE.

Allons, bon voyage.

AGNOLO.

Comme les maîtres sont injustes! il reçoit de l'argent, et moi, à sa place, j'aurais reçu... (Il fait le geste de frapper.)

FACINO, se retournant.

Agnolo!

AGNOLO.

Me v'là, seigneur. (Facino sort en s'appuyant sur Agnolo.)

DOMINIQUE.

Vivat! v'là encore des fonds!.. il paie fort bien, c't homme-là!.. et il y a chez lui du bon... allons attendre mes amis à l'endroit convenu.

(Il entre dans le cabaret.)

SCENE IX.

FERDINAND, STÉPHANO, puis FACINO et DOMINIQUE.

FERDINAND.

Il faut absolument que je lui parle, Stéphano!.. la cruelle! cette nuit, elle a refusé de m'entendre, et elle m'a dit que c'était la dernière fois...

STÉPHANO.

Allons donc, seigneur, est-ce que vous croyez... rassurez-vous, nous aurons toujours pour le moins encore cinq ou six dernières fois, et d'ici là, il passera bien de l'eau dans le détroit... est-ce qu'il n'y a pas un Dieu pour les amans!

DOMINIQUE, reparaissant à la porte du cabaret, et observant.

Quels sont donc ces gens-là?

FERDINAND.

Ah! Stéphano! je suis dans une inquiétude...

STÉPHANO.

Ma foi, seigneur, permettez-moi de vous dire que c'est votre faute...

DOMINIQUE.
Ah! ah! c'est le jeune prince!
STÉPHANO.
Si vous aviez suivi mes conseils, il y a long-temps que mademoiselle Francesca...
FERDINAND.
Eh! mon cher Stéphano, qui aurait pu prévoir...
FACINO, paraissant au fond et se cachant pour écouter.
Dominique est à son poste! bon!
FERDINAND.
Mais, mon parti est pris maintenant, et si elle est sourde à mes avis...
STÉPHANO.
Nous l'enlevons?
FERDINAND.
Oui, de gré ou de force, je l'arracherai au danger qui la menace...
STÉPHANO.
A la bonne heure, donc!
FACINO.
Ah! c'est donc là le galant qui, cette nuit...
STÉPHANO.
Et quand ferons-nous le coup?
FERDINAND.
Ce soir...
DOMINIQUE, haut et s'approchant.
Enlever Francesca!
FERDINAND.
On nous écoutait!
FACINO.
Bon! bon! on saura vous prévenir... (Il disparaît.)
STÉPHANO, regardant Dominique.
Que nous veut ce magot!
DOMINIQUE.
Doucement! doucement!.. pas d'impertinence, s'il vous plaît.
FERDINAND.
Eh! mais... je ne me trompe pas... c'est Dominique!
DOMINIQUE.
Oui, seigneur!
FERDINAND.
J'en suis charmé, car je pense que nous sommes toujours bons amis?
DOMINIQUE.
C'est selon, monseigneur.
FERDINAND.
Comment?
DOMINIQUE.
J'ai eu le bonheur de vous sauver la vie lorsque vous n'aviez que quinze ans, en vous retirant de la mer où vous vous étiez laissé tomber comme un écervelé!.. ça, je l'ai fait de bon cœur, et je le ferais encore, non parce que vous êtes grand seigneur, mais parce que jusqu'ici vous avez passé pour un brave et loyal jeune homme, car si je vous avais cru capable de faire un mauvais prince, je vous aurais laissé barbotter tout à votre aise.
FERDINAND.
Que veux-tu dire? d'où vient cette colère?
STÉPHANO
Comment, monseigneur, vous souffrez...
DOMINIQUE.
J'ai entendu ce que vous avez dit au sujet de la fille de ce brave comte...
FERDINAND.
Eh! ne sais-tu pas que dans un instant d'emportement...
STÉPHANO, apercevant Francesca qui paraît au fond.
Silence!.. tenez, seigneur, que vous disais-je? voyez!..
FERDINAND.
C'est elle!.. laisse-nous, Dominique! au nom du ciel!
DOMINIQUE.
Oui, seigneur, je m'en vas... mais je ne vous perdrai pas de vue, et s'il vous arrivait de vouloir le moindre mal à mam'selle Francesca...

FERDINAND.

Non, non, va-t'en !

DOMINIQUE, à part.

Vous auriez de mes nouvelles, je vous en avertis.

(Il rentre dans le cabaret.)

SCÈNE X.

STÉPHANO, FERDINAND, FRANCESCA, PAOLA, arrivant par le fond.

FRANCESCA, apercevant Ferdinand et s'arrêtant.

Ferdinand !

FERDINAND.

Chère Francesca ! c'est le ciel qui vous envoie !

FRANCESCA.

Que venez-vous faire ici, Ferdinand ? ne savez-vous pas qu'il faut cesser de nous voir !

FERDINAND.

Cesser de nous voir !

FRANCESCA.

Apprenez tout... mon père va quitter la Sicile, et dans quelques jours...

FERDINAND.

Grand Dieu ! non, non, vous ne partirez pas.

FRANCESCA.

Au nom du ciel, éloignez-vous !

FERDINAND.

Eh bien ! promettez-moi que cette nuit encore, à cette fenêtre...

FRANCESCA.

Non, Ferdinand... je vous ai juré de n'être jamais à un autre ; ce serment, je le tiendrai, mais je ne vous verrai plus : adieu !

(Elle rentre dans la maison.)

FERDINAND, voulant la retenir.

De grace ! encore un mot !.. elle me fuit !..

STÉPHANO.

Eh bien ! seigneur, hésiterez-vous encore ?

FERDINAND.

Non, non... viens !.. je me repens trop de ma faiblesse, et je te réponds que désormais... (Regardant la fenêtre de Francesca.) Francesca ! à ce soir !...

STÉPHANO, à part, regardant Ferdinand.

Bien ! bien !.. nous en ferons quelque chose.

(Ils sortent tous deux par la droite à pas précipités.)

SCÈNE XI.

GRITTI, BARBARIGO, STENO, BONELLI, ROBERTO et autres savetiers entrant par la gauche, en habits de fête et avec des bouquets au côté, puis DOMINIQUE.

LES SAVETIERS, en entrant.
Air : C'est d'main la Saint-Crépin.

Amis, de not' patron
  Que le nom
Dans chaque quartier s' répète ;
Que l' vin coule à foison,
  Et du bon,
Puis chantons à tu'-tête,
  A l'unisson :
C'est de not' patron
  La fête !
Et que son nom
Dans tous les quartiers s' répète.

DOMINIQUE, sortant du cabaret.

C'est ça, mes amis : vive not' patron ! (A Gritti qui lui présente un bouquet.) Merci, confrère... mais ils ont l'air un peu altérés, vos bouquets... (Il s'assied à une table à la porte du cabaret.) Holà ! garçon !

GRITTI, se plaçant aussi à table ainsi que les autres.

Ce père Dominique, il a ma foi des idées enlumineuses.

DOMINIQUE.

Tu veux dire des idées lumineuses... (Frappant sur la table.) Allons donc, garçon !

UN GARÇON, sortant du cabaret.

Voilà, voilà ! qu'est-ce que vous voulez ?

DOMINIQUE.

Du vin, mille tonnerres! du vin, comme s'il en pleuvait ! (Le garçon rentre dans le cabaret et revient aussitôt portant trois bouteilles et des verres; Dominique débouche une bouteille et verse.) Allons, morbleu ! buvons... vive la joie ! (A voix basse, en présentant son verre à Gritti.) A ta santé, greffier !

GRITTI, de même, présentant le sien à Dominique.

A ta tienne, président !

DOMINIQUE.

A la santé de tous les savetiers des Deux-Siciles.

BARBARIGO, de même.

Au succès de notre entreprise.

DOMINIQUE ET LES AUTRES.

De tout mon cœur.

DOMINIQUE.

Buvez, mes amis, ne craignez pas la dépense; c'est le podestat qui régale.

GRITTI.

Qu'est-ce que tu veux donc dire ?

DOMINIQUE.

Je vous conterai ça. (Egouttant les bouteilles.) Mais voyez donc, ces coquines de bouteilles, comme ça s'en va... elles ont pourtant un fameux ventre; mais c'est comme certains grands personnages, ça impose par l'extérieur et c'est vide. (Ricanant.) Ah ! ah ! ah ! pas mauvais, n'est-ce pas ? pas mauvais !.. (Appelant.) Garçon ! du vin !

GRITTI.

Petit farceur, vide !.. tu me fais l'effet de ne pas l'être, toi.

DOMINIQUE.

Ma foi, non; le moins que je peux, et si ma bourse était toujours aussi bien garnie que mon estomac... (Le garçon apporte trois autres bouteilles.) Bravo ! bravo ! v'là du liquide ! (La nuit vient.)

CHOEUR.

Air : En bons militaires. (Diavolo.)

Allons, chers confrères,
Buvons, à pleins verres ;
Du présent, jouissons,
Et d'main nous verrons...
Devant un' bouteille,
Le plaisir s'éveille,
Le souci s'endort ;
Versons jusqu'au bord...

(Une lumière paraît dans la chambre de Francesca, qui ouvre sa fenêtre et vient sur le balcon.)

FRANCESCA, sur le balcon.

Vainement je t'attends, mon père !

DOMINIQUE, se levant de table.

Mes amis, silence ! à ce balcon,
Ne voyez-vous pas une lumière ?
Entrons dans la maison,
Car ce lieu n'est pas favorable,
N'est pas favorable !
Jusqu'à demain, et pour raison,
Il faut, il faut rester à table !..

CHOEUR.

Allons, chers confrères, etc. (Ils entrent dans le cabaret.)

SCÈNE XII.

FRANCESCA, sur le balcon.

Il m'avait annoncé son retour pour ce soir... cela m'inquiète... et Ferdinand... où est-il en ce moment !.. je crains tout de son désespoir... qu'il m'a fallu de courage pour le fuir... allons... il n'y faut plus penser... ne songeons qu'à mon père, et tâchons par la prière du soir, de rappeler le calme en mon âme... (Elle se retourne du côté de sa chambre, et s'agenouille devant une image de la vierge qui est près de la fenêtre.)

Fragment de Fra-Diavolo.

O vierge sainte ! exauce-moi !
Et de mon cœur bannis l'effroi !
(Elle reste un instant agenouillée et recueillie ; puis se relevant, et s'asseyant dans un fauteuil auprès du balcon, elle appuie sa tête sur sa main.)
Ce soir... ce soir, il viendra...
J'attends là... (Elle paraît s'assoupir.)
O sainte vierge !.. tu m'entends...
Déjà l'espoir... calme mes sens... (Elle s'endort.)

SCENE XIII.

FACINO, AGNOLO, portant une échelle, et deux autres domestiques, entrant par le fond.

FACINO, AGNOLO et les autres.

Marchons dans l'ombre...
Ne craignons rien ;
La nuit est sombre,
Tout ira bien.

FACINO.

Suivez-moi... qu'on écoute...
Elle est seule sans doute.
Observons bien avant d'agir !
(Il prend l'échelle des mains d'Agnolo, en pose l'extrémité sur le balcon, et aussitôt qu'elle y est placée, il monte autant qu'il faut pour voir dans la chambre.)
Hâtons-nous, le temps presse ;
Du sang-froid, de l'adresse,
Et mon projet doit réussir.
Que vois-je ! elle dort !.. à merveille !
Evitons bien qu'elle s'éveille.

ENSEMBLE. (Facino sur l'échelle et les autres en bas.)

La nuit est sombre...
Ne craignons rien.
Cachés dans l'ombre,
Tout ira bien !

FACINO, à ses gens, descendant de l'échelle

Montez (A Agnolo.) Sur ton zèle ordinaire
Puis-je compter ?..

AGNOLO.

Ma foi, seigneur,
J'aime mieux être spectateur.

FACINO, aux autres.

Eh bien ! sans lui, faites l'affaire.
(Les deux autres domestiques montent sur le balcon ; le premier qui entre dans la chambre éteint la lumière, l'autre ferme les jalousies : aussitôt on entend dans la chambre un cri étouffé.)

FACINO, à Agnolo.

Tu trembles !..

AGNOLO.

Point du tout, j' vous jure... cependant,
Quoique brave, je suis prudent.
(Les domestiques, qui ont ouvert la porte en dedans, sortent de la maison portant Francesca, qui est évanouie et qui a un mouchoir sur la bouche.)

FACINO.

Elle est évanouie !..

AGNOLO, à part.

Hélas ! pauvre petite !
Ça m' fait mal !.. allez doucement...

FACINO.

Non, non... partons au plus vite...
(Les domestiques accompagnés de Facino et Agnolo, emportent Francesca et sortent par la gauche.)

SCENE XIV.

FERDINAND, STÉPHANO, et deux autres domestiques de Ferdinand, entrent par le côté opposé.

FERDINAND, STÉPHANO et LES AUTRES.
Dieu tutélaire,
Des rendez-vous,
Dieu du mystère,
Veille sur nous!
(L'orchestre joue en sourdine le motif de la prière.)

DOMINIQUE, paraissant à la fenêtre du cabaret.
Qu'ai-je entendu? (Il rentre et disparaît.)

FERDINAND.
Moment cruel et doux!
Venez, amis... (Il vient sous le balcon.) Ciel! que vois-je? une échelle!
O rage! ô sort fatal!
Quel soupçon! Francesca serait-elle infidèle?
Ai-je donc un rival?
(Il tire son épée et va pour s'élancer sur le balcon.)

SCENE XV.

LES MÊMES, DOMINIQUE, GRITTI, BARBARIGO, STENO, BONELLI, ROBERTO et autres, sortant du cabaret et courant sous le balcon.

DOMINIQUE et ses amis.
Que l'on saisisse, qu'on arrête
Tous ces coupables ravisseurs!
Que justice à l'instant soit faite!
Du faible nous somm's les vengeurs;
Il faut punir les ravisseurs!

DOMINIQUE.
Seigneur Ferdinand!

FERDINAND.
Dominique!

DOMINIQUE.
Qu' faisiez-vous là? que l'on s'explique.

PAOLA, une lumière à la main, paraissant sur le balcon.
A l'aide! à l'aide!

DOMINIQUE, à Ferdinand.
C'est un d' vos tours!

PAOLA.
Mademoiselle!.. au secours! au secours!
Ma maîtresse!.. comment est-elle disparue?

FERDINAND.
Grand Dieu!

DOMINIQUE, furieux, à Ferdinand.
Parlez!.. qu'est-elle devenue?

(Paola et quelques domestiques sortent de la maison du comte. Facino et ses gens reparaissent au fond, à gauche, sans Francesca.)

ENSEMBLE.

DOMINIQUE, ses amis, PAOLA et autres gens du comte.
Que l'on poursuive, qu'on arrête
Ses vils et lâches ravisseurs!
Que justice à l'instant soit faite!
Courons! soyons ses vengeurs!

FERDINAND, PAOLA, et autres gens de Ferdinand.
Courons! que rien ne nous arrête!
Il faut trouver le ravisseur!
Et faire tomber sur sa tête
Tout le poids de $\genfrac{}{}{0pt}{}{ma}{sa}$ fureur!

FACINO, AGNOLO, et autres gens du podestat, au fond, à voix basse.
Fuyons dans l'ombre!
Oui, tout va bien!
La nuit est sombre!
Nous ne craignons rien.

FACINO et ses gens traversent le fond du théâtre et sortent par la droite. Ferdinand et les siens, Dominique et ses amis, ainsi que les domestiques du comte, sortent en courant par la gauche.

ACTE II.

Les ruines d'une ancienne salle de chapitre, éclairées par la lune ; dans l'angle du fond à droite du spectateur, un escalier aboutissant à une vallée profonde qu'on aperçoit à travers les arceaux dégradés ; du même côté, au second plan, une trappe, et au premier près de la coulisse, une statue ; de chaque côté une porte ; celle à droite communiquant à une autre salle, celle de gauche à une pièce ayant servi de chambre de correction ; sur le devant du théâtre, à gauche, une table et tout ce qu'il faut pour écrire ; près de la table un fauteuil gothique.

SCENE I.

DOMINIQUE, tenant une lanterne et paraissant le premier par la trappe qu'il soulève avec précaution et d'un air étonné, puis GRITTI, BARBARIGO, STENO, BONELLI, et ROBERTO, le suivant successivement.

DOMINIQUE.

Par exemple ! v'là une singulière aventure ! (Parlant aux autres qu'on ne voit pas encore.) Venez, venez donc voir !..

LES AUTRES, en entrant.

Tiens ! tiens ! tiens !..

DOMINIQUE.

Nous trouverons, peut-être ici quelque capture à faire !.. nous sommes armés ! (Il montre son tranchet.) Et si l'on osait...

GRITTI.

Oh ! je n'ai pas peur... mais depuis deux mois que tu nous as installés dans les souterrains de c'te vieille masure abandonnée ; j'suis étonné que nous n'ayons pas découvert ça plutôt.

DOMINIQUE.

Parbleu ! cette trappe était si bien cachée... dites donc, mes amis, si nous allions trouver ici une vingtaine de jolies nonnes... Quelle bonne aubaine !.

GRITTI.

Petit libertin ! je te reconnais bien là !

DOMINIQUE.

Libertin ! non... j'aime le beau sexe, v'là tout !

BARBARIGO, regardant la trappe.

Mais Dominique, sais-tu que nos prisonniers pourraient bien s'esquiver par là ?..

DOMINIQUE.

Bah ! est-ce que nos amis ne font pas sentinelle ! sois tranquille, ils sont sous bonne garde !.. quant à nous, il faut que nous retrouvions mam'selle Francesca, morte ou vive, d'abord ! il le faut !.. il le faut !.. depuis hier au soir, toutes nos recherches ont été inutiles... cependant, plusieurs de nos associés m'ont assuré avoir vu les ravisseurs se diriger du côté de ces ruines... N'importe, puisque le hasard nous a fait découvrir cette salle, attendons s'ils ne sont pas venus, ils viendront peut-être... dressons toujours not' procès-verbal... V'là justement une table... Prends la plume, greffier, et tâche d'écrire un peu proprement...

GRITTI, s'asseyant devant la table et tirant des papiers de sa poche.

Sois tranquille... j'vas te faire des majuscules et des paraphes...

DOMINIQUE.

Mais, c'est singulier !.. cette table, c' l'écritoire, avec de l'encre toute fraîche, ma foi !.. décidément, il est donc venu du monde ici ?.. Enfin, nous saurons sans doute bientôt à quoi nous en tenir... Ca ne nous dispense pas de remplir toutes les formalités convenables... Tu vas relater le jour et l'heure où mam'selle de Trésane a disparu... quant aux circonstances qui ont accompagné le crime, nous les ignorons... mais note exactement celles qui l'ont précédé et suivi... d'après certaine conversation que j'ai entendue entre le jeune prince et son coquin d'écuyer, j'ai de bonnes raisons de soupçonner le seigneur Ferdinand d'avoir fait le coup, si je peux en avoir la preuve, vous entendez bien que je ne serai pas plus indulgent pour lui que pour les autres.

GRITTI.

Et tu feras bien!

BARBARIGO.

Eh! morbleu! pendant que nous le tenions, il fallait tout de suite l'envoyer avec les autres!.. il n'y avait pas besoin de tant de cérémonie, puisqu'on l'a pris sur le fait.

DOMINIQUE.

Sur le fait, sur le fait! pas précisément... il y a de fortes présomptions, mais le corps du délit nous manque... avant tout, il faut établir les preuves de culpabilité; et moi, je ne suis pas de ceux qui condamnent les gens sans les entendre!

Air : Vaud. de la Famille du Porteur d'eau.

Soit que j' fasse un' pair' de souliers,
Soit que j' prononce une sentence,
Dans chacun de mes deux métiers
J' travaill' toujours en conscience.
Je suis d' la manique et des lois
Un apôtres des plus robuste!
Grace à Dieu, mes souliers, je crois,
N' sont ni trop larges, ni trop étroits,
Et mes arrêts sont toujours justes.

Ainsi donc, un peu de patience... l'instruction sera bientôt terminée; et lorsque j'aurai entendu l'accusation et la défense, c'est-à-dire, quand j'aurai parlé pour et contre, puisque je suis à la fois accusateur public, défenseur et juge...

BARBARIGO.

Bah! tu n'en finis pas avec tes griffonages! et toi qui rends la justice pour rien, tu fais durer les affaires ni plus ni moins que ceux qui la vendent.

DOMINIQUE.

Mais, c'est tout simple, ça!

Air de Préville.

Avec méthode il faut que l'on procède;
Instruir' la cause en prenant ses ébats;
Entendre ensuit' les témoins; puis, on plaide,
Il faut laisser parler les avocats,
Et c'est alors que ça n'en finit pas!
Dieu! la bell' chos', mes amis, qu' la justice!
Pour la bien rendre on n' peut trop réfléchir,
Et l'on n' doit pas se presser d'en finir.
Ceux qui la vend'ent font durer l' bénéfice,
Moi qui la donn' je fais durer l' plaisir.

Et, Dieu merci! je ne suis pas au bout de ma tâche! avant notre association, j'étais fort embarrassé pour exécuter mes arrêts... les coquins ne s'en souciaient guère, et les honnêtes gens ne s'en trouvaient pas mieux! alors, je vous ai parlé et vous avez consenti à me seconder dans mon entreprise... par ce moyen, tout va le mieux du monde... not' volière commence à se garnir joliment! mais il fallait nourrir ces oiseaux-là, et ce n'était pas une petite affaire!.. heureusement, nous avons remédié, à c' t'inconvénient, et à c' t' heure, plus il en tombera dans nos filets, plus notre affaire est sûre.

GRITTI.

Sans doute.... c'est sur la quantité que nous nous sauverons.

DOMINIQUE.

Il ne me reste plus qu'un embarras, c'est de savoir où nous logerons tous les coquins que la justice épargne; il y en a tant!

GRITTI, se levant.

Eh bien! mes amis, voulez-vous que je vous fasse part d'une idée qui m'est venue z'hier?

DOMINIQUE, faisant une grimace.

Aye! aye!

GRITTI.

Eh bien! qu'est-ce qui te prend? pourquoi c' te grimace?

DOMINIQUE.
Pourquoi! il me le demande, encore! allons, allons, c'est égal; va ton train...

GRITTI, continuant.
Eh bien! donc, je me disais thier....

DOMINIQUE, de même.
Oh! là, là!

GRITTI.
Mais laisse-moi donc parler!

DOMINIQUE.
Va toujours.

GRITTI, reprenant.
Je me disais thier... le nombre de nos prisonniers s'augmente peu-za-peu..

DOMINIQUE, l'interrompant.
Oh! pour le coup, c'est trop fort!.. Gritti, mon ami, pas de cuir ici, je t'en prie! à la boutique tant que tu voudras, mais quand je suis dans mes fonctions de magistrat, un cuir, vois-tu, ça me donne la chair de poule! et toi-même, est-ce que ça ne te fait pas mal quand tu écorches ta langue?

GRITTI.
Ah! dam! je n'ai pas tétudié comme toi!..

DOMINIQUE.
C'est égal, tu y mets de la mauvaises volonté... voyons, greffier, montre-moi ton procès-verbal...

GRITTI.
Oh! pour ça, c'est différent... j' dis que c'est du soinié...

DOMINIQUE.
Mais, chut!.. écoutez donc!.. n'entendez-vous pas!

GRITTI.
Oui, j'entends quéque chose de ce côté... (Il indique la droite.)

DOMINIQUE.
On monte cet escalier!.. vite, décampons!..
(Ils sortent précipitamment par la trappe que Dominique entr'ouvre de temps en temps pour observer pendant la scène suivante.)

SCÈNE II.

Les Mêmes, cachés, FACINO, enveloppé d'un manteau, arrivant par l'escalier et tenant une lanterne.

FACINO.
Aucun de ces messieurs n'est encore arrivé... bon!.. en attendant l'heure fixée pour notre réunion, voyons si le moyen violent que j'ai employé à produit son effet... (Il tire de dessous son manteau un masque et va pour s'en couvrir le visage; à ce moment, on frappe en dehors.) On frappe! serait-ce déjà? (Il cache le masque. On frappe de nouveau.) Oui, c'est bien le signal convenu... ce sont eux! fâcheux contre-temps!

GRIMALDI, en dehors.
Ouvrez, c'est moi.

FACINO.
Ah! c'est le secrétaire intime!
(Il descend quelques marches de l'escalier et ouvre la porte par laquelle il est entré.)

SCÈNE III.

FACINO, GRIMALDI, DOMINIQUE et ses Amis, cachés.

FACINO.
Quoi! déjà, cher Grimaldi!

GRIMALDI.
Oui, seigneur podestat... j'ai pensé que je vous trouverais ici; car vous êtes toujours le premier au rendez-vous.

FACINO.
Est-ce qu'il y a quelque chose de nouveau?

GRIMALDI.
Non; mais notre chef m'a chargé de vous remettre l'acte que vous sa-

vez... il vous prie de le signer ainsi que moi et de le laisser dans cette salle, où ces messieurs viendront tout à l'heure le signer à leur tour.
(Il remet un papier à Facino.)
FACINO, ayant examiné l'acte.

C'est très bien... au serment qui nous unit, il fallait ajouter un lien plus sûr de notre commune fidélité, et cet acte est parfaitement rédigé... signons-le, mon cher Grimaldi...
(Il va poser le papier sur la table où il le laisse, après l'avoir signé, ainsi que Grimaldi.)
GRIMALDI.

Vous savez que le comte de Trésane a obtenu une audience particulière, depuis ce moment le vice-roi paraît ne plus nous voir qu'avec défiance... c'est pourquoi nous voulons hâter l'exécution du grand projet... mais, seigneur podestat, qu'avez-vous donc? je vous trouve l'air préoccupé... inquiet!

FACINO.

En effet, mon ami... et s'il faut vous parler franchement, j'aurais besoin d'être seul...

GRIMALDI.

Je me retire...

FACINO.

Non.. j'ai toute confiance en vous, et je ne veux rien vous cacher... apprenez que je viens de faire un coup hardi... une chose que beaucoup de gens blâmeraient, sans doute, et je serai bien aise d'avoir votre avis là-dessus.

GRIMALDI.

Vous connaissez ma discrétion...

FACINO.

Oui, oui... écoutez...

Air de Léonide.

Contre nous plus d'un imprudent
Chaque jour conspire et s'agite,
Mais rien des projets qu'on médite
N'échappe à mon œil vigilant.
D'un prince dont la faiblesse
Peut causer de grands malheurs,
J'éloigne par mon adresse,
Les plus zélés serviteurs.
Fous dont le génie infernal
Ose préférer, quoiqu'on fasse,
A l'intérêt des gens en place,
Je ne sais quel bien général!..
D'un homme dont l'influence
Mettait nos droits en péril,
Pour en finir, par prudence,
J'ai fait ordonner l'exil.
Il m'avait souvent outragé,
Il croyait braver ma puissance,
Mais, de sa coupable arrogance,
Grace à Dieu, je me suis vengé!..
Or, sachez la peccadille
D'où me vient certain souci;
J'ai fait enlever sa fille!
Je la tiens : elle est ici!
De tels actes, de nos amis,
Seront approuvés, je suppose ;
Pour servir une bonne cause
Tout moyen doit être permis.

ENSEMBLE.

Oui, tous les moyens sont permis!

FACINO.

Voilà, mon cher Grimaldi, le secret que j'avais à vous confier... elle est là, cette fille audacieuse, dans une ancienne salle de correction de cette vieille abbaye... je n'ai pas osé la recevoir dans ma maison; et j'avais devancé l'heure de notre réunion pour avoir avec elle un moment d'entretien... faites-moi le plaisir de vous éloigner un moment, ces messieurs ont aussi une clé de cette salle... allez vous informer s'ils viendront bientôt, et venez m'avertir lorsque vous les verrez approcher.

GRIMALDI.

Comptez sur mon zèle. (Il sort.)

SCÈNE IV.

FACINO, DOMINIQUE et ses amis cachés.

FACINO.

Enfin, me voilà tranquille, et je peux maintenant...
(Il remet son masque, ouvre la porte à gauche et entre dans la salle où elle conduit.)
DOMINIQUE, sortant de la trappe et parlant à ceux qui sont sur les marches de l'escalier.

Restez là, vous autres, et venez à mon aide quand il en sera temps... (Entrant en scène.) Ça va bien ! ça va très bien ! encore un procès ! et un fameux, je dis ! j'espère que j'en ai entendu de belles !.. ah ! le vieux pendard ! c'est donc lui... et moi qui accusais ce pauvre innocent !.. voyez pourtant à quoi les magistrats sont exposés !.. (Ecoutant.) Mais je crois qu'il revient !.. il est seul, je n'ai rien à craindre ; tâchons seulement qu'il ne m'aperçoive pas... ah ! v'là justement une bonne cachette !

(Il se cache derrière la statue.)

SCENE V.

FACINO, FRANCESCA, sortant de la chambre à gauche, DOMINIQUE et ses amis cachés

FACINO, tenant Francesca par la main.

Venez, ma belle enfant, n'ayez pas peur.

FRANCESCA.

Où me conduisez-vous ? quand finira cette affreuse captivité ? qui êtes-vous, et quel mal vous ai-je fait pour me traiter ainsi ! me connaissez-vous ? savez-vous que je suis la fille du comte de Trésane !

FACINO.

Oui, oui, je sais cela.

FRANCESCA.

Air : Ainsi que vous je veux.

Au nom du ciel écoutez ma prière !
Ici n'arrêtez plus mes pas !
Prenez pitié des pleurs d'un tendre père,
Laissez-moi voler dans ses bras !

FACINO.

Ces accens pénètrent mon âme !
D'y résister je n'aurais nuls moyens,
Si dans l'ardeur qui vous enflamme
Vous demandiez... à voler dans les miens.

Car je vous suis sincèrement attaché, et si mes gens vous ont traitée un peu durement, ce n'est pas ma faute, je vous le jure, je leur avais recommandé d'avoir pour vous tous les égards...

FRANCESCA.

Mais pourquoi ce mystère dont vous vous enveloppez ? pourquoi me cacher vos traits ?

FACINO.

Pour vous ménager le plaisir de la surprise... je suis sûr que vous vous dites : il est donc bien laid, bien hideux, puisqu'il porte un masque ! eh bien ! détrompez-vous, mon enfant ; je ne suis pas plus laid qu'un autre... j'étais même un fort beau garçon il y a... quelques années, et il m'en reste encore quelque chose.

FRANCESCA.

Que m'importe !

FACINO.

Et lorsqu'à la place de ce vilain masque vous verrez une figure qui n'est pas encore trop décrépite, ça fera une espèce de métamorphose, absolument comme dans cet ancien conte français de la Belle et la Bête, que

vous connaissez sans doute; ainsi, c'est vous qui êtes la belle, et moi...
c'est assez vous dire, charmante Francesca, que bien loin d'être votre
ennemi, je vous aime, je vous adore...
FRANCESCA.
Vous? grand Dieu!
DOMINIQUE, à part.
Petit séducteur!
FACINO.
Songez-y bien, mon enfant, oui, je brûle pour vous de l'ardeur la plus...
la plus ardente, la plus brûlante! et si vous vous rendez à mes vœux,
non-seulement vous êtes libre à l'instant, mais demain votre père rentre
en grace auprès du prince.
FRANCESCA.
Qu'entends-je! seriez-vous?
FACINO.
Qu'importe ma qualité, mon nom! je peux tenir ma promesse, et c'est
l'essentiel... mais si vous êtes inflexible, vous sentez bien que je serai
forcé de l'être à mon tour, et que je me verrai dans la fâcheuse nécessité...
FRANCESCA.
Qu'osez-vous me proposer... homme cruel! non, non, vous n'aurez pas
la barbarie...
FACINO, se jetant aux genoux de Francesca et saisissant sa main.
Et vous, aurez-vous celle de me voir mourir d'amour à vos pieds!
FRANCESCA, le repoussant.
Ah! laissez-moi, laissez-moi... j'aime mieux retourner dans l'affreuse
prison...
FACINO, se relevant tranquillement.
Vous le voulez!.. eh bien! mon enfant, vous allez y rentrer, je n'ai rien
à vous refuser... venez, je ne veux pas vous causer la moindre contra-
riété...
FRANCESCA, tombant à genoux.
O mon Dieu! secourez-moi!
DOMINIQUE, se découvrant et ouvrant la trappe.
A moi, les amis!
(Il saisit Facino par derrière et le renverse, Gritti et les autres sortent de la trappe.)
FACINO, tombant.
Ah!..
DOMINIQUE, lui arrachant son masque.
J't'y prends, enfin!
FRANCESCA.
Le podestat!
DOMINIQUE.
Il y a long-temps que je te guette!
FACINO, à genoux.
Grace! grace!
DOMINIQUE.
La loi prononcera.
FACINO.
La loi! ô ciel! vous me livreriez?.. oh! épargnez-moi... s'il vous faut
de l'or...
DOMINIQUE.
De l'or! apprends que je suis un honnête homme... que tu es devant
Dominique le savetier!
FACINO.
Oui, oui, je vous reconnais... je vous ai commandé une paire de pan-
toufles!..
DOMINIQUE.
Il n'y a pas de pantoufles qui tiennent!
FACINO.
Croyez à mon repentir! je jure...
DOMINIQUE.
Pas de sermens...

Air : A soixante ans.

Lorsqu'à ton âge on est en si bonn' route
On n' s'arrêt' guère et l'on va jusqu'au bout ;

Ici tu peux avoir du r'gret sans doute,
Mais c'est plutôt d'avoir manqué ton coup.
N'espèr' donc pas qu' ton adresse m'égare ;
J' sais mon métier ; un juge a de bons yeux ;
Feindre et jurer pour toi ce sont des jeux ;
Et des coquins quand le r' pentir s'empare,
C'est qu' la justice a su s'emparer d'eux.

FRANCESCA.
O mon généreux libérateur ! si un pareil service peut se payer...
DOMINIQUE.
Oui, mam'selle, et j'en demande le prix.
FRANCESCA.
Ah ! parlez, qu'exigez-vous ?
DOMINIQUE.
Bouche close sur tout ce qui me regarde.
FRANCESCA.
Quoi ! vous voulez...
DOMINIQUE.
Que vous vous taisiez, mam'selle ; je sais bien que ça n'est pas peu de chose pour une personne de vot' sexe ! mais enfin, je l'exige.
FRANCESCA.
Ah ! comptez-y ; je le jure !
DOMINIQUE.
Il suffit ; à présent nous sommes quittes... laissez-moi donc m'occuper de choses plus urgentes... je dois visiter ce lieu avec soin et tâcher d'éclaircir jusqu'au bout certaine affaire... il y a surtout ici un papier que je ne veux pas laisser échapper... (Il va vers la table.)
FACINO.
Arrête, malheureux ! ne touche pas à ce papier !.. tu serais damné !
DOMINIQUE.
Va pour damné... nous aurons le plaisir de loger ensemble.
(Il prend la pancarte.)
FACINO.
Laisse-le à sa place, te dis-je, et n'y jette pas les yeux !
DOMINIQUE, remettant le papier sur la table.
Tu as raison ; il y manque encore des signatures... je le retrouverai plus tard. (A ses amis, désignant Facino.) Allons, mes amis, emparez-vous de lui, et menez-le où vous savez... non, non, attendons... il vaut mieux faire d'une pierre deux coups... (A Facino.) Tu vas entrer dans le cachot que tu destinais à mam'selle... on t'y tiendra compagnie, et si tu dis un mot... (Gritti et Barbarigo saisissant Facino.)
FACINO.
Ne me touchez pas !

DOMINIQUE.
Air du Château de mon oncle.

Morbleu ! pas tant de façons,
Tu marcheras, j'en réponds ;
Pas d' raisons,
Allons, vite en prison ..
FACINO,
Non !
Qu'on respecte mon habit !
DOMINIQUE.
Moi je n' connais qu' ton délit,
Et tu peux, cher papa,
Dire ton meâ
Culpâ.

ENSEMBLE.

FACINO.
Tôt ou tard de cet affront,
Le ciel vengera mon front,
J'en réponds
Un jour nous nous vengerons.

C'est outrager mon habit,
Et de cet affreux délit,
A ton tour il faudra
Dire ton meâ
Culpâ.

DOMINIQUE et les autres.

Morbleu! pas tant de raisons,
Tu marcheras, j'en réponds;
Sans façon
Il faut nous suivre en prison.
Qu' nous importe ton habit!
Nous n'voyons que ton délit;
Et tu peux, cher papa,
Dire ton meâ
Culpâ

(Barbarigo, Steno, Bonelli et Roberto, poussent Facino dans la chambre à gauche, et l'y enferment.)

SCENE VI.

GRITTI, DOMINIQUE, FRANCESCA, BARBARIGO, STENO, BONELLI, ROBERTO, puis GRIMALDI.

DOMINIQUE.
Décidément, j'crois que cet homme-là est las de vivre...

GRIMALDI, en dehors.
Seigneur podestat! ces messieurs sont en route.

DOMINIQUE.
Chut! c'est le sécretaire intime!.. si nous pouvions...
(Dominique se cache derrière la statue, les autres se blotissent dans différens endroits, Francesca seule, reste en vue.)

GRIMALDI, apercevant Francesca..
Que vois-je! une femme!.. c'est sans doute... mais où est donc le podestat? (Il s'approche de Francesca.)

FRANCESCA, s'éloignant de lui.
Quelle position!

GRIMALDI, à Francesca.
Signora, pourriez-vous me dire...
(Dominique et ses amis arrivent par derrière Grimaldi, et le saisissent.)

DOMINIQUE.
Encore un de pris... et de deux!

GRIMALDI.
Ciel!.. au secours!..

DOMINIQUE, lui montrant son tranchet.
Silence! ou tu es mort.

GRIMALDI.
Où suis-je!

DOMINIQUE.
Allons, marche!.. (Barbarigo, Steno et les autres, poussent Grimaldi et le font entrer dans la chambre à droite.) Suivez-les, mam'selle, j'ai encore affaire ici, et vot' présence me gênerait...

FRANCESCA.
Hâtez-vous, au nom du ciel!

DOMINIQUE.
Fiez-vous à moi... Gritti, conduis mam'selle...
(Gritti présente galamment la main à Francesca et l'emmène.)

SCENE VII.

DOMINIQUE, seul.
En v'là encore deux de coffrés! et j'espère bien que ce ne seront pas les derniers!

Air de madame Gibou.

J'ai l' cuir dur, je n' crains pas la peine,
J'ai le pied ferme et l'œil subtil;

J' les talonn'rai sans r'prendre haleine,
Et j' leur f'rai voir que j'ai le fil.
Convaincre de délits énormes
Ces grands seigneurs, à l'air altier,
Le beau métier,
Et rendre un arrêt dans les formes,
Quel plaisir pour un savetier !
Ah ! quel plaisir ! (bis) quel plaisir pour un savetier !

Comm' sur leur compt' j'ai plus d'un' note,
Si tous quelque jour je les prends,
Je leur porte aussitôt une botte,
En criant ! à bas les tyrans !
Avec adress' je prends mes m'sures,
Les coquins auront beau crier ;
Point de quartier !
Les rosser à plates coutures,
Quel plaisir pour un savetier !
Ah ! quel plaisir ! (bis) quel plaisir pour un savetier !

Mais, je ne me trompe pas! j'ai entendu... (Écoutant.) Oui, on vient !.. (Apercevant le manteau et le masque du podestat, restés sur le théâtre.) Ah ! ce masque !.. ce manteau !.. (Il les ramasse.) Vite, vite !.. (Il se cache.)

SCENE VIII.

(On aperçoit de la lumière à l'entrée de l'escalier ; aussitôt, entre une troupe d'hommes masqués.)

PREMIER HOMME MASQUÉ.

Le podestat n'est point ici !.. il avait pourtant promis d'y être avant nous !

DEUXIÈME HOMME MASQUÉ.

Qui peut le retenir ? nous trahirait-il !

PREMIER HOMME MASQUÉ.

Non, non... il s'en gardera bien !.. nous nous sommes tous juré fidélité ; ce serment, il l'a fait comme nous, et il sait trop bien que le premier qui oserait y manquer... (Apercevant sur la table, la pancarte.) Eh ! parbleu ! je le disais bien ! ce brave podestat !.. voici l'acte en question... il l'a signé, et l'a laissé ici comme nous en étions convenus... ce pacte, contre le vice-roi, doit être signé de tous ceux qui ont juré sa perte... imitez-moi... (Il signe ; tous les conjurés en font autant ; pendant qu'ils sont groupés autour de la table, Dominique, couvert du manteau et du masque du podestat, vient se mêler parmi eux. — Après que tous les conjurés ont signé.) Cette pièce ne sortira pas d'ici... elle sera renfermée dans cette armoire, dont la clef sera jetée à la mer en présence de vous tous... (Il va ouvrir une armoire pratiquée dans le mur, au fond, et la referme après y avoir déposé le papier ; Dominique suit tous ses mouvemens.) Maintenant, messieurs, à demain, à la pointe du jour, sur la place du palais !

CHOEUR.

Air : Dans l'ombre et le silence. (De Lestocq.)

Sans trouble et sans alarmes,
Allons saisir nos armes,
Et demain vengeons-nous !
Marchons et frappons ensemble ;
Que notre ennemi, tremble
Et tombe sous nos coups !

(Ils sortent tous, Dominique, feint de les suivre et se dérobe à leurs regards en se cachant derrière la table. En sortant, les conjurés ont refermé la porte du fond.)

DOMINIQUE, ôtant le masque et le manteau.

Je respire !.. dieu merci ! nous en voilà quittes ! ah ! s'il n'avaient pas été si nombreux, comme je vous les aurais empoignés de bon cœur ! mais, patience ! ils ne perdront pas pour attendre... (Allant ouvrir la porte à droite.) Venez, mes amis ! venez, mam'selle !

SCÈNE IX.

DOMINIQUE, FRANCESCA, GRITTI, STENO, BONELLI, ROBERTO.

GRITTI.

Nous l'avons échappé belle !

FRANCESCA, à Dominique.

Ah ! monsieur !.. tirez-moi de ce lieu horrible !.. rendez-moi à mon père !

DOMINIQUE.

Oui, mam'selle ; maintenant vous pouvez sans danger... mes amis Gritti et Steno, vont vous conduire jusque chez vous... mais, n'oubliez pas vot' serment !.. pas le plus petit mot...

FRANCESCA.

Quoi ! vous ne livreriez pas à la justice ?..

DOMINIQUE, haussant les épaules.

La justice ! la justice ! est-ce qu'il y a de la justice !.. soyez tranquille, je me charge de leur affaire... partez, mam'selle.

(Il va ouvrir la porte du fond.)

FRANCESCA, en sortant.

Ah ! comptez sur ma reconnaissance !

(Elle sort, accompagnée de Gritti et Steno.)

DOMINIQUE.

Qu'on amène les prisonniers.

(On ouvre les deux portes latérales ; Grimaldi entre par celle de droite et Facino par celle de gauche.)

SCÈNE X.

GRIMALDI, FACINO, DOMINIQUE, BARBARIGO, BONELLI, ROBERTO.

FACINO, en entrant, à Dominique.

Nous diras-tu enfin ce que tu prétends faire de nous ?

DOMINIQUE.

Mais... pas grand' chose de bon, probablement... au surplus, vous allez le savoir tout à l'heure.

FACINO, à part, regardant sur la table.

Le papier a disparu !..

BARBARIGO, accourant du fond où il était en observation.

Ah ! mon Dieu ! Dominique ! v'là nos gens qui reviennent avec mam'selle Francesca !

DOMINIQUE.

Bah !

BARBARIGO.

Ils ont l'air tout effrayé !

DOMINIQUE.

Que leur est-il donc arrivé !

FACINO.

Quel espoir ! si c'était...

SCÈNE XI.

LES MÊMES, STENO, FRANCESCA, GRITTI, entrant précipitamment.

DOMINIQUE.

Quoi ! c'est vous !

GRITTI.

Oui, confrères... nous sommes bloqués de ce côté !

DOMINIQUE.

Que veux-tu dire ?

GRITTI.

Les sbires font des recherches dans les ruines ; ils nous ont aperçus et je crois qu'ils nous suivent...

DOMINIQUE.

Ah ! diantre !

FACINO.

Nous sommes sauvés !

DOMINIQUE.
Pas encore... on va te conduire en lieu de sûreté.
FACINO, triomphant.
Oui! et par quel chemin?
DOMINIQUE, ouvrant la trappe.
Par celui-ci!
FACINO.
Qu'est-ce que c'est que ça?
FRANCESCA.
Ah! je meurs d'effroi!
DOMINIQUE, à Francesca.
Soyez tranquille, mam'selle! je réponds de vous!.. attendez seulement un instant... j'ai encore une petite opération à faire.

Air de Missolonghi.

Allons, calmez-vous,
A moi que l'on s'abandonne!
Notre cause est bonne
Le ciel veillera sur nous.
FACINO et GRIMALDI.
Il faut filer doux!
Oui, la prudence l'ordonne,
Notre cause est bonne
Et le ciel sera pour nous.

DOMINIQUE, va au fond et essaie avec son tranchet de forcer la serrure de l'armoire. Facino et Grimaldi l'observent avec anxiété.

FRANCESCA.
Cruel moment! reverrai-je mon père?
A son amour on osa me ravir!
Combien son cœur loin de moi doit souffrir!
Mon Dieu! daignez exaucer ma prière!
Le consoler est mon vœux le plus doux!
Ah! puisse-t-il arriver jusqu'à vous!

DOMINIQUE, ouvrant la porte de l'armoire.
V'là ce que c'est!.. je savais bien que j'en viendrais à bout... vite la pancarte... (Il la prend.) La voilà, bon!.. je la tiens!..
FACINO.
Notre papier, grand Dieu!
DOMINIQUE.
Ah! je ne donnerais pas ce parchemin pour ceux de toute la noblesse du royaume!.. je les entends... allons, confrères, tenez bien les prisonniers, et partons.
FACINO.
Tu as beau faire, tu n'échapperas pas!
DOMINIQUE.
C'est ce que nous verrons.

REPRISE.
DOMINIQUE et ses amis, à voix basse.
Sans bruit partons tous, etc.
FACINO et GRIMALDI.
Il faut filer doux, etc.

(Gritti, Barbarigo et les autres entraînent Facino et Grimaldi et les font descendre par la trappe. Dominique et Francesca descendent les derniers; au moment où la trappe se referme, Marcello, une torche à la main et suivi des sbires, paraît au haut de l'escalier.)

SCENE XII.
MARCELLO et les SBIRES.

(Marcello entre avec précaution et en regardant de tous côtés pendant que les sbires se mettent en rang.)

MARCELLO.
Air de la marche de Marie.

Au pas, au pas, prenez bien garde!
Amis, amis, soyez prudens!

Ici sont cachés des brigands,
Songez que nos dangers sont grands;
Croisez la hallebarde!
Montrez du cœur, braves sergens!

CHOEUR.

Allons, allons, marchons, mais prenons garde;
Allons, amis, quoique prudens,
Il faut croiser la hallebarde,
Montrons du cœur, braves sergens!

(Marcello et les sbires, la hallebarde en arrêt, font le tour du théâtre et disparaissent par la porte à gauche.)

FIN DU DEUXIÈME ACTE.

ACTE III.

Les souterrains de l'abbaye. Une lampe suspendue à la voûte. A gauche, au premier plan, une table sur laquelle sont des papiers et une écritoire, un siége auprès. Au milieu du théâtre, rangés en demi-cercle, des tabourets sur lesquels sont assis les travailleurs.

SCENE I.

UN VIEUX MARQUIS, UN PROCUREUR, FACINO, GRIMALDI, LE FOURNISSEUR, LA VIEILLE DÉVOTE et plusieurs autres individus de diverses classes, assis sur les tabourets et travaillant; ils sont entourés de formes, de morceaux de cuir et d'outils de cordonniers. L'un tient un soulier et une alêne; l'autre, une semelle sur laquelle il frappe avec un marteau, etc. GRITTI, STENO, BONELLI, ROBERTO, BARBARIGO, et autres savetiers debout, sur le devant, partie à droite, partie à gauche; DOMINIQUE au centre du demi-cercle, excitant les travailleurs.

CHOEUR DES SAVETIERS.

Air du Forgeron. (Mlle L. Puget.)

Allons, point d' paresse,
Et qu'on frappe fort!
Encor! (Bis.) redoublez d'effort;
Travailler sans cesse,
Qu' ça plaise ou n' plais' pas,
C'est notre lot, à tous ici-bas.
La, la, la, la, la, etc.

DOMINIQUE.

D' chacun faut qu' dans ma fabrique
J' sois content,
Pan! pan!
Mais si l'on flân', si l'on r' plique,
A l'instant,
Pan! pan!   (Il fait le geste de frapper.)
J' n'ai pas l' moyen, moi, pour vous plaire,
De vous nourrir à ne rien faire;
Faut fair' sa b'sogne et la soigner,
Car j' veux qu'on gagn' son déjeuner.

FACINO, à part, cessant de travailler.

Misérable! quelle audace!

REPRISE.

Allons, point d' paresse, etc.

DOMINIQUE.

Voyons, voyons, mes petits amis... (Examinant leur ouvrage.) V'là une semelle qui n'est pas taillée très artistement... ces quartiers-là ne sont pas trop mal... mais pour le coup, v'là une chose qui n'est pas du tout dans les règles... ça pourrait convenir à beaucoup de mes confrères, mais moi, je ne connais que les principes.

Air : Vaud. du Charlatanisme.

De s'illustrer c'est l' seul moyen,
Et ces faut's-là me désespèrent !

Savetiers francs-juges.   3

Pour la gloire on ne fait plus rien
Et v'là comm' les arts dégénèrent.
Afin qu'on cit' mes ouvriers,
Et qu'il n'arriv' plus d' choses pareilles,
A la prochain' pair' de souliers,
Vous m'taillerez l'empeigne et les quartiers
Et moi, j' vous coup'rai les oreilles.

FACINO.

Je crois que tu oses me railler.

DOMINIQUE.

Du tout, du tout; mais je veux qu'on travaille en conscience... ça vous paraît dur, n'est-ce pas? vous à qui les alouettes tombaient toutes rôties! mais vous vous y ferez, et une fois que vous en aurez pris l'habitude, vous serez heureux ici comme des petits poissons... dans la poêle!.. vous verrez comme le pain paraît bon après le travail.

Air de Fanchon.

Vous viviez dans l'aisance,
Et vous faisiez bombance
Depuis long-temps,
A nos dépens.
Ouvriers d' ma fabrique,
A présent l' pain qu' vous mangerez,
En tirant la manique,
Au moins vous l' gagnerez.

(Dominique et ses amis répètent ensemble les deux derniers vers.)

L'oisiv'té vaine et fière
D' tous les vic's est la mère,
L'homm' qui n' fait rien
N' pens' guère au bien.
Un travail profitable
Occup'ra vot' tête et vos bras ;
Pendant c' temps-là le diable
Ne vous tentera pas.

DOMINIQUE et les autres.

Pendant c' temps-là le diable
Ne vous tentera pas.

FACINO.

Mais, misérable, tu travailles, toi, pourtant; et n'est-ce pas le génie du mal qui t'a tenté lorsque tu as eu l'infernale idée...

DOMINIQUE.

Au contraire, c'est une inspiration du ciel! avec des ouvriers qui ne nous coûtent que le prix de leur nourriture, le peuple est chaussé à meilleur marché et tout le monde y trouve son compte... pour abréger l'apprentissage, j'ai donné à chacun sa partie... le fournisseur et le secrétaire intime battent la semelle... le banquier, le procureur et madame font les coutures, et vous, monsieur le podestat, vous bordez les souliers!.. est-ce que ce n'est pas bien imaginé?..

FACINO.

C'est une horreur! une abomination! des gens comme nous condamnés à faire des souliers !..

DOMINIQUE.

Ça vaut mieux que de ne savoir rien faire du tout... vous n'étiez pas capables de la moindre chose... vous ne saviez pas seulement vous servir de vos dix doigts... j'vous ai mis le pain à la main, j'vous ai donné un état; c'est une ressource...

LE PROCUREUR.

Que doivent dire mes chers cliens !

LA VIEILLE.

Que vont devenir mes pauvres bêtes !

DOMINIQUE, au procureur.

Vos cliens cesseront de plaider, et ça sera tout profit pour eux et pour leur partie adverse... (A la Vieille.) Quant à vos chats, ils feront comme vous, ils se suffiront à eux-mêmes, ils gagneront leur vie... Ah ça! voici l'heure du déjeuner, je vous permets de quitter l'ouvrage.

FACINO.
Il nous permet!

DOMINIQUE.
Mais je vous préviens qu'on fait maigre chère aujourd'hui, parce que c'est jour de jeûne... Gritti, mène ces messieurs au réfectoire, et envoie-moi mam'selle Francesca.

GRITTI, prenant une lanterne, à Facino et aux autres.
Allons, venez.

FACINO.
Ah! drôle, si jamais je m'échappe de tes griffes!..

DOMINIQUE, à Facino et aux autres.
Vous avez une heure pour vous reposer, mais après...

REPRISE.
DOMINIQUE et ses amis.
Morbleu! point d'paresse!
Et qu'on frappe fort! etc.

(Facino et les autres travailleurs sortent précédés de Gritti et suivis des autres savetiers.)

SCÈNE II.

DOMINIQUE, puis FRANCESCA et STENO.
DOMINIQUE.
Pauvre demoiselle! elle ne sait pas tous les dangers qu'elle court... elle ignore les bonnes intentions de M. Ferdinand... mais je lui garde une dent, à ce beau seigneur, et si, comme je l'espère bien, il se rend à mon invitation. (A Francesca, qui entre conduite par Sténo.) Ah! vous v'là, mam'selle... vous êtes bien fatiguée, n'est-ce pas?

FRANCESCA.
Oh! oui.   (Sténo se retire au fond du théâtre.)

DOMINIQUE.
Vous voyez mon tribunal... c'est ici que je traduis indistinctement à ma barre tous les individus que la voix publique accuse, quand je peux les attrapper... il est sûr que pour une jeune personne qui a été élevée dans du coton, c't appartement n'est pas très agréable... mais, qu'y faire? ça vaut encore mieux que de tomber dans les griffes des coquins qui ont eu l'abomination de faire arrêter monsieur votre père en l'accusant des enlèvemens dont je suis l'auteur... si vous sortiez d'ici, vous seriez bientôt la victime de quelque guet-apens.

FRANCESCA.
Hélas! je le sens trop.

DOMINIQUE.
Et cela ne sauverait pas monsieur le comte.

FRANCESCA.
Au contraire, ce serait lui enlever son dernier espoir.

DOMINIQUE.
Pauvre enfant!.. allons, prenez courage! je me suis emparé d'un papier!.. il est là, je l'ai déposé au greffe... c'est une fameuse pièce de conviction, et on ne dira pas que je prononce des condamnations à propos de bottes.

FRANCESCA.
Oui, et vous laissez gémir mon père dans un cachot! quand vous pourriez, en révélant à la justice...

DOMINIQUE.
J'm'en garderai bien; ça serait tout gâter! d'ailleurs, qu'appelez-vous la justice? j'ai déjà eu l'honneur de vous dire qu'il n'y en avait point!.. la justice, c'est moi! j'n'en connais pas d'autre à Messine.

SCÈNE III.

LES MÊMES, GRITTI.
GRITTI, en entrant.
Président!

DOMINIQUE.
Que veux-tu, greffier? (Gritti s'approche de Dominique et lui parle bas.) Ah! ah! bon! attends une minute, que j'aie le temps... tu me comprends?

GRITTI.

Oui, oui.

DOMINIQUE, à Francesca.

Pardon, mam'selle; mais il m'arrive quelqu'un avec qui j'ai à causer en particulier, retirez-vous un moment... (Riant.) dans l'appartement voisin... Gritti, conduis mam'selle, et ensuite...

GRITTI.

Oui, président.   (Francesca et Gritti sortent par la droite.)

SCÈNE IV.

DOMINIQUE, sur le devant, STENO au fond, puis FERDINAND, STEPHANO, conduits par BARBARIGO.

DOMINIQUE.

Le v'là donc arrivé!.. j'savais bien, moi, qu'il viendrait... j'vas lui parler de la bonne manière!

FERDINAND, à Barbarigo, en entrant.

Où diable nous conduit-on? mais c'est une vraie caverne de voleurs!

DOMINIQUE.

Merci, monseigneur, merci!   (Barbarigo va au fond près de Sténo.)

FERDINAND.

Ah! c'est toi, Dominique! j'avais besoin de te voir; car en vérité, ce lieu ne me plaît pas infiniment... mais ta vue m'a rassuré, et je n'ai rien à craindre de celui qui m'a sauvé la vie.

DOMINIQUE.

Oh! ne parlons pas de ça... la vie, monseigneur, la vie, voyez-vous, ce n'est pas grand'chose, et aujourd'hui je veux faire plus que ça pour vous.

FERDINAND.

Eh! que prétends-tu donc faire pour moi!

DOMINIQUE.

Vous empêcher de commettre une mauvaise action.

FERDINAND.

Une mauvaise action!

DOMINIQUE.

Oui, monseigneur... mais je vous avais prié de venir seul... pourquoi avez-vous amené vot' valet?

FERDINAND.

C'est lui qui a voulu m'accompagner.

DOMINIQUE.

J'en suis fâché pour lui.

FERDINAND.

Comment?

DOMINIQUE.

Vous saurez pourquoi tout à l'heure... mais, n'importe, puisqu'il est venu, qu'il reste; je vas vous dire à tous les deux c'que j'ai sur l'cœur.

FERDINAND.

Parle, je suis à tes ordres.

DOMINIQUE.

Vous êtes amoureux de mam'selle Francesca, n'est-ce pas?

FERDINAND.

Francesca! quel nom viens-tu de prononcer! si je l'aime! ah! mon amour pour elle va jusqu'au délire!

DOMINIQUE.

Oui; mais ne pouvant plus espérer de l'épouser, et grace aux bons conseils des flagorneurs qui vous entourent, notamment à ceux de l'honnête Stéphano, que v'là, vous étant mis en tête que vous êtes un trop grand personnage pour elle...

FERDINAND.

Ah! qui a pu dire... quelle calomnie! lorsque touché de son malheur, j'ai tout mis en œuvre pour la retrouver, et lui offrir, en attendant que le comte rentre en grace, de contracter avec elle un mariage secret!..

DOMINIQUE.

C'est-à-dire une frime de mariage, une bénédiction de contrebande.

Air de Marianne.

Oui, c'est une œuvre de génie
Dont on m'a fait connaîtr' l'auteur;

Tout est prêt pour la comédie ;
Vous avez mêm' votre souffleur. (Il regarde Stéphano.)
Ça vous sembl' drôle
D'y jouer vot' rôle ;
Les grands seigneurs
Sont aussi d'grands acteurs ;
Vot' bell' s'avance,
La pièc' commence,
C'est amusant,
Mais craignez l'dénoûment...
Contre ses enn'mis j's'rai féroce,
Qu'ils vienn'nt tous, je les attends là ;
Avant d'lui toucher, il faudra
Qu'on m'marche sur la bosse !

FERDINAND.

Eh bien ! puisque tu sais tout, oui, j'ai eu la faiblesse de consentir...

DOMINIQUE.

De consentir ! ah ! v'là le grand mot lâché ! je n'avais donc pas tort de dire que c'était ce gueux de Stéphano...

STÉPHANO.

Je vous prie de ménager vos expressions !

DOMINIQUE.

Ah ! tu te fâches !.. il ose se fâcher ! je te conseille !

FERDINAND.

Pardonne-lui, mon cher Dominique, c'est par un excès de zèle pour moi... il connaissait mes intentions ; ce mariage simulé, je l'aurais fait confirmer dès que je l'aurais pu sans danger, et lorsque j'aurais eu la certitude que Francesca, malgré son étrange disparition, n'avait pas cessé d'être digne de moi.

DOMINIQUE.

Oh ! pour ça, monseigneur, j'en réponds... j'en réponds sur ma vie ! et quoique je ne sois pas déjà trop grand, je consens à être raccourci de toute la tête s'il a été porté la moindre atteinte à sa vertu.

FERDINAND, vivement.

Que dis-tu ! comment peux-tu savoir...

DOMINIQUE.

Peu importe ; j'en réponds, et ça suffit.

FERDINAND, de même.

Tu sais donc ce qu'elle est devenue ?

DOMINIQUE.

Oui, et non... mais, songez-y bien, monsieur, ce n'est pas tout d'être grand seigneur, il faut encore être honnête homme... je sais que la cour est un lieu où les meilleurs naturels se gâtent ; si vous eussiez été comme moi, un simple savetier, vous n'auriez jamais eu rien à vous reprocher, je n'en doute pas ; mais les mauvais conseils vous perdent, et par eux, de bon citoyen, de galant homme que vous auriez été dans un autre métier, vous deviendrez un jour un mauvais prince,

FERDINAND.

Dominique ! tu abuses des droits que tu as à ma reconnaissance !..

DOMINIQUE, avec colère.

Oh ! fâchez-vous si vous voulez... je ne suis pas un flatteur, moi !.. tout petit que je suis, on ne me verra jamais ramper aux pieds des grands... on dit que les courbettes tournent la taille, et que l'épine dorsale la mieux constituée finit par se déjeter à la cour... ce n'est pas là que mon accident m'est arrivé, cependant, je n'y ai jamais mis les pieds ; au surplus, si je suis bossu, je ne suis pas manchot, toujours, et vous en avez eu déjà la preuve, monseigneur !

FERDINAND, se retenant de rire.

Ah ! finis ! finis, Dominique !

STÉPHANO, à part.

Est-il hargneux, ce basset-là !

FERDINAND.

Je me fais tous les reproches que je mérite, mais ta plaisante colère finirait par me faire rire.

DOMINIQUE, furieux.

Rire! ah! c'est donc à dire que j'ai la mine risible!

FERDINAND.

Laissons cela, je t'en prie, et crois bien que mon vœu le plus ardent est d'être uni un jour à Francesca par un lien légitime.

DOMINIQUE.

Bien vrai? vous parlez sérieusement?

FERDINAND.

Du fond de mon cœur, je te le jure.

GRITTI, rentrant, et s'approchant de Dominique.

Président!

DOMINIQUE.

Qu'y a-t-il encore?

GRITTI, à voix basse, prenant Dominique à l'écart.

Grande nouvelle! nous tenons le moine Foscarini.

DOMINIQUE, de même.

Bah! parbleu! il me vient une idée!.. écoute, Gritti, je vas te donner des instructions que tu suivras ponctuellement...

(Il mène Gritti de l'autre côté de la scène et lui parle bas.)

FERDINAND.

Que signifie ce mystère!

STÉPHANO.

Je ne sais, mais moi, je ne suis pas tranquille ici, et si vous m'en croyez... (Gritti sort.)

DOMINIQUE, revenant près de Ferdinand.

Pardon, monseigneur, une affaire importante... mais revenons à ce qui vous regarde... d'après ce que vous venez de me dire, je ne vous en veux plus, et je me fie à vot' bonne foi; je consens à ce que vous trompiez mam'selle Francesca, si c'est pour son bonheur, et même je m'engage à favoriser sur-le-champ l'exécution de vot' projet.

FERDINAND.

Que dis-tu? quoi! as-tu donc une baguette magique, ou la béquille d'Asmodée pour retrouver à l'instant Francesca?

DOMINIQUE.

Contentez-vous du bonheur que je peux vous procurer, et ne vous occupez pas du reste.

FERDINAND.

Eh bien! soit, mon ami, je m'abandonne à toi aveuglément; fait venir ici Francesca si tu en as réellement le pouvoir.

DOMINIQUE.

Oui, monseigneur, vous allez être satisfait; mais c'est à une condition, cependant.

FERDINAND.

Laquelle?

DOMINIQUE.

Il faut me jurer qu'après avoir fait ici patte de velours, une fois dehors, vous ne montrerez pas les ongles et ne me ferez aucune égratignure.

FERDINAND.

Tu veux dire qu'il faut que je m'engage à ne rien révéler de ce que j'ai vu ici?

DOMINIQUE.

Juste, monseigneur.

FERDINAND.

Foi de gentilhomme! je le jure sur l'honneur!

DOMINIQUE.

C'est bien; mais comme maître Stéphano, maître sournois que v'là, n'est pas gentilhomme, et que son honneur ne me paraîtrait pas une garantie bien solide, il faut que vous me fassiez cadeau de sa personne.

STÉPHANO.

Misérable!.. quoi! un vil savetier prétendra...

DOMINIQUE.

Ne m'insulte pas, coquin!

FERDINAND.

Demande-moi ce que tu voudras, Dominique, mais pour cela je ne puis...

DOMINIQUE.
Voyons, monseigneur, la main sur la conscience, avez-vous beaucoup d'estime pour ce drôle-là?
FERDINAND.
Mais... pas absolument... cependant...
DOMINIQUE.
Il n'y a pas de cependant, monsieur! c'est un honnête homme ou un fripon; d'ailleurs, voyez... c'est à prendre ou à laisser; Francesca pour Stéphano : je ne sors pas de là, il me semble que vous ne perdrez pas au change.
FERDINAND.
Assurément... mais, au moins, tu me promets qu'il ne lui sera fait aucun mal?
DOMINIQUE.
Soyez parfaitement tranquille... il sera traité avec le même soin que mes autres animaux.
FERDINAND.
Que veux-tu dire?
DOMINIQUE.
Oui, des animaux de la même espèce qui sont ici, et que je me suis chargé de dresser.
STÉPHANO.
Insolent!
FERDINAND.
Tu me le jures?
DOMINIQUE.
Foi de savetier! je le jure par ma bosse!
STÉPHANO.
Quoi! monseigneur, vous auriez l'ingratitude...
FERDINAND.
Air : Vaud. du Roman par lettres.

Oui, Stéphano, quoiqu'il m'en coûte,
Il faut nous faire nos adieux!
Console-toi, pour peu de temps, sans doute,
Tu seras captif en ces lieux.
STÉPHANO.
M'abandonner! ah! c'est un tour affreux!
DOMINIQUE.
Oui, j'en conviens, mais des gens de la sorte,
Lorsqu'on n'a plus que faire, mon garçon,
Rappell'-toi bien qu'on les met à la porte;
Et qu'ça te serve de leçon.

Donne-moi ton épée!
STÉPHANO.
Comment!
FERDINAND, à Stéphano.
Obéis!..
STÉPHANO, à part, remettant son épée à Dominique.
Ah! vieux boule-dogue!
FERDINAND, à Dominique.
Mais, au nom du ciel, hâte-toi, que je voie Francesca...
DOMINIQUE.
Barbarigo! Steno! emmenez le prisonnier et faites venir mam'selle Francesca.

(Barbarigo et Steno, s'emparent de Stéphano, et sortent par la gauche avec lui.)
STÉPHANO, à part, en sortant.
Ah! seigneur Ferdinand, vous me le paierez!

SCENE V.

DOMINIQUE, FERDINAND, puis, FRANCESCA, GRITTI, BARBARIGO, STENO, BONELLI, ROBERTO, et autres Savetiers, entrant de différens côtés.
FERDINAND.
Je te fais là, Dominique, un pénible sacrifice.

DOMINIQUE.

Ah! sans doute, sans doute, on aime les flatteurs et on a de la peine à s'en débarrasser, mais plus tard vous me remercierez.

FERDINAND.

Ah! s'il est vrai que bientôt Francesca...

DOMINIQUE, apercevant Francesca.

Tenez, tenez, monsieur l'incrédule, douterez-vous encore? la voici elle-même...

FERDINAND.

Francesca!

FRANCESCA, en entrant.

Ferdinand!

FERDINAND.

Dois-je en croire mes yeux!.. chère Francesca, quelles étranges circonstances...

DOMINIQUE.

Est-il curieux! ça ne lui suffit pas d'être heureux, il faut qu'il sache le pourquoi!.. (A Francesca.) Approchez, mam'selle... vous v'là bien contente, n'est-ce pas?

FRANCESCA.

Oh! oui! et si, maintenant, mon père...

DOMINIQUE.

A l'autre, à présent!.. un peu de patience, que diable! le créateur a mis six jours à son travail, moi qu'il n'a pas fait à son image, je n'en ai demandé que trois pour achever le mien! je crois que ça n'est pas trop, on ne dira pas que je suis un faignant.

FRANCESCA.

Encore trois jours! ici?

DOMINIQUE.

Non, mam'selle, non... vous ne pouvez pas, comme une vestale délinquante, rester enterrée toute vivante dans ce trou... vous allez sortir d'ici, mais comme vous n'avez plus d'autre appui que le seigneur Ferdinand, c'est avec lui...

FRANCESCA.

Avec lui!

DOMINIQUE.

Oui, mais les mœurs, voyez-vous, les mœurs, moi je ne connais que ça!.. les mœurs, dis-je, veulent qu'avant de vous abandonner à lui, vous soyez unis par un lien capable d'enchaîner à la fois vos destinées et les mauvaises langues de la ville.

FRANCESCA.

Quoi! sans l'aveu de mon père!..

DOMINIQUE.

Il le faut, mam'selle.

FERDINAND.

Oui, Francesca, une fois votre époux, rien ne m'arrêtera plus; j'emploierai la prière, l'adresse, la violence, s'il le faut, et je briserai les fers du comte.

FRANCESCA.

Ah! Ferdinand, à ce prix je m'abandonne à vous... mais comment pourrons-nous...

DOMINIQUE.

Je me charge de tout... on va vous conduire dans la vieille chapelle de l'abbaye; un prêtre s'y trouvera en même temps que vous...

FERDINAND, bas à Dominique.

Ah! Dominique, si une pareille action n'avait pas ton assentiment, je sens maintenant que je n'aurais pas le courage...

DOMINIQUE, bas à Ferdinand.

Allez, allez, je prends le péché sur mon compte... (A ceux qui sont au fond.) Mes amis, que l'on conduise monseigneur et mam'selle à la vieille chapelle.

FRANCESCA, donnant la main à Ferdinand qui lui présente la sienne.

Dominique! je vous devrai donc le bonheur!

(On entend le son lointain d'une cloche.)

DOMINIQUE.

Fragment d'un morceau de piano, arrangé par M. Petit.
Entendez-vous la cloche?
Du bonheur le moment approche !
Entendez-vous la cloche?
Tin, tin,
C'est l'office divin.

ENSEMBLE.

FERDINAND et FRANCESCA.	DOMINIQUE et LES AUTRES.
C'est le bruit de la cloche,	Entendez-vous la cloche!
Du bonheur le moment approche!	Du bonheur le moment approche!
C'est le bruit de la cloche,	Entendez-vous la cloche?
Doux hymen !	Tin, tin,
Fortuné destin!	C'est l'office divin.

FERDINAND.

Ce lien, ma tendre amie,
Va nous unir pour la vie ;
Pour nous quel heureux destin !

DOMINIQUE.

Tin, tin, tin, tin, tin, tin, tin.

DOMINIQUE, FERDINAND, et FRANCESCA, ensemble.

Ah ! pour $\frac{nous}{vous}$ quel heureux destin!

REPRISE ENSEMBLE

FERDINAND et FRANCESCA.	DOMINIQUE et LE CHOEUR.
C'est le bruit de la cloche, etc.	Entendez-vous la cloche, etc.

(Ferdinand et Francesca, sortent accompagnés de Gritti, Steno et des autres Savetiers, le bruit de la cloche continue et dure jusqu'à la fin de la scène suivante.)

SCENE VI.
DOMINIQUE.

Enfin, v'là une affaire terminée! et je dis que ça n'était pas la plus facile... c'te brave demoiselle pourra maintenant rentrer dans la ville, et si par hasard, monsieur Ferdinand n'était pas sincère, il sera bien attrapé... mais tout ça m'a un peu dérangé de mes travaux ; à présent, oc-occupons-nous de mettre de l'ordre dans toutes ces paperasses... (Il s'assied devant la table et range les papiers.) En v'là-t-il! en v'là-t-il du grimoire!..

SCENE VII.
DOMINIQUE, GRITTI, accourant.

GRITTI, d'un air effrayé.

Dominique! Dominique!

DOMINIQUE, sans bouger.

Eh bien! quoi! qu'y a-t-il?

GRITTI.

Alerte! alerte! il faut décamper zau plus vite!

DOMINIQUE.

Ah ! Gritti! encore un cuir !

GRITTI.

Eh! il s'agit bien de ça! sauvons-nous, te dis-je !

DOMINIQUE, se levant.

Nous sauver !

GRITTI.

Oui; l'entrée du souterrain a été découverte par les sbires, et nous n'avons d'autre moyen que de fuir de ce côté-ci.

(Il indique le côté par lequel il est entré.)

DOMINIQUE.

Ah! quel malheur! ils vont délivrer mes prisonniers !.. mais, c'est égal ; tu rends un grand service à l'humanité, mon cher Gritti. (Ramassant tous ses papiers et les emportant dans ses bras.) Ils n'auront pas mes papiers, toujours!

GRITTI.

Je les entends... allons donc!

DOMINIQUE, soufflant sa lampe.

Puissent-ils se casser le cou! (Il va pour fuir par la gauche.)

GRITTI, indiquant la droite.

Non, non; par ici...

DOMINIQUE, revenant et courant à droite.

Es-tu bien sûr?.. (S'arrêtant.) Eh! malheureux! qu'est-ce que tu dis donc! j'aperçois par là des lumières!

GRITTI.

Alors, nous sommes pincés!

DOMINIQUE.

Dieu de Dieu! mon tribunal est enfoncé! que vont devenir mes procès, mes pauvres procès! je vois déjà le crime relever la tête, la vérité rentrer dans son puits... la confusion, le chaos... ô bienheureux Saint-Crépin! le souffrirez-vous!.. Ah! accordez-moi seulement un jour, une heure, si vous voulez... ô justice! divine justice!

GRITTI.

Les voici!

DOMINIQUE, fourant ses papiers dans toutes ses poches.

Nous sommes pris! mais si je pouvais sauver mes papiers!..

SCÈNE VIII.

LES MÊMES, MARCELLO, UBERTI, Sbires, entrant des deux côtés, et portant des flambeaux.

MARCELLO.

Nous les tenons!.. (Aux Sbires, montrant Dominique et Gritti.) Gardez bien ces deux individus... (Quelques sbires entourent Dominique et Gritti.)

UBERTI, aux autres sbires.

Les autres ne peuvent être loin, continuez vos recherches.

(Marcello et quelques sbires, sortent.)

DOMINIQUE, s'approchant d'Uberti.

Ah! Ah! monsieur le juge Uberti!

UBERTI.

Oui, malheureux! tu ne t'attendais pas à ma visite! toi et tes complices, vous allez paraître à ma barre, et votre affaire ne sera pas longue... (Il s'assied devant la table.) Je vais dresser mon procès-verbal... (A Dominique et Gritti.) Vos noms et professions?

DOMINIQUE.

Nous allons vous les dire... mais voyez pourtant ce que c'est que de nous! hier, je jugeais des gens qui vont me juger aujourd'hui et que demain d'autres jugeront peut-être à leur tour!.. C'est égal, je ne serai pas fâché de paraître à vot' tribunal; je m'y perfectionnerai dans la pratique des lois, ça me sera utile plus tard.

MARCELLO, rentrant.

Monsieur le juge, on ne nous avait pas trompés; le podestat et le révérend père Foscarini étaient ici; nous venons de les délivrer; mais une chose inexplicable c'est que le jeune prince y était aussi.

UBERTI.

Le prince! (A Dominique.) Misérable!

MARCELLO.

Lui-même, ainsi que Mlle de Trésane.

DOMINIQUE.

Sans doute, et vous avez bien fait de m'arrêter, car vot' tour allait venir.

MARCELLO.

Mais nous tenons tous les coupables et on vous les amène.

SCENE IX.

Les Mêmes, BARBARIGO, STENO, BONELLI, ROBERTO, et autres, tenus par les sbires, puis FACINO, GRIMALDI, FERDINAND, FRANCESCA et STÉPHANO.

UBERTI, se levant et allant au-devant de Ferdinand et de Facino.

Ah! prince! ah! seigneur podestat! qu'ai-je appris? vous dans ce lieu?

FACINO.

Oui, monsieur, ce misérable a eu l'abomination... (A Dominique.) Ah! tu vas donc enfin recevoir le châtiment...

DOMINIQUE.

Vous v'là bien content, n'est-ce pas, seigneur?

FACINO.

Oui, je nage dans la joie, dans les plaisirs célestes! (A Uberti.) Vous savez, monsieur le juge, quels infâmes attentats...

UBERTI.

Oui, je sais tout.

FACINO.

Il a osé porter ses mains impies sur ma personne! il m'a tenu en chartre privée!

GRIMALDI et STÉPHANO.

Et moi aussi!

FACINO.

Il m'a fait faire des souliers!

FRANCESCA.

Monsieur le juge, daignez m'entendre!

UBERTI.

Laissez finir l'interrogatoire, mademoiselle.

DOMINIQUE, à Francesca.

Sans doute, ça ne presse pas; allez, gardez vos secrets, et ne vous occupez pas de nous.

Air : On dit que je suis sans malice.

J' vous rends grace de votre zèle,
Mais il est superflu, mam'selle ;
Je saurai m' défendre en deux mots ;
N'craignez rien pour moi : j'ai bon dos !
Laissez ces brav's gens, à leur guise,
Tirer parti d' leur marchandise ;
Le juge ainsi que l' savetier,
Faut qu' chacun viv' de son métier.

UBERTI.

Ne m'insulte pas, drôle, ou tu t'en repentiras!

DOMINIQUE.

Oh! que non! vous aurez des égards pour un confrère... car je suis juge aussi, moi, et d'un tribunal qui vaut mieux que le vôtre.

UBERTI.

Encore! allons, finissons-en : Tes noms et qualité?

DOMINIQUE.

Dominique tout court, artiste en chaussure, de mon état, et magistrat pour mon plaisir.

UBERTI.

Te reconnais-tu coupable des faits qui te sont imputés?

DOMINIQUE.

Coupable? non, entendons-nous... Quand parmi les honnêtes gens que vous condamnez, il s' trouve par hasard quelques coquins, on ne dit pas que vous êtes coupable de l'arrêt que vous prononcez contre eux... comme vous, j'ai rendu des jugemens, mais des jugemens justes, v'là toute la différence... vous m'en voulez parce que je vous ai fait du tort, parce que j'ai été sur vos brisées : jalousie de métier, v'là tout.

UBERTI.

Il suffit, retire-toi.

DOMINIQUE.

Volontiers, confrère; car je commence à en avoir plein le dos de vot' interrogatoire. D'ailleurs, toutes vos simagrées sont inutiles ; j'suis condamné d'avance.

UBERTI, aux sbires.

Gardes, emmenez cet insensé !

FERDINAND.

Un moment, monsieur... s'il était réellement insensé, ce serait un fait important à constater.

FACINO.

Quoi ! votre altesse veut...

FERDINAND.

Le vice-roi est ami de la justice, et il entend que les droits des accusés soient respectés.

DOMINIQUE, à Uberti.

Monseigneur a raison ; d'ailleurs, je connais les lois aussi bien que vous, et je sais par cœur la sentence que vous prononcerez ; la voici :

Air de Julie.

Le susdit, reconnu coupable
De protéger les gens de bien,
D'être aux coquins seuls redoutable,
Et d'rendr' la justice pour rien ;
Sera brûlé vif, sans l'entendre,
Et sa poussièr', par arrêt de la cour,
Jetée au vent, pour que c'phénix, un jour
Ne renaisse pas de sa cendre.

(A Uberti.) Mais voyons, avez-vous fini votre affaire ?

UBERTI, se levant.

Oui. (A Ferdinand.) Votre altesse est satisfaite ?

FERDINAND.

Oui, monsieur.

DOMINIQUE, s'asseyant devant la table et prenant la plume.

A mon tour, maintenant. (A Uberti.) Vos noms et qualité ?

UBERTI.

A qui parles-tu ?

DOMINIQUE.

A vous, confrère.

UBERTI, à Ferdinand.

Votre altesse n'exige pas, sans doute...

DOMINIQUE.

Vous ne voulez pas répondre ? (Se levant.) Alors, qui ne dit mot, consent. (A Ferdinand.) Mon prince, je vous préviens que je condamne aux galères, le moine Foscarini, le podestat, le capitaine Marcello, le juge Uberti et plusieurs autres, tous convaincus de complot contre la sûreté de l'état.

FACINO, à Ferdinand.

Ah ! prince, souffrirez-vous...

MARCELLO, aux sbires.

Emmenez ce misérable !   (Les sbires s'avancent pour saisir Dominique.)

DOMINIQUE, écartant les sbires et s'approchant de Ferdinand.

Doucement, doucement, si votre altesse a le moindre doute sur l'impartialité de mon tribunal, elle peut consulter ce document.

(Il tire un papier de sa poche et le remet à Ferdinand.)

FACINO, à part.

Ah ! scélérat !

FERDINAND, jetant les yeux sur le papier et venant sur le devant du théâtre.

Est-il possible ! oui, oui, c'est bien leur signature...

(Facino, Grimaldi, Uberti et Marcello suivent Ferdinand d'un air inquiet.)

FACINO.

Que dites-vous, prince ! pourriez-vous croire ?

FERDINAND.

Vous êtes un lâche ! j'ai la preuve de votre perfidie et de celle de vos complices.

FACINO, UBERTI et LES AUTRES.

Mais, prince, c'est une calomnie !

FERDINAND.

Taisez-vous ! (Aux Sbires.) Emparez-vous de ces traîtres !

FACINO, furieux, montrant Dominique.

C'est un impie! un faussaire! il a contrefait notre écriture!

FERDINAND, aux sbires.

Éloignez-les de mes yeux!

(Les sbires vont pour exécuter l'ordre; les savetiers les préviennent et l'exécutent eux-mêmes.)

DOMINIQUE.

Oui, en prison! et vive la liberté!

GRITTI, SES AMIS et les SBIRES.

Vive le vice-roi!

CHOEUR, pendant lequel quelques savetiers, aidés des sbires, emmènent Facino, Grimaldi, Uberti et Marcello.

Air : La belle nuit. (Deux nuits.)

Honneur, honneur au prince auguste,
Qui veill' si bien sur ses états!
Viv' la justic', quand elle est juste,
Viv'nt les bons princ's et les bons magistrats!

SCÈNE X.

FERDINAND, FRANCESCA, DOMINIQUE, GRITTI, BARBARIGO, STENO, BONELLI, ROBERTO et AUTRES SAVETIERS.

FERDINAND.

Quant à toi, Dominique, je me souviendrai de ce que tu as fait pour nous.

DOMINIQUE.

Oh! votre altesse a bien de la bonté, mais je ne suis pas ambitieux; je ne demande pas à être ministre, comte, marquis... moi, j'ai la bosse de la magistrature, et qu'on me nomme seulement président de la cour criminelle...

FRANCESCA.

Enfin, mon père triomphe!

FERDINAND.

Oui, chère Francesca, et maintenant le mien ne pourra plus s'opposer...

DOMINIQUE.

Je crois que j'ai fait pas mal de besogne depuis quelque temps! qu'en dites-vous, monseigneur?

Air vaud. des Frères de lait.

Je le sais bien, je suis p'tit et difforme,
Et je ne suis qu'un pauvre savetier;
Je n' suis pas beau, mais qu'importe la forme!
Le fond suffit, et dans le monde entier
Je ne vois rien que je puisse envier.
Vous tous si fiers de vot' rang, d' vot' puissance,
Brillans seigneurs, comme vous j'ai mon prix;
Et vous voyez qu'en nulle circonstance,
Les grands ne doiv'nt dédaigner les petits
Ne doiv'nt jamais dédaigner les petits

(A Francesca.) N'est-ce pas, mam'selle? c'est-à-dire, madame, puisque vot' mariage est en bonne forme... (Riant.) Et que c'est le moine Foscarini qui a bâclé la chose.

FERDINAND.

Foscarini!

DOMINIQUE.

Lui-même, et sa bénédiction en vaut bien une autre!

REPRISE DE L'AIR, AVEC ACCOMPAGNEMENT DE CLOCHE.

Entendez-vous la cloche?
Du bonheur le moment approche!
Entendez-vous la cloche?
Tin, tin,
Plus d'ennui ni chagrin,

ENSEMBLE.

C'est le bruit de la cloche, etc.
Entendez-vous la cloche? etc.

(Au public.)

DOMINIQUE.
Bénissons la providence !
Mais que ce soir l'indulgence
Mêle à ce son argentin,
Tin, tin, tin,
Un coup de main,
Et notre salut est certain.
ENSEMBLE.
Entendez-vous la cloche ? etc.
C'est le bruit de la cloche, etc.

FIN.

J.-R. MEVREL, pass. du Caire, 54.

ACTE Ier, SCÈNE VIII.

DON PÈDRE LE MENDIANT.

DRAME EN QUATRE ACTES,

PAR

MM. F. Labrousse et Saint-Ernest.

Représenté pour la première fois à Paris, sur le Théâtre de l'Ambigu Comique, le 28 décembre 1837.

PERSONNAGES	ACTEURS.	PERSONNAGES.	ACTEURS.
DON PÈDRE, roi de Castille.	MM. St-Ernest.	RANCO, marchand.	Mounet.
PEBLO, montagnard.	Albert.	FRANCOIS, } domestiques.	
GRACIOSO, bouffon du Roi.	St.Firmin.	ORIANO, }	
DON GOMEZ de Maurique, } ricos-homes.	Cullier.	Un valet.	Boucher.
DON OSORIO,	Barbier	ISABELLE, fille de don Pèdre.	Mes Blès.
DON PONCE DE LEON,	Ménier.	BERUQUILLA, marchande.	St.Firmin.
D'ARANDA,	Suillard	Une marchande,	Héloïse.
D'ORNEGUY,	Ulysse.	AMBASSADEURS, RICOS-HOMES, MARCHANDS,	
DE CASTELNUOVO,	d'Haussy	ET MARCHANDES, MONTAGNARDS, GARDES,	
RINALDO, } marchands.	Salvador.	DOMESTIQUES.	
AMBROSIO, }	Garcin.		

La scène se passe à Tolède en 1357.

ACTE I.

Une place où se tient un marché; à gauche, des maisons; à droite, le palais du roi, d'un style sévère, et aux murailles noircies par le temps; une espèce de porche s'étend le long du palais; escalier de pierre, conduisant à la porte principale; des étalages, des marchands sont répandus sur la place.

SCÈNE Ire.

MARCHANDS ET MARCHANDES, HABITANTS DE TOLÈDE, se promenant au fond du théâtre en achetant divers objets. — Tableau de marché.

DIFFÉRENTES MARCHANDES crient :

Raisins de Malaga! dattes d'Arabie!... Gibier! gibier!

UNE MARCHANDE à une femme, en lui remettant un lièvre :

Prenez, prenez, senora, un morceau de roi!...

RINALDO.

Pourvu que ce roi fût plus riche que notre seigneur D. Pèdre, lequel ne possède pas un maravedis !

BERUQUILLA.

Eh bien ! on lui fait crédit, à celui-là.

RINALDO.

Et quand pourra-t-il payer ?.... le grand-prieur de Tolède a acheté hier le dernier château de son patrimoine !... depuis un an il ne fait qu'emprunter...voilà six mois que je m'enrhume à lui demander ce qu'il me doit, à lui, ou à ce diable contrefait qui le suit partout.

UNE MARCHANDE.

Allons donc, Rinaldo !..... cet argent-là est bien placé.... Il te sera rendu avec usure.... Un roi, quand il le veut, fût-il pauvre comme Job, trouve toujours moyen, tôt ou tard, de se procurer de la monnaie !...

PLUSIEURS MARCHANDS.

Que D. Pèdre s'en procure bientôt, sinon on se fâchera.

RANCO.

Pourquoi se laisse-t-il dépouiller par les ricos-homes ?... s'il avait tenu bon, il serait plus riche, et il aurait payé comptant nos marchandises !...

ANTONIO.

C'est cela !.... il faut le presser un peu... Pour avoir de l'argent, et nous contenter, il s'y prendra autrement avec les nobles qui nous mangent la laine sur le dos.

BERUQUILLA.

Oui,... ces ricos-homes qui, dépouillant notre maître, lui ont dévoré, par l'usure et la fraude, son royal héritage.... Ces débauchés, ces suppôts du grand-prieur, du grand prieur, que la jalousie ronge et dévore, parce que D. Pèdre de Castille ne veut pas courber la tête et descendre à son niveau.

ANTONIO.

Nous savons tout cela... la vieille ; mais ces raisons, quoique bonnes, ne sont pas de l'argent comptant, et il nous en faut.

TOUS.

Oui, oui, il nous en faut.

BERUQUILLA.

Mais, malheureux que vous êtes !... voyez donc combien il est noble, juste, ce roi que vous insultez chaque jour. Le trésor de l'état est sous sa garde, sa main n'a qu'à s'étendre pour y puiser... Eh bien ! il aime mieux... par justice et pour respecter les lois, émanées de lui et de ses pères, il aime mieux mourir de faim dans son palais que de toucher aux deniers de ses sujets, mais vous ne comprenez donc pas cela, vous autres.

ANTONIO.

Si fait, si fait, la vieille, mais nous comprenons mieux encore qu'il nous faut de l'argent ; nos marchandises nous en coûtent, et il nous en faut.

TOUS.

Oui, oui, il nous en faut.

BERUQUILLA.

Oh ! mon Dieu ! mon Dieu ! pourquoi les as-tu faits si bornés ; les misérables, ils ne comprennent pas ce roi, ce roi, qui, entouré de gardes et de la royale puissance, renonce à tout, aux richesses, aux grandeurs, et préfère la justice à l'opulence acquise au prix de la force et de la violence... Mais ce n'est pas Dieu qui les a faits, ces hommes-là, c'est le diable.

TOUS, riant.

Ah ! ah ! ah !

BERUQUILLA.

Oui ! oui ! le diable... ils ne sentent pas qui est noble et grand... Pèdre de Castille, ils ne te comprendront jamais.

ANTONIO.

Allons, allons, voilà la vieille qui radote... laissons-la se faire à elle-même de superbes discours... et nous autres, puisqu'on a vendu hier

le dernier château de la couronne, allons voir, ce matin, s'il n'y a rien pour nous au palais!...
TOUS.
Très bien! au palais!... (Ils vont vers le palais.)
BERUQUILLA s'avançant au milieu du groupe, appuyée sur une béquille.
Notre-Dame! où allez-vous?...
RANCO.
Vous l'avez entendu... nous allons au palais... voyez-vous, mère Beruquilla, il faut que ça finisse!... Le roi D. Pèdre peut se procurer de l'argent, s'il en veut absolument; nous, nous n'avons pour cela que la vente de nos marchandises.... Or, comme j'ai donné beaucoup de marchandises à crédit, je veux voir si on me paiera enfin.
BERUQUILLA.
Ce n'est pas le seigneur roi qui vous répondra... il n'est pas au palais... Je l'ai vu ce matin, qui entrait au quartier de la Milice, sur la place St-François!... il y est encore!... vous ne trouverez là que la princesse Isabelle.
TOUS, hésitant.
Ah!...
BERUQUILLA.
Vous savez qu'elle a assez de chagrins, n'est-ce pas, sans vous voir arriver comme des furieux!... Pauvre Isabelle, si bonne, si dévouée à son père!... Ah! tenez, la vieille Josépha avait raison, lorsqu'elle disait que la princesse était née sous un mauvais signe!...
AMBROSIO.
C'est vrai qu'elle n'est guère heureuse... fille d'un roi, et pauvre comme la fille d'un marchand.
BERUQUILLA.
Oui!... et chaque jour, à chaque instant, pleurant avec son père des insultes que son père reçoit!... (Plus bas) Les ricos-homes, que le ciel confonde.
UNE MARCHANDE, après avoir regardé.
Chut!... en voilà deux! et des plus enragés contre le seigneur roi!
BERUQUILLA, bas.
Oui... D. Ponce de Léon, un débauché d'enfer, et D. Osorio, qui s'est marié trois fois, pour devenir veuf, disait-il, et pour hériter de ses femmes, ce qu'il ne disait pas!...

SCÈNE II
LES MÊMES, PONCE DE LÉON, OSORIO.

PONCE DE LÉON, s'arrêtant à quelques pas du groupe des marchands.
Eh! par Dieu!.. voilà les marchands qui ont l'air de conspirer!....
OSORIO.
Dis plutôt qu'ils attendent le roi D. Pèdre, pour lui présenter leurs hommages et leurs mémoires, ce sont là ses courtisans aujourd'hui! Holà!... vous a-t-on payés! marchands du diable, mes créanciers y mettent moins de façons que vous! vous avez donc cessé de réclamer?
RINALDO.
Non, Monseigneur.
OSORIO.
Avez-vous reçu de l'argent?
RINALDO.
Non, Monseigneur.
PONCE.
Alors, vous ne faites plus de crédit?
AMBROSIO.
Quelquefois.
PONCE.
Imbéciles!... si c'était à des ricos-homes, passe! à D. Pèdre de Castille, folie!... les ricos-homes ont de l'argent, presque toujours! D. Pèdre n'en aura plus!

BERUQUILLA.

Il a toujours la couronne sur sa tête, et son épée à côté du sceptre!

OSORIO.

Quoi donc, la vieille, est-ce toi qu'il a chargée de prêcher ses créanciers et d'obtenir merci!...

BERUQUILLA.

Non, Seigneur!... mais je le plains et le respecte comme notre sire à tous!... J'ai nourri de mon lait Peblo, le fils de Marco, le montagnard... j'ai mangé le pain d'une famille fidèle et dévouée à nos rois... et je m'en souviens!...

PONCE.

Assez!... quelqu'un a-t-il conseillé la révolte, que tu viens ainsi parler de fidélité? Avons-nous cessé d'obéir, nous autres ricos-homes? D. Pèdre est notre souverain!... mais D. Pèdre, pour étouffer jadis la révolte de nos pères, s'est ruiné en largesses, jetées à ceux qui défendaient sa cause... Qu'il règne, mais qu'il apprenne que les ricos-homes d'autrefois ont laissé à leurs enfants une puissance qu'il n'a pas, tout roi qu'il est, la puissance de la fortune, des richesses opulentes, des vastes seigneuries! A lui la couronne dépouillée de ses joyaux, à nous cet or que nous répandons dans la ville de Tolède!... Et maintenant, si j'apprends que vous ayez encore prêté, quoi que ce soit à D. Pèdre, ou à ce vieux bouffon, qui se fait son pourvoyeur... moi, Ponce de Léon, je renverserai vos baraques, ou plutôt, je vous forcerai à faire crédit à des troupes de mendiants que je lâcherai sur vous!...

BANCO, bas à Beruquilla.

Il le ferait comme il le dit, voyez-vous!...

(Les marchands regagnent leurs étalages silencieusement.)

OSORIO

Bien parlé, Ponce!... Point de pitié, jusqu'à ce que sa fierté s'humanise, jusqu'à ce qu'il vienne à nous... Tête de fer, cœur de fer, le roi ne cède jamais... Tombé dans la pauvreté, D. Pèdre a conservé la puissance du monarque le plus opulent... Ce titre de justicier que lui a donné la Castille, il l'a maintenu par son énergique persévérance, par son génie, que rien n'a pu dompter... C'est à nous de le faire fléchir, en l'assiégeant sans relâche dans cette situation où jamais aucun souverain ne descendit!... et, si alors il nous plaît de jeter de l'argent dans ses coffres royaux, il faudra qu'en retour il nous rende les prérogatives de nos pères... Oui, et la haine qu'il met à nous poursuivre de sa justice excite enfin la nôtre... C'est une lutte à mort entre nous; soit donc! et voyons qui restera debout sur ce champ de bataille... D. Lopez est en sa puisssance, s'il le tue, Osorio... il faudra le venger. (Gracioso paraît en haut de l'escalier du palais.)

PONCE, apercevant Gracioso.

Par le diable qui l'a fait à son image, voilà Gracioso, autrefois bouffon de sa majesté, maintenant son seul et unique compagnon, Dieu me damne! Il regarde dans le marché comme un vautour affamé!... Il faut voir si les marchands se souviendront de ce que je leur ai promis tout-à-l'heure.

SCÈNE III.

LES MÊMES, GRACIOSO, après avoir resté quelques instants au haut de l'escalier du palais, et avoir descendu lentement les degrés, s'arrête au bas et regarde plusieurs fois à la dérobée D. Ponce et Osorio.

GRACIOSO, à part.

Que peuvent-ils faire là ces deux ricos-homes? Oh! oh! C'est pour me jouer quelques tours auprès des marchands; mais je me suis promis de ne pas rentrer au palais les mains vides! (Il va pour traverser le théâtre, et Osorio se met devant lui et l'empêche d'avancer.)

OSORIO.

Holà, maître bouffon!... Où vas-tu donc ainsi?

GRACIOSO.
Je me promène, monseigneur ! Je prends l'air... Je suis malade !

D. PONCE, touchant le caban que Gracioso porte sur un bras.
Comment ! Mais voilà un caban qui a dû être magnifique autrefois !... Pourquoi ne le mets-tu pas sur tes épaules ?

GRACIOSO.
Il ne m'appartient pas, monseigneur.

OSORIO.
Ah ! tu as des scrupules, toi !

GRACIOSO.
Monseigneur, je ne veux pas m'exposer comme le noble D. Lopez, le rico-home condamné pour rapine, et qui attend, au fond de son cachot, qu'on le conduise à la potence !...

OSORIO.
Malheureux !...

D. PONCE.
Drôle !

GRACIOSO.
Messeigneurs, j'ai parlé de don Lopez.

OSORIO.
Je veux bien me souvenir de ton ancien métier de fou... Tu y reviens quelquefois, à ce qu'il paraît !

GRACIOSO.
Rarement... J'ai tant de successeurs !

OSORIO, bas à Ponce.
Dieu me damne ! il me prend fantaisie de l'estropier !...

PONCE, de même.
Bh ! il n'y a pas moyen ! Regarde donc comme il est fait !...

GRACIOSO, à part.
C'est fini ; ils vont rester là... L'heure passe, il faut se risquer ! (Il va vers le premier étalage.)

PONCE, qui a suivi des yeux Gracioso.
Holà ! marchands, n'oubliez pas ce que je vous ai promis, sinon gare aux baraques, gare aux mendiants de Tolède que je vais ramasser !... (Ponce et Osorio s'approchent de Gracioso qu'ils suivent pas à pas.)

GRACIOSO, à un marchand.
Ah ! ah ! vous voilà encore Ambrosio !.... Vous restez tard sur la place aujourd'hui, vous n'avez donc pas de rendez-vous avec la petite Marietta ou avec Luidgina, la brunette ?... Car vous êtes un gaillard, Ambrosio !

AMBROSIO, riant niaisement.
Eh ! eh ! maître Gracioso !... Eh ! eh !

GRACIOSO.
Ah ! les belles perdrix ! Combien ! (Ponce fait un geste au marchand qu'il regarde attentivement.)

AMBROSIO, niaisement et avec hésitation.
Avez-vous... avez-vous de l'argent, maître ?

GRACIOSO.
Pourquoi ?

AMBROSIO.
Parce que...

GRACIOSO.
Non... je n'en ai pas.

AMBROSIO.
Alors...

GRACIOSO.
Alors, je les prends à crédit....

AMBROSIO, après avoir regardé Ponce et Osorio.
Non pas, je les garde.

GRACIOSO.
C'est bon ! Je n'y tenais pas autrement !... (Gracioso s'arrête devant un marchand, suivi de Ponce et d'Osorio, et regarde l'étalage.)

RANCO.
C'est vendu, maître. (Même jeu de Gracioso, de Ponce et d'Osorio devant Rinaldo.)
RINALDO.
C'est vendu, maître !..,.
GRACIOSO.
A ces deux nobles seigneurs, sans doute !... (Il marche encore et s'arrête devant Beruquilla.) Combien ce lièvre?
BERUQUILLA.
Une piastre.
OSORIO.
Attention, la vieille !...
GRACIOSO.
Je n'ai point d'argent... Ce caban pour gage.... Je le retirerai d'ici à huit jours.
BERUQUILLA.
Soit... (A Ponce et à Osorio.) Il n'est point défendu de prêter sur gage.
PONCE.
C'est juste !... Nous n'avions point prévu... (à Gracioso.) Ce caban ne t'appartient pas, tu l'as dit toi-même...
GRACIOSO.
Mais il appartient au roi... mon maître et le vôtre, et c'est pour lui que je suis venu... (Il échange avec Beruquilla et va vers le palais.)
OSORIO.
Si c'est le dernier caban que tu puisses mettre en gage, que feras-tu plus tard, bouffon gracieux ?
GRACIOSO, au bas des degrés du palais.
Je me marierai trois fois comme vous, monseigneur, et comme vous je serai riche peut-être !...
OSORIO, courant sur lui.
Misérable !
GRACIOSO, après avoir franchi quelques marches, et tirant sa dague.
Monseigneur, je suis en lieu d'asile ; si vous me touchez seulement de la main, j'ai le droit de vous répondre par un coup de dague.
OSORIO, furieux.
Soit donc !
PONCE, le retenant.
Que faites-vous ? arrêtez !
GRACIOSO, entr'ouvrant la porte du palais et se retournant.
Monseigneur, vous avez bien fait de ne pas avancer, car, je vous le jure, le vieux fou vous aurait donné une leçon de sagesse... (Il entre dans le palais dont il ferme la porte.)

SCÈNE IV.
LES MÊMES, moins GRACIOSO.

PONCE, riant.
Eh bien ! Osorio ?... Voilà matière à combat singulier... Me chargez-vous de porter le cartel ?
OSORIO.
J'aime mieux attendre une occasion de livrer ce diable d'enfer au bâton de mes estafiers. (Aux marchands.) Holà ! je suis content de vous. (On entend une cloche dans le lointain.) Voici l'heure où vous allez au cabaret de Tornesillo. (Jetant une bourse au milieu des marchands.) Tenez !... Buvez à la gloire et à la santé des ricos-homes.

SCÈNE V.
BERUQUILLA, AMBROSIO, RINALDO, LES MARCHANDS.
Ranco va ramasser la bourse.

BERUQUILLA
Est-ce que tu vas prendre cette bourse?
RANCO.
Tiens ! Est-ce qu'on laisse jamais traîner cela par terre ?

BERUQUILLA.
De l'argent jeté par un de ces ricos-homes qui se sont enrichis en pillant le pauvre peuple !

RINALDO.
Eh bien alors ! c'est une restitution...

BERUQUILLA.
Et vous boirez à leur santé ?

RANCO.
Oui, pour ne pas avoir cet argent sur la conscience... voilà tout. Mère Francesca veillez sur nos marchandises.

RINALDO.
Beruquilla, attention à nos places s'il vous plaît !

BERUQUILLA.
Je le veux bien ; mais tâchez de retrouver votre chemin en quittant le cabaret de Tornesillo...

RANCO.
Oui, Beruquilla, je chargerai ma femme de nous servir de guide.
(Ils sortent.)

SCÈNE VI.

BERUQUILLA, PEBLO. Pendant que les marchands sortaient, Peblo est entré en scène.

PEBLO, s'approchant de Beruquilla qui ne l'a pas aperçu.
Beruquilla !..

BERUQUILLA.
Te voilà, Peblo ? (Elle se lève et va vers lui.) Je te croyais parti pour les montagnes.

PEBLO.
Non pas, nourrice. Si j'étais retourné dans les montagnes, c'est que j'aurais revu cette jeune fille et emporté l'espérance de la revoir encore !.. Non, Beruquilla, puisque ce royaume est en paix, j'irai reprendre ailleurs mon métier de soldat.

BERUQUILLA.
Tu quitterais donc le service de D. Gomez ?

PEBLO.
Le service de D. Gomez !... Que dites-vous, nourrice ?... Je veillais sur ses vastes domaines, mais le jour où il m'aurait traité comme un de ses serviteurs, je lui aurais rappelé que le fils de Marco n'est l'esclave de personne, et n'obéit qu'au roi. Mon père était chef des montagnards de la Sierra Negra. Mon père mourut pauvre, mais il laissa un nom que je dois faire respecter.

BERUQUILLA.
Je le sais !... Je le sais !... Et tu ignores jusqu'à son nom, m'as-tu dit ?...

PEBLO.
Cela est vrai !... elle s'entoure d'un mystère que j'ai juré de respecter !... Que de fois en lui parlant de mon amour, je l'ai suppliée de se fier à moi, de me dire son nom, du moins !... « Peblo, me répondait-elle, ah ! je dois me taire, j'aurais dû vous fuir, ne pas vous entendre !... Nous nous aimons, et un abîme nous sépare ! Non, vous ne saurez jamais qui je suis, et le jour où vous viendriez à l'apprendre, un mur d'airain s'élèverait entre nous !.. Fuyez-moi !.. » Écoutez-moi !... Je vous ai dit comment le hasard jeta au devant de moi une jeune fille de Tolède que je n'ai pu voir sans l'aimer !... Mon amour naquit au pied des autels, car c'est au pied des autels qu'elle s'offrit à ma vue pour la première fois... Je dévorais cet amour en silence... lorsqu'un jour au sortir de l'église de Santo-Geromino... je la suivais en admirant sa beauté... sa grâce timide et modeste... Tout-à-coup au détour de la grande place... des insolents... des ricos-homes enfin l'entourèrent .. et poussés sans doute par le démon de leurs orgies accoutumées, lui faisaient entendre des paroles insultantes... Ils voulaient l'entraîner ; à ses cris, prompt comme l'éclair, je m'élançai sur eux... ils étaient six... ils étaient

armés, je n'avais que mon bâton ; mais le passage fut bientôt libre... et, devant un seul homme, ils s'enfuirent tous, les lâches... D'une voix douce et tremblante elle me remercia... Me défendit de la suivre, et me jetant un regard plein de reconnaissance, elle disparut... Plus tard, je la retrouvai... elle m'aima... elle le disait du moins... Et bien, Beruquilla, je suis peut-être condamné à ne plus la revoir.

BERUQUILLA.

Mais, mon Dieu! c'est la fille de quelque noble!

PEBLO.

Ne vous ai-je pas dit que ses vêtements étaient ceux d'une fille du peuple! Depuis huit jours, je l'ai vainement attendue à nos rendez-vous accoutumés!... J'ai parcouru Tolède comme un insensé!... mon incertitude mettant ma tête en feu! je la croyais parjure, je la croyais perdue pour moi, morte ; que sais-je? Tout à l'heure, au milieu de la rue d'Alcala, un inconnu m'aborde... Peblo, m'a-t-il dit, pour vous ce billet, et il a disparu... ce billet, le voici! (Il lit.) « Vous m'aimez, vous avez juré de m'obéir! voici ce que j'attends « de vous! Quittez cette ville au plus tôt! si vous y restez plus long-« temps, vous me perdez!... Ma vie malheureuse, sera encore plus « malheureuse par vous! Adieu!... »

BERUQUILLA.

Eh bien?...

PEBLO.

Eh bien, Beruquilla, je viens pour me jeter aux pieds du roi, lui rappeler le souvenir de mon père tué pour lui, et lui demander à quel souverain des Espagnes il veut envoyer un soldat qui n'aspire qu'à combattre et à mourir!...

BERUQUILLA.

Pauvre Peblo!... Le roi va rentrer bientôt au palais!... attends-le à son passage,... il se souviendra de ton père;... qui sait, à son nom propice pour toi, quelque roi voisin t'ouvrira peut-être avec faveur les rangs de son armée... Le justicier est terrible lorsqu'il s'assied sur son trône; mais il est bon et généreux, et le fils de Marco peut aller à lui avec confiance!...

PEBLO.

Dieu vous entende, Beruquilla.

BERUQUILLA.

Notre-dame!... voici le justicier!... il paraît plus soucieux que de coutume, tenons-nous à l'écart. Peblo, je te dirai quand il faudra t'avancer!...

SCÈNE VII.
PEBLO, BERUQUILLA, D. PEDRE.

D. Pèdre est entré en scène dans une attitude de méditation ; arrivé au milieu du théâtre, sur l'avant-scène, il relève la tête et regarde sur la place.

D. PÈDRE.

Cette place est déserte! (souriant amèrement) Ah! c'est la première fois depuis long-temps, que le roi de Castille la traverse sans avoir à repousser une des mille insultes qui, chaque jour, sont jetées à sa pauvreté!... (regardant le palais). Toujours triste et solitaire au milieu de cette grande cité, toujours semblable au nid de l'aigle sur les hautes cimes des Asturies!... Oui!... le nid de l'aigle, mais l'aigle rentre triomphant, et porte dans ses puissantes serres de quoi nourrir ceux qui attendent son retour!... Et moi, moi le roi, quand je rentre dans le palais de mes pères, c'est pour gémir à l'aspect de l'indigence qui l'habite!... Spectacle affreux contre lequel il m'a fallu roidir tout mon courage!... (Il va s'asseoir sur un banc de pierre). Oh! si j'étais seul, mon Isabelle!... Ma fille, si hardie à s'associer à ma pensée! si dévouée!... et ce pauvre Gracioso, le seul homme qui me soit resté!... Oh! je vous ferai à tous deux une autre destinée!... Le temps marche, et mes desseins mûrissent! Pourquoi vous condamner à cette pauvreté, m'ont dit les rois mes voisins? Faites donc ployer ces ricos-hommes qui élèvent contre votre autorité royale la puissance de leurs richesses! Oui, mais le justicier ne frappe que lorsque la justice l'ordonne! et voilà que le bassin où il a posé son glaive... commence à monter soulevé par des iniquités qui s'accumulent!... Le justicier! il faudra bien que ce titre accompagne mon nom dans la postérité!... Je le veux! dussé-je mourir de faim sur la pierre de mon palais!... (Il se lève, Peblo s'avance et tombe à ses pieds.)

PEBLO.

Sire!

D. PÈDRE.

Que me veux-tu?

PEBLO.

Votre auguste protection, sire!

D. PÈDRE.

Relève-toi!... As-tu à te plaindre de quelqu'un? Viens demain au palais; j'y tiendrai mon lit de justice, et ta cause sera jugée!...

PEBLO.

Ce n'est pas cela, sire! je veux reprendre mon métier de soldat, la Castille est en paix depuis la victoire remportée par vous à Médino-Collo... Pour aller servir dans les royaumes de Murcie, de Léon ou de Grenade, il faut que mon souverain y consente!... Ce n'est pas tout; je vous demande encore de me présenter aux rois vos frères en votre nom, et protégé par votre bienveillance.

D. PÈDRE.

Qui donc es-tu?

PEBLO.

Peblo, le fils de Marco le montagnard.

D. PÈDRE.

Marco! un brave, par Dieu, un fidèle castillan!... Ta main, jeune homme!... ta main!...

PEBLO.

Sire!

D. PÈDRE.

Ton père est mort pour moi!... je m'en souviens!... les montagnards ont-ils gardé sa mémoire?

PEBLO.

Oui, sire... ils m'aiment à cause de lui...

D. PÈDRE (à part).

Ah!... (Haut.) Peblo, tu ne quitteras pas mon royaume!...

PEBLO.

Sire, mais... j'ai promis...

D. PÈDRE.

Aucune promesse ne doit balancer la volonté de ton roi (moment de silence). Mais, j'y songe!... Tu te seras dit : Le roi de Castille est pauvre! comment récompensera-t-il les services rendus? J'ai mon armée, jeune homme, mon armée que paie le trésor de l'Etat où je n'ai pas voulu puiser un seul maravédis pour moi-même!... Je puis donner des grades à ceux qui font bien!...

PEBLO.

Oh! sire, vous servir comme vous a servi mon père, je n'ai pas d'autre ambition!... Soldat à vos côtés, j'aimerais mieux cela que de conduire une troupe sous des bannières étrangères.

D. PÈDRE.

Bien! (à part) jeune, ardent, dévoué, aimé des montagnards! qui sait? (Haut.) Peblo, tu viendras me voir au palais.

PEBLO.

Sire!... (Il baise la main du roi, don Pèdre va pour sortir, les marchands rentrent et se répandent sur le théâtre. D. Osorio et D. Ponce paraissent du côté par lequel ils sont sortis. D. Gomez entre en scène entouré des Ricoshomes et d'une suite nombreuse.)

SCÈNE VIII.

PEBLO, D. PÈDRE, BERUQUILLA, RINALDO, RANCO, LES MARCHANDS, D. GOMEZ, OSORIO, PONCE, RICOS-HOMES, SUITE.

OSORIO.

Eh oui ! monseigneur, D. Ponce de Léon et moi, nous avons été témoins de la comédie... le dernier caban royal est déposé entre les mains d'une vieille marchande.

D. GOMEZ.

En vérité, Osorio, ce que vous m'avez conté me fera prendre en patience le sermon que je vais entendre à la cathédrale !...

OSORIO.

Monseigneur, voilà D. Pèdre dans toute la simplicité de sa puissance.

PONCE.

Et tenez, voilà les marchands qui sortent du cabaret... Ils vont sans doute lui présenter leurs mémoires... Restons ici.

AMBROSIO.

Allons, Rinaldo, tu aurais donc voulu passer le reste de la journée au cabaret ?

RINALDO.

Ma foi ! il est bon, le vin de ce vieux voleur de Tornesillo !

RANCO.

Si bon, que la bourse du rico-home y a passé avec ma vente de la matinée.

RINALDO.

Et la mienne aussi... (frappant sur ses poches) aplaties, complètement aplaties !... Ma femme va m'arracher les yeux, c'est sûr ! Tiens, voilà le roi !... ah ! ma foi, je vais le prier de me solder son compte !... ça se trouve bien...

UN MARCHAND (voulant le retenir).

Que fais-tu ?

PONCE.

Justement, en voilà un qui se dirige vers lui...

D'AUTRES MARCHANDS.

Laisse-le donc aller !...

RANCO.

Il a raison... je vais parler pour lui... j'ai la langue moins épaisse... (Il s'approche du roi suivi des autres marchands.)

BERUQUILLA.

Mes amis !... mes amis !...

RINALDO.

Arrière, la vieille ! tu n'as pas bu, tu n'as pas la parole !...

RANCO (la tête découverte).

Sire ! vous nous devez de l'argent !...

D. PÈDRE (avec colère).

Oui.

RANCO.

Nous voudrions être payés.

D. PÈDRE.

Cela est juste !...

PEBLO (aux marchands).

Malheureux.

D. PÈDRE (avec force).

Silence, jeune homme !... (Plus bas à Peblo.) Ah ! tu ne sais pas encore où en est venu Pèdre de Castille ! (Haut). Marchands, mes coffres sont vides, mon palais dépouillé.

UN VIEUX MARCHAND.

Sire, les ricos-homes vous enrichiraient à vous rendre seulement la moitié de ce qu'ils ont pillé par l'usure.

OSORIO.

Que dit-il, ce manant ?

D. PÈDRE (vivement).

Qui te rend si hardi, que d'oser tenter ma justice?

RINALDO.

C'est que vous y gagneriez, et nous aussi!

D. PÈDRE (avec force).

Chapeau bas, insolent! Chapeau bas, ou je le cloue sur ta tête avec la pointe de mon épée. (Rinaldo se découvre avec terreur et recule avec les marchands.) Je vous ajourne tous à trois jours! Dans trois jours vous serez payés, je vous en donne ma parole royale, et maintenant faites-moi passage et silence devant moi, car je ne suis plus votre débiteur! (Les marchands se séparent en silence et livrent passage à D. Pèdre. On entend trois coups de cloche. D. Pèdre qui avait monté les degrés du palais, se retourne et s'écrie du haut des degrés.) Écoutez! le rico-home D. Lopez condamné pour rapine, vient de quitter sa prison pour le gibet! Allez voir passer la justice de D. Pèdre de Castille.

ACTE II.

Une salle de palais très vaste, ouverte de toutes parts, un grabat, espèce de peau de tigre tout usée et sans poil, Gracioso est assis sur un vaste fauteuil de vieux bois.

SCÈNE Ire.

D. PÈDRE, GRACIOSO ISABELLE.

ISABELLE.

Hé bien! Gracioso, comment te trouves-tu? Cette fièvre brûlante te quitte-t-elle enfin?

GRACIOSO.

Oui, damoiselle, je me sens mieux.

D. PÈDRE, à part.

Signature de D. Lopez.

GRACIOSO.

Ah! je souffre, je souffre horriblement!

D. PÈDRE.

Preuves fournies par deux prêtres, témoins du crime.

GRACIOSO.

Pas d'eau! pas une goutte! C'est juste... Je me rappelle... Le mal m'a fait oublier... Il faut absolument... Ah! (Il tombe; Pèdre et sa fille courent à lui.)

D. PÈDRE.

Qu'as-tu donc, Gracioso?

GRACIOSO.

Rien, maître; je... je voulais... je ne peux pas.

D. PÈDRE, après l'avoir relevé.

Ah! mon Dieu! mon Dieu! mon pauvre serviteur.

GRACIOSO.

Pardon, maître, pardon, vous vous donnez trop de soucis et de peine pour ce pauvre Gracioso qui, maintenant n'a plus rien à vous donner en échange de tant de soins, de bontés. Le mal lui a enlevé toute sa gaîté, maintenant, pas le plus petit mot pour vous distraire, vous égayer... Vous, si malheureux aussi...

D. PÈDRE.

Oui, malheureux, de te voir souffrir. (A Gracioso qui souffre davantage.) Isabelle, donne quelque chose, un peu d'eau.

ISABELLE, qui a regardé.

Il n'y en a plus... mon père...

D. PÈDRE.

Comment, pas une goutte?... O mon Dieu!

ISABELLE.

Non... Depuis l'instant où Gracioso est tombé malade.... Comme c'est lui qui a l'habitude de nous en procurer, et que je ne puis, par votre ordre, m'exposer à un refus en allant en demander, notre provision est épuisée...

D. PÈDRE, amèrement.

Pas une goutte d'eau !... Dans le palais de mon père !... Et ce pauvre serviteur... (Il va prendre une urne et se prépare à sortir.)

GRACIOSO.

Où allez-vous donc, maître ?

ISABELLE.

Pauvre père !... réduit à... Cela fait mal !...

D. PÈDRE.

Où je vais ?... Je vais où tu es allé ce matin... je vais chercher ce qu'il faut pour te guérir... te soulager (Gracioso à genoux et lui baisant les mains) comme tu as été chercher ce qu'il me fallait pour me guérir.

GRACIOSO.

Vous, vous, le roi. Vous, le justicier. D. Pèdre, si bon pour une chétive créature... ignoble aux yeux de tous, excepté aux vôtres ! Oh ! mon bon maître !... Mais non, n'allez rien demander, je vous en supplie à genoux, vous serez refusé partout... Vous n'avez plus rien à échanger... La dernière ressource hier nous a été enlevée, votre caban a passé dans les mains d'une revendeuse.

D. PÈDRE.

Et que m'importe à moi, leurs refus, leurs outrages ! S'ils ne veulent pas me prêter... ils me donneront peut-être.. Je leur tendrai ma main royale... en leur disant : Donnez donnez, à D. Pèdre pour sauver son vieux serviteur, le seul ami que le sort lui ait laissé.

ISABELLE.

Vous, mendier, mon père ?

GRACIOSO, se soulevant.

Oh ! non... Plutôt moi-même... Oh ! mon Dieu ! mon Dieu !.. (Il retombe.)

D. PÈDRE.

Allons, Gracioso, allons... sèche tes larmes (A sa fille qui pleure aussi.) Isabelle, ma fille, de la fermeté. Eh ! mon Dieu, le sacrifice que je fais en ce moment est tout simple, naturel... Je descends de mon trône et vais mendier un peu d'eau, quelques secours pour un ami qui souffre, un serviteur qui a fait un bien plus grand sacrifice ; lui, que tous les nobles ont voulu avoir en leur palais, parce qu'il appartient à la royauté qu'ils ont démentelée pièce à pièce... Il a tout refusé, lui, Gracioso, leurs richesses, leurs offres séduisantes ! Aux somptueux palais il a préféré le mien, nudité vaste, immense, ouverte aux intempéries, à toutes les misères. Oui, à lui, à ce fou, à Gracioso, comme ils l'appellent ironiquement, on a mis de l'or dans la main il l'a ouverte dédaigneusement et a laissé rouler cet or à terre... On a dressé devant lui, pauvre, ayant faim, la table luxueuse des ricoshomes, son pied boiteux l'a renversée avec colère ; et, à tous ces vins de Chypre, ces mets de grands seigneurs, il a préféré le pain de son vieux maître, pain que son industrie, son travail me donnait à moi... honteux de ma pauvreté ! Et, l'hiver, quand le froid pénétrait ses membres engourdis, il est venu se réchauffer à la chaleur de mon corps et s'abriter sous le manteau déguenillé de D. Pèdre le justicier... Oh ! je n'oublie pas tout cela, moi. (Il prend l'urne, la charge sur son épaule et se prépare à sortir.)

ISABELLE.

Mais moi, mon père, à cette heure de nuit, ne pourrais-je à votre place..

D. PÈDRE, les larmes aux yeux.

Toi ! chère enfant... Toi, t'exposer aux humiliations, aux affronts que le cœur de D. Pèdre a peine à contenir, à renfermer... Oh ! non, non, le tien se briserait, jeune fille... Et puis, s'ils ont outragé ma royauté, il faut que la tienne reste pure et respectée, car, après l'outrage, doit venir la vengeance, et, si je ne puis l'accomplir, c'est à toi que je laisserai cet héritage... et le trône et les affronts d'un père à venger.!...

ISABELLE.
A moi, faible femme ! Et le pourrais-je, mon père ?

D. PÈDRE.
Oh! non, tu ne le pourrais pas, mon enfant, et ils te tueraient... Roi déchu, D. Pèdre le mendiant, tu te vengeras toi-même! Ricos-homes et marchands... Allons, allons, un outrage encore pour que la coupe amère que vous m'avez versée soit pleine et déborde... et que le justicier fasse grande justice en son palais désert... (Il sort avec l'urne sur l'épaule.)

SCÈNE II.
ISABELLE, GRACIOSO.

ISABELLE.
Et c'est lui que les nobles ont dépouillé et que les marchands méconnaissent ainsi... Les uns l'outragent, les autres lui refusent appui et secours. Que deviendra-t-il? ô mon Dieu!...

GRACIOSO.
Ah! oui, que deviendra-t-il?... Rends, ô mon Dieu, rends au pauvre fou sa force et sa gaîté.

ISABELLE.
Gracioso, viens, appuies-toi sur mon bras, viens, et que le sommeil répare au moins ta santé, puisqu'il n'y a pas dans ce palais de quoi te soulager... Oh! ne crains pas de t'appuyer sur moi, mon bras n'est point délicat et faible; le malheur donne du courage et de la force, et le malheur ne m'a pas manqué.

GRACIOSO.
Aussi belle que bonne... digne en tout de votre père !... Dieu vous rendra, damoiselle, ce qu'en ce moment vous donnez au pauvre Gracioso... Dieu, et moi aussi, car le bouffon ne veut pas rester en arrière : il vous rendra au centuple les soins que vous lui prodiguez ici.

ISABELLE.
Mais ne parle pas ainsi, cela te fatigue. Ah! je vais me fâcher, si tu recommences encore! Il faut se taire...

GRACIOSO, souriant.
Oui, les docteurs disent que le silence et la diète sont les meilleurs médicaments... Vous voyez que les ricos-homes nous forcent à suivre l'ordonnance. Oui, mais bientôt, peut-être, ordonnance et ricos-homes iront, par notre ordonnance à nous, à tous les diables. (Il rit et une toux violente lui donne une quinte nouvelle.)

ISABELLE.
Tu le vois bien, tu n'es pas raisonnable; l'envie de me faire rire et de dissiper mes chagrins irrite de nouveau ton mal... Allons, viens, te reposer... (Elle l'entraîne dans la pièce à droite de l'acteur.)

GRACIOSO, à part.
Je suis un bouffon à la poitrine fêlée; pas moyen d'exercer ma profession à cette heure, je ne puis tromper cette chère enfant, ni la distraire. Allons sur mon grabat... là, peut-être, force et santé me reviendront, et alors D. Pèdre et sa fille...

ISABELLE.
Gracioso!...

GRACIOSO.
Je vous suis, mais je ne veux pas lasser votre bras. Chien fidèle, je vais vous suivre en chien... (Il va pour se mettre à quatre pattes.)

ISABELLE.
Que fais-tu? Et suspends-toi plutôt à ce bras. Viens. (Ils entrent dans la chambre à coté.)

SCÈNE III.

BERUQUILLA, AMBROSIO, RANCO, ANTONIO, MARCHANDS.

A peine Gracioso et Isabelle sont partis que Beruquilla s'avance avec précaution, regarde partout, remonte le théatre et fait signe aux marchands.)

BERUQUILLA.

Entrez, entrez, n'ayez aucune crainte ; il n'y est pas, je vous le disais bien. C'est vraiment lui que nous avons vu sortir du palais une cruche sur l'épaule. (Les marchands regardent autour d'eux et semblent affligés de la misère qui règne dans le palais.)

AMBROSIO.

Vous êtes bien sûre, mère Béruquilla, que le justicier est sorti...

RANCO.

Dites donc, la vieille, s'il nous trouvait ici... nous n'aurions rien de bon à gagner, nous autres, je crois que nous ferions bien de... (Il fait le signe de décamper.)

BERUQUILLA.

Oh ! non, il est sorti pour une heure au moins, maintenant... et puis, dût-il nous trouver ici, il faut réparer notre faute, notre infamie de ce matin.

RANCO.

Oui, oui, vous avez raison, et maintenant que le brouillard est tombé... voyez donc quelle misère !...

BERUQUILLA, elle prend la peau et la montre.

Le fumier du vieux Job était plus agréable que cette peau qui lui sert de lit.

AMBROSIO.

Comment, c'est la couche royale, ça?

BERUQUILLA.

Et la fille, la bonne Isabelle, l'héritière du trône de D. Pèdre... elle n'en a pas d'autre.

AMBROSIO, RANCO.

Pauvre jeune fille... et nous pouvions alléger sa misère !

LES MARCHANDS.

Nous sommes bien coupables !

BERUQUILLA.

Oh ! oui, nous sommes bien coupables.... Et puis, vous ne savez pas tout... ce soir, à onze heures, il y a grand festin chez D. Gomez de Maurique : je vous donne en mille pour deviner en quel honneur.

RANCO.

C'est peut-être pour....

BERUQUILLA.

Non, c'est pas pour ça... allons, devinez-vous, vous autres... pourquoi ce damné D. Maurique.

TOUS.

Non, non...

BÉRUQUILLA.

Hé bien ! vous saurez (regardant autour d'elle), personne ne nous écoute (tous l'entourent et la pressent davantage), que l'affront que nous avons fait au roi ce matin est la cause de ce festin.

RANCO.

Ah ! ah !

BÉRUQUILLA.

Le grand-prieur a convié tous les ricos-homes à ce joyeux repas, où l'on doit tourner en ridicule la pauvreté de notre roi.

RANCO.

Est-ce qu'ils oseront cela... outrager la majesté de D. Pèdre ; car tout pauvre qu'il est, c'est notre roi.

BERUQUILLA.

Oui, oui ; et de plus, le grand-justicier ; qu'ils prennent garde, les ricos-homes, si la colère le prend au manteau, gare à eux, à eux qui l'ont dépouillé.

AMBROSIO, s'échauffant.

Ils lui ont volé son fief seigneurial, son patrimoine, las Béhétrias, et si D. Pèdre nous doit, ce sont les ricos-homes qui en sont cause, et c'est à eux que nous devons réclamer nos créances.

RANCO.

Nous n'avons rien à réclamer... Tu ne te souviens donc pas de ce qu'il nous a dit ce matin, au marché : je vous engage mon honneur, devant tous ici présents, que dans trois jours vous serez tous payés... Et maintenant faites-moi libre passage, car je ne suis plus votre débiteur. Jusqu'au troisième jour, heure du marché, il ne nous doit donc rien.

TOUS.

C'est juste, c'est juste.

AMBROSIO.

Et jusque-là nous n'avons rien à réclamer à personne...

BERUQUILLA.

Oui; et demain... s'il ne peut pas payer... il faudra, comme tu le disais, que les ricos-homes paient pour lui.

TOUS.

Oui, oui.

BERUQUILLA.

Et avant de sortir d'ici... voyons, une bonne action! à notre roi, faisons l'aumône.

RANCO.

Que dites-vous, la mère; payons... levons las Béhétrias que les ricos-homes lui enlèvent à notre insu... pas d'aumône au roi!... mais ce qui lui est dû, las Béhétrias!... (Tous les marchands se fouillent et donnent des maravedis, que la vieille prend et dépose sur une table toute usée, qui est près du lit.)

BERUQUILLA.

Bien, mes enfants, bien; Dieu et la Vierge vous béniront : ce que vous avez fait là est une œuvre pie et bonne, et qui vous comptera double au grand jugement. Continuez dans cette voie... et je perds mon nom de Beruquilla, si, dans la balance d'en haut, vous ne l'emportez pas en tout sur les ricos-homes!...

ANTONIO.

Retirons-nous maintenant, il ne faut pas qu'on nous voie en ce palais, le roi surtout... car sa colère éclaterait...

ISABELLE, qui les a écoutés depuis quelques instants.

Non, mes amis, non, si, comme moi, il vous avait entendus, sa colère n'éclaterait pas... mais, comme la mienne, son âme serait pleine de bonheur et de joie. Il sentirait son cœur de roi battre d'émotions semblables à celles qui m'agitent en ce moment.

ANTONIO, ému.

A genoux, vous autres!... demandons grâce, pécheurs que nous sommes, d'avoir méconnu tant de vertus, de grandeur... et jurons ici à cet ange... à notre reine, d'être à elle et à son père de biens, de cœur et de bras! (Ici tous les marchands l'entourent, baisent ses habits, et s'écrient avec enthousiasme :)

TOUS.

Oui, oui...

RANCO.

Jurons que si les ricos-homes outragent D. Pèdre, nous les outragerons, nous, et leur jetterons à la face la boue et le ridicule dont ils veulent couvrir notre roi.

TOUS.

Nous le jurons...

BERUQUILLA.

Ah! les voilà comme je les voulais... Ah! messieurs les ricos-homes, nous verrons si je ne serai pas libre de vendre mes lièvres comme je le voudrai, et à qui il me plaira. (Ici on entend des pas retentir au grand escalier du palais.) C'est lui, sans doute ; sortons.

RANCO.

Adieu... princesse... un mot, et les marchands seront là... avec leur argent, leur sang et leurs bras.

SCÈNE IV.
ISABELLE, BERUQUILLA.

BERUQUILLA, souriant.

Beruquilla, c'est toi pourtant qui as fait cette métamorphose, qui as mis toute cette joie au cœur de cette chère enfant, tout ce dévouement dans l'âme de ce peuple... c'est bien, c'est très bien... Beruquilla, ma vieille, je suis contente de toi ; je te le dis sans berguigner... mon offrande aussi.(Elle pose le caban royal à côté des maravedis des marchands.) (A Isabelle, qui a remarqué son action.) Adieu, chère enfant...

ISABELLE.

C'est à toi que nous devons le retour de ces braves gens... bonne mère.

BERUQUILLA.

J'y suis bien pour quelque chose... (les pas s'entendant de nouveau) et vite, vite, il approche, suivez-moi de ce côté. (Ils sortent par la gauche de l'acteur.)

SCÈNE V.
ISABELLE.

O mon père ! que tu vas être heureux, en apprenant... Le voilà, courons l'embrasser et lui dire... (s'écriant) Peblo !

SCÈNE VI.
ISABELLE, PEBLO.

PEBLO.

Elle !

ISABELLE.

Peblo !

PEBLO.

Vous ! ici dans le palais du roi !

ISABELLE.

Peblo ! je m'étais trompé, je le vois ! vous aviez juré de me donner une preuve de votre amour ; vous m'aviez dit : Ordonnez, j'obéirai... Je vous ai prié de vous éloigner de Tolède, et vous êtes ici !.... Je ne vous parle pas de la crainte de me déplaire ; vous ne l'avez comptée pour rien, sans doute !

PEBLO.

Que dites-vous ?

ISABELLE.

Mais je dois vous avertir du danger où vous vous êtes jeté. C'est ici la triste demeure du justicier. Si vous avez pensé que cette demeure, pour être habitée par la misère, était ouverte au premier téméraire qui voudrait y pénétrer, vous vous êtes trompé : prenez garde ! le justicier, abreuvé d'affronts, est terrible pour ceux qui franchissent sans respect le seuil de sa royale solitude ! Fuyez, Peblo ! fuyez !

PEBLO.

Non, non ; car si je suis venu, c'est qu'un devoir à remplir m'appelait ; si je suis venu, c'est que je suis dévoué au justicier ; j'allais m'éloigner de Tolède, j'allais vous obéir.

ISABELLE, à part.

Ah ! il m'aime !

PEBLO.

Reste, m'a dit le justicier, je le veux, tu pourras me servir... dites, voulez-vous encore que je parte ? voulez-vous que j'emporte le désespoir de vous avoir perdue, et le remords d'avoir méprisé les ordres de ce roi pour lequel mon père a péri, de ce roi que je plains et que chacun abandonne.

ISABELLE.

Non, Peblo, je vous relève de votre serment, servez D. Pèdre, servez-le de tout votre courage ;... il savait que vous deviez venir...

PEBLO.

Non ; mais rassurez-vous, ma présence n'éveillera pas sa colère... mais vous, que je retrouve ici... comment !

ISABELLE.

Peblo, le moment n'est pas venu de vous dire qui je suis ! Hélas ! vous vous étonnez de me voir dans ce palais... si malheureux que soit le roi de Castille, des cœurs fidèles lui sont restés... Tout à l'heure des gens du peuple, des sujets dévoués, remplissaient cette enceinte... je n'étais pas seule ici. Tout ce que j'ai à vous dire, c'est que comme vous j'accomplis un devoir, un devoir sacré !

PEBLO.

Eh bien ! je respecterai ce silence que vous voulez garder... je vous ai revue, je ne quitterai pas Tolède... que m'importe le reste ! Je suis si heureux de vous retrouver. J'ai tant souffert lorsque je vous ai cru perdue pour moi ! Oh ! vous ne savez encore combien je vous aime ! avec cet amour que vous lui avez mis au cœur, Péblo peut faire de grandes choses pour vous mériter ! Qui que vous soyez, je ne veux pas soulever d'une main curieuse le voile dont vous vous entourez... ce que je veux, ce qu'il faut à ma vie, c'est votre amour.

ISABELLE.

Je vous aime, Peblo, je vous l'ai dit au pied de la Madone, quand vous êtes venu à moi, j'ai écouté vos paroles, j'ai eu foi en vous. Les Castillanes sont peu habiles à cacher les sentiments de leur âme... mais elles ont de la fierté, Peblo... et je veux être fière de vous... je ne sais pas ce que l'avenir nous réserve... de cruelles épreuves peut-être... Quoi qu'il en soit, mettez votre cœur et votre bras au service du justicier ; servez sa cause avec honneur, et, à la face de tous, je proclamerai que je suis orgueilleuse de votre amour.

PEBLO.

Par le ciel ! D. Pèdre peut compter sur moi !

ISABELLE.

Je l'entends... il vient... Attendez encore pour vous présenter devant lui... il le faut, il le faut... (Lui désignant une porte.) Tenez, par là ! par là !

PEBLO.

J'obéis... (Il sort.)

SCÈNE VII.

DON PÈDRE, ISABELLE, puis Gracioso.

D. PÈDRE.

Rien que de l'eau, encore parce que cela ne s'achète pas. Oh ! mon cœur est ulcéré plus que jamais... et puis... ce bruit, cet éclat tumultueux que tout-à-l'heure, dans Tolède, j'ai remarqué à l'hôtel de D. Gomez de Maurique, j'ai pressentiment de quelque chose d'horrible, d'outrageant encore... Mais mon pauvre Gracioso, que va-t-il devenir... (Apercevant Isabelle.) Hé bien ! enfant, comment va-t-il à présent ?

ISABELLE.

Mieux, mon père ; il souffre moins... votre bonté est un baume précieux pour son cœur ; il est beaucoup plus calme, et moi, père, je suis plus heureuse aussi... en votre absence le bonheur a jeté un rayon dans ce palais... tenez, regardez.

D. PÈDRE.

Cet or... et qui l'a donné ?...

ISABELLE.

Les marchands, qui, honteux du mal qu'ils vous ont fait, sont venus ici, le repentir au cœur, vous apporter secours de leur escarcelle et de leurs personnes.

D. PÈDRE.

Il serait vrai !... merci, mon Dieu, cette moitié de mon peuple que tu me rends, m'a toujours été chère... tu le sais.

ISABELLE.

Et maintenant, père, qu'un doux espoir est entré dans ton cœur, que tant de maux affligent depuis si long-temps... Permets-tu... à ta fille... à ton Isabelle, de te parler un peu de son bonheur, à elle.

D. PÈDRE.

De ton bonheur, à toi, mon enfant, si bonne, si résignée dans l'infortune que je t'ai faite... parle... parle... là près de moi.

ISABELLE.

Je tremble.

D. PÈDRE.

Et pourquoi?...

ISABELLE.

C'est que j'ai un secret, un secret bien difficile à dire à un père.

D. PÈDRE.

Et si je le devinais, moi, Isabelle...

ISABELLE.

Vous m'éviteriez la peine de vous avouer que j'aime... mon père...

D. PÈDRE.

A ton âge, ce n'est point un crime, mon enfant.

ISABELLE.

N'est-ce pas, mon père, que ce n'est point un crime? Oh! vous me rassurez en me parlant ainsi, moi qui me reprochais déjà.

D. PÈDRE.

Arrête, cependant... tu pourrais être criminelle... je me suis trop hâté peut-être d'approuver ton amour... ta pauvreté d'abord t'interdit un prince royal étranger.

ISABELLE.

C'est ce que je me suis dit, mon père...

D. PÈDRE.

Et moi, moi D. Pèdre le justicier, je ne veux pas qu'Isabelle de Castille élève jusqu'à elle un rico-home... parce que le justicier ne veut pas avoir peut-être dans sa justice à punir l'époux de sa fille.

ISABELLE.

Et vous avez raison, mon père... Isabelle n'épousera jamais un de ceux qui ont dépouillé le roi de ses fiefs et héritage... Par la Vierge, il vaudrait mieux pour moi rester fille toute ma vie.

D. PÈDRE.

Bien, ma fille! bien... et moi D. Pèdre, moi, ton père, roi de Castille, grand justicier, je jure en mon palais de Tolède, à mon enfant chérie, qu'il faut un héritier à la maison des D. Pèdre, et que celui qu'Isabelle choisira pour être le père de cet héritier... celui-là, s'il n'est pas rico-home, pourvu qu'il soit pur de crimes, fût-il le dernier de mes sujets, il viendra avec ma fille s'asseoir au trône de mes pères, comme moi, roi de Castille.

ISABELLE (s'agenouillant).

Oh! merci, mon père, merci, que vous êtes bon!

D. PÈDRE.

Non, je suis heureux, en ce moment bien heureux.

ISABELLE.

Mais vous ne demandez pas son nom.

D. PÈDRE.

Et qu'ai-je besoin de le savoir? Il te plaît, tu l'aimes, que me faut-il de plus? Et puis tu me dirais peut-être un nom qui me serait inconnu... quand tu me le feras connaître... tu me diras son nom... Relève-toi, ma fille, embrasse-moi et va prendre du repos, va...
(Elle se retire lentement en regardant son père avec attendrissement.)

ISABELLE.

Bonne nuit, mon père.

D. PÈDRE.

Celle-ci doit être meilleure que bien d'autres qui l'ont précédée... mais songeons à notre pauvre Gracioso. (A Gracioso qui entre en se traînant avec peine.) Hé bien! que fais-tu là, toi?

GRACIOSO.

J'ai entendu votre voix, maître, et je suis venu près de vous... vous

m'avez rendu si heureux il y a quelques heures que le mal s'éloigne...
et déjà je suis presque bien... Ah! les ricos-homes et les marchands
n'ont qu'à bien se tenir quand je serai guéri, je serai là pour vous
venger en verve de méchanceté... et je les blesserai au vif.

D. PÈDRE.

Les ricos-homes, oui... mais pas les marchands... tiens, regarde...
ce qu'ils ont apporté ici, pendant mon absence : des maravedis, mon
caban royal.

GRACIOSO.

Comment, le lièvre ne nous aura rien coûté. Oh! les seigneurs
D. Lopez et Osorio se pendront de désespoir quand ils sauront tout
cela... et je leur dirai moi-même, et je le leur dirai avec la nargue et
le sarcasme à la bouche... je leur distillerai cela en forme de pilules
empoisonnées, qu'ils avaleront, dussent-ils faire une grimace plus
affreuse et plus laide que celle que la fièvre m'arrachait ce matin.
(D. Pèdre sourit.)

D. PÈDRE, qui a préparé pour son fou une tasse d'eau.

Oublie tes ricos-homes... ils ne valent pas le mal que tu te fais
pour eux; prends, et viens là te reposer près de moi...

GRACIOSO.

Près de vous, sire... à vos côtés... non, non, je sais trop ce que je
vous dois.

D. PÈDRE.

Tu sais alors que tu me dois obéissance... je le veux... pour être
plus à même de veiller sur toi...

GRACIOSO.

Mais...

D. PÈDRE.

Tais-toi et dors... (Moment de silence et arrivée de Peblo.)

SCÈNE VII.

LE ROI ET GRACIOSO sont couchés sur la peau de tigre et sont sur le
point de s'endormir; on entend ouvrir une porte. PEBLO.

D. PÈDRE, d'une voix tonnante, portant la main sur la garde de son épée.

Qui va là?

PEBLO.

Un ami...

D. PÈDRE se dressant sur son séant.

Un ami, c'est mensonge ou trahison; car ce palais n'a plus de
serviteur, et moi je n'ai plus d'amis... si vous venez en joyeux convive chercher fortune à la table du roi de Castille, vous ferez maigre
chère, et je vous conseille d'aller vous asseoir à côté de mes ricos-
homes, si vous aimez le vin de Xèrez et le gibier des environs de
Tolède.

PEBLO.

Je ne suis pas venu pour boire du vin de Xèrez, majesté, mais
pour vous prouver que vous pouvez encore compter sur un ami.

D. PÈDRE.

Sur un ami!... Par notre Seigneur, vous avez raison... il m'en
reste encore un, ce fidèle serviteur qui seul ne m'a pas abandonné,
et qui a travaillé de son âme et de son corps pour faire vivre son
maître... Cet esclave, acheté par mon père, et qui est maintenant le
plus riche joyau, la plus précieuse de mon héritage. Le vil
bouffon qui va peut-être mourir, et sur le sommeil de qui je veille
depuis un jour, moi, le roi. C'est une pauvre créature maltraitée de
Dieu, si laide, qu'on rit de ses difformités au lieu d'en avoir pitié;
mais si noble et grande de cœur que je vengerais ses injures comme
les miennes. (Peblo essuie une larme.) (D. Pèdre continuant.) Et qui donc
êtes-vous, pour venir me troubler dans ma solitude? c'est un crime
de lèse-majesté, entendez-vous! car si je consens à m'humilier dans
la pauvreté, je ne consens à m'humilier devant personne... personne
ne doit voir ma détresse et s'en réjouir... qui donc es-tu, toi

PEBLO.

Peblo, qui, ce matin au marché, comme à cette heure, s'agenouille devant toi, roi de Castille... car tu es grand comme pas un des rois de la terre, car tu es d'une noblesse plus fière que la leur... Tu as celle de l'âme, toi!... ils n'ont que celle de la naissance!...

D. PÈDRE.

Relève-toi... je ne t'ai pas reconnu d'abord... qui t'amène?... voyons...

PEBLO.

Majesté... à l'heure qui sonne (on entend 11 heures), il est des hommes qui vont rire de vous dans la folie et dans l'ivresse.

D. PÈDRE.

Nomme-les; et de par mon sang et mon droit, la vengeance ne se fera pas attendre.

PEBLO.

Ce sont tous les ricos-homes de Tolède, majesté.

D. PÈDRE.

Les ricos-homes! ainsi donc frappé au cœur par deux coups à la fois : jouet des marchands ce matin et des nobles ce soir! mais puisque les premiers m'ont fait crédit sur mon caban royal, les autres me feront amende honorable sur l'épée de ma justice. Que ma couronne soit de pierre ou de diamants, je ne servirai pas plus longtemps de risée à mes sujets... Peblo, puisque tu es mon ami, écoute-moi... peux-tu m'introduire au milieu des ricos-homes?

PEBLO.

C'est facile, majesté... Pour que l'insulte que l'on vous adresse soit plus forte, D. Gomez de Maurique, qui donne ce festin, a voulu que tous les vassaux, les domestiques, les pâtres de ricos-homes y fussent présents... je suis pâtre de D. Maurique, j'y serai moi, et vous y conduirai.

D. PÈDRE, amèrement.

D. Gomez de Maurique, tu as oublié trois de tes valets : le bouffon Gracioso, Isabelle de Castille et D. Pèdre le justicier... ils vont se rendre à leur poste... à l'hôtel. Peblo, tu pourras me donner tout ce qu'il me faut pour me rendre méconnaissable?

PEBLO.

Oui, sire.

D. PÈDRE.

Partons. (Il appelle.) Isabelle! Debout, Gracioso! tâche de te soutenir sur tes jambes fièvreuses, et, s'il le faut, meurs comme tu as vécu, pour ton maître!... La nuit est sombre; Peblo t'enveloppera dans son manteau, et les huées des passants ne te feront point pâlir. (A Peblo, pendant que Gracioso se soulève avec peine et qu'Isabelle arrive.) Tu vois bien cet homme, dont ils se sont tant moqué, auquel ils ont attaché, comme une chaîne d'airain, cet infernal surnom de Gracioso, hé bien! avant qu'un jour se soit écoulé, tous ces vaillants seigneurs auront pâli et tremblé devant lui, et je te réponds qu'il n'a jamais fait une aussi laide grimace que celle qu'il leur apprendra demain.

ISABELLE, montrant Peblo à son père.

C'est lui, mon père!

PEBLO.

La fille du roi!

D. PÈDRE.

Ah! ah!.... Les ricos-homes nous attendent au palais de D. Maurique, allons les servir, héritière du trône de Castille... Puis nous compterons avec eux, car il faudra qu'après le festin ils paient à leur tour les gages des valets.

FIN DU DEUXIÈME ACTE.

ACTE III.

Une grande salle gothique chez D. Gomez ; trois portes très larges au fond, une de chaque côté à l'avant-scène ; une table cintrée sur le deuxième plan. Elle est magnifiquement servie. Les valets vont et viennent pendant qu'on dresse le couvert.

SCÈNE Ire.
ORIANO, FRANÇOIS, VALETS.

ORIANO.

Eh bien ! tu as entendu, Francesco ?

FRANÇOIS.

François...

ORIANO.

Eh bien ! oui, François, dans ta langue, mais en espagnol... Francesco.

FRANÇOIS, *impatienté*.

Oui, j'ai entendu monseigneur, n'est-ce pas ?

ORIANO.

Quelle sainte colère l'agitait tout-à-l'heure, lorsque Peblo le montagnard lui a raconté que les marchands s'étaient introduits, cette nuit même, dans le palais du roi pour lui porter des secours !

FRANÇOIS.

J'étais tout stupéfait en le voyant si furieux, et je suis tout hébété maintenant que je sais que sa colère venait de ce qu'on a secouru le roi... Ah çà, dites-moi donc, vous autres, ce pays est fait tout autrement que le mien... Chez moi, en France, c'est le roi qui secourt ses sujets ; ici, il paraît que c'est le contraire : ce sont les sujets qui daignent secourir le roi... et puis chez moi, toujours en France, un Espagnol, un Italien, un Turc, viennent-ils servir quelqu'un de nos seigneurs, de nos archevêques, on lui laisse son nom ; et on ne fait pas comme ici, on ne l'estropie pas, on ne le dénaturalise pas, et, au lieu de François, on ne l'appelle pas Francesco. Il paraît que l'un des deux royaumes est à l'envers ; je ne crois pas que ce soit la France.

ORIANO.

Mon pauvre François, ne te fâche pas ; à l'avenir nous ne te ferons plus l'honneur de t'espagnoliser...

FRANÇOIS.

Je ne veux pas être Espagnol, moi ; je ne veux pas l'être.

ORIANO.

Allons, suffit. Ne te fâche pas, ces Français ont des têtes !...

FRANÇOIS.

Des têtes ! Qu'est-ce que tu dis, toi ?

ORIANO.

Rien... et ne te dirai plus rien de ma vie.

FRANÇOIS.

C'est çà qui serait drôle que tu ne me parlerais plus. C'est ce que nous verrons ; c'est ce que nous allons voir à l'instant même. Me parleras-tu (*tirant son couteau*), oui ou non ?...

ORIANO.

Non, non... (*Il tire aussi son couteau.*), tu as le sang bouillant, Francesco (*Il appuie sur le mot.*), mais moi, j'ai l'œil vif et la main sûre..... (*Les autres domestiques les séparent.*)

SCÈNE II.
LES MÊMES, UN VALET.

LE VALET, *annonçant*.

Monseigneur !

FRANÇOIS.

Je ne te tiens pas quitte, Oriano...

ORIANO.

Ni moi, Francesco.

SCÈNE III.

LES MÊMES, D. GOMEZ, PEBLO, puis LES RICOS-HOMES, LES AMBASSADEURS, D. PÈDRE, ISABELLE, déguisés, LES MARCHANDS, BERUQUILLA.

D. GOMEZ.

D'après ce que tu m'as dit, j'ai envoyé chercher de force ou de gré, les marchands qui ont secouru le roi déguenillé, ce D. Pèdre de Castille.

PEBLO

Que vous pourriez acheter, monseigneur, et à peu de frais, car il est maintenant de peu de valeur....

D. GOMEZ.

Oui, mais avant de l'acheter, lui, ce spectre royal que la faim dessèche d'heure en heure... je veux que l'ironie et l'outrage aillent le chercher sur son trône, afin qu'il rende à la noblesse les prérogatives qu'il nous doit et qu'il nous a arrachées... Avant de l'acheter, je veux acheter son caban qu'il a vendu pour dîner, ce caban précieux qui nous rassemble ici, ce caban qui peut-être sera cause de tant de joie et de peines... Peblo, merci de tes avis, les marchands vont recevoir le prix de leurs bienfaits, et la vieille va regorger le caban qu'elle s'était promis peut-être de laisser en héritage à ses enfants; mais l'or l'éblouira, et elle cédera la royale guenille. (On entend des éclats de rire.)

UN VALET.

Messeigneurs les ricos-homes...

UN AUTRE VALET.

Les ambassadeurs des cours étrangères.

D. GOMEZ.

Soyez les bien venus, messeigneurs, et vous aussi, messieurs.

OSORIO.

Salut à toi, grand prieur de Tolède, à toi, qui sais allier les fonctions religieuses avec le vin et les plaisirs.

LE MAITRE DES CÉRÉMONIES.

Tout est prêt, monseigneur. (Sur un signe de D. Maurique, tous les ricos-homes prennent place autour de la table qui est en fer à cheval.)

D. GOMEZ.

Eh bien ! Peblo, le vieillard et la jeune fille, fermiers des derniers domaines de la couronne que j'ai achetés, où sont-ils ? (Entrée de D. Pèdre et de sa fille. Ils sont déguisés.)

PEBLO.

Les voici, monseigneur.

D. GOMEZ, au roi.

Approche. Tu n'as donc pas été payé de tes gages, avec l'argent qui est résulté de la vente du domaine que j'ai acheté au mendiant D. Pèdre ? (A D. Pèdre qui a fait un mouvement au mot mendiant.) Répondras-tu, manant ? Nous ne sommes pas habitués à attendre une réponse, lorsque nous daignons questionner.

D. PÈDRE, déguisant sa voix.

Pardon, messeigneurs les ricos-homes ; c'est que votre présence me... m'intimide... Je ne suis pas habitué à parler devant des nobles, et je...

PONCE.

Ce vieillard... va-t-il nous faire des discours ? Qu'il réponde, oui j'ai été payé ou je ne l'ai pas été. (Apercevant la figure grotesque du roi.) Oh ! oh ! Mais regardez donc, messeigneurs, le singulier personnage ! Satan le père eut-il jamais une figure plus grotesque que celle-là ? Voyez donc ! Gracioso, le bouffon du roi, n'est pas aussi laid, sur mon honneur.

TOUS, riant.

C'est vrai, c'est vrai. (Mouvement terrible de Peblo qui est toujours derrière D. Gomez de Maurique.)

D. PÈDRE.

Vous me trouvez drôle? Que voulez-vous? Je n'ai pas comme vous pommade et parfumerie pour soigner, embellir ma chevelure et mon visage... mais tout vieux que je suis, vous verrez, mes gentilshommes, que je sais manier une lourde épée aussi bien que le soc de ma charrue. Vienne l'occasion, elle peut venir, messeigneurs, et vous verrez...

PONCE.

Je crois, Dieu me damne, que ce manant nous insulte ; il va nous faire de la morale et des sermons tout-à-l'heure! Arrière, et qu'il réponde. (Il se lève en colère et regarde le roi, et lui pouffant au nez.) Oh! mais regardez-le donc, il est à mourir de rire. Valets, éloignez-le donc un peu... bien, comme cela, je ne le verrai plus que de profil et je pourrai au moins boire et manger, il n'y a pas moyen de se fâcher; il est d'un plaisant...

D. PÈDRE.

Je vous amuse bien, n'est-ce pas? Je souhaite pour toi, Ponce de Léon, que cela dure long-temps.

PONCE.

Ponce de Léon, il est familier. Sur mon blason, le manant est adorable! (Il lui jette une bourse.) Tiens, tu me réjouis, bouffon... Je te paie... Voilà pour acheter pommade et odeurs... tu te parfumeras, tu en as besoin, qu'en dites-vous, ricos-homes? (Mouvement plus marqué de Peblo.)

D. PÈDRE, ramassant la bourse.

Ceci n'est qu'un faible à-compte sur ce que tu me dois, Ponce de Léon! à force de bouffonneries, j'obtiendrai le reste, je l'espère.

D. GOMEZ.

Allons, trêve à toutes ces sottises et réponds!... Mais de ta place ; ces nobles seigneurs ne t'ont-ils pas dit que ta figure les empêchait de faire honneur à mon festin? (Contrainte affreuse de D. Pèdre ; il sourit amèrement ; mouvement plus terrible de Peblo.)

D. PÈDRE.

Vous n'êtes pas généreux de m'accabler ainsi. Le Christ, votre divin maître, était pauvre et misérable comme moi... Vous êtes ses serviteurs, vous tous, messeigneurs. Mais il est vrai que quelquefois les valets sont plus riches que les maîtres... (Mouvement de D. Gomez.) C'est ce qui arrive en ce royaume de Castille : les ricos-homes ont à eux or et costelines, et Don Pèdre, le roi, serait heureux de ramasser, pour se nourrir, les miettes de votre table.

D. GOMEZ.

Décidément, je t'ordonne de te taire... Tu n'as pas reçu tes gages, n'est-ce pas?

D. PÈDRE.

C'est vrai... le roi ne m'a pas payé, et je suis las de lui faire crédit, et je veux résolument qu'il me paie ; je vais le harceler pour cela.

OSORIO.

Bien dit, cela me réconcilie avec toi... Estafier, donne-lui cela pour récompense. (Il lui envoie du pain et les restes de son assiette. D. Pèdre se rassied, reste silencieux. On entend un grand bruit : ce sont les marchands et la vieille Beruquilla qui arrivent conduits par les archers.)

D. GOMEZ.

Messeigneurs, voici la vieille qui a échangé le caban royal... (A Beruquilla.) Allons, avance, vieille!..

OSORIO.

Eh! eh! elle ressemble assez à une sorcière... Le festin de D. Gomez, prieur, est délicieux ; il y a de tout ici, des mendiants, des seigneurs et une sorcière!.. Nous sommes en bonne et sainte compagnie, monseigneur D. Gomez.

BERUQUILLA.

Que me veut-on! voyons, qu'on se dépêche... Est-ce pour assister à toutes vos orgies que vous m'avez arrachée au repos?.. Allons, que me voulez-vous?

OSORIO.

Là! là! la vieille... un peu de patience!..

D. GOMEZ.

Vieille... tu as ce caban royal que tu as échangé contre un lièvre?.. Veux-tu t'en défaire?

BERUQUILLA.

C'est pour cela que vous m'avez enlevée de ma maison?..

OSORIO, riant aux éclats.

On l'a enlevée, messeigneurs!..

BERUQUILLA, contrefaisant Osorio.

Oui, beau sire, on m'a enlevée!.. sans cela je n'aurais pas le plaisir de te voir!.. Allons... dépêchons et finissons... je ne suis pas venue ici pour regarder le blanc de vos yeux... (à D. Gomez) Vous me demandez le caban royal?..

D. GOMEZ.

Oui, et je t'en offre le prix que tu voudras... je t'assure une vie heureuse!.. Veux-tu de l'or, beaucoup d'or, parle, réponds!..

BERUQUILLA.

Mais je ne puis vous vendre ce qui ne m'appartient pas : je n'ai reçu ce caban qu'en gage... et je ne puis en disposer... cela ne serait pas bien de manquer à la foi jurée... n'est-ce pas, monseigneur D. Maurique? la religion le défend, et d'ailleurs ce n'est pas mon bien...

D. GOMEZ.

Mais on te relèvera de ton serment : donne-moi ce caban et je te donne de l'or... Tu diras à D. Pèdre, lorsqu'il te le réclamera, qu'il est en mon pouvoir...

BERUQUILLA.

Je le veux bien, monseigneur; mais il faut aller le chercher au palais du roi; car cette nuit je l'y ai déposé avec l'offrande des marchands. (Les marchands éclatent de joie en entendant la parole de la vieille.)

D. GOMEZ.

Arrière, vieille folle! (S'adressant aux marchands.) Et vous, misérables, qui avez enfreint nos ordres, sachez, drôles, puisque vous avez porté secours au roi de Castille, sachez que vous ne vendrez plus sur le marché de Tolède, et que nous ferons venir des marchands d'Aragon et de Madrid, et vos marchandises pourriront entre vos mains, entendez-vous, manants?

ANTONIO.

Eh bien, Monseigneur, si vous faites venir des marchands d'Aragon et de Madrid, nous irons, nous, vendre à Madrid et en Aragon...

RANCO.

Après, toutefois, avoir bien approvisionné le palais du roi que vous nous blâmez d'avoir secouru.

D. GOMEZ.

Taisez-vous!.. Nous avons mille moyens de nous venger et de vous punir; prenez garde à notre vengeance!

D. PÈDRE.

Celle de D. Maurique est à craindre surtout! Garez-vous de sa colère, et faites comme moi, réclamez à D. Pèdre ce qu'il vous doit. Après tout, D. Pèdre est coupable!.. De quoi s'avise-t-il, de manger ce qui ne lui appartient pas! il est déguenillé et mendiant comme moi... D. Pèdre, qui est descendu aussi bas, est méprisable, et je le méprise, moi!..

LES RICOS-HOMES.

Bien! bien!

OSORIO, ivre déjà.

Oui, D. Pèdre est un roi déchu; il souille par le contact de sa misère!..

LES AMBASSADEURS, se levant.

Messieurs!.. messieurs!..

LES RICOS-HOMES, ivres.

Eh! oui!.. oui,.. renversons-le!..

PONCE.

Il n'est plus digne de nous gouverner !... D. Pèdre le mendiant, messeigneurs !... il faut le nommer roi des gueux de toutes les Espagnes...

LES MARCHANDS.

Oh ! oh !

PEBLO.

Infâmie ! (D. Pèdre fait un mouvement.)

ISABELLE, à son père, qu'elle retient.

Contenez-vous, mon père...

D. PÈDRE, froidement.

Je suis tranquille, regarde !..

OSORIO.

Bonne idée, sur mon honneur, Ponce de Léon !..

TOUS LES RICOS-HOMES, se levant en chancelant.

Oui, oui, il faut le nommer le roi des gueux de toutes les Espagnes...

D. PÈDRE, s'efforçant de sourire.

Oui, le roi des gueux, des guenilles d'Aragon, de Grenade, de Léon, de Castille, tous ces beaux royaumes. C'est un cadeau brillant que vous lui faites-là !...

OSORIO.

Tu dis bien ! Gueux comme lui, tu vas le remplacer, puisque son sort te fait envie !... (riant.) Couronnement de D. Pèdre en effigie, ricos-homes ! Je te salue à sa place, roi des mendiants de Castille, d'Arragon, de Grenade et de Léon ! Ah ! ah ! ah ! tiens voilà ta couronne. (Il lui met sa serviette roulée sur la tête.) Tiens, voilà ton sceptre et ton manteau. (Il lui met un bâton à la main, et lui jette une guenille sur les épaules. Don Pèdre se contient avec peine et paraît agité d'un mouvement convulsif.)

D. PÈDRE.

Ah ! ah ! messeigneurs, c'est encore plus amusant que tout-à-l'heure, n'est-ce pas ? voilà l'homme, le roi couronné d'épines !...

D. GOMEZ.

Ah ! non, non, blasphème !... Cet homme a quelque chose de Satan se révoltant contre Dieu ?

OSORIO.

Sur mon blason, je l'aime comme cela ; il est beau, d'honneur !... Voyez-vous ricos-homes !...

SCÈNE IV.

LES MÊMES, GRACIOSO.

GRACIOSO s'élançant sur un siége vacant depuis le commencement du festin. Il s'est glissé au travers des valets qui ne l'ont point aperçu.

Pas autant que moi !...

LES RICOS-HOMES, se levant à sa vue avec horreur.

Gracioso !...

D. GOMEZ.

Nous sommes trahis, le bouffon du roi !...

GRACIOSO.

Allons, allons, messeigneurs, remettez-vous ! Vous êtes trahis, dites-vous ?... Oh ! vous me prenez pour un autre, pour un espion du palais ; vous me faites injure !... Moi espion ! jamais !... Au palais de D. Pèdre, on meurt de faim, de soif !... Cette nuit, il n'y avait pas une goutte d'eau... La vertu, la fidélité la plus austère ne tiendrait pas à cela. Pas d'eau dans le palais du roi !... ça fait pitié, sur mon blason ;.. j'oubliais que Gracioso n'en a pas... Pardon, ricos-homes, de la méprise !... Enfin, je m'ennuyais dans le palais de D. Pèdre, le plus gueux de tous les hommes de la Castille !... C'est fatigant de se sacrifler ainsi toujours et en tous temps, et de ne pas avoir au moins de quoi contenter sa faim, sa soif!... La fidélité, c'est bon; mais ça ne donne pas à boire et à manger!... et je viens ici, messeigneurs me mettre aux enchères. Voyons : qui me veut, qui désire à son service Gracioso et ses gentillesses ? Le roi D. Pèdre est gueux et je l'abandonne, moi, c'est trop juste, n'est-ce pas messeigneurs.

OSORIO.
Parbleu, si c'est juste... Je t'achète, moi.

GRACIOSO.
Et avec quoi me paieras-tu, toi? Tu serais encore plus gueux que le roi de Castille, si tes nobles amis ne te donnaient de quoi suffire à tes folles dépenses et à tes sales débauches!...

OSORIO, complètement ivre.
Oh! tu m'as insulté ce matin, fou royal, et tu veux encore m'outrager ce soir? Prends garde, mon épée est ici à mon côté.

GRACIOSO, à Osorio qui ne peut dégaîner.
A ton côté, c'est comme si elle n'y était pas, ta main ne peut la dégaîner... Comme ce matin, je dégaîne plus facilement ma dague. Tiens, regarde, fou d'ivrognerie. (Il fait briller la lame de sa dague.)

D. GOMEZ.
Allons, Osorio, de la sagesse, de la modération!... C'est un précepte de l'Évangile.(Ici quelques ricos-homes entourent Osorio et le calment.) Et toi, Gracioso, voyons quel est le prix que tu t'estimes ?

GRACIOSO.
Mon prix, mon prix... Ah! c'est que je suis un vrai morceau de roi (Tous les ricos-homes rient). Un verre de Xerez, d'abord, pour achever de me guérir!... Un verre à ce brave homme, je veux trinquer avec lui... il a une bonne figure... presque aussi laid que moi... c'est délicieux... Je lui dois bien un verre de Xerez pour le service qu'il me rend; sans lui je serais la plus hideuse créature de la Castille. (Les ricos-homes rient.) (A un valet.) Allons, obéis. (Il trinque avec D. Pèdre) Ce vin n'est pas mauvais, qu'en dis-tu, maître ?... Il réchauffe l'estomac du pauvre Gracioso malade et le tien aussi... il me paraît dans un état aussi délabré que celui du bouffon royal (Il boit). Diable ! comme il m'anime, ce vin!... Mon prix, messeigneurs, vous me demandez mon prix!... Le diable m'emporte si je le sais ; non, vraiment, j'ignore ce que je vaux. Allez demander au roi votre maître et le mien; allez lui demander ce qu'il m'apprécie, ricos-homes !...

D. GOMEZ.
Ah çà! est-ce pour nous insulter que tu es venu ici, Gracioso ? (S'adressant à tous les marchands, à la vieille.) Vous autres, sommes-nous ici pour jouer une comédie?

PEBLO, derrière D. Gomez.
Elle est jouée, monseigneur, la comédie. Maintenant, écoutez tous! (Il plante sa dague au milieu de la table.) Moi, Peblo le montagnard, Peblo, fils de Marco, mort pour don Pèdre de Castille, sur cette dague, je jure que tous les ricos-homes, ici présents, sont lâches, infâmes et félons... qu'ils ont menti, blasphémé !... Car le roi D. Pèdre est juste et grand comme pas un ; car, dans son âme, il a renfermé tout ressentiment, il a séché toute haine, pour ne pas commettre une injustice. Il attendait le jour où votre folie mettrait en ses mains la vengeance. Eh bien! avant qu'il ne vous demande compte de toutes les infamies dont vous l'avez couvert, moi, moi Peblo le montagnard, le chevrier, comme vous m'appelez tous, je défie le plus brave d'entre vous. (Il saisit au collet Osorio, et le soulève de son siége).. Toi, toi, par exemple, D. Osorio, toi, le plus insolent de tous ! Allons, me répondras-tu? (Voyant Osorio tellement ivre qu'il ne peut lui répondre, il le rejette avec force sur son siége.) Mais on ne peut se battre avec cet homme... il est ivre-mort, et c'est là ce que vous avez fait noble, ô mon Dieu !

D. GOMEZ.
Et qui donc a donné à boire à cet homme ? Il est ivre, sur mon honneur ; défier des ricos-homes !... un chevrier ! Oh ! c'est de la folie

ou de l'ivresse... Tous ces nobles ne peuvent relever le défi que d'un noble comme eux !...

PEBLO.

Eh bien ! je suis noble aussi, moi ! Je suis maintenant Peblo le montagnard, mais mon père, vous le savez tous, mon père s'appelait Marco ; et mon père, comme moi, avait substitué ce nom au vrai nom de nos ancêtres ; car, pour vivre en Castille et dans toutes les Espagnes, il a fallu à notre famille, cacher son nom, comme un voleur cache le joyau qu'il a volé !... Ma noblesse est plus grande que la vôtre, lâches Castillans, je suis le dernier rejeton des Boabdils, rois de Grenade, de Castille et d'Aragon. Oh ! regardez-moi bien, vous ne me ferez pas peur, lâches !... lâches !... Cinquante contre un !... Ce sont les cinquante qui pâlissent.

LES RICOS-HOMES, portent la main à leurs épées).

A mort, l'insolent, à mort !

PEBLO.

Pour me donner la mort, il faudrait ne pas chanceler sur vos jambes, et que votre main pût saisir la dague ou le poignard !.. Allons, lâches et impuissants à venger un affront !... Belle noblesse ! sur mon honneur.

D. GOMEZ, aux valets.

Qu'on entraîne cet homme, il est en démence. Peblo, tu n'as plus ta raison, retire-toi.

D. PÈDRE.

C'est toi, D. Gomez qui n'as plus la tienne !.. elle t'a abandonné au commencement du festin (prenant la main de Peblo). Ils nient ta noblesse et moi j'y crois. A ta royauté morte, éteinte, j'associe ma royauté mendiante mais forte encore.(Il arrache ce qui le rendait méconnaissable): Me reconnaissez-vous ? moi, mes ricos-homes !.. je suis D. Pèdre de Castille ! (il plante son épée à côté de la dague de Peblo.) Et voilà l'épée du justicier !.. vous la reconnaissez aussi , n'est-ce pas ?...

LES RICOS-HOMES.

D. Pèdre!!!

D. GOMEZ.

Nous sommes perdus !..

D. PÈDRE.

Allons, levez la tête et regardez-moi en face !.. regardez, mon visage est encore couvert des injures, des crachats que vous lui avez jetés !... il faudra le laver, mes seigneurs.... je le lave moi avec du sang... Maintenant, D. Gomez de Maurique, tu me paieras mes gages !... j'ai bien fait mon service... qu'en dis-tu ?

LE RIDEAU TOMBE.

ACTE IV.

Au palais de D. Pèdre ; la salle de justice à droite du spectateur ; un trône ; derrière ce trône une large tapisserie bleue ; fauteuils.

SCÈNE Ire

GRACIOSO, ISABELLE.

GRACIOSO, conduisant Isabelle.

Entrez, entrez, damoiselle... c'est par ici que le roi m'a ordonné de vous amener...

ISABELLE.

Par la salle de justice ?

GRACIOSO.

Oui, (désignant une porte) c'est là qu'il vous attend !

ISABELLE, regardant autour d'elle.

Chaque fois que je traverse cette salle, Gracioso, mille souvenirs s'éveillent dans ma mémoire... Encore enfant, j'assistais déjà, dans les bras de ma mère, que j'ai connue à peine, aux jugements du justicier... Que d'événements se sont passés ici, Gracioso !

GRACIOSO.

Certainement, et j'y ai vu plus d'un seigneur, et des plus huppés, qui auraient volontiers changé leur blason contre ma marotte de fou ! il ne fait pas toujours bon avoir des comptes à régler par ici. (On entend un roulement de tambour dans le lointain.)

ISABELLE.

Qu'est-ce donc, Gracioso ?

GRACIOSO, se frottant les mains.

Ah ! ah ! une proclamation royale dont le roi va sans doute vous entretenir !

ISABELLE.

M'entretenir...

GRACIOSO.

Oui, oui, allez, curieuse ; allez-là et vous saurez tout.

ISABELLE.

Tu crois !...

GRACIOSO.

Mais c'est que ça vous regarde un peu ce secret.

ISABELLE.

Un secret.... Oh ! j'y vais, j'y vais. (Isabelle sort par une porte latérale.)

SCÈNE II.

GRACIOSO, seul. Il regarde un instant au dehors par une fenêtre.

Voilà le crieur public qui se poste à un autre coin de la place... Que de monde ! des marchands, des soldats, des moines, des montagnards et des ricos-homes qui font de grands gestes en regardant le palais !.. Il paraît que ça produit de l'effet... Oui, oui, c'est cela... gesticulez, pérorez, nous verrons comment tout cela tournera...

SCÈNE III.
LE ROI, GRACIOSO.

LE ROI, entrant.

Ils viendront, j'en suis sûr.

GRACIOSO.

Parbleu, s'ils viendront... le morceau est assez friand pour les allécher... Sans le moyen que j'ai trouvé, n'en déplaise à Votre Majesté, je ne sais pas trop s'ils seraient venus après votre sortie d'hier; comme ils étaient pâles, quelle belle peur vous leur avez faite !

LE ROI.

Gracioso, ils seraient venus quand même, ils sont tellement présomptueux et aveugles... ma misère est pour eux l'agonie de ma puissance... Ils viendront, Gracioso.

GRACIOSO.

Je le crois ! je le crois maintenant. (Dix heures sonnent.) Seigneur, il est l'heure.... tout est prêt.... vos ricos homes peuvent venir.

D. PÈDRE.

C'est bien...

GRACIOSO.

Par mon ancienne marotte de fou dont les grelots sont rouillés, je crois que nous allons faire de la belle besogne aujourd'hui !.. eh ! eh !... Sire, je sais une vieille histoire que m'a contée mon grand-père, lequel la tenait de son trisaïeul, lequel l'avait apprise de Mathusalem, peut-être. « L'ennemi mortel d'un puissant seigneur eut « l'envie d'aller lui faire visite, tout comme un lièvre étourdi qui « irait narguer chez lui un redoutable lévrier.... que penses-tu de « notre homme, dit le seigneur à son Gracioso ? Je pense que c'est « un fou !... et s'il s'en retourne sans encontre. alors, monseigneur, « c'est à vous que je passerai très humblement ma marotte ! c'est de « l'histoire ancienne, sire ! »

D. PÈDRE.

Et c'est ici la salle de justice, Gracioso !... Quoi qu'il en soit, l'apologue est d'une application facile... (A part et regardant autour de lui.) Tel qu'aux jours de mon opulence! Oh! rien n'est changé!.. sanctuaire du justicier, où la misère n'a pas porté sa main flétrissante et dévastatrice! je suis fier de l'avoir gardé ainsi! plutôt que de le dépouiller, j'aurais approché la torche de ses vieilles tentures où s'agitait jadis l'ombre de mes vénérables aïeux. (On frappe trois coups à la porte, Gracioso l'ouvre, les ricos-homes paraissent groupés dans la galerie.)

SCÈNE IV.
LES MÊMES, D. GOMEZ, D. PONCE DE LÉON, D. OSORIO, RICOS-HOMES.

GRACIOSO.
Vous pouvez entrer, messeigneurs, le roi le veut bien : (Il va se placer à côté du roi, D. Gomez entre le premier, les autres le suivent, chacun d'eux s'incline en passant devant le roi qui reste assis ; Gracioso à part et comptant sur ses doigts.) Un, deux, trois, quatre!.. (Ici il compte tout bas.) Onze et douze! (Bas au roi.) Le compte y est, sire!.. pas un n'y manque!.. (A part.) comme ils me regardent gentiment!.. Soyez tranquilles! je ne resterai pas seul avec vous! quand vous voudrez causer avec moi un instant, j'aurai soin d'être bien accompagné!... (Le roi après avoir vu entrer le dernier des ricos-homes se lève lentement, les regarde et ferme à la clef la porte du fond. Les ricos-homes s'interrogent d'un regard inquiet et semblent stupéfaits; D. Pèdre passe devant eux, s'avance lentement et avec dignité et va s'asseoir sur son trône.)

OSORIO (bas à Ponce de Léon).
Que signifie!... par le diable! avec quel soin il a fermé la porte!

PONCE.
Un caprice royal!.. ou bien peut-être a-t-il quelque énorme sermon à débiter, et il craint que l'ennui ne nous fasse prendre la fuite!..

D. PÈDRE.
Messeigneurs! je vous ai mandés en mon palais, pour assister au lit de justice!.. Je n'ai pas voulu qu'un seul d'entre vous manquât à la place où l'appelait son titre et ses dignités!..

D. GOMEZ.
Sire, nous attendons....

D. PÈDRE.
Patience, D. Gomez de Maurique, ceci est une séance extraordinaire, nous avons, non pas à débattre de grandes choses, car elles sont résolues dans ma royale volonté, mais à sanctionner des actes qui peut-être imprimeront à cette journée un caractère mémorable. Or, je veux à ce qui va se passer des témoins qui puissent en porter la nouvelle par delà des frontières de la Castille!... (Il fait un signe à Gracioso qui ouvre une porte en face du trône.)

GRACIOSO.
Entrez, messieurs les ambassadeurs de France, d'Angleterre, de Murcie, de Léon et de Grenade! (Entrent les ambassadeurs, le roi se lève, les salue et se rassied.)

SCÈNE IV.
S MÊMES, LES AMBASSADEURS DE FRANCE, D'ANGLETERRE, DE MURCIE, DE LÉON ET DE GRENADE.

D. PÈDRE.
Messieurs, prenez place, et vous aussi ricos-homes!.. (Tous s'asseyent.—Aux ambassadeurs.) Ambassadeurs des rois mes frères, je vous ai appelés à une réunion plus grave que le festin auquel vous étiez conviés hier!..après les plaisirs sont venues les affaires, les questions d'état! je vous prends pour témoins de ma conduite... Si le justicier manque aux saintes lois de l'honneur et de l'équité, vous pourrez me jeter le gant au nom de vos souverains, et j'accepterai la guerre!.. Ricos-homes!.. hier la princesse Isabelle a atteint l'âge où les ordonnances de Castille veulent qu'un époux lui soit donné.... (Mouvement

de surprise.) Ah! vous étiez trop occupés ailleurs pour y prendre garde! aujourd'hui ma fille recevra un époux de ma main... D. Gomez vous connaissez nos lois, que disent-elles à cet égard?

D. GOMEZ.

Sire, nos coutumes commandent que l'héritière du trône s'allie à un enfant de la Castille!...

D. PÈDRE.

Oui!...

D. GOMEZ.

Aucun étranger ne peut prétendre à cette union!

D. PÈDRE.

Cela est vrai! Ensuite... (D. Gomez, après avoir hésité.)

D. GOMEZ.

Les ricos-homes, pairs de Tolède, ont le droit de se mettre sur les rangs... Quelques-uns d'entre nous sont exclus, ou par leurs liens ecclésiastiques ou par les liens du mariage; les autres peuvent s'avancer, et ils s'appuient sur une antique noblesse, sur des richesses opulentes, sur une illustration de famille qui leur permettent de poser le pied sur les degrés du trône!...

D. PÈDRE.

Et moi, j'ai le droit de choisir et de rejeter!... Allons, messeigneurs, qui parlera?

PONCE.

Moi, Ponce de Léon!...

UN RICO-HOME.

Moi, Fernand d'Aranda!

UN AUTRE.

Moi, de Castelnuovo!

UN AUTRE.

Moi, Joseph d'Orneguy!

D. PÈDRE.

C'est bien, messieurs! En vérité, cet empressement est flatteur!... Quoi!... des ricos-homes, dont la fortune est immense, se disputant la main de la jeune fille qu'hier encore vous avez pu voir traversant Tolède sous les vêtements de la pauvreté; ceci nous prouve que la royauté n'est pas tombée si bas!... Mais qui sait, messieurs?.. vous avez été peu assidus au palais depuis quelque temps... Isabelle de Castille a été peu accoutumée à vous voir, car vos visites ont été bien rares!... Messieurs, ma fille sait à peine votre nom, peut-être!... Quoi qu'il en soit, la question est grave, pour elle surtout!... Je me suis promis de lui laisser une entière liberté... elle va venir, elle parlera!... Si elle a fait un choix, il sera respecté, car je l'ai juré, pourvu que le Castillan qui serait porté par ce mariage sur le chemin du trône, soit noble de cœur, pourvu qu'à ma dernière heure, je puisse remettre avec confiance entre ses mains cette épée, transmise par mes pères, et le sceptre qui signifie justice et puissance!...

(Il fait un signe à Gracioso qui va ouvrir une porte. — Isabelle entre.)

GRACIOSO.

Isabelle, héritière du trône de Castille, debout, messeigneurs! (Isabelle va s'asseoir à côté de son père sur un siége moins élevé que le trône.)

SCÈNE VI.
LES MÊMES, ISABELLE.

D. PÈDRE.

Ma fille, devant moi, le roi, en présence des ambassadeurs et des ricos-homes, pairs de Tolède, la main sur les saints Évangiles, vous allez jurer de me répondre sans détours et de dire la vérité!

ISABELLE (se levant et posant la main sur l'Evangile).

Je le jure, sire!...

D. PÈDRE.

Isabelle de Castille, aujourd'hui, ainsi l'ordonne la loi, un époux vous sera désigné; quatre ricos-homes prétendent à votre main..... Ce sont les nobles seigneurs Ponce de Léon, d'Aranda, Castelnuovo

et d'Orneguy.... En est-il un que vous acceptiez de votre plein gré?
ISABELLE, après avoir hésité.
Non, sire!...
GRACIOSO, à part.
J'en étais bien sûr, ma foi!...
D. PÈDRE.
Isabelle, les filles des rois ont à remplir des devoirs qui souvent leur commandent d'imposer silence aux affections les plus vives!... Mais le justicier a fait serment de ne pas vous contraindre, si votre cœur s'était donné à un Castillan digne de monter au trône!... Ce que je pourrais vous demander dans un entretien paternel, je vous le demande comme souverain!... Isabelle, y a-t-il un homme que vous aimiez?
ISABELLE, troublée.
Sire!...
D. PÈDRE.
Répondez...
ISABELLE.
Eh bien!... oui, sire!...
D. PÈDRE.
Son nom?... (Isabelle hésite). Son nom!
ISABELLE, timidement.
Peblo... Peblo, le montagnard.
D. PÈDRE.
Eh bien! Messieurs, lorsque j'interrogeais ma fille à la face de tous, je savais bien que je n'aurais pas à rougir de sa réponse!... Par le ciel! ce nom n'a pas excité ma colère, pourquoi l'avez-vous entendu avec surprise?...
PONCE, vivement.
Sire, c'est une raillerie!...
D. PÈDRE, avec force.
Regardez autour de vous, comte de Léon; ceci est la salle de justice où tout ce qui se dit est grave, tout ce qui se décide est un arrêt!... Je vous déclare à tous que, dès à présent, Peblo le montagnard est appelé au trône par le choix de ma fille et par ma volonté!.. Je lui confie le bonheur d'Isabelle et les destinées futures de la Castille!... (Aux ambassadeurs.) Messieurs, Peblo s'est fait le champion d'un roi abandonné de tous!... Le dévoûment au malheur est rare, vous le savez; donc, aux vertus peu communes, de hautes récompenses!... Beaucoup de princes ne se souviennent que de leurs ennemis; le justicier n'oublie pas ceux qui l'aiment!...
PONCE.
Sire! ce serait une mésalliance à faire rougir votre noblesse.
D. PÈDRE,
avec violence, et frappant sur la table qui est devant lui.
Malheureux!... Je croyais que les fumées de votre orgie s'étaient enfin dissipées!... Vous ne l'avez donc pas entendu hier?... Il est plus noble que vous tous!... Fût-il issu du dernier paysan de mon royaume, je lui sais le cœur assez haut placé pour l'élever jusqu'à ma fille; le premier de nos aïeux qui fut ennobli, dut peut-être cette faveur au hasard.
PONCE.
Nous serons libres du moins de ne pas sanctionner de notre présence...
D. PÈDRE.
Vous êtes pairs de Tolède, et votre place est auprès de la royale fiancée!... et vous y serez!... Et vous, don Gomez, vous occuperez votre siége dans la cathédrale de Tolède.
D. GOMEZ.
Sire!...
D. PÈDRE.
Vous obéirez, car je le veux!...
D. GOMEZ.
Sire, vous n'aurez pas besoin de m'y contraindre (fièrement), car le montagnard n'y sera pas...

D. PÈDRE.

Que dites-vous ?

ISABELLE.

Grand Dieu !

D. GOMEZ.

Le montagnard n'y sera pas. Cet homme m'appartenait comme serf et vassal... Vous avez eu foi en ses paroles, je le tiens pour imposteur, moi. Il est enfermé dans le ressort de ma juridiction, livré à mes gens et condamné en cas de tentative.

D. PÈDRE, avec une colère concentrée.

Ah ! (aux ambassadeurs) Vous le voyez, messieurs, le roi de Castille est vivement pressé dans les limites de sa puissance.

D. GOMEZ.

Sire, en entrant au palais, je me suis armé de prudence, car il y a guerre entre nous ! le montagnard est notre ôtage... Lorsque midi sonnera, je dois avoir franchi les portes du grand-prieuré... sinon...

D. PÈDRE.

J'entends.

ISABELLE, bas à D. Pèdre.

Mon père ! ne le sauverez-vous pas !

D. PÈDRE, bas.

Je ferai justice, ma fille !... (haut) Vous vous êtes dit, D. Maurique : Le roi respectera le grand-prieuré comme rempart ecclésiastique !... Le justicier a juré qu'une fois entré dans cette salle, il n'en sortirait jamais que lorsque justice serait rendue... quand même au dehors ses affections les plus chères seraient en péril ! C'est bien, votre ôtage est précieux, messieurs, car c'est mon fils que vous tenez !... Advienne que pourra !... (se levant) Justice d'abord !... Qu'on ouvre cette porte au peuple !...

ISABELLE, bas.

Mon père !... mon père !.. (D. Pèdre lui parle bas ; Isabelle fait un mouvement d'espoir. Gracioso ouvre la porte ; entrent les marchands et des gens du peuple ; Beruquilla.)

SCÈNE VII.

Les mêmes, BERUQUILLA, marchands, gens du peuple.

Le roi s'assied quand les nouveaux personnages sont entrés, tous les autres restent debout ; un long silence.

BERUQUILLA, bas à Gracioso.

Dites donc, maître Gracioso ; après ce qui s'est passé hier, je n'aurais pas cru qu'on aurait l'air si tranquille par ici !...

GRACIOSO.

Chut ! Il n'est pas dit pour cela qu'on finira par s'embrasser. (Don Pèdre fait signe à Gracioso qui s'approche de lui et à qui il parle bas.)

GRACIOSO.

Oui, sire (Il sort).

SCÈNE VIII.

Les mêmes, moins GRACIOSO.

D. PÈDRE.

Au nom du Christ, en présence des ambassadeurs et du peuple de ma capitale, je me fais juge souverain ! Don Osorio, que dit la loi contre le meurtrier ?

OSORIO.

La mort !...

D. PÈDRE.

D'Orneguy, quel châtiment pour le faussaire ?

D'ORNEGUY.

Bannissement et confiscation.

D. PÈDRE, aux ambassadeurs.

Messieurs, quelle est la peine affectée au crime de lèse-majesté ?

LES AMBASSADEURS.

La mort.

D. PÈDRE, se levant..

Ce n'est pas moi qui ai dicté la sentence, mais c'est moi qui vais l'appliquer !... Peuple de Tolède, le jour est venu pour le justicier ! Le mendiant royal qui passait par les rues, courbé sous sa misère et poursuivi par l'insulte se redresse de toute sa hauteur !... Assez long-temps il a attendu que la balance de sa justice fût remplie des iniquités de ses ennemis !... Plus d'une fois il s'est senti au cœur une tentation furieuse de les écraser ; plus d'une fois il a failli faire suspendre leurs cadavres aux créneaux de leurs palais, et crier dans Tolède : Périssent ainsi tous ceux qui insultent à la majesté du trône !... Mais Don Pèdre s'est souvenu du titre que vous lui aviez donné. Le justicier ne frappe que la loi à la main ! Il a bu jusqu'à la lie sa coupe d'amertume !... Il a souffert plus que le dernier d'entre vous ! Il a pleuré sur sa fille, pauvre enfant qui souvent manquait de pain dans le palais de ses aïeux, et qui s'animait d'un courage sublime. Ah ! ma tâche était rude, et, pour atteindre le but, je gravissais un sentier bien pénible ! Comme le Christ, je portais une croix, mais nul ne me soutenait dans ma marche à travers le calvaire !...

LES GENS DU PEUPLE, à voix basse et avec émotion.

Gloire au justicier ! Gloire au justicier !

UN HOMME DU PEUPLE, tombant à genoux.

Seigneur, seigneur, pardonnez-nous !

D. PÈDRE.

Hier, vous le savez, la mesure a été comblée ; Dieu rend aveugles et jette dans la démence ceux qu'il veut perdre ! La majesté royale a été traînée dans la fange d'une orgie et la révolte s'est levée. Or, j'étais là, comptant les têtes dévouées à ma justice. Les ricos-homes que j'ai convoqués, je vais leur dire leurs méfaits : Don Gomez de Maurique, coupable du crime de lèse-majesté au premier chef ; les autres, coupables de ne l'avoir pas enseveli sous les ruines de son palais pour les avoir excités à la trahison. D. Ponce de Léon, D. Osorio, accusés de meurtre dans les rues de Tolède, par ces deux prêtres mêlés parmi vous, et qu'ils n'oseront taxer de mensonge ; et tous convaincus d'avoir, par la fraude et l'usure, dépouillé la couronne de ses domaines, comme il est prouvé par ces actes revêtus de leurs signatures et déposés entre mes mains par leur complice D. Lopez, dernièrement exécuté, et maintenant je leur applique la loi dont tout-à-l'heure on citait les paroles !.. Ambassadeurs, peuple de Tolède, est-ce justice ?

LES AMBASSADEURS ET LE PEUPLE.

Oui !.. oui !..

D. PÈDRE, descendant du trône, des papiers à la main. Aux ambassadeurs.

Messieurs, voici les preuves de spoliation laissées par D. Lopez. (Aux ricos-homes en mettant un autre papier sur une table.) A la place de cet acte d'infamie, un acte réparateur ! Renoncez aux biens acquis par la fraude, et signez !

LES RICOS-HOMES.

Jamais !...

D. PÈDRE.

Signez, vous dis-je !.. ce que je veux est une inspiration d'équité !.. je puis faire tomber votre tête, vous le savez, et, morts sur l'échafaud, tous vos biens appartiennent au trésor royal, rendez-moi ce que vous m'avez pris.

D. GOMEZ.

Roi de Castille, nous n'obéirons pas !

PONCE, tirant son épée.

Non ! et pour t'échapper, nous allons nous faire passage avec notre épée !

D. PÈDRE.

Par où sortirez-vous, mes seigneurs. Je savais qu'il fallait appuyer la justice par la force ! (Il écarte une large draperie : des montagnards paraissent immobiles, le glaive à la main ; à leur tête, et un pied sur le théâtre, paraît Gracioso une hache à la main et habillé en bourreau.) Et maintenant, voyez ces montagnards venus de la Sierra pour me servir, voyez ce bouffon qui va répondre par la hache aux insultes dont vous l'avez abreuvé!.. Préparez-vous et obéissez, si vous voulez qu'à vos derniers moments je vous donne un prêtre pour entendre vos paroles de repentir. (Les ricos-homes signent.)

D. GOMEZ.

Maintenant, messieurs, marchons, et que le justicier n'ait pas l'orgueil de nous avoir vus suppliants à ses pieds! Roi de Castille! du haut d'une galère pontificale le légat du pape te jetera bientôt l'excommunication!

D. PÈDRE.

Je lancerai mon cheval si avant dans le fleuve, que j'atteindrai le messager de malheur... D. GOMEZ.

Mais ton ôtage, mais Peblo le montagnard!

D. PÈDRE.

Justice est rendue, et je cours le délivrer. (Midi sonne.)

D. GOMEZ.

Il est trop tard?...

ISABELLE.

Mon Dieu! mon Dieu!...

D. PÈDRE.

Malédiction!.. Ma fille, ma fille!.. espère encore. (Rumeur au dehors.)

D. GOMEZ.

Ma justice a été plus prompte que la tienne!... Le montagnard m'a devancé.

PEBLO, traversant la foule et apparaissant, les vêtemens en désordre, des chaînes brisées dans ses mains.

Vous vous trompez, don Gomez de Maurique!

SCÈNE IX.

LES MÊMES, PEBLO.
LES RICOS-HOMES.

Se pourrait-il!...

PEBLO,
Jetant les chaînes aux pieds de don Maurique.

Tes esclaves voulaient t'obéir, mais j'ai brisé mes chaînes, c'est avec cette arme que j'ai ouvert un passage et jeté plus d'un cadavre sur les degrés de ton palais!... Ces montagnards m'ont aidé de leurs bras, tandis que leurs frères rassemblés par moi, leur chef, prêtaient main-forte au justicier.

ISABELLE.

Peblo!...

D. PÈDRE.

Mon fils, (remontant sur le trône) à ma droite!... car ma fille est à toi.

PEBLO, tombant à genoux.

Sire!...

D. PÈDRE.

Enfant des rois, remonte au trône où je t'appelle!... (D'un geste il fait un signe aux ricos-homes de partir.)

ISABELLE, se jetant à ses pieds.

Pitié, mon père. Pitié! Laissez tomber le pardon sur leurs têtes coupables...

D. PÈDRE.

Justice, ma fille!

(Sur un geste du roi, Peblo se met à la tête des montagnards, et Gracioso, la hache à la main, se place entre don Gomez et Osorio; moment d'approbation parmi le peuple.)

LE PEUPLE.

Gloire au justicier!

FIN.

IMPRIMERIE DE G. LACUIONIE ET Cᵉ, RUE CHRISTINE, N° 2.

MONSIEUR JOUVENOT,

ou

LES CARTES DE VISITE,

COMÉDIE-VAUDEVILLE EN UN ACTE.

Par M. Eugène NYON.

Représentée pour la première fois, à Paris, sur le théâtre de la Gaîté, le 31 décembre 1837.

PERSONNAGES.	ACTEURS.
M. BLONDEAU.	MM. BARET.
ADRIEN JOUVENOT.	RAYMOND.
OSCAR DUSSERT.	GUSTAVE.
UN MONSIEUR.	CAMIADE.
UN DOMESTIQUE.	FONBONNE.
Mme BLONDEAU (Amanda).	Mmes CHÉZA.
AMÉLIE BLONDEAU.	JENNY.
FLORE, Modiste.	LÉONTINE.
ROSALIE.	VALMY.

La scène est à Paris.

Le théâtre représente un petit salon assez élégant. Porte au fond. Portes latérales. Un guéridon sur le devant de la scène.

SCÈNE I.

BLONDEAU, AMANDA.

(Ils sont assis devant le guéridon ; ils viennent de prendre le chocolat. Blondeau lit son journal.)

AMANDA, impatientée.

M. Blondeau, quand vous plaira-t-il de me répondre ? voilà un quart-d'heure que je vous parle... oh ! quand vous êtes une fois dans votre journal, il n'y a pas moyen de tirer de vous quatre paroles.

BLONDEAU, sans quitter le journal.

Oui, Amanda, oui... je suis à toi... c'est que, vois-tu, je lis la réponse d'Achmet-Bey.

AMANDA.

Eh ! que me fait cet Achmet-Bey ! je vous parle de nos affaires... et je crois que vous pourriez vous en occuper avant de penser à celle de votre M. Achmet-Bey que je ne connais pas, et dont je me soucie fort peu... ah ! pourquoi ai-je cédé à vos importunités pour avoir un journal ?

BLONDEAU.

Mais je m'en trouve bien, car sans mon journal, qu'est-ce que je dirais toute la journée ?

AMANDA.

C'est bon... mais écoutez-moi, au moins. (Blondeau pose le journal.) Quand nous avons quitté, il y a un an, notre magasin de drogueries en gros, où nous avons fait une assez jolie fortune, Dieu merci !..

BLONDEAU.

Mais oui... assez rondelette !.. puisqu'outre cette maison que j'ai achetée rue d'Enfer, et que j'habite, nous en possédons encore quelques-unes sur le pavé de Paris...

AMANDA.

Oui, mais il ne s'agit pas de cela... quand nous nous sommes retirés, nous avons pensé à établir notre seule enfant, Amélie, qui commençait à devenir grande, et pour cela vous avez songé au fils de M. Jouvenot de Lille, un de nos plus riches commettans. L'affaire était convenue depuis long-temps entre nos deux familles, et quand il a été question de la mettre à exécution, sous le prétexte de ne pas exposer le bonheur de votre enfant, vous avez demandé un an pour connaître et juger Adrien qui devait être votre gendre... ceci était trop juste, et je ne pensai pas à m'y opposer... vous savez que je fais toutes vos volontés...

BLONDEAU.

Oui, ma bonne, certainement... quand cela te convient.

AMANDA, continuant.

Adrien est donc venu habiter ici, il était plus à portée de faire des démarches pour la place de percepteur qu'il sollicite... et puis on pouvait mieux le surveiller... c'était fort bien; mais maintenant l'année touche à sa fin, et il faut prendre un parti.

BLONDEAU.

Je ne demande pas mieux que de prendre un parti; cependant je ne te cacherai pas, Amanda, qu'Adrien ne me convient pas tout-à-fait... il me semble qu'il n'est pas assez...

AMANDA, l'interrompant.

Vous aimeriez peut-être mieux M. Oscar?..

BLONDEAU.

Oh! le ciel m'en préserve!.. il est un peu trop...

AMANDA, vivement.

Le portier m'a encore fait des plaintes, il est rentré hier dans un état... voisin de l'ivresse...

BLONDEAU.

Si j'avais su cela, quand ce pauvre Dussert, son père, m'a écrit de prendre son fils chez moi pendant le temps qu'il ferait son droit... je ne m'en serais certainement pas chargé... Ta maison est à la proximité des cours, me disait Dussert dans sa lettre, prends mon fils Oscar chez toi... sers-lui de correspondant, représente-moi auprès de lui.. je n'ai pu résister...

AMANDA.

Oui, et vous avez bien fait ce que vous demandait son père...

BLONDEAU.

Dame! je ne savais pas que ça irait si loin... j'aime assez qu'un jeune homme connaisse un peu le monde, qu'il ait fait quelques farces... il faut cela... aussi je trouve Adrien trop sage... jamais la moindre petite fredaine... oh! ce n'est pas comme moi... quand je t'ai épousée, Amanda, j'avais la réputation d'être assez mauvais sujet... et pourtant nous avons été fort heureux en ménage...

Air : Au temps heureux de la chevalerie.

Il faut toujours avant qu'on se marie,
De la jeunesse avoir passé l'ardeur,
On peut bien mieux quand on connaît la vie,
A sa compagne assurer le bonheur.

AMANDA, avec dédain.

Oui, du bonheur les chances sont solides,
Quand ces époux viennent se proposer,
Dans leur ménage, ainsi qu'aux Invalides,
Ils entrent pour se reposer.

BLONDEAU, avec intention.

Ah! Amanda, il me semble que je n'étais pas trop...

AMANDA, dédaigneusement.

Vous!.. allons, taisez-vous... voilà votre fille...

SCÈNE II.
Les Mêmes, AMÉLIE.

AMÉLIE, en entrant.

Bonjour, maman! bonjour, mon bon père!

AMANDA, après l'avoir embrassée.

Tu arrives bien, mon enfant, nous nous occupions de toi...

BLONDEAU, avec malice.

Oui, oui... et devine de quoi il était question!.. oh! une chose qui ne te *** peut-être pas plaisir...

AMÉLIE, vivement.

Oh! bien au contraire, le mariage ne me fait pas peur...

AMANDA.

Voyez-vous ça, mademoiselle, et qui vous a dit que c'était de mariage, qu'il s'agissait?

AMÉLIE.

Personne, maman, je t'assure; mais je l'ai deviné à mon cœur... et puis à l'air de malice de mon père...

BLONDEAU.

Oh! l'espiègle! c'est tout mon portrait.

AMANDA.

Il paraît, mademoiselle, que vous pensez beaucoup au mariage...

AMÉLIE.

Dame! maman, tu y penses bien... pour moi, et puis, tu sais bien qu'il avait été demandé un an pour connaître M. Adrien.

AMANDA.

Oui, mais ce temps...

AMÉLIE, vivement.

Est passé, maman, et quinze jours avec, c'est aujourd'hui le seizième...

BLONDEAU.

Ah! ah! il paraît que tu as compté les jours...

AMÉLIE.

Dame! mon père...

Air de Téniers

Quand vous avez exigé cette année,
Vous n'aviez pas parlé des quinze jours,
L'épreuve une fois terminée,
Je me suis dit : Attendrai-je toujours?
Oh! cette attente était pour moi pénible,
Car on m'a dit et je l'ai retenu,
Que c'est une chose impossible
De réparer le temps qu'on a perdu.

BLONDEAU.

Ah! ça... c'est vrai... je me rappelle même le proverbe latin : FUGIT IRREPARABILE...

AMÉLIE.

Vous voyez donc bien...

AMANDA.

Eh bien! oui, mon enfant, nous parlions de ton mariage. M. Adrien répond à ce que nous attendions de lui... il est capable de te rendre heureuse...

AMÉLIE.

Oh! oui, maman, très capable...

AMANDA.

Mais en parlant d'Adrien, nous ne l'avons pas encore vu aujourd'hui... et j'ai des reproches à lui faire...

AMÉLIE.

Je l'ai vu, moi, maman, de ma fenêtre; je l'ai aperçu allant à la serre, visiter ses coquelicots...

BLONDEAU.

Il n'y manquerait pas un jour; décidément le coquelicot est sa passion... il a même déjà fait de fort beaux élèves... mais le voilà...

SCÈNE III.

LES MÊMES, ADRIEN.

ADRIEN, entrant, deux coquelicots à la main.

Oh! superbes!.. superbes!.. parole d'honneur... (*Apercevant les dames.*) Ah! pardon, mesdames, pardon, je ne vous voyais pas... veuillez recevoir ces fleurs champêtres que j'ai soignées de mes propres mains... et qui, je crois, me feront honneur.

AMÉLIE, d'un ton de reproche.

Il paraît, M. Adrien, que ces fleurs vous occupent bien, puisqu'elles ont chaque jour le pouvoir de vous faire oublier...

ADRIEN, vivement.

Des roses!.. oh! grand Dieu! non, grand Dieu! non...

Air de l'Ermite de Sainte-Avelle.

> Que je veille ou bien que je dorme,
> Moi, je ne sais que vous aimer;
> Pour vous, mon amour est énorme,
> Rien ne saurait plus m'enflammer;
> Mais dans cette fleur, il me semble
> Retrouver vos attraits si beaux,
> Car j'ai vu s'élever ensemble,
> Mon amour et mes coquelicots.

A Blondeau.) C'est galant, n'est-ce pas?

BLONDEAU.

Hum! un peu pastoral...

ADRIEN.

Justement... cela tient de l'idylle...

AMANDA.

M. Adrien, j'ai des reproches à vous faire...

ADRIEN.

A moi? ma belle-mère... car vous m'avez promis de vous décorer de ce nom... mais qu'ai-je fait?

AMANDA.

Pourquoi n'avons-nous pas eu le plaisir de vous voir hier de la journée... pourquoi n'avez-vous pas dîné ici?

AMÉLIE.

Oui, monsieur, répondez, car j'ai engagé maman à vous gronder bien fort, si vous ne vous excusiez pas...

ADRIEN.

Oh! que vous êtes bonne! Amélie!.. grand Dieu! que vous êtes bonne!

AMANDA.

Voyons, monsieur, qu'avez-vous fait hier?

BLONDEAU, d'un air moqueur.

Parbleu! je devine, quelque partie de jeunes gens... quelqu'excès...

ADRIEN.

Eh bien! oui, là... justement... j'ai fait un excès... de promenade... j'ai suivi vos conseils, papa Blondeau.

BLONDEAU.

Comment cela?

ADRIEN.

Il y a huit jours, vous me disiez : Adrien, pour réussir, il faut se faire connaître... et depuis ce temps, cette idée me tourmentait... avant-hier, plein de cette pensée que vous aviez plantée dans mon esprit... je me promenais en pensant aux moyens de devenir un homme connu... et la tête baissée, je suivais tout pensif le chemin de la place Saint-Michel, lorsque tout à coup un corps épais me barre le passage... c'était un mur... je lève les yeux... et... devinez ce qui frappe alors mes regards... une énorme affiche...

BLONDEAU.

Celle de...

ADRIEN.

Mieux que ça!.. ces affiches ne sont que des pygmées auprès de celle que je vois... et je lis écrit... en caractères de deux pieds... Cartes de visite à 1 fr. 25 cent le cent... c'était un avertissement du ciel... une idée sublime illumine alors mon esprit... je prends l'adresse du lithographe, et je cours chez lui... j'avais enfin trouvé le moyen de me faire connaître... j'arrive chez l'homme à 1 fr. 25 cent. le cent, et je me commande un mille de cartes de visites... total, 12 fr. 50 cent.

AMANDA.

Bon Dieu! et que vouliez-vous faire de tout cela?..

ADRIEN.

Ah! voilà... j'avais mon idée... et hier, après avoir pris ma provision, je me suis mis en course, muni de l'almanach des 25,000 adresses...

BLONDEAU, riant.

Et vous avez remis votre carte chez les gens les plus connus?..

ADRIEN.

Juste!.. même chez ceux qui ne l'étaient pas.

Air de Bonaparte à Brienne.

Chez les marchands et les banquiers,
Chez les avoués et les notaires,
Les employés, les commissaires ;
  Enfin chez tous les portiers
  Je vais remettre ma carte
  Et par ce nouveau moyen,
  Sans crainte que l'on m'écarte,
  Auprès de tous je parviens.
Ce n'est pas tout : rue de Tournon,
J' vois un noble pair qui s'approche,
Je l'attends, et, zeste ! en sa poche,
Je me glisse et laisse mon nom.
  Bien sûr que le dignitaire
  Me saura, rentrant le soir,
  Bon gré d'avoir voulu faire
  Compagnie à son mouchoir.
Puis quittant les chemins battus,
J'en jette dans un équipage,
Dans un cabriolet de louage
Et j'en laisse dans l'omnibus.
  Bientôt je ferai figure ;
  On ne peut être arrêté,
  Lorsque l'on court en voiture
  Après la célébrité !
Enfin, j'en remets en tous lieux
Et partout en usant d'adresse,
Je vais déposer mon adresse
Pour être connu... si je peux.
  La provision y passe,
  D'un mille, il ne reste rien,
  Mais je suis célèbre, grace
  A ce sublime moyen.
Quand d'autres bien loin ont cherché
Une célébrité qui les tente,
Je l'ai pour douze francs cinquante,
Trouvez-en à meilleur marché !

Enfin, à huit heures, crotté comme un barbet qui aurait perdu son maître... je suis tombé de lassitude chez un restaurateur où j'ai dîné... Voilà, chers parens, le récit véritable de ce que j'ai fait hier.

BLONDEAU.

Pauvre garçon! cela ne vous servira à rien.

ADRIEN.

Ne riez pas!.. ça me sera très utile, vous verrez... ah! j'oubliais de vous dire, avant de partir, je suis monté chez M. Oscar, dont le cousin est secrétaire du ministre... je ne l'ai pas trouvé, mais j'ai glissé sous sa porte quatre ou cinq de mes cartes... pour le forcer de penser à moi... hein? on ne dira pas que je manque d'adresse...

BLONDEAU.

Certainement... certainement...

ADRIEN.

Ainsi, vous ne m'en voulez plus?..

AMANDA.

Non... pas le moins du monde... Adrien, nous allons sortir, M. Blondeau et moi, vous nous accompagnerez, nous allons à deux pas pour quelques emplettes... je vais achever ma toilette... attendez-nous ici...

Air : Valse des comédiens.

(A Blondeau.)   Dépêchons-nous, allons sans plus attendre,
    Nous préparer à sortir à l'instant,

Vous, Adrien, nous reviendrons vous prendre ;
Attendez-nous auprès de cette enfant.
ADRIEN.
Oh! n'allez pas, madame, je vous prie,
Vous trop hâter, et revenir bientôt,
Attendre est doux, pour moi, près d'Amélie,
Et le plus tard sera toujours trop tôt.

ENSEMBLE.

Dépêchons-nous, allons sans plus attendre, etc.
ADRIEN.
Ne hâtez rien ; allez, je puis attendre,
Préparez-vous à sortir un instant
Et dans ce lieu bien tard venez me prendre,
On est si bien auprès de cette enfant !
AMÉLIE.
Dépêchez-vous, allez sans plus attendre,
Vous préparer à sortir un instant,
Pour Adrien que vous reviendrez prendre,
Il vous attend auprès de votre enfant.

SCÈNE IV.
ADRIEN, AMÉLIE.

ADRIEN.
Eh bien ! Amélie, l'année est expirée... ne mettra-t-on pas bientôt un terme à mon impatience... car, vrai !.. je me consume, je brûle à petit feu...
AMÉLIE.
M. Adrien, ma mère me disait ce matin que vous étiez capable de me rendre heureuse... est-ce vrai ?
ADRIEN.
Si c'est vrai ! oh ! Dieu ! et vous le demandez... mais je suis capable de tout, Amélie, pour vous posséder... je crois que pour jouir d'un aussi grand bonheur, je ferais... ma foi, je ne sais pas ce que je ferais... un drame en dix-sept tableaux avec deux prologues...
AMÉLIE, riant.
Je n'en demande pas tant, monsieur... il faut m'aimer, le pouvez-vous ?
ADRIEN.
Mais je ne fais que ça depuis quinze jours que j'ai le bonheur de vous connaître...
AMÉLIE.
Eh bien ! s'il en est ainsi... si ce que vous me dites est bien vrai... apprenez que mon père et ma mère parlaient ce matin de notre mariage... et autant que j'ai pu le deviner... c'est une affaire résolue.
ADRIEN.
Ah ! saprelote ! je ne m'attendais pas à une si heureuse nouvelle... j'en suis tout étourdi, j'ai des éblouissemens...
AMÉLIE.
Eh bien ! eh bien ! est-ce que vous allez vous trouver mal ?
ADRIEN.
Au contraire, au contraire... oh ! mais, j'y pense... puisque notre mariage est décidé, je puis vous offrir cet anneau que j'ai acheté depuis longtemps et que je vous destinais. (Il lui présente un anneau.)

Air : Puisque nous sommes au bal.

De vos beaux yeux, je crains trop la puissance,
Et je voudrais gagner mes ennemis ;
Ah ! recevez ce gage d'alliance,
Recevez-le...
AMÉLIE.
Je ne sais si je puis...
ADRIEN.
Pourquoi donc pas? vous le pouvez sans peine,
Puisque bientôt mon tourment va finir,
C'est le premier des anneaux de la chaîne
Qui doit tous deux nous réunir.

Oh! prenez-le... et si vous en décorez votre joli doigt... Je suis un mortel bien heureux.
AMÉLIE, prenant l'anneau.
Allons, monsieur, donnez; aussi bien je ne fais que remplir l'intention de ma famille. (Elle passe l'anneau à son doigt.)
ADRIEN, avec éclat.
Elle s'en pare! ah!..

SCENE V.
LES MÊMES, ROSALIE.
ROSALIE, accourant un gros paquet de lettres à la main.
M. Adrien! M. Adrien!.. vos lettres que le facteur vient d'apporter... Eh bien! en v'la un fameux paquet, allez!
ADRIEN.
Donnez, donnez...
ROSALIE, remet les lettres d'une main et tend l'autre.
Cinq francs soixante.
ADRIEN.
Comment?
ROSALIE.
Cinq francs soixante, que j'dis...
ADRIEN.
Pourquoi faire?
ROSALIE.
Eh bien! pardine! pour payer ces lettres... croyez-vous pas que le facteur les apporte pour rien depuis qu'il va en omnibus...
ADRIEN.
Ah! oui, c'est vrai... diable! c'est un peu cher. (Il donne de l'argent.)
ROSALIE, à Amélie.
C'est égal, mamzelle, faut que M. Adrien soit fièrement connu pour en recevoir autant que ça...
ADRIEN.
Vous croyez... (A part.) Ce sont mes cartes qui font effet...
ROSALIE.
Je m'en vas aider madame à finir sa toilette... Tiens, et le déjeuner que j'ai oublié de débarrasser... (Elle sort après avoir débarrassé le guéridon.)

SCENE VI.
ADRIEN, AMÉLIE.
AMÉLIE.
Comment se fait-il que vous receviez tant de lettres, aujourd'hui, M. Adrien?..
ADRIEN.
Je ne sais... peut-être est-ce l'effet des cartes que j'ai distribuées hier... je suis peut-être déjà très connu... vous permettez, belle Amélie...
AMÉLIE.
Oui, oui, lisez... moi, je vais prendre ma tapisserie...
(Elle va s'asseoir à l'un des coins de la scène; Adrien s'assoit de l'autre côté auprès du guéridon.)
ADRIEN, assis.
Voyons ce qu'ils peuvent m'écrire, il doit y avoir des choses bien intéressantes pour ce prix-là. (Il décachète.) Ah! voyons! (Lisant.) Monsieur, vous m'avez fait l'honneur de passer chez moi... si vous avez à me parler, je reçois de midi à quatre heures... Bienommé, médecin... Je ne suis pas malade... c'était bien la peine de m'écrire. Voyons une autre... (Après avoir lu.) Encore un qui me demande ce que je lui veux... (En prenant une autre.) Encore la même chose! (Même jeu.) Toujours! que le diable les emparte!.. (Même jeu.) Allons, bien! en voilà un qui m'envoie son prospectus... un prospectus énorme! dix-huit sous de port! (Après un instant il parcourt une autre lettre. Jetant un cri.) Ah bigre!
AMÉLIE.
Mais qu'avez-vous donc, M. Adrien? vous m'avez fait peur...
ADRIEN, se levant.
Ce que j'ai? mais je suis aux cents coups... Mais c'est à dire que ma

place de percepteur serait flambée... rôtie!.. si jamais on trouvait cette lettre... Écoutez : (Lisant) Monsieur, hier soir en rentrant, j'ai trouvé votre carte que je regarde comme une adhésion à mes opinions politiques... Ce n'est pas vrai !.. veuillez donc passer chez moi pour que je puisse connaître votre mannière de voir, etc. Mais du tout, je n'irai pas... c'est un guet-apens, je n'ai pas d'opinion, moi !..

AMÉLIE.

M. Adrien, cette lettre peut vous compromettre.

ADRIEN.

Mais je le sais bien... mon Dieu! que faire? maudites cartes, va!

ROSALIE, en dehors.

M. Adrien, madame est prête.

ADRIEN, criant.

On y va! (A Amélie.) Voyons, Amélie, conseillez-moi, que dois-je faire?

AMÉLIE.

Rien... surtout ne pas vous rendre à l'invitation de ce monsieur...

ADRIEN.

Parbleu! je crois bien!

ROSALIE, toujours en dehors.

Allons donc, M. Adrien, madame vous attend.

ADRIEN, criant.

On y va! on y va!

AMÉLIE.

Allez, monsieur, allez, maman vous appelle... et donnez-moi cette lettre que je la déchire.

ADRIEN.

Oh! je veux bien, tenez, elle me brûle les doigts. (Amélie la déchire.) Oh! que vous êtes bonne, vous me rassurez. (Il sort.) (Il prend son chapeau.) Voilà! voilà ! (Il sort.)

SCÈNE VII.

AMÉLIE, seule, se remettant à sa tapisserie.

Pauvre Adrien! était-il effrayé! et cela de peur de ne pas obtenir la place de percepteur... car c'est encore pour moi qu'il sollicite... il veut, quoiqu'il soit riche, avoir un état, une position... Oh! il m'aime beaucoup, et je serai très heureuse avec lui... ce n'est pas un génie... oh! non, mais maman prétend que ce sont les meilleurs maris.

Air d'Yelva.

J'en crois maman, oui, je dois être heureuse,
Ce mari-là peut faire mon bonheur;
Des gens d'esprit la parole est trompeuse,
Mais Adrien, certes, n'est pas trompeur
Avec plaisir à son amour je cède,
Et mon époux par moi sera chéri
Je suis toujours certaine qu'il possède,
Assez d'esprit pour en faire un mari.

Et puis il est bon, et c'est une qualité qui en vaut bien une autre... Ah! M. Oscar, que veut-il ici?

SCENE VIII.

AMÉLIE, OSCAR.

OSCAR, en entrant.

Mlle Amélie !.. Pardon, mademoiselle je vous dérange... mais je ne m'attendais pas au plaisir de vous rencontrer... seule, c'est un bonheur que j'ai longtemps désiré.

AMÉLIE, se levant.

Monsieur, ce n'est sans doute pas pour cela que vous étiez venu, et...

OSCAR.

Non, certes; je venais pour parler à ce bon M. Blondeau, mon correspondant... et je suis heureux de vous avoir rencontrée à sa place...

AMÉLIE.

Moonsieur, mon père est sorti, et si vous voulez le voir, il faut...

OSCAR, vivement.

L'attendre ici, près de vous..

AMÉLIE.

Non, monsieur, revenir plus tard... car je ne pourrais en ce moment, vous tenir compagnie... j'en suis désespérée... mais... (Elle va pour sortir.)

OSCAR.

Arrêtez, mademoiselle, encore un mot... Je sais bien ce qui vous fait me traiter avec tant de rigueur... c'est votre amour pour Adrien...

AMÉLIE.

M. Adrien doit être mon mari; monsieur, il a l'assentiment de ma famille...

OSCAR.

Heureux Adrien ! Eh bien! mademoiselle, daignerez-vous, au moins, vous charger de lui dire que j'ai parlé pour lui à mon cousin du ministère, car voilà comme je suis, moi, je sers mes rivaux... et que sa nomination est en bon chemin; on n'a plus que quelques informations à prendre; et je ne doute pas que les renseignemens ne soient tout à son avantage...

AMÉLIE.

Je l'espère, monsieur, et je vous remercie...

OSCAR.

Veuillez lui dire aussi, mademoiselle, puisqu'il faut s'occuper de lui pour que vous ne vous retiriez pas, que j'ai trouvé les cartes qu'il avait mises sous ma porte... je ne me rappelle plus quel jour.

AMÉLIE, méchamment.

C'était hier, monsieur... mais peut-être y a-t-il une raison pour que vous ne vous rappeliez pas ce que vous avez fait hier...

(Elle sort après l'avoir salué.)

SCÈNE IX.

OSCAR, seul.

Que veut-elle dire? saurait-on déjà ici... Eh bien! tant mieux, après tout; ça sera cela de moins à dire au père Blondeau; brave et digne homme qui va me compter aujourd'hui, au moins je l'espère, un trimestre en avance sur ma pension; quant à Amélie... La pauvre petite, elle peut ne pas m'aimer, je ne lui en veux pas, et si elle savait que je ne lui fais la cour que pour passer le temps, peut-être serait-elle moins fière avec moi; mon Dieu! qu'elle épouse Adrien, qu'elle ne l'épouse pas, peu m'importe. ce qui m'inquiète, c'est de savoir si j'aurai aujourd'hui les 300 francs que j'ai perdus hier... c'est une dette sacrée, celle-là... et si je ne la paie pas, je suis déshonoré... déshonoré!

Air du Baiser au porteur.

Grand mot d'honneur, comme on te prostitue,
A tous propos on te met en avant;
C'est par honneur qu'en duel on se tue,
C'est de l'honneur que dérobe un amant.
Toujours l'honneur ! c'est la phrase commune,
Sans en rougir on doit à son tailleur,
Au jeu l'on perd, et sans remise aucune,
On paie tout... car c'est encore l'honneur.

Eh bien! oui, mais c'est comme cela, il est bien temps de faire de la philosophie...

SCENE X.

OSCAR, ROSALIE, UN MONSIEUR.

ROSALIE, au Monsieur.

Monsieur, attendez ici, M. Adrien est sorti pour un instant mais il ne tardera pas à revenir.

LE MONSIEUR.

C'est bien, je vous remercie. (Il s'assied au fond.)

OSCAR, à lui-même.

Quelqu'un qui demande Adrien, le moment n'est pas propice pour voir M. Blondeau, je serais bien aise de ne pas avoir de témoins; allons, allons... je reviendrai plus tard. (A Rosalie qui regarde à la fenêtre.) Rosalie, vous direz à M. Blondeau que je suis venu, et que je reviendrai dans la journée.

ROSALIE.

Bien, monsieur. (Oscar sort.)

LE MONSIEUR.

M. Adrien Jouvenot vous avait-il dit qu'il attendît quelqu'un ce matin, ma belle enfant?

ROSALIE.

Non, monsieur... mais tenez, vous n'attendrez pas long-temps vous même, car le voilà qui rentre avec monsieur et madame.

LE MONSIEUR, se levant.

Voulez-vous me faire le plaisir de me l'indiquer?

ROSALIE.

Pardine! c'est le moins laid des trois... (A Adrien qui entre avec M. et Mme Blondeau.) M. Adrien, v'là un monsieur qui vous demande. (Elle sort.)

SCÈNE XI.

M. BLONDEAU, ADRIEN, Mme BLONDEAU, LE MONSIEUR.

ADRIEN, en entrant.

On me demande? qui est-ce qui me demande?

LE MONSIEUR.

Moi, monsieur.

ADRIEN, le saluant.

Monsieur!

LE MONSIEUR.

Je désirerais vous dire deux mots en particulier...

ADRIEN, surpris.

En particulier!

BLONDEAU.

Viens, Amanda... nous allons nous retirer.

ADRIEN.

Mais du tout! je ne le veux pas... (A part.) Je ne connais pas cet inconnu. (Au Monsieur.) Monsieur, vous pouvez parler... je n'ai pas de secrets pour ces personnes-là, ce gros que vous voyez, avec sa figure réjouie, touche au moment heureux d'être mon beau-père.

LE MONSIEUR.

Soit, monsieur. (Lui montrant une carte.) Connaissez-vous cela?

ADRIEN.

Oui, monsieur, c'est une de mes cartes à 1 francs 25 centimes le cent. (A part.) Dieu! si c'était mon homme aux opinions dangereuses!.. (Haut.) Monsieur, je n'adhère pas, je n'adhère pas du tout...

LE MONSIEUR.

Oh! monsieur, ne feignez pas d'ignorer... vous devez me comprendre...

ADRIEN, à part.

Que trop, malheureusement! je me sens des picotemens sous la plante des pieds... (Haut.) Monsieur, certainement, mais une carte ne prouve rien... on peut parfois... laisser tomber son adresse... mais cela ne veut pas dire... au contraire... même...

AMANDA, à part à Blondeau.

Comme il paraît troublé, qu'est-ce qu'il a donc?

ADRIEN, à lui-même.

Je me promène sur des charbons ardens...

LE MONSIEUR.

Ainsi, monsieur, vous reculez...

ADRIEN.

Certainement, je recule... mais oui... mais oui...

LE MONSIEUR.

Songez-y, monsieur, il y a lâcheté!..

ADRIEN.

Lâcheté! ah mais! ah mais! dites donc... l'homme aux opinions... allez vous promener... je n'en ai pas, moi, d'opinions...

LE MONSIEUR, se fâchant.

Ah ça! monsieur, vous croyez sans doute me faire prendre le change... mais je ne me contente pas de ces détours... il ne s'agit pas de politique...

et puisque vous feignez de ne pas me comprendre... je vais m'expliquer plus clairement... je viens savoir si vous avez fixé l'heure...

ADRIEN, surpris.

L'heure !.. non... pourquoi faire ?

LE MONSIEUR.

Je vous ai dit que je ne croyais pas à votre mensonge, monsieur, dépêchons... mon ami est prêt... l'arme et le lieu sont à votre choix...

ADRIEN, de plus en plus surpris.

L'arme et le lieu !.. ah ça! qu'est-ce que vous me voulez, après tout... car voilà une heure que nous pataugeons de la manière la plus désagréable...

BLONDEAU.

Comment, vous ne comprenez pas, Adrien, c'est pour un duel...

ADRIEN et AMANDA, surpris.

Un duel !..

LE MONSIEUR.

Mais oui, monsieur, un duel... avec mon ami, que vous avez insulté... auquel vous avez donné un soufflet...

ADRIEN, stupéfait.

Moi !..

AMANDA.

Un soufflet !..

LE MONSIEUR.

Oui, madame, un soufflet, une pareille insulte veut du sang... voilà pourquoi je viens au nom de mon ami, dont je suis le témoin, demander à M. Adrien Jouvenot, la réparation qu'il a promise hier, en donnant sa carte.

ADRIEN, ébahi.

Ah !

BLONDEAU.

Eh bien! Adrien, vous ne répondez pas... mais il le faut... il le faut...

ADRIEN, hors de lui.

Comment, il le faut !.. mais pas du tout... ce n'est pas vrai... vous croyez cet imposteur... (Au monsieur.) Vil imposteur... tu mens !.. je n'ai donné de soufflet à personne, entends-tu bien... je n'ai frappé qu'un chien, avec mon pied... au bas des reins... parce qu'il me barrait le passage, et je ne lui ai pas donné ma carte... entends-tu bien ?..

LE MONSIEUR.

Monsieur, je ne suis pas un imposteur... je m'appelle Raimbaut, dentiste, quai Malaquai, 9, et je vous donnerai bientôt de mes nouvelles !..

ADRIEN, avec éclat.

Un dentiste !.. et vous le croyez... il ment, l'arracheur de dents !..

BLONDEAU.

Adrien, vous avez là une mauvaise affaire sur les bras...

LE MONSIEUR.

Ainsi, monsieur, vous refusez de rendre raison...

ADRIEN.

Si je refuse ?.. je refuse!

LE MONSIEUR.

Adieu donc; mon ami viendra lui-même... et il vous forcera bien...

ADRIEN.

Qu'il vienne, j'aime mieux ça, ça fait que je connaîtrai celui à qui j'ai donné un soufflet.

Air du quadrille des Puritains.

ENSEMBLE.

ADRIEN.	M. et Mme BLONDEAU.	LE MONSIEUR.
Sors à l'instant,	Dans cet instant,	Dans un instant,
Poseur de dent,	C'est effrayant,	Jeune imprudent,
Ou crains ma colère,	Voyez leur colère ;	Mon ami j'espère,
Ça m'exaspère	Bientôt j'espère,	Saura te faire,
De te voir là,	L'ami viendra,	Payer cela,
D'entendre tout ça.	Pour expliquer ça.	Bientôt il viendra.

LE MONSIEUR.
Voulez-vous?
ADRIEN.
Au diable!
LE MONSIEUR.
Le lâche!
ADRIEN.
Tais-toi, menteur.
Ou je serai capable,
Sur toi, d'passer ma fureur.   (Le Monsieur, sort.)

REPRISE DE L'ENSEMBLE

SCENE XII.
LES MÊMES, moins le Monsieur.

ADRIEN, descendant la scène.
Ah! mais... comment le trouvez-vous?.. me battre!..

AMANDA.
Que voulez-vous que nous pensions d'une pareille conduite, M. Adrien?

ADRIEN.
Comment, et vous aussi! ma belle-mère, vous croyez cela... mais c'est une imposture... c'est faux... comme un prospectus...

AMANDA.
Vainement vous cherchez à vous en défendre, tout prouve contre vous, cette carte donnée, qui est bien la vôtre...

BLONDEAU.
Oui... oui, il n'y a pas à en douter...

ADRIEN.
Allons! les voilà persuadés!.. mais quand je vous dis...

AMANDA.
Passer la soirée au café!.. s'y prendre de querelle, donner des soufflets, et provoquer en duel.... voilà une jolie conduite, M. Adrien, et qui me fait, je ne vous le cache pas, hésiter beaucoup à vous donner ma fille...

ADRIEN, au désespoir.
Hésiter à me donner votre fille!.. belle-mère égarée, mais on vous trompe... on vous trompe...

BLONDEAU.
Tu es trop sévère, Amanda.

ADRIEN, vivement.
N'est-ce pas?

BLONDEAU.
Sans doute, tous les jours on peut avoir une dispute, donner un soufflet...

ADRIEN.
Mais non... mais non, nous n'y sommes plus,..

BLONDEAU.
Moi, de mon temps... ça m'est arrivé quelques fois... j'aime assez qu'Adrien se soit montré... mais il faut qu'il se batte... oh! de mon temps!..

AMANDA.
De votre temps!.. de votre temps!.. on faisait des sottises, M. Blondeau...

BLONDEAU.
C'est alors que je t'ai épousée, Amanda.

AMANDA.
M. Blondeau! ne me poussez pas à bout...

ADRIEN, se posant entr'eux.
Arrêtez! chers parents... vous voyez, j'aime la paix... si j'avais été le temple de Janus, je serais toujours resté fermé...

AMANDA.
Allons, c'est bon, je veux bien vous pardonnner cela, Adrien... mais à condition que vous ferez des excuses à ce monsieur que vous avez frappé... et que vous ne serez plus, dorénavant, mauvaise tête comme cela ,.

ADRIEN.
Moi! mauvaise tête! ah! mais je vous ..

SCENE XIII.

LES MÊMES, ROSALIE, amenant un domestique.

ROSALIE.

Monsieur Adrien, voilà un domestique qui a une lettre à vous remettre... venez, monsieur.

ADRIEN.

Une lettre ?..

AMANDA.

Allons ! qu'est-ce encore ?

ADRIEN, au domestique.

Donnez... donnez... domestique... (Regardant la lettre de tous les côtés.) Oh ! j'y suis... probablement des excuses pour l'erreur qu'on a commise tout à l'heure... nous allons avoir l'explication...

ROSALIE, à part.

Quoi donc qu'y a aujourd'hui ?.. mais quoi donc qu'y a ?.. il faut que M. Adrien soit devenu un grand personnage... il n'est jamais venu tant de monde pour lui. (Elle sort.)

AMANDA.

Voyons, Adrien, ouvrez donc cette lettre... qu'est-ce que vous faites là?..

ADRIEN.

Je cherchais à deviner...

BLONDEAU.

Parbleu, lisez... vous devinerez tout de suite...

ADRIEN, l'ouvrant.

Tiens, vous avez raison... (Il lit.) M. Adrien Jouvenot, à Paris... c'est bien moi, voyons... Monsieur, je vous prie de vouloir bien remettre à mon domestique, en qui j'ai confiance...

LE DOMESTIQUE.

C'est moi, monsieur...

ADRIEN, le regardant.

Ah ! c'est vous... (A Blondeau.) Il est très bien ce domestique... (Au domestique.) Eh bien ! qu'est-ce qu'il faut que je vous remette ?

LE DOMESTIQUE.

Lisez, monsieur, vous verrez...

ADRIEN, lisant.

Remettre à mon domestique, les trois cents francs... Comment, trois cents francs !.. qu'est-ce que vous venez me chanter là, vous... je ne dois rien à personne...

AMANDA.

Mais, lisez jusqu'au bout, peut-être s'explique-t-on.

ADRIEN, continuant.

Les trois cents francs que vous avez perdus hier ... sur parole...

AMANDA, se récriant.

Joueur ! oh ! ceci est trop fort !..

ADRIEN.

Encore ! ah ! ça mais... il y a quelqu'un qui s'amuse de moi... qui est-ce qui s'amuse de moi ici ?.. Mais ce n'est pas vrai... mais je n'ai pas joué.

LE DOMESTIQUE.

Mon maître pensait bien que monsieur ne se rappellerait pas... à cause de l'état dans lequel il était hier... cependant, vous lui avez donné votre adresse... une carte de visite... mais à la suite d'un grand dîner... quand on a bu beaucoup de champagne...

ADRIEN.

Allons, voilà un grand dîner avec du champagne, maintenant... quand j'ai dîné au Rosbif... vingt-trois sous, et un carafon de mauvais vin... rue de Richelieu... non, mais.. j'aime mieux m'en aller... j'aime mieux aller prendre un bain dans la Seine, malgré les douze degrés au dessous de zéro... que d'entendre dire de pareils mensonges...

AMANDA.

Vous allez payer à l'instant ces trois cents francs, Adrien, ou je ne vous revois de ma vie...

ADRIEN, furieux.

Je ne paierai pas ! je ne paierai pas ! ah !

BLONDEAU.
Songez que c'est une dette d'honneur... que vous avez donné votre parole...
ADRIEN.
Eh bien! si je l'ai donnée... qu'il la garde.
LE DOMESTIQUE.
Ainsi, vous ne voulez pas me payer?..
ADRIEN, furieux.
Attends... attends... je vais te payer... (Il le pousse à la porte et lui donne un coup de pied.) Tiens, porte cela à ton maître.

SCENE XIV.
LES MÊMES, moins le domestique.

AMANDA.
C'est une horreur!.. une abomination!... voilà qui nous explique votre absence d'hier... monsieur a fait une orgie...
ADRIEN.
Une orgie! à vingt-trois sous par tête... sans potage...
AMANDA.
Taisez-vous, je ne vous crois plus... vous nous avez assez trompés depuis un an... et moi qui, ce matin encore... oh! je ne sais ce qui me retient...
ADRIEN, s'asseyant.
Non, j'aime mieux ne pas répondre... j'ai le cauchemar, voilà tout, je suis le jouet d'un horrible cauchemar...
BLONDEAU.
Allons... allons... Amanda, appaise-toi... eh bien, certainement... c'est très mal d'être joueur et querelleur... et je n'aurais jamais cru cela d'Adrien, mais enfin, après le champagne on fait bien des choses qu'on ne ferait pas à jeun... tiens, moi, par exemple... eh bien! quand j'ai du champagne dans la tête... je ne sais pas... je me trouve tout autre... toi-même, Amanda...
AMANDA.
Taisez-vous, M. Blondeau, vous êtes un vieux mauvais sujet... oh! je sais bien que vous le défendrez, vous qui disiez ce matin qu'il fallait pour mari à votre fille, un homme qui eût fait des fredaines... vous êtes content de lui... mais ce mariage-là n'est pas fait... et certainement il ne se fera pas.

Air : J'en guette un petit de mon âge.

Je vous le dis, certes ce mariage
  N'aura pas lieu, car un joueur,
Peut tôt ou tard ruiner son ménage,
Et de sa femme ainsi fait le malheur.
C'est être fou, vouloir de sa famille
  Jouer le sort, l'avenir... à ce jeu,
L'on risque trop, car il faut pour enjeu,
  Mettre le bonheur de sa fille.

ADRIEN, se levant.
Mais vous gagneriez, femme incrédule... vous gagneriez beaucoup à ce jeu-là...

SCÈNE XV.
LES MÊMES, AMÉLIE.

ADRIEN, allant au-devant d'Amélie.
Venez, belle Amélie, venez voir la malheureuse victime du plus obstiné guignon; je ne sais quel démon me fait pleuvoir sur la tête, une grêle épaisse de catastrophes : j'ai donné trois cents francs sur la joue d'un homme, j'ai perdu un soufflet au jeu... est-ce que je sais, moi... tout ce dont on m'accuse, et pour mettre le comble à mon infortune... vos parents cruels!.. me retirent votre main... oui parents cruels!.. vous commettez la plus noire des injustices!..
AMÉLIE.
Maman, que veut-il dire?
AMANDA.
Il veut dire qu'il nous a horriblement trompés, que lui, que nous croyions sage, rangé et capable de te rendre heureuse, est un mauvais sujet... qui s'enivre... qui a des duels... qui perd au jeu, et qui certes te

rendrait malheureuse si tu l'épousais... aussi, tu ne l'épouseras pas...
AMÉLIE, avec peine.
Oh! maman!..
BLONDEAU, à Amélie.
Laisse-moi faire... je vais tâcher d'arranger cela... (A Amanda.) Ah ça! Amanda, je te dis que tu t'exagères les choses... Adrien n'est pas un mauvais sujet... que diable... je m'y connais moi, en mauvais sujets, je l'ai été dans mon temps, et...
AMANDA.
Et je vous dis que je ne veux pas lui donner ma fille...
ADRIEN, désespéré.
Tenez, ne répétez pas cette parole, cruelle belle-mère... car vous allez me réduire au désespoir... je ferai un mauvais coup... plus tard vous reconnaîtrez votre erreur... mais il ne sera plus temps... quand on repêchera mon malheureux cadavre aux filets de Saint-Cloud...
AMANDA.
C'est cela... le suicide... c'est toujours là que mène l'inconduite...
AMÉLIE.
Oh! mais, maman, peut-être n'est-ce pas vrai, peut-être.. (A Blondeau.) Mon père, défendez-le donc.
BLONDEAU, criant.
Ah ça! mais, Amanda... je crois, que je suis le père de ma fille, après tout... et que j'ai du pouvoir sur elle... eh bien! moi, je dis que tout cela ne peut pas empêcher son mariage... pour une fois en passant, qu'il aura...
AMANDA.
Taisez-vous! monsieur... vous me faites pitié!.. c'est un querelleur, un joueur... il ne lui manque plus que d'être un libertin.

SCÈNE XVI.
LES MÊMES, Mlle FLORE.
FLORE.
Madame, je viens apporter le chapeau que vous avez acheté tout à l'heure.
AMANDA, à Flore.
Bien, mademoiselle, je suis à vous... (A Blondeau.) Non, je vous le répète, jamais Amélie n'épousera M. Adrien Jouvenot.
ADRIEN.
Moi!.. (A part.) Elle me fend le cœur avec un canif!..
FLORE, s'avançant.
Adrien Jouvenot... c'est monsieur... monstre!.. scélérat!..
ADRIEN, surpris.
Monstre! scélérat! qui ça?
FLORE.
Vous! vous! monsieur...
ADRIEN, répétant.
Moi... moi... monsieur!.. qu'est-ce que j'ai fait encore?
FLORE.
Vous le demandez... et cette malheureuse Rose que vous avez séduite... que...
AMANDA.
Assez, mademoiselle, assez... respectez notre présence...
AMÉLIE.
Oh! maman! c'est donc vrai? que je suis malheureuse!
ADRIEN, se démenant.
Mais non, Amélie, ne la croyez pas...
AMÉLIE.
Laissez-moi, monsieur, c'est infâme... vous nous avez trompés...
AMANDA, à Blondeau.
Eh bien! que ne le défendez-vous encore? n'est-il pas comme vous le désiriez?..
BLONDEAU.
Oh! c'est trop fort aussi, et je ne savais pas qu'il irait si vite...
FLORE.
Oui, monsieur, c'est un séducteur...
(Pendant toute cette scène, Adrien regarde tout le monde, d'un air stupéfait.)
AMANDA, à Flore.
Taisez-vous, mademoiselle... (A Amélie.) Viens ma fille, nous ne pouvons pas rester plus long-temps dans la société d'un pareil homme...

Air final du premier acte de Madelon.
ENSEMBLE.

AMANDA.
Quelle conduite abominable !
Le croyez-vous enfin coupable ?
C'est un vil séducteur...
Un duelliste, un joueur.

AMÉLIE.
Quelle conduite abominable !
C'est donc bien vrai qu'il est coupable...
Que c'est un séducteur,
Un duelliste, un joueur.

BLONDEAU.
Quelle conduite abominable !
Je n' puis nier qu'il soit coupable,
Qu'il soit un séducteur,
Un duelliste, un joueur.

ADRIEN.
C'est un guignon épouvantable !
Vraiment je ne suis pas coupable,
Je n' suis pas séducteur,
Et duelliste, et joueur.

FLORE.
Quelle conduite épouvantable !
Croyez-m'en, il est bien coupable,
C'est un vil séducteur...
Un infâme, un trompeur.

(Mme Blondeau, sort avec Amélie et Blondeau.)

SCENE XVII.
ADRIEN, Mlle FLORE.

FLORE.
Maintenant que nous sommes seuls, monsieur, j'espère que vous ne feindrez pas d'ignorer votre conduite déplacée à l'égard de Rose... c'est ma meilleure amie du magasin, voyez-vous, monsieur ; et je la défendrai, cette pauvre petite... un agneau, monsieur, un agneau... la vertu même ; et maintenant elle est perdue.

ADRIEN, naïvement.
Je ne l'ai pas trouvée... qu'est-ce que vous me racontez là ?

FLORE.
Il plaisante, l'homme sans foi ! après votre conduite... Ah ! ils sont tous comme ça... il n'y en a pas un qui croie à notre vertu.

Air du morceau d'ensemble. (Suzanne.)

Quel affront, quelle horreur !
Plaisante, ris ; mais c'est infâme !
Quel physique enchanteur,
Pour un amant, un séducteur !
Il est joli vraiment,
Peut-on concevoir qu'une femme
Soit prise un seul instant,
A l'air plaisant d'un tel amant.

Voyez, il rit tout bas,
Et dit : Ce n'est qu'une modiste,
Pour lui cela n' vaut pas
Que l'on fasse tant d'embarras !
C'est un injuste abus,
Car enfin celle qui résiste,
Est la perl' des vertus,
Malheureusement on n'y croit plus.

Quel affront, quelle horreur !
Plaisante, ris, mais c'est infâme !
Quel physique enchanteur,
Pour un amant, un séducteur,
Il est joli vraiment,
Peut-on concevoir qu'une femme
Soit prise un seul instant,
A l'air plaisant d'un tel amant.

A l'air plaisant, (3 fois,)
D'un tel amant.
A l'air plaisant, (3 fois)
D'un tel amant.
Il est vraimet charmant.

ADRIEN.
Comprends pas ! comprends pas ! comprends pas ! Ah ça ! mais dites-

moi donc enfin ce que vous voulez que je fasse avec votre agneau et votre vertu... car je suis depuis ce matin dans une position qui commence à devenir gênante... qu'est-ce que vous me voulez... qu'est-ce que vous me voulez?
FLORE.
Ce que je veux, monsieur, je veux, j'exige que vous répariez le mal que vous avez fait...
ADRIEN, impatienté.
A qui?.. mais à qui? mais à qui?.. car je commence à me dévorer les... sens.
FLORE, vivement.
A Rose, vil trompeur!.. à mon amie que vous avez séduite... abusée indignement.
ADRIEN, stupéfait.
Moi! (Changeant de ton.) Au fait, je ne sais pas pourquoi je m'étonne, oui, c'est la suite de tout ce qui m'arrive depuis deux heures.
FLORE.
Mais vous ne paraissez pas me comprendre... Il faut que je vous dise que ce matin, en allant voir Rose, je l'ai trouvée en larmes, qu'elle m'a montré votre carte, que vous lui aviez donnée en lui promettant de faire oublier votre conduite... vous voyez, je sais tout... me comprenez-vous, maintenant?..
ADRIEN.
Pas du tout! pas du tout! (A lui-même.) Ce n'est pas possible! c'est un farfadet qu'on aura mis à mes trousses pour me tourmenter.
FLORE.
Oh! c'est trop fort... eh bien! infâme... hier soir, nous venions de sortir du magasin, je venais de quitter Rose, lorsqu'elle a été accostée par un jeune homme... vous, monsieur, vous.
ADRIEN.
Moi!.. oui, oui, toujours la suite...
FLORE.
Vous l'avez suivie malgré elle, lui avez pris le bras, vous lui avez fait perdre son carton... et quand elle a été rentrée, qu'elle se croyait en sûreté chez elle... homme sans mœurs, vous avez forcé sa porte qui malheureusement ne ferme pas, et...
ADRIEN.
Comment, j'ai fait tout cela? (Riant.) Eh bien! je trouve cela très plaisant, très drôle... farfadet, je t'ai reconnu, tu diras à celui qui t'envoie que la plaisanterie est découverte, et qu'il la fasse finir.
FLORE.
Mais je ne plaisante pas, vous avez promis de réparer tout, et il n'y a que le mariage...
ADRIEN.
Le mariage! ah ça! mais, à la fin... en voilà assez; car ça devient insupportable, allez vous promener avec votre mariage, je ne vous connais pas, ni vous, ni votre Rose... je n'aime pas les roses, je n'en veux pas, je n'aime que les coquelicots.
FLORE.
Oh! pourtant vous l'épouserez, ou j'y perdrai mon nom.
ADRIEN.
Vous y perdrez tout ce que vous avez à perdre, mais je ne n'épouserai pas...
FLORE.
Vous épouserez.
ADRIEN.
Ah! c'est ce que nous verrons... bigre! ça passe la plaisanterie...
FLORE.
Ainsi, monsieur, vous ne voulez pas?

Air : Valse légère.

Ah! c'est vraiment une conduite horrible!
Il faudra bien, monsieur, qu' vous l'épousiez,
A son tourment, ah! montrez-vous sensible,
Hier encore, vous le lui promettiez.

FLORE.
Oui, c'est vraiment une conduite horrible, etc.
ADRIEN.
ENSEMBLE.
Ah! mais vraiment, je vous trouve risible,
Cherchez ailleurs l'époux que vous vouliez,
A son tourment je ne suis pas sensible,
C'est, croyez-moi, comme si vous chantiez.
(Flore sort.)

M. Jouvenot, 2

SCENE XVIII.
ADRIEN, seul.

La voilà partie! ah! ce n'est pas malheureux! elle a tant crié que j'en suis étourdi, cette femme-là parle à la vapeur, ce n'est pas possible autrement... Ah ça! mais, conçoit-on rien à ce qui m'arrive? on me demande raison d'un soufflet que je n'ai pas donné, on me réclame 300 francs que je n'ai pas perdus, on veut que j'épouse une femme que je n'ai pas... Oh! c'est trop fort, et le destin fait de cruelles farces quand il s'y met!

Air de Doche. (Jacquemin,)

Oh! destin, de moi tu te joues,
Aujourd'hui, tu fais en mon nom,
Pleuvoir des soufflets sur les joues,
Et l'on vient demander raison,
L'on vient m'en demander raison.
Une modiste, par tes ruses,
Perd son carton et cœtera...
Destin cruel, quand tu t'amuses,
Pourquoi me choisis-tu pour ça?

Pour moi, dans ton humeur badine,
Doublant la dose du malheur,
Tu ne me laisse que l'épine,
Et c'est toi qui cueille la fleur.
Encore si, lorsque tu m'accuse,
Tu me laissais ce plaisir-là...
Mais non, destin, car tu t'amuses,
Et c'est moi que tu prends pour ça?

Fatalité! tu auras à te reprocher mon malheur, car sans Amélie, je serai malheureux... Allons! voilà le père Blondeau, qu'est-ce qu'il me veut encore.. il fait une moue du diable, je parie trente sous qu'il est en colère...

SCENE XIX.
ADRIEN, BLONDEAU.

(Blondeau s'avance les bras croisés et vient se placer devant Adrien qui recule.)

ADRIEN.

Eh bien! eh bien! papa Blondeau, qu'avez-vous donc?

BLONDEAU, après un instant.

M. Adrien, vous êtes un polisson!

ADRIEN.

Un polisson!

BLONDEAU.

Un roué!

ADRIEN.

Un roué!

BLONDEAU.

Un... je ne sais quoi! j'aime qu'on soit mauvais sujet, c'est vrai; mais il faut des bornes à tout... et ces bornes, vous les avez toutes franchies...

ADRIEN.

Mais respectable Blondeau...

BLONDEAU.

Ne vous défendez pas! cette dernière preuve est trop convaincante... séduire des modistes!.. et cela au moment d'épouser ma fille, mon Amélie, car voilà ce qu'il y a d'infâme, vous alliez épouser Amélie... mais ce mariage n'aura pas lieu... je viens pour vous le répéter formellement... ma femme ne le veut pas, je ne le veux pas... et quand nous voulons quelque chose...

ADRIEN, spontanément.

Papa Blondeau, vous êtes un gros aveugle! le bandeau de l'injustice vous couvre les yeux.

BLONDEAU.

Assez, tapageur! ne dites pas de gros mots... (Criant.) Car je ne le souffrirais pas, entendez-vous?... ah! (D'un ton plus calme.) Mais il est inutile de disputer avec un duelliste et un spadassin, ce n'est pas pour ça que je suis venu, M. Adrien, vous n'avez plus rien à faire chez moi... que vos paquets, ce que je vous engage à faire promptement; vous comprenez?

ADRIEN, hors de lui.

Si je comprends? oui, je comprends, droguiste sans pitié, je sortirai de ta maison puisque tu me chasses, j'en sortirai... mais tu me regretteras... on ne trouve pas tous les jours des maris comme moi, père Blondeau... et on en trouve beaucoup comme vous, père Blondeau... je ne vous dis que ça... adieu ! (Il remonte la scène; au moment où il va sortir, entre Amélie.)

SCENE XX.
Les Mêmes, AMÉLIE.

ADRIEN, à lui-même.

Oh! Amélie! j'éprouve un malaise général.

AMÉLIE, pleurant.

M. Adrien, après votre conduite, vous sentez qu'il ne peut plus rien y avoir de commun entre nous... et je viens vous rendre cet anneau... que vous m'aviez donné...

ADRIEN.

Grand Dieu! mon anneau! je n'en veux pas!..

AMÉLIE.

Reprenez-le, monsieur, c'était le premier anneau de la chaîne qui devait nous unir, m'avez-vous dit; maintenant, cette chaîne est rompue... reprenez-le.

BLONDEAU.

Eh bien! vous n'entendez pas ce que vous dit ma fille, reprenez ça, je ne veux pas qu'il lui reste rien de ce qui a appartenu à un Lovelace... ça la compromettrait...

ADRIEN.

Je le reprends, malheureux père, je le reprends, mais pour le briser... (Il le tord dans ses doigts.) Tiens! tiens! j'ai besoin de passer ma colère sur quelque chose. (Il le remet dans sa poche.) Les morceaux en sont bons... sept francs dix sous d'or.

AMÉLIE.

Oh! monsieur Adrien, c'est bien mal ce que vous avez fait là... abuser ainsi de mon amitié pour me tromper...

ADRIEN.

O Amélie! ne pleurez pas, vous voulez donc voir mes yeux se changer en bornes-fontaines...

AMÉLIE.

Moi qui croyais être si heureuse avec vous!

ADRIEN.

Mais oui, mais oui... vous seriez heureuse, mais croyez-moi donc, je ne veux que faire votre bonheur et le mien. Tout est faux, je vous aime toujours, je n'aime que vous, j'en jure par la tête de tous les Jouvenot...

AMÉLIE.

Oh! mon père, emmenez-moi, car je sais qu'il me trompe.. et je sens que je le croirais...

BLONDEAU.

Infâme séducteur! ma malheureuse fille est sous le charme, fais vite tes paquets, au moins, et qu'on ne te revoie plus... viens, ma fille, viens !..

AMÉLIE, en sortant.

Oh! mon père, que je suis malheureuse!

ADRIEN, voulant la retenir.

Amélie! Amélie! écoutez-moi...

SCENE XXI.
ADRIEN, seul, puis ROSALIE.

ADRIEN.

Elle me fuit! elle ne veut pas m'entendre... chassé, je suis chassé... eh bien! tant mieux, après tout, je quitterai cette maison, où je suis depuis ce matin le jouet de je ne sais qui... Je m'en irai loger rue Mouffetard... dans un grenier... je coucherai sur la paille, je ferai des poëmes en douze chants... je me livrerai à toutes les folies possibles... et je les forcerai à se repentir de leur injustice... et quand ma place de percepteur m'arrivera, eh bien! je m'en retournerai dans ma bonne ville de Lille... au milieu des drogues de mon père, où je me consolerai.

ROSALIE, entrant.

Une lettre pour vous, m'sieur Adrien.

ADRIEN, se levant.

Encore quelque chose ! allons, je dois m'attendre à tout; donnez.

ROSALIE, se reculant.

N' m'approchez pas! n' m'approchez pas! si vous me touchiez je serais peut-être ensorcelée comme les autres.

ADRIEN, arrachant la lettre.

Du ministère! ah! ma place! ma place! ça sera toujours une consolation.

ROSALIE, à part. (Il lit.)

Dire que c'est ça un mauvais sujet, un séducteur... comme y disent... faut que je le regarde pour voir comment que c'est fait... eh bien, c'est pas trop beau; Loupot, mon amoureux, est bien mieux... Mais quoi donc qui ensorcelle chez c't homme-là? c'est pas son physique, toujours... faut qu'y ait quelqu'autre chose...

ADRIEN, avec éclat, à lui-même.

Ah! je suis ruiné, perdu! anéanti! je ne suis pas nommé! les informations ont été mauvaises... oh! j'y suis!.. l'homme aux opinions... on aura trouvé ma carte... Destin! je m'avoue vaincu, je ne m'attendais pas à celle-là... encore une injustice!.. eh bien! tant mieux, je le répète... je quitterai Paris, cette ville pleine de déceptions, où il pleut de soufflets et des modistes... Et je reverrai Lille, Lille! ma patrie... C'est le pays où j'ai reçu le jour!

ROSALIE, à part.

Qu'est-ce donc qu'il a à gesticuler comme ça... on dirait un moulin à vent... y m' fait peur... j'm'en vas.. ah! v'là M. Oscar, j'vas prévenir monsieur... (Elle sort.)

SCENE XXII.
ADRIEN, OSCAR.

ADRIEN, sans voir Oscar.

Oui, c'est cela... je vais faire mes paquets... je ne veux rien laisser ici... pas même mes coquelicots... ils me consoleront de toutes mes disgraces... (Il se lève.) M. Oscar!..

OSCAR.

Eh mais! qu'avez-vous donc, M. Adrien, je vous vois tout agité...

ADRIEN.

Ce que j'ai... (Lui montrant la lettre.) Tenez, voyez ce que m'écrit votre cousin... votre infâme cousin...

OSCAR, lisant.

« Monsieur, votre nomination était signée, elle allait vous être envoyée... lorsque l'on a pris sur votre compte de dernières informations... elles nous ont surpris autant qu'indigné... vous devez comprendre, monsieur que, maintenant que votre conduite est connue... il est impossible de confier une responsabilité quelleconque à un homme comme vous...

ADRIEN.

A un homme comme moi!.. vous voyez...

OSCAR.

Mais je ne comprends pas du tout...

ADRIEN.

Parbleu! je crois bien... ni moi non plus... et de plus, on me chasse d'ici... mon mariage est rompu... est-ce que je sais, moi, il paraît que j'ai donné des modistes et séduit des soufflets... si vous comprenez... vous serez bien heureux... Adieu, je vais faire mes malles, et retenir ma place à la diligence de Lille. (Il sort.)

SCÈNE XXIII.
OSCAR, seul.

Que dit-il?.. mais ce n'est pas possible, il y a ici un malentendu... et cette lettre de mon cousin... comment se fait-il?.. ma foi, je n'y comprends rien... certes, Adrien n'est pas... ne peut pas être un mauvais sujet... oh! non, il en est incapable, le pauvre jeune homme... que parle-t-il de modistes et de soufflets... si c'était... oh! mais non... comment s'adresserait-on à lui... il faut que je m'informe... le pauvre garçon me fait pitié... voyons toujours si M. Blondeau se montrera sensible... il me faut trois cents francs, il n'y a pas à dire, il me les faut... le voilà avec sa femme et sa fille... diable! cela me contrarie... allons, ma foi, tant pis! il n'y a pas à reculer...

SCENE XXIV.
BLONDEAU, Mme BLONDEAU, AMÉLIE, OSCAR.

AMANDA, en entrant.

Allons! allons! Amélie... un peu de fermeté, mon enfant...

AMÉLIE.

Oui, maman, oui... je l'oublierai...

BLONDEAU.

Ah! voilà M. Oscar...

OSCAR.

Oui, mon cher M. Blondeau... c'est moi, j'étais venu ce matin, mais je n'ai pas eu le plaisir de vous rencontrer...

AMANDA, tirant Blondeau à part.

Faites-lui donc au moins quelques reproches sur l'état dans lequel il est rentré hier... (Elle s'assied ainsi que sa fille.)

BLONDEAU, à Amanda.

Tu vas voir... (à Oscar.) M. Oscar... vous vous portez bien?..

OSCAR, embarrassé.

Mais, pas mal, merci, M. Blondeau... je venais...

(Amanda fait un signe à Blondeau.)

AMANDA.

Allons donc!

BLONDEAU, à Amanda.

Oui, oui... (A Oscar.) Vous vous êtes bien amusé hier, M. Oscar?..

OSCAR, embarrassé.

Mais, monsieur... (A part.) Il sait tout... (Même jeu d'Amanda.)

BLONDEAU.

Et que dirait votre père, s'il savait que vous faites des orgies... que vous vous mettez dans des états... c'est une conduite indigne d'un jeune homme comme vous... je parie que vous aviez bu trop de punch. (A Amanda.) Es-tu contente? (Amanda hausse les épaules.)

OSCAR.

Justement, monsieur, et tenez, je ne vous cacherai pas...

AMÉLIE, à Amanda.

Maman, je suis sûre que c'est lui qui aura entraîné M. Adrien.

AMANDA.

Il en est bien capable...

BLONDEAU.

Vous ne me cacherez pas...

OSCAR.

Que j'ai joué... vous savez, il y a des momens où on ne sait plus ce qu'on fait... j'ai joué et j'ai perdu beaucoup... trois cents francs sur parole, et je viens vous prier de me les avancer sur ma pension... (A part.) Ah! voilà le grand mot lâché!

BLONDEAU, riant.

Ah! ah! ah! très joli, très joli... eh bien! tenez, je ne vous en veux pas... c'est bien de se défendre entre jeunes gens... mais vous pensez bien que nous ne pouvons pas croire à cela...

OSCAR.

Mais, M. Blondeau, je vous assure que je ne vous comprends pas...

BLONDEAU.

Ah! de mon temps, c'était déjà comme ça... on se défendait l'un l'autre vis-à-vis des parens... je connais ça... mais les parens voient clair... maintenant ils voient clair, les parens...!

AMANDA.

Certainement, monsieur, et nous savons à quoi nous en tenir...

BLONDEAU.

Nous savons très bien que c'est Adrien qui a perdu ces trois cents fr...

AMÉLIE.

Maman, si ce n'était pas vrai...

OSCAR.

Mais je vous affirme M. Blondeau, que j'ai perdu trois cents francs au jeu... je ne sais si M. Adrien en a fait autant, mais pour moi, cela n'est que trop vrai...

BLONDEAU, riant toujours.

Allons! allons! ne persistez pas dans votre mensonge... vous le voyez, la ruse est découverte... ainsi, rendez à César ce qui est à César...

OSCAR.

C'est justement pour cela que je viens vous prier de m'avancer...

BLONDEAU.

Les trois cents francs d'Adrien, n'est-ce pas? ah! ah!.. je vous répète que je ne vous en veux pas... ah ça! dites donc, prenez-vous aussi pour votre compte le soufflet qu'il a donné au café...

OSCAR, surpris.
Mais d'où savez-vous?..
BLONDEAU.
Oh! très bien, très bien... et mademoiselle Rose... est-ce encore vous?..
OSCAR, stupéfait.
Mais, monsieur, qui a pu vous dire?..
BLONDEAU.
Vous voyez que nous savons tout, ainsi, votre mensonge est inutile...
OSCAR.
Mais, je vous proteste... (A lui-même.) Il y a ici un quiproquo qu'il faut que j'éclaircisse... certainement tout cela est à moi, et je ne veux pas qu'un autre souffre de mes fautes... mais comment se fait-il... (Cherchant.) Oh! si c'était... (A Blondeau.) M. Blondeau... je crois comprendre... dans un instant, je reviens... (Il sort en courant.)

SCENE XXV.
Les Mêmes, excepté OSCAR.

BLONDEAU.
Eh bien!.. où allez-vous donc?.. il est déjà bien loin... il est honteux d'avoir été deviné... oh! mais rien ne m'échappe, à moi... j'en ai tant vu dans mon temps...
AMÉLIE.
Mais... si ce n'était réellement pas Adrien.

Air : Vaud. de l'Anonyme

Maman, craignez de faire une injustice,
Songez-y bien, mon bonheur en dépend.

AMANDA.
Ne vois-tu pas qu'Oscar est son complice?
BLONDEAU.
Comm' nous faisions, crois bien qu'il le défend,
Je connais ça.
AMANDA.
C'est affreux! nous, ses hôtes,
Par sa conduite il nous déshonorait;
AMÉLIE.
Mais si c'est faux... l'autre aurait fait les fautes
Et puis c'est moi que l'on en punirait.

Car je l'aime, M. Adrien... dame! maman, tu m'avais dit que je pouvais l'aimer, qu'il allait être mon mari... j'ai profité de la permission.
AMANDA.
Pauvre enfant!.. je ne savais pas en te disant cela que je m'exposais à te jeter entre les bras d'un dissipateur... et d'un homme sans conduite...

SCENE XXVI.
Les Mêmes, ADRIEN.

Adrien paraît dans le fond, il a son chapeau rabattu sur les yeux, sous chacun de ses bras, il porte un pot de coquelicots, et à l'une de ses mains, il tient une valise.

AMANDA, à Amélie.
Le voilà... cache-lui bien ta douleur; il en serait trop content.
BLONDEAU, à Adrien.
Qu'est-ce que vous venez encore faire ici?.. vous, homme déhonté...
ADRIEN.
Je viens vous faire mes adieux...
BLONDEAU.
Eh bien! dépêchez-vous... et que nous ne vous revoyions plus...
ADRIEN.
Oui, je m'en irai... oui, je m'en irai... mais avant, je vous dirai tout ce que j'ai sur le cœur...
AMANDA.
Mon Dieu, M. Blondeau, renvoyez-le, il va faire une scène ici...
ADRIEN.
Oui, je ferai une scène... une scène tragique, encore... mais pas ici, mais dehors, sur moi-même, car je suis malheureux, et je ne sais pas pourquoi...
BLONDEAU.
Allons, allons, en voilà assez...
ADRIEN.
Oh! laissez-moi parler, laissez-moi parler... vous m'aviez promis votre

fille, et vous me la retirez... on m'avait promis une place, et on ne me la donne pas, depuis ce matin il me tombe sur la tête une masse considérable de tuiles toutes plus grosses les unes que les autres... et vous voulez que je ne me plaigne pas ? si, je me plaindrai... car après tout... ce malheureux Adrien que vous chassez est innocent... le jour n'est pas plus pur que le fond de sa conscience... mais, non, vous ne voulez pas y croire, vous êtes aveuglés par le délire... l'incrédulité vous ronge le cœur, et vous me chassez... je m'en vais, mais demain, mais plus tard... fût-ce dans cent ans... ne venez pas me dire : Adrien, nous avons eu tort... car je vous dirai : tant pis, je ne veux plus me marier... voilà ce que j'avais sur le cœur...

BLONDEAU.

Eh bien ! avez-vous tout dit ?

AMANDA.

Voyons, monsieur, finissez-en...

ADRIEN.

Encore un mot. (D'une voix émue.) Amélie..

BLONDEAU.

Ne parlez pas à ma fille.

AMÉLIE.

Oh ! mon père... laissez-le...

ADRIEN.

Amélie, je suis méconnu... votre malheureux Adrien est méconnu, plaignez-le, mais ne le méprisez pas... ne le méprisez pas !.. adieu... adieu... parens barbares, je vous abandonne à votre aveuglement, et je pars pour Lille.

OSCAR, en dehors.

Adrien ! Adrien !

ADRIEN.

Qu'est-ce qu'il y a encore, M. Oscar...

SCENE XXVII.

LES MÊMES, OSCAR.

OSCAR arrive en courant.

Votre nomination !.. votre nomination !..

ADRIEN, prenant le papier.

Ah ! saprelotte. (Il laisse tomber sa valise et met les deux pots dans la main de Blondeau.) Donnez... donnez...

AMANDA.

Que signifie ?

BLONDEAU.

Qu'est-ce que cela veut dire ?

OSCAR.

Cela veut dire, M. Blondeau, qu'Adrien n'est pas coupable...

AMÉLIE.

Ah ! tu vois bien, maman...

ADRIEN.

Je ne suis pas coupable ! j'en étais sûr. (Il lui prend la main.) Oh ! brave jeune homme...

AMANDA.

Mais au moins, expliquez-nous ?..

ADRIEN.

Oui, je demande qu'on s'explique... car enfin, il est temps que ça finisse.

OSCAR.

D'après tout ce que vous veniez de me dire tout à l'heure, et ce que j'avais vu sur la lettre de mon cousin, j'ai pensé qu'il y avait méprise... que M. Adrien était compromis par ma faute...

ADRIEN.

Comment, c'était vous qui...

OSCAR.

C'était moi, mais je ne concevais pas encore comment il se faisait que tout fût retombé sur Adrien... et je l'ai découvert, en changeant d'habit... c'est celui que j'avais hier, et voyez ce que j'ai dans ma poche...

ADRIEN, avec éclat. (Il lui montre les cartes.)

Mes cartes à 1 fr. 25...

BLONDEAU.

Ah ! je comprends.

TOUS.

Et moi aussi...

BLONDEAU.

Vous avez donné les cartes d'Adrien pour les vôtres... mais comment se fait-il que vous les ayez eues?

ADRIEN.

C'est moi, c'est moi qui les avais remises sous sa porte, espérant que ces cartes me feraient obtenir ma place...

OSCAR.

Elles auraient pu vous la faire perdre si je ne m'étais empressé d'aller chez mon cousin auquel j'ai tout dit... il m'a remis votre nomination qui n'était pas encore renvoyée... il vous rend son estime...

BLONDEAU.

Et moi, je vous rends ma fille...

AMÉLIE.

Ah! maman, tu vois, il ne faut jamais trop se presser...

ADRIEN.

Je n'en reviens pas... moi, qui tout à l'heure étais sans place, chassé, et malheureux... je retrouve tout en un instant... et c'est à vous que je dois ça... (Il lui prend encore la main.) Oh! brave jeune homme, brave jeune homme!.. je vous en aurai une reconnaissance de 45 ans...

OSCAR.

Eh bien! M. Blondeau, croyez-vous enfin que ce soit moi qui ai perdu les trois cents francs, et me les avancerez-vous?

BLONDEAU.

Hum!.. je ne sais...

AMÉLIE.

Ah! mon père... en faveur de ce qu'il a fait pour nous...

AMANDA.

Allons... il les aura...

ADRIEN.

Bravo!.. quand je suis heureux, il faut que tout le monde le soit...

BLONDEAU, à part.

Je me disais aussi, il n'est pas possible qu'Adrien soit mauvais sujet... je m'y connais... dans mon temps.

SCENE XXVIII.
Les Mêmes, ROSALIE.

ROSALIE s'approche d'Adrien et lui dit à mi-voix.

M. Adrien, il y a en bas un monsieur qui vous demande... avec des épées et des pistolets...

ADRIEN.

Je n'en veux pas!.. je n'en veux pas!..

OSCAR.

Ceci me regarde, et je vais lui répondre...

ADRIEN.

J'aime mieux ça... quant à moi, je ne ferai plus de visites... ou plutôt, je ne remettrai plus de cartes... bigre! c'est trop dangereux!

AU PUBLIC.

Air de l'Ecu de six francs.

Messieurs, par un destin bizarre,
J'ai bien failli perdre aujourd'hui
Une place, une femme rare...
(Montrant Oscar.) J'ai tout retrouvé, grace à lui,
Oui, je suis heureux grace à lui.
Mais, vous, cinq ou six fois de suite
Sans craindre pareils quiproquos,
Venez, messieurs à nos bureaux
Prendre vos cartes de visite.

TOUS.

Venez, messieurs, à nos bureaux
Prendre vos cartes de visite.

FIN.

J.-R. MEVREL, pass. du Caire, 54.

SCÈNE X.

LE QUATORZIÈME,

VAUDEVILLE EN UN ACTE,

par MM. Anicet-Bourgeois et Édouard Brisebarre,

Représenté pour la première fois, à Paris,
sur le théâtre de la Porte-Saint-Martin, le 18 février 1838.

PERSONNAGES.	ACTEURS.
GIBRALTAR, marchand de chevaux.	MM. Ch. Cabot.
TIPHAINE, BALACHOUX.	Tournan.
EUSÈBE BÉNARD.	Alf. Albert.
ROSINE, fille de Gibraltar.	Mmes Joubert.
OLYMPE, au service de Gibraltar.	Astruc.

Le théâtre représente une antichambre ; deux fenêtres ayant vue sur la rue ; à droite de l'acteur, la porte de la salle à manger ; à gauche, porte parallèle, chaises, etc. petite console sur laquelle sont placés divers plats de dessert.

SCENE I.
GIBRALTAR, OLYMPE.

GIBRALTAR, en colère.
Olympe! Olympe! vous sortirez de chez moi.

OLYMPE.
Vous me mettrez à la porte?

GIBRALTAR.
Mais tu veux donc ma ruine, ma mort... Avant-hier, tu me casses un cabaret magnifique... hier, je trouve des aiguilles dans mes chaussettes, et tout-à-l'heure... tout-à-l'heure, quand je veux mettre mes bottes, je sens de la résistance, je pousse... crac, je fais une omelette; il y avait un œuf frais dans le talon.

OLYMPE, à part.
Je l'avais caché là, pour mon second déjeuner.

GIBRALTAR.

Depuis deux années que tu es chez moi, jamais tu n'as été aussi évaporée... Olympe, vous vous dérangez...

OLYMPE.

Par exemple !

GIBRALTAR.

Je suis sûr que vous avez des intrigues.

OLYMPE.

Hélas ! j'en ai pas, au contraire, voilà ce qui me désole.

GIBRALTAR.

Comment ?

OLYMPE.

Oh ! j'en voudrais qu'une... pas d'avantage... pourvu que ce soit avec un pompier.

GIBRALTAR.

Un pompier !

OLYMPE.

J'ai toujours aimé les hommes à casque... écoutez donc... v'là vingt-quatre ans que je suis sage, et ça finit par devenir fatiguant... faut avouer que j'ai du malheur ; car, enfin, je ne suis ni bossue, ni borgne, ni bancale ; j'ai tout ce qu'il faut pour rendre un homme heureux.

GIBRALTAR.

Eh bien ! après ?

OLYMPE.

Eh bien ! monsieur, j'ai jamais pu trouver un amoureux... pour le bon motif, s'entend... Tenez, la cuisinière du n° 15, qu'a pas un liard, qu'a quarante-six ans et un œil qui ne voit que d'un côté, elle a épousé, il y a deux jours, un garçon boulanger ; aujourd'hui, vous mariez votre fille... tout le monde se marie, et moi, je coiffe Sainte-Catherine, cette année, comme les autres...

GIBRALTAR.

Patience ; les maris ne sont pas rares, il en pousse tous les jours, il t'en viendra un.

OLYMPE.

C'est qu'encore, j'ai de l'argent, car il leur en faut à ces monstres d'hommes !

GIBRALTAR.

Tu as donc des économies ?

OLYMPE.

900 fr. que j'ai amassés depuis que je suis à votre service.

GIBRALTAR.

Hein ? depuis deux ans que vous êtes chez moi, à raison de 200 livres par an, vous avez économisé 900 francs ?

OLYMPE.

Dame ! avec les intérêts, les étrennes... et puis, je fais valoir mon argent moi-même.

GIBRALTAR.

Vous le faites valoir supérieurement. Olympe, je suis marchand de chevaux, c'est vrai, mais je ne suis pas l'empereur du Pérou, et je ne veux pas que vous fassiez danser chez moi, l'anse du panier de cette façon-là.

OLYMPE.

Vous soupçonnez ma comptabilité, monsieur ?

GIBRALTAR.

Certainement ; aujourd'hui, par exemple, pour le dîner des fiançailles, de ma fille, vous m'avez compté quarante sols d'échalottes, il y avait de quoi faire une sauce piquante pour l'établissement des Invalides... vous sentez bien, Olympe, que ce n'est pas au moment où je marie ma fille que je puis me permettre une semblable dépense.

OLYMPE.

Est-elle heureuse, votre fille ? épouser un joli jeune homme qui a des cheveux blonds à ce qu'on dit et 6000 livres de rente.

GIBRALTAR.

Que lui a laissées sa marraine... une vieille femme qui n'avait jamais pu la souffrir ; c'est un joli parti que j'ai trouvé sur la Seine.

OLYMPE.

Sur la Seine?

GIBRALTAR.

Certainement... ma fille, ma Rosine me disait tous les jours : Papa, je voudrais bien voir la mer... eh bien! mon enfant, je te la ferai voir en raccourci... et comme je désirais aussi naviguer, depuis long-temps, je retins un beau jour deux places sur le bateau à vapeur de Paris à Montereau... mon futur gendre était sur le tillac, il fumait un cigarre et incommodait beaucoup ma fille... c'est comme cela qu'il a fait sa connaissance; il me parla de sa fortune, il me convint tout de suite, et aujourd'hui après dîner, l'on signe le contrat...

OLYMPE.

Quand donc je parapherai le mien!

GIBRALTAR.

Rosine est-elle dans sa chambre?

OLYMPE.

Non, elle fait des croches.

GIBRALTAR.

Des croches?

OLYMPE.

Oui, elle est à son piano.

GIBRALTAR, à part.

Je pourrai alors me rendre dans sa chambre sans être vu... et placer dans son nécessaire son cadeau de noces, une paire de boucles d'oreilles en stras... (Haut.) Olympe, ne pensez plus à connaître aucun pompier, et épluchez les fraises.

Air : Ah! quelle allégresse. (MICAELA.)

Sur votre sagesse,
Je compte toujours,
Chez moi, ne songez plus aux amours;
Je n' veux pas d' faiblesse,
C'est bien entendu,
Dans ma cuisine et dans vot' vertu.

REPRISE.

Sur votre sagesse, etc.

OLYMPE.

J'ai de la sagesse,
J'en aurai toujours,
Chez vous, je n' pens'rai plus aux amours,
N'y aura pas d' faiblesse,
C'est bien entendu.
Dans ma cuisine et dans ma vertu   (Il sort.)

REPRISE.

SCÈNE II.

OLYMPE, puis ROSINE.

OLYMPE.

Epluchez les fraises, cette distraction! pour une jeune fille de vingt-quatre ans!.. Sois tranquille... si je puis amasser jusqu'à 1000 francs dans dans la barraque, je retournerai au pays... et j'en aurai un mari; ils doivent être moins chers à Montereau qu'à Paris.

ROSINE, entrant.

Mon père n'est pas là.

OLYMPE.

Non, mam'selle; il est sorti. (A part.) Et ça va se marier... à dix-sept ans? mais il devrait y avoir une loi qui forçât les épouseurs à commencer par les anciennes.

(Elle tourne le dos à Rosine et s'assied près de la console pour éplucher les fraises.)

ROSINE, à part.

Une lettre de lui? le commissionnaire que j'ai envoyé à la grande poste vient de me la rapporter.

OLYMPE.

Eh bien! mam'selle, vous allez donc bientôt être dans votre ménage?

ROSINE.

Que m'importe !

OLYMPE.

Bon ! voilà que je jette les queues dans le saladier !

ROSINE, lisant.

Sa tante l'a deshérité... il veut se détruire, il demande mon adresse... un rendez-vous...

OLYMPE.

Vous aurez un mari qui vous promènera, qui vous cajolera...

ROSINE, à part.

Pauvre Eusèbe ! il s'y prend trop tard, je ne serai plus libre, ce soir.

SCÈNE III.

LES MÊMES, GIBRALTAR, dans le fond, examinant Rosine.

GIBRALTAR.

Ma fille, une lettre à la main, je vais donc la confondre.

ROSINE.

Grand Dieu ! mon papa.

(Elle cherche à cacher la lettre ; ne trouvant près d'elle que la poche d'Olympe qui épluche toujours, elle y jette précipitamment la lettre.)

OLYMPE, à part.

Tiens ! il a les yeux gros comme le poing, le bourgeois.

GIBRALTAR, à sa fille.

Mademoiselle, ouvrez toutes vos mains.

ROSINE.

Moi, mon papa ?

GIBRALTAR.

Vous teniez quelque chose ?

ROSINE.

Non, je vous assure.

GIBRALTAR.

Olympe, allez prendre l'air.

OLYMPE.

Moi ?

GIBRALTAR, avec colère.

Olympe !

OLYMPE.

On s'en va. (A part.) Gros brutal ! tu mangeras les fraises avec les queues, toi ! tiens ! tiens ! (Elle jette toutes les queues dans le saladier et sort.)

GIBRALTAR, à sa fille.

Approchez, malheureuse ! tu lisais une lettre ?

ROSINE.

Je vous jure...

GIBRALTAR.

Ne jure pas ! tu l'as cachée, ça m'est égal, mais celles-ci... ces deux grosses-là que je viens de trouver dans ton nécessaire... hein ?

ROSINE.

Grand Dieu !

GIBRALTAR.

A Mlle Rosine Gibraltar, Paris, poste restante ; avec trois sols dessus.

ROSINE.

Mon papa !

GIBRALTAR.

Et l'intérieur, fille coupable, l'intérieur de ces billets doux... mourir ou vous posséder. Signé : Schahabaham... Schahabaham ! qu'est-ce que c'est qu'un nom comme ça. Rosine ? répondez-moi, auriez-vous eu la faiblesse d'être aimée par un marchand de pastilles du sérail ?

ROSINE.

Papa !

GIBRALTAR.

Schahabaham ! ça n'est pas chrétien.

ROSINE.

Ces lettres... ces lettres sont de M. Eusèbe Bénard... c'est le petit jeune homme qui a joué la comédie avec moi, le jour de la fête de ma maîtresse de pension.

GIBRALTAR.

Dans l'Ours et le Pacha?

ROSINE.

Il faisait le pacha.

GIBRALTAR.

Un vieux !

ROSINE.

Du tout, il est fort gentil, quand il n'a pas de perruque...

GIBRALTAR.

Je vous défends d'y songer avec ou sans perruque.

ROSINE.

Il m'a écrit sous ce nom d'emprunt pour ne pas me compromettre.

GIBRALTAR.

Voyez vous ça ! (A part.) Elle a hérité de toute la ruse de son père.

ROSINE.

Oh! je ne lui ai pas dit mon adresse... voyez... poste restante.

GIBRALTAR.

Qu'importe...

Air : De sommeiller encor ma chère.

C'est un polisson c'est un drôle,
Ses projets seront renversés ;
De la poste vois le contrôle,
Quinze centimes bien tracés.
Oser écrire à la sagesse,
A la vertu lancer un billet doux,
Puis avoir l'indélicatesse
De lui faire payer trois sous.

ROSINE.

Papa !..

GIBRALTAR.

Ah! si je connaissais ton Scba... ton... est-il possible de faire l'amour à une femme avec un nom pareil ? à sa place, j'en aurais pris un en rapport avec mon physique... Alcibiade... Ajax... ou Castor... Si tu t'avises de le revoir...

ROSINE.

Hélas ! il est parti...

GIBRALTAR.

Parti !

ROSINE.

C'est un artiste... un acteur.

GIBRALTAR.

Un histrion... un baladin! ah! ma fille!

ROSINE.

Pauvre garçon, sa tante l'a déshérité à cause de sa passion pour le théâtre.

GIBRALTAR.

Et elle a bien fait... ne parlons plus de cet homme... j'oublie ta faute je la couvre d'un voile à condition que tu ne penseras plus qu'à ton futur ce cher Tiphaine Balachoux.

ROSINE.

Oui, papa.

GIBRALTAR.

Cinq heures et quart, et Tiphaine n'est pas encore arrivé.

ROSINE à part

S'il pouvait ne pas venir.

GIBRALTAR.

Il m'a pourtant écrit, il y a trois jours: Beau-père, je prendrai la vapeur pour arriver plutôt... il aurait mieux fait de prendre la diligence.

SCENE IV.

LES MÊMES, OLYMPE.

OLYMPE, accourant.

Les voilà !.. les voilà !..

GIBRALTAR.

Mon gendre?

OLYMPE.

Tous vos parens... vos parentes, vos neveux... vos nièces... il y en avait plein deux fiacres et un cabriolet... ils sont dix...

GIBRALTAR.

Dix... et moi qui n'ai commandé le dîner que pour huit personnes... dix... ma fille, mon gendre et moi... ça fera treize... va chercher un gigot... un melon... des poires cuites... mets une allonge.

OLYMPE.

Il va falloir ôter le couvert à présent.

GIBRALTAR.

Puis à la cave... du vin, de la liqueur, de la bière... ils boivent comme des sonneurs, tous mes parens... et toi, ma fille, ma Rosine, cours au salon ; c'est au salon qu'ils sont entrés, n'est-ce pas?

OLYMPE.

Et ils dérangent les fauteuils, ils se vautrent sur le canapé, ils crottent partout ; en voilà de l'ouvrage.

GIBRALTAR

Rosine, s'ils me demandent, tu leur diras que je cours après mon gendre... Allons, Olympe, vite à la cave, si je suis content de toi, je porterai tes gages à 50 écus

OLYMPE.

Comment 50 écus? vous voulez donc me diminuer à présent?

GIBRALTAR.

Mais, non... je me trompe... l'émotion... le trouble...

Air : Allez que ma chère Eudoxie, (Chevalier d'Éon.)

Quel ennui lorsqu'il nous arrive,
Lorsqu'il nous tombe sur les bras,
Un dîneur, un nouveau convive.
Sur lequel on ne compte pas.
Agrandis la table.

OLYMPE.

J'y songe.

GIBRALTAR.

Cours vite!

OLYMPE, à part.

Oh! les maudits parens.
Pour eux je n' mettrai pas d'allonge,
J' vas les serrer comm' des harengs.

(Reprise. — Rosine et Olympe sortent.)

GIBRALTAR, seul cherchant de tous côtés

Et moi à la Grève, au bateau à vapeur, à la diligence... Qu'est-ce qui m'a caché mon chapeau? ah!.. le voici!..

SCÈNE V.
GIBRALTAR, TIPHAINE.

(Gibraltar a trouvé son chapeau, il s'élance vivement vers la porte, à ce moment, Tiphaine entre avec empressement et s'écrie : Ah! m'y voilà donc! il est violemment heurté par Gibraltar et il tombe sur une chaise.)

TIPHAINE, assis.

Le fait est que j'y suis.

GIBRALTAR.

Mon gendre!

TIPHAINE, assis,

Mon beau-père!

GIBRALTAR, le relevant.

Ce cher Tiphaine!.. comment, c'est vous que j'ai bousculé de la sorte?

TIPHAINE.

Bousculé!.. il est charmant... j'appelle ça tarabusté... Où diable couriez-vous si fort?..

GIBRALTAR.

J'allais au-devant de vous ; car vous êtes en retard, Tiphaine ; vous deviez être ici avant-hier?

TIPHAINE.

Je crois bien... voilà deux jours et deux nuits que je suis en route.

GIBRALTAR.

Pour venir de Montereau à Paris? ah ça! quel chemin avez-vous donc pris?

TIPHAINE.

La rivière, le fleuve de la Seine.

GIBRALTAR.

Vous êtes donc venu à la nage?

TIPHAINE.

J'aurais dû le faire... je serais arrivé plus vite

Air : Heureux habitans.

Dans ce siècle-ci,
Nous pouvons, avec avantage,
Aller dieu merci
Vivement du Nord au Midi ;
Aussi lestement
Que le moineau, chacun voyage ;
L' meilleur
Conducteur
Brûlant l' pavé, c'est la vapeur.

Je fuis comme un fou
L' coucou
Qu' j'aperçois sur la place,
Dont l' cocher pris d' vin,
En m' voyant, cri' v'là mon lapin !
J' trouv' le conducteur
D' la diligence, qui me pourchasse
En m' disant bourgeois,
Sur la banquett', ils ne sont qu' trois.

Je n' peux faire un pas;
L' coucou m' prend l' bras
L'autre me presse ;
Ils m' tir'nt d' chaq' côté,
J' suis sur le point d'être éreinté ;
Poussé d'un coup d' pied, qui n'était pas à mon adresse,
J' m'élanc' dans l' bateau;
V'là mon chapeau
Qui tomb' dans l'eau.

Il plonge, oh ! terreur !
J'en fais alors le sacrifice,
Et dans mon humeur,
Du bateau, j' maudis la lenteur ;
Cette vapeur-là vraiment va comme une écrevisse !
Je m'étais trompé ;
Sur le coche j'étais grimpé.

Mes yeux,
Furieux,
Aperçoivent trente nourrices,
Autant d' nourrissons
Qui criaient comme des démons;
Puis de son enfant, chaqu' femm' pour calmer les caprices,
Emploie un moyen
Qu'en bon pèr' vous devinez bien.

Mon regard,
Gaillard,
Sur une nourrice jolie
Vit' va s'arrêter :
J' caress' l'enfant pour la flatter,
J' le presse sur mon sein,
Mais, oh ! destin !
Le drôl' s'oublie,

Et j' prie un marin
De m' prêter c' pantalon d' nankin.

Dans ce siècle-ci,
Nous pouvons avec avantage,
Aller dieu merci
Vivement du Nord au Midi ;
Aussi lentement
Que la tortu' chacun voyage,
Quand il a l' malheur
De prend' le coch' pour la vapeur.

GIBRALTAR.

Pauvre garçon !..

TIPHAINE.

Aussi, ai-je grand besoin de reposer ma vue et mon odorat ; c'est-à-dire de sentir le parfum de votre dîner et de voir votre adorable fille.

SCENE VI.

Les Mêmes, OLYMPE.

OLYMPE.

La soupe est sur la table et tous vos parens autour.

GIBRALTAR.

Très bien, voilà le moment de vous présenter à Rosine qui fait en ce moment, les honneurs de la maison à toute ma famille.

TIPHAINE.

Les Gibraltar sont réunis ! Conduisez-moi, beau-père ; j'ai hâte de leur présenter mes hommages, aux Gibraltar.

GIBRALTAR.

Allons, mon gendre !

Air : Amis francs et sincères (Changée en nourrice.)

Allons, partons bien vite,
La table nous invite,
Il faut s'éloigner car,
Si long-temps on diffère,
Je crains fort la colère
De tous les Gibraltar ;
Près d' votre fiancée
Votre place est gardée,

TIPHAINE.

Je vais à chaque instant,
Adresser sur mon ame,
Mill' coups d'yeux à ma femme,
Sans perdre un coup de dent.

REPRISE.

(Ils sortent.)

SCENE VII.

OLYMPE, seule.

Ah ! c'est ça le prétendu... il a une drôle de tête ; c'est égal.. à part son physique, je suis sûre qu'il fera un excellent mari.

VOIX, dans la coulisse.

Mlle Olympe ! Mlle Olympe !

OLYMPE.

Qu'est-ce qui appelle ? (Regardant du côté opposé à la salle à manger.) Le pâtissier... on y va... (Regardant dans la salle à manger.) Tiens... y sont pas encore placés... on dirait qu'ils se disputent... patatras... voilà le prétendu qui a accroché les assiettes de dessert...

VOIX, dans la coulisse.

Mlle Olympe ! Mlle Olympe !

OLYMPE.

On y va... et le père Gibraltar qui tient tant à ses assiettes... il ne me fera pas payer celles-là !

(Elle sort en courant.)

SCENE VIII
TIPHAINE, GIBRALTAR.
(Thiphaine sort de la salle à manger et est poursuivi par Gibraltar.)

TIPHAINE.

Non... cent fois non... je ne dînerai pas treize à table... et j'ai manqué de m'asseoir, encore?..

GIBRALTAR.

Qu'est-ce que ça fait qu'on soit treize... dix-neuf... ou cinquante-six?

TIPHAINE.

Beau-père, avez-vous envie que je porte votre deuil?.. Eh bien! allez manger treize à table... il y en a toujours un qui meurt dans l'année.

GIBRALTAR.

Quelle bêtise?

TIPHAINE.

Mais ma vieille marraine... celle qui m'a laissé 6,000 francs de rentes, est morte pour avoir dîné treize à table... une femme d'une santé superbe, qui n'avait que quatre-vingt-deux ans, la goutte et un catarrhe.

GIBRALTAR.

C'est qu'elle devait mourir.

TIPHAINE.

Je ne lui en ai pas fait un reproche, à cette brave femme... ça lui serait même arrivé plus tôt que je ne lui en aurais pas voulu...

GIBRALTAR.

Ah! mon gendre!.. je vous croyais des sentimens d'un étage plus élevé; votre marraine vous a laissé 6,000 francs de rentes, ne remuez pas sa mémoire.

TIPHAINE.

La scélérate m'a fait héritier par colère... oui, elle a fait une bonne action par méchanceté... si ce petit Eusèbe Bénard, son neveu, que je n'ai jamais vu, n'avait pas eu l'excellente idée de se faire comédien, il avait tout... et s'il renonçait au théâtre dans un délai donné, il pourrait rentrer dans tous ses droits... il y a une clause dans le testament.

GIRRALTAR.

Diable!

TIPHAINE.

Mais je suis tranquille, c'est demain que le délai fatal expire, l'héritier ne connaît pas la clause, il court la province... à l'heure où je vous parle il joue les Fureurs d'Oreste ou le Désespoir de Jocrisse, à Beaugency ou à Château-Chinon.

GIBRALTAR.

A la bonne heure... qu'il joue ce qu'il voudra et nous allons dîner.

TIPHAINE.

Du tout... je n'irai pas... vous me traîneriez par les cheveux que je n'avalerais pas une bouchée.

GIBRALTAR.

Mais ma fille... votre fiancée...

TIPHAINE.

Donnez-lui ma part.

GIBRALTAR.

Mes parens qui vous attendent... que vont-ils penser?

TIPHAINE.

Dites-leur que j'ai des coliques, des crampes d'estomac... que je vais me purger.

GIBRALTAR.

Mon gendre, mon gendre, vous vous comportez comme un provincial.

TIPHAINE.

Prenez garde... vous insultez les quatre-vingt-cinq départemens.

GIBRALTAR.

Votre conduite est absurde... insultante... et vous mériteriez...

TIPHAINE, d'un air radouci.

Vous voulez que je me fâche; mais je ne me fâcherai pas... pourtant je ne dînerai pas treize à table... arrangez-vous... mettez-en un à la porte...

tenez, ce vieux maigre qui, en prenant du tabac en avait déjà fourré dans mon assiette.

GIBRALTAR.

Ah! c'est mon cousin...

TIPHAINE.

Eh bien! moi, je dînerai tout seul... ici... à une petite table.

(Il avale les macarons du dessert.)

GIBRALTAR.

Mon gendre, mon gendre, vous me blessez et vous détériorez le dessert de la compagnie... (Il reprend les macarons.) Je commence à avoir une mauvaise opinion de vous... je n'aime pas toutes ces simagrées-là... On est homme ou on ne l'est pas... et pour être mon gendre, il faut prouver qu'on est un homme, songez-y bien... si vous n'êtes pas revenu à table, une fois les anchois mangés... je romps.

Air : Galop de Jullien.

Suivez-moi donc à table
Et j'oublirai vos torts ;
Ou je me sens capable
De vous jeter dehors.

TIPHAINE.

Votre soupçon me vexe,
Ce n'est pas en dînant
Que je prouve mon sexe ;
Je le prouve autrement.

GIBRALTAR.

Suivez-moi donc à table, etc.

TIPHAINE.

Je n'irai pas à table,
Malgré tous vos efforts,
Je vous crois incapable
De me jeter dehors.

(Gibraltar sort furieux.)

SCÈNE IX.
TIPHAINE, seul.

Il se fâche... eh bien ! ça m'est égal... treize à table... je la goberais... bien sûr... ah! quelle odeur !.. ça sent l'aloyau ou le macaroni au gratin... et je me suis condamné au supplice de Tantale... j'ai une faim de sauvage... si je fesais dire au vieux qui prend du tabac qu'on le demande à la porte !.. mais il remonterait... oh! si l'on était quatorze... s'il y avait seulement un petit bonhomme, un enfant à la mamelle qui pût détruire l'influence du nombre treize... mon Dieu! qu'est-ce qui pourrait me prêter un enfant... il y en a fort peu ici... je n'en vois pas... si j'invitais un étranger... un passant... un joli passant... oui ; le beau-père n'oserait pas me refuser une place pour un ami, un camarade de collège... je dirai que c'est mon camarade de collège... je n'ai jamais été que chez les Frères... mais c'est égal... (Il ouvre la croisée et regarde.) Ah! justement voilà quelqu'un... Diable! c'est un maçon... il n'est pas trop mal ce maçon-là, s'il voulait se donner un coup de brosse... non, il a trop mauvais genre... je ne vois passer que des petites gens... c'est très canaille dans ce quartier... ah! voici mon affaire... Hé! monsieur !.. oui, c'est moi qui vous appelle... pardon, monsieur... je... hein !.. ce que je vous veux... montez, il s'agit d'une affaire importante... montez au premier, il y a une patte de biche sur la porte... Il monte... en voici donc un... et qui a l'air distingué... un habit vert et des gants jaunes.

SCÈNE X.
TIPHAINE, EUSÈBE.

TIPHAINE.

Ah! entrez, jeune homme, entrez... je vous offrirais bien une chaise, mais j'aime mieux vous offrir quelque chose de plus digestif...

EUSÈBE.

Pourrai-je savoir, monsieur, ce que vous désiriez de moi?

GIBRALTAR, dans la coulisse.

Mon gendre, nous attaquons les anchois.

TIPHAINE.

En voilà un qui est insuportable !..

EUSÈBE.

Eh bien ! monsieur...

TIPHAINE.

Jeune homme, j'attends de vous un grand service...

EUSÈBE.

Quel est-il, monsieur ?

TIPHAINE.

C'est de dîner avec moi.

EUSÈBE.

De dîner avec vous ?

TIPHAINE.

C'est une proposition assez galante, hein ? ça vous sourit-il ?

EUSÈBE.

Je suis désolé de vous refuser, monsieur, je viens de dîner.

TIPHAINE.

Ai-je du malheur !.. tomber justement sur un homme qui a dîné !

EUSÈBE, à part.

Ce monsieur parle-t-il sérieusement ?

TIPHAINE.

Dites donc, vous avez peut-être mal dîné ; vous avez peut-être dîné à 22 sous ?

EUSÈBE.

C'est une insulte, monsieur.

TIPHAINE.

Du tout, on peut être fort honnête et dîner à 22 sous, même à 17.

EUSÈBE.

C'est dans tout les cas une fort mauvaise plaisanterie... je vous salue, monsieur.

TIPHAINE.

Eh bien ! il s'en va, c'est qu'il file, il décampe très bien ! ah ! mais, le père Gibraltar qui est brutal en diable, va me mettre à la porte, si je ne vais pas dîner.

EUSÈBE, revenant.

Gibraltar ! je suis chez M. Gibraltar ?

TIPHAINE, sans l'écouter.

Eh ! oui.

EUSÈBE.

Père de Mlle Rosine.

TIPHAINE.

Eh ! oui. (A part.) Il ne dînera pas, il faut que j'en repêche un autre.

(Il va à la fenêtre.)

EUSÈBE, à part.

Rosine ! je suis près d'elle ; chez son père dont j'ignorais l'adresse.

TIPHAINE, à la fenêtre.

Voilà un épicier, il a une tournure un peu folâtre... mais, ma foi, je le prierai d'ôter sa serpillière... Oh ! hé ! jeune homme, si tu veux dîner avec moi, je te donne 15 sous.

EUSÈBE, le tirant.

Monsieur ! monsieur !

TIPHAINE.

Vous allez me faire manquer mon épicier.

EUSÈBE.

Monsieur, j'ai dîné, il est vrai... mais si ma présence, en ces lieux peut vous être agréable, et surtout si elle n'est pas inconvenante, je consentirai....

TIPHAINE.

Vous dînez ! tu dînes ! ô providence ! tu dînes ! inconnu, laissez-moi t'embrasser.

EUSÈBE, à part.

Le drôle de corps !

TIPHAINE.

Air des Frères de lait.

O noble ami, dont je fais connaissance,
Pour toi, quelle est mon admiration,
Pour m'obliger, il va courir la chance
De se donner une indigestion,
Une grastrite, une enflammation,
Quand tu t'exposes à ce point pour me plaire,
Si la colique est le prix du bienfait,
Je me ferai s'il faut apothicaire.
Pour réparer le mal que j'aurai fait.

EUSÈBE.

Mais dans quel but m'avez-vous fait cette invitation?

TIPHAINE.

Je vous dirai ça plus tard, je vais vous présenter à la société.

EUSÈBE.

Il y a société?

TIPHAINE.

Une grande cérémonie, un gala... suivez-moi, laissez-moi faire et laissez-moi dire.

ENSEMBLE.

Air : Ici pour faire bombance. (TIRELIRE.)

Que dans cette circonstance,
Rien ne puisse nous trahir,
Il faut beaucoup de prudence,
Si nous voulons réussir.

EUSÈBE, avec empressement.
Dépêchons-nous, je vous prie,

TIPHAINE, étonné.
L'appétit vous vient bientôt;
Il a faim. (A part.) Mais je parie
Qu'il digère comme un oiseau.

REPRISE.   (Ils entrent dans la salle à manger.)

SCÈNE XI.

(Après l'entrée de Tiphaine et d'Eusèbe dans la salle à manger, Olympe est arrivée.)

OLYMPE, seule.

Ah çà! mais, qu'est-ce qu'ils font donc là-bas? voilà un temps énorme qu'ils sont à table, et ils ne m'ont pas encore sonné pour enlever la soupe? ils n'ont qu'à apprêter leurs dents, ceux qui en ont... j'ai laissé trop cuire mon gigot, il est tout noir, on ne peut pas y entrer la fourchette... Qu'est-ce qui a dérangé mon dessert? on a touché aux macarons... il y en a quatre d'écorchés, et trois de moins... mais ça n'est plus présentable... (Elle fourre les macarons écorchés dans la poche de son tablier où se trouve la lettre de Rosine.) Tiens! un papier !.. qu'est-ce qui a mis ça dans ma poche? et moi qui ne sais pas lire... Voyons, qu'est-ce qui s'est frotté contre mon tablier, aujourd'hui? le père Gibraltar... ça ne peut pas être lui... Oh! le petit pâtissier... Oui, c'est peut-être une déclaration... s'il m'offrait son cœur et une boutique de pâte ferme? c'est-il embêtant... moi, qui ne lis que les grosses lettres.

SCÈNE XII.

CLYMPE, TIPHAINE.

TIPHAINE.

Conçoit-on cela?.. j'entre dans la salle à manger... je présente mon dîneur... on le met à côté de l'homme au tabac... je me dis : maintenant que nous sommes quatorze... je vais m'en donner... v'lan... ma future reluque mon inconnu... se trouve mal, s'en va dans sa chambre, et nous ne sommes plus que treize.

OLYMPE, à part.

Voilà le prétendu.

TIPHAINE.
Il paraît qu'il est écrit là-haut que je ne mangerai pas aujourd'hui... je vais me rejeter sur les macarons.
OLYMPE, à part.
Une idée !..
(Tiphaine se dirige du côté de la console, Olympe le retient par son habit.)
OLYMPE.
Monsieur...
TIPHAINE.
Hein !
OLYMPE.
Monsieur, savez-vous lire ?
TIPHAINE.
Si je sais lire !.. apprenez, la bonne, que je possède cette science depuis l'âge de dix-huit mois...
OLYMPE.
Eh bien ! dites-moi ce qu'il y a là-dedans.
TIPHAINE.
Ma chère amie, j'ai autre chose à faire. (A part.) Les macarons me réclament.
OLYMPE.
Ah ! monsieur, si vous me refusez, vous me ferez, peut-être, manquer un mariage... et je crois avoir mis la main sur un pâtissier.
TIPHAINE, à part.
Un pâtissier ! dans ce moment-ci, je serais capable d'en ruiner trois... enfin, il faut être charitable. (Lisant) « Mademoiselle, que n'êtes-vous » encore dans votre pensionnat... » (A part.) Diable ! il paraît qu'elle a été fort bien élevée pour une cuisinière.
OLYMPE, à part.
Un pensionnat... je n'ai jamais été que dans une pension bourgeoise.
TIPHAINE, à part.
Confiez donc vos enfans à des instituteurs ?.. ils leurs apprennent l'histoire et la géographie, la musique... et ils négligent la lecture... (Lisant.) « Ce temps-là, mademoiselle, fut l'époque la plus heureuse de ma vie... » (Parlant.) Tiens... tiens... mais ce pâtissier a de la chaleur dans le style... (Lisant.) « Mes devoirs d'artiste m'ont souvent empêché de vous écrire... » (Parlant.) Artiste !.. que ces pâtissiers sont orgueilleux ! (Lisant.) « Accordez- » moi un rendez-vous... un seul... ou je mourrai. »
OLYMPE.
Vraiment.
TIPHAINE.
Il est pressant, ce mitron-là... voyons sa signature... Schahabaham... ce doit être un allemand. Hein !.. que vois-je ! « Rosine, à vous pour la vie. » Et sur l'adresse, à Mlle Rosine Gibraltar...
OLYMPE.
C'est pour mam'selle.
TIPHAINE.
C'était pour ma fiancée !.. pour ma promise... ah ! je vais faire une esclandre terrible... je vais jeter cette lettre à la figure de tous les Gibraltar.

SCENE XIII.
LES MÊMES, GIBRALTAR.

GIBRALTAR.
Mon gendre, vous êtes un drôle de corps... comment, ma fille se trouve mal... et vous n'êtes pas là ?.. vous, son prétendu !.. tandis que votre ami... cet étranger la soigne... lui fait prendre l'air.
TIPHAINE.
Il peut lui faire prendre, à présent, tout ce qu'il voudra.
GIBRALTAR.
Et cette pauvre enfant est toujours dans le même état... Olympe, il faut la délacer... lui faire respirer du vinaigre des quatre mendians... non ; des quatre... mais allez donc !
(Elle sort.)

GIBRALTAR.

Que va penser ma famille qui est à table depuis une heure trois quarts, et qui n'a encore mangé que la soupe à l'oseille.

TIPHAINE.

Malheureux père!

GIBRALTAR.

Qu'est-ce qui vous prend?

TIPHAINE.

Apprenez que votre fille est aimée par un moscovite, un allemand ou un indien... je ne sais pas au juste... tenez, connaissez-vous Schahabaham!.. hein!..

GIBRALTAR.

De réputation... (A part.) Encore une lettre! mais il en pleut donc... fille imprudente! (Haut, avec un rire forcé.) Ah! ah! c'est un enfantillage, une plaisanterie de pension... c'est une de ses amies...

TIPHAINE.

Comment, vous voulez me faire croire que Schahabaham est...

GIBRALTAR.

Une petite fille de treize ans et demi, pas davantage, c'est pour se former le style... pour apprendre à écrire à son mari... à vous écrire, Tiphaine, quand vous voyagerez.

TIPHAINE, à part.

Ceci me paraît absurde, pourtant, ce brave homme de père ne voudrait pas me tromper, avec ses cheveux gris... cette explication me suffit; elle me rend mon calme et mon appétit... à table, beau-père... ah! dites donc, mon jeune homme ne s'est pas en allé?

GIBRALTAR.

Quel jeune homme?

TIPHAINE.

Chose... vous savez bien... Auguste...

GIBRALTAR.

Ah! il s'appelle Auguste.

TIPHAINE.

Oui, c'est ça... Auguste... le nom est joli!..

SCENE XIV.
Les Mêmes, EUSÈBE.

EUSÈBE, à Tiphaine.

Un mot, monsieur!

TIPHAINE.

Tiens, le voilà!.. bonjour; mon ami, beau-père, faites donc rapporter le potage?

EUSÈBE, au même.

Il faut que je vous parle.

TIPHAINE.

Est-ce que tu veux nous chanter quelque chose, Auguste? il faut garder ça pour le dessert, mon brave...

EUSÈBE

Je vous répète qu'il est indispensable que je vous parle, à l'instant même.

GIBRALTAR.

Il paraît que c'est fort pressé, alors je vous laisse; mais pour Dieu dépêchez-vous... Sept-heures et demie; voilà une heure trois quart que ma famille à mangé la soupe. (Il sort.)

TIPHAINE.

Allons, contez-moi votre affaire, tôt... tôt!.. car je brûle de me restaurer...

EUSÈBE.

Je vous le défends.

TIPHAINE.

Heim!.. comment!

EUSÈBE.

Vous ne remettrez pas les pieds dans la salle à manger.

TIPHAINE.

Il est joli, celui-là... je le fais admettre à la table de mon beau-père, et

il me défend d'y ouvrir la bouche... voyons, Auguste, c'est une mauvaise plaisanterie, allons dîner?
EUSÈBE.
Monsieur, si vous franchissez le seuil de cette porte, je vous coupe les deux oreilles.
TIPHAINE.
Qu'es-ce que c'est que ce ton-là?
EUSÈBE.
Et si dans deux minutes, vous êtes encore ici, je vous tue.
TIPHAINE.
Est-ce que vous êtes malade, cher ami; voulez-vous que j'appelle mon beau-père, que je dise à ma fiancée de vous faire du thé...
EUSÈBE.
Votre fiancée! jamais vous n'épouserez Rosine.
TIPHAINE.
Voilà encore une autre idée... (A part.) Il est complètement timbré... il divague... il bat la breloque.
EUSÈBE.
Rosine n'aura jamais d'autre époux que celui choisi par son cœur, et celui-là, c'est moi.
TIPHAINE, furieux.
Vous!.. toi!.. inconnu que j'ai baptisé du nom d'Auguste, toi que j'aurais dû appeler Robinson... ou Malborough!.. toi, homme sans feu, ni lieu... auquel j'ai offert la soupe et le bouilli... tu mériterais... je vais appeler la bonne de mon beau-père, et te faire jeter par la fenêtre.
EUSÈBE, se jetant sur lui et le colletant
Misérable!
TIPHAINE.
Aïe! aïe! au secours! à l'assassin!

SCÈNE XV.
LES MÊMES, GIBRALTAR..
GIBRALTAR, les séparant.
Vous, son ami! un camarade de collège.
TIPHAINE.
Du tout, ce n'est pas mon ami, ce n'est pas mon camarade de collège, je n'ai jamais été que chez les frères... c'est un vagabond... un inconnu... c'est peut-être un voleur, ou un faiseur de tours...
GIBRALTAR
Qu'entends-je!
TIPHAINE.
Enfin c'est un quatorzième, voilà tout; un aventurier que j'ai invité pour ne pas être treize.
EUSÈBE.
Monsieur Gibraltar...
TIPHAINE.
Et j'ai invité cet homme, un venimeux serpent, qui, au lieu de manger tranquillement sa soupe et les autres affaires, a eu l'audace de faire la cour à votre fille.
GIBRALTAR.
A Rosine?
TIPHAINE.
Elle devrait s'appeler Ève, votre Rosine; car, ainsi que la mère du genre humain, elle s'est laissé corrompre par le démon... Oui, beau-père... elle s'est trouvée mal, mais mal d'amour... et d'amour pour lui, un intru... ah! votre fille fait tache dans la famille des Gibraltar.

Air de la Sentinelle.

Ève est son nom; vous le père éternel...
Et moi, je suis Adam, le premier homme...
Lui, le serpent... le boa plein de fiel,
Qui prit un cœur, rien qu'avec une pomme...
Je me trompais; Rosine est bien son lot...
L'Almaviva c'est lui, c'est très facile...

En vous, je vois le Bartholo...
Je ne suis pas le Figaro,
Mais je crois être le Bazile.

EUSÈBE.

Rien ne me fera supporter plus long-temps.

TIPHAINE.

Retenez-le... retenez-le, et surtout mettez-le à la porte...

EUSÈBE.

Infâme !

GIBRALTAR.

Du calme, mon gendre, du calme... et ne m'abîmez pas comme ça, ma redingote... elle est mûre... (A Eusèbe.) Jeune homme serait-il vrai que vous aimassiez ma fille !

EUSÈBE.

C'est la vérité, monsieur, et je vous la demande en mariage.

TIPHAINE.

Voilà qui est insolent... et devant moi encore !.. mais malheureux insensé, attends donc qu'elle soit veuve... attends donc que je sois mort de vieillesse !..

GIBRALTAR.

Monsieur a raison; ma fille ne peut épouser plusieurs personnes à la fois, les lois le défendent ; d'ailleurs, je ne vous connais que superficiellement.

EUSÈBE.

Si je n'ai pas de fortune, ma profession je l'espère m'en procurera...

GIBRALTAR.

Seriez-vous marchand de chevaux ?

EUSÈBE.

Je suis comédien.

TIPHAINE.

Cabotin... c'est un cabotin.

GIBRALTAR.

Un comédien ne me sera jamais de rien.

EUSÈBE.

Mais votre fille m'aime.

GIBRALTAR.

Vous ?..

TIPHAINE.

Quand je vous le disais...

EUSÈBE.

Et notre amour date de long-temps, c'est moi qui lui écrivais à son pensionnat... sous le nom de...

TIPHAINE.

Schahabaham... j'en étais sûr... jongleur... pantin, va... et moi qui l'ai invité à dîner... lui !.. il doit jouer très mal, cet être-là ! ô comédiens! comédiens! je vous maudis... je vous sifflerai tous comme celui que j'ai si bien travaillé à Montereau... oh ! je lui en ai donné, de l'agrément, à celui-là.

EUSÈBE.

Vous avez sifflé à Montereau.

TIPHAINE.

Oui, jongleur... oui.

EUSÈBE.

Dimanche dernier, dans la première pièce.

TIPHAINE.

Il n'a joué que dans celle-là... le massacre ! je l'avais si bien arrangé.

EUSÈBE, le prenant par le bras.

Misérable !.. c'est donc toi qui m'a fait perdre mon état.

TIPHAINE.

Hein! qu'est-ce qu'il dit?

EUSÈBE.

Tu m'as fait rompre mon engagement... quitter le théâtre !

TIPHAINE.

Comment, c'était vous... toi, mon rival... si j'avais su, je t'aurais jeté des pommes cuites... non, je ne les aurais pas fait cuire.

GIBRALTAR.
Vous êtes violent, vous êtes très violent.

EUSÈBE.
Monsieur, vous me rendrez raison.

TIPHAINE.
Volontiers! ma raison, la voilà... c'est que tu étais très mauvais.

EUSÈBE.
Vous vous battrez, monsieur... voilà ma carte... M. Eusèbe Bénard, rue de Lancry.

GIBRALTAR et TIPHAINE.
Hein! Eusèbe Bénard!

TIPHAINE.
Eusèbe Bénard... le neveu de ma marraine.

EUSÈBE.
Vous m'avez fait quitter le théâtre, vous m'avez ruiné, et il faut que je me venge.

GIBRALTAR.
Mais, pas du tout... embrassez-le, au contraire, car il vous a rendu un service de première classe; du moment où vous quittez le théâtre, aux termes du testament, vous...

TIPHAINE, à part.
Je suis perdu.

EUSÈBE.
Que voulez-vous dire, monsieur.

TIPHAINE, se jetant entre eux.
Je ne veux rien entendre.

EUSÈBE.
Mais...

TIPHAINE.
Allons, monsieur, aux buttes Chaumont, à Vincennes, à Romainville, où vous voudrez.

GIBRALTAR.
Mais laissez-moi donc expliquer à monsieur...

TIPHAINE.
Du tout... j'aime mieux me battre... je deviens belliqueux.

EUSÈBE, à Gibraltar.
Que voulez-vous dire, monsieur.

TIPHAINE.
Rien... jeune homme, je t'ai insulté, je t'insulte encore... je t'ai appelé cabotin, je t'appelle paillasse.

EUSÈBE, à Gibraltar.
De quel testament parlez-vous donc?

TIPHAINE.
C'est du sien, apparemment, ça ne nous regarde pas... jeune homme... vous m'avez proposé l'épée, j'accepte le pistolet, j'aime mieux ça. (A part.) Je mettrai des balles de liége... dans les canons.

GIBRALTAR.
Je ne souffrirai pas qu'on se massacre à ma connaissance... Tiphaine, je vous défends.

EUSÈBE.
Monsieur, se nomme Tiphaine.

GIBRALTAR.
Balachoux.

EUSÈBE.
Filleul de Mme Bénard, ma tante, qui m'a déshérité pour lui... vous voyez bien que cet homme est mon mauvais génie, et qu'il faut que je le tue.

GIBRALTAR.
Mais non, mais non, il va vous rendre votre fortune, si vous renoncez au théâtre... il y a une clause du testament qui l'exige.

EUSÈBE.
Vraiment!

GIBRALTAR.
Ainsi, jeune homme, il dépend de vous d'avoir 6000 livres de rente et ma fille.

TIPHAINE.

Il refusera, s'il a du cœur...

EUSÈBE.

J'accepte, au contraire, je quitte le théâtre et pour toujours... et maintenant, monsieur, vous m'accorderez la main de Rosine?

GIBRALTAR.

Je suis un bon père, moi, je ne veux que le bonheur de ma fille.

TIPHAINE.

Hein!..

GIBRALTAR, appelant.

Rosine!.. Rosine!..

TIPHAINE, courant après lui.

Gibraltar... Gibraltar... il ne m'écoute pas... ah! si le canal était assez profond... non, j'aime mieux la rivière.

(Il veut s'élancer au-dehors, la porte du fond s'ouvre et Olympe paraît portant un plat que Tiphaine renverse et brise... Rosine est arrivée à la voix de son père qui lui apprend tout bas qu'il consent à son mariage.

SCÈNE XVI.
Les Mêmes, OLYMPE, ROSINE.

TIPHAINE.

Miséricorde!

TOUS.

Ah! mon Dieu!

OLYMPE.

Est-il maladroit! voilà mon grand plat cassé.

TIPHAINE.

Tant mieux, je voudrais casser toute sa vaisselle...

GIBRALTAR.

Insolent! sortez de chez moi... et vous, Olympe, vous qui me mettez mon ménage en miettes, faites-moi le plaisir d'introduire monsieur dehors, et de ne plus revenir.

OLYMPE.

Vous me donnez mon compte... je le prends tout de suite... et je pars, ce soir, pour mon pays... pour Montereau.

TIPHAINE.

Montereau!.. c'est une payse...

OLYMPE.

Oui, je suis fatiguée d'être domestique, je veux être ma maîtresse, et avec mes économies, j'achèterai un débit de tabac.

TIPHAINE, à part.

Un débit de tabac!.. j'ai une idée... (Haut.) Je pars, payse, nous ferons route ensemble... hein!

OLYMPE, le regardant.

Tiens... tiens... ça va!   (Elle lui tape dans la main.)

GIBRALTAR.

M. Bénard, vous serez mon gendre quand j'aurai vu le testament de votre tante.

EUSÈBE.

M. Tiphaine, je n'oublierai pas que vous êtes la cause de mon bonheur, car, sans vous, je n'aurais jamais su...

TIPHAINE.

Ce n'est pas moi... c'est ce vieux Gibraltar... oh! quand on sera treize à table... je ne courrai jamais après le quatorzième... je dînerai pour deux.

CHOEUR.

Air : L'économie est une vertu. (Tirelire.)

De la raison,
C'est la saison,
Plus de faiblesse,
De la sagesse,
Au préjugé,
Donnons congé,

Ayons chacun
Le sens commun.

TIPHAINE.

Je fus conduit à l'hôtel Bazancour,
Pour un méfait qu'aisément on devine.
Oh ! quel local ! depuis cet affreux jour,
Le haricot m'reste sur la poitrine.

OLYMPE.

L'on vous assur' vos châteaux, vos galions,
Ça n'suffit pas ; faudrait pour les familles
Une compagni' qui gagn'rait des millions,
En assurant des maris aux vieill' filles.

GIBRALTAR.

L' luxe est partout, des laquais élégans
En tilbury débitent leur cirage ;
Peut-être un jour l' décrotteur en gants blancs,
Viendra chercher nos bottes en équipage.

EUSÈBE.

D' nos pèr' souvent on cit' les grands combats
De not' valeur, on doutait, j'imagine,
S'ils crient : Arcole, Eylau, nos vieux soldats,
Nous, à présent, nous crierons Constantine.

TIPHAINE, au public.

Quelqu'un de nous doit périr cependant,
L' proverb' le veut... j'aim' mieux qu' ce soit la pièce
Que vous ou moi ; j' vous prie donc instamment,
D' la fair' mourir, mais mourir de vieillesse.

Qu'il soit donné
Au préjugé,
Un démenti,
Un bon défi,
Pas de sifflets,
Mais un succès
Et nous rirons
Des vieux dictons.

FIN.

J.-R. MEVREL, pass. du Caire, 54.

SCÈNE VIII.

L'ENFANT DE PARIS,

OU

MISÈRE ET LIBERTÉ,

VAUDEVILLE EN UN ACTE,

Par MM. Th. Nézel et Armand Ov....

Représenté pour la première fois sur le théâtre du Panthéon, le 17 février 1838.

PERSONNAGES.	ACTEURS.	PERSONNAGES.	ACTEURS.
BONOEIL, propriétaire.	M. DUBOURJAL.	Mme DE ROQUEFORT.	Mmes LASELVA.
HYPOLITE, gamin.	Mlle PÉLAGIE.	AGLAÉ, sa fille.	DESPRÉAUX.
ÉTIENNE, ouvrier.	M. LIONNEL.	CATICHE, servante de Bonœil.	ÉLÉONORE.
ERNEST, avocat.	M. ALEXANDRE.	OUVRIERS.	
LEGRAVE, professeur.	M. WILLIAMS.		

La scène est à Paris chez M. Bonœil.

Un riche appartement.

SCÈNE I.

CATICHE, puis ÉTIENNE, à la porte.

(Au lever du rideau, on entend sonner avec force; Catiche arrive en achevant de s'habiller.)

CATICHE.

Ah! mon Dieu! qui est-ce qui peut donc venir carillonner si matin, à notre porte? encore... une minute; je ne peux pas ouvrir sans être habillée, peut-être...

ÉTIENNE, en dehors.

Ouvre toujours, Catiche, c'est moi... ainsi...

CATICHE.

Tiens! c'est Etienne.

BONOEIL, en dehors.

Catiche! qui est-ce qui sonne donc ainsi?

CATICHE.

C'est personne, monsieur... Etienne, voilà monsieur, allez-vous-en...

promenez-vous devant la maison, je vous ferai signe quand vous pourrez monter.

ÉTIENNE.

C'est convenu, je vas me promener.

SCÈNE II.

BONOEIL, un serviette attachée autour du cou et le visage plein de savon; CATICHE.

BONOEIL.

Comment, comment, c'est personne... est-ce que la sonnette marche toute seule, Catiche?

CATICHE.

Mais, non, monsieur; je dis que c'est personne, parce que c'est le porteur d'eau.

BONOEIL.

Vous êtes bien aristocrate, Catiche, un Auvergnat est un homme comme un autre... quelquefois même...

CATICHE.

Quoi?

BONOEIL.

Je me comprends... Dis-moi, que fait mon fils, est-il levé?

CATICHE.

Qui ça? M. Polyte?

BONOEIL.

Oui, mon fils Hippolyte.

CATICHE.

Ah! votre fils de contrebande... car enfin, si vous lui devez la vie, ce n'est pas une raison pour que vous soyez son père.

BONOEIL.

Je me comprends, il sera mon fils, puisque je vais l'adopter.

CATICHE.

Il aura fait un joli rêve, tout de même... passer des rues de Paris, où il était gamin de son métier, dans un bel appartement, pour y être choyé, servi...

BONOEIL.

Air : Comme j'aime mon Hippolyte.

Pour lui, j'suis plein d'attachement,
Avec toi, j'en conviens, Catiche.

CATICHE.

Il est arrivé justement,
Pour remplacer feu vot' caniche,

BONOEIL.

Sans doute, j'aimais bien Azor;
Car c'était un chien de mérite,
Mais je ne l'aimais pas encor
Comme j'aime mon Hippolyte.

CATICHE, à part.

En est-il entiché de son Polyte.

BONOEIL.

Je te dirai en confidence, à toi, pour qui je n'ai jamais eu rien de caché, que je songe à le marier.

CATICHE.

Ah bah! il est trop petit pour ça...

BONOEIL.

Dans un an ou deux... c'est une affaire que je mitonne, vois-tu... je ne voudrais pas faire du tort aux parens qui comptent sur ma succession; en lui faisant épouser la fille de Mme de Roquefort, ma cousine, la fortune que j'ai acquise en vendant pendant vingt-cinq ans des bonnets de coton, ne sortira pas de la famille, et de cette façon-là, tout le monde sera content; je vais donc, de ce pas, à Versailles, chez Mme de Roquefort, à qui j'ai écrit pour lui faire part de mes projets sur sa fille.

CATICHE.

Mais, M. Polyte voudra-t-il de la jeune personne?

BONOEIL.

J'arrangerai tout cela, son caractère commence à se former, grâce à

mes soins... à mes prières surtout, car, enfin, il n'est déjà plus reconnaissable.
CATICHE.
Moi, je ne le trouve pas changé du tout... il est vif et remuant, comme un écureuil.
BONOEIL.
L'écureuil est en cage et devient beaucoup plus tranquille... il paraît enchanté de son nouveau sort, ce cher enfant... enfin à l'heure qu'il est, il doit être levé... et tu vois, on ne l'entend pas remuer. (On entend quelque chose qui se brise.) Qu'est-ce que c'est que cela?
CATICHE.
C'est M. Polyte qui s'éveille.

SCÈNE III.

Les Mêmes, POLYTE, en manches de chemise, en pantalon élégant, et glissant sur le parquet.

POLYTE, chantant.
Il est plus dangereux de glisser
Sur le parquet que sur la glace...
Gare, que je passe!
BONOEIL.
Ça va bien, à ce qu'il paraît, ce matin, mon petit Hippolyte?
POLYTE.
Mais z-oui, papa Bonœil?
BONOEIL, à Catiche.
Tu le vois, Catiche, il m'appelle déjà papa... cher enfant... Dis donc, mon ami, qu'est-ce que j'ai entendu, tout à l'heure?
POLYTE.
C'est votre cabaret de porcelaine qui se trouvait sur mon passage, et que j'ai un peu dérangé.
BONOEIL.
Comment! ma porcelaine de la Chine?
POLYTE.
Juste! vos magots font une jolie grimace... allez donc les voir, pour rire?
BONOEIL.
Mais ce cabaret m'a coûté 500 francs.
POLYTE.
Eh bien! vous en acheterez un autre, ça fait aller le commerce.
BONOEIL.
Hippolyte, mon ami, est-ce que tu ne pourrais pas te dispenser de me casser quelque chose, tous les matins?
POLYTE.
Air : Et voilà comme tout s'arrange.
C' n'est pas ma faute; en général,
Je n' sais pas rester à rien faire.
BONOEIL.
Fort bien; mais si ça t'est égal,
Occup' toi d'une autre manière ;
Prends un livre pour t'exercer.
POLYTE.
Merci, non; je n' suis pas si bête,
Quand ici, j' devrais tout casser,
Du haut en bas, quand j' devrais tout casser,
J'aim' mieux ça, qu' de m' casser la tête.
BONOEIL.
Heureusement, je ne suis pas à ça près d'un cabaret... Nous avons à causer...
POLYTE.
De quoi que nous allons parler?
BONOEIL.
Nous allons parler raison.
POLYTE.
C'est pas drôle... enfin... parlons et dépêchons-nous.

BONOEIL.

Tu as seize ans, Hippolyte.

POLYTE.

Je ne sais pas au juste, vû que...

BONOEIL.

Oui... mais tu dois avoir cela, à peu près... dans un an, tu pourras faire un mari.

POLYTE.

Si on veut.

BONOEIL.

Mais tais-toi donc! Je vais aller à Versailles... (Polyte siffle l'air du roi Dagobert.) Hippolyte, vous me faites de la peine.

POLYTE.

Dame! je ne parle pas, je siffle... on ne peut donc plus siffler, à présent... alors, c'était pas la peine de faire des barricades...

BONOEIL.

Mais, écoute-moi donc... il s'agit de ton bonheur, ingrat... Je vais à Versailles, j'y passerai toute la journée... pendant ce temps-là, tu travailleras... tu t'instruiras le plus que tu pourras... entends-tu?

CATICHE.

Voulez-vous bien finir, M. Polyte?

BONOEIL.

Qu'est-ce qu'il te fait, Catiche?

CATICHE.

Il me fait endéver.

POLYTE.

Du tout... c'est une mouche qu'elle avait sur le cou... et que j'ai attrapée, la preuve, la voilà!..

BONOEIL.

Mais on n'attrape pas des mouches sur le cou des femmes, Hippolyte?

POLYTE.

Pourquoi?

BONOEIL.

Parce que ce n'est pas décent. Surtout quand vous vous adressez à Catiche...

POLYTE.

Pourquoi?

BONOEIL.

Pourquoi! pourquoi! je me comprends... ça doit suffire.

POLYTE.

Et moi aussi, je vous comprends, cette fois, vieux farceur!.. connu!.. connu!..

BONOEIL.

Vous me manquez, Hippolyte?

POLYTE.

On a bien raison de dire que la femme est la pomme de discorde de l'humanité... Allons, voyons... ne pleurez pas, et donnez-moi une poignée de main, j'ai pas de fiel, moi... je dis une bêtise... puis, la langue tournée, j'y pense plus... m'en voulez-vous t'y encore?

BONOEIL.

Est-ce que c'est possible? viens m'embrasser?

POLYTE, l'embrassant.

Là! (Il s'essuie la figure avec sa manche.) C'est fini, n'est-ce pas?

BONOEIL.

Oui... je suis pressé, je te raconterai demain tout ce que j'aurai fait pour toi... tu me promets de travailler...

POLYTE.

Je ferai tout ce que je pourrai.

BONOEIL.

Tu seras sage?

POLYTE.

Comme une image.

BONOEIL.

Je pars content. Catiche, tu auras bien soin de lui... et puis, sois tranquille, je rentrerai, je te le promets... Adieu, adieu, mes amis!

POLYTE.
Bon voyage ! (Quand Bonœil est parti.) Bon voyage M. Dumollet... à Saint-Malo, débarquez...

SCENE IV.
POLYTE, CATICHE.
POLYTE.
Enfin, le voilà parti... c'est un bon enfant, tout de même... c'est dommage qu'il commence à radoter.
CATICHE.
Eh bien ! M. Polyte, c'est joli de parler ainsi de son bienfaiteur !
POLYTE.
Ah ! dis donc... dis donc... est-ce que tu vas aussi me faire des phrases, toi, Catiche, c'est que ça ne te va pas du tout avec ton petit air effronté.
CATICHE.
Comment, j'ai un air...
POLYTE.
Effronté; mais, c'est égal... ça me plaît... je n'aime pas les mijaurées...
(Il lui prend la taille.)
CATICHE.
Eh bien ! monsieur Polyte, faites donc attention que je ne suis qu'une bonne...
POLYTE.
Oh ! je suis pas fier... et puis d'ailleurs, qu'est-ce que je suis... un gamin, qu'on veut polir, mais qui est encore un peu raboteux...
CATICHE.
Mettez donc vos mains dans vos poches ; songez qu'à cette heure, vous pouvez prétendre à des femmes comme il faut.
POLYTE.
Merci !.. de tes huppées... des bégueules...laisse-moi-donc tranquille avec tes femmes comme il faut... c'est ce qu'il ne me faut pas à moi !

Air de Marianne.

    Ne m' parle pas de ces bégueules,
    Qui sont raid's comme des échalas :
    Ell's peuv'nt ben garder pour ell's seules
      Et leurs graces et leurs appas.
      Ell's sont guindées,
      Ell's sont fardées,
      Ell's ont busc,
    Et puis ell's sentent le musc :
      Tout ça m'embête,
      Tout ça m'entête
      J' leur préfèr', moi,
      Un' petit' bonn' comm' toi ;
    Les grisett's, c'est l' bonheur suprême,
    Si j'en jug' par l'échantillon ;
    C'est frais... pot'lé... ça sent l' bouillon,
      Et v'là l'odeur que j'aime. (ter.)

A preuve !   (Il l'embrasse.)
CATICHE.
C'est comme ça... eh bien ! je vous laisse avec votre grand-mère, (Elle lui donne son livre.) Avec elle vous serez plus raisonnable. (Elle sort.)

SCENE V.
POLYTE, seul.
Je te connais, beau masque... c'est à cause de mon adoptif qu'elle fait la sévère... après tout, elle a raison, ça serait mal, pauvre cher homme... faute de mieux, jetons-nous sur la grand-mère !.. voyons donc voir... (Il ouvre son livre.) « La grand-mère est l'art de parler... » en voilà une bêtise... comme si on ne pouvait pas ouvrir la bouche, sans mettre le nez là-dedans, ah ! je sens déjà le mal de tête qui me prend; au diable la grand-mère !.. (Il jette le livre par la fenêtre.) Gare là-dessous !.. oh ! tout juste dans l'œil d'un badaud... eh ! mais, le badaud, c'est mon ami Etienne !.. en voilà une de

reconnaissance!.. oh! hé! Etienne! oh! hé! regarde en l'air, c'est moi... Polyte... monte, je suis dans mes meubles... viens voir, ne fais donc pas la bête... monte, quand je te le dis...

SCÈNE VI.
POLYTE, ÉTIENNE.

POLYTE.

Ah! je vas donc me retrouver dans le sein d'un de mes intimes, crédié! nous allons rire... (Ouvrant la porte.) Allons, entre donc, jobard...n'aie pas peur...

ÉTIENNE.

Comment, c'est toi? excusez du peu.

POLYTE.

Hein! je suis joliment ficelé?

ÉTIENNE.

Fameux numéro!.. tu as l'air d'un graveur en taille douce... dis donc, Polyte, est-ce que tu aurais gagné un terne sèche?

POLYTE.

Ah! bien, oui, un terne sèche, il n'y en a que pour le gouvernement; il s'agit, vois-tu d'un héritage... d'un père d'occasion, et de voleurs... enfin, c'est comme un mélodrame des Folies Dramatiques...

ÉTIENNE.

Qu'est-ce que tu me chantes?

POLYTE.

Je ne roucoule pas, c'est la pure vérité... ça remonte à ce dimanche, où ce que nous avons fait la noce avec le beurre de la semaine... tu sais...

ÉTIENNE.

Bon! je m'en rappelle... nous étions gais comme de jolis pinsons.

POLYTE.

Et bien spirituels.

ÉTIENNE.

Oui, j'étais dans mon jour d'émabilité, j'm'en rappelle encore.

POLYTE.

Pour lors, une fois sur le boulevart, tu me lâche d'un cran... moi, j'entre aux Fumnambules, et me voilà à voir les 26 Infortunes de Pierrot...fameux les 26 Infortunes!..v'là qu'en sortant il se faisait tard, mais je me dis, je me moque... j'ai rien à risquer... j'ai placé mes fonds au restaurant... si bien que je prends le chemin de mon lit... mais, voilà que j'entends crier : au voleur!.. à la garde!.. là, avec cet accent d'un chrétien qu'on échine et qui dit... j'en ai assez... j'en ai de trop... Je joue des jambes et j'aperçois... quoi? deux amateurs d'ustensiles qui travaillaient les omoplates d'un particulier... ah! mais en conscience, la partie n'était pas égale, d'autant plus que le tapé n'était pas de l'avant-veille...je me dis : attends... je fais manœuvrer l'escarpin... v'li, v'lan, en avant, les ailes de pigeon... j'en étale un... l'autre se sauve, sans demander son reste, et le bourgeois se jette dans mes bras, en m'appelant son fils, son sauveur... son sauveur je ne dis pas....mais son fils... enfin, il y tenait le cher homme, au point, qu'il m'emmène chez lui... ne veut plus me lâcher, dit qu'il m'adopte, qu'il me mettra sur son testament, et voilà; depuis deux mois, je suis à l'auberge ici, et faisant le métier d'un vrai coq en pâte.

ÉTIENNE.

Je suis joliment fâché de t'avoir quitté... peut-être qu'il nous aurait adoptés tous les deux.

POLYTE.

Dame! il en était bien capable, le chrétien, car c'est un particulier modèle, vois-tu... mais laissons cela, et parlons plutôt des amis... voyons, qu'est-ce qu'on fait?.. qu'est-ce qu'on dit de moi à l'atéyer?

ÉTIENNE.

Vois-tu... en ne te voyant pas depuis deux mois... Chamouillet, le louche, a fait des cancans....il a dit qu'on t'avait pincé à la dernière émeute, et que t'étais en retraite forcée à la Préfecture.

POLYTE.

Plus souvent... j'en ai assez des émeutes, à c't' heure surtout que j' suis propriétaire.

ÉTIENNE.

Propriétaire!.. comme ça résonne... et dire qu'il ne me tombera pas un bonheur comme celui-là sur la tête; car tu dois être joliment heureux, hein?

POLYTE.

Ah! oui, j' t'en réponds... j'suis ici absolument comme le poisson dans l'eau, j' n'ai qu'à vouloir une chose, crac! c'est fait... aussi, j'engraisse!.. j'engraisse!.. c'est effrayant!.. n'est-ce pas?

ÉTIENNE.

T'as du bonheur comme un véritable enfant de l'amour, que tu es... scélérat de Polyte!.. eh bien! puisque tu es libre... j' t'emmène... nous allons aller au cabaret du coin boire le vin blanc du matin, que tu paieras en ta qualité de propriétaire.

POLYTE.

Ça serait avec plaisir... mais le père chose n' veux pas que je sorte.

ÉTIENNE.

Tu disais que tu faisais tout ce que tu voulais.

POLYTE.

Oui... excepté ça...

ÉTIENNE.

Alors, j'vas aller chercher le vin blanc moi-même, que tu paieras, toujours en ta qualité de propriétaire, ainsi qu'une assiette de mets choisis chez le charcutier...

POLYTE.

Non... le père chose prétend que ça détruit l'estomac... je ne prends plus le matin que du café à la crème.

ÉTIENNE.

Du café à la crème!.. en v'là une fière ripopée... dis donc, si c'est comme ça que tu es libre?..

POLYTE.

Excepté...

ÉTIENNE.

Excepté... excepté tout... tu fais ce que tu veux, à ce qu'il paraît.

POLYTE.

Par exemple! j'voudrais bien voir qu'on me défende quelque chose... mais on prie... et tu sais... avec des formes, on fait de moi tout c' qu'on veut.

ÉTIENNE.

Eh bien! alors, v'là une idée sublime qui m'arrive... j'vas aller chercher tout l'atéyer et je l'amène ici... pour que tu le régales... avec des formes.

POLYTE.

Ah! pour ça, oui... mon adoptif m'a fait le plaisir de valser pour toute la journée... et en son absence, j' puis bien recevoir qui je veux... fais venir ici tous les anciens.

ÉTIENNE.

Ils ne se feront pas prier, sois tranquille; mais tu sais qu'ils aiment à consommer, les anciens... quoi que tu leur donneras?.. pas de café à la crème, d'abord... oh! l' café à la crème.

POLYTE.

C'est qu'alors, je ne sais pas trop...

ÉTIENNE.

Eh! mon Dieu! un rien... le prolétaire est sobre... il se contente de la première chose venue... du punch... des marrons... et de la galette, pourvu seulement qu'elle vienne de la Porte Saint-Denis.

POLYTE.

T'as raison... la galette de la Porte Saint-Denis, c'est l' gilet de flanelle du pauvre... achète tout ça...

ÉTIENNE.

Alors, tu avanceras l' quibus.

POLYTE.

J' ne demanderais pas mieux... c'est que le père chose ne me donne jamais d'argent... et j'ose pas lui en demander...

ÉTIENNE.

Merci!.. non... bien obligé... ah! c'est comme ça que t'es ton maître.

POLYTE.
Qu'est-ce qui te prend...
ÉTIENNE.
Il m'prend qu'ton sort que tu me vantais tant ne me fait plus envie... que j'aime cent fois mieux être un pauvre ouvrier comme je suis... qu'un riche propriétaire comme toi... et çà te va, une condition pareille?.. pauvre Polyte, il faut que tu sois bien changé... écoute, s'il en est temps encore, la voix de l'amitié, qui te crie :

Air : Rendez-moi mon joli bateau.

Tiens mon vieux, il n'est rien au prix
D' la vie aimable et saine
Que dans la rue on mène ;
Tiens mon vieux, il n'est rien au prix
D' l'existenc' d'un gamin d' Paris.
Toujours tout seul, ici l'on n's'amuse guère,
Tu m'fais l'effet dans un si grand local,
D'un cornichon au milieu d'un bocal,
Allant et v'nant pensif et solitaire.
Tiens mon vieux, etc.

POLYTE.
Cornichon !.. cornichon toi-même, entends-tu... j'veux pas qu'on m'insulte chez moi.
ÉTIENNE.
Ecoute, Polyte... j'n'ai pas reçu ce qu'on appelle une brillante éducation... j'apprends tout bêtement à lire chez les frères du faubourg Antoine... qui, pour récompenser ce qu'ils appellent mon intelligence précoce... m'ont fait un cadeau. (Il tire un livre de la poche de sa veste.) Voilà l'cadeau.
POLYTE.
Qu'est-ce que c'est que ça ?
ÉTIENNE.
Ça, c'est les fables d'un nommé Jean Bonhomme de Lafontaine... regarde... v'là ton histoire...
POLYTE, lisant.
Le chien et le loup... est-ce que j'ai une tournure de...
ÉTIENNE.
Non, mais tu es dodu... bien gras... comme lui... et comme lui aussi tu portes une cravate qui ressemble furieusement à un collier...
POLYTE.
La comparaison me blesse, Etienne, et pour te prouver ton erreur... oui, je régalerai les amis... oui, ils auront des marrons... et surtout d'la galette, j'n'ai pas d'argent, c'est vrai... mais j'ai une montre... une montre d'or... (Il la tire de son gousset.) qui se dérange toujours... tu la porteras à raccommoder... et avec le montant... bombance générale.
ÉTIENNE.
Allons donc... v'là qui est parlé, j'ai retrouvé mon ami...
POLYTE.
C'n'est pas tout... j'veux encore que nous buvions un coup... pas au cabaret... c'est encore vrai... mais j'ai du vin en cave... ah! tu doutes que je fasse ici mes volontés... eh bien! tu vas voir comme je sais me faire servir... ni plus ni moins qu'un monarque. (Il sonne avec force.)

SCENE VII.
LES MÊMES, CATICHE, accourant.

CATICHE.
Ah! mon Dieu! est-ce que le feu est à la maison. (Apercevant Etienne.) Comment, Etienne, c'est vous ?
ÉTIENNE.
Eh! oui, qu'c'est moi avec mon ami Polyte.
CATICHE.
Ah! M. Polyte est votre ami ?
POLYTE.
Un peu... tu connais donc Catiche, toi ?

ÉTIENNE.
Eh! oui... c'est ma payse.

POLYTE.
Elle, ta payse! tu es picard... elle est cauchoise... grand farceur, va!.. pauvre père chose!.. enfin, ça ne me regarde pas... c'est du vin qu'il nous faut, Catiche.

CATICHE.
Vous savez bien que M. Bonœil prétend que le vin ne vous vaut rien le matin.

POLYTE.
Catiche!.. c'est comme à toi quand il te défend les amoureux...

CATICHE.
J'vas à la cave, M. Polyte... j'vas à la cave... de quel vin voulez-vous?

POLYTE.
Du cachet vert. (Catiche sort.)

ÉTIENNE.
C'est donc bon, le cachet vert?

POLYTE.
Un vrai nectar.

Air de Julie.

Lorsque le bourgeois est malade,
Au lieu d'app'ler le médecin
Qui l'mettrait à la limonade,
Il s'fait donner de ce vieux vin.
Rien qu'un' goutte le réconforte...

ÉTIENNE.

Quant à nous qui nous portons bien,
Pour que ça nous fasse du bien,
Faudra prendr' la dose plus forte.

SCÈNE VIII.
LES MÊMES, LEGRAVE.

LEGRAVE.
Messieurs, j'ai bien l'honneur...

ÉTIENNE.
Hein!.. qu'est-ce que c'est que cette figure-là.

POLYTE.
C'est mon maître de grand'-mère.

ÉTIENNE.
Tu n'es pas forcé de le recevoir.

POLYTE.
Ah! bien oui...

ÉTIENNE.
En ce cas, renvoie-le.

POLYTE.
Je ne peux pas... on le paie pour venir.

ÉTIENNE.
Encore... laisse-moi faire... (A Legrave.) Monsieur... machin.

LEGRAVE.
Je m'appelle Legrave.

ÉTIENNE.
Ça m'est égal... j'n'ai qu'un mot à vous dire... la grammaire...

LEGRAVE.
Est l'art de parler et d'écrire correctement...

ÉTIENNE.
Ce n'est pas cela...

POLYTE.
Si... il a raison... la grammaire est l'art...

ÉTIENNE.
Laisse-moi donc... la grammaire vous amuse-t-elle?

POLYTE.
C'est une autre affaire...

LEGRAVE.
A parler franchement...

ÉTIENNE.
Bien... en v'là assez... (A Polyte.) Ta l'çon est prise... (A Legrave.) Ce que vous en faites, c'est pour gagner un cachet...

LEGRAVE.
D'abord, oui... mais...

ÉTIENNE, à Polyte.
Donne-lui en deux... à condition qu'il va trinquer avec nous.

POLYTE, lui offrant les deux cachets.
Ça vous chausse-t-il, comme ça...

LEGRAVE.
Je n'ai jamais refusé de boire à la santé de mes élèves.

POLYTE.
Tiens... maintenant que j'ai le moyen.

CATICHE, apportant du vin.
Voilà... bonjour M. Legrave.

LEGRAVE.
Je suis bien aise de vous dire, mon cher élève...

ÉTIENNE, lui versant à boire.
Buvez donc...

LEGRAVE, haussant son verre.
Assez...

ÉTIENNE.
tout plein, tout plein donc !..

POLYTE.
En vrai troubadour.

ÉTIENNE.
Vous disiez donc...

LEGRAVE.
Je disais... ou plutôt je voulais dire, que j'aime à gagner mes cachets, et que...

ÉTIENNE.
Et nous sommes vos hommes... pour tranquilliser votre conscience... nous allons les jouer au bouchon, vos cachets.

POLYTE.
Ah! oui, le bouchon... v'là un joli jeu de société.

LEGRAVE.
Je ne le connais pas.

ÉTIENNE.
C'est la moindre des choses, d'abord...

POLYTE.
Vous prenez un bouchon.

ÉTIENNE, prenant le bouchon de la bouteille.
Voilà !..

POLYTE.
Vous le plantez.

ÉTIENNE.
Voilà.

POLYTE.
Puis vous lancez votre sou de façon à toucher... vous y êtes, n'est-ce pas... nous jouons donc des cachets... en place ?

LEGRAVE.
Mais...

ÉTIENNE.
Qu'est-ce qui commence ?..

POLYTE.
Tirons !.. (Il mouille un doigt.) C'est vous, M. Legrave... vous êtes le preu.

LEGRAVE.
Qu'est-ce que c'est que ça, le preu ?

POLYTE.
Moi, le seu... et Étienne, le dar.

LEGRAVE.
Bien! bien !.. vous voulez dire, mon cher élève, premier, second et dernier...

ÉTIENNE, à Polyte.
Dis donc, Polyte, s'il te reprend toujours comme ça, c'est un peu sciant.

POLYTE.
Puisqu'on le paie, c't homme, laisse-le faire son commerce... voyons, commençons.
LEGRAVE.
Qu'est-ce qu'il faut que je fasse?..
ÉTIENNE.
A-t-il la tête dure... jetez votre sou sur le bouchon, si vous pouvez, quoi!..
LEGRAVE.
Est-ce bien comme ça?..   (Il jette son sou bien loin du bouchon.)
CATICHE.
Prenez donc garde, M. Legrave, un peu plus vous cassiez les carreaux.
POLYTE.
Tenez, papa, v'là comme ça se joue...
CATICHE.
A la bonne heure!..
POLYTE.
A toi, Etienne...
ÉTIENNE.
Moi, je me dessine... je me donne des graces... et allez donc...
POLYTE.
Avec tes graces, tu as perdu...
ÉTIENNE.
Du tout, je suis aussi près que toi du bouchon... tu es un trichard...
LEGRAVE.
Trichard n'est pas français, on dit tricheur...
POLYTE.
Tu ne le ramasseras pas!..
ÉTIENNE.
J' dis que si...
POLYTE.
J' dis que non... avance donc un peu... pour voir... (Il se met en garde.)
LEGRAVE, se mettant au milieu d'eux.
Eh bien! mes enfans....   (Il reçoit le croc-en-jambe et tombe.)
ÉTIENNE.
J' m'en rapporte à monsieur, qu'est-ce qui est le plus près du bouchon?..
LEGRAVE.
Ça me fait l'effet d'être moi, pour le moment...
CATICHE.
L' meilleur moyen pour être d'accord, c'est de mesurer les distances...
POLYTE.
Catiche a raison... (Il va prendre une chaise dont il arrache une paille.) Voilà ce qu'il faut... pigeons...
LEGRAVE.
Pigeons... pigeon vole!..
POLYTE.
Prenez donc et pigez...
LEGRAVE.
Je ne connais pas ce verbe-là!..
ÉTIENNE.
Il ne connaît pas le verbe piger et il donne des leçons.
POLYTE.
Reculez-vous, alors, nous pigerons nous-mêmes...

SCÈNE IX.
Les Mêmes, BONOEIL.

BONOEIL.
Qu'est-ce que vous faites là, Hipolyte?
POLYTE.
Je prends ma leçon de grand-mère... ne me dérangez pas...
BONOEIL.
Comment! une leçon de grammaire avec un bouchon?

POLYTE.
J' vous conseille de vous plaindre... j'ai gagné un cachet...

ÉTIENNE.
J'en suis témoin, papa...

BONOEIL.
Il s'agit bien de ça... Hipolyte, j'ai à vous parler... priez votre société de nous laisser...

ÉTIENNE.
J'entends... il faut filer... avec beaucoup de certainement... (A part.) Pauvre Polyte il n'ose plus souffler un mot!..

LEGRAVE.
Messieurs, j'ai bien l'honneur...

POLYTE.
Une minute, l'ancien... et mon cachet...

BONOEIL.
Gardez-le, M. Legrave...

POLYTE.
Mais, j' l'ai gagné...

ÉTIENNE.
Eh oui! qu'il l'a gagné...

BONOEIL.
Messieurs, j'ai déjà eu l'honneur de vous saluer...

ÉTIENNE.
Eh bien! moi, je vous tire ma révérence, n' vous fâchez pas... (Bas à Hipolyte.) Si t'as du cœur... ça n'empêchera rien pour ce soir.

POLYTE, bas à Étienne.
C'est qu'il a oublié sa tabatière... ainsi venez toujours...

ÉTIENNE, à Bonœil.
On s'en va... soyez calme... (Catiche, Étienne et Legrave sortent.)

SCENE X.
BONOEIL, POLYTE.

BONOEIL.
Hipolyte, approchez.

POLYTE.
Ah! mon Dieu, papa Bonœil, vous avez l'air d'un conspirateur éventé!..

BONOEIL.
Il ne s'agit pas de conspirations, mais d'une affaire de la plus haute importance et de laquelle dépend ton bonheur.

POLYTE.
Après!..

BONOEIL.
Tu sais que j'étais parti avec l'intention de me rendre à Versailles... où je ne suis pas allé, car, au moment de monter dans les Gondoles, j'en vois descendre, qui ?..

POLYTE.
Dame! j' vous le demande.

BONOEIL.
Ma cousine, Mme de Roquefort avec sa fille et le jeune Ernest,

POLYTE.
Qu'est-ce que c'est que ça, le jeune Ernest?

BONOEIL.
Un autre cousin éloigné, étudiant en droit, à ce qu'il dit, qui, je crois ose porter ses vues sur...

POLYTE.
Sur quoi?

BONOEIL..

Air : Vaudeville des Limites.

Je me comprends... oui, j'en fais le pari,
Ce petit freluquet l'adore;
Il ne sera pourtant pas son mari...

POLYTE.
De qui?

BONOEIL.
Je me comprends encore.
POLYTE.
Quant à moi ! je n' devine rien
De c' que vous avez à m'apprendre,
Mais, dès qu' vous comprenez bien,
Je n'ai plus besoin de comprendre.
BONOEIL.
J'arrive, mon ami, j'arrive au but. Apprends donc qu'après tout le bien que j'ai écrit de toi à Mme de Roquefort, elle n'a pu y tenir, et pendant que je me disposais à aller chez elle, elle venait à Paris avec sa fille pour le voir.
POLYTE.
Elles sont bien bonnes de se déranger pour ça.
BONOEIL.
Ainsi, mon petit Hippolyte, tu vas être bien gentil, bien aimable...
POLYTE.
Un phénix, quoi ?..
BONOEIL.
Si c'est possible, ça m'obligera.
POLYTE.
A condition, pourtant, que vous me direz pourquoi toutes ces simagrées de commande.
BONOEIL.
Eh bien ! oui, je vais te le dire, mon Hippolyte... enfant de la nature et de mon cœur qui t'a adopté... je veux te marier....
POLYTE.
Moi ! ah bah ! avec une femme !..
BONOEIL.
Jusqu'à présent, c'est toujours avec une femme que ces sortes de choses...
POLYTE.
C'est pas ça que je vous demande... c'est pour savoir si c'est avec une belle femme.
BONOEIL.
Une jeune fille charmante !.. douce... bonne... aimable... et qui n'a pas de volonté !..
POLYTE.
Vraiment ?.. oh ! alors ça me va comme un gant... et vous croyez qu'elle m'aimera !..
BONOEIL.
C'est déjà fait... d'après le portrait que je lui ai fait de toi, elle t'adore...
POLYTE.
Pas possible !.. en ce cas, c'est une affaire baclée... (A part.) Je n'ai qu'à désirer ici... d'puis quelque temps je me disais, il me manque quelque chose... c'était ça... et il s'en occupait, lui, le père chose... si Etienne voyait cela... lui qui disait qu'on me privait de tout... on me donne une femme !..

SCÈNE XI.
Les Mêmes, CATICHE.

CATICHE.
Monsieur, il y a là une dame, une demoiselle et un jeune homme qui demandent si vous êtes visible.
BONOEIL.
Oui, tout à l'heure... allons Hippolyte, rentre et prends un costume décent pour recevoir ces dames.
POLYTE.
Ah ! voilà... il faut encore que je me mette dans ce diable d'habit où je suis à l'aise comme dans un étau...
BONOEIL.
Oui, mon ami, il le faut.
POLYTE.
Ah ! il le faut...

BONOEIL.
Si tu veux me faire plaisir.
POLYTE.
Oh! alors, c'est autre chose...
BONOEIL.
Va donc...

Air de Louise.

Apprêtons-nous à recevoir
Une aimable visite.
POLYTE.
J' suis toujours prêt à recevoir
Les dam's qui vienn'nt me voir.
BONOEIL.
Ne perds pas un' temps précieux,
Va dans ta chambre, et vite
Passe l'habit qui t' va le mieux ;
Puis reviens en ces lieux.

ENSEMBLE.
POLYTE.
J' suis prêt à recevoir, etc.
BONOEIL.
Apprêtons-nous à recevoir, etc.
CATICHE.
Il est tout prêt à recevoir, etc. (Polyte sort.)

BONOEIL.
Maintenant, fais entrer, Catiche ?
CATICHE.
Oui, monsieur.

SCÈNE XII.

ERNEST, AGLAÉ, Mme DE ROQUEFORT, BONOEIL, CATICHE.

CATICHE.
Par ici, messieurs et mesdames, par ici...
BONOEIL.
Ma chère cousine, donnez-vous la peine de vous asseoir... et vous, Catiche, retournez à la cuisine... soignez bien votre dîner, je vous en prie.
CATICHE.
Soyez donc tranquille... je m'en vas vous faire un vrai repas de noces.
(Elle sort.)
BONOEIL.
Vous entendez... l'espiègle se doute déjà...
Mme DE ROQUEFORT.
Mais où est-il donc ce cher enfant ?.. j'avoue que nous sommes pressées de connaître celui qui nous a conservé un aussi bon parent... n'est-il pas vrai, ma fille ?
AGLAÉ.
Sans doute, ma mère, et mon cousin Ernest aussi.
ERNEST.
Nous pensons tous de même.
BONOEIL.
Vraiment! eh bien ! s'il faut vous parler avec franchise, je ne crois pas du tout à la vôtre, mon cher monsieur, non... je suis sûr que mes projets ne sont pas de votre goût...
ERNEST.
Pourquoi donc? d'après tout le bien que vous nous avez dit de ce jeune ouvrier, c'est un parti superbe pour ma cousine !..
AGLAÉ, bas.
Ernest, vous savez ce que je vous ai promis... modérez-vous...
BONOEIL.
Ce jeune ouvrier?.. comme il appuie là-dessus ?.. Eh! mon dieu, mon Hippolyte vous vaut bien, mon cher monsieur !..

Air : Adieu, je vous fuis bois charmans.

Enfant perdu des atéliers,
Ses manières sont un peu rudes;
Nourri parmi des ouvriers
Il en a pris les habitudes.
Mais, patience ! il se mettra
Au rang de ses nouveaux émules ;
Et que fera-t-il pour cela?
Il en prendra les ridicules.

Mais brisons là... on vient... c'est mon fils... vous entendez... c'est vous dire assez que je ne souffrirai pas qu'on lui manque.

SCÈNE XIII.

LES MÊMES, POLYTE, mis dans le dernier genre... il est raide et gêné dans ses vêtemens.

Mme DE ROQUEFORT.

Il est charmant!

BONŒIL.

Vous ne voyez rien encore... (Bas à Polyte.) Saluez et parlez...

POLYTE.

Messieurs, mesdames, la société, j'ai bien l'honneur... (A part.) Oh! oui, qu'elle est chouette la jeune!.. (Il salue en tirant le pied.)

BONŒIL.

Eh bien! ma petite cousine Aglaé, qu'est-ce que vous pensez de mon fils?

AGLAÉ.

Moi, monsieur, j'en penserai tout ce que vous voudrez...

BONŒIL.

C'est bien !.. c'est très bien !..

POLYTE, regardant Aglaé en dessous.

On dirait de la Galatée du père chose... si j' pouvais faire son Piquemaillon...

BONŒIL, bas à Hippolyte.

Dis donc quelque chose à ces dames, Hippolyte...

POLYTE, bas.

J'ose pas parler... elle est trop jolie... ça me fait trop d'effet !..

Mme DE ROQUEFORT, à Bonœil.

Il paraît timide, et moi j'ai toujours aimé les jeunes gens timides...

AGLAÉ, à Ernest.

Vous voyez, mon cousin, que vous n'avez rien à craindre.

ERNEST.

Votre mère pensera-t-elle comme vous...

AGLAÉ.

Nous lui ferons entendre raison.

BONŒIL.

Hippolyte me fait observer avec raison que vous ne connaissez pas encore mon appartement.

POLYTE.

Moi! ah! par exemple !..

BONŒIL, bas à Hippolyte.

Mais tais-toi donc. (Haut.) Je vais si vous le permettez... vous conduire...

Mme DE ROQUEFORT, à Bonœil.

C'est très adroit cela, pour laisser nos deux jeunes gens ensemble... Ernest, vous venez avec nous?

POLYTE.

Dites donc, papa Bonœil, je le connais de reste l'appartement...

BONŒIL.

Eh bien! mon ami, tiens compagnie à Mlle Aglaé qui paraît fatiguée.

POLYTE.

J' demande pas mieux... (A part.) C'est l' moyen d'avancer mes affaires.

AGLAÉ.

Mais... je ne suis nullement fatiguée, je vous assure.

Mme DE ROQUEFORT.

Si fait, mademoiselle, vous devez être fatiguée quand on vous le dit...

et puisque M. Hippolyte veut bien rester auprès de vous... il serait peu honnête de le refuser...

ERNEST.

Allons, c'est un tête-à-tête qu'on lui ménage. (Bas à Aglaé.) Aglaé, je vous en prie, profitez de l'occasion pour lui ôter tout espoir.

AGLAÉ.

Comptez sur moi. (Bonœil donne la main à Mme de Roquefort.)

BONŒIL, bas à Hippolyte, en passant.

Subjugue, mon ami, subjugue...

POLYTE.

J' vas tâcher... j' crois que je suis en train...

SCÈNE XIII.
POLYTE, AGLAÉ.

(Aglaé reste debout ainsi qu'Hippolyte, et sont quelque temps à se regarder sans rien dire.)

POLYTE, à part.

Je suis asphyxié par l'admiration... ça me prend depuis la pointe des cheveux jusqu'à la plante des pieds.

AGLAÉ.

S'il attend que je lui adresse la parole, il attendra long-temps.

POLYTE, à part.

Les jolis yeux... le joli nez... la jolie bouche... et puis... ah !.. j'ai des vertiges !..

AGLAÉ.

Son habit est assez bien fait, mais comme il le porte !..

POLYTE.

Comme elle est bien mise, on dirait d'une poupée du jour de l'an.

AGLAÉ.

Comme il paraît gauche !..

POLYTE.

L'émotion me retire les jambes... (Il prend une chaise et s'assoit.)

AGLAÉ.

Monsieur prend ses aises, faisons comme lui. (Elle s'assoit aussi.)

POLYTE.

J' voudrais parler, et je ne peux pas... il le faut bien, pourtant... car nous avons l'air comme cela des deux chinois que j'ai cassés ce matin.

AGLAÉ.

Est-ce qu'il ne me dira rien... pas un mot, cela m'impatiente, à la fin... (Haut.) Monsieur... M. Hippolyte.

POLYTE.

Mam'zelle Glaé.

AGLAÉ.

Vous ne me dites rien... je vous gêne, peut-être.

POLYTE.

Oh ! non... c'est pas vous précisément, c'est mon habit qui est étroit comme tout... j' peux pas remuer dedans...

AGLAÉ.

Cela n'empêche pas de causer.

POLYTE.

Au contraire... c'est-à-dire, non... (A part.) V'là l'émotion qui me fait dire des bêtises... pourquoi est-elle si jolie !..

AGLAÉ.

Vous dites ?..

POLYTE.

Que nous sommes bien loin pour jaser... si vous vouliez vous approcher un peu.

AGLAÉ.

Ah ! il faut que ce soit moi...

POLYTE.

Ou moi... si ça vous va mieux... ça m'est égal...(Il fait quelques pas et s'arrête.) Oh ! là, là, là.

AGLAÉ.

Qu'avez-vous donc ?

POLYTE.
Rien, mam'zelle... (A part.) Comme elle sent l'eau de Cologne, bon Dieu!
AGLAÉ, à part.
Comme il sent la fumée de tabac...
POLYTE, à part.
Il faudra que je lui fasse perdre cette mauvaise habitude-là, ça m'entête... heureusement qu'elle n'a pas de volontés...
AGLAÉ, apercevant un piano.
Est-ce que vous touchez de cet instrument-là...
POLYTE.
Moi... non, mais j'en casse.
AGLAÉ.
Comment?
POLYTE.
Oui... toutes les fois qu'on a voulu m'apprendre... j'appuyais trop fort... et alors, il fallait l'envoyer chez le charron... c' qui fait que je chante sans ça...
AGLAÉ.
Ah! vous chantez. (D'un air moqueur.) Du Rossini, sans doute...
POLYTE.
Non... du français... il y en a une de romance que j'aime surtout... si le cœur vous en disait... je me ferais pas prier. (A part.) C'est le moyen de la subjuguer, peut-être... avec ça que je roucoule assez proprement.
AGLAÉ, se moquant de lui.
J'aurai, j'en suis certaine, beaucoup de plaisir à vous entendre. (A part.) Il est bien ridicule.
POLYTE, à part.
J'ai déjà fait impression sur elle... v'là que j'y suis... ah! il faut auparavant que je vous raconte la chose (1).
POLYTE, après le couplet.
Elle paraît séduite.
AGLAÉ, haut, à part.
Il faut le forcer à renoncer promptement à ses prétentions. (Haut.) Vous connaissez, monsieur, les projets de ma mère et ceux de M. Bonœil!
POLYTE.
Mais, oui, on m'en a touché quelques mots. (A part.) Ça se voit, je suis de son goût?
AGLAÉ, haut.
Vous conviendrez qu'on aurait dû, avant tout, nous consulter séparément, et chercher à découvrir si nos goûts... nos habitudes, peuvent sympathiser.
POLYTE.
Sympathi...
AGLAÉ.
Sympathiser.
POLYTE, à part.
Si je sais ce qu'elle veut dire!..
AGLAÉ.
Quant à moi, monsieur, je vous préviens que je suis un peu coquette.
POLYTE.
Ah! dame, je conçois que le dimanche, on aime à se bichonner un peu.
AGLAÉ.
Comment, le dimanche? mais tous les jours... s'il vous plaît, je sais que la toilette coûte cher, mais qu'importe? on prend un mari pour payer les mémoires des marchandes de modes, et aller en voiture.
POLYTE.
Il paraît que vous ferez une fameuse pratique pour les citadines ou les omnibus.
AGLAÉ.
Fi donc!.. il me faudra une voiture, à moi.

(1) Ici l'actrice chargée du rôle de Polyte, chante la romance qui lui convient le mieux.
Au Panthéon, on chante les ÉTRENNES A LA PORTIÈRE; paroles de M. Amédée Beauplan.

L'enfant de Paris.

POLYTE.

Qu'est-ce que j'entends là...

AGLAÉ.

Ce n'est pas tout, écoutez?

Air : Je voudrais bien.

Pour m'amuser,
Le bal dont je suis idolâtre,
Le jeu, les concerts, le théâtre,
De ces moyens je veux user
Pour m'amuser.
La dot qu'à mon mari j'apporte,
On me l'a dit, n'est pas bien forte ;
Mais je prétends en disposer
Pour m'amuser.
A mes goûts vouloir s'opposer,
Ce serait me tyranniser,
Il faut bien s'amuser ;
A quoi sert de thésauriser,
Je vis pour m'amuser,
Pour m'amuser.

POLYTE.

C'est t'y tout?

AGLAÉ.

Oui, voilà à peu près tout ce que j'exigerai.

POLYTE, à part.

Oh! elle exigera... comme ça m'irait, tout ça... c'est là cette femme si douce... si bonne, qui n'avait pas de volonté... j' n'ai presque plus d'émotion... v'là l'eau de Cologne qui me monte à la tête... attends, pauvre chatte, (Haut.) A mon tour, écoutez-moi bien : si par hasard, je vous épouse, Mlle Glaé, voilà en peu de mots le programme des fêtes et cérémonies qui auront lieu le jour de mon mariage et jours suivans. 1° d'abord et d'un, ma femme n'exigera pas, parce qu'alors elle n'aurait rien... 2° ensuite elle ne dépensera pas tout l'argent en chiffons, attendu que je tiendrai le magot... 3° après et de trois, elle me raccommodera mes z'hardes, et quand elle sera bien sage, je la conduirai au spectacle, mais ça sera au Cirque, parce que j'aime les coups de fusil et les chevaux... ou bien aux Funambules, où l'on voit Debureau, entre un sac de marrons et une bouteille de cidre... voilà!..

Même air.

Pour m'amuser,
J'ai besoin, moi, d'un' compagnie
Qui se priv' de cérémonie...
Où l'on n' soit pas forcé d' gazer,
D' choisir ses mots et d' les peser
Pour s'amuser.
Parlez-moi d'un' franche goguette,
De bons enfans à la guinguette,
Voilà c' qu'il faut me proposer,
Pour m'amuser.
Là, sans crainte, on peut tout oser,
Fair' du bruit, renverser, briser,
Le tout pour s'amuser,
Rien n'empêch' mêm' de s'y griser,
Un peu pour s'amuser,
Pour m'amuser.

AGLAÉ.

Qu'est-ce que je viens d'entendre?

POLYTE.

C'est mon programme.

AGLAÉ.

Et vous prétendez m'épouser avec des sentimens pareils?

POLYTE.

Moi!.. je ne prétends plus rien du tout.

AGLAÉ.
Cependant, M. Bonœil veut...
POLYTE.
Ça m'est bien égal...
AGLAÉ.
Il serait possible! vous lui résisteriez.
POLYTE.
Je me gênerais!
AGLAÉ.
Vous lui déclareriez que vous ne voulez pas de moi?
POLYTE.
En termes clairs et indirects.
AGLAÉ.
Quel bonheur!
POLYTE.
Merci!..
AGLAÉ.
Moi qui craignais tant que vous ne voulussiez pas renoncer à ma main?
POLYTE.
C'est-à-dire que vous ne vouliez pas devenir ma femme, Mme Polyte?
AGLAÉ.
Jamais!
POLYTE.
Vous ne m'adorez donc pas?
AGLAÉ.
Moi?.. qui a pu vous dire.
POLYTE.
Il paraît alors que le père chose voulait me mettre dedans.
AGLAÉ.
Ecoutez-moi, M. Hippolyte... j'aime mieux me confier à vous, à votre âge on est bon... généreux.
POLYTE, à part.
Ah! si elle reprend sa voix douce, l'émotion va revenir.
AGLAÉ.
Pour vous déplaire, je vous ai dit que j'étais coquette... que j'avais un mauvais caractère... et pourtant j'ai l'amour-propre de croire qu'il n'en est rien... j'ai dû vous paraître bien maussade, bien désagréable, n'est-ce pas... c'est que j'étais si malheureuse!.. c'est qu'enfin, j'aime...
POLYTE.
Pas moi?
AGLAÉ.
Non...
POLYTE.
Je vois ce que c'est, je ne me suis pas levé assez matin, et la place est prise...
AGLAÉ.
Il y a très long-temps que mon cousin m'aime.
POLYTE.
Qui ça, vot' cousin... ah! le jeune Ernest... eh bien! c'est peut-être un bonheur pour moi... si je vous avais aimée... ça m'aurait tout changé, et je me trouve bien comme je suis... le sentiment ne m'irait pas... ça m'a pris comme un coup de soleil, ça se passera comme un étourdissement... ne parlons plus de ça... je vous aimerai tout de même, mais d'amitié... ça ne pourra faire tort à votre futur, et ça me fera plaisir.
AGLAÉ.
Je cours trouver ma mère... lui dire que vous ne pouvez pas me souffrir.
POLYTE.
Oh! non, non... ne lui dites pas ça... ça serait une menterie... dites-lui seulement que je ne veux pas vous épouser à cause de votre bon genre... enfin, arrangez ça pour le mieux.
AGLAÉ.
Soyez tranquille. (Fausse sortie.)
POLYTE.
Attendez... je voudrais vous demander quelque chose... mais j'ose pas.
AGLAÉ.
Parlez!.. si je puis vous être agréable...

POLYTE, à part.

Crédié ! qu'elle est gentille ! et dire que j'aurais pu...

AGLAÉ.

De quoi s'agit-il ?

POLYTE.

Dame ! tout-à-l'heure, nous étions en guerre... le paix est faite ; mais elle n'est pas signée.

AGLAÉ.

Comment ?

POLYTE.

Est-ce que vous n'avez jamais été chez M. Franconi ? on y faisait voir Napoléon et Alexandre sur un radeau... qui s'embrassaient... si vous vouliez... je ferais bien Napoléon...

AGLAÉ, offrant sa joue.

L'empereur Alexandre, vous le permet.

POLYTE, avec l'avoir embrassée.

Oh ! que c'est bon ! (Ici Ernest paraît.) C'est drôle, je n'ai plus senti l'eau de Cologne.

AGLAÉ.

Vous êtes content ? Adieu.

SCENE XV.
POLYTE, ERNEST.

ERNEST.

Quelle perfidie !

POLYTE.

Là ! c'est toujours ça de pris sur le jeune Ernest.

ERNEST.

A nous deux, maintenant.

POLYTE.

Ah ! le voilà ! avec son air fiérot, il est comme un croquet... tant mieux, je vas le faire un peu rager... ça m'amusera.

ERNEST.

Pourriez-vous me dire, monsieur, quel a été le sujet du long entretien que vous venez d'avoir avec ma cousine ?

POLYTE.

Pour sûr, que si je le voulais, je le pourrais... mais je ne le veux pas.

ERNEST.

C'est une réponse catégorique, qu'il me faut.

POLYTE, à part.

Oh ! catégorique !.. voilà qu'il commence à se vexer ! (Haut.) Eh bien ! mais, puisqu'il vous faut du catégorique... je vous apprendrai que nous sommes d'accord... on ne peut plus d'accord... oui, mon cher Ernest.

ERNEST.

En effet : et c'est pour que personne n'en doute, que vous n'avez pas craint de l'embrasser devant tout le monde ?

POLYTE.

Ah ! bah ! vous étiez là ? (A part.) J'en suis pas fâché. (Haut.) Eh bien ! alors, vous en savez autant que moi.

ERNEST.

Monsieur, il ne s'agit plus de plaisanter, maintenant... moi, aussi, j'aime Aglaé... je l'aimais avant vous... elle m'avait juré de n'aimer que moi... (Le prenant par le bras.) Vous y renoncerez, ou bien...

POLYTE.

Eh bien ! quoi ? quand vous me regarderez avec vos grands yeux, vous ne m'avalerez pas...

ERNEST.

Non... mais je vous tuerai, si vous ne renoncez pas à vos prétentions.

POLYTE.

Moi, je vous dis que vous ne tuerez personne, mon grand monsieur.

ERNEST.

Vous refuserez donc de vous battre, alors.

POLYTE.

Me battre !.. moi, refuser de me battre... plus souvent... il y a assez long-

temps que je me repose... (A part.) Me battre avec lui! oh! je vais tapper de bon cœur!.. allons, allons, tout de suite, habit bas!
(Il retire son habit et se met en posture.)
ERNEST.
Plaisantez-vous? est-ce ainsi que deux hommes d'honneur terminent une affaire?
POLYTE.
De quoi! de quoi! dépêchez-vous, ou je manœuvre tout seul.

Air du Petit courrier.

Quand on se bat parmi les grands,
A chercher, pour cette équipée,
Ses pistolets ou son épée,
On perd sa colère et son temps.
Mais nous, pour venger notre injure,
Nous n'attendons pas au lend'main,
Viv' les armes de la nature,
On les a toujours sous la main.

Allons donc, grand capon, en garde!

SCENE XVI.
LES MÊMES, BONOEIL.
BONOEIL.
Qu'est-ce que je viens d'apprendre, est-ce bien vrai, Hippolyte?
POLYTE.
Je ne dis pas le contraire, mais qu'avez-vous appris?
BONOEIL.
Aglaé vient de dire à sa mère que tu ne voulais pas d'elle.
POLYTE.
Et elle de moi... c'est la vérité toute nue.
ERNEST.
Comment? il se pourrait?
POLYTE.
Eh! oui, c'est comme cela que nous sommes d'accord.
ERNEST.
Ah! M. Hippolyte, que ne vous dois-je pas?
POLYTE.
Vous ne me devez rien du tout... Quel dommage qu'on soit venu nous déranger?
ERNEST, à Bonœil.
Vous le voyez, monsieur, ils ne se conviennent pas... ils ne peuvent s'aimer... persisterez-vous dans vos projets?
BONOEIL.
Si j'y persisterai! plus que jamais... c'est vous, M. Ernest qui êtes cause de tout cela... vous aurez tourné en ridicule mon Hippolyte aux yeux d'Aglaé... mais vous aurez fait un faux calcul... d'ailleurs, ce mariage n'aura lieu que dans un an, et d'ici-là, Dieu merci, mon fils aura le temps de s'instruire... il saura le latin... le grec...
POLYTE, à part.
Tiens! tiens! comme il y va... pourquoi pas l'hébreu, tout de suite.
BONOEIL.
Il passera les nuits, s'il le faut, pour s'instruire.
POLYTE, à part.
Oui, compte là-dessus.
BONOEIL.
Et pour vous prouver que quand j'ai quelque chose dans la tête, ça n'en sort pas facilement, vous allez venir avec moi... et devant vous, nous allons signer avec Mme de Roquefort, un dédit de la moitié de ma fortune; quand on me fait sortir des gonds!..
POLYTE, l'arrêtant.
Dites donc, papa Bonœil, rentrez donc dans vos gonds, si c'est possible... Je vous dis que je ne veux pas d'une femme qu'il faut gagner à coup de grec et de latin... à coups de poing, je verrais....
BONOEIL.
Taisez-vous, Hippolyte!

POLYTE.

Ah! mais, dites donc, si vous faites trop l'absolu, gare l'émeute... Je vous dis, moi, que je ne veux pas d'une femme qui en veut d'un autre.

BONOEIL.

Tu en voudras plus tard... quand tu seras un homme... un savant... comme monsieur, quand tu auras pâli sur les livres!

POLYTE.

Si je tiens à mes couleurs, moi!

ERNEST.

M. Bonœil, écoutez-moi.

BONOEIL.

Je n'écoute rien que ma colère... suivez-moi, monsieur, et marchez devant.

POLYTE, à Ernest.

Allez... allez... j'arrangerai cette affaire-là et pas plus tard que tout-à-l'heure.   (Ernest et Bonœil sortent.)

SCENE XVII.
POLYTE, seul.

Voilà un brave homme qui devient fastidieux... A-t-on jamais vu? par amitié pour moi, il veut que je pâlisse sur les livres... que je passe les jours et les nuits à étudier le grec et le latin... un tas de langues qui me feraient oublier la mienne... le plus souvent... puisqu'il faut prendre un grand parti... je le prendrai... Etienne avait raison, je suis juste dans la position d'un des animaux de M. Jean Bonhomme de la Fontaine... Je ressemble comme deux gouttes d'eau, à son chien, on m'a mis dans une belle niche, on me donne des poulets, des faisans, des gigots sans ail, mais, comme lui, on me tient à l'attache, je ne sais pas si le chien est resté dans sa niche, mais moi, je ne resterai pas dans la baraque du père chose...

Air : Dans un grenier qu'on est bien à vingt ans.

Son amitié devient trop assommante ;
Quoi ! sous l' prétext' que je suis son sauveur,
Il veut de moi, faire un' bête savante ;
Ah ! c'est trop cher acheter le bonheur.
Qu'il donne à d'aut' sa fortun' tout entière,
De la richess' me voilà dégoûté.
A toi, j' reviens, ô ma bonne misère !
Car avec toi, je r' trouv' ma liberté.

SCENE XVIII.
POLYTE, ETIENNE.

ÉTIENNE, avec deux bouteilles sous le bras, un sac de marrons et un gros morceau de galette, il entre tout doucement, puis dit tout bas à Polyte : Polyte !

POLYTE.

Tiens! c'est toi?

ÉTIENNE.

Oui, et les autres sont là, à la porte... ah! nous sommes exacts, vois-tu?

POLYTE.

Ah! mon Dieu!.. c'est vrai, je ne pensais plus que vous deviez venir... (A part.) Et le père Bonœil qui est là avec sa Mme de Roquefort !.. eh bien ! tant mieux... ça me servira.

ÉTIENNE

Qu'est-ce que tu rumines donc là, à part toi ?

POLYTE.

C'est rien... tu as apporté les combustibles... en question ?

ÉTIENNE.

Voilà les deux bouteilles de fil en quatre... les marrons... et la galette... tiens, sens!.. quelle bonne odeur de beurre fort, ça vous a?

POLYTE.

En ce cas, fais entrer les amis, moi je reviendrai tout à l'heure.
(Il passe dans une chambre.)

ÉTIENNE.

Qu'est-ce que tu vas donc faire, dans ta chambre?

POLYTE.

Un brin de toilette donc, afin de recevoir les amis comme ils le méritent.

ÉTIENNE.

Tu es bien comme ça, faut pas faire de façons avec nous.

POLYTE.

Je te dis que je veux être digne de ma société

ÉTIENNE.

Va donc coquet de freluquet.

POLYTE.

Je serai pas longtemps; allons, appelle les camarades, et en attendant, faites le punch! (Il rentre.)

ÉTIENNE, à la porte.

C'est dit... oh! hé!.. les autres!.. oh! hé!.. et venez donc quand on vous le dit.

SCENE XIX.

ÉTIENNE, LES OUVRIERS.

CHOEUR

Air : Maman quittons le bal.

Entrez, ne craignez rien,
On vous recevra bien,
C'est Polyte qui traite;
Grace à nous, aujourd'hui,
Le farceur veut, chez lui,
Se croire à la guinguette.

Quoique bien mis
A ses anciens amis,
Il ouvre encore sa porte,
Les parvenus
Ne sont pas tous connus.
Pour agir de la sorte.

ENSEMBLE.

Entrez, etc.   Entrons, etc.

PREMIER OUVRIER.

Eh bien! où donc qu'est Polyte?

ÉTIENNE.

Il est allé faire une toilette conséquente; afin de vous faire les honneurs de son louvre.

DEUXIÈME OUVRIER.

Dieu! que c'est cossu ici?

PREMIER OUVRIER.

Je crois bien... c'est glissant comme le canal de l'Ourcq, quand il gèle.

DEUXIÈME OUVRIER, qui s'est assis dans un fauteuil.

Eh! les autres! essayez donc ces fauteuils!.. comme ça repousse... on a l'air d'une balle élastique!

TOUS LES OUVRIERS, se laissant aller dans un fauteuil.

Oh! hé!.. oh! hé!..

PREMIER OUVRIER.

C'est joliment bête des fauteuils comme ça!

ÉTIENNE, à un ouvrier.

Eh bien! Chaud-chaud!.. qu'est-ce que tu fais donc là sur cette porte?

TROSIÈME OUVRIER.

Je dessine.

ÉTIENNE.

Respect aux propriétés de notre ami, messieurs... et faisons le punch, ça vaudra mieux.

TOUS.

Ah! oui, le punch!

ÉTIENNE

Dans quoi allons-nous le faire le punch? n'y a tant seulement pas une marmite ici... la batterie de cuisine est joliment maigre!

SCÈNE XX,

LES MÊMES, CATICHE, avec un saladier à la main.

CATICHE.

Ah! qu'est-ce que je vois là?

ÉTIENNE.

Justement, voilà notre affaire... donne, Catiche?

CATICHE.

Mais c'est la salade de monsieur... on va bientôt se mettre à table.

ÉTIENNE.

Ça m'est bien égal, donne toujours!

PREMIER OUVRIER.

Eh! c'est la particulière d'Etienne?

CATICHE.

Par quel hazard êtes-vous tous ici, à cette heure?

PREMIER OUVRIER.

C'est notre ami Polyte qui nous a fait venir.

ÉTIENNE.

Il nous a dit de ne pas nous gêner... par ainsi.

(Il prend le saladier et jette le contenu par la fenêtre.)

CATICHE.

Ah! ma barbe de capucin? (Étienne prend le devant du tablier de Catiche pour essuyer le saladier.) Mais qu'est-ce que vous faites donc là?

ÉTIENNE.

Nous allons faire du punch.

CATICHE.

Il faut que vous ayez perdu la tête.. M. Bonœil est au jardin avec sa société, mais il peut remonter d'un instant à l'autre.

ÉTIENNE, versant l'eau-de-vie dans le saladier.

Ça ne nous regarde pas, nous sommes ici chez Polyte.

CATICHE.

Mais, il me chassera.

ÉTIENNE.

Avec un peu de castonnade, ça sera délicieux.

CATICHE, pleurant.

Ah! mon dieu! qu'est-ce que je deviendrai après ce temps-ci?

ÉTIENNE.

Mon épouse... sèche tes larmes... avec un peu de citron.

CATICHE.

Bien vrai!.. vous m'épouseriez, à la mairie?

ÉTIENNE.

Oui... j'y mets le feu... regardez bien?

CATICHE.

C'est que voilà bien des fois que vous me promettez la même chose.

ÉTIEFNE.

Peux-tu douter de mon amour? regardez! quelle belle flamme!

CATICHE.

Eh bien! jurez, en présence de ces messieurs, que vous m'épouserez vraiment.

ÉTIENNE.

Tu le veux! viens.. ta main! je jure, de prendre Catiche, ici présente, pour ma légitime... (Il lui pose sa main avec la sienne au-dessus de la flamme, puis il l'embrasse.)

CATICHE.

Mais tu me brûles...

ÉTIENNE.

Maintenant c'est fait.

CATICHE.

Ah! bien, à présent, je me moque de tout... faites ce que vous voudrez, jetez la maison par la fenêtre... je ne m'inquiète plus de rien.

ÉTIENNE.

A la bonne heure...ah ça! il est joliment long-temps, Polyte?

POLYTE, en dehors.

En avant, fan-fan la Tulipe, mille millions d'une pipe, en avant!

TOUS.

Ah! le voilà!

SCÈNE XXI.

Les Mêmes, POLYTE, en gamin.

POLYTE.

Vive la joie, et les pommes de terre! l'accolade fraternelle?

ÉTIENNE.

Minute! qu'est-ce que c'est! qu'est-ce que c'est?

PREMIER OUVRIER.

Eh bien! où est donc cette toilette si conséquente?

POLYTE.

C'est que je veux être toujours pour vous, Polyte l'ouvrier.

Air : Un homme pour faire un tableau.

En vous attendant, je m' suis dit :
Avec eux n' faut pas être en reste,
Comm' vous n' donnez pas dans l'habit,
J' m'ai réintégré dans ma veste.
Pas d' distinctions! c'est l' moyen,
Qu' l'amitié conserve sa force,
Nous somm' tous du même arbre; eh bien!
Nous d' vons avoir la même écorce.

LES OUVRIERS.

Bravo! touche là!..

ÉTIENNE.

Et oui, bravo! voilà qu'est tapé... j' te reconnais maintenant!

CATICHE.

Et moi donc, monsieur Polyte, vous ne m'en offrez pas?

POLYTE.

Tu es donc aussi des nôtres, toi, Catiche?

CATICHE.

Tiens! si j'en suis, voyez plutôt! (Elle boit un verre de punch.) Puisque je vais me marier, je ne me gêne plus.

POLYTE.

C'est ça... rions, chantons, buvons, dansons... jetons nos bonnets par-dessus les moulins... après nous, la fin du monde...

ÉTIENNE, à Catiche.

Dis donc catiche, nous l'empêcherons bien, la fin du monde!

POLYTE.

Et pour vous mettre en train, en avant la ronde de l'ENFANT DE PARIS avec accompagnement de coups de pieds, et de coups de poings... j'ai la voix enrouée, à force de parler tout bas... je vas donner tous mes moyens, faites comme moi; au refrain, criez à fendre les murailles.

ÉTIENNE.

Sois tranquille... nous casserons tout, si tu veux, pour te faire honneur; commence.

POLYTE.

Air connu.

Vive à jamais l'enfant d' Paris :
Galant, rageur et sans soucis
Rangé la semain' des trois jeudis,
Mais tout cœur avec les amis,
Voilà, voilà, voilà, l'enfant d' Paris.

Pour un' particulière,
Se fendre du foulard,
Risquer l'om'lette au lard,
Et l' fromag' de gruyère,
Mais être un peu pochard,
En r'venant d' la barrière.

CHOEUR.

Voilà, voilà! etc.

L'Enfant de Paris.

Qu'un ouvrier s' présente,
En disant : j' suis à court,
Un' famill' c'est bien lourd!
Si sa bourse est vacante,
Il prend sa montre et court
La porter chez ma tante.

CHOEUR.

Voilà, voilà ! etc.

Il n' faut pas qu'on l' moleste,
Et si queuqu' paroissien,
Veut blaguer l' faubourien,
Paf!.. excusez du geste...
Il tape et n' connaît rien,
Mais bon enfant, du reste.

CHOEUR.

Voilà, voilà! etc.

SCENE XXII.
Les Mêmes, BONOEIL, ERNEST, Mme DE ROQUEFORT, AGLAÉ.

BONOEIL.

Ah! mon Dieu! est-ce qu'il y a une émeute?... Catiche, qu'est-ce que tout cela signifie?

CATICHE.

Pardieu! ça signifie, qu'on s'amuse!

BONOEIL.

Je suis à Charenton, il n'est pas possible!

POLYTE, lui apportant un verre.

Allons, voyons, faites comme nous, papa?

BONOEIL.

Il ne me manquait plus que cela... Hippolyte, toi, dans cet état?

AGLAÉ, à Ernest.

Je devine son dessein.

Mme DE ROQUEFORT.

Vous concevez M. Bonœil, que d'après ce qui se passe, je ne puis plus donner ma fille...

BONOEIL.

Eh bien! c'est bon, gardez-là, votre fille; mais, toi, malheureux, m'expliqueras-tu.

POLYTE.

Du sang froid, et vous allez tout savoir. D'abord, si vous me croyez dans les brouillards, vous avez tort, je suis dans l'exercice de toute ma raison, et je vas vous le prouver. Pour un léger service que je vous avais rendu, vous avez voulu m'adopter, me rendre heureux... l'intention était bonne, et la preuve c'est que je m'y suis trompé d'abord, mais un ami m'a ouvert les yeux, alors je me suis dit... faut en finir, aux grands maux, les grands remèdes... et j'ai cassé les vitres pour passer au travers, si vous ne voulez pas m'ouvrir la porte

BONOEIL.

Comment, tu veux me quitter?

POLYTE.

C'est pas ma faute... je ne respire pas chez vous... je finirais par être asphyxié... tenez, voyez-vous ça... (Il tire un livre de sa poche.)

BONOEIL.

Ce sont les Fables de Lafontaine.

POLYTE, ouvre un endroit marqué dans le livre.

Lisez celle-ci... elle est à mon adresse.

BONOEIL.

Le chien et le loup.

POLYTE.

Je suis comme le loup... je préfère ma liberté... à vos beaux meubles, à vos beaux habits, etc. pantouffle... mariez Mlle Aglaé à M. Ernest, et rendez-moi à mon atèyer... à ma misère... j'en ai besoin pour retrouver mes plaisirs.

BONOEIL.

Mais réfléchis donc...

POLYTE.

C'est tout réfléchi... je vous aime et je vous vénère... je viendrai vous voir de temps à autre... mais si je restais ici encore huit jours, je mourrais le neuvième.

BONOEIL.

En es-tu bien sûr?

POLYTE.

Aussi sûr que de mon existence.

BONOEIL.

C'est différent; je ne puis pas te retenir malgré toi, mon pauvre enfant; mais je ne dois pas non plus oublier que je te dois la vie, et je veux faire quelque chose pour toi.

POLYTE.

Eh bien! je vas vous dire ce qu'il vous faut faire.

BONOEIL.

Voyons!..

POLYTE.

Air d'Aristippe.

Puisque vous t'nez à m'êtr' propice,
Ordonnez à vos héritiers
D' payer deux lits dans un hospice
Pour recevoir deux ouvriers.
J' s'rai quelque jour l'un de ces ouvriers.
Mais, avec moi, partageant cet asile,
Le compagnon d' mes plaisirs d'aujourd'hui,
Ne dira pas : Il pouvait m'être utile...
Et l'égoïste... il n'a pensé qu'à lui.

BONOEIL.

Brave garçon!.. je ne sais comment exprimer... tiens... je pleure et je me comprends.

POLYTE.

Faut pas pleurer... c'est bête... voyons... me promettez-vous?

BONOEIL.

Tout ce que tu voudras, cher enfant... mais, quand veux-tu donc partir?

POLYTE.

Rien que tout de suite.

BONOEIL.

Au moins, tu ne me quitteras pas sans m'embrasser.

POLYTE, montrant Aglaé et Ernest.

Vous les marierez?

BONOEIL.

Je n'ai plus rien à te refuser.

POLYTE, se jette dans ses bras.

Brave homme, va!.. et vous, mam'zelle Aglaé, voulez-vous permettre encore, malgré mon costume...

AGLAÉ.

Oh! de grand cœur.

POLYTE.

Merci... (A part.) Ce baiser-là, c'est un coup de poing dans le cœur du jeune Ernest... j'lui devais ça... maintenant... partons, mes amis, vive la misère et la liberté!

CHOEUR FINAL.

Air : Jurons! (De la Salamandre.)

LES GAMINS, se tenant bras dessus, bras dessous.

Jurons!
Que toujours nous rirons!
Plus d'esclavage, plus de gêne,
La misère peut nous saisir!

On sent bien mieux, grace à la peine,
Le prix d'un instant de plaisir.
Espérance,
Persévérance,
Jurons.
Que toujours nous rirons.

BONOEIL, AGLAÉ, ERNEST, Mme DE ROQUEFORT.

Jurons !
Que nous le soutiendrons.
Quand loin de nous son goût l'entraîne,
La misère doit le saisir,
Mais prévoir, ou finir sa peine,
Sera notre plus doux plaisir,
En silence,
Avec prudence,
Jurons,
Que nous le soutiendrons.

POLYTE, au public.

Air des Frères de lait.

Des grands seigneurs la généalogie,
On me l'a dit, se compte par quartiers ;
La mienne à moi, s' dessine en effigie,
Sur tous les murs et dans tous les quartiers,
D' puis les boul'varts jusque sous les piliers.
Si j' n'ai pas d' nom, du moins, j' connais ma mère...
La capitale a r'çu mes premiers cris :
Mon embarras, c'est de trouver un père,
Adoptez-moi comme enfant de Paris...
Chacun de vous doit me servir de père ;
Ne suis-je pas un enfant de Paris ?
Oui, je suis bien un enfant de Paris.

FIN.

Imp. J.-R. MEVREL, pass. du Caire, 54.

ACTE 1ᵉʳ, SCÈNE XII.

LES FEMMES LIBRES,

FOLIE-VAUDEVILLE EN TROIS ACTES,

ET A GRAND SPECTACLE,

par MM. Pʳᵉ Tournemine et A. Salvat.

Représentée pour la première fois, à Paris, sur le théâtre de la Gaîté, le 25 février 1838.

La scène est à Stamboul.

ACTE I.

Un jardin formant esplanade en avant du palais d'Ismaïl, dont une riche grille à droite, annonce l'entrée. Au premier plan à gauche du spectateur, une porte faisant corps avec un élégant pavillon surmonté d'une terrasse et dont la fenêtre à hauteur d'entresol, est garnie d'un store baissé. Au fond, une riche balustrade avec des vases de fleurs, et au-delà une vue de la ville.

SCÈNE I.

ZIRZABELLE, ERLISKA, CÉLIME, IDAMOE, FANNY, LYDIA, NADIRE.

(Au lever du rideau, toutes sont groupées au fond, et prêtent une oreille attentive à la voix d'un crieur dont les paroles se perdent au loin.)

LYDIA.
Allons, encore un firman qu'on publie, et comme d'habitude, impossible de rien entendre !

CÉLIME.
Je gage, moi, mes sœurs, que c'est pour obéir à quelque ordre du visir Ismaïl, que jamais aucun crieur ne passe sous cette terrasse.

ZIRZABELLE.
Il en est bien capable, le monstre ! qui sait d'ailleurs, si, dans les réformes opérées par le puissant Moumouth, il n'y a pas quelque chose qui nous concerne et qu'il veut nous cacher ?

N. B. Voir à la fin, pour la distribution des rôles.

CÉLIME.

Je pense comme Zirzabelle.

ZIRZABELLE.

N'est-ce pas indigne à lui de ne pas concevoir que, pour de pauvres récluses, ce serait du moins un vif plaisir que de savoir ce qui se passe au dehors?

ERLISKA.

Oh! toi, on sait que tu ne l'aimes pas; et pourtant, tu as moins sujet de te plaindre que nous; tu es sa benjamine.

Musique nouvelle de M. H... ou, air : de Mar'anne.

Nous avons tenté pour lui plaire,
Humainement tous les moyens;
Mais jusqu'ici, rien n'a pu faire,
Et nos efforts ont été vains.
Sans qu'il t'en coûte,
Et qu'il s'en doute,
Toi, sans effort
Tu l'as charmé, d'abord;
La différence,
Vaut bien, je pense,
Qu' sans méchanc'té,
Le fait soit rapporté :
Quand pour toi seul', sont les caresses,
Les soins, les égards...

ZIRZABELLE.

Eh! vraiment,
Ce qui me déplait justement,
Ce sont ses politesses.

ERLISKA.

Tu es bien difficile : si je pouvais être à la place!..

ZIRZABELLE.

Et moi, si je pouvais te la céder!.. oh! c'est que je déteste cet Ismaïl!..

NADIRE.

Mais pourquoi?

ZIRZABELLE.

Pourquoi?.. parce qu'il est vieux, parce qu'il est laid, parce que j'admire le sultan son maître, et que j'ai la preuve qu'il blâme tout ce qu'il fait, s'il ne conspire même contre lui.

TOUTES.

Se pourrait-il?..

ZIRZABELLE, continuant.

Je le déteste, parce que la préférence qu'il m'accorde me fatigue, m'ennuie; parce que la surveillance dont il nous entoure, me pèse et m'irrite; enfin...

CÉLIME, regardant au fond.

Silence, voici son cerbère, la vieille Fatmé qui vient à nous.

SCENE II.

LES MÊMES, FATMÉ.

FATMÉ, entrant vivement.

Air : Tic, et tic, et tac, et tin, tin, tin.

Rentrez, mes p'tits cœurs, jolis p'tits choux,
Petit's filles,
Soyez bien gentilles;
Car, le visir, notre maître à tous,
En ces lieux, vient tout exprès pour vous.

ZIRZABELLE.

Peste soit encor de sa visite!..

FATMÉ, s'approchant d'elle.

C'est toi seule, qu'il trouve à son gré :
A le bien recevoir, je t'invite...

ZIRZABELLE.

Quel supplice!.. (A part) Oh! je me vengerai!..

FATMÉ.

Rentrez, mes p'tits cœurs, etc.

ERLISKA, FANNY, IDAMOR, NADIRE, CÉLIME.

Pour recevoir notre illustre époux,
　　Petit's filles,
　Soyons bien gentilles ;
Car, Ismaïl, notre maître à tous,
En ces lieux, vient tout exprès pour nous.

ZIRZABELLE.

Disputez-vous un pareil époux,
　　Petit's filles,
　Faites les gentilles,
D'aucun', mon cœur ne sera jaloux,
Car, pour lui, je n'ai que du courroux.

ENSEMBLE.

(Fatmé a frappé à la porte du pavillon. Deux muets paraissent et la suivent après que toutes les femmes sont rentrées.)

SCÈNE III.

ISMAIL, RIGOBERT, ZERLINE, Esclaves et Nègres.

ISMAIL, *entrant, et se parlant lui-même, en devançant de quelques pas les autres personnages qui le suivent et s'arrêtent au fond.*

Si ce n'est pas le comble de la folie et du ridicule!.. faire publier l'établissement de cinquante nouvelles imprimeries, l'abolition de la bastonade et l'ouverture de vingt écoles d'enseignement mutuel!.. il est évident que nous marchons vers un bouleversement général... quel tyran que ce Moumouth!..

Air de madame Grégoire. (De Béranger).

Le peuple, autrefois,
Avant qu'on cherchât à l'instruire,
　Respectait les lois
Qu'alors il ne pouvait pas lire ;
　Sous de gros impôts,
　Il pliait le dos ;
Esclave, à la moindre incartade,
On lui donnait la bastonade...
　Regrets superflus,
　Le bon temps n'est plus !

　Puissant, révéré,
Soleil de grandeur, de justice,
　Son père adoré,
Régnait selon son doux caprice :
　Quand il se montrait,
　Le peuple tremblait ;
Je l'ai vu, dans les grandes fêtes,
Couper lui-même quelques têtes...
　Regrets superflus,
　Le bon temps n'est plus !

(Se tournant vers le fond, et s'adressant aux esclaves.)

Eh bien ! qu'est-ce que vous faites là ?.. bons à rien... paresseux... qu'on s'occupe.

RIGOBERT.

C'est l'heure du repos.

ISMAIL.

Il n'y a pas d'heures de repos, pendant que le soleil marche... travaillez, canailles, ou sinon, je vous fais battre la semelle et je vous coupe les vivres.

RIGOBERT, à part.

Vieux gredin, va!..

ZERLINE, bas à Rigobert.

Tais-toi, frère...

SCENE IV.
Les Mêmes, FATMÉ.

ISMAIL, bas à cette dernière qui sort du pavillon.

Ah! le voilà?.. mes ordres...

FATMÉ, de même.

Sont exécutés, maître.

ISMAIL.

Ma visite est attendue avec joie?

FATMÉ.

Par la plupart de vos odalisques, oui; mais non par votre belle protégée : celle-là vous hait!.. méfiez-vous-en, seigneur.

ISMAIL.

Bon! caprice, enfantillage; un cachemire l'appaisera... Tu es sûre qu'aucune n'a connaissance de ce qui se passe en ville?

FATMÉ.

Je ne les quitte guère plus que mon ombre, et ce n'est pas des eunuques muets qui les servent, que l'on peut craindre aucune inconséquence.

ISMAIL.

Je me rends auprès d'elles. (Fausse sortie.) Si quelqu'un me demandait, je ne suis visible que pour le seigneur Mysapouf, c'est un turc de l'ancienne roche, celui-là!.. (S'adressant aux esclaves.) Vous m'avez entendu?.. Arrosez ces fleurs, ratissez ces allées... (A Fatmé.) Choisis quatre de ces drôles, et fais-leur nettoyer le bassin de la grande pelouse; cela les occupera, les lâches!

(Il entre dans le pavillon. Fatmé fait signe à quatre esclaves de la suivre, et Rigobert et Zerline qui ont pris l'un un rateau, l'autre un arrosoir, restent seuls en scène.)

SCENE V.
RIGOBERT, ZERLINE.

RIGOBERT, regardant Ismaïl s'éloigner.

Quelle douceur! quelle humanité! comment ne pas s'attacher à un pareil maître?.. Si ce que je souhaite à celui-là, pouvait lui arriver, je te réponds qu'il ne serait pas long-temps sans être pendu.

ZERLINE.

Que nous en reviendrait-il? nous serions toujours esclaves.

RIGOBERT.

Peut-être... Il ne faut pour nous tirer de l'ornière où nous sommes qu'un hasard comme celui qui nous y a jetés.

ZERLINE.

Oh! toi, frère, tu espères toujours!..

RIGOBERT, gaîment.

Oui certes; l'espérance, ma Zerline!.. Eh! mon Dieu, c'est la richesse du pauvre.

Air : Vaud. du Charlatanisme.

> Malheur à qui n'espère rien,
> L'espoir, c'est la philosophie;
> Espérer, c'est l'uniqu' moyen
> D'supporter les maux de la vie.
> Par l'espoir, que d' gens soutenus!
> Sans espoir, quel affreux supplice!
> Par l'espoir, que d' biens obtenus!
> Que d' chagrins d' moins, que d' bon temps d' plus!..
> Tu vois qu' c'est double bénéfice.

ZERLINE.

Que tu es heureux, mon Rigobert! et que je voudrais voir ce pauvre Berlingo t'imiter!

RIGOBERT.

Oh! lui, c'est le caractère le plus triste, le plus apathique!..et pourtant, il me semble que le sort ne l'a déjà pas si mal traité?.. d'abord, en donnant des leçons de danse aux femmes d'Ismaïl, il s'est long-temps épargné toute espèce de corvée; ensuite, l'amour ridicule dont s'est éprise pour lui, la vieille Fatmé, ne lui vaut-il pas chaque jour quelque heureuse préférence? Je n'en ai pas eu autant, moi!.. je sais bien qu'il t'aime, qu'il est passablement jaloux, et que sans les projets ambitieux qui m'ont fait entreprendre ce maudit voyage, vous seriez à présent mariés, et aussi fortunés qu'on peut l'être, quand on ne possède rien; mais sont-ce ses doléances perpétuelles qui remédieront à ce qui est arrivé?.. pris par un corsaire et vendus comme des bêtes de sommes, bien certainement, tu étais perdue pour lui, si, pendant la bagarre, il ne me fût venu l'idée du déguisement qui cache ton sexe; et quand ton honneur est sauf, quand nous avons eu la chance de ne pas être séparés, c'est en continuant à se lamenter qu'il remercie le ciel?.. fi donc, c'est le fait d'un ingrat ou d'un fou!

BERLINGO, en dehors.

Mais attends donc... ne vas pas si vite... Dieu de Dieu... s'il est possible!..

RIGOBERT, à Zerline.

Tiens!.. quelqu'un qui bougonne, je suis sûr que c'est lui.

SCENE VI.

Les Mêmes, BERLINGO, portant une caisse de fleurs avec Un Nègre beaucoup plus grand que lui, puis, FATME, suivie de deux Esclaves.

BERLINGO, pliant sous le faix.

Mais arrête-toi donc!.. il n'entend pas plus le français qu'un suisse... enragé moricaud, va!..

ZERLINE, à Rigobert en remontant la scène.

Pauvre ami! il a bien sujet de se plaindre, vois comme il est chargé.

RIGOBERT.

Parce qu'il est maladroit : c'est l'autre qu'il fallait laisser derrière; mais il a toujours peur de se mettre en avant.

BERLINGO, au nègre.

Veux-tu bien t'arrêter, animal!..

LE NÈGRE, lâchant tout à coup son fardeau, et se tournant furieux vers Berlingo.

Hein, qui, animal?.. moi, pas animal, moi homme nègre... toi blanc, animal plutôt, entends-tu... (Il lui donne un coup de poing.)

BERLINGO, criant.

Oh! sur le nez!..

BERLINGO, les séparant.

Là! là! l'africain!..

FATMÉ, entrant.

Eh bien! une querelle?.. Berlingo tout en pleurs... (S'adressant à celui-ci.) Qu'est-ce qu'on t'a fait, mon garçon?

RIGOBERT, bas à Zerline.

Vois-tu, comme elle le cajole.

BERLINGO, piteusement.

C'est lui qui me bat...

FATMÉ, au nègre..

Comment, drôle, tu oses te permettre...

LE NÈGRE.

Pourquoi lui, dire à moi animal... moi tant colère, d'abord.

FATMÉ.

Il a bien fait. (Aux esclaves qui l'ont suivi, en leur désignant le nègre.) Qu'on lui administre vingt coups de sangle sur les reins, cela lui remettra le sang en équilibre. (Montrant Berlingo.) Quant à ce chrétien, j'ordonne qu'on lui réserve les travaux les plus doux... (Bas à Berlingo.) Console-toi, mon petit Berlingo, tu m'intéresses et, si, comme je l'espère, j'ai lieu d'être contente de toi, je te soignerai.

ZERLINE, gaîment et bas à Rigobert.

Hein! si l'on était jalouse?..

FATMÉ, à Zerline.

Toi, Zanco, suis-moi.

ZERLINE, vivement.

Tout de suite, dame Fatmé; vous êtes si bonne pour lui, vous le serez peut-être bien aussi un peu pour moi, n'est-ce pas?

FATMÉ.

Eh mais! pourquoi pas?.. (A part.) Il est très gentil, ce petit bonhomme-là.

(Les deux esclaves emmènent le nègre, et Fatmé sort suivie de Zerline qui s'éloigne en faisant à ses amis divers signes d'intelligence.)

SCÈNE VII.
RIGOBERT, BERLINGO.

RIGOBERT, gaiment.

Mon compliment, mon ami; diantre! comme tu as empaumé la chinoise! mais cette femme-là t'adore, mon cher.

BERLINGO.

Jolie conquête! cinquante ans au moins, et cinq à six dents au plus.

RIGOBERT.

Eh! qu'importe! je calcule où les choses peuvent conduire.

BERLINGO.

Tu aurais bien dû penser de même avant de nous faire quitter Paris, alors!.. la belle spéculation que d'avoir tout fondu, pour former une cargaison de parapluies que tu voulais aller vendre en Afrique!

RIGOBERT.

L'idée était bonne, trouve-moi un commerce où l'on puisse être plus promptement à couvert.

BERLINGO.

Oh! faut-il que j'aie eu la bêtise de t'écouter!

Air du Postillon de Lonjumeau.

J'étais dans une si belle passe,
Mes affaires allaient si bien!
Aucun des bals du Mont-Parnasse,
N' pouvait lutter avec le mien.
A coup sûr, ma fortun' s'rait faite,
Au train dont la vogue marchait,
Par semain' plus d' cent francs d' recette,
Rien qu'à dix centim's le cachet...
Oh! oh! oh! qu'il était beau,
Mon bal du faubourg Saint-Marceau!
Oh! oh! oh! qu'il était beau, etc.

RIGOBERT.

Ah! tu vas recommencer tes jérémiades ordinaires?

BERLINGO.

Eh bien! oui, parce que je n'y peux plus tenir; parce qu'avec la crainte continuelle de me voir enlever ma Zerline, si l'on découvrait son sexe, j'ai de l'esclavage par-dessus la tête et des coups de bâton plein le dos: parce que le malheur m'abrutit, que je n'ai plus de courage, plus d'espoir; que je ne crois plus à rien; parce que...

RIGOBERT, vivement.

Parce que tu es un imbécile... on croit toujours et on ne désespère jamais.

Air : De Préville et Taconnet.

C'est offenser la divin' providence,
Que d' murmurer ainsi contr' ses décrets;
N' rougis-tu pas de douter d' sa puissance,
Et de t' livrer à d'éternels regrets,
Quand chaque jour nous r' sentons ses bienfaits?

BERLINGO, se parlant à part.

Ils sont jolis!..

RIGOBERT, continuant.

Souvent le sort, j'en conviens, nous outrage;
Il nous éprouv', mais c' n'est pas chez autrui,
Que pour lutter, on doit chercher appui :
C'est en soi-mêm' qu'il faut trouver l' courage
De le combattre et d' l'emporter sur lui!

BERLINGO.

Tout ça, ce sont de superbes raisonnemens... en chansons; mais pour

les mettre en pratique... et puis, voyons, je suppose que j'adopte ton système, qu'est-ce que j'y gagnerai ?
RIGOBERT.
Nigaud ! de la bonne humeur, de la force, de la présence d'esprit pour profiter d'une occasion favorable, si elle venait à se présenter.
BERLINGO.
Si j'étais sûr quelle dût être prochaine...
RIGOBERT, d'un air mystérieux.
Elle l'est peut-être plus que tu ne crois.
BERLINGO, vivement.
Il se pourrait ! et comment ?
RIGOBERT.
De deux manières : d'abord, par suite des troubles qui ne peuvent manquer d'éclater dans les états du sultan ; car, tu comprends qu'alors il nous serait facile...
BERLINGO.
Facile, oui, mais non pas sans danger ; voyons la seconde manière, je crois que je l'aimerais mieux.
RIGOBERT.
Oh ! celle-là est beaucoup plus simple !.. si on ne réussissait pas, on en serait probablement quitte... pour être empalé... as-tu déjà été empalé ?
BERLINGO.
Veux-tu te taire ! il ose dire que la seconde manière est plus simple !
RIGOBERT.
Écoute-moi donc : en prenant nos mesures pour ne pas être découverts...
BERLINGO.
Je crois bien ! ça ne serait pas à négliger.
RIGOBERT.
Voici ce dont il s'agit : Une femme, qu'à la richesse de son costume, je suppose être la favorite d'Ismaïl, s'est montrée, moi présent, deux jours de suite à la fenêtre de ce pavillon. Ses précautions, quelques gestes assez significatifs, auxquels, par malheur, je n'ai pu répondre, m'ont fait croire que j'avais su lui plaire ; ou tout au moins qu'elle attendait de moi un service. Dans tous les cas, tu conçois que si je lui étais agréable, sa protection nous serait acquise, et alors...
BERLINGO.
Fameux pour nos intérêts ! mais comment lier une intrigue avec elle ? si ce maudit visir n'avait pas supprimé mon emploi là-dedans, j'aurais pu... il faudrait un moyen de la voir, de lui parler...
RIGOBERT.
C'est justement ce que j'ai trouvé, lorsqu'elle m'apparut pour la première fois, elle fut je crois attirée par le bruit d'une querelle que j'avais avec un nègre, ici, à cette même place... le moyen dont je compte me servir, c'est la répétition de cette scène. Veux-tu t'y prêter, tandis que nous sommes seuls nous allons en faire l'épreuve.
BERLINGO.
A coups de poings, n'est-ce pas ? merci, je sors d'en prendre.
RIGOBERT.
Mais songe donc à ce que ça peut te rapporter ?
BERLINGO.
Parbleu ! je m'en doute ! quelque bosse, quelque foulure !
RIGOBERT.
Eh ! non, poltron ! ce sera pour la frime. (Lui donnant une bourrade.) Tiens, comme ça...
BERLINGO.
Ne tape donc pas si fort ! (Il lui rend le coup qu'il vient de recevoir.)
RIGOBERT, frappant toujours.
Douillet, va !.. ah ! dis donc, tu te fâches ?
(Tous deux s'animent et finissent par se battre sérieusement.)

SCÈNE VIII.

Les Mêmes, ISMAIL, puis QUATRE NÈGRES, et plus tard MYSAPOUF et QUATRE EUNUQUES, dont l'un est MOUMOUTH.

ISMAIL., sortant du pavillon.
Mahomet, que vois-je ! deux esclaves se battre ! et deux esclaves que

j'ai payés 600 sequins, encore! holà! (Aux quatre nègres qui paraissent.) Qu'on sépare ces drôles, et qu'il leur soit appliqué à chacun dix coups de bâton sur la plante des pieds, pour leur apprendre à risquer de se faire mal.

BERLINGO, à part.

En voilà une drôle d'attention...

RIGOBERT, à Ismaïl.

Mais, seigneur...

ISMAIL, froidement.

Quinze coups de bâton.

RIGOBERT.

Comment...

BERLINGO, l'interrompant et à part.

Veux-tu bien te taire; tu ne vois pas qu'à chaque plainte, le scélérat augmenterait la dose?

ISMAIL.

Allons, allons, qu'on les emmène.

(A ce moment, Mysapouf paraît et vient à Ismaïl; sa suite demeure au fond.)

UN NÈGRE, répondant à Ismaïl.

Oui, bon maître, tout de suite... (Bas à Berlingo et en le menaçant.) Chacun son tour; moi besoin de me venger.

RIGOBERT, à part.

Air : Petit blanc, mon bon frère.

Quel jugement atroce!

ISMAIL.

Dépêchons...

RIGOBERT.

Quoi, déjà?

BERLINGO, désignant le nègre.

Dieu! quel regard féroce!
Et pour me sauver ça,
Ma Fatmé n'est pas là!

RIGOBERT, à Ismaïl.

Grac' pour notre infortune,
Épargne-nous...

ISMAIL.

Jamais.

BERLINGO, bas au nègre.

Nègre, sois sans rancune...

LE NÈGRE.

Moi, pas comprendr' français...

CHOEUR.

LES NÈGRES, voulant saisir Rigobert et Berlingo.
Petit blanc, mon bon frère,
Ah! ah! petit blanc si doux;
Sans fâch'ri', laiss'-toi faire,
Toi, s'ras content de nous.

BERLINGO et RIGOBERT, implorant Ismaïl.
Maître, sois sans colère,
Nous embrassons tes genoux;
Ne les laisse pas faire,
Et prends pitié de nous.

(Ismaïl est inexorable, on les emmène malgré leur résistance.)

SCÈNE IX.

ISMAIL, MYSAPOUF, MOUMOUTH, et TROIS EUNUQUES; puis ZIRZABELLE, dans le pavillon.

MYSAPOUF.

Pardon, vertueux Ismaïl, je vous ai dérangé de vos affaires?

ISMAIL.

Du tout, seigneur Mysapouf, je regrette seulement que le petit compte que j'avais à régler avec ces deux coquins, ne m'ait pas permis de vous témoigner plus tôt toute la joie que j'éprouve chaque fois que vous me faites visite.

MYSAPOUF.

Je la partage sincèrement, seigneur visir.

(A ce moment, Zirzabelle se montre derrière la jalousie.)

ISMAIL, à Mysapouf.

Je le sais; nous nous comprenons, nous deux... mais quel motif...

MYSAPOUF.

Ne le devinez-vous pas? encore une lubie, un caprice du maître.

ISMAIL.

Plus bas! éloignez même votre escorte; Mahomet conseille la prudence

MYSAPOUF.

C'est juste.

ZIRZABELLE, pendant que Mysapouf donne aux hommes de sa suite, l'ordre de se retirer.

Ismaïl avec un étranger... si je pouvais sans être vue...

ISMAIL, à Mysapouf qui redescend la scène.

Maintenant, chef des eunuques, je vous écoute.

MYSAPOUF.

Vous connaissez mes opinions et l'estime que je vous porte, je laisse donc tout préambule pour arriver au fait : Votre éloignement de la cour a éveillé les soupçons de Moumouth, et il m'envoie, non-seulement pour m'assurer si, dans votre intérieur, vous exécutez vous-même ses ordres, en ce qui touche l'abolition de certains vieux usages, mais encore pour vous faire apposer votre seing sur les cinquante-deux firmans qu'il a rendus et fait publier pendant votre absence.

ISMAIL, vivement surpris.

Cinquante-deux firmans en quinze jours! quelle effrayante fécondité! il n'en a paru que trente-trois depuis quarante ans que je suis aux affaires!

Air : On dit que je suis sans malice.

Quand je fabriquais, sous ses pères,
Des lois urgentes, salutaires,
Je les avouais franchement,
Aujourd'hui c'est bien différent.
Pour celles-ci, null' connivence
N'engagera ma conscience :
Bonn's ou mauvais's, à lui l' fardeau,
Pas si sot d'y mettre mon sceau.

MYSAPOUF.

Hum! prenez garde : Certainement ne pas vouloir approuver aux yeux de la nation, la destruction de nos institutions, c'est une belle résolution; mais dans cette occasion, votre ambition doit prendre en considération, la conservation de sa position... voilà mon opinion.

ISMAIL.

Je n'écoute que mon devoir.

MYSAPOUF.

Craignez son ressentiment, vous savez...

ISMAIL.

Je sais que parmi les vrais croyans, la mesure de mécontentement est quasi comble, et que je n'aurais qu'un mot à dire pour qu'il fût renversé

ZIRZABELLE, à part.

Ceci est bon à savoir.

MYSAPOUF, avec surprise et vivement.

Se peut-il! il serait donc vrai...

ISMAIL.

Chut! ce lieu n'est pas convenable pour une explication de ce genre.

Air : Accourez tous, venez m'entendre (Charlatan, opéra.)

Ici, l'on pourrait nous entendre,
C'en est assez sur ce sujet;
Suivez-moi, je vais vous apprendre
Le reste de ce grand secret.

D'une pareille confidence,
Vous sentez quelle est la valeur?

MYSAPOUF, à part et avec une crainte marquée.

J'en conçois si bien l'importance,
Que j'y r'noncerais de bon cœur.

ENSEMBLE.
ISMAIL.
Ici, l'on pourrait nous entendre, etc.
MYSAPOUF, à part.
Ici, quelqu'un pourrait l'entendre,
Et de nous deux ce serait fait :
Ailleurs, j'aime bien mieux apprendre
Le reste de ce grand secret.   (Ils sortent du côté du palais.)

SCÈNE X.
ZIRZABELLE, d'abord seule, puis ZERLINE.

ZIRZABELLE, à la fenêtre du pavillon.

Divin prophète! quelle heureuse idée j'ai eue de les écouter!.. mais comment faire connaître au sultan le danger qui le menace?.. il y a bien quelques esclaves qui ont le privilége de sortir parfois de ce palais, mais à qui me fier et de quel moyen me servir... si je faisais un célame...* leur langage est assez connu dans ces climats, pour qu'il se trouve ici quelqu'un qui le comprenne... c'est cela, essayons d'abord, le bon génie de Moumouth fera peut-être le reste.   (Elle disparaît.)

ZERLINE, arrivant gaîment par le fond.

Conçoit-on cette vieille Fatmé qui fait aussi maintenant l'aimable avec moi! eh! qui sait, il y a peut-être encore là, une nouvelle planche de salut... ma foi, suivons les conseils de Rigobert, sa philosophie est si douce! si consolante!

Air de le galoppade.

Au lieu d'être soucieux
Il vaut mieux
S' livrer à l'allégresse !
La vrai' sagesse
Est d'avoir constamment
L'esprit libre et content.

Aux regrets cuisans,
Qu'enfin un peu d'espoir succède ;
Pour les bonnes gens
Tôt ou tard, viendra le bon temps.
Point d' soucis, d'humeur !
Les maux passés sont sans remède,
Une heur' de bonheur
Efface un siècle de douleur.

Au lieu d'être soucieux, etc.

Effet surprenant,
De l'espoir, magique influence,
Mon désir constant,
Se réalise en cet instant.
Avec mes amis,
Libre enfin, je retourne en France,
Je r'vois mon pays
Et tous mes chagrins sont finis.

Au lieu d'être soucieux, etc.

(Entendant Berlingo se plaindre dans la coulisse.) Mais je ne me trompe pas, c'est la voix de Berlingo; on dirait qu'il pleure...   (Elle remonte la scène.)

SCÈNE XI.
ZERLINE, RIGOBERT, BERLINGO, puis ZIRZABELLE.

BERLINGO, avec l'expression de la plus vive douleur.

Aïe! aïe! aïe!..oh! là, là, là, là!.. porte-moi, Rigobert, porte-moi!

RIGOBERT, le soutenant.

Voyons, voyons, essayes-toi ; que diantre !.. tu as la dégaine d'un dindon qu'on fait danser sur une tôle rouge.

ZERLINE, vivement.

Mais qu'a-t-il donc encore, mon Dieu !

* Sorte de bouquet parlant.

BERLINGO, qui s'est assis non loin du pavillon.

Ce que j'ai? j'ai que je n'ai plus de peau sous les pieds, voilà ce que j'ai... oh! comme ça picote!

RIGOBERT, à Zerline.

Figure-toi, que je voulais par une feinte dispute, attirer à cette fenêtre, une odalisque du harem... je t'expliquerai mes motifs...

ZIRZABELLE, qui paraît sur la terrasse tenant un bouquet.

Que dit-il?

ZERLINE.

Mais pourquoi cette correction?

RIGOBERT.

Parce qu'Ismaïl nous a surpris et qu'il nous a condamnés à recevoir chacun quinze coups de bâton sur cette partie du corps.

BERLINGO, à Zerline.

Tu l'entends, chacun quinze? eh bien! j'en ai reçu trente.

RIGOBERT.

Qu'est-ce qui te dit le contraire?.. mais ça ne fait toujours que le compte. Quinze et quinze... est-ce ma faute si les bourreaux se sont trompés de victime.

BERLINGO.

Trompés... les brigands!.. oh! c'est comme des millions d'épingles!

ZERLINE.

Malheureux Berlingo, va, il a une chance!..

BERLINGO.

Oui, elle est belle! je suis sûr que je me noierais dans un coquetier.

ZIRZABELLE, à part.

Je crois que je puis me fier à eux: et maintenant, puisse Mahomet nous être en aide.

(Elle jette son bouquet précisément à la place qu'occupe Berlingo, et se retire.)

BERLINGO, effrayé.

Bon! qu'est-ce qui me tombe encore là?

ZERLINE, vivement et avec surprise.

Un bouquet jeté de ce pavillon, à lui... (Le ramassant et s'adressant à Berlingo.) Est-ce que tu aurais aussi des intelligences...

BERLINGO.

Moi, je n'ai pas d'intelligence du tout.

RIGOBERT, à Zerline.

Tu dis que ce bouquet est tombé de là?.. plus de doute, c'est de ma sultane... (Examinant le bouquet.) Des roses... des pavots... du jasmin... voilà une attention...

ZERLINE.

Qui sait, c'est peut-être mieux encore. N'as-tu jamais entendu dire qu'arrangées de certaine manière, les fleurs avaient un langage aussi facile à déchiffrer que toute espèce d'idiôme?

RIGOBERT.

En effet, il serait possible...

BERLINGO, se levant.

Parbleu! qu'est-ce qui ne connaît pas ça?..c'est comme dans les ballets pantomimes; un jeté-battu et un entre-chat, ça veut dire: je vous aime... (Grimaçant.) Bon! v'là que ça me cuit, à c't' heure!.. non, ça me démange.

RIGOBERT, toujours à Zerline.

Mais, comment nous assurer...

ZERLINE.

En nous adressant à plus instruit que nous... voici justement un des hommes de la suite du chef des eunuques, je vais l'interroger.

SCÈNE XII.
Les Mêmes, MOUMOUTH.

ZERLINE, allant à ce dernier qui passe au fond et s'arrête près de la balustrade.

Un mot, camarade... sais-tu lire là-dedans?

(Elle lui présente le bouquet.)

MOUMOUTH.

Comme dans un livre.

ZERLINE.

Eh bien! prends...

MOUMOUTH, d'abord étonné, prend le bouquet des mains de Zerline, et après l'avoir examiné à part avec une attention croissante.

Qu'ai-je vu!.. non content de braver les ordres de son maître, Ismaïl complote en secret sa perte!.. (A Zerline.) Tu sais donc... c'est bien, c'est très bien, enfant, Moumouth apprendra ce qu'il te doit, et cet avis t'assure sa reconnaissance et sa protection.

ZERLINE, à part, avec étonnement.

Que dit-il?..

BERLINGO et RIGOBERT, de même.

Sa protection!..

MOUMOUTH, continuant.

Holà! quelqu'un... (A un eunuque qui paraît.) Ton chef est chez le visir, qu'il vienne à l'instant même... c'est l'ordre du sultan, va...

RIGOBERT, voyant sortir l'eunuque.

Comment, il obéit!

ZERLINE, à part.

Je n'y comprends rien.

BERLINGO, de même, à Rigobert.

Voilà un gaillard qui sent terriblement le bâton!.. allons-nous-en de peur des éclaboussures.

SCÈNE XIII.

Les Mêmes, MYSAPOUF, FATMÉ, Eunuques et Esclaves qui viennent garnir le fond.

MYSAPOUF, entrant avec colère.

Qu'est-ce?.. et de quel droit... (Se prosternant tout à coup en reconnaissant son maître qui vient d'ôter une fausse barbe et le cafetan qui couvrait son costume.) Que vois-je!.. Moumouth!..

TOUS, de même.

Le sultan!

MOUMOUTH.

Ma présence vous étonne, n'est-ce pas?..

Air : J'en guette un petit de mon âge.

La vérité, vierge simple et jolie,
Auprès des rois, jadis avait accès,
C'est leur faiblesse pour la flatterie,
Qui l'a contrainte à fuir de leurs palais.
Depuis ce temps, dédaigneuse et cruelle,
Près d'aucun trône on ne l'a vu s'asseoir ;
Et maintenant quand un roi veut la voir,
Il faut qu'il aille au-devant d'elle.

MYSAPOUF, tout tremblant.

Comment, mon doux maître...

MOUMOUTH.

Oui, ton maître qui, à ton insu, t'avait suivi, et qui veut laisser en ces lieux le souvenir d'un grand acte de justice.

MYSAPOUF, à part.

Mon sang se fige dans mes veines!

MOUMOUTH, s'adressant à tous.

Ismaïl est un infâme qui voulait attenter à mes jours ; je le condamne à mort. (A Mysapouf.) Porte-lui le cordon ; il connaît la manière de s'en servir... quant à ses biens, ses esclaves et ses femmes, je les confisque au profit de l'état... transmets-lui ma volonté et qu'elle s'accomplisse.

MYSAPOUF.

Entendre, c'est obéir, maître, j'y cours. (A part.) Afin aussi qu'il n'ait pas le temps de me compromettre. (A Fatmé.) Allez prévenir les femmes du traître, et annoncez-leur qu'elles sont veuves... (A deux eunuques.) Vous, suivez-moi.   (Il sort)

SCÈNE XIV.

Les Mêmes, excepté MYSAPOUF et FATMÉ.

BERLINGO, à part, à Rigobert.

En v'là de l'ouvrage! pourvu que l'odalisque au bouquet...

RIGOBERT, de même.
Bah! il est bien question d'elle, à présent!
MOUMOUTH, à Zerline.
Maintenant, approche, et parle sans crainte; quelle récompense veux-tu?
ZERLINE, à part.
Ma foi, il faut profiter de l'occasion. (Haut.) Eh bien! seigneur, la liberté de deux compagnons d'infortune.   (Elle lui désigne son frère et Berlingo.)
MOUMOUTH.
Je te l'accorde, et j'y joins même une bourse de 600 sequins pour les aider à se tirer d'affaire. Quant à toi, et pour prix du désintéressement que tu me montres, je t'offre mon amitié. Tu me suivras au palais, et tu verras que sous le cafetan du monarque, il y a un brave homme, un bon diable avec lequel on peut vivre.
ZERLINE.
Tout autre de tes ordres serait une loi pour ton esclave, celui-ci sera un plaisir.
BERLINGO, à Rigobert.
Comment, elle accepte.
RIGOBERT, de même.
Eh bien! tant mieux pour nous.
BERLINGO.
C'est ça, et s'il vient à s'apercevoir qu'au lieu d'un petit garçon c'est une...
RIGOBERT.
N'aies donc pas peur; d'ici là nous serons installés avec elle. La chance tourne, laisse-toi faire, bénet!
BERLINGO.
Laisse-toi faire! laisse-toi faire!.. je gage que si je t'écoute, il m'arrivera encore quelque chose; tu me portes toujours malheur.

SCENE XV.

LES MÊMES, MYSAPOUF, FATMÉ, MUETS, ZIRZABELLE, ERLISKA, FANNY, IDAMOE, NADIRE, LYDIA, CELIME. Ces dernières ont la tête couverte d'un voile.

MOUMOUTH, à Mysapouf qui entre.
Eh bien! le coupable?..
MYSAPOUF.
S'est exécuté de la meilleure grace du monde; et voici ses femmes qu'on t'amène.
MOUMOUTH.
Qu'on les conduise à mon sérail.

CHOEUR GÉNÉRAL.
Air : Fragment de la marche de la Sémiramide.

Vive notre sultan,
Vive ce chef puissant;
Que sur la terre
Chacun révère
Moumouth le grand.

TOUTES LES FEMMES entrant en scène, Fatmé à leur tête.
A tes ordres nous accourons,
A tes vœux nous obéirons.
MOUMOUTH.
Partons, partons!..
LES FEMMES.
A tes plaisirs, à tes amours,
Nous voulons consacrer nos jours
A tes plaisirs nous consacrons nos jours.
EUNUQUES et ESCLAVES.
A tes plaisirs, à tes amours
Elles consacreront leurs jours.
MOUMOUTH, à Zerline.
Viens esclave fidèle
Au sérail, suis mes pas...

BERLINGO, bas, à Rigobert.
J'espère bien qu'ell' n'acceptera pas :
ZERLINE, à Moumouth.
Ah ! compte sur mon zèle ;
Mais pourrai-je seigneur,
Mériter (bis) un pareil honneur?
BERLINGO, à Rigobert.
Une amitié si tendre,
Ne me présage rien de bon...
RIGOBERT, de même.
Chut ! on pourrait t'entendre
Et gare le cordon...
ZIRZABELLE, à part.
Pour moi, je le confesse
Quoiqu'original,
Ce sultan (Bis.) n'est vraiment pas mal.
CHOEUR GÉNÉRAL.
Vive notre sultan,
Vive ce chef puissant ;
Que sur la terre
Chacun révère
Moumouth le grand !
A tes plaisirs, à tes amours, etc.

(Les femmes défilent en s'inclinant devant leur nouveau maître. Rigobert et Berlingo après avoir remercié le sultan, s'éloignent en faisant à Zerline un signe d'intelligence ; et Moumouth appuyé sur l'épaule de son jeune favori, ouvre la marche que ferment Mysapouf, Fatmé, les esclaves et les eunuques.)

FIN DU PREMIER ACTE.

ACTE II.

(Une galerie du palais de Moumouth. Portes au fond, comme à droite et à gauche, masquées par de riches portières.)

SCENE I.
ZIRZABELLE, ERLISKA, CÉLIME, FATMÉ, LYDIA, IDAMOE, FANNY, NADIRE, puis bientôt MYSAPOUF.

(Au lever du rideau quelques femmes entourent Zirzabelle qui, placée sur un divan, s'accompagne des accords d'une lyre. D'autres assises sur de riches carreaux, jouent aux échecs, boivent des liqueurs, ou fument de longues pipes dorées.)

CHOEUR.
Fragment du chœur des démons. (Tentation.)
Pour calmer nos soucis,
Pour charmer nos ennuis ;
Puisqu'il faut sans amours,
Passer ici nos jours ;
Charmons le temps
Par nos jeux, par nos chants,
Nos jeux, nos chants
Abrégeront le temps.

MYSAPOUF, arrivant du fond.
Mahomet ! qu'entends-je ! ignorez-vous, imprudentes, que cette galerie précède le cabinet de sa hautesse, et que vos chants inconsidérés peuvent la distraire des plus graves méditations ?.. je vous présenterai plus tard ; mais comme pour le quart-d'heure je sais le sublime Moumouth excessivement occupé...

CÉLIME.
Eh ! mon Dieu ! il semblerait qu'il s'agit d'une affaire d'état !
MYSAPOUF.
Précisément ; car il répond de sa propre main à l'empereur de la Chine qui lui a témoigné le désir de mettre un ambassadeur à la porte.

FANNY.

Et il faut que nous fassions antichambre parce qu'un chinois congédie un de ses magots?

MYSAPOUF.

Vous ne comprenez pas... quand je dis que l'empereur de la Chine veut mettre un ambassadeur à la porte, c'est comme si je disais qu'il veut avoir un ambassadeur en Turquie.

NADIRE.

Vous dites à la porte.

MYSAPOUF.

Eh! sans doute, la porte... la Porte-Ottomane!

ERLISKA.

Bon! bon! quolibets, que tout cela. C'est l'heure que le sultan lui-même a fixée pour nous recevoir, et il nous recevra.

Air : Vaud. du code et l'amour.

Dépêche-toi, le temps nous presse,
Allons, tournes-nous les talons;
Va, cours, et préviens sa hautesse
Qu'ici même, nous l'attendons.
Du monde, s'il a l'habitude,
Il doit obéir à ses lois
Et savoir que l'exactitude
Est la politesse des rois.

MYSAPOUF.

En vérité?.. et l'étiquette... et les réglemens du sérail?..

NADIRE.

Les réglemens?.. eh bien! cette fois on y manquera; ne valons-nous pas bien la peine que ton sultan fasse un extraordinaire en notre faveur?

MYSAPOUF.

Rentrez, rentrez; et quand j'aurai pris ses ordres...

TOUTES, *se mutinant.*

Sortir! nous ne le voulons pas.

MYSAPOUF.

Ah! vous ne le voulez pas? (Appelant au fond.) Holà! muets... (A Fatmé.) Toi, vieille chinoise, demeure, il faut que je te parle.

(Se tournant vers les femmes.)

Air : Contredanse de la Robert-Macaire.

Aux coutumes du sérail,
Soumettez-vous en silence,
Et, brebis, sans résistance,
Rentrez toutes au bercail.

ZIRZABELLE, *montrant les muets qui sont accourus à la voix de Mysapouf.*

Les jolis messagers d'amours!

MYSAPOUF.

Vous pouvez les suivre sans crainte;
Mais interdissez-vous la plainte
Car nos muets ne sont pas sourds.

ENSEMBLE.

Aux coutumes du sérail,
Soumettez-vous
Soumettons-nous } en silence,
Et, brebis, sans résistance,
Rentrez
Rentrons } toutes au bercail.

(Les muets les font rentrer et sortent ensuite eux-mêmes par le fond.)

SCÈNE I.
FATME, MYSAPOUF.

FATMÉ, à part.

Que me veut-il?

MYSAPOUF, *de même.*

Elle peut me servir, tâchons de me l'attacher. (Haut.) Dis-moi, vieille femme, tu regrettes vivement la perte d'Ismaïl?

FATMÉ.
J'en ai bien sujet! c'était un si bon musulman!
MYSAPOUF, avec douleur.
A qui le dis-tu!.. n'étais-je pas lié avec lui de la plus tendre amitié?
FATMÉ.
Vous lui en avez donné une belle preuve! c'est vous qui...
(Elle fait un geste qui indique le supplice d'Ismaïl.)
MYSAPOUF.
Précisément...

Air d'Aristippe.

Un étranger, par ordre d' sa hautesse,
Aurait été lui porter le cordon ;
Et, sans égards, sans soins, sans politesse,
L'eût étranglé ; moi, par affection,
Je m' suis chargé de cette mission.
Assurément, ce triste ministère
M'allait fort peu, mais je l'ai fait pour lui :
Il est si doux à son heure dernière,
De sentir la main d'un ami !

FATMÉ.
Pour vous fermer les yeux, mais non pas pour vous serrer le cou.
MYSAPOUF.
Au contraire ; il savait bien que je ne ferais pas souffrir, moi... mais, réponds, si je promettais de t'affranchir, me serais-tu dévouée comme à lui ?
FATMÉ, très vivement.
Qu'entends-je ! et que faut-il faire pour mériter un tel bienfait ?
MYSAPOUF.
Je vais te l'apprendre. (Après quelques précautions.) Les innovations de Moumouth ont jeté dans le sérail un esprit de désordre et d'insurbornination qui me donne les plus sérieuses inquiétudes. J'ai donc besoin de savoir à chaque instant du jour, ce que font, ce que disent, ce que pensent même, toutes ces petites folles ; et comme entr'elles, les femmes sont communicatives, c'est sur toi que j'ai jeté les yeux, pour remplir mes vues.
FATMÉ.
Ce n'est que de cela qu'il sagit ? vous serez satisfait. Il y a quinze ans que je ne faisais plus autre chose pour le service de feu mon pauvre maître.
MYSAPOUF.
Je te crois.
FATMÉ.
Et ma surveillance ne doit s'étendre que sur elles?
MYSAPOUF.
De préférence, oui... si, après cela tu veux faire davantage, je te signalerai le nouvel échanson de sa hautesse.
FATMÉ.
Zanco?.. quelles craintes peut-il vous inspirer, un enfant!
MYSAPOUF.
Je crains... je crains son crédit naissant, et par suite, sa liaison avec ces deux français que le sultan a eu la sottise de rendre libres ; mais je l'entends, imite-moi et dissimule.

SCÈNE III.
Les Mêmes, ZERLINE.

ZERLINE, entrant.

*Air : Musique nouvelle de M. H***

Rions,
Narguons,
Le destin,
Rendons-nous la vie
Jolie ;
Point de souci, de chagrin,
Rire et chanter, c'est mon refrain, (ter.)

Du sort qui m'gardait rancune,
J'ai vaincu la t'nacité,
A qui dois-je ma fortune?..
A ma gaîté.
Rions, etc.
Le bonheur est un problème,
Disent les esprits fâcheux;
Pour l'expliquer sans barême,
Soyez joyeux.
Rions,
Narguons,
Le destin,
Rendons-nous la vie,
Jolie;
Point de souci, de chagrin,
Rire et chanter, c'est mon refrain. (ter.)

MYSAPOUF, avec colère.

Veux-tu bien te taire!.. faire un bruit pareil!.. risquer de mettre sa hautesse en fureur... tu mériterais qu'elle se donnât le plaisir de te faire étrangler.

ZERLINE, riant.

Voyez-vous cela?.. le bon serviteur, qui prête à son maître le fiel qu'il a dans l'ame, et qui se fâche, parce qu'il rencontre sur son passage une mine moins renfrognée que la sienne.

MYSAPOUF.

Quoi! tu oses...

ZERLINE, riant toujours.

Voilà pourtant les hommes qui ont mission de faire aimer le chef de l'état! à le juger d'après eux, ça serait un ogre, un despote, un tyran... Eh bien! moi qui depuis sept jours ne le quitte pas, moi qu'il a bien voulu admettre dans son intimité, je dirai partout que Moumouth est juste, généreux; qu'il aime les arts, les plaisirs, la gloire; que ses vues sont aussi larges que l'esprit de ses sujets est étroit, et que, s'il peut exécuter tout le bien qu'il veut faire, la renommée n'aura bientôt pas assez de voix pour entonner ses louanges.

MYSAPOUF, à part.

Oh! s'il n'était pas en faveur, comme je... (Haut.) C'est bien, petit espiègle, j'aime à voir l'attachement que tu portes à notre gracieux maître; et pour te prouver que je suis sans rancune aucune, je veux qu'il sache dès aujourd'hui quel fonds il peut faire sur ta reconnaissance.

ZERLINE.

Oh! je n'ai pas besoin de vous; car tout à l'heure encore, à propos de la grace qu'il m'accorde de lui présenter ce matin mes deux compagnons d'infortune...

MYSAPOUF, très vivement.

Comment! tu as obtenu...

FATMÉ, de même.

Rigobert et Berlingo...

ZERLINE.

Peuvent prétendre à un bon emploi dans ce palais, et prévenus par moi, devraient être ici déjà.

MYSAPOUF, à part.

Juste ce que je craignais.

FATMÉ, même jeu.

Berlingo en ces lieux!.. quel bonheur!

MYSAPOUF, à Zerline.

Et tu crois que je prêterai les mains à ce projet? que j'assisterai à cette réception?.. des infidèles... des chrétiens!.. je m'en vais... je ne veux pas même me trouver sur leur passage. (A Fatmé.) Toi, vieille femme, n'oublie pas ce dont nous sommes convenus.

Air : Du siége de Corinthe.

(à Zerline.) Puis qu'ici tu reçois visite,
Adieu, je te laisse, au revoir;

(A part.) Pour les éviter, partons vite,
Car j'enragerais de les voir.
ZERLINE, à part.
Sa méfiance,
Sa surveillance,
J'espère bien,
Ne me nuiront en rien.
MYSAPOUF, de même.
Sans lui rien dire !
Pour mieux m'instruire,
Surveillons-les,
Et sachons leurs secrets.

ENSEMBLE.

ZERLINE.	FATMÉ, à part.
Puisque vous partez aussi vite,	Cachons-leur que mon cœur palpite,
Adieu, seigneur, jusqu'au revoir;	D'amour, de plaisir et d'espoir;
Moi qui désire leur visite,	Enfin, grace à cette visite,
Je reste pour les recevoir.	Il m'est permis de le revoir !

MYSAPOUF.
Puis qu'ici tu reçois visite, etc.

(Fatmé rentre à droite. Mysapouf sort par le fond, et se heurte avec les deux français qui paraissent en même temps.)

SCÈNE IV.

ZERLINE, RIGOBERT, BERLINGO. (Ces deux derniers, sont habillés à la française. Costumes outrés.)

RIGOBERT, se tournant vers Mysapouf qu'on ne voit plus.
Brutal! la porte n'est pas assez large, peut-être !.. il n'a pas seulement fait attention à nos toilettes. Deux vêtemens achetés exprès, dans la seule intention de faire honneur à son maître. (A Berlingo qui a couru embrasser Zerline.) Eh bien ! qu'est-ce que tu fais là, toi ?

BERLINGO.
Tu le vois bien.

RIGOBERT, vivement.
Imbécile! veux tu faire découvrir le veritable motif de notre intimité, et risquer de nous perdre quand nous sommes sur le chemin de la fortune.

BERLINGO.
Ah! te voilà bien, toi, toujours des châteaux en Espagne, parce que tu as un habit neuf sur le corps, tu te crois déjà millionnaire; après tout qu'est-ce que je risque, quelques nouveaux coups de bâton à recevoir, j'en ai tellement l'habitude que ce n'est pas pour les éviter que je veux me refuser un petit moment de plaisir !

ZERLINE.
Pauvre Berlingo! en a-t-il enduré chez ce vieux coquin d'Ismaïl !

RIGOBERT.
Bah! qu'est-ce que cela, des minuties C'est le résultat qu'il faut voir.

BERLINGO.
Le résultat?.. il est joli, j'ai encore les reins tout brisés et tout noirs.

RIGOBERT.
Eh! qu'importe! est-ce qu'une fois au but on se souvient des fatigues du voyage ?

BERLINGO.
Au but! au but!... rien ne prouve...

RIGOBERT
Tout prouve, au contraire : n'est-ce pas à l'influence que Zerline a su prendre ici, et à notre qualité français, que nous devons notre entrée dans ce sérail?

BERLINGO.
Sans doute, mais il ne suffit pas...

RIGOBERT.
Mon Dieu, Berlingo que tu es bête! comment tu ne comprends pas qu'avec mon adresse, et les dispositions favorables de Moumouth, je suis sûr maintenant, d'en obtenir tout ce que je voudrai ?

BERLINGO.

Au fait, il a la langue assez bien dorée pour ça.

RIGOBERT.

Eh! mes amis, la langue dorée, mais c'est tout ce qu'il faut dans le siècle où nous sommes!

Air : C'est trop fort.

Du bagout, du bagout,
Pour réussir, partout,
Maintenant c'est tout ;
Du bagout, du bagout,
Et l'on peut arriver à tout.

Dans les arts, et dans l'industrie,
Faut-il être exclusivement
Homme probre, homme de génie,
Point du tout, il faut simplement...
Du bagout, du bagout, etc.

Pour se faire une coterie
Qui vous vante, et vous poussera
Même jusqu'à l'Académie,
Rien de plus aisé, si l'on a...
Du bagout, du bagout, etc.

Au théâtre, en littérature,
Dans les bureaux, dans le barreau,
Faut-il esprit, talent, droiture?
Point du tout, seulement il faut...

Du bagout, du bagout,
Pour réussir, partout
Maintenant c'est tout ;
Du bagout, du bagout,
Et l'on peut arriver à tout!

BERLINGO.

Allons, je m'abandonne encore à toi. Qu'est-ce que tu me feras avoir?

RIGOBERT.

Dame! veux-tu une charge d'eunuque?

ZERLINE et BERLINGO.

Par exemple!

RIGOBERT.

Ou bien la place de chef des bals de la cour?

BERLINGO.

Ah! oui, pour les ballets?.. eh bien! tâche d'emmancher ça.

RIGOBERT.

Il y aurait bien encore un moyen d'aller plus vite et d'arriver plus haut!

ZERLINE et BERLINGO.

Lequel?

RIGOBERT.

Ce serait que Zerline se fît connaître au sultan. S'il l'aime en homme, il l'adorerait en femme, et alors, vois-tu les honneurs et les richesses pleuvoir sur nous? te figure-tu, Zerline, reine de Stamboul?.. hein, comme ça te pousserait!

BERLINGO.

Mais je ne veux pas que ça me pousse. Il est joli, ton moyen!

Air de l'Opéra-Comique.

Pour la suivre, j'ai tout quitté,
Tout, jusqu'à mon écol' de danse ;
Moi, l'ambition n' m'a pas gâté,
Je ne mets qu'ell' dans la balance.
Esclav', mourant d'faim, rompu d' coups,
Il ne m' manqu'rait sous cette zône,
Que d' voir s'élever entre nous
La barrière du Trône.

ZERLINE, à Berlingo.

Rassure-toi, je t'aime, et Moumouth pas plus qu'un autre...

SCENE V.

LES MÊMES, UN CHEF DE MUETS.

LE CHEF DES MUETS.

Seigneur Zanco, sa hautesse te demande.

ZERLINE.

Merci, chef des muets, je me rends à ses ordres. (Le muet s'éloigne.)

BERLINGO.

Comment, le chef des muets parle ?

ZERLINE.

Il le faut bien, pour commander aux autres. (Elle sort.)

RIGOBERT, à Berlingo.

Ah ça ! voici le moment, tiens-toi bien, aies de l'aplomb, de l'esprit, si tu peux... songe qu'il faut l'éblouir, d'abord.

BERLINGO.

Fameuse idée !.. pour qu'ensuite il nous voye d'un mauvais œil.

RIGOBERT.

Alors, tais-toi, et laisse-moi faire.

BERLINGO.

Eh bien ! j'aime mieux ça.

SCÈNE VI.

LES MÊMES, MOUMOUTH et ZERLINE précédés de NÈGRES, de MUETS et D'EUNUQUES.

CHOEUR des personnages entrant.

Air : C'est aujourd'hui que l'hymen nous engage. (De Léocadie.)

Divin sultan, dans tes vœux, tes amours,
Que Mahomet t'exauce et te bénisse :
Qu'à tes désirs, le destin soit propice
Et qu'il t'accorde de longs jours.

MOUMOUTH, qui s'appuie sur l'épaule de Zerline.

Assez !.. assez !.. vous chantez comme des chœurs, mais vous me répétez cent fois par jour la même chose, ça devient ennuyeux à mourir... (A Zerline.) Ah ! ah ! voilà les deux français que tu devais me présenter ?

ZERLINE.

Eux-mêmes, seigneur.

MOUMOUTH, se plaçant sur de riches carreaux.

Eh bien ! qu'ils approchent ; j'aime beaucoup les gens de leur pays.

RIGOBERT.

Ta hautesse n'est pas dégoûtée !

BERLINGO, à part.

Bon ! si c'est comme ça qu'il commence...

MOUMOUTH, à part.

Eh ! eh ! celui-ci a de l'amour-propre national ! (Haut.) Comment vous nomme-t-on ?

RIGOBERT, s'avançant.

Moi, soleil d'orient, Rigobert ; et mon associé Berlingo.

MOUMOUTH.

Associé... vous êtes donc dans le commerce ?

RIGOBERT.

La vie n'en est-elle pas un ?

MOUMOUTH.

C'est juste, on dit le commerce de la vie.

RIGOBERT.

Et voilà dix ans que nous fesons ce commerce-là ensemble.

Air du château pordu.

S'il me survient de mauvaises affaires,
Il en supporte exactement moitié ;
S'il réussit, nous partageons en frère,
Tant il existe entre nous d'amitié.

Chacun, jamais, n'a calculé ses mises,
Point d' méfiance entre d'honnêtes gens;
Aussi chaqu' fois que j'ai des entreprises,
J'ai toujours soin de le mettre dedans.
Il peut vous dir', quand j'ai des entreprises,
Que le premier, je l' mets toujours dedans.

BERLINGO, à part.

Ça, c'est on ne peut plus vrai.

MOUMOUTH, riant.

Singulière association! et quels motifs vous amenaient dans les états de Stamboul?

RIGOBERT.

Partis pour Tripoli, où l'on nous offrait un sort brillant...

MOUMOUTH.

A Tripoli, un sort brillant?.. tu aurais dû te méfier, et te souvenir du proverbe : Tout ce qui reluit n'est pas or...

RIGOBERT, à part.

Tiens, tiens, il fait des calembourgs, farceur de sultan!.. ah! bien, c'est bon, je suis à mon affaire. (Haut.) Permets, puissant monarque, que je t'exprime ma surprise; comment donc, mais tu parles le français aussi bien que tu tournes le jeu de mot.

MOUMOUTH.

Oui, j'aime assez à rire; et j'ai eu long-temps un maître de ton pays, qui m'a montré sa langue.

RIGOBERT, à part.

Encore!.. ah ça! mais c'est un Odry, que ce sultan-là!

MOUMOUTH.

Poursuis ton histoire.

RIGOBERT.

Pris en mer, vendus à Tunis, achetés par Ismaïl et affranchis par toi, nous avons voulu te remercier de ce bienfait; et connaissant ton goût extrême pour les inventions nouvelles, t'offrir comme preuve de notre reconnaissance, le fruit de nos travaux et de nos lumières.

MOUMOUTH.

Oh! oh! tu es donc bien éclairé?.. eh bien! parle, j'ai rarement l'occasion d'entendre des hommes d'esprit et de talent, je t'écouterai avec plaisir.

RIGOBERT, se carrant.

Ta hautesse est trop honnête...

MOUMOUTH.

Voyons, as-tu inventé une chose...

RIGOBERT, l'interrompant.

J'en ai inventé mille.

MOUMOUTH.

Eh bien! fais-m'en connaître seulement deux ou trois, nous verrons ensuite.

RIGOBERT.

Très volontiers. Veux-tu savoir la manière d'accélérer la marche des opérations ministérielles et diplomatiques dans un empire?

MOUMOUTH, étonné.

Oh! oh! voilà qui est fameux!

BERLINGO, à part.

Qu'est-ce qu'il va lui conter?

RIGOBERT, avec autant de prétention que d'assurance.

Établissez des chemins de fer, d'un ministère à l'autre; mettez ensuite un galet, un simple galet sous la semelle de botte de chaque homme d'état, ou employé de l'administration; puis, poussez à volonté... ils iront comme le vent, et cette découverte a encore cela d'utile, que vous êtes sûr que les plus maladroits ne pourront rester en place.

MOUMOUTH, émerveillé.

Quel ressort gouvernemental! mes fonctionnaires qui sont si lents, si arriérés!

Air : Un homme pour faire un tableau.

Moi, qui cherche à les mettre au pas,
En voici le moyen commode ;

Pour mes muphtis, pour mes pachas,
Je veux employer ta méthode.
Tous prendront part au mouvement,
Et quand les chos' s'ront ainsi faites,
Les affair' d' mon gouvernement
Marcheront comm' sur des roulettes.

MOUMOUTH, à Rigobert.

Ah çà! et ton camarade, qui ne dit rien?

RIGOBERT, avec embarras.

Oh! lui, seigneur, il n'a pas inventé...

MOUMOUTH.

La poudre, peut-être?

RIGOBERT.

Non, je veux dire que ses talens sont d'un autre genre... il donne des leçons de danse.

MOUMOUTH.

Et puis...

RIGOBERT, après avoir un instant cherché.

Il est de première force aux quilles...

BERLINGO, à part.

Ah ça! il perd la boule!

MOUMOUTH.

Eh bien! nous tâcherons de l'utiliser. Quant à toi, Rigobert, si tu veux rester à ma cour, je te créerai un emploi digne de ton mérite.

RIGOBERT.

Oh! mon Dieu! je ne suis pas difficile, et pour commencer, la moindre place dans l'office...

MOUMOUTH.

Y penses-tu? un homme comme toi.

RIGOBERT.

Menzikoff était pâtissier, et devint premier ministre, seigneur.

MOUMOUTH.

C'est vrai, c'est historique.

RIGOBERT.

D'ailleurs, en entrant dans ta bouche, n'est-ce pas un moyen sûr de me fixer à ton palais? (A part.) En voilà un, j'espère!

MOUMOUTH, avec joie.

Qu'entends-je! il fait aussi des calembourgs, ah! mais c'est admirable!.. Zanco, accompagne-le à l'office, et qu'on ait pour lui les plus grands égards.

(A ce moment Fatmé entr'ouvre la tapisserie de droite, et entre bientôt en scène.)

ZERLINE et RIGOBERT.

Et Berlingo, seigneur?

MOUMOUTH.

Nous verrons plus tard.

BERLINGO, à part.

C'est ça, plus tard! oh! la jalousie me ferait faire des choses!..

ZERLINE et RIGOBERT, au sultan.

Mais...

MOUMOUTH, sévèrement.

Mais, mais... qu'il sorte, je le veux.

FATMÉ, s'approchant de Berlingo sans être vue.

Tu tiens donc bien à rester? eh bien! pour toi, je m'expose à tout.

BERLINGO, de même.

Fatmé!.. quoi, vous pourriez... (A part.) Oh! quelle aubaine!

FATMÉ, même jeu.

Suis-moi.

(Elle l'emmène par la portière de droite.)

MOUMOUTH, s'adressant à tout le monde.

Qu'on me laisse.

CHŒUR DES EUNUQUES ET DES NÈGRES.

Air : Fragment d'un chœur du Serment.

Au mortel que Moumouth élève,
En ce jour consacrons nos chants,

Saluons l'astre qui se lève
Il est digne de notre encens.

MOUMOUTH, pendant que Rigobert et Zanco s'éloignent par le fond.

A la bonne heure, j'aime beaucoup mieux cela que votre :

Divin sultan, dans tes vœux, tes amours...

REPRISE DU CHOEUR.

Au mortel que Moumouth élève, etc.

(Tout le monde sort.)

SCENE VII.

MOUMOUTH seul, puis MYSAPOUF.

MOUMOUTH.

Quelle belle acquisition je viens de faire. Voilà un gaillard qui me secondera !

MYSAPOUF, entrant et saluant à plusieurs reprises.

Divin rayon de la lumière éternelle...

MOUMOUTH.

Ah ! te voilà, toi ? pourquoi n'étais-tu pas là tout à l'heure ?

MYSAPOUF, balbutiant.

Seigneur, les devoirs de ma charge...

MOUMOUTH.

Tu mens. Sans doute tu t'occupais à médire ou à critiquer les actes de mon pouvoir, comme s'avisaient de le faire ce vieux fou d'Ismaïl et tant d'autres que j'ai bien su réduire au silence.

MYSAPOUF, tout tremblant.

Moi !.. ah ! mon doux maître, je t'assure...

MOUMOUTH.

Prends garde, ta tête n'est pas plus solide que les leurs... donne-moi ma chibouque... (Mysapouf lui apporte une longue pipe, et tandis qu'il s'assied, il place à ses pieds un riche réchaud. Moumouth continuant.) Imbéciles de turcs ! ne pas me comprendre ; me forcer à me montrer pour eux, tout autre que je suis !

Air de la famille Jabuteau.

Lorsque la raison,
Noble, grande et fière,
Sur chaqu' nation,
Déroule sa bannière,
Dans l'Europe entière,
Seul, au fond d' l'ornière
J' rest'rais en arrière
Ainsi qu'un oison ;
Monarque apathique,
Au-d'là d'ta Baltique
Chacun m' frait la nique...

(Parlé.) Oh ! que non, non !..

Dans votre intérêt, à tous,
Je vous l' dis mes p'tits loups,
Filez doux, filez doux,
Ou sans ça, gare les coups.
Je vous aime, je suis bon, je suis doux,
Mais filez doux,
Ou gar' les coups.

MYSAPOUF, à part.

Comme dit le proverbe, qui aime bien, châtie bien.

MOUMOUTH, continuant.

Le r'mède est urgent,
Le péril notoire ;
Je suis exigeant,
Mais c'est pour votr' gloire.
Je veux qu'en bonn' forme
Vite l'on réforme,
Ce qui, chez vous, forme

Un tout affligeant ;
Et suivant ma guise,
Etablir ma d'vise.
A bas la sottise...

(Parlé.) Et c'est pour en venir là, que...
Dans votre intérêt à tous, etc.
Commande qu'on m'amène mes nouvelles femmes.

MYSAPOUF, à part.

Ah! je respire! ceci du moins va faire diversion.
(Sur l'ordre de Mysapouf plusieurs eunuques paraissent. Les uns vont chercher les femmes, les autres restent au fond.)

MOUMOUTH, à Mysapouf.

Sont-elles bien?

MYSAPOUF.

Hum!.. c'est mêlé... tu vas en juger toi-même, les voici...

SCENE VIII

Les Mêmes, ERLISKA, ZIRZABELLE, FANNY, IDAMOE, LYDIA, CELIME, BERLINGO, en négresse, EUNUQUES.

MYSAPOUF, allant à Lydia, la prend par la main, lui lève son voile et l'amène au sultan.

Cette première est une espagnole. Ta hautesse remarque cette taille, cette main, etcétéra, etcétéra...

MOUMOUTH, lorgnant.

Oui, l'etcétéra n'est pas mal ; mais je suis blasé sur ce genre de beauté. Passons à une autre.
(Deux eunuques prennent l'odalisque éconduite et la font ranger au fond, à gauche. Les mêmes cérémonies ont lieu pour les autres.)

MYSAPOUF, présentant Célime.

Cette jeune circasienne, te plaît-elle davantage ?

MOUMOUTH.

Non, trop petite.

MYSAPOUF, amenant Idamœ.

Cette albanaise ?..

MOUMOUTH.

Trop grande.

MYSAPOUF, à part.

Il n'est guère en train, aujourd'hui!... (Haut, en choisissant Fanny.) Ah! cette anglaise...

MOUMOUTH.

Trop brune.

MYSAPOUF, à part.

Comment diable les veut-il!.. (Lui présentant Berlingo.) Peut-être que cette autre... que vois-je! une négresse!

MOUMOUTH, très-vivement.

Une négresse !

BERLINGO, de même et à part.

Le sultan! je suis mort!

MYSAPOUF, à part.

Ceci est étrange, je n'avais pas remarqué chez Ismaïl...

MOUMOUTH, examinant Berlingo.

A la bonne heure, voilà qui est conditionné! j'aime assez le noir... c'est une couleur peu commune.

MYSAPOUF.

Et pas salissante, surtout.

MOUMOUTH.

Voyons, la belle, approche.

BERLINGO, à part.

Ah! mon Dieu! essayons de lui parler charabias. (Haut.) Non, non, moi pas vouloir...

MOUMOUTH.

Je comprends, elle n'ose pas devant tout ce monde... Mysapouf?

MYSAPOUF, vivement.

Seigneur...

MOUMOUTH.
Qu'on me laisse seul avec cette charmante houri.
BERLINGO, à part.
Seul avec lui! eh bien! me voilà bien, moi!
MOUMOUTH, à tout le monde.
Vous êtes encore là?

Air : Oui, je suis grisette.

Selon l'ordonnance,
Débarrassez-moi l' plancher ;
Faites diligence,
Ou j' vais me lâcher.
BERLINGO, à part.
Si j' parle, si j' bouge,
Si j' manque d'aplomb,
Je suis sûr que l' rouge
Va m' monter au front.
CHOEUR.
Selon l'ordonnance,
Débarrassons le plancher,
Faisons diligence,
Pour ne pas l' fâcher.

(Les eunuques font rentrer les femmes et sortent avec Mysapouf par le fond.)

SCENE IX.
BERLINGO, MOUMOUTH.

MOUMOUTH, enthousiasmé.
C'est qu'elle est ravissante!

Air des laveuses du couvent.

Réponds, jeune fillette noire,
Belle d'Afrique, aux dents d'ivoire,
Es-tu sensible à mon ardeur?
BERLINGO, déguisant sa voix et minaudant.
Moi, pas comprendre ce langage,
Moi, toujours vouloir être sage ;
Moi, pas jamais donner mon cœur,
On dit que l'homme est trop trompeur.
MOUMOUTH.
Belle, belle,
A mes désirs, sois moins rebelle,
Pour t'obtenir, beauté cruelle,
A tes genoux, faut-il se mettre là?
Eh bien! m'y voilà.

BERLINGO, à part en le voyant à ses pieds.
A-t-on vu un embarras pareil! maudit déguisement!
MOUMOUTH.
J'espère que tu dois être flattée? moi qui n'ai qu'à lever la main pour voir à mes pieds tout un peuple, je me suis abaissé jusqu'à toucher de mon auguste front, tes jolies petites babouches.
BERLINGO, dans le plus grand embarras.
Certainement, seigneur... moi... être touché...
MOUMOUTH, avec joie.
Elle est touchée! je triomphe! (Lui présentant un riche mouchoir.) Tiens, perle d'Orient, saphir du Visapour, tiens, tiens!..

Air : Vaud. de l'Ours et le Pacha.

Du bonheur que j' vais te devoir,
Reçois cet innocent emblème :
Dans ta poche, mets ce mouchoir...
BERLINGO, à part.
On pourrait s'en servir tout d' même.
MOUMOUTH.
C'est un hommage à tes appas,
Et la preuv' d'une faveur certaine,

Allons, accepte-le, ma reine,
BERLINGO, faisant des façons.
Non : je refus', je ne veux pas,
Te dépareiller la douzaine... (bis.)
MOUMOUTH, le forçant à le prendre.
Ah! très joli! très joli!.. mais c'est méchant, et pour le punir, il faut que je t'embrasse.
BERLINGO, se sauvant.
Oh! non.
MOUMOUTH, le poursuivant.
Oh! si.
BERLINGO.
Oh! non.
MOUMOUTH.
Oh! si, si...
BERLINGO.
Moi ne veux pas.
MOUMOUTH.
Oh! toi voudras... (Il l'attrape, et à la suite d'une lutte qui s'engage entr'eux, Berlingo essoufflé s'évanouit.) Eh bien! voilà qu'elle se trouve mal... Fatmé!.. Mysapouf!.. me laisser ainsi sur les bras... Mysapouf!.. holà! quelqu'un, quelqu'un donc!

SCÈNE X.

Les Mêmes, ZIRZABELLE, ERLISKA, FANNY, LYDIA, CÉLIME, et ODALISQUES, qui accourent de l'autre côté de la scène.

CHOEUR DES FEMMES.

A ta voix qu'on révère,
Ici, nous accourons;
Parle, que faut-il faire,
Et nous t'obéirons.
MOUMOUTH, leur remettant Berlingo qu'elles transportent sur le divan.
A vos soins je confie,
Cet ange de pudeur :
En lui rendant la vie
Vous m' rendrez le bonheur.
CHOEUR.
Notre empress'ment à t' plaire,
D' notre zèl' te répond;
Puissant Moumouth, espère,
Nos soins te la rendront.   (Moumouth sort.)

SCÈNE XI.

Les Mêmes, excepté MOUMOUTH, puis bientôt FATMÉ, qui reste cachée.
ZIRZABELLE.
Voyez-vous la belle commission! une rivale venue de je ne sais où et qui n'était pas même des nôtres!..
CÉLIME.
Et une moricaude, encore!
ERLISKA.
Pauvre sultan! je lui croyais meilleur goût. Elle a quelque chose d'hommasse!..
FATMÉ, paraissant à la portière de droite, pendant que toutes les femmes s'empressent autour de Berlingo.
Mahomet! Berlingo évanoui, et au milieu de ces pécores; ah! quel contretemps!
ZIRZABELLE.
Il faut lui donner de l'air.
FATMÉ, à part.
Doux prophète! il est perdu!
ERLISKA.
Non, non, un peu d'eau sur le visage.
ZIRZABELLE.
Tu as raison; de l'eau, mes sœurs, de l'eau. (Une des odalisques vient d'ap-

porter une coupe, Zirzabelle la prend, jette à Berlingo quelques gouttes d'eau, et voulant ensuite l'essuyer, lui enlève une partie du noir qu'il a sur le visage. Poussant un cri de surprise.) Est-il possible! son teint déteint!

FATMÉ, à part.

Eh bien! le voilà blanc!

TOUTES, l'examinant et se sauvant ensuite avec effroi.

Ah! mon Dieu! mais c'est un homme!

BERLINGO, qui a tout-à-fait repris ses sens.

Et certainement... Berlingo, votre ancien maître de danse.

TOUTES, avec la plus vive curiosité.

Par quel hasard...

ZIRZABELLE.

Oui, réponds, quel projet t'a conduit ici? est-ce pour nous faire soupçonner?

BERLINGO.

Vous saurez tout, mais par grace, d'abord, sauvez-moi, cachez-moi.

LYDIA.

Cacher un homme ici! mais nous serions perdues, mes sœurs, il faut le livrer aux eunuques.

FATMÉ, à part.

Les indignes!

BERLINGO, avec effroi.

Aux eunuques?.. ah! grand Dieu! et l'empalade!

TOUTES.

Oui, oui, aux eunuques!

SCÈNE XII.

LES MÊMES, ZERLINE.

BERLINGO, courant à elle.

Ma Zerline! ah! je suis sauvé!

ZERLINE, avec surprise.

Berlingo! et pourquoi ce costume?

BERLINGO.

Parbleu! afin de rester près de toi; et grace à cette vieille Fatmé qui se figure que je ne suis venu ici que pour elle.

FATMÉ, à part.

Oh! le traître!

TOUTES.

Comment, Zanco serait une femme?

ZERLINE.

Oui, mes sœurs.

FATMÉ, à part.

Eh bien! j'en apprends de belles!

ZERLINE, continuant.

Et maintenant que vous possédez mon secret, vous choisirez, ou de le garder et de sauver ce garçon, ou de m'obliger à tout avouer au sultan pour obtenir sa grace.

ZIRZABELLE, à part.

Non, non, la concurrence serait dangereuse. (Haut.) Zerline, vous ne vous sacrifierez pas; vos amours nous intéressent, et nous vous le prouverons, n'est-ce pas, mes sœurs?

CÉLIME.

Volontiers, mais comment?

ERLISKA.

Nous ne pouvons toutes...

ZIRZABELLE.

Eh bien! moi seule je me dévouerai, s'il le faut; mais par exemple...

Air : Nous nous marierons dimanche.

Quelle que soit la fin
D' cette affaire, enfin,
Jurons qu' nous n'aurons pas d' brouille;
Pour c' qu'est du surplus,
Vous n' saurez rien d' plus,
Jusqu'à c' que tout se débrouille.

TOUTES.
Mais ton projet...
BERLINGO.
Me fait l'effet
D' Gribouille,
Qui, peur de l'eau
Quand il fait beau
Se mouille...
Des parol's en l'air
Ça veut dir' tout clair
Ni vu ni connu, j' t'embrouille.
Et il faudrait au moins être certain...

Air : Fragment d'un chœur du dernier jour de Missolonghi

ZIRZABELLE.
Devant tous, je vous le jure,
Bientôt nous réussirons.
CHŒUR.
A tous, elle nous le jure,
Bientôt nous réussirons.
ZIRZABELLE.
Voulez-vous tenter l'aventure,
Amis, suivez-moi...
CHŒUR.
Marchons !

(Tout le monde sort précipitamment par la droite, sans apercevoir Fatmé qui se blotit dans la portière.)

SCÈNE XII.
FATME, puis MYSAPOUF.

FATMÉ, se montrant.
Quel tissu d'horreur ! et ce petit serpent de Berlingo....

MYSAPOUF, accourant.
Eh bien ! quand je te disais que j'avais tout à craindre de la connivence de ce Zanco avec ces maudits français ! sais-tu ce qu'il a obtenu pour l'un d'eux ?.. il l'a fait entrer dans la bouche du sultan ; et mon drôle se mettant aussitôt à l'œuvre, vient de faire une brioche !..

FATMÉ, vivement.
Une brioche ?

MYSAPOUF, continuant.
Monstrueuse !.. il n'y avait pas dans l'office de plat assez grand pour la pouvoir servir. Tu juges du crédit que ce misérable peut obtenir... sa hautesse adore justement ce genre de comestible.

FATMÉ, vivement.
Ainsi, à qui vous fournirait les moyens de le perdre, lui et tout ce qui l'entoure, vous donneriez...

MYSAPOUF, de même.
Oh ! tout ce qu'on voudrait.

FATMÉ.
Apprenez donc que cachée là, depuis un quart-d'heure, j'ai vu et entendu des choses...

MYSAPOUF.
Vraiment ? explique-toi vite...

FATMÉ, en confidence.
D'abord, le petit grec n'est pas un grec.

MYSAPOUF, surpris.
Ah bah !

FATMÉ.
C'est une femme.

MYSAPOUF, même jeu.
Ah ! bon.

FATMÉ.
La négresse n'est pas une négresse.

MYSAPOUF.
Ah bah !

FATMÉ.

C'est un homme... je vous dis que j'ai tout vu, tout entendu.

MYSAPOUF.

Bravo!.. je pourrai donc me venger, et prouver au sultan... mais le voici qui se rend à la salle du banquet, silence; attendons le dessert; c'est entre la poire et le fromage que tes révélations devront porter leur fruit.

SCENE XIV.

Les Mêmes, MOUMOUTH, RIGOBERT, coiffé d'un magnifique turban et ayant au cou un gros cordon bleu, auquel est suspendu une petite brioche en pierreries. MUETS, EUNUQUES, et NÈGRES portant sur un riche pavois et dans un plat d'argent, la brioche offerte au sultan par Rigobert; puis en même temps, ZERLINE, ERLISKA, FANNY, LYDIA, IDAMOE, CÉLIME; ensuite, ZIRZABELLE sous le costume qu'avait Berlingo, et puis encore après, BERLINGO déshabillé et à demi caché.

CHOEUR.

Air : Entendez-vous, c'est le tambour.

Pour s'amuser, et tour à tour
Se rendre la vie agréable,
Vive les plaisirs de la table,
Vive les plaisirs de l'amour !

RIGOBERT, bas à Mysapouf.

Eh bien! mon cher, j' suis en pied...

MYSAPOUF.

Quelle honte !

RIGOBERT.

Maint'nant, tu vois comment j'ai réussi;
Pour un' brioche, on monte, on monte, on monte ..

MYSAPOUF à part.

Pour un' brioche, souvent on tombe aussi...

REPRISE EN CHOEUR.

Pour s'amuser, et tour à tour, etc.

MOUMOUTH, s'adressant à tout le monde.

Oui, messieurs, je l'ai nommé à la survivance d'Ismaïl; de plus, je lui confère le titre de grand briocheur, et si quelqu'un croyait que par tout cela, j'ai trop payé son mérite, qu'il approche, qu'il admire ce gigantesque produit de son industrie culinaire, et je suis sûr qu'il le goûtera comme je l'ai goûté moi-même. (Il donne sa main à Rigobert qui s'incline et la lui baise; puis allant vers Zirzabelle qui paraît.) Eh! voilà ma nouvelle conquête... ton indisposition n'a pas duré, à ce que je vois... à propos, comment te nommes-tu?

ZIRZABELLE.

Noëmi ; mais qu'as-tu donc? comme toi m'examines...

MOUMOUTH, la considérant avec attention.

C'est qu'il me semble... (A part.) C'est singulier, je la croyais moins grasse et plus petite... (Haut.) Et me gardes-tu toujours rigueur?.. ce mouchoir que tantôt...

ZIRZABELLE, le lui montrant.

Puisque toi m'assure que toi m'aimes, moi ne dois pas être ingrate.

MOUMOUTH.

A la bonne heure.

ZIRZABELLE, à part.

Il est à moi.

LE CHEF DES MUETS, paraissant au fond.

Ta hautesse est servie.

MOUMOUTH, gaîment.

En ce cas, rendons-nous dans les nouveaux appartemens que j'ai fait préparer, et où nous attend un banquet à la française. Rigobert, Zanco, suivez-moi... (A ses femmes.) Vous, mes petits anges, disposez-vous à rire, à boire, sans gêne, sans contrainte: ce soir, et en votre honneur, orgie complète, au sérail. (A Mysapouf.) toi, revêts à l'instant le costume que l'on va apporter, et viens nous rejoindre.

MISAPOUF.

Mais...

MOUMOUTH.

Je te l'ordonne.

ZERLINE, bas à Berlingo qui montre la tête à travers la portière de la chambre des femmes.

Aussitôt que tu seras seul, sauve-toi.

TOUTES LES FEMMES.

Vivat! à table! à table!

RIGOBERT, offrant la main à Zirzabelle et s'adressant au sultan.

Ta hautesse permet?.. c'est un usage en France.

REPRISE DU CHOEUR.

Pour s'amuser, et tour à tour, etc.

(Tout le monde sort, excepté Berlingo et Mysapouf, devant qui deux muets déposent un coffre.)

SCÈNE XV.

MYSAPOUF, BERLINGO, toujours à demi caché.

BERLINGO, à part.

Me sauver... ce n'est parbleu pas l'envie qui me manque! si je savais seulement ce que cette vieille chinoise a fait de ma défroque.

MYSAPOUF, ouvrant le coffre.

Ce Moumouth est bien l'être le plus original!.. je vous demande si j'avais besoin d'un autre costume pour... que vois-je! des hardes à la française... (Les tirant une à une.) L'habillement complet...

BERLINGO, à part.

Si j'en avais autant, comme ça m'irait!

MISAPOUF.

Et il croit que je m'affublerai... mais si je refuse, il est capable... la belle mine que j'aurai avec cela sur le corps! enfin, il le faut... divin Mahomet, ferme les yeux!

BERLINGO.

Eh bien! il va s'habiller là!..

MYSAPOUF, tournant le dos au public.

Quelle humiliation!.. un chef des eunuques du palais, dans la culotte d'un chrétien!

(Il a passé le pantalon, il ôte alors son cafetan, et au fur et à mesure qu'il s'habille, il jette près de la portière les différentes pièces qui composaient son costume.)

BERLINGO, ramassant tout.

Oh! la bonne occasion!..

MYSAPOUF, continuant.

Quelle mode ridicule; comme tout cela est étroit, rétrognonné! évidemment sa hautesse a voulu se moquer de moi, mais patience, j'ai de quoi prendre ma revanche, et rira bien qui rira le dernier! (Il sort.)

BERLINGO; qui s'est affublé du vêtement complet de Mysapouf.

Il est parti... décampons vite... avec ce costume, ce serait bien le diable si je ne pouvais circuler ici, librement. Pourvu que je me reconnaisse dans ce labyrinthe immense de salles et de corridors... ah! bah! au petit bonheur!.. (Comme il va sortir par le fond, quelques nègres paraissent qui, le prenant pour Mysapouf, entrent en scène et se rangent sur son passage. Berlingo s'arrêtant tout à coup.) Crécoquin, je suis bloqué!.. oh! une idée... payons d'audace... (Remontant la scène avec assurance et prenant soin de se cacher le visage.) Eh bien! qu'est-ce?.. comment, canailles, vous osez rester debout devant moi?.. allons, allons, à genoux, et le front dans la poussière... plus bas, encore plus bas... bien comme cela; et maintenant, gare que je passe.

(Les nègres se sont en effet inclinés jusqu'à terre. Certain alors qu'en cette position leur méprise doit être complète, Berlingo s'éloigne tranquillement.

FIN DU DEUXIÈME ACTE.

ACTE III.

Un riche salon décoré à la française, et ouvert au fond sur des jardins. Au second plan, à droite et à gauche, une porte de cabinet, des fauteuils, des draperies, des buffets chargés de fruits et de fleurs, des sophas et une table somptueusement servie, composent l'ameublement.

Au lever du rideau, le sultan occupe le centre de la table, dont Rigobert fait les honneurs. Il est entouré de Zirzabelle et de ses autres femmes. Zerline, placée derrière lui, paraît spécialement attachée à son service; pendant le chœur qui ouvre la scène, des esclaves noirs et blancs, vêtus de riches livrées et la serviette au bras, font circuler les mets et remplissent les verres des convives.

SCÈNE I.

MOUMOUTH, ZIRZABELLE, ERLISKA, ZERLINE, LYDIA, CÉLIME, IDAMOE, FANNY, RIGOBERT, ODALISQUES, ESCLAVES en livrée.

CHŒUR.

Air : Enfans de la nature. (De Guillaume Tell.)

C'est le plaisir fidèle,
Dont la voix nous appelle,
A la fête si belle,
Que célèbrent nos chants.
Filles de Géorgie,
Que la douce magie
De cette folle orgie,
Passe dans nos accents.

MOUMOUTH, se levant de table.

Esclaves, desservez... (A Rigobert.) Eh bien! mons Rigobert, tout ce qui a frappé tes regards a-t-il obtenu ton approbation?

RIGOBERT.

Ma foi! seigneur, je marche de surprise en surprise; c'est partout un goût, une élégance!.. d'honneur, on se croirait à la Chaussée d'Antin... dans un de nos plus riches bals costumés! heureux prince! tu admires ton ouvrage, et tu peux en jouir d'autant mieux, qu'ici du moins, tu es bien sûr qu'il sera durable.

MOUMOUTH.

Comment?

RIGOBERT.

Air : Quel art plus noble et plus sublime. (Visite à Bedlam.)

Tout fleurit et passe, à la ronde,
C'est l'ordre de chose ici bas,
Et Rome, la reine du monde
A rétrogradé sur ses pas.
Mais dans le destin tu dois lire
Pour ton peuple un sort différent;
Car, la Turquie est un empire,
Où tout doit aller en croissant.

MOUMOUTH.

Je l'espère parbleu bien! et si Mahomet me laisse assez vieillir... (Gaîment.) Mais j'ai résolu de m'amuser, ainsi, au diable les pensées sérieuses; j'ai bien assez d'ennuis et de tracas pour prendre parfois, sans me les reprocher, quelques heures de bon temps!

ZERLINE.

C'est ta faute : tu as une foule d'hommes d'état, et tu fais leur besogne; ah! si j'étais à ta place!..

MOUMOUTH, souriant.

Hum!.. tu serais parfois bien embarrassée!

ZERLINE.

Moi?.. pas le moins du monde.

Air du petit Courrier.

La paresse, étant, à mon goût,
Un' source de bonheur unique,

Les finances, la politique,
Ne m'occuperaient pas du tout.
Les entreprises militaires
N'entreraient pas plus dans mon plan;
Et pour tout's les autres affaires
Je me r'pos'rais sur mon divan.

MOUMOUTH.

Eh! mais, c'est une idée fort drôle!.. le moyen serait peut-être bon... pour dormir. (Riant.) Ah! ah! ah!..

TOUT LE MONDE, riant aussi.

Ah! très bien! très bien!

MOUMOUTH.

Allons, allons, maintenant, du champagne comme s'il en pleuvait!

RIGOBERT.

Du champagne! en Turquie?.. en voilà de la civilisation! et tu ne crains pas que le prophète...

MOUMOUTH.

Le prophète?.. bon! il fait nuit, est-ce qu'il nous verra!.. qu'on emplisse les verres... toi, Zanco, verse-moi, et que ça mousse.

Air de Wallace.

Des plaisirs de la terre,
Le vin double le prix;
Grace à lui, les soucis
Restent au fond du verre. (bis.)

CHOEUR.

Allons amis, rions, chantons,
Rions, chantons, buvons, trinquons, (bis.)
Trinquons, (5 fois.)

Le vin est moins volage
Que ne sont les amours;
On n'aime pas toujours,
Mais on boit à tout âge. (bis.)

CHOEUR.

Allons amis, rions, chantons,
Rions, chantons, buvons, trinquons, (bis.)
Trinquons. (5 fois.)

CÉLIME, à ses compagnes.

Dites donc, mes sœurs, si, pour continuer à distraire sa hautesse, nous exécutions cette danse si amusante que nous apprenait chez Ismaïl, ce pauvre Berlingo?

MOUMOUTH, à Rigobert.

Ah! ah! ton associé?.. une danse française, sans doute... excellente idée!.. et comment l'appelle-t-on?

CÉLIME.

Ma foi! je l'ai oublié, mais c'est un nom bien drôle, n'est-ce pas mes sœurs?

RIGOBERT.

Eh! parbleu, c'est le demi-cancan.

MOUMOUTH, surpris.

Cancan?.. voilà en effet un nom assez comique! cancan!..

RIGOBERT.

Oh! une danse ravissante; et qui faisait fureur quand j'ai quitté Paris.

MOUMOUTH.

En vérité?.. explique-moi donc...

RIGOBERT.

Air : Un coup de vin.

Le cancan, (bis.)
Est piquant et séduisant;
Sans cancan, (bis.)
Aucun bal n'est amusant.

Jamais jadis, camargo,
Gavotte, ni fandango,
Gigue, anglaise et menuets,
N'ont eu de pareils succès.

  Le cancan, etc.

Des guinguettes aux salons,
Sauf quelques restrictions,
Le cancan est de bon goût,
Puisqu'on cancanne partout.

  Le cancan, etc.

Enfin gai, facétieux,
Le cancan délicieux,
Si l'on dansait dans les cieux,
Serait la danse des Dieux.
  Le cancan, (bis.)
Est piquant et séduisant,
  Sans cancan, (bis.)
Aucun bal n'est amusant.

   MOUMOUTH, très vivement.

Parbleu! voilà qui excite singulièrement ma curiosité! voyons mesdames, commencez, je vous prie.

(Il s'assied sur un sopha, les femmes se placent et exécutent en effet sur un air de Musard, une contredanse dite demi-cancan.)

  MOUMOUTH, enthousiasmé, se levant après le premier quadrille.

Etourdissant!.. délirant!.. divin!.. je nomme Berlingo, directeur général de mes bals particuliers. Dès aujourd'hui, je nationalise le cancan dans mes états : je ne veux plus qu'on danse d'autre danse que cette danse... que mes sujets le veuillent ou ne le veuillent pas, ils la danseront tous... (A Rigobert.) Tu la danseras aussi, toi, et je la danserai moi-même; allons grand briocheur, en vis-à-vis, morbleu!

   RIGOBERT.

Quoi! seigneur, tu permets que je me permette...

   MOUMOUTH.

Je t'en donne la permission.

(La danse va recommencer et devenir générale, lorsque Mysapouf paraît, suivi de Fatmé.)

SCÈNE II.

LES MÊMES, MYSAPOUF, FATMÉ.

   TOUT LE MONDE, riant à leur vue.

Ah! ah! ah!..

   MYSAPOUF, stupéfait.

Mahomet! que vois-je! sa hautesse...

   MOUMOUTH.

Mon chef des eunuques et la vieille Fatmé!.. parbleu, ils la danseront aussi!.. allons, Mysapouf, puisque tu as amené ta danseuse, fait comme ton maître.

   MYSAPOUF.

Danser! lumière du soleil!.. il vient justement de me prendre une crampe...

   MOUMOUTH.

Mysapouf, je n'aime pas qu'on me résiste, et si j'appelle mes muets...

   MYSAPOUF, vivement.

Non, non, c'est inutile... je danserai de l'autre jambe.

   MOUMOUTH.

Je te le conseille.

(Mysapouf, dont la contrariété est visible, se met à danser en vis-à-vis de Fatmé. Leurs manières empruntées et ridicules, excitent un rire général.)

  MYSAPOUF, furieux et s'en prenant plus particulièrement à Rigobert.

Eh bien! qu'y a-t-il? et de quoi ris-tu, toi, qui n'étais pas grand chose tout à l'heure et qui ne seras peut-être rien dans quelques minutes.

MOUMOUTH, allant se fâcher.

Mysapouf!..

RIGOBERT.

Laisse-le dire, la jalousie l'étouffe, il faut bien qu'il se soulage.

MYSAPOUF.

Insolent parvenu, change de ton, ou je te ferai voir qu'un homme comme moi...

RIGOBERT, riant.

Parbleu! un homme comme toi est un eunuque.

MYSAPOUF.

Oui, mais tu ne sais pas ce que c'est qu'un eunuque.

RIGOBERT.

Si fait, je le sais, et veux-tu que je te le prouve?..

Air de Mazaniello.

Suivant l'Homond, l'illustrissime,
Eunuque est un mot masculin,
Toujours neutre par son régime,
Ou bien singulier féminin.
C'est un être amphibologique,
Une énigme, un imbroglio...

Ou bien encore...

Une règle d'arithmétique,
Dont le dernier chiffre est zéro.

TOUT LE MONDE, riant.

Ah! ah! ah!..

MYSAPOUF, en colère.

Zéro!.. zéro!.. ah! tu multiplies les injures... eh bien! alors, je n'écoute plus que mon ressentiment, et Moumouth va savoir jusqu'à quel point des fourbes, des intrigans ont abusé de sa confiance.

RIGOBERT, et ZERLINE, à part.

Nous sommes perdus!

ZIRZABELLE, à voix basse.

Laissez-moi faire, je vous sauverai.

(Elle profite de la préoccupation de Moumouth pour se mêler parmi les autres odalisques, et disparaît.)

MOUMOUTH, furieux.

Abuser de mes bontés! se jouer de moi!.. Mysapouf, prends garde; l'accusation que tu portes, peut faire tomber plus d'une tête!..

MYSAPOUF.

J'engage la mienne si je ne prouve ce que j'avance.

MOUMOUTH, vivement.

Eh bien! parle... parle donc...

MYSAPOUF, troublé.

Oui, lumière du soleil; oui, balance de justice; oui...

MOUMOUTH, perdant patience.

Oui!.. oui!.. mais achève donc, misérable.

RIGOBERT, à part.

Je ne souffrirais pas plus quand je serais dans de la friture bouillante.

MYSAPOUF, se remettant.

Tout de suite, mon doux maître, tout de suite. D'abord...

MOUMOUTH.

Mais au fait?...

MYSAPOUF.

Eh bien! on te trompe... la négresse que tu avais tout à l'heure à tes côtés, n'est pas plus négresse que ce petit drôle de Zanco n'est grec; l'une est un homme, et l'autre est une femme.

MOUMOUTH, avec surprise.

Est-il possible!

MYSAPOUF, continuant.

Fatmé qui a surpris leur complot, te jurera comme moi...

ZERLINE, au sultan.

Que la moitié seule de ce qu'il dit est vrai : Oui, grand Moumouth, et tu vas tout savoir. Pressentant le sort qui nous était réservé; lorsque nous

fûmes attaqués par des pirates... (Montrant Rigobert.) Mon frère me fit prendre ce vêtement afin, du moins, de me conserver l'honneur.
RIGOBERT, à part.
Comme elle narre!
ZERLINE, continuant.
Amenée dans ton sérail, mais toujours fidèle à celui qui a partagé nos infortunes, je ne l'ai point désabusé, voilà mon seul crime. Quant à Zirzabelle, elle ne s'est déguisée comme tu l'as vue, que pour sauver mon amant; car c'est Fatmé qui, se croyant aimée de Berlingo, avait imaginé de le garder auprès d'elle, à l'aide du costume sous lequel le hasard a voulu qu'il te fût présenté.
MYSAPOUF.
Tu vois dans tout cela, seigneur...
MOUMOUTH.
Que toi et cette vieille, vous êtes les seuls ici, que je devrais punir... Cependant pour celle qui s'est joué de mon amour...

ZIRZABELLE, reparaissant sous son premier costume et venant se prosterner devant Moumouth, à qui elle présente le mouchoir, que Berlingo en a reçu.

Si elle t'a offensé, ordonne de son sort, elle est prête à le subir.
MOUMOUTH.
Que vois-je?
ZIRZABELLE.
Ton humble esclave, Zirzabelle qui te demande la grace de Noëmi.
MOUMOUTH, en demi-à-parté.
Par Mahomet! elle est encore mieux comme cela!
RIGOBERT.
Je crois bien, elle est changée du noir au blanc.
MOUMOUTH, à Zirzabelle.
Relève-toi.
MYSAPOUF.
Comment, après ce que je viens de t'apprendre, aucun châtiment...
MOUMOUTH.
Mon Dieu! non, et je n'ai pas même le plaisir de leur faire grace, car d'après le dernier firman que j'ai signé ce matin, je n'ai plus à présent aucun droit sur elles.
TOUT LE MONDE.
Qu'est-ce que cela signifie?
MOUMOUTH, à Mysapouf.
Je vais te le dire : écoutez tous...
LES FEMMES, vivement.
Ecoutons, écoutons...
MOUMOUTH, lisant un parchemin qu'il déroule.
« Considérant que les femmes...
TOUTES.
Oh! les femmes!.. silence! silence!
MOUMOUTH, reprenant.
« Considérant que les femmes ont été trop long-temps frustrées des pri-
» viléges auxquels elles ont droit, abolissons, pour elles, l'esclavage, et les
» rendons libres. »
TOUTES LES FEMMES, avec joie.
Bravo! bravo!
MYSAPOUF, à part.
Des femmes libres! quelle horreur!..
RIGOBERT.
La femme libre!..oh! père Enfantin, où es-tu?
TOUTES LES FEMMES.
Bravo, Moumouth! bravo! vive Moumouth!

(A ce moment, on entend un grand bruit au-dehors.)

SCENE III.
Les Mêmes, GIAFAR, Muets.

GIAFAR, accourant.
Ah! seigneur! un événement affreux...

TOUS, vivement.

Un événement!

GIAFAR, à Moumouth.

Les eunuques ont pris les armes, ils marchent contre toi.

MYSAPOUF, à part.

Ah! quelle heureuse nouvelle!

RIGOBERT.

Cela ne m'étonne pas; ton firman leur coupe le cou, c'est ce qui leur fait perdre la tête.

MOUMOUTH, avec colère.

Les traîtres! (A Giafar.) Et tu ne les as pas encore exterminés? Mon cimeterre!.. je veux être le premier à châtier ces infâmes.

MYAPOUF, à part, en sautant de frayeur.

J'en aurai la jaunisse, c'est sûr!

ZIRZABELLE, à Moumouth.

Non, non, ne l'expose pas. (A Giafar.) Réponds, n'y a-t-il que les eunuques qui se révoltent?

GIAFAR.

Oui, princesse.

ZIRZABELLE, au sultan.

Alors, c'est à nous seules, à nous, que tu as affranchies et qui ne voulons pas retomber dans l'esclavage, qu'appartient l'honneur de te défendre et de les combattre.

MOUMOUTH.

Y penses-tu?

ZERLINE.

Elle a raison. Cette affaire nous regarde, et nous serons assez fortes pour la mener à fin sans le secours de personne.

TOUTES LES FEMMES, vivement.

Oui, oui, des armes! des armes!

FATMÉ, se mêlant à elles.

Oui, des armes, et mort aux eunuques... je me mets aussi contre eux, moi... ah! ah!

RIGOBERT.

Voilà qui est fort, par exemple!

MOUMOUTH.

Et trop original pour que je ne me donne pas le plaisir d'en voir le résultat. (A deux de ses muets.) Qu'on les conduise à l'arsenal et qu'on mette à leur disposition tout ce qui leur est nécessaire.

CHOEUR DES FEMMES.

Air de Fernand Cortez.

Partons, dépêchons-nous,
Point de vaines alarmes;
Courons chercher des armes,
Et nous les vaincrons tous.   (Fausse sortie.)

MYSAPOUF, voulant les retenir.

Écoutez mes avis,
Voyons, femmes charmantes,
Soyez moins guerroyantes;

LES FEMMES.

Non, vous serez occis.

MYSAPOUF.

Occis? oh! que non!

REPRISE DU CHOEUR.

Partons, dépêchons-nous, etc.

(Elles sortent rapidement suivies de quelques muets.)

SCENE IV.

MOUMOUTH, MYSAPOUF, RIGOBERT, GIAFAR, MUETS.

MYSAPOUF, implorant Moumouth.

Mon doux maître, permets que je te représente...

MOUMOUTH, à Giafar.

Qu'on arrête ce vieux singe; et comme il se pourrait qu'il ne fût pas

étranger aux événemens qui se préparent, s'il ne parvient à faire rentrer l'ennemi dans le devoir, que la première tête qui tombera, soit la sienne.
MYSAPOUF.
Mais sublime sultan, je suis aussi innocent de tout cela que l'oiseau qui vient de naître. Grace, je t'en conjure.
MOUMOUTH.
Ta grace? si une seule de mes odalisques revient avec la moindre égratignure, je te fais crever les yeux, couper le nez et arracher la langue.
MYSAPOUF, douloureusement et à part.
Mahomet! serais-je assez mutilé!.. (Haut.) Et tout cela parce qu'une poignée de péronnelles...
MOUMOUTH.
N'en dis pas de mal, misérable... le parti qu'elles viennent de prendre, prouve que ce sont des femmes de courage ; et par les houris du prophète, maintenant que je les ai éprouvées, j'ai presque regret de les avoir rendues libres.

Air du pas redoublé.

Que n' puis-je avoir un régiment,
D'un' milice pareille!
RIGOBERT.
Tu n'es pas dégoûté, vraiment,
Mais cette idée est vieille.
En Franc', dans nos jours de valeur,
Et d'élans patriotes,
Nous avons eu, pour notre honneur,
Nos soldats sans culottes.

Mais les voici qui reviennent... Tudieu! elles n'ont pas été longues à leur toilette!
MOUMOUTH, allant au-devant d'elles
Et comme elles sont jolies sous cet uniforme!

SCÈNE V.
LES MÊMES, TOUTES LES FEMMES.

(Elles sont armées de fusils, et portent le sabre, la giberne, le havre-sac et le schako. Zerline et Fatmé se sont emparé des tambours et Zirzabelle commande. Après quelques évolutions exécutées sur une musique guerrière, toutes défilent tambour battant devant Moumouth, auquel elles présentent les armes.)

MOUMOUTH, émerveillé et bas à Rigobert.
Suis-moi; de la terrasse du harem, nous assisterons à leur triomphe.
ZIRZABELLE.
Et nous, aux eunuques.
TOUTES.
Aux eunuques!
(Elles sortent vivement. Les muets entraînent Mysapouf, d'autres emportent les candelabres placés sur les consoles. Moumouth Rigobert entrent dans le cabinet de gauche.)

SCENE VI.
BERLINGO, seul.

(La scène est dans une obscurité complète. On entend au loin le bruit de la charge et de quelques coups de feu.)

BERLINGO, entrant tout effrayé.
D'où diable vient ce vacarme?.. (Allant voir au fond.) Que vois-je! des femmes armées!.. une révolution!.. ah! mon Dieu! ce maudit costume va me perdre... si, du moins, je pouvais dire comme cet autre « Nourri dans le sérail, j'en connais les détours, » j'aurais trouvé depuis long-temps la bienheureuse porte que je cherche... je vais être surpris ; et pas la plus petite cachette!.. un homme qui a peur, tient pourtant si peu de place!

SCENE VII.
BERLINGO, MYSAPOUF, puis bientôt les EUNUQUES révoltés.

MYSAPOUF, accourant hors d'haleine.
Enfin, je leur échappe!.. si je pouvais joindre les autres... (Il se heurte avec Berlingo et restant stupéfait.) Mahomet! qu'est-ce que cela!

BERLINGO, même jeu et à part.

Mahomet !.. c'est un turc...

MYSAPOUF, examinant son costume.

Qui es-tu donc, toi qui t'es permis...

BERLINGO, le reconnaissant.

Fatalité ! c'est le chef des eunuques !

MYSAPOUF, entendant un grand bruit au-dehors, remonte la scène.

Les révoltés !.. ah ! nous allons voir !..

CHŒUR D'EUNUQUES, paraissant au fond.

Air de la marche de Guillaume-Tell.

Avançons, avançons,
En avant, marchons,
Que ces nouveaux soldats
Tombent dans nos lacs.
Mahomet en courroux,
N'a d'appui que nous ;
Qu'ici tous
Meurent sous nos coups.

PREMIER EUNUQUE, en apercevant Mysapouf.

Que vois-je !.. un français... qu'on le saisisse, et qu'il meure.

MYSAPOUF, se débattant.

Mais, mes bons amis, il y a quiproquo !..

PREMIER EUNUQUE.

Silence.

BERLINGO, à part, en remontant la scène.

Si je pouvais, grace à l'obscurité...

PREMIER EUNUQUE, l'arrêtant.

Un autre !.. (Il l'examine, et trompé une seconde fois par le costume.) Se peut-il ! le seigneur Mysapouf !..

MYSAPOUF.

Quand je vous dis...

DEUXIÈME EUNUQUE, lui appliquant un coup de plat de sabre.

Tu ne veux pas te taire ?..

PREMIER EUNUQUE, à Berlingo.

Ah ! seigneur, c'est le prophète qui vous envoie pour vous mettre à notre tête.

BERLINGO, à part.

Oh ! la bonne méprise !

MYSAPOUF, se débattant toujours.

Mais, scélérats, vous ne voyez donc pas...

BERLINGO, à qui l'on vient de donner un sabre qu'il brandit en l'air.

Oui, je me mettrai à votre tête... et... et vous verrez... et je vous prouverai... marchons...

TOUS.

Vive Mysapouf !

REPRISE DU CHŒUR.

Avançons, avançons, etc.

(Ils vont partir, emmenant Mysapouf ; à ce moment les femmes se présentent au fond et leur barrent le passage.)

SCENE VIII.

LES MÊMES, TOUTES LES FEMMES, puis MOUMOUTH, RIGOBERT, MUETS, NÈGRES, portant des torches allumées, et GIAFAR vers la fin de la scène.

ZIRZABELLE, qui a rangé sa troupe en ligne.

Bas les armes, ou vous êtes tous morts.

LES EUNUQUES.

Nous rendre à des femmes ?.. jamais.

(Zirzabelle a commandé le feu ; pendant la mêlée qui devient générale, Berlingo se blotit dans un coin, Mysapouf disparait et les eunuques culbutés, renversés de toutes parts, se voient bientôt contraints à déposer les armes. A ce moment Moumouth et Rigobert paraissent au fond, et les esclaves qui les suivent font main-basse sur les vaincus.)

CHOEUR DES FEMMES.
Air : La victoire est à nous.
La victoire est à nous ! (bis.)
Venez, accourez tous,
Ils sont à nos genoux.

MOUMOUTH.

Par Mahomet ! voilà un fait d'armes qui fera époque dans les fastes militaires de Stamboul. (Aux eunuques.) Et votre chef, coquins, qu'est-il devenu ?

FATMÉ, désignant Berlingo que pendant l'action elle a coiffé de son tambour.

Tenez, tenez, en voici déjà les jambes, le reste est à la suite, peut-être.

TOUS, à la vue de Berlingo accroupi, et dans la situation la plus piteuse.

Berlingo !

BERLINGO.

Oui, Berlingo, rompu, brisé et à demi étouffé.

RIGOBERT, riant de son ami.

Diable de farceur, va ! se cacher dans un tambour... tu avais donc bien peur pour ta peau ?

BERLINGO, que Zerline console.

Je te conseille de te moquer... c'est toi qui est cause de tout ça.

MOUMOUTH.

Mais Mysapouf ?..

GIAFAR, entrant.

Mort ; et de peur apparemment, car on ne lui a trouvé aucune blessure.

MOUMOUTH.

Eh bien ! j'en suis content, cela m'évitera la peine de le faire pendre. (A Zirzabelle.) Maintenant, ma toute belle, qu'exiges-tu pour le service que tu viens de me rendre ?

ZIRZABELLE.

Tu promets donc d'exécuter mes désirs ?.. Eh bien ! pour Berlingo, Zerline et Rigobert, cinquante bourses d'or, et la facilité de retourner dans leur patrie, s'il ne préfèrent s'établir à Stamboul. (Désignant les eunuques.) Quant à ceux-ci, leur admission aux incurables.

MOUMOUTH, gaîment.

Accordé ; mais pour toi ?

ZIRZABELLE.

Ta main... tu affranchis toutes tes femmes, il faut bien que tu en gardes au moins une.

MOUMOUTH.

Pas maladroit ! cent quatre-vingt-dix-neuf rivales de moins, c'est de l'amour placé à deux cents pour cent d'intérêt ! (A tout le monde.) Dès demain, je me marie ; et ce ne sera pas certainement la chose la moins étrange que signalera mon règne.

CHOEUR DES FEMMES.
Air : Honneur et gloire. (Muette de Portici.)

Amis, célébrons la victoire,
Qui comble en ce jour nos vœux,
Hommage, honneur et gloire,
A ce monarque généreux.
Vive Moumouth, dont la bonté
Nous a rendu la liberté !

MOUMOUTH, au public
Air : Vaud. des Frères de lait.

J'ai bien assez frappé de ma férule,
Nombre d'abus, je m'arrête un moment ;
Je ne veux pas avoir le ridicule
De tout changer inconsidérément,
Et j'ai besoin de votre assentiment.
A nos lazzis, plus amusans que sages,
Souriez donc, et daignez applaudir ;
Car les bravos, sont un des vieux usages,
Que je n'ai pas le projet d'abolir.

REPRISE DU CHOEUR.

FIN.

PERSONNAGES.	ACTEURS.
MOUMOUTH, sultan de Stamboul.	MM. DANGUIN.
MYSAPOUF, chef des eunuques.	CHALET.
RIGOBERT, industiel parisien.	MUNIER.
BERLINGO, maître de danse, son ami et compatriote.	RAYMOND.
ISMAIL, vieux visir.	PRADIER.
GIAFAR, capitaine des gardes.	EDOUARD.
ZERLINE, sœur de Rigobert, sous le costume d'un jeune grec.	M.mes LÉONTINE.
ZIRZABELLE, géorgienne.	MÉLANIE.
FATMÉ, vieille chinoise.	LAURE.
ERLISKA, tartare.	GÉRANVILLE.
LYDIA, espagnole.	VALMY.
FANNY, anglaise.	RUPICK.
CÉLIME, circassienne.	PAULINE.
IDAMOE, albanaise.	CAMILLA.
NADIRE, arménienne.	MOREL C.

NÈGRES, MUETS, EUNUQUES, ODALISQUES, ESCLAVES, etc.

Imp. J.-R. MEYREL, pass. du Caire, 54.

SCÈNE XXIII.

UNE
HISTOIRE DE VOLEURS,

DRAME-VAUDEVILLE EN UN ACTE ;

Par MM. Saint-Yves et Léon de Villiers.

Représenté pour la première fois, à Paris, sur le théâtre de la Porte St-Antoine, le 21 mars 1838.

PERSONNAGES.	ACTEURS.	PERSONNAGES.	ACTEURS.
LÉONARD, du Grand-Camp.	MM. SAVIGNY.	Mme ALARY, aubergiste.	Mmes LUDOVIC.
JACQUES ALARY.	DUVAL.	JUANA, servante.	HORTENSE.
GUILLAUME, garçon d'écurie.	OSCAR.	PAYSANS.	
BERTRAND, } paysans.	TREYVES.	SOLDATS.	
ANDRÉ,	ALFRED.		

La scène se passe dans une auberge au milieu des bois, à quelques lieues de Villefranche. (Périgord.)

Une salle d'auberge ; table à droite ; à gauche, au second plan, l'entrée d'une cave, fermée par une trappe ; au fond, une porte et une fenêtre donnant sur la forêt.

SCÈNE I.
BERTRAND, ANDRÉ, attablés à gauche.

BERTRAND, tendant son verre à André.

Ce bon André ! en v'là une de rencontre... y a-t-il long-temps que nous ne nous étions vus en face !..

ANDRÉ.

Je crois ben ; je sors de faire un voyage à Périgueux, histoire de recueillir une petite succession... et je m'acheminais tranquillement vers Villefranche, quand t'es venu me frapper sur l'épaule et me proposer de vider bouteille avec toi à l'auberge du Fresquet... A ta santé !

BERTRAND.

A la tienne... Tu dis donc que tu viens de faire un héritage, et avec ça tu n'as pas craint de l'aventurer tout seul, et aussi tard à travers la forêt du Grand-Camp.

ANDRÉ.

Et à cause?

BERTRAND.

Eh bien! tu ne devines pas?.. à cause de Léonard et de sa bande.

ANDRÉ.

Ah! oui, les affilés du Sineuil, comme ils disent dans le pays, et tu donnes encore là-dedans, toi?

BERTRAND.

Comment, si je donne encore là-dedans!.. et le gouvernement aussi, qu'est plus malin que moi.

Air du Ballet des Pierrots.

Demand' plutôt à monsieur l' maire,
On a vu des farouch's bandits,
Rôder le soir avec mystère
Pour effrayer tout le pays.
On les compt' par cent et par mille,
Et on n' peut douter d' leurs forfaits,
Car l' gouvernement qu'est habile,
On sait ben qu'il n' se trompe jamais.

ANDRÉ.

Laisse donc, c'est des contes d'enfans...

BERTRAND.

Oui... à preuve qu'on vient de mettre à prix la tête de ce Léonard.

ANDRÉ.

Vraiment?

BERTRAND.

Trois mille francs de récompense, à celui qui le livrera mort ou vif... trois mille francs!..

ANDRÉ.

Eh ben! mon vieux, veux-tu que je te dise... c'est pas toi non plus qui les gagnera... et il ne risque rien de promettre, le gouvernement. Attrapez donc un brigand dont tout le monde parle et que personne n'a jamais vu.

BERTRAND.

Mais si.

ANDRÉ.

Mais non...

BERTRAND.

Moi, je te dis qu'on l'a vu.

ANDRÉ.

Qui ça? voyons.

BERTRAND.

Qui ça?.. d'abord, tous ceux à qui il a fait passer le goût du vin.

ANDRÉ.

Ils sont revenus tout exprès pour te donner son signalement, n'est-ce pas?

BERTRAND, fâché.

Eh ben! comme tu voudras... il y a des gens qui ne croient jamais rien.

ANDRÉ.

Il y en a d'autres qui croient tout...

(Ils se tournent le dos; après un moment de silence.)

BERTRAND.

Allons, voyons, André, parlons d'autres choses.

ANDRÉ.

Au fait, à quoi que ça sert de se chamailler.

BERTRAND.

Quand par hasard on se retrouve, ce qu'on a de mieux à faire, c'est-y pas de trinquer ensemble.

Air des Huguenots.

Bientôt si le diable s'en mêle,
Faudrait vider une querelle,
N' vaut-y pas mieux

Vider, mon vieux,
Un' bouteille ou deux.

ENSEMBLE.

Bientôt, etc.

ANDRÉ, frappant sur la table.

Holà ! holà ! la fille !

SCENE II.
Les Mêmes, JUANA.

JUANA.

Voilà, messieurs, voilà.

ANDRÉ, se levant ainsi que Bertrand.

Du vin, mon enfant, et surtout qu'il soit frais.

JUANA.

Soyez tranquille, messieurs, je vas vous le chercher à la cave.

(Elle descend par l'escalier qui aboutit au milieu de la scène.)

SCENE III.
BERTRAND, ANDRÉ.

ANDRÉ.

Tiens, tiens, tiens... je croyais que la petite Juana n'était plus chez Mme Alary.

BERTRAND.

Si, si... toujours.

ANDRÉ.

Est-ce qu'elle ne voulait pas la renvoyer dans les temps ?

BERTRAND.

Oui, à cause de son fils qui s'était amouraché de la petite... mais comme Jacques s'est engagé.

ANDRÉ.

Ah ! il est parti.

BERTRAND.

Mon Dieu ! oui... depuis un mois... désespéré de ce que sa mère ne voulait pas consentir à son mariage.

ANDRÉ.

Pauvre garçon !.. ah ça ! mais, pourquoi donc que Mme Alary ne veut pas d'elle pour sa belle-fille ?

BERTRAND.

Eh parbleu ! parce que Juana n'est qu'une pauvre orpheline... tu sais que la bourgeoise est passablement intéressée... c'est son goût à c'te femme.

ANDRÉ.

C'est égal, ça m'étonne... après tout le bien qu'elle en disait... car à l'entendre, c'était un vrai trésor... une fille honnête, laborieuse, toute pleine de prévenances.

BERTRAND.

Oui, autrefois... mais aujourd'hui, c'est plus ça... Mme Alary prétend qu'elle n'a jamais été si mal servie, que Juana n'est plus bonne à rien, qu'elle est devenue paresseuse, négligente... bah ! est-ce que je sais...

ANDRÉ.

Ah ben !..

BERTRAND.

Enfin, depuis le départ de Jacques; elle lui rend la vie si dure, que je ne comprends pas comment la petite peut y résister... moi, je sais bien qu'à sa place... Mais chut ! la voilà. (Ils vont se rasseoir.)

SCENE IV.
Les Mêmes, JUANA.

JUANA, apportant du vin.

Vous êtes servis, messieurs.

ANDRÉ.

Merci, mon enfant... merci... toujours gentille.

JUANA, gaîment.

Dame ! monsieur, on fait ce qu'on peut pour ça.

ANDRÉ.
Pourtant, voilà des yeux qui me paraissent un peu rouges... est-ce que nous aurions du chagrin, par hasard?
JUANA.
Mais non... vous vous trompez... moi, du chagrin, pourquoi donc?
BERTRAND.
Oh! vous dites ça d'un ton...
ANDRÉ.
Allons, voyons, soyez franche, il manque bien quelques petites choses à votre bonheur?
JUANA.
Qu'ai-je à désirer? moi, pauvre orpheline, qu'on a bien voulu recueillir dans cette auberge, n'est-ce pas déjà trop pour moi... aussi je vous assure que je suis heureuse... très heureuse... (Elle soupire.)
BERTRAND, bas à André.
Si elle disait autrement, on la battrait.

> Souvent dans mon délire,
> Je gémis, je soupire,
> Et moi,
> Moi, qui rien ne désire,
> Je ne saurais vous dire
> Pourquoi. (bis.)
> Au sein de l'abondance,
> On doit être content;
> Presque dans l'opulence
> Moi je vis, et pourtant...
> Souvent, etc.
> Quand soudain la tristesse
> S'empare de mon cœur,
> En vain, dans ma détresse,
> J'appelle le bonheur!
> Toujours même délire, etc.

SCENE V.
LES MÊMES, Mme ALARY.
Mme ALARY, en dehors.
Juana! Juana!..
ANDRÉ.
Et moi, je le devine.
BERTRAND.
Tiens... v'là encore la bourgeoise qu'est après elle...
Mme ALARY, durement à Juana.
Juana! ah! ça, qu'est-ce que vous devenez... voilà plus d'une heure que je m'égosille à vous appeler.
JUANA.
Je m'occupais de ces messieurs.
ANDRÉ.
La petite dit vrai... c'est nous qui l'avons retenue.
Mme ALARY.
Oh! je sais bien qu'elle a toujours d'excellentes raisons à donner. Qu'est-ce que vous faites là, voyons... vous allez encore vous mettre à pleurnicher... Allons, allons, il y a de l'ouvrage là-dedans qui vous attend, paresseuse! (Juana sort en pleurant.)

SCENE VI.
LES MÊMES, excepté JUANA.
BERTRAND.
Qu'est-ce que je te disais.
ANDRÉ.
En vérité, Mme Alary, vous la traitez trop durement.
Mme ALARY.
Tiens! c'est vous, M. André, vous voilà donc de retour... et la santée?
ANDRÉ.
Merci, bien... excellente... mais comme je vous disais tout-à-l'heure...

Mme ALARY.
Et votre famille, est-ce que votre femme est accouchée?
ANDRÉ.
Pas encore... Mais pour en revenir à cette pauvre Juana...
Mme ALARY.
Juana, Juana... une péronnelle qui se permet de tourner la tête à mon fils.
BERTRAND.
Ah! ça, mais, ce n'est pas la faute de Juana, si votre fils la trouve à son goût.
Mme ALARY.
Laissez donc, si elle ne lui avait pas fait les yeux doux...

Air : On dit que je suis sans malice.

C'est une petite rusée,
Qui voudrait bien être épousée
Par un honnête et beau garçon,
Riche et surtout d' bonne maison.
Mais on d' vrait bien défendre aux filles,
D'être jeun's, aimabl's et gentilles;
Quand ell's n'ont plus un seul parent,
Et qu'ell's n'ont pas d'argent comptant.

ANDRÉ.
Vous êtes bien sévère, Mme Alary.
Mme ALARY.
Allez, allez, je sais maintenant à quoi m'en tenir... pas plus tard qu'hier, je lui ai proposé un parti très convenable, et mademoiselle a refusé tout net.
BERTRAND.
Qu'est-ce que ça prouve ça?
Mme ALARY.
Ça prouve... ça prouve qu'elle est folle de mon Jacques, car certainement Guillaume est un fort bel homme, et je ne vois pas pourquoi Juana le dédaignerait.
BERTRAND, riant.
Comment, c'est Guillaume que vous vouliez lui donner pour mari.
Mme ALARY.
Pourquoi donc pas...
ANDRÉ.
Qu'est-ce que c'est qu' ce Guillaume?
BERTRAND, se levant.
Un garçon d'écurie qu'est ici depuis quelque temps... un espèce d'imbécile et poltron... oh! mais poltron... je n'ai jamais vu son pareil... figure-toi qu'il a peur de son ombre... il la prend toujours pour un voleur qui est à ses trousses.

SCÈNE VII.

Les Mêmes, GUILLAUME, un panier sous le bras. (Il entre brusquement, referme la porte avec précipitation et va tomber sur une chaise ; il est pâle et ses vêtemens sont en désordre.)

BERTRAND, montrant Guillaume.
Tiens! justement, le voilà.
ANDRÉ.
Ah! mon Dieu! comme il est pâle!
Mme ALARY.
Comment, déjà revenu de Villefranche.
GUILLAUME, préoccupé.
Oui, la bourgeoise... oui... après ça, n'y a pas déjà si loin... une lieue; et puis, voyez-vous, la bourgeoise, je ne m'amuse pas en route moi, avec ça qu'elles ne sont pas sûres... (Regardant la porte avec effroi. A part.) Je crois même qu'on m'a poursuivi.
Mme ALARY.
Au moins, as-tu fait toutes mes commissions... où est cette vaisselle?
GUILLAUME.
Là, dans mon panier.

Mme ALARY.

Et tu n'as rien cassé, j'espère?

GUILLAUME.

Dam! je ne crois pas, voyez-y donc voir.

(Mme Alary sort du panier, plusieurs pièces de vaisselle, elle les pose à mesure sur la table à gauche.)

BERTRAND, à Guillaume.

Eh bien! Guillaume, qu'est-ce qu'on dit de neuf à la ville?

GUILLAUME, avec mystère.

Ce qu'on dit de neuf à la ville... des choses à faire dresser vos cheveux sur ma tête.

ANDRÉ.

Et quoi donc?

GUILLAUME.

Tenez, rien que d'y penser, j'en ai la chair de coq... brrrr.... (Il frissonne. Mystérieusement.) Des atrocités... mais des atrocités atroces... de Léonard du Grand-Camp.

BERTRAND, à André.

Tu entends, camarade.

Mme ALARY, qui s'est occupée à ranger une partie des objets que Guillaume a apportés.

Voyez un peu si cette petite sotte viendra m'aider. (Elle sort.)

SCÈNE VIII.

LES MÊMES, moins Mme ALARY, ensuite JUANA, puis UN ETRANGER.

GUILLAUME, sortant un papier de sa poche et le passant à André.

V'là son histoire véritable que je viens d'acheter deux sous... avec le portrait du monstre par-dessus le marché... et tout ça sur un air très connu que je ne connais pas ; mais je prierai mam'selle Juana de me l'apprendre... (A Juana qui entre et s'occupe de ranger la vaisselle.) Mam'selle Juana, vous qu'êtes si complaisante, voulez-vous me l'apprendre, l'air connu que je ne connais pas... vous savez, la complainte du brigand.

JUANA.

Je ne suis pas en train de chanter, d'ailleurs, il faut que je range tout ça.

GUILLAUME.

Ah! ben, ce sera pour plus tard... à votre aise, mam'selle Juana, à votre aise. (Juana va et vient en rangeant.)

BERTRAND.

Et ce portrait est ressemblant?

GUILLAUME.

Dame! à ce que dit le marchand, au surplus, j'aime mieux le croire que d'y aller voir... il y aurait qu'à m'arriver la même chose qu'à Pierre Lafond.

ANDRÉ.

Et que lui est-il donc arrivé à Pierre Lafond?

GUILLAUME.

Oh! une fière aventure, allez.

BERTRAND.

Voyons, apprends-nous ça.

GUILLAUME.

C'est que ça va peut-être vous faire peur..

ANDRÉ.

Va toujours... nous t'écoutons!..

GUILLAUME.

Avant-hier, à minuit, le fermier, Pierre Lafond, traversait la forêt, lorsqu'arrivé au carrefour de la Croix du Mort, en face les ruines du vieux château de Sineuil.

Air : Ballade de la fiancée de Lamermoor.

Crac! il sent une main
Qui l'arrête soudain!
Bientôt contr' sa poitrine,
Brille un' lame assassine.
Las, de ce danger-là

Qui donc le sauvera,
　　　　Ah !!!
L' monstre qni le menace
　　De son poignard,
Jamais il n'a fait grace ;
　　C'est Léonard.

ENSEMBLE.
L' monstre qui le menace, etc.

Au lieu d' l'assassiner,
Not' brigand, sans s' gêner,
Lui dit, r'tourn'-moi les poches,
Ou j' te flanqu' des taloches
De c' désagrément-là, etc.

(Un Étranger, enveloppé d'un grand manteau, est entré pendant le couplet et il est allé s'asseoir à la table à gauche ; après le couplet, Juana prend sur la table une pièce de vaisselle et se dispose à la porter au fond, quand elle s'arrête de nouveau pour écouter Guillaume.)

GUILLAUME.
Pierre Lafond eut le courage de se jeter à plat ventre, mais tout à coup le brigand le saisit par les cheveux en lui criant d'une voix de tonnerre.

L'ÉTRANGER, frappant avec force sur la table.
Morbleu !.. me servira-t-on ?

GUILLAUME, effrayé.
Ah !

(Juana, surprise, laisse tomber la vaisselle qu'elle tenait dans ses mains en s'écriant... Ah ! et André Bertrand se mettent à rire aux éclats... Guillaume regarde l'Étranger avec effroi, Juana, confuse, regarde les débris de sa vaiselle.)

SCÈNE IX.

LES MÊMES, Mme ALARY, paraissant au fond.

Mme ALARY.
Qu'est-ce qui arrive encore ?

L'ÉTRANGER.
Eh ! parbleu ! c'est moi qui demande du vin, et on ne se presse guère.

Mme ALARY, poussant Juana.
Et vous, pourquoi ne pas répondre. (Voyant les débris de vaisselle.) Comment, maladroite, vous avez cassé ma vaisselle neuve. (Levant la main sur elle.) Mais vous mériteriez !..

ANDRÉ, passant entre Mme Alary et Juana.
Voyons, voyons, Mme Alary, ne la grondez pas, car après tout, ce n'est pas sa faute.

Mme ALARY.
Ca n'est pas sa faute !..

ANDRÉ.
M. Guillaume était en train de nous raconter une histoire diantrement lugubre, et un saisissement... paf !..

Mme ALARY.
Et qu'avait-elle besoin d'écouter... est-ce que je la paie pour rester à rien faire ?..

ANDRÉ.
Allons... allons...

Mme ALARY, en colère.
Pour se livrer à de vaines frayeurs, à de mignardes délicatesses comme une fille de la ville... il ne lui manquait plus que ce défaut-là... peureuse !.. peureuse, et ça voulait devenir la femme d'un soldat.

(Juana se retire au fond, toute confuse ; André cherche à la consoler ; Guillaume, au commencement de la scène, est allé chercher du vin à la cave, il en a donné à l'Étranger et il est resté à le considérer d'un air effaré, Bertrand a été prendre son chapeau et son bâton.)

GUILLAUME, se retournant brusquement au mot de soldat.
Tiens !.. à propos de soldat, ça me rappelle que j'ai rencontré votre fils.

Mme ALARY.

Jacques!...

GUILLAUME.

Oui, son régiment vient d'arriver à Villefranche, et comme il repart demain matin pour aller en garnison... je ne sais plus où... il m'a dit qu'il viendrait ce soir vous faire ses adieux...

JUANA, en entendant parler de Jacques, lève la tête.

Déjà...

Mme ALARY.

Et tu ne me le disais pas.

GUILLAUME.

Dame, ça m'était sorti de l'idée...

BERTRAND, à André.

Allons, André, sans adieu... puisque nous ne suivons pas le même chemin... mais si j'ai un conseil à te donner, c'est de ne pas trop tarder... non pas à cause que t'as de l'or dans tes poches... puisque t'es brave, toi, et que d'ailleurs tu ne crois pas aux brigands... mais à cause qu'il va faire un orage... et un fameux encore.

ANDRÉ.

Ah! ça, c'est différent; j'aurais pourtant pas été fâché de connaître la fin de l'histoire.

L'ÉTRANGER, toujours à table.

Oh! je peux bien vous la dire, moi... Pierre Lafond revint à Villefranche complètement dévalisé, et fort heureusement pour lui, car, sous prétexte de ce vol, si adroitement survenu, Pierre Lafond s'est refusé à payer une somme pour laquelle il était sérieusement poursuivi; et il a obtenu un nouveau délai de ses créanciers; cet accident, en réalité, a donc été une bonne aubaine pour lui.

ANDRÉ.

Eh ben!.. eh ben!.. qu'est-ce que je disais... c'était une frime... et je gage qu'il en est ainsi de tous les contes qu'on débite à plaisir sur les affiliés de Sineuil et sur leur chef redoutable qui, peut-être, n'a jamais existé.

Mme ALARY.

Au fait, c'est bien possible...

L'ÉTRANGER, à André.

Oui dà, mon maître... je parie cependant qu'il n'est aucun de ceux qui montrent ici tant d'incrédulité, qui oserait à cette heure se rendre seul au carrefour de Sineuil.

ANDRÉ.

Vraiment... vous croyez ça...

L'ÉTRANGER, jettant sur la table, trois pièces d'argent.

Voyons... cet argent à celui qui, avec ce morceau de craie, ira tracer son nom sur la croix du mort et rapportera une branche du buis sauvage qui croît auprès. (Tout le monde se regarde.)

GUILLAUME.

Ce n'est pas moi qui irai toujours... bien sûr...

BERTRAND, à André.

Eh bien... est-ce que tu recules... toi?

ANDRÉ.

Ma foi!..

JUANA, posant la main sur l'épaule de l'étranger.

Donnez-moi cet argent, j'irai à la Croix du mort. (Étonnement général.)

Mme ALARY.

Elle!..

BERTRAND et ANDRÉ.

Hein?

L'ÉTRANGER.

Toi, jeune fille?

GUILLAUME.

Vous, mamzelle, aller à la Croix du mort.

JUANA, avec fermeté.

J'irai. (Elle prend la craie rouge sur la table, et ajoute en regardant Mme Alary.) On verra que j'ai plus de courage qu'une fille de la ville. (Plus bas.) Et que je n'étais pas indigne de devenir la femme d'un soldat...

Air : Fragment de Fra-Diavolo.
ENSEMBLE.

JUANA.
Un pareil outrage,
Double mon courage,
Et je veux aujourd'hui,
Etre digne de lui.

L'ÉTRANGER et Mme ALARY.
Elle va, je gage,
Manquer de courage,
Et tout à l'heure ici,
Nous demander merci.

GUILLAUME.
Montrer à son âge,
Autant de courage,
Oser sans nul souci,
Seule, sortir d'ici.

ANDRÉ.
Ce trait de courage
Est d'heureux présage,
Car au bout du pari,
Moi, je vois un mari.

BERTRAND.
Voilà du courage,
Quoi ! malgré l'orage,
Elle veut aujourd'hui,
Parier avec lui. (Après le chœur, Juana sort vivement)

SCENE X.
LES MÊMES, excepté Juana.

L'ÉTRANGER, se levant brusquement de table.
Comment ! elle oserait...

Mme ALARY.
Juana... ah mon Dieu ! mais cependant, s'il allait lui arriver un malheur...

GUILLAUME.
Attendez, la bourgeoise, j' vas tâcher de la retenir... Mlle Juana...
(Il sort en courant et en appelant de toutes ses forces.)

ANDRÉ.
Soyez donc tranquille... elle ne risque rien...

L'ÉTRANGER, à André, lui serrant fortement la main.
Vous croyez... au revoir, M. l'esprit fort... peut-être un jour serez-vous moins incrédule. (Il sort rapidement.)

ANDRÉ.
Hein !.. qu'est-ce qu'il a voulu dire ?..

SCENE XI.
GUILLAUME, Mme ALARY, BERTRAND, ANDRÉ.

GUILLAUME, entrant en courant et se heurtant dans l'Étranger.
Hôlà !... prenez donc garde, butor...

Mme ALARY.
Et Juana.

GUILLAUME.
Je n'ai pas pu la rattraper... mais v'là M. Jacques.

Mme ALARY.
Mon fils ! (Elle va au fond.)

GUILLAUME.
Même que d'abord je l'ai pris pour un brigand.

SCENE XII.
LES MÊMES, JACQUES, en soldat.
(Pendant le morceau d'ensemble suiant, André compte avec Guillaume, puis s'éloigne avec Bertrand.)

JACQUES, dans les bras de sa mère.
Ma bonne mère !..

Mme ALARY.
Mon pauvre Jacques !..

ENSEMBLE.
Air de Zampa.

C'est après un mois d'absence
Qu'il est doux de se revoir,
Que de fois l'impatience
Me fit maudir le devoir.

JACQUES.
Près d'une mère,
Moment prospère,
Enfin mon cœur
S'ouvre au bonheur.
ENSEMBLE.
Près d'une mère
Qui m'est / t'est bien chère,
Enfin ton / mon cœur
S'ouvre au bonheur.

JACQUES, parlé sur la ritournelle.
Bonjour, Guillaume. (Bas.) Où donc est Juana?
GUILLAUME.
Ah! M. Jacques, si vous saviez...
JACQUES, inquiet.
Eh bien?
Mme ALARY.
Jacques... mais viens donc que je t'embrasse encore.
ENSEMBLE.

JACQUES, froidement et à part.	GUILLAUME, à part.
Ciel! après un mois d'absence,	Las, après un mois d'absence,
Ne dois-je plus la revoir,	Il ne doit plus la revoir,
Ah! que bientôt sa présence	Mais aussi quelle imprudence,
Vienne me rendre l'espoir.	C'était facile à prévoir.

Mme ALARY.
C'est après un mois d'absence, etc.

Mme ALARY, à Jacques.
Ah ça! mon garçon, j'espère que tu vas passer la nuit au Fresquet...
JACQUES.
Impossible, ma mère, demain mon régiment part pour Bordeaux... et il faut que je sois de retour à Villefranche avant minuit.
Mme ALARY.
Et il est déjà si tard... mais c'est tout au plus si tu auras le temps de manger un morceau... viens à la cuisine... je vas vite te préparer quelque chose...
JACQUES.
Je vous suis, ma mère...
Mme ALARY.
Et puis nous avons à causer... tu vas partir... il faut bien que je remplisse ton escarcelle... ce bon Jacques... (Elle sort.)

SCENE XIII.
GUILLAUME, JACQUES.
JACQUES, vivement à Guillaume.
Parle... où est Juana?
GUILLAUME.
Où elle est? peut-être bien qu'à cette heure la pauvre fille n'est plus du tout.
JACQUES.
Que veux-tu dire?
GUILLAUME.
Et cependant il n'y a qu'un instant, elle était encore là... toute gaillarde, toute gentille.
JACQUES.
Mais alors...
GUILLAUME.
On l'a défiée d'aller toute seule à la Croix du mort...
JACQUES.
A la Croix du mort...
GUILLAUME.
Pour prouver qu'elle avait du courage...

JACQUES.
Elle est aux ruines de Sineuil... Ah! j'y cours...
GUILLAUME, cherchant à le retenir.
M. Jacques... M. Jacques...
JACQUES.
Laisse-moi... laisse-moi...
GUILLAUME, se mettant en travers de la porte.
Les ruines de Sineuil... mais songez donc qu'on n'en revient jamais... (Avec effroi.) Écoutez.
(Trémolo imitant le galop d'un cheval, jusqu'au moment où Juana tombe évanouie.)
JACQUES, écoutant.
C'est le pas d'un cheval...
GUILLAUME, quittant brusquement la porte.
D'un cheval au galop... si c'était un brigand.

SCÈNE XIV.
LES MÊMES, JUANA.
(Juana, très pâle et tenant à la main une branche de buis, elle entre précipitamment et tombe évanouie dans les bras de Jacques.)
JACQUES.
Juana!..
GUILLAUME, apercevant la branche de buis.
C'est bien elle, miséricorde... et elle a gagné... voilà la branche de buis sauvage... vite, courons la montrer à la bourgeoise. (Il sort par la gauche.)

SCÈNE XV.
JACQUES, JUANA.
JACQUES, posant doucement Juana sur une chaise.
Juana... au nom du ciel... reviens à toi... (Juana fait un mouvement.) Ah!..
(Juana revient à elle, elle promène autour de la chambre des yeux égarés et finit par rencontrer ceux de Jacques, elle se jette dans ses bras.)
JUANA.
Jacques... ah! protége-moi... protége-moi... j'ai peur...
JACQUES.
Juana... ma bien-aimée...
JUANA, se remettant peu à peu.
Mais je suis folle; ici, je n'ai plus rien à craindre. (Elle se lève.)
JACQUES.
Oh! non... non... car je suis là pour te défendre...
JUANA.
Jacques, mais comment se fait-il... ah! oui, je me souviens, demain, vous devez partir...
JACQUES
Non, maintenant je te jure de ne plus te quitter.
JUANA.
M. Jaques, si votre mère vous entendait...
JACQUES.
Je le répèterais devant elle.

SCÈNE XVI.
LES MÊMES, GUILLAUME, Mme ALARY.
(Mme Alary fait un geste de surprise, et ordonne à Guillaume de sortir. Guillaume sort en témoignant l'indignation que lui fait éprouver la conduite de Jacques.)

SCÈNE XVII.
JACQUES, JUANA, Mme ALARY, au fond.
JACQUES.
Oui, je revenais ici pour te faire mes adieux... mais je sens que je n'en ai pas la force, car je t'aime, Juana... je t'aime plus que je ne t'ai jamais aimée, et tout à l'heure je veux avouer à ma mère que désormais je ne saurais vivre loin de toi.

Mme ALARY, s'avançant.

J'en apprends de belles.

JACQUES.

Ma mère...

Mme ALARY.

Et moi qui me figurais qu'il l'avait oubliée.

JACQUES, avec force.

Oublier Juana... oh! puisse-t-elle me le pardonner, j'ai voulu essayer si cela était possible, car vous m'aviez dit : tu feras mon malheur, et j'avais compris que le devoir d'un bon fils est de tout sacrifier à celle qui lui donna le jour... mais j'avoue ma faiblesse... aucun effort ne peut arracher de mon cœur un souvenir devenu, loin de vous, ma seule consolation; malgré moi, ma pensée revenait toujours à cette jeune fille, si douce si bonne, dont tant de fois vous même vous m'avez vanté les qualités. Et alors je me disais :

Air : d'Aristippe.

C'était peut-être un peu de jalousie,
Quand elle a dit : tu feras mon malheur,
Elle craignait qu'une plus douce amie
Prît, malgré moi, sa place dans mon cœur.
Oh! non, jamais...rassure-toi, ma mère,
De cet amour cesse de t'alarmer ;
A ton enfant toujours tu seras chère,
Et nous serons ici deux pour t'aimer.

Mme ALARY, un peu émue.

Mais mon garçon, si je m'oppose à ce mariage, c'est dans ton intérêt... car enfin Juana n'est qu'une pauvre orpheline, elle a été reçue dans la maison par charité, elle ne possède rien de rien, et dans ta position, on peut prétendre...

SCÈNE XVIII.

Les Mêmes, GUILLAUME.

GUILLAUME, traînant une énorme sacoche.

Gare!.. gare!.. eh ben, en v'la, en v'la, des écus...

Mme ALARY.

Qu'est-ce que c'est que ça?

GUILLAUME.

Une valise que je viens de trouver sur le dos du cheval qui a ramené Mlle Juana.

Mme ALARY, surprise.

Juana... Comment? que signifie?..

GUILLAUME, qui a ouvert la valise.

C'est pas de l'argent... c'est des jaunets... des jaunets...

Mme ALARY.

De l'or... mais Juana expliquez-moi donc... cette valise... ce cheval?..

JUANA.

Il était près de la Croix du mort...

GUILLAUME, se levant brusquement.

Un cheval de brigand... c'est donc ça qu'il a l'air d'un mauvais drôle.

Mme ALARY.

Mais si cet or vient des ruines de Sineuil, nous avons peut-être le droit de le garder.

JACQUES.

Comment?

Mme ALARY.

La dépouille d'un voleur... la loi ne vous l'accorde-t-elle pas?

JACQUES.

Sans doute... mais alors Juana serait plus riche que moi.

Mme ALARY.

Et elle deviendrait un parti superbe... oh! mais cela changerait bien les choses. (Prenant la main de Juana.) Cette chère enfant! quelle action courageuse!.. voyons, voyons... ma fille, raconte-nous bien vite, comment cela s'est passé... (Prenant une chaise pour elle et en préparant une pour Juana.) Tiens, viens te mettre là à côté de moi... (Jacques s'est assis de l'autre côté.)

Entre nous deux, pauvre Juana... Jacques, n'est-ce pas qu'elle est intéressante?

GUILLAUME, occupé à renouer la sacoche.

Qui ça, la valise?

Mme ALARY, à Juana.

Allons, nous t'écoutons.

JUANA.

Ce soir, vous le savez, un défi avait été fait et je l'avais accepté.

Mme ALARY.

Bien légèrement, mon enfant.

JACQUES.

Juana, quel enfantillage.

JUANA.

Un enfantillage... oh! non pas... c'était plutôt une inspiration du ciel et aucune puissance humaine n'aurait pu me retenir... j'étais sortie de la maison pleine de confiance en mes propres forces... mais quand je me vis seule, dans la campagne, loin de toute habitation, dans un lieu dont on raconte tant de choses effrayantes, je l'avoue, mon cœur commença à battre plus vivement, et il me fallut bien du courage pour continuer ma route.

GUILLAUME, s'approchant du groupe, il est assis par terre à côté de Jacques.

Moi, j'aurais pas continué.

Mme ALARY.

Tais-toi donc, Guillaume.

JUANA.

Déjà j'avais pénétré dans le bois du Grand-Camp, déjà même j'apercevais les ruines si redoutées du château de Sineuil... (Guillaume se rapproche encore.) Le ciel était sombre et menaçant, le tonnerre qui grondait au loin, le vent qui sifflait à travers les arbres de la forêt, le silence même qui succédait par intervalles aux accens de la nature, tout contribuait à augmenter ma terreur, et cependant j'avançais toujours...

Mme ALARY.

Quelle résolution!

JACQUES.

Achève, Juana.

JUANA.

Enfin, je parvins à la Croix du mort...

GUILLAUME, frissonnant.

Brrrr....

JUANA.

J'allais remplir les conditions du défi, lorsque j'aperçus une lumière passer lentement sous les voûtes de la chapelle et aller se perdre dans un des souterrains du château Au même instant, un bruit singulier se fit entendre à mes côtés, je tournai la tête avec effroi et je vis un cheval tout sellé, attaché à un arbre et qui semblait attendre son maître.

GUILLAUME.

C'est le scélérat qui est à l'écurie.

JUANA.

Oh! alors, je compris que j'étais perdue... plus de doute, ces ruines étaient habitées par les affiliés de Sineuil, peut-être par Léonard lui-même...

JACQUES.

Pauvre Juana!

JUANA.

Mon premier mouvement fut de me jeter au pied de la croix et d'implorer la protection du ciel... bientôt je sentis renaître mes forces... et, après avoir tracé rapidement mon nom, et cassé la branche de buis que je devais rapporter en signe de triomphe, je m'élançai sur le cheval qui piaffait d'impatience, et je repris la route du Fresquet.

Air : D'une fille d'Eve.

J'avais pour guide un pouvoir invincible,
Autour de moi plusieurs balles sifflaient,
Mais j'avançais... de ce danger terrible
Mes sens émus à peine se troublaient.

Car cet effort, effaçant mon outrage,
Allait prouver à tous avec éclat
Que j'étais digne, au moins par mon courage,
De devenir la femme d'un soldat.

Mme ALARY, se levant.

Bonne Juana... mais alors, plus de doute, cet or appartient à l'un de ces brigands, et si, comme je l'espère, l'autorité le déclare de bonne prise... eh bien! mais, je ne vois plus d'obstacle à ce que Juana devienne ta femme.

JACQUES.

Il serait possible.

JUANA.

Ah! madame!..

GUILLAUME.

Comment, comment... sa femme, et moi, donc?

Mme ALARY.

Après tout, qu'est-ce que je désire, moi, que tu sois heureux en ménage... et si tu crois qu'elle puisse faire ton bonheur.

JACQUES.

Oh! ma mère!

Mme ALARY.

Un instant... cependant je vous préviens que je mets une condition à votre mariage... c'est que Juana sera autorisée à garder sa trouvaille... sans cela, rien de conclu.

GUILLAUME, à part.

Bon! v'là que je reviens sur l'eau.

JACQUES, à Juana qui reste pensive et soupire.

Sois tranquille, Juana... et... quoiqu'il arrive... (A sa mère.) D'ailleurs, nous pouvons, sur-le-champ, éclaircir nos doutes... il faut que je retourne à Villefranche, consentez à m'accompagner...

Mme ALARY.

A cette heure?

JACQUES.

Vous ferez ce soir votre déclaration... le résultat ne peut manquer de nous être favorable... et, demain matin, vous serez toute portée à la ville pour voir mon colonel, obtenir mon congé et acheter la toilette de la mariée.

Mme ALARY.

Tu arranges cela comme ça, toi.

GUILLAUME, à part.

Aïe... aïe... v'là que je renfonce.

JACQUES, calinant sa mère.

Ma bonne petite mère...

Mme ALARY.

Allons, j'y consens. Guillaume, porte cette valise dans ma chambre et hâte-toi de préparer la cariole.

GUILLAUME, prenant la valise d'un air effaré.

J' vas donc rester tout seul avec mam'selle Juana?

Mme ALARY.

Eh bien! est-ce que c'est la première fois?

GUILLAUME.

Si vous croyez que c'est rassurant... cette nuit surtout.

Mme ALARY, le poussant.

Vas donc, poltron. (A Jacques et à Juana.) Et vous, mes enfans...

Air de la cachucha.

Jusqu'à c' que l' préfet
La déclar' de bonn' prise,
Sur cette valise
Gardez bien le secret.

ENSEMBLE.

Jusqu'à c' que l' préfet, etc.   (Mme Alary sort.)

JUANA, à part.

Bonheur qu'on espère,
Que l'on croit saisir,

Comme une chimère,
Peut s'évanouir !
Si ce n'est qu'un songe,
Un vain songe hélas !
Dieu ! qu'il se prolonge,
Ne me réveillez pas.

SCENE XIX.
JUANA, JACQUES.

JACQUES, qui a reconduit sa mère jusqu'à la porte de sa chambre.

Eh quoi ! Juana, au lieu de partager ma joie, tu restes là, pensive... que vois-je ! des larmes dans tes yeux, quand nous touchons au terme de nos vœux... quand demain...

JUANA.

Demain... ah ! mon ami... je n'ose croire à tant de bonheur...

JACQUES.

Et pourquoi... douterais-tu de mon amour ?

JUANA.

Oh ! jamais.

JACQUES.

Eh bien ! qui donc peut encore t'inquiéter... tu le vois, le sort a cessé de nous poursuivre... et la providence t'a prouvé que désormais tu pouvais compter sur son secours.

JUANA.

Jacques, j'ai besoin de vous entendre parler ainsi.

Pour moi, quel avenir,
Et quel destin prospère.
Je me croyais sur terre,
Pour pleurer et souffrir.
Mais déjà ta présence,
A ranimé mon cœur ;
Connaître l'espérance
C'est du bonheur !

Que m'importe un peu d'or,
Que me fait la richesse ;
Un seul mot de tendresse,
Vaut bien mieux qu'un trésor :
En toi, j'ai confiance,
C'est peut-être une erreur,
Mais croire à ta constance,
C'est du bonheur !

SCENE XX.
LES MÊMES, Mme ALARY, GUILLAUME.

Mme ALARY, sortant d'une chambre.

Allons, me voilà prête.

GUILLAUME, entrant.

La carriole est après le cheval. (A Mme Alary.) Mais si j'ai un conseil à vous donner, c'est de ne pas partir ce soir.

Mme ALARY.

Et pourquoi ?

GUILLAUME.

Parce que je suis sûr qu'il vous arrivera malheur en route...

Mme ALARY.

Laisse-moi donc tranquille.

GUILLAUME.

Vous n'avez donc pas entendu César, tout-à-l'heure... il faisait pourtant un beau train dans sa niche... (Imitant la voix d'un chien quand il hurle.) Hou. hou... hou, hou... Quand un chien s'exprime ainsi... tout le monde vous dira que c'est mauvais signe... à votre place, moi, je ne partirais pas.

JACQUES, à Guillaume, en le faisant pirouetter.

Si tu te mêlais de tes affaires... Partons, ma mère, nous n'avons pas de temps à perdre...

Air : d'une bonne fortune.
JACQUES et Mme ALARY.

Allons, partons sans plus attendre,
Vite, il faut nous mettre en chemin,
Bientôt la nuit va nous surprendre,
Séparons-nous jusqu'à demain.
JUANA et GUILLAUME.
Allez, partez, etc.
Mme ALARY, à Guillaume.
Surtout, Guillaume, en mon absence,
Ne quitte pas d'un instant le logis.
JACQUES, à Juana.
Ma Juana, bonne espérance,
Oui, c'est demain que nous serons unis.
REPRISE DE L'ENSEMBLE.

(Mme Alary et Jacques sortent par le fond.)

SCENE XXI.
GUILLAUME, JUANA.

GUILLAUME.

Ainsi donc, mam'selle Juana, v'là qu'est bien décidé... vous épouserez M. Jacques...

JUANA.

Du moins, je l'espère.

GUILLAUME.

C'est un bon parti tout de même, c'est vrai, parce qu'un soldat qu'est fils d'un aubergiste... en outre des rentes que lui fait le gouvernement, c'est pas à dédaigner... pourtant j'en savais un, moi, qui n'avait pas les mêmes avantages... mais qu'en avait d'autres... et je dis... des pas à dédaigner non plus... d'abord le physique et puis...

JUANA.

Et cet autre, quel est-il?

GUILLAUME.

Oh! j'oserai jamais vous le nommer à présent, à quoique ça servirait quand je vous dirais que c'était moi...

JUANA, riant.

Toi, Guillaume... ah! c'est vrai, Mme Alary m'avait parlé...

GUILLAUME.

C'est pour ça que je vous en ouvre la bouche... sans ça... car je sais bien que vous ne m'aimez pas...

JUANA.

Si fait... d'amitié...

GUILLAUME.

C'est toujours ça.

Air du Parnasse des dames,

Vous avez un bon cœur, mam'selle,
J' m'en suis aperçu d' puis long-temps,
Aussi j'lui s'rai toujours fidèle,
Quoique j'aie un' si p'tit' place dedans.
L'amitié... c'est pourtant dommage,
D' n'inspirer que c' sentiment-là,
Mais je n'en veux pas d'avantage,
Puisque vous ne pouvez m' donner qu' ça.

JUANA.

Mon pauvre Guillaume!

GUILLAUME.

Ah bah! c'est pas l'embarras... vous qu'êtes si brave, si courageuse, vous n'auriez pas été assortie avec un poltron comme moi... pourtant après ça, si pour vous être agréable, il avait fallu me changer... oh! j'en aurais été capable, allez... et je serais peut-être bien devenu un crâne, car remarquez, une fois que je me monte la tête..., ah! dame! c'est que je n'ai peur de rien, moi! (Le vent fait battre le volet de la fenêtre.) Qu'est-ce que c'est que ça?

JUANA, *riant et allant fermer le volet.*
Tout simplement un volet que le vent a fait battre.
GUILLAUME.
C'est bien bête de la part du vent.
JUANA.
Je croyais que tu n'avais pas peur.
GUILLAUME.
C'est-à-dire, mam'selle... eh bien! oui, là!.. puisqu'il faut renoncer à vous plaire, ça devient inutile que je force ma nature... je suis poltron, et je resterai poltron... ça me gêne moins, voyez-vous, je me sens plus à mon aise... (Juana *allume une chandelle à la lampe.*)
GUILLAUME.
Qu'est-ce que vous allez donc faire?
JUANA.
Tu ne vas donc pas te coucher?
GUILLAUME.
Me coucher... oh! non, non... je n'ai pas envie de dormir... et puis, je suis sûr que je ferais des rêves épouvantables... toutes ces histoires d'aujourd'hui... savez-vous, mam'selle, que c'est tout d'même bien imprudent à la bourgeoise de nous laisser comme ça tout seuls, la nuit, dans une maison isolée et qui touche presque à la forêt.
JUANA.
Il n'est jamais rien arrivé.
GUILLAUME.
Raison de plus pour que ça arrive... une supposition que le propriétaire de c' te valise viendrait nous réclamer son bien?
JUANA.
Est-ce qu'il peut se douter que c'est nous...
GUILLAUME.
Tiens, tiens... si son cheval va lui dire... ah! dame! c'est pas un cheval comme un autre, allez... figurez-vous que ce soir, je l'avais enfermé dans l'écurie avec Cocotte... savez-vous où je l'ai trouvé, quand j'ai été préparer la carriole? au milieu de la cour... il était sorti, je ne sais comment... et il se régalait aux dépens de la bourgeoise, à même de cette meule de foin qu'est là, sous la fenêtre du grenier... pas plus gêné que ça? (*Il imite un cheval qui mange.*) Il faisait son métier de voleur, le gueusard... on l'a élevé à ça... (*Un éclair.*) Allons, bon... y ne manquait plus qu' ça, v'là l'orage qui recommence.
JUANA, *éteignant sa lumière.*
Voyons, rassure-toi, Guillaume, je te tiendrai compagnie.
GUILLAUME.
Ah ben! dites-donc, mam'selle, si pour faire passer le temps, vous me chantiez quelque chose de gai... voyons, la complainte du brigand, par exemple... que vous m'avez promis de m'apprendre.
JUANA.
Va pour la complainte.
GUILLAUME.
Attendez-moi, je m'en vais par précaution, pousser la porte et assurer le volet. (*Il va au fond.*) Là... j'y suis...
JUANA.
Air : Du plan d'un mélodrame.

Près du Grand-camp, un brigand redoutable,
Depuis long-temps désole nos forêts,
Et l'on prétend qu'un pacte avec le diable,
Contre nos lois le protége à jamais.
Pour ce monstre il n'est pas de blessure mortelle;
C'est en vain qu'on verrait tout son sang répandu,
Et si de nos parens la mémoire est fidèle,
Après la Croix du mort, trois fois il fut pendu.
(Tonnerre... *terreur de Guillaume.*)
JUANA, *riant.*
Faut-il chanter le second couplet?
GUILLAUME.
Certainement... certainement...

JUANA.
Malgré tant de forfaits, échappant aux suplices,
Celui qu'on voit couvrir notre pays de deuil,
Habite, assure-t-on, avec tous ses complices,
Au fond des souterrains du château de Sineuil.
Imprudens pélerins, quel que soit votre nombre,
Jamais dans nos forêts ne voyagez la nuit,
Car le brigand est là qui vous guette dans l'ombre,
Toujours il apparaît à l'heure de minuit.

(On entend sonner minuit. Effroi de Guillaume, Juana se moque de lui. Après le dernier coup, on entend frapper à la porte.)

GUILLAUME.
Ah! mon Dieu! il me semble qu'on a frappé...

JUANA.
Tu crois?..

GUILLAUME.
Tenez... on frappe encore.

JUANA, allant au fond.
Eh bien, il faut ouvrir...

GUILLAUME, la retenant.
Ouvrir!.. à une pareille heure!

JUANA.
C'est sans doute quelque voyageur surpris par l'orage.

GUILLAUME.
Mlle Juana, n'ouvrez pas, je vous en supplie!.. (On frappe plus fort.)

JUANA.
Mais tu vois bien qu'on s'impatiente. (Elle va ouvrir.)

SCÈNE XXII.

LES MÊMES, L'ÉTRANGER, toujours enveloppé dans son manteau.

L'ÉTRANGER.
Vous m'avez fait bien attendre.

GUILLAUME, surpris.
C'est l'étranger de tantôt!..

JUANA.
Si je t'avais écouté, cependant, nous l'aurions laissé à la porte.

GUILLAUME, considérant l'étranger avec crainte.
Cet homme-là a une figure qui ne me revient pas du tout... qu'est-ce qu'il faut vous servir, monsieur?

L'ÉTRANGER, brusquement.
Rien...

GUILLAUME, reculant.
Rien... ce sera plutôt fait...

L'ÉTRANGER, allant à Guillaume qui recule toujours.
Et comme je n'ai pas besoin de toi... va t'en...

GUILLAUME.
Oh! ma foi, je ne demande pas mieux. (A Juana.) Dites donc, mamzelle Juana?

L'ÉTRANGER.
Tu ne m'as pas entendu?

GUILLAUME.
Si... si... parfaitement... si... (A part.) V'là une pratique bien aimable.
(Il sort.)

SCÈNE XXIII.

JUANA, L'ÉTRANGER.

L'ÉTRANGER.
Eh bien! c'est donc toi, jeune fille, qui te moques avec tant d'adresse des affiliés de Sineuil, et qui braves ainsi la terreur qu'ils inspirent... Par la Croix du Mort! je n'aurais pas deviné ce courage dans ton regard doux et timide.

JUANA, surprise et émue.
Que voulez-vous dire?

L'ÉTRANGER.

Il n'est plus temps de se cacher... je suis Léonard... le chef des affiliés du Grand-Camp.

JUANA.

Vous!

L'ÉTRANGER.

C'est mon cheval que tu as dérobé... je viens le reprendre et en même temps te demander compte de l'audace qui t'a conduite, cette nuit, aux ruines de Sineuil.

JUANA, saisie de terreur et se laissant tomber à genoux.

Pitié!.. oh! pitié pour moi... reprenez votre or... mais, au nom du ciel, ne me tuez pas!..

L'ÉTRANGER.

Te tuer... et qui songe à te faire du mal... à quoi cela me servirait-il... d'ailleurs, écoute bien... j'ai été charmé de ta conduite, du courage dont tu as fait preuve... et je te le dis ici... en écrivant ton nom sur la Croix du Mort, tu t'es fiancée à moi.

JUANA, avec horreur.

Oh!..

L'ÉTRANGER.

J'ai donc résolu de t'emmener...

JUANA, toujours à genoux.

M'emmener... moi?..

L'ÉTRANGER.

Oui, pour faire de toi ma compagne, ma maîtresse... ou ma femme... à ta volonté...

JUANA, se relevant.

Sainte Vierge... ne m'abandonnez pas...

L'ÉTRANGER.

Eh! que crains-tu avec moi... songe donc... liberté entière... de l'or... de riches atours... de douces orgies... ce n'est pas un voleur ordinaire qui te parle ici, c'est le chef puissant d'une bande de lurons déterminés qui, tous, te respecteront, crois-le bien, et viendront te payer tribut.

(Il se rapproche d'elle.)

JUANA, reculant.

Ne m'approchez pas... ne m'approchez pas...

L'ÉTRANGER.

Oh! il y a plus de joies que tu ne penses dans nos retraites ignorées... ce sont ces sourcils épais, ces regards durs qui t'effarouchent. Par Belzébuth, mon patron, je n'ai jamais su ce que c'était que de courtiser une jeune fille ; mais un amour, digne de toi, se cache pourtant sous cette grossière enveloppe... (S'approchant d'elle.) Allons... allons... folle que tu es, ton cœur est libre... ainsi...

JUANA, se sauvant à l'autre bout de la chambre et se plaçant derrière une table dont elle se fait un rempart.

Non... non... mon cœur n'est pas libre, j'aime le fils de ma maîtresse, et bientôt...

L'ÉTRANGER, enfonçant son poignard dans la table qui le sépare de Juana.

De par tous les diables!.. tu en as menti, jeune fille... je veux que tu en aies menti. (Effroi de Juana. L'Étranger change de ton.) Allons, j'ai tort... cessons ce badinage... mais songez-y, la belle, je ne veux plus m'abaisser aux prières... tu m'appartiendras désormais, car tu as voulu pénétrer les mystères du château de Sineuil... et maintenant notre sûreté exige que tu meures ou que tu deviennes ma compagne... choisis... au reste, mets là du vin, de l'eau-de-vie et des verres... j'attends ici plusieurs hommes de ma bande, et j'espère bien qu'avant leur arrivée, j'aurai appaisé ta résistance et fait taire tes scrupules. (Il se met à table.)

JUANA, à part.

Qui donc me sauvera?.. ô mon Dieu!.. inspire-moi!..

L'ÉTRANGER.

Eh bien!.. j'attends...

(Juana, allume une chandelle à la lampe, et descend à la cave.)

SCÈNE XXIV.

L'ÉTRANGER, seul, ensuite GUILLAUME.

(A peine Juana est-elle descendue que l'Étranger se lève et disparaît également par l'escalier de la cave ; Guillaume, qui est arrivé, voit ce qui se passe et en témoigne sa frayeur. Aussitôt que l'Étranger a disparu dans l'escalier, on voit Juana remonter rapidement, tenant à la main la lumière éteinte, elle pousse brusquement la trappe et la fait tomber sur l'ouverture de la cave.)

GUILLAUME, surpris.

Tiens!.. où va-t'y donc? (Quand Juana est remontée.) Eh bien! quest-ce que vous faites?..

JUANA.

Guillaume!.. ces tables sur la trappe... cet homme, c'est Léonard...

GUILLAUME, effrayé.

Léonard... c'est lui qui est dans not' cave?

JUANA.

Oui.

GUILLAUME, s'empressant de traîner sur la trappe tout ce qu'il peut trouver.)

Eh ben!.. attends... attends, scélérat, si tu sors de là, tu seras malin, toi... tiens... tiens... en v'là... en v'là encore...

JUANA, qui a été mettre les verroux à la porte du fond.

Mais ce n'est pas tout... ses camarades vont sans doute venir.

GUILLAUME.

Ses camarades les brigands...

JUANA.

Il leur a donné rendez-vous au Fresquet.

GUILLAUME.

Alors... c'est fait de nous, mamzelle, nous sommes perdus...

JUANA.

Non... mais il faudra les empêcher d'entrer.

SCÈNE XXV.

LES MÊMES, BERTRAND, en dehors.

BERTRAND.

Hôlà! eh! la maison!

GUILLAUME.

Les voilà... ne répondons pas.

BERTRAND.

Ah ça! ouvrira-t-on à la fin?

JUANA, allant à la fenêtre.

Attends, je vais leur parler à travers cette fenêtre grillée. (Elle l'ouvre.) Que demandez-vous?

BERTRAND, montrant sa tête.

Je suis un pauvre paysan égaré... et comme il n'est pas prudent de voyager si tard dans la forêt, je vous demande asile pour la nuit.

GUILLAUME.

Tiens... c'est un des buveurs... vous savez... oh! le sournois...

JUANA.

Tais-toi. (A Bertrand.) J'en suis bien fâchée... mais nous ne pouvons vous recevoir... nous sommes seuls ici... et notre maîtresse, en partant, nous a enfermés. (On entend l'étranger frapper violemment sous la trappe.)

GUILLAUME.

Ah! mon Dieu! il va nous trahir.

LE BRIGAND, très haut.

Vous êtes seuls, ah ça! d'où vient donc ce bruit?

L'ÉTRANGER, dans la cave.

A moi, camarades! (Il continue à frapper.)

BERTRAND.

Malédiction! on nous trompait. Mes amis, enfonçons la porte... c'est la voix du capitaine. (Juana referme vivement le volet.)

GUILLAUME.

Miséricorde! ils entreront malgré nous.

(Bertrand frappe à grands coups à la porte.)

JUANA.
Peut-être ! la porte est solide, et si elle résiste seulement un quart-d'heure.
GUILLAUME.
Un quart-d'heure ?
JUANA.
On aura le temps d'arriver à notre secours.
GUILLAUME, commençant à perdre la tête et criant très fort.
Au secours !.. mais nous aurons beau crier...
JUANA.
Et cette cloche... (Elle va sonner.)
GUILLAUME.
On ne l'entendra jamais de Villefranche. (On entend toujours frapper à la porte et à la trappe.) Allons, le voilà qui redouble... et lui aussi... mais veux-tu finir.
JUANA, inspirée.
Que faire ? mon Dieu ! que faire ?.. oh ! c'est le ciel qui m'inspire...
(Elle prend un morceau de bois allumé dans la cheminée.)
GUILLAUME.
Si je pouvais me cacher quelque part. (Voyant le tison que vient de prendre Juana.) Eh bien ! qu'est-ce que vous voulez faire de ça ?
JUANA.
Guillaume, ne quitte pas cette trappe, et si la porte cède, viens me trouver là-haut. (Elle sort en courant.)

SCÈNE XXVI.
GUILLAUME, seul.

Dans le grenier !.. mamzelle Juana... mamzelle Juana !.. Comment, elle m'abandonne... mais qu'est-ce que je vas devenir...(Il tombe sur une chaise qui se trouve près de la cheminée.) Ah ! mon Dieu ! les voilà qui descendent par la cheminée... un fagot... vite, un fagot !.. (Il jette dans le feu un énorme fagot qui s'enflamme rapidement.) J' vas bien les faire remonter, moi. (Soufflant le feu.) Tiens... tiens... tiens... (Bruit sous la trappe.) Oui, cogne, là-dessous... ils ont plus chaud que toi, là-haut. (Apercevant une lueur rouge à travers les fentes de la porte, et courant ouvrir le volet.) Ah ! bonté divine ! quelle fumée ! est-ce que j'aurais mis le feu à la maison ? (Allant à la fenêtre.) Non, ça vient de la cour... c'est notre meule qui flambe !.. ah ! je comprends... bravo !.. bravo ! mamzelle Juana ! on va croire à Villefranche que c'est un incendie, et bientôt...(On entend de nouveau cogner rudement à la porte.) Allons, les voilà qui recommencent, oh ! les gredins ! comme ils y vont ; la porte ne résistera pas, ni la trappe non plus. (Perdant la tête et courant de la porte à la trappe et de la trappe à la porte.) Au secours ! mamzelle Juana ! au secours ! au voleur !.. à la garde !.. à l'assassin !.. mais c'est à en perdre la tête... ils vont démolir la maison... mamzelle Juana ! mamzelle Juana !

SCÈNE XXVII.
GUILLAUME, JUANA.

JUANA, accourant.
Guillaume... Guillaume... les voilà... les voilà...
GUILLAUME.
Qui ? qui ? le reste de la bande...(On entend plusieurs coups de feu.) Ah ! ah ! ah ! (Il tombe à plat ventre.) Je suis mort ! (La porte s'ouvre avec violence.)

SCÈNE XXVIII.
L'ÉTRANGER dans la cave, GUILLAUME à plat ventre, JUANA, Mme ALARY, JACQUES, BERTRAND, entre deux soldats du régiment de Jacques, PAYSANS.
JACQUES, se précipitant dans la maison.
Juana !.. (Il la prend dans ses bras.)
Mme ALARY, embrassant Juana.
Ma fille ! ma chère fille !..
BERTRAND.
Ça y est du coup, nous sommes pincés.

ENSEMBLE.

Air du Lorgnon.

Reprenez confiance,
De ces lieux pour long-temps,
Notre seule présence,
A chassé les brigands.

SCENE XXIX.
Les Mêmes, ANDRE.

ANDRÉ, accourant.

Oh! les brigands... les infâmes brigands!

BERTRAND, froidement.

Tu y crois donc, maintenant?

ANDRÉ.

Que vois-je? Bertrand! je ne m'étonne plus s'ils m'ont volé mon héritage. (Heurtant Guillaume.) Qu'est-ce que c'est que ça.

GUILLAUME, sans se relever.

Ah! ah! grace... épargnez-moi!

JACQUES, à Guillaume en le tirant par son habit.

Imbécile, regarde donc.

GUILLAUME, levant la tête.

Eh bien! et Léonard?

TOUS.

Léonard!

JUANA, montrant la cave.

Il est là.

TOUS.

Là!

ANDRÉ.

Dans la cave...

GUILLAUME.

Il est capable de nous avoir volé tout notre vin. Camarades, emparez-vous de lui. (Trémolo jusqu'à la fin.)

BERTRAND.

Pauvre chef! (On a ouvert la trappe, et au moment où l'on va descendre, on entend un coup de pistolet.) A la bonne heure!..

JACQUES, penché sur l'escalier.

Mort!..

ANDRÉ.

Estimable scélérat! il s'est suicidé soi-même.

Mme ALARY.

Merci, mon Dieu! Grace au courage d'une jeune fille, le pays est délivré pour toujours des affiliés du Sineuil.

GUILLAUME, à part.

Ouf! quand je serai vieux... ça fera une fameuse histoire de voleurs pour amuser mes petits enfans...

CHOEUR.

Long-temps de ce trait de courage,
Dans le pays on parlera;
Oui, l'on redira d'âge en âge,
Honneur! honneur à Juana!

FIN.

Imp. J.-R. MEYREL, pass. du Cairo, 54.

SCÈNE XIII.

LES FILLES SAVANTES,

COMÉDIE-VAUDEVILLE EN UN ACTE,

Par M. Angel.

Représentée pour la première fois sur le théâtre de la Porte-Saint-Antoine, le 14 mars 1838.

PERSONNAGES.	ACTEURS.	PERSONNAGES.	ACTEURS.
MARIA.	Mlle ADÈLE MARTIN.	LÉON, frère de Cécile et cousin de Maria	M. DUVAL.
CÉCILE.	Mlle GRANDVILLE.		
ARTHUR, leur cousin.	M. OSCAR.	HONORINE, servante.	Mme BOIS-GONTIER.
UN MESSAGER.	M. MOURET.	TOM, domestique.	M. ADOLPHE.

La scène se passe à Bordeaux.

Le théâtre représente un cabinet d'étude.

SCÈNE I.

MARIA, compulsant une carte de géographie, CÉCILE, tenant un journal.

CÉCILE, lisant.

« Il est de nouveau question d'une alliance entre la Russie et la Perse. » Au départ des dernières dépêches, le Schah paraissait dans les meilleu- » res dispositions. »

MARIA, faisant manœuvrer son compas.

Si je comprends un mot à tout ce qui se passe en Espagne... Ces généraux sont d'une ignorance dont rien n'approche.

CÉCILE.

Vous verrez qu'au moment de tout conclure, ils feront encore quelque sottise.

MARIA.

Ah! si j'étais là...

CÉCILE.

Et moi, donc!.. Mais hélas! nous oublions toutes deux, ma cousine, que nous ne sommes que de pauvres femmes et que, par conséquent, le soin de gouverner, de combattre, ne nous appartient pas.

MARIA.

Les hommes s'entendent trop bien pour vouloir nous céder la moindre de leurs prérogatives révoltantes.

CÉCILE.

Pourtant, on a bien autant de mérite qu'eux... (Se levant.) Je ferais un excellent diplomate.

MARIA, de même.

Moi, un superbe militaire... L'autre jour, j'ai essayé un schako de lancier, oh ! si tu savais comme il m'allait bien : j'étais jolie comme un ange... un ange de lancier ; car Dieu merci, on a l'air guerrier, et s'il fallait donner des coups de sabre, on ne bouderait pas.

Air de Farinelli.

A mon aspect, on verrait l'ennemi
    S'enfuir tout rempli d'épouvante,
    Ou bien, d'une voix suppliante,
Sans nul retard me demander merci.
    Alors, en cette circonstance,
    Moi, je fais acte de puissance ;
    Lorsqu'il faut commander, oui-dà,
    La femme est toujours bonne là.
    Mon Dieu ! mon Dieu ! le bel état ;
    Ah ! je voudrais être soldat !...

ENSEMBLE.
{ Mon Dieu ! etc.
  CÉCILE.
Chacune son goût, son état ;
Elle voudrait être soldat. }

D'autres travaux succèdent aux combats,
    Et, pour rétablir la balance,
    Moi, je règle au nom de la France,
Les intérêts des différens états.
    Vainement on use d'adresse,
    Plus que tous j'ai de la finesse,
    Car lorsqu'il faut ruser, oui-dà,
    La femme est toujours bonne là.
    Mon Dieu ! mon Dieu ! le bel état ;
    Je voudrais être potentat.

ENSEMBLE.
{ Mon Dieu, etc.
  MARIA.
Mon Dieu, mon Dieu ! le bel état !
Ah ! je voudrais être soldat. }

SCÈNE II.
Les Mêmes, HONORINE.

HONORINE.

Ah ! mon Dieu, quel événement ! mamzelles, quel événement ! qu'est-ce qui se serait jamais attendu à ça.

MARIA.

Aurais-tu cassé quelque chose dans ta cuisine ?

HONORINE.

Ah ! ben oui, il ne s'agit pas de ça... Vous savez ben Claude Gillot, le petit mécanicien d'en face qu'est parti, v'là un an, pour Paris, avec un secret, que personne ne voulait y croire... On se fichait de lui, à Claude Gillot... Eh ben ! mamzelles, le v'là revenu à Bordeaux, riche comme tout, et mis... ah ! Dieu... une redingotte de velours et des bottes sans coutures ; un vrai milord d'Angleterre, quoi !

CÉCILE.

Il a donc fait fortune ?

HONORINE.

Fièrement fortune, allez ! Lui qu'était un ladre fini, il ne regarde plus à la dépense... Il paie à boire à tout le monde, même qu'il m'a proposé un verre de rhum.

MARIA.

Et tu as accepté ?

HONORINE.

Du rhum! fi donc!.. de l'eau-de-vie, je ne dis pas... Il paraît qu'il a vendu son secret, mais là, bien... c'était un secret à la vapeur.

MARIA et CÉCILE.

A la vapeur!

HONORINE.

Eh! oui, puisqu'on y fait tout aujourd'hui... c'est tout de même une belle invention.

Air : J' n'ai pas l' sou.

La vapeur, (bis.)
Répète chacun en chœur,
La vapeur, (bis.)
A not' siècle fait honneur!

On y fait, mamzell', du pain,
On y fait du parchemin,
On y fait, j' crois, des bonbons,
On y fait mêm' des jupons.
La vapeur, etc.

On pourra, sous peu, l' matin,
Ben déjeuner à Pantin,
De là dîner à Berlin,
Puis souper Chaussé'-d'Antin.
La vapeur, etc.

Bref, beaux discours.. beaux projets...
Et grands hommes... et poulets...
Faillites... et cœtera,
Qui fait éclore tout ça?
La vapeur, etc.

La vapeur, voyez-vous, mamzelles, ça m'enleverait!.. Aussi, quoique je sache pas lire, je me sens appelée à conduire queuque grande entreprise ousqu'on gagne gros sans se donner beaucoup de mal... je l'inventerai plutôt, et peut-être ben sans qu'il soit loin d'ici... car je peux vous dire ça, à vous... dans ce moment, je suis sur la piste d'un chemin de fer d'un nouveau genre.

CÉCILE, riant.

De ta façon?

HONORINE, fièrement.

De ma façon!.. c'est avec des légumes... je taille, je coupe, je découpe... ça marche tout seul... j'en suis déjà à ma dixième lieue.

MARIA.

Dix lieues, mais où donc?

HONORINE.

Dans ma cuisine... tout ça est censé.

CÉCILE.

Pas trop.

HONORINE.

Les ognons comptent pour un quart de lieue, les navets pour une demie, et les carottes pour une lieue tout entière... Ah! si je pouvais trouver à vendre mon secret aussi cher que Claude Gillot a vendu le sien...

SCÈNE III.
LES MÊMES, LÉON.

LÉON.

Eh bien! vous ne pensez donc pas à votre toilette? dans une heure nous partons pour Mérignac; les ânes sont déjà arrivés.

MARIA, avec mépris.

Oh! une partie d'ânes...

CÉCILE.

Si c'était encore une promenade à cheval.

MARIA.

Nous n'irons pas.

LÉON.

Comment, lorsque j'ai tout préparé.

CÉCILE.

Des travaux importans nous réclament.

LÉON.

Oui, toujours vos rêveries.

MARIA.

Des rêveries!.. savez-vous bien, monsieur mon cousin, que si vous voulez devenir un jour mon mari, il faudra vous montrer plus respectueux.

LÉON.

Voyons, Maria, au lieu de vous poser le poing sur la hanche comme les preux du moyen-âge, soyez assez bonne pour raccommoder la déchirure que j'ai faite à mon habit en accourant vous prévenir.

MARIA, indignée.

Moi, raccommoder votre habit, ah! laissez-moi, monsieur.

LÉON.

Ma cousine...

MARIA.

Je vais étudier la tactique. (Elle sort.)

LÉON, allant à Cécile.

Ma sœur, je t'en prie...

CÉCILE.

J'ai besoin de réfléchir sur l'équilibre européen. (Elle sort.)

LÉON.

A qui recourir, maintenant?.. ah! Honorine...

HONORINE.

Je retourne à mon chemin de fer! (Elle sort fièrement.)

SCENE IV.
LEON, furieux.

Remuez donc ciel et terre afin de trouver des ânes, rassemblez vos amis, pour être traité de cette manière... ah! mesdemoiselles, je suis las de vos caprices, et j'irai sans vous à Mérignac... sans vous je m'amuserai... oui, je réparerai moi-même... mais du fil... une aiguille... ah! dans cette boîte... bon! de la poudre... c'est sans doute dans celle-ci... des balles maintenant... partout des munitions de guerre, vous verrez que les malheureuses nous feront sauter... enfin!.. l'aiguille est toute rouillée... aïe! je me pique... du courage... aïe! aïe!.. c'est fini, je ne pourrai jamais... Dieu! que ça me cuit... le diable emporte les...

SCÈNE V.
LÉON, ARTHUR.

ARTHUR, à la cantonade.

Il n'y a donc personne dans cette maison?.. holà! quelqu'un.

LÉON, se retournant.

Arthur!

ARTHUR.

Léon!.. enfin, je trouve à qui parler... embrassons-nous, mon cher cousin, embrassons-nous encore.

LÉON.

Par quel hasard...

ARTHUR.

Rien de plus simple... depuis un mois nos salons parisiens sont déserts, et j'ai profité de la belle saison pour venir faire un tour à Bordeaux... Y a-t-il long-temps que nous ne nous sommes vus!

LÉON.

Dam! voilà trois ans.

ARTHUR.

Trois ans, c'est un siècle... A propos de siècle, comment se porte ton père?

LÉON.

Bien... il est à la Bourse.

ARTHUR.

C'est juste, un négociant... Et ta sœur?.. et notre cousine Maria?

LÉON.

Quand tu es entré, je les envoyais à tous les diables.

ARTHUR.
Bah!
LÉON.
Des ânes m'attendent, mon ami.
ARTHUR.
Eh bien! il faut rejoindre ces messieurs.
LÉON, montrant son bras.
Regarde.
ARTHUR.
Un accroc!.. c'est l'affaire du tailleur.
LÉON.
Oui, mais le tailleur demeure à l'autre bout de la ville, et si ces demoiselles...
ARTHUR.
Je comprends, elles n'ont pas voulu se déranger de leur toilette.
LÉON.
De leurs folies, car je ne sais quelle funeste influence a soufflé sur elles, mais elles ne sont plus reconnaissables, Cécile se croit un Talleyrand femelle, et Maria un Napoléon en jupons.
ARTHUR.
Comment, de pareilles idées ont aussi gagné la province, et nous qui croyions avoir à Paris le monopole des extravagances... (Riant.) Ah! ah! c'est charmant.
LÉON.
Charmant, charmant, cela te plaît à dire; mais si, comme nous, tu avais à en souffrir du matin au soir...
ARTHUR.
Vous ne savez pas vous y prendre.
LÉON.
On t'attendait pour ça!
ARTHUR.
Peut-être... mais, dis-moi, ta sœur Cécile doit être bien jolie?..
LÉON.
Mais oui, assez.
ARTHUR.
Dam! elle promettait beaucoup, et je me rappelle avec plaisir certains projets de famille.
LÉON.
Vraiment!
ARTHUR.
Oui, oui, ton père en écrivait encore au mien deux mots dernièrement... c'est même un des motifs de mon voyage, je viens faire plus ample connaissance avec ma future... Quant à Maria, je connais tes intentions à son égard, farceur!.. nous ferons les deux noces en même temps.
LÉON.
Eh bien! nous avons le temps d'attendre, tant que dureront leurs lubies...
ARTHUR.
Laisse donc, tu verras... Est-ce qu'on peut résister à un cousin reçu dans les premiers salons de Paris et renommé pour jouer la comédie de société.
LÉON.
Pour jouer la comédie?
ARTHUR.
Cela t'étonne... mais tu ignores donc que la passion dominante de cet hiver a été d'imiter les acteurs en vogue... l'hôtel Castellane me comptait au nombre de ses plus fervens disciples... troupe délicieuse... remplie de bon ton... les bouche-trous y étaient excellens... ainsi, juge des chefs d'emploi... (Avec fatuité.) J'étais chef d'emploi!.. ce qui ne m'empêchait pas de remplir les rôles les plus opposés.
LÉON.
Toi!..
ARTHUR.
Air du galop de Gustave.
Esprit, gaîté,

Diversité,
De tout temps ce fut ma devise ;
Rôle parfait,
Rôle incomplet,
A tout je donne un cachet.
Du spectateur,
En bon acteur,
Lorsque j'excite la surprise,
Mille bravos,
Toujours nouveaux,
Récompensent mes travaux.

D'un villageois
Sournois,
Parfois
Je rends la balourdise ;
Tantôt pimpant,
D'un élégant
J'ai le ton et la mise ;
Puis, l'air altier,
D'un gros banquier
Admirez l'encolure,
Ou d'un portier,
Bien tracassier,
Voyez en moi l'allure.

Parlant de chiens, de chats,
Portant à mon bras
Un cabas,
Me voilà vieille femme, hélas !..
Et même, au besoin je déclame.
De maint drame sanglant,
Quand arrive le dénoûment,
Moi, je poignarde ma dame !..
On ne peut pas plus proprement,
Esprit, gaîté, etc.

Enfin, c'est devenu chez moi une véritable passion... même en voyage mes costumes m'accompagnent... Mais conduis-moi vers mes cousines... je suis impatient...

LÉON.

Ah bien ! oui, tu crois qu'elles vont te recevoir comme ça... trouve bon que je les prévienne auparavant de ton arrivée.

ARTHUR.

Soit... dis-leur qu'un jeune voyageur demande à leur présenter ses hommages, qu'il est aimable, spirituel, pas mal tourné de sa personne... enfin, nomme-moi, c'est tout dire. (Sortie de Léon.)

SCÈNE VI.
ARTHUR, puis TOM.

ARTHUR.

Je suis sûr qu'elles vont s'empresser d'accourir... un futur !.. un Parisien !.. il y a bien de quoi leur faire tourner la tête... ces petites provinciales sont si gauches, si empruntées !..

TOM, en entrant.

C'est indigne !.. c'est abominable !..

ARTHUR.

Qu'est-ce donc, Tom ?

TOM.

Ah ! monsieur, quelle maison !.. on ne dira toujours pas que c'est la maison du bon Dieu... me refuser ainsi, si c'est permis.

ARTHUR.

On t'a refusé quelque chose ?

TOM.

Vous savez qu'au lieu de monter comme vous au salon, je suis allé tout droit à la cuisine, parce que la cuisine, voyez-vous, c'est la patrie des domestiques.

ARTHUR.

Va donc!

TOM.

Là, j'ai trouvé un être qui avait tous les symptômes d'une cuisinière... mains rouges... bas bleus... etc., etc., etc. Je m'avance, on ne bouge pas... je frappe, rien... alors je prends ma petite voix. — Y a-t-il quelqu'un? — Que voulez-vous, me répond-on brusquement. — Un bouillon, s'il vous plaît. — Passez votre chemin, bonhomme, nous ne donnons que le samedi aux mendians. — L'être aux mains rouges me prenait pour un mendiant!.. — Je ne demande pas l'aumône, m'écriai-je d'une voix de basse-taille, je demande un bouillon. — Nous n'en avons point. — Mais... — Non! — Pourtant... — Non! — Cependant... — Non, non, non !.. le butor!.. m'interrompre dans mes travaux!..— Elle appelait ça des travaux... couper des carottes en rond... — Quand j'en étais à ma douzième lieue!.. — Douze lieues dans sa cuisine qui est grande trois fois comme mon mouchoir...

Air : Un homme pour faire un tableau.

Mais la faim me fait tenir bon,
Et bravement près d' la mégère,
Afin d'obtenir mon bouillon,
J'us' de mon éloquence entière;
La mégère court sans délai...
Vous croyez p' t'êtr' vers la lèch'frite?
Non, ell' prend le manche à balai,
Alors moi, m'sieu, j'ai pris... la fuite.

ARTHUR, riant.

Pauvre garçon!

TOM.

Il n'y a pas de milieu, m'sieu, ou cette femme est une furie, ou elle bat la breloque... si c'est une furie, je la hais, je la déteste, je l'abhore; si elle bat la breloque, je la méprise!

SCENE VII.
Les Mêmes, Léon.

ARTHUR.

Ah! voici Léon... Eh bien! mes cousines...

LÉON.

Ne peuvent pas te recevoir tout de suite.

ARTHUR.

Leur as-tu bien dit que c'était moi, Arthur?

LÉON.

Oui, mais Cécile règle en ce moment les relations du Japon avec la Cochinchine, et Maria est en train de battre don Carlos... elles te prient d'attendre.

ARTHUR.

Comment, elles me feraient faire antichambre... et moi qui croyais...

TOM, à part.

Il paraît qu'ici, tout le monde a reçu un coup de marteau.

ARTHUR, à part.

Cécile aussi!

LÉON.

Eh! mais, mon pauvre Arthur, comme te voilà devenu rêveur... serais-tu piqué de la réception de ces demoiselles?

ARTHUR.

Moi, piqué! allons donc.

TOM, à part.

Il n'est que vexé.

ARTHUR.

Je songe seulement à leur donner une bonne leçon, c'est un service que je veux rendre à toute la famille... mais j'ai beau chercher... ah! Tom?

TOM.

Présent, m' sieu.

ARTHUR.

Je t'ai donné quelquefois en m'amusant des leçons de déclamation?

TOM.

Oui, m'sieu, même que dernièrement, à Chantereine, j'ai produit un effet prodigieux dans un rôle de valet... j'étais nature; je disais :

M'sieu, c'est une lettre,
Qu'on m'a chargé de vous remettre.

ARTHUR.

Eh bien! voici l'occasion de déployer tes talens; à moi les maîtresses, à toi la suivante!

LÉON.

Que prétends-tu faire?

ARTHUR.

Sois tranquille, j'ai en tête un projet excellent... cours à ta partie de campagne, je te réponds qu'à ton retour, ces demoiselles seront corrigées... mais ne perdons pas de temps; Tom, suis-moi... Ah! mesdemoiselles, je vous apprendrai à m'accueillir ainsi.

TOM.

Femme aux bas bleus, tiens bien ton bonnet.

ARTHUR, à Léon.

Air des Echos. (Musard.)

Ne me trompant jamais,
Sous peu de mes projets
Tu verras les effets;
Je réponds du succès.

LÉON.

Si tout-à-l'heure, Arthur, on me demande,
Le cher cousin?

ARTHUR.

Dis... que le cher cousin,
Je te le commande,
Est parti soudain.

ENSEMBLE.

Ne $\genfrac{}{}{0pt}{}{me}{se}$ trompant jamais,

Sous peu de $\genfrac{}{}{0pt}{}{mes}{ses}$ projets

$\genfrac{}{}{0pt}{}{\text{Tu verras}}{\text{Nous verrons}}$ les effets;

$\genfrac{}{}{0pt}{}{\text{Je réponds}}{\text{Il répond}}$ du succès.

SCÈNE VIII.
LÉON, puis MARIA.

LÉON.

Je n'y comprends rien, mais que sa volonté soit faite... Ma foi! Maria, vous arrivez trop tard, Arthur est reparti.

MARIA.

Reparti!.. il faut convenir que les jeunes gens d'aujourd'hui sont bien exigeans.

LÉON.

Je vous laisse déclamer tout à votre aise, et je cours rejoindre mes camarades. Il y a une heure que nous devrions être partis.

Air du Cheval de Bronze.

Déjà de mes joyeux amis
Au loin retentissent les cris,
Et je veux, sans plus de retard
Donner le signal du départ.

Déjà, etc.

MARIA.

Courez rejoindre vos amis,
A leurs cris, oui, mêlez vos cris;
Moi, j'aime bien mieux, pour ma part,
De la guerre apprendre ici l'art.

SCÈNE IX.
MARIA, seule.

En vérité, je ne reviens pas de la conduite de mon cousin... ne s'imaginait-il pas que nous allions tout quitter pour lui... qu'est-ce qui pressait donc si fort?.. ah! je devine, car ces Parisiens sont d'une futilité... d'une nullité!..

Air de la Marraine.

Oui, je comprends son déplaisir,
Pour lui, la chose était cruelle;
Il désirait m'entretenir
D'étoffes, de mode nouvelle.
Un tel souci jamais ne me troubla;
Qui, moi, de la coquetterie!..
Ah! l'on est bien au-dessus de cela
Quand on est sensée... et jolie...
Pour ne pas être au-dessus de cela,
Je suis trop sensée et jolie!..

SCÈNE X.
MARIA, UN HOMME, enveloppé d'un grand manteau.

L'HOMME, *s'avançant avec mystère.*

Mlle Maria?

MARIA.

C'est moi.

L'HOMME, *lui remettant un billet.*

Pour vous!..   (Il s'éloigne à pas comptés.)

MARIA.

Une lettre pour moi, mais jamais je n'en reçois. Lisons. « L'instant approche où notre sexe prendra une éclatante revanche. Vos plans de campagne deviendront alors indispensables, et de hautes destinées vous seront promises. Pour plus d'explications, attendez-moi dans votre cabinet d'étude; surtout soyez seule. La baronne Palmyre de Volubilis. »

De hautes destinées me seront promises!.. Du bruit... c'est peut-être la baronne... Cécile... quel contre-temps!

(Elle se met à l'écart et serre vivement sa lettre.)

SCÈNE XI.
MARIA, CÉCILE.

CÉCILE, *entrant sans voir Maria et tenant un billet à la main.*

« Votre réputation de sagacité me décide à vous confier un secret d'où dépend le salut de l'État... avant une heure vous me verrez; ne quittez point votre cabinet d'étude. Silence et mystère!..

« Le comte de Motus, ancien ambassadeur. »

Je pourrai donc enfin... (*Se retournant.*) Ciel! Maria...

MARIA, à part.

Comment faire pour l'éloigner?

CÉCILE, à part.

L'État est perdu si je ne parviens pas à me débarrasser d'elle.

MARIA.

Si je lui cherchais querelle?..

CÉCILE.

Peut-être qu'en lui lançant quelques mots piquans...

MARIA.

Oui, mais elle est d'une patience admirable.

CÉCILE.

Je la connais, j'aurai un mal incroyable à la mettre en colère.

MARIA.

Essayons toujours.

CÉCILE.

Tentons l'aventure. (*Haut.*) Bon! voilà encore une fois mes journaux en désordre.

MARIA, haut.

Que c'est ennuyeux !.. mes cartes sont toutes couvertes d'encre... il y a un gros pâté sur Madrid.

CÉCILE.

Il faut avouer qu'il y a des gens bien insupportables.

MARIA.

Ceci s'adresse-t-il à moi ?

CÉCILE.

Pas plus qu'aux autres, mais autant.

MARIA.

Je pourrais m'en formaliser.

CÉCILE.

Eh ! mon Dieu !...

MARIA.

Demander réparation... songez que l'autre jour, au tir, j'ai abattu quinze marionnettes de suite.

CÉCILE.

Est-ce une épigramme ?

MARIA.

Prenez-le comme vous l'entendrez !

ENSEMBLE.

Air de la Tarentelle. (Muette de Portici.)

Mais quel air insolent !
Mais quel ton arrogant !
Qui ne perdrait vraiment
La patience ?
Entre nous, désormais,
Plus de trêve, de paix ;
Ici je bous,
Redoutez mon courroux !

MARIA.

Ah ! de tant d'extravagance,
Vous devriez bien rougir.

CÉCILE.

Avant, de votre démence,
Cherchez donc à vous guérir.

ENSEMBLE.

Mais quel air insolent, etc.

MARIA.

Ah ! c'en est trop, mademoiselle, et j'en demande raison.

CÉCILE.

Je suis à vos ordres.

MARIA.

Demain, au point du jour !

CÉCILE.

Au point du jour !

MARIA.

Derrière l'orangerie !

CÉCILE.

Derrière l'orangerie !

MARIA.

On vous prouvera si l'on a du courage.

CÉCILE.

La peur est un sentiment qui m'est inconnu.

MARIA, écoutant.

On a remué dans la bibliothèque.

CÉCILE, de même.

Que signifie ?..

MARIA.

On dirait que ce sont les souris !

CÉCILE, avec effroi.

Les souris, ma bête d'horreur !

MARIA, bégayant et reculant.

Oui, mademoiselle, on a du cou...courage.

CÉCILE, de même.

Non, ma...mademoiselle, on n'a pas... pas peur.

MARIA.

Ah! mon Dieu! le bruit redouble.

CÉCILE.

Elles viennent par ici!..

MARIA.

Elles viennent par ici!.. sauvons-nous bien vite... Au secours! au secours!..
(Elle s'enfuit.)

SCÈNE XII.

CÉCILE, se tenant sur le seuil de la porte.

Au secours!.. au... eh bien! eh bien!.. elle se sauve... elle me laisse seule... je la reconnais bien là... Le bruit a cessé... ah! si j'osais... (S'avançant à petits pas.) Rien, toujours rien... (Entr'ouvrant la porte de côté.) Tiens! c'est le vent qui agite l'espagnolette... Il faut avouer que cette Maria est bien ridicule avec ses frayeurs... et ça veut commander, faire la guerre... pitié!.. moi, au moins, je possède les qualités d'un bon diplomate, et l'on n'aurait pas beau jeu à vouloir me duper... on vient... c'est lui!

SCÈNE XIII.

CÉCILE, ARTHUR, habillé à la française, l'épée au côté, et la poitrine couverte de décorations.

CÉCILE, courant à lui.

Ah! monsieur! que de reconnaissance...

ARTHUR, regardant de tous côtés.

Chût!..

CÉCILE.

Oh! non, laissez-moi...

ARTHUR.

Chut! on pourrait nous entendre.

CÉCILE.

Oh! ne craignez rien; nous sommes seuls.

ARTHUR.

Vous en êtes sûre ? (Allant au cabinet de droite.) Personne!.. (Au cabinet de gauche.) Personne!.. (Regardant sous la table.) Personne!.. (Sous les chaises.) Personne!..

CÉCILE.

Que de précautions! ah! je brûle d'apprendre...

ARTHUR, revenant à elle.

Vous avez reçu mon message?

CÉCILE.

Oui, M. le comte.

ARTHUR.

Vous parlez trop haut.

CÉCILE, baissant la voix.

Oui, M. le comte.

ARTHUR.

Vous parlez trop bas. (Cécile fait un mouvement d'humeur.) Eh bien! que dites-vous de ce secret?

CÉCILE.

Mais auparavant, je désirerais le connaître.

ARTHUR.

Comment, vous ne l'avez pas deviné?..hum! un bon diplomate devine.

CÉCILE.

Peut-être que par la suite...

ARTHUR.

Pas si vite.

CÉCILE.

Je parviendrai à...

ARTHUR.

Pas si lentement. (Nouveau mouvement d'humeur de Cécile.) Il s'agit...

CÉCILE.

Il s'agit?..

ARTHUR.

Chut!.. laissez-moi commencer... Il s'agit d'une alliance universelle entre tous les états de l'univers, grands et petits, gros et moyens... Oui, ce fut le rêve de ma vie entière, et j'ai travaillé à l'accomplissement de ce but dans chacune de mes ambassades... J'ai eu quarante-trois ambassades.

CÉCILE.

Quarante-trois!

ARTHUR.

Chut!.. laissez-moi continuer... J'ai partout des agens, à Vienne, à Berlin, à Moscou, à Vaugirard...

CÉCILE.

A Vaugirard?

ARTHUR.

Chut!.. laissez-moi finir... A Londres, à Lisbonne, à Madrid, à la Villette, partout enfin, excepté à Pékin; et j'ai pensé à vous pour ce poste... Voudriez-vous aller à Pékin?

CÉCILE.

Mais...

ARTHUR.

Pas de mais.

CÉCILE.

Car...

ARTHUR.

Pas de car.

CÉCILE.

Si..

ARTHUR.

Pas de si... Voulez-vous ou ne voulez-vous pas que je vous envoie à Pékin?

CÉCILE.

S'il le faut absolment, oui.

ARTHUR.

A la bonne heure, et je me félicite de votre résolution. Le peuple chinois est un peuple charmant, facétieux, pas excessivement beau de sa nature, mais ça ne fait rien; et si vous aimez le thé, vous serez très bien ensemble... Ensuite, vous pourrez vous coiffer à la mode du pays; il vous manquera très peu de chose pour avoir l'air d'une véritable... Ah! une question : connaissez-vous la langue chinoise?

CÉCILE.

Je ne l'ai jamais étudiée.

ARTHUR.

Il faudra l'apprendre, ce sera l'affaire de huit jours.

CÉCILE.

Huit jours, pour apprendre le chinois!

ARTHUR.

Mettons-en quinze, et n'en parlons plus... C'est une langue superbe, facile; tous les mots finissent en ki et en kang...Une fois rendue à Pékin, vous devrez vous mettre bien avec l'empereur de la Chine.

CÉCILE.

Bon!..

ARTHUR.

Je ne dis pas : bon; je dis : bien... Vous lier avec les mandarins, leur tirer les vers du nez... rien de plus aisé; ils ne sont pas malins, les mandarins; on prétend cependant qu'ils ont inventé la poudre; mais c'est une calomnie... Puis, vous donnerez de grands dîners... du riz, beaucoup de riz, les Chinois adorent le riz... Voilà les premières instructions, celles qu'en termes de chancellerie nous appelons banales... Quant aux instructions secrètes...

CÉCILE, dont l'attention redouble.

Ah! celles-là...

ARTHUR.

Chut donc!.. vous parlez toujours... Un bon diplomate doit savoir se taire... Les instructions secrètes sont relatées sous ce pli; mais avant de vous donner votre paquet, je vous demanderai si vous êtes brave.

CÉCILE.
Je crois que oui.
ARTHUR.
Vous n'en êtes pas sûre ? (Voulant se retirer.) Vous ne saurez rien.
CÉCILE, le retenant.
Je me suis trompée ; j'ai voulu dire...
ARTHUR.
Un bon diplomate ne se trompe jamais, ainsi... (Même jeu.)
CÉCILE.
Monsieur...
ARTHUR.
Alors vous êtes donc brave, tant mieux ! car tout n'est pas roses dans le métier d'ambassadeur, et il arrive même des circonstances assez critiques... Tel que vous me voyez, on m'a poignardé dix-sept fois dans ma vie.
CÉCILE, épouvantée.
Dix-sept fois !
ARTHUR.
On m'a toujours guéri...on vous guérira aussi... Ce n'est pas tout.
CÉCILE.
Ah !
ARTHUR.
J'ai été vingt-trois fois empoisonné... j'avais fini par en rire... vous en rirez également...Ecoutez donc, quand un poste comporte de pareils avantages... cent mille francs par an.
CÉCILE.
Cent mille francs !
ARTHUR.
Les ports de lettres à part... Ensuite un hôtel, des domestiques, des chevaux, toutes les bêtes qui vous feront plaisir... (Lui donnant les papiers.) Vous n'ouvrirez ce paquet qu'à la fin de la journée, je l'exige ; d'ici là, réfléchissez, pesez ce que je viens de vous dire... mais surtout de la prudence.
CÉCILE.
Oh ! soyez tranquille.
ARTHUR.
Chût !.. de la discrétion.
CÉCILE.
N'ayez aucune inquiétude,
ARTHUR.
Chût !..Je vais travailler à notre mission commune...Vous me reverrez peut-être plus tôt que vous ne pensez... Adieu.
CÉCILE.
Adieu, M. le comte.
ARTHUR.
Air du Courrier de la malle.

Chût !.. Ne dites rien ;
Que le plus profond mystère
Règne, ma chère ;
Chût !.. ne dites rien,
Afin qu'ici tout marche bien.

Ce n'est point un jeu,
Non ! vous taisant, la terre entière
Par nos soins, prospère ;
Si vous parlez, elle est en feu !..

Chût !.. ne dites rien, etc

MARIA.

ENSEMBLE.
Chût !.. ne disons rien !
Gardons un profond mystère
Sur cette affaire ;
Chût !.. ne disons rien,
Afin qu'ici tout marche bien.

(Arthur se retire sur la pointe du pied ; il rencontre Honorine et lui dit : Chût !)

SCÈNE XIV.
CECILE, HONORINE.

HONORINE, étonnée.

Hein? il ne m'a rien dit.

CÉCILE.

Ah! j'ai besoin de repos après une première entrevue.

(Elle va pour se retirer.)

HONORINE.

Mamzelle, quel est donc ce monsieur?

CÉCILE.

Chût!

HONORINE, la poursuivant.

Dites-donc, mamzelle...

CÉCILE, en sortant.

Chût!..

SCÈNE XV.
HONORINE, seule.

Ah ça! ils se sont donc donné le mot... Chût! chût!.. c'est pas une réponse... J'avais cru voir en entrant le particulier qui rôdait tout à l'heure devant les fenêtres de la cuisine... hum! ça m'a l'air de queuque malin qui veut m'escamoter mon secret... mais il ne risque rien de prendre garde à lui, il pourrait bien faire connaissance avec le manche à...

SCÈNE XVI.
HONORINE, TOM, mis avec beaucoup d'élégance, un toupet colossal, des besicles bleues et une canne à grosse pomme d'or.

TOM.

Mlle Honorine... c'est vous?

HONORINE.

Oui, m'sieu. (A part.) Ah! mon Dieu! c'est mon rôdeur.

TOM.

Je n'ai pas l'honneur d'être connu de vous.

HONORINE, toute interdite.

Non, m'sieu.

TOM.

Almanzor de Saint-Doute-de-Rien, millionnaire et protecteur de l'Industrie en France, résidant d'habitude à Paris, rue Vide-Gousset, n° 577, au troisième, la porte à gauche, il y a un paillasson devant, et pour le moment, en tournée à Bordeaux. Partout où il y a un procédé à propager, une invention à encourager, je vole.

HONORINE.

Comment, vous volez?..

TOM.

Je vole prendre connaissance de la chose.

Air : Alerte!

Je vole! (bis).
Comme la parole,
Grace au courrier ;
Je vole! (bis).
C'est mon métier.
Parle-t-on d'une découverte?
Tandis que le public disserte,
On me voit, m'élançant soudain,
Courir par voie et par chemin,
De l'or dans chaque main.

Je vole, etc.

Dès mon début dans la carrière,
Ce fut mon seul bonheur, ma chère,
Et j' devrais êtr' ruiné, vraiment !
Mais plus je donn', c'est étonnant,
Plus il m' reste d'argent.

Je vole, etc.

Le pire, c'est la concurrence,
Car maintenant dans notre France,
De tous côtés tendant leurs lacs,
Combien de gens qu'on nomm' tout bas
March'nt, hélas !
Sur mes pas !

Je vole, etc.

Après cela, il n'est pas besoin de longues explications, je veux tout simplement vous... (Honorine recule.) vous encourager, vous et votre chemin de fer.

HONORINE.

Quoi, m'sieu, vous sauriez...

TOM.

Qu'est-ce que je ne sais pas ? je sais tout, je suis comme le...

HONORINE.

Ah ! m'sieu, que de bontés !.. (A part.) Et moi qui le soupçonnais... oh ! il a ben trop la mine d'un honnête homme.

TOM.

Il y a deux manières de nous entendre.

HONORINE.

Ah ! il y en a deux.

TOM.

La première, c'est d'exploiter votre secret vous-même, grace à mes capitaux, car il est bon de vous dire que tout ce que je possède est à votre service... La seconde, c'est si vous l'aimez mieux, de me le vendre... Dans ce cas, quel prix en désireriez-vous ?

HONORINE.

Quel prix...

TOM.

Cent mille écus vous arrangeraient-ils ?

HONORINE, toute joyeuse.

Oh ! monsieur...

TOM, feignant de se méprendre.

Non... eh bien ! cinq cent mille francs alors ?

HONORINE.

Monsieur...

TOM.

Pas encore... Un million ?

HONORINE.

Monsieur...

TOM.

Deux millions ?

HONORINE.

Mons...

TOM.

Trois millions ?.. J'irai jusqu'où vous voudrez, mais je dois cependant vous faire observer que trois millions me paraissent un prix assez raisonnable ; je n'ai encore rien payé d'aussi cher... (Honorine veut parler.) Songez que c'est au comptant, je ne travaille jamais autrement... (Même jeu.) Non, vous ne trouveriez pas sur la place un seul billet signé : Almanzor de Saint-Doute-de-Rien... (Même jeu.) On ne connaît pas ma signature sur la place... Allons, je vois que vous entendez raison... Votre main. (Honorine la lui donne, Tom frappant dedans.) C'est une affaire faite.

HONORINE, faisant la grimace.

Dieu ! comme il tappe fort.

TOM.

Vous toucherez vos fonds dès demain, et vous me remettrez en échange le secret et un reçu signé de votre main, de votre blanche main.

HONORINE, à part. (Il la lui secoue.)

Il va me la rendre toute noire, c'est sûr.

TOM.

Maintenant que nous voilà quittes et bons amis...

HONORINE.

Quittes ?

TOM.

C'est une façon de parler... Je puis vous dire l'emploi de mon emplette, c'est un mariage que je veux faire entre la mer Morte et la mer Rouge.

HONORINE.

Comment?

TOM.

Oui, votre chemin de fer me servira à les unir. On se plaint depuis longtemps que le commerce de la mer Rouge devient d'une pâleur effrayante et que la mer Morte manque de mouvement... Je corrigerai tout cela; j'ai un plan admirable... une société par actions... De grandes dépenses sans doute, mais les bénéfices!.. ah! les bénéfices font dresser les cheveux... Il y aura des montagnes à couper, des forêts à abattre... des mers à dessécher... des petites, (les grand's mers on les respecte...) la pierre... le bois... le poisson... jugez!.. car il y a beaucoup de poisson dans la mer.

HONORINE.

Dame! il y a la raie, qu'est d'un cher pour le moment...

TOM.

Le thon... nous ne manquerons pas de thon.

HONORINE.

Le rouget.. ils sont à six liards pièce.

TOM.

Six liards... rien que ça seulement... ensuite, le requin, le marsouin, le fretin... c'est sans fin et pas du tout vilain... Nous ne pourrons jamais débiter tout ça... nous serons obligés de faire de la colle de poisson... oh! nous serons obligés de faire des colles... Et la baleine que j'oublie... oh! Dieu! la baleine, ma chère... Nos actions doubleront, tripleront de valeur... Ah! ils ont eu bon nez ceux qui en ont pris.

HONORINE.

Ah! si j'osais...

TOM.

Quoi? parlez.

HONORINE.

Je vous prierais de m'en faire avoir queuques unes.

TOM.

Comment donc, avec beaucoup de plaisir... je n'ai rien à vous refuser... (Tendant la main.) Et du moment que vous paierez...

HONORINE.

Mais cela viendrait en à-compte.

TOM.

Oh! ne mêlons rien, je vous prie... c'est une règle dont on ne s'écarte jamais dans les affaires, jamais!.. le prix d'achat à part, les actions également. (Ouvrant son portefeuille.) Tenez, j'ai là justement sur moi les dix dernières que je comptais me réserver, mais je vous en ferai le sacrifice.

HONORINE.

J'ai bien peu d'argent... les maîtres sont si regardans!..

TOM.

A qui le dites-vous!.. Combien avez-vous?

HONORINE.

Deux cents francs.

TOM.

Juste ce qu'il faut, mes actions sont de vingt francs... comme c'est heureux, hein? Allez donc chercher votre argent, et elles sont à vous.

HONORINE, s'élançant.

Tout de suite. (S'arrêtant soudain avec défiance.) Cependant...

TOM.

Balanceriez-vous? Prenez que nous n'avons rien dit.

HONORINE.

Non, non, j'y cours.   (Elle disparaît un instant.)

TOM.

Apportez le sac aussi... n'oubliez pas le sac... Oh! la bonne farce, et comme elle donne dedans.

HONORINE, revenant.

Voici.

TOM.

Il n'y a pas besoin de vérifier?

HONORINE.
Oh! le compte y est bien.

TOM.
J'ai la plus grande confiance en vous. (Lui donnant les actions.) A votre tour... c'est de l'or en barres, votre fortune est faite... A demain!

HONORINE.
Ah! monsieur, combien je bénis votre visite.

TOM.
Laissez donc, à bien prendre ce serait plutôt moi.

Air : Le luth galant.

Non, je le dis, vous ne me devez rien,
J'opère ici pour notre commun bien.
Franchement, entre nous égale est la balance;
Dans leurs divers labeurs,
Ne sait-on pas qu'en France,
S'aidant mutuellement, industrie et finance
De tout temps furent sœurs?..
(Lui secouant fortement la main.)
Nous sommes tous deux sœurs! (Il s'éloigne rapidement.)

SCÈNE XVII.
HONORINE, seule.

Trois millions!.. trois millions!.. j'achèterai toutes les terres de cheux nous... je veux me donner toutes les aisances de la vie... d'abord, un tartan pour l'hiver... c'est bon genre... la charcutière d'en face en a un... ensuite, une robe couleur... couleur obélisse, et des socques... j'ai toujours eu envie d'une paire de socques.

Air : Je sais attacher des rubans.

J'aurai des maîtres d'agrémens,
Maître de chant, maître de danse;
J'apprendrai tous les instrumens;
Eh! que m'importe la dépense?..
Oui, pour recueillir maint bravo,
Je veux jouer de la s'rinette,
J' veux jouer aussi du piano,
J' veux jouer de la clarinette.

Oh! faut que je conte tout aux voisines... elles vont enrager, je dis ni peu ni trop, mais assez... courons! (Elle s'élance, et se heurte contre Maria.)

SCÈNE XVIII.
HONORINE, MARIA.

MARIA, avec humeur.
Fais donc attention, Honorine.

HONORINE.
Ah! pardon... excuse, mamzelle Maria... si vous saviez... m'sieu votre père... dites-lui de chercher une autre bonne... quand on a trois millions...

MARIA.
Hein? que radotes-tu?..

HONORINE.
On ne peut pas décemment faire la cuisine en robe de soie... aller au marché en carrosse... non, vrai! on ne le peut pas. (Elle se sauve.)

SCÈNE XIX.
MARIA, puis ARTHUR.

MARIA.
Qu'est-ce qu'il lui prend donc?.. Mais occupons-nous de nos propres affaires... j'ai guetté dans la rue, et je suis sûre que personne ne s'est encore présenté... maintenant, je puis disposer tout à mon aise de ce cabinet... on vient... c'est sans doute...
ARTHUR, en costume de vieille rentière ruinée, chapeau-monstre, cabas au bras, et rifflard vert-pomme.

Salut, mon enfant, six fois salut !.. Vous êtes seule, bon ! nous pourrons causer... D'abord, j'aime beaucoup causer, surtout avec les gens qui peuvent me comprendre... vous me comprenez, n'est-ce pas ?.. dites donc que vous me comprenez.

MARIA.

Mais auparavant, madame...

ARTHUR.

Appelez-moi tout uniment baronne... le mot de madame m'agace, me crispe, me donne des attaques de nerfs ; il me rappelle l'état d'oppression dans lequel languit notre sexe... (Se carrant.) Sexe charmant, sexe enchanteur, rempli de qualités, de graces... dites donc que je suis pleine de graces.

MARIA.

Bien certainement, baronne.

ARTHUR.

Baronne Palmyre de Volubilis, nom de mon dernier mari... j'ai eu quatorze maris, quatorze, tous plus méchans les uns que les autres... de vrais ânes rouges... (S'attendrissant.) Ah ! ils m'ont fait répandre bien des larmes... (Reprenant son ton ordinaire.) Mais le dernier passait la permission... un monstre qui me battait, ma chère... mais je le lui rendais bien, quand je pouvais... lui en ai-je fichu des danses, lui en ai-je fichu !... il ne m'a fait qu'un plaisir dans sa vie, celui de mourir... il est mort et enterré, Dieu veuille avoir son âme !..

MARIA.

Je ne vois pas...

ARTHUR.

Vous ne voyez pas, vous ne voyez pas, ah ! ma chère amie, que vous êtes impatiente... on ne peut pas comme ça tout de suite... voilà ce que c'est... êtes-vous comme moi ?... je suis courroucée, indignée, exaspérée contre les hommes... je ne veux plus me courber sous leur joug... le jour de la justice est arrivé... je me révolte, je m'insurge, je me révolutionne, et je ne suis pas la seule.

MARIA.

Vous n'êtes pas la seule !

ARTHUR.

On se lasse de tout, que diable !.. on ne peut pas toujours vivre comme ça... si toute fois ça s'appelle vivre... on a du cœur ou on n'en a pas... avez-vous du cœur ?

MARIA.

Mais oui.

ARTHUR,

Alors vous êtes digne de notre confiance... apprenez donc que nous sommes déjà vingt mille enrégimentées qui faisons l'exercice à feu et la charge en douze temps... avant peu il y aura une lutte entre nous et nos tyrans ; pour ma part, je veux en exterminer une masse, une grosse masse... ah ! ah ! messieurs, vous verrez beau jeu.

MARIA.

Il y aura bien des victimes.

ARTHUR.

Tant mieux, dix fois, cent fois tant mieux !.. nous le sommes depuis assez long-temps, nous, victimes ; car enfin, on nous refuse tout, on nous défend tout... ce n'est pourtant pas la parole qui nous manque... Dieu merci ! on en a de la parole... Quand on fait la guerre, nous consulte-t-on ?.. nous confie-t-on le moindre commandement ?.. ah bien ! oui, ils sont bien trop égoïstes pour ça... ils gardent tout pour eux, les coups de fusil, les coups de canon, les bras, les jambes de moins, et ils veulent que pendant ce temps-là, nous restions chez nous bien tranquillement, bien chaudement... ça n'a pas de nom, et rien que d'y penser, je sens mes nerfs qui travaillent... ô les gueux !

MARIA.

Calmez-vous, je vous en prie.

ARTHUR.

Me calmer, moi, jamais, au grand jamais !.. Mais vous-même, ne vous ont-ils pas tournée en ridicule ?

MARIA.

C'est vrai.

ARTHUR.

Vous voyez donc bien que ce sont des gueux, de purs gueux... Dans quel corps voulez-vous servir?

MARIA.

Dans quel corps?

ARTHUR.

Nous avons des fantassines, des soldates du train, des dragonnes, des hussardes, des lancières, des canonnières, des carabinières, des cuirassières... pour entrer dans ce dernier corps, il faut savoir parfaitement sa langue, mais cela ne doit pas vous embarrasser... vous aurez un grand sabre, un grand cheval, de grands éperons... oh! nous faisons les choses en grand.

MARIA.

Ah! s'il ne fallait pas répandre de sang...

ARTHUR.

Laissez donc, peut-être pas une goutte... ils demanderont bien vite grace, les capons... quelques coups de plat de sabre, de crosse de fusil, et puis nous pardonnerons... la femme aime tant à pardonner!.. la femme est un ange!.. dites donc que je suis un ange... vos plans et de braves soldates, et le succès est assuré!.. Il me tarde de battre la campagne... quoique ministre, je m'en donnerai comme une simple troupière.

Air de Bonaparte à Brienne.

Oui, dès que le clairon sonne,
Dirigeant mon palefroi,
Et payant de ma personne,
Partout je sème l'effroi.
L'œil en feu, la mine altière,
Belle... belle de courroux,
Je jette mon cri de guerre :
La mort ou bien rendez-vous!
  Quel bonheur! (bis)
A chacun, moi, je fais peur!..

  Quel bonheur! etc.

MARIA.

Quelle ardeur!
Je ne sais pas, mais j'ai peur!..

ARTHUR.

Mais l'ennemi prend la fuite,
Mon bras est encor dispos,
Et je vole à sa poursuite :
Avec moi point de repos.
Eh! mais, quoi, l'on me résiste...
On me tiendrait tête, oui dà?..
Oh! non, que l'on se désiste...
Allons, plus vite que ça!..
  Quel bonheur!
A chacun, moi, je fais peur!..

ENSEMBLE.

Quel bonheur! etc.   Quelle ardeur! etc

(Sur la ritournelle de chaque couplet, Arthur fait diverses évolutions militaires et prend pour point de mire Maria, qui, peu rassurée, recule.)

ARTHUR.

Allons, c'est convenu, vous faites partie des nôtres; nous sommes maintenant vingt mille une... Ah! quel grade?.. brigadière, fourrière, maréchale des logis, adjudante, lieutenante, capitaine, grosse majore, colonelle, générale?

MARIA.

J'aimerais assez le grade de...

ARTHUR.

De brigadière, c'est dans ma poche gauche.

MARIA.

Non, de générale.

ARTHUR.

De générale, c'est dans ma poche droite... Prenez donc ce brevet, il est en bonne règle, mais ne l'ouvrez qu'au grand jour, au jour de la vengeance... que nul ne se doute de nos projets.

MARIA.

Oh! je vous promets de n'en parler à personne.

ARTHUR.

Étudiez, travaillez, nous utiliserons tout ce qui sortira de votre cerveau... en attendant, je sors moi-même... (Lui tendant la main.) A bientôt, générale.

MARIA.

A bientôt, ministre.

ARTHUR.

Vous ferez une excellente grognarde... et quand viendra le signal...

Air de la Galoppe.

Vite aussitôt
Au galop,
Avec zèle
Vous élançant, ma belle,
Bien comme il faut,
Frappez tôt,
Frappez chaud,
En un mot, au galop! (Reprise et sortie au galop.)

SCÈNE XX.

MARIA, puis CÉCILE.

MARIA.

On rendrait enfin à mes travaux la justice qui leur est due... oh! c'est trop de bonheur, et j'ose à peine y croire.

CÉCILE, en entrant.

Depuis que ce secret est en ma possession, je ne puis tenir en place.

MARIA, courant à elle.

Ma chère Cécile, je t'en prie, oublions le passé... je suis si heureuse!..

CÉCILE.

Oh! de bon cœur, car moi aussi j'eus des torts envers toi, mais je puis t'en dire maintenant la cause. Apprends donc...

SCENE XXI.

LES MÊMES, HONORINE.

HONORINE.

Ont-elles bisqué!.. ont-elles bisqué!.. je suis sûr que pour sa part, la fruitière en attrappera une fluxion de poitrine.

CÉCILE, à Maria.

Apprends donc que j'ai reçu ici, dans ce cabinet, une visite.

MARIA.

Moi aussi.

HONORINE.

Tiens, moi aussi, et une fameuse, encore.

CÉCILE, à Maria.

De qui?

MARIA.

Oh! c'est un secret, et je dois me taire... mais, toi?

CÉCILE.

Oh! il m'est bien défendu de parler.

HONORINE.

Ah bah! laissez donc, nous ne sommes que des femmes, ça n'ira pas plus loin... tenez, je vais commencer... c'était un pro... comment qu'il disait ça?.. ah! un promeneur... oui, oui, je crois que c'est ça, un promeneur d'industrie, qu'a finalement des écus à remuer à la pelle... à vous, maintenant, voyons.

CÉCILE, regardant tout autour d'elle.
Eh bien ! moi... c'était... un ancien ambassadeur.
MARIA.
Moi, une ministre de la guerre.
HONORINE.
J'ai vendu mon chemin de fer.
CÉCILE.
J'irai en mission diplomatique.
MARIA.
Je suis nommée générale.
HONORINE.
Je suis pour trois millions dans la mer Rouge... hein? quelle chance !..
CÉCILE

Air de la ronde de Casimir.

Déjà par mon office,
S'accordent les états.
MARIA.
J'ordonne l'exercice,
A mes braves soldats!
Gauche! droite! arme au bras!
HONORINE.
Moi, dans mon équipage,
Je m' promène tous les jours ;
Et je fais un tapage !
Cocher, allez toujours !..

ENSEMBLE.
Ah ! vraiment,
C'est charmant ;   (bis)
A cette existence nouvelle,
Le plaisir est fidèle,
Le bonheur est constant,
Il n'est rien de plus amusant !
CÉCILE.
Fuyez, fuyez, triste devoir,
Pesantes chaînes,
Soucis et peines !..
MARIA.
Matin et soir,
Vous avez trop long-temps fait répandre nos larmes ;
Désormais plus d'alarmes,
Tout à l'espoir !
ENSEMBLE.
Ah ! vraiment, etc.

SCENE XXII,
LES MÊMES, LÉON.

LÉON, s'arrêtant au fond.
Oh ! mon Dieu ! que de gaîté ici ! (A part.) Je viens moi-même de bien rire avec Arthur.
MARIA.
Ah ! c'est toi, Léon.
CÉCILE.
Eh bien ! cette partie.
LÉON.
Charmante, et vous regretterez de n'être pas venues.
CÉCILE.
Je ne crois pas.
LÉON.
Oh ! que si.
HONORINE.
Oh ! que non.
LÉON.
Ah ! tu t'en mêles aussi, toi, Honorine ?

HONORINE.
Dame! écoutez donc, si on a des raisons.
MARIA, à part.
J'ai la langue qui me démange.
CÉCILE, à part.
J'ai bien envie de lui prouver...
LÉON.
Eh bien! comme vous voilà devenues tout à coup sérieuses... y aurait-il encore quelque grande chose sur le tapis?
MARIA.
On aurait peut-être tort?
LÉON, avec ironie.
Oh! du tout, du tout; je suis persuadé maintenant de votre immense mérite, de vos profonds talens.
CÉCILE, à Maria.
Il nous raille.
MARIA.
Ah! je n'y tiens plus. (A Léon.) Si l'on vous disait, monsieur le moqueur, que l'on a en sa possession le brevet d'un grade supérieur, éminent?
CÉCILE.
Des instructions officielles.
LÉON.
Je demanderais à voir.
CÉCILE.
Quoi! vous doutez encore?
LÉON.
Je suis comme saint Thomas, je demande à voir.
MARIA, lui donnant son brevet.
Eh bien! lisez donc, incrédule.
CÉCILE, lui donnant ses instructions.
Lisez!
LÉON, lisant.
« M{ }^{lle} Maria est nommée générale....
MARIA.
Que vous disait-on?
LÉON, poursuivant.
« Est nommée généralement la plus pédante de ses compagnes, mais » non la plus aimable. »
MARIA.
C'est impossible.
LÉON.
A votre tour, lisez. Quant à vous, ma chère sœur, avec la meilleure volonté de vous être agréable, il m'est impossible de rien découvrir sur ce papier, attendu qu'il est d'une entière blancheur... vous n'aurez pas de peine à bien suivre vos instructions.
CÉCILE.
Que dites-vous?
LÉON.
La vérité, voyez plutôt.
HONORINE.
Oh! mon Dieu! v'là le tremblement qui me prend... si moi aussi... (Présentant en tremblant ses actions à Léon.) M'sieu Léon...
LÉON.
Qu'est-ce que c'est que ça?
HONORINE.
Ça, c'est des... choses que j'ai achetées tantôt, et si vous vouliez bien y jeter un coup d'œil...
LÉON.
Volontiers... à la bonne heure, ceci est plus utile.
HONORINE, respirant avec force.
Ah! vous me rassurez, j'en avais bon besoin.
LÉON.
Oui, oui, c'est plus solide... (Lisant un des papiers.) « Manière de faire la » gibelotte de lapin... » (Un autre.) « Manière de faire la gibelotte de... (Un autre.) « Manière de...» Il paraît qu'il y a plusieurs manières de faire la gi-

belotte... ne perds pas ça, Honorine, ça pourra te servir; tu n'as jamais été très forte sur ce mets-là.
HONORINE, stupéfaite.
Comment, j'aurais acheté pour deux cents francs de gibelotte!
LÉON.
Allons, vous avez été toutes les trois, le jouet de quelque plaisant.
MARIA et CÉCILE.
Qui donc se serait permis...

SCENE XXIII.
Les Mêmes, ARTHUR, dans son premier costume.
ARTHUR.
Moi, mes cousines, Arthur Senneville.
MARIA et CÉCILE.
Arthur!
LÉON.
Lui-même.
ARTHUR.
Trois années de séparation ont fait que nulle de vous ne m'a reconnu, et je me suis vengé d'un accueil auquel je ne devais point m'attendre, convenez-en, maintenant que nous voilà quittes.
TOUTES DEUX.
Ah! mon cousin, c'est égal...
HONORINE, à part.
Ah! si je pouvais rattraper ma pauvre argent, mais je suis sûre que le gueusard est déjà bien loin.
ARTHUR.
Allons, je le vois, avec les dames, même quand elles ont les premiers torts, il faut s'avouer coupable... Il m'en coûterait trop d'être mal avec vous... Maria, soyez généreuse... (Bas.) Cécile, vous avez été la moins maltraitée... (Haut.) Vous connaissez les projets de votre père?
CÉCILE.
Je serai désormais la fille la plus soumise.
LÉON.
Maria, me ferez-vous attendre plus long-temps le jour de notre union?
MARIA, gaîment.
N'ai-je pas toujours imité ma cousine dans ses folies?
LÉON.
Notre mariage n'en sera pas une, je le jure.

SCENE XXIV.
Les Mêmes, TOM, également dans son premier costume.
TOM.
M'sieu Arthur...
HONORINE, tressaillant.
Oh! mon Dieu! cette voix...
TOM.
J'ai tout remis en ordre.
HONORINE.
C'est bien lui... quel changement! mais c'est égal... (Lui sautant à la gorge.) Rends-moi mon argent, misérable, rends-moi mon argent!
TOM, se défendant.
Au secours! à la garde!
HONORINE.
Rends-moi mon argent, ou je t'étrangle!
ARTHUR et LÉON, cherchant à apaiser Honorine.
Voyons, Honorine...
HONORINE.
Mon argent, je veux mon argent!
TOM.
Oh! mon Dieu! on va vous le rendre... on n'a pas envie de le garder... tenez, le voilà.
HONORINE, s'emparant vivement du sac.
Le compte y est-il?

TOM.

Oui, oui, moins six sous pour un bouillon pris chez le gargottier du coin... dame! vous me l'aviez refusé.

HONORINE.

C'était donc vous?

TOM.

Sans doute... Vous en étiez, je crois, à votre douzième lieue... dites donc, la bonne...

HONORINE.

Plaît-il?

TOM.

Vous avez joliment fait du chemin depuis.

HONORINE.

C'est bon, c'est bon, farceur... (Montrant son sac.) L'essentiel, c'est que...

CHOEUR.

Air de la Croix d'or.

Plus de folie,
De désir sot;
Raison nous crie :
Chacun son lot.

MARIA, au public.

Air du Château perdu.

Jadis, messieurs, Molière, ce grand homme,
Du pédantisme esquissant le tableau,
Fit un chef-d'œuvre en tout lieu qu'on renomme;
Comme toujours brillant fut son pinceau.

CÉCILE.

Suivant de loin, oh! de bien loin la trace,
Notre écrivain crut plaire et corriger.

MARIA.

S'il se trompa, daignez lui faire grace,

CÉCILE.

S'il réussit, daignez l'encourager.

REPRISE.

Plus de folie, etc.

FIN.

J.-R. MEYREL, pass. du Caire, 54.

ACTE II, SCÈNE XVII.

CÉSAR BIROTTEAU,

DRAME-VAUDEVILLE EN TROIS ACTES,

Par M. Cormon.

Représenté pour la première fois, à Paris, sur le théâtre du Panthéon, le 4 avril 1838.

PERSONNAGES.	ACTEURS.	PERSONNAGES.	ACTEURS.
CÉSAR BIROTTEAU.	MM. DUBOURJAL.	UN ARCHITECTE.	MM. ORPHÉE.
POPINOT, son premier commis.	WILLIAMS.	UN TAPISSIER.	ARMAND.
GAUDISSART, commis-voyageur.	A. VILLOT.	CONSTANCE, (Mad Birotteau).	Mmes LAMBQUIN.
DUTILLET.	LANSOY.	CÉSARINE, sa fille.	CLARISSE.
PILLERAULT, oncle de Constance.	LAMBQUIN.	LA MÈRE MADOU.	PRILIBERT.
CÉLESTIN, caissier de Birotteau.	CLAUDIUS.	UNE DOMESTIQUE.	JULIE.
COMMIS et CHALANDS.			

La scène se passe à Paris.

ACTE I.

La boutique de Birotteau.

SCÈNE I.

CONSTANCE, CÉSARINE, POPINOT, COMMIS.

(Constance, dans son comptoir, reçoit l'argent des pratiques; Césarine est à côté d'elle; Popinot vend, avec d'autres Commis, aux acheteurs qui sont dans la boutique.)

CHŒUR.

Air : Accourez tous.

Quelle boutique bien fournie !
On y trouve de quoi choisir ;
La pratique est si bien servie,
Que tout Paris vient s'y fournir.

POPINOT, à part en fesant un paquet.
J' suis heureux quand, à la sourdine,
J' puis lancer un regard ou deux,
Pour dire à mamzelle Césarine,
Ce que disent si bien ses yeux!..

Oh! Dieu!... elle me regarde aussi!.. serait-ce pour me dire la même chose!... si c'était, pourtant!... je serais capable d'expirer de joie et d'ivresse.

CONSTANCE.

Allons donc M. Popinot!... ce paquet n'est pas encore fini!... dépêchez-vous... madame attend.

POPINOT, revenant à lui.

Voilà, madame, voilà.

REPRISE DU CHOEUR.

Quelle boutique bien fournie, etc., etc.

(Pendant la reprise du chœur, les acheteurs sortent. Popinot les reconduit poliment.)

SCÈNE II.

LES MÊMES, moins les ACHETEURS.

CONSTANCE.

Eh bien! ma fille, deux cents francs de recette, un dimanche, avant deux heures.... j'espère que c'est beau!

CÉSARINE.

Cela ne doit pas nous étonner.... c'est toujours comme ça.

POPINOT, est retourné à sa place et étiquette des pots de pommade en regardant de tems en tems Césarine. (A part.)

Est-elle gentille?... et dire que je l'aime!... que j'en perds le boire et le manger, sans jamais oser... ça me dessèche... quoi... si par quelque adroit moyen, je pouvais... (Tout en parlant il étend machinalement la main pour prendre un pot de pommade qu'il fait tomber.)

CONSTANCE, se levant.

Popinot, mais faites donc attention, depuis quelque temps vous avez la main malheureuse, je ne vous reconnais plus, vous êtes absorbé, distrait...

CÉSARINE, vivement.

Maman, monsieur Popinot est peut-être souffrant... il fait un service bien pénible, et la fatigue...

POPINOT.

Oh! non, mamzelle, non... c'est pas la fatigue!... d'ailleurs, comme dit mon illustre ami Gaudissart... le prince des commis-voyageurs, faut trimer quand on a sa fortune à faire et j'ai d' la marge d'ici là.

CÉSARINE.

Vous ferez comme papa a fait.

POPINOT.

Oh! je ne l'espère pas, mamzelle... M. Birotteau avait le génie de la chose... il était parfumeur de nature... ce n'est pas donné à tout le monde... et cependant si je pouvais réussir aussi... ah! fichtre!...

CONSTANCE.

Très-bien, mon ami!... un peu d'ambition ne nuit jamais quand on commence... vous voilà comme était M. Birotteau il y a vingt-cinq ans... comme vous, il n'avait rien... il était simple commis dans cette maison... et moi demoiselle de boutique... à force de travail, de dévouement et d'économies, il parvint à être l'associé de son patron, c'est à cette époque que je devins sa femme...

POPINOT.

Vous vous aimiez bien, n'est-ce pas, madame?

CONSTANCE.

Oh! oui!... oui!... trois ans après, il avait inventé la pâte des sultanes... le succès fut colossal et le jour de la naissance de Césarine, la reine des roses était notre propriété.

POPINOT.

Quel beau jour!.. propriétaire de la reine des roses!.. et père de Mlle Césarine!

CONSTANCE.

Patience, Popinot, et peut-être un jour, vous serez aussi heureux que mon mari le fut alors.

POPINOT.

Ah!.. fichtre!.. s'il ne faut que travailler pour ça... je travaillerai, madame, jour et nuit... pas une minute, pas une seconde de flânerie... oh!.. Dieu!.. flâner quand on espère... quand on espère... (Il regarde Césarine, puis se retournant vers les commis.) Eh bien! qu'est-ce que vous faites-là... les bras croisés... voulez-vous bien vous dépêcher!..

UN COMMIS.

C'est aujourd'hui dimanche.

POPINOT.

Je ne connais pas de dimanche, le dimanche est aboli, à bas le dimanche!

SCENE III.
LES MÊMES, DUTILLET.

DUTILLET, à la cantonade.

John... promenez le cheval et attendez-moi. (Il entre.) Mesdames, je vous présente mes hommages. (Constance et Césarine saluent.)

CONSTANCE.

Monsieur!..

POPINOT, à part.

Encore ce maudit agent de change que je déteste.

DUTILLET.

Je n'ai pas voulu passer dans la rue Saint-Honoré sans saluer les deux plus aimables et les deux plus jolies personnes du commerce parisien.

POPINOT.

Fais donc le beau... va, piaffe!.. piaffe!..

DUTILLET.

Comment, pas un jour de repos! le dimanche à deux heures, et par un temps magnifique, quand nos beautés financières et industrielles se rendent en foule aux Tuileries ou au bois, vous seules, vous êtes encore au poste du travail... mais c'est un meurtre... et si c'est Birotteau qui vous y oblige... cela crie vengeance! je suis capable de lui chercher querelle.

POPINOT, à part.

Va donc, faiseur d'embarras.

CONSTANCE.

Non, monsieur, non... C'est notre seule volonté qui nous retient ici, et le désir de seconder mon mari.

DUTILLET.

Alors, vous êtes admirables... mais ne verrai-je pas ce cher Birotteau?

CONSTANCE.

Il est absent... et je ne pense pas qu'il rentre de sitôt... depuis qu'il a été nommé adjoint de la mairie, c'est à peine si nous le voyons.

DUTILLET.

Commerçant... homme public!.. mais que manque-t-il à cet heureux mortel... fortune, honneurs, il n'a rien à désirer!.. il faut maintenant qu'il pense à marier Mlle Césarine.

POPINOT, à part.

Hein!.. marier!..

CONSTANCE.

Nous avons le temps d'y songer.

DUTILLET.

Il faut qu'il lui donne une dot superbe... qui fasse mourir de dépit tous vos confrères... et si Birotteau eût voulu... une ou deux bonnes spéculations... et sa fortune était triplée!

CONSTANCE.

Oh! de grace, monsieur, ne parlez jamais de cela devant lui!.. nous sommes heureux comme nous sommes et de ce que nous avons... rien ne serait plus pénible que de voir Birotteau compromettre son avoir, son repos, son honneur, dans ces entreprises souvent si hasardées... oh! mais non, non... il est trop raisonnable pour ça!

DUTILLET, à part.

C'est ce que nous verrons.

POPINOT.

Le bourgeois!

SCÈNE IV.
Les Mêmes, BIROTTEAU.

BIROTTEAU.

Bonjour, mes amis... mes enfans... bonjour, Dutillet!..

DUTILLET, lui serrant la main.

Vous voilà bien joyeux.

BIROTTEAU.

Et pourquoi donc pas?.. je trouve partout sur mon passage des mines riantes, des visages amis... ce sont des chalands qui me sourient, des pauvres qui me saluent... Joyeux!.. mais certainement que je le suis... et que j'ai raison de l'être.

Air de l'Ambassadrice.

Ah! Birotteau,
Que ton sort est beau,
Tu peux être fier, ma foi,
On est sûr de trouver chez toi,
Bon accueil et bonne foi!
On se pique,
Dans ta boutique,
De contenter la pratique,
Et chacun cite avec honneur,
Birotteau le parfumeur!
Venez, venez, jeunes grisettes
Si riches par vos seuls attraits;
Venez j'ai de bonnes recettes
Pour les conserver toujours frais.
Venez coquettes enlaidies,
Je vous vendrai discrètement
De quoi paraître encore jolies,
Et fixer un dernier amant.
Les actrices et les comtesses,
Les élégants, les vieux rentiers,
Les bourgeoises et les altesses,
Les prolétaires, les banquiers,
Viennent à la reine des roses
Qui fait par ses heureux produits
De charmantes métamorphoses,
Et le tout au plus juste prix...

Entrez messieurs, approchez mesdames, parlez, que vous faut-il? eau de Cologne, de Portugal, de Bergamotte, savon de Venise, iris de Florence, crème anglaise, parfums d'Arabie, ganterie, brosserie, cosmétiques, pommades, essences, vinaigres, aromates?.. j'ai de quoi contenter tous les goûts, satisfaire tous les désirs, demandez, on va vous servir.

REPRISE DE L'AIR ET ENSEMBLE.

Ah! Birotteau, etc.

DUTILLET.

Vous devez faire bien des jaloux parmi vos confrères?

BIROTTEAU.

Il est vrai qu'ils ne me voyent pas d'un bon œil. Parce que j'ai la chance, parce que la fortune me seconde, ils m'en veulent. Eh! mon Dieu, est-ce ma faute à moi, si je suis plus heureux qu'ils ne le sont.

CONSTANCE.

Je crois, mon ami, qu'il est l'heure de fermer le magasin et de donner campo à nos commis, qui je pense n'en seront pas fâchés.

BIROTTEAU.

Tu as raison. (Aux commis.) Allons, mes enfans, c'est assez pour aujourd'hui; ce n'est pas tout que de travailler, il faut du repos; après la peine le plaisir.

LES COMMIS.

Merci, patron.

POPINOT, à part.

Ça se trouve joliment... Gaudissart qui doit venir me prendre...

BIROTTEAU.

Ah! Popinot!

POPINOT, accourant.

Voilà.

BIROTTEAU.

Tu ne sortiras pas... nous avons à causer de choses majeures.

POPINOT, à part.

Quel ennui!.. adieu ma partie avec Gaudissart.

BIROTTEAU, aux commis.

Allez, mes amis, et amusez vous bien, mais ne rentrez pas trop tard.

CHOEUR.
LES COMMIS.

L'instant est venu de sortir,
Ça ne fait pas de peine,
Prenons aujourd'hui du plaisir
Pour toute la semaine.

(Les Commis sortent, Constance, Césarine et Popinot sortent aussi chacun de leur côté.)

SCÈNE V.
BIROTTEAU, DUTILLET.

BIROTTEAU.

Pardon, mon cher Dutillet, de m'être fait attendre, le conseil municipal s'est prolongé beaucoup plus qu'à l'ordinaire, et je craignais de vous manquer... avez-vous dit à ma femme que je vous avais écrit?

DUTILLET.

Nullement.

BIROTTEAU.

Ah! tant mieux, et puisque nous sommes seuls, profitons de ce moment et parlons affaires.

DUTILLET.

Je vous écoute... Il y vient.

BIROTTEAU.

Vous vous doutez du motif qui m'a fait vous prier de passer ici ce matin?

DUTILLET.

Non, en vérité.

BIROTTEAU.

Écoutez, mon ami, voilà plus de vingt ans que je suis dans le commerce, mon crédit est considérable; si je n'avais écouté que ma femme dont la défiance est extrême, je ne serais encore aujourd'hui qu'un petit détaillant, tirant le diable par la queue pour accrocher les deux bouts. Heureusement, je n'ai pas suivi ses conseils,

DUTILLET.

Et vous avez bien fait, en général les femmes n'entendent rien aux affaires.

BIROTTEAU.

Mais je commence à me lasser de la vie industrielle et végétative, je n'ai point envie de m'enterrer éternellement dans mon laboratoire; j'ai le vent en poupe et je suis décidé à me lancer, à risquer de devenir ce que Dieu voudra que je sois, sous-préfet, député, ministre ou millionnaire; si tel est mon destin, j'y suis résigné.

DUTILLET.

Ça se conçoit... les honneurs ne sont pas incompatibles avec la parfumerie, bien au contraire; et vous avez pensé que je pourrais peut-être vous applanir la route?

BIROTTEAU.

Précisément... vous m'avez parlé dernièrement d'une grande spéculation à laquelle vous vouliez m'associer.

DUTILLET.
Laquelle?

BIROTTEAU.
Vous savez, l'achat des terrains de Chaillot, où l'on pourrait, m'avez-vous dit, quadrupler en peu de temps ses capitaux.

DUTILLET.
Oui, mais vous n'avez pas voulu me croire.

BIROTTEAU.
J'avoue qu'au premier moment, cela me paraissait douteux... j'ai réfléchi depuis et j'ai reconnu que j'avais eu tort. Vous avez le nez fin, vous ne donnez rien au hasard, vous... j'observe depuis long-temps votre manière, et je vois que toutes vos entreprises réussissent. Oh! vous êtes un malin, ne riez pas... et voilà justement pourquoi je vous prie de m'admettre pour un cinquième dans la chose.

DUTILLET, à part.
Bon! je le tiens! (Haut.) Désolé, mon cher, cela n'est plus possible.

BIROTTEAU.
Comment! auriez-vous déjà terminé?

DUTILLET.
Peu s'en faut, car nous signons demain les clauses du contrat, tant nous craignons que l'affaire ne s'ébruite.

BIROTTEAU.
Eh bien! alors, que j'en sois, mettez-moi dedans.

DUTILLET.
Je vous le répète... je ne le puis, à mon grand regret. Je suis déjà pressé par deux de mes plus riches cliens qui veulent absolument que je les intéresse dans cette spéculation, ce qui m'embarasse fort... il n'y a place que pour un.

BIROTTEAU.
Eh bien! tranchez le différent en me donnant la priorité.

DUTILLET.
S'ils viennent à savoir que je vous ai accordé la préférence, ils ne me le pardonneront jamais.

BIROTTEAU.
Vous pensez bien que je ne serai pas assez... pour aller le leur dire... allons, c'est convenu, n'est-ce pas?

DUTILLET.
Non, la délicatesse me fait un devoir...

BIROTTEAU.
Je comptais tellement sur vous, sur votre amitié, que j'ai depuis hier retiré mes fonds de chez mon notaire... deux cent mille francs que j'ai là en caisse.

DUTILLET.
Vous savez que le cinquantième est de cent mille écus.

BIROTTEAU.
Mais ne m'aviez-vous pas offert vous-même de m'escompter pour cent mille francs de billets, que vous garderiez en portefeuille, bien entendu, jusqu'au moment où nous revendrions nos terrains?

DUTILLET.
C'est la vérité.

BIROTTEAU.
Du reste, pour plus de sûreté, il vous sera facile de prendre hypothèque sur la part qui me reviendra; de cette manière, vous aurez une garantie, et nous serons en règle... est-ce dit? est-ce fait?

DUTILLET.
Allons, pour vous être agréable, je prendrai votre argent.

BIROTTEAU.
Cher ami! vous êtes trop bon... revenez dans une heure, j'aurai eu le temps de signer les billets et nous terminerons.

DUTILLET.
Ah ça! gardez-moi bien le secret.

BIROTTEAU.
Jusqu'au trépas.

DUTILLET, sortant.
N'allez pas ensuite vous dédire.

BIROTTEAU, le conduisant.

Par exemple! c'est une affaire conclue, et vous avez ma parole.

(Dutillet sort.)

SCÈNE VI.

BIROTTEAU, CONSTANCE.

(Birotteau enchanté, vient de reconduire Dutillet jusqu'au fond; puis il redescend la scène en se frottant les mains.)

BIROTTEAU, sans voir sa femme.

Fortune en ce monde,
Tu fais tout pour moi!
Ta main me seconde...

(Il se trouve face à face avec Constance et il s'arrête tout à coup.)

CONSTANCE.

Birotteau, de quoi parlais-tu donc à M. Dutillet en le reconduisant?

BIROTTEAU, hésitant.

Ah! tu étais là, bichette?

CONSTANCE.

« Vous avez ma parole... c'est une affaire conclue...

BIROTTEAU.

Dame... je... je... c'est-à-dire, non... c'est lui qui...

CONSTANCE.

Tu ne sais pas mentir, mon ami. Voyons, sois franc, tu me caches quelque chose.

BIROTTEAU.

Eh bien! oui, Mme Birotteau, je vous cache quelque chose, je vous cache même plusieurs choses; une foule de surprises plus agréables les unes que les autres.

CONSTANCE.

D'abord, cette affaire avec Dutillet...

BIROTTEAU.

Cette affaire! cette affaire va tripler notre fortune.

CONSTANCE.

Ah! mon Dieu!

BIROTTEAU.

Eh bien! cela te fait peur? une entreprise pyramidale!..

CONSTANCE.

De parfumerie?

BIROTTEAU.

Ah bien, oui, des résultats assurés... et cent pour cent de bénéfices...

CONSTANCE.

Et c'est Dutillet qui l'a proposé...

BIROTTEAU.

Dutout, c'est moi qui l'ai supplié de m'admettre parmi ses associés... demain, il n'était plus temps.

CONSTANCE.

Alors, pourquoi faut-il que vous vous soyez rencontrés aujourd'hui?

BIROTTEAU.

Te voilà avec tes craintes chimériques, tu es méfiante comme une chatte.

CONSTANCE.

Ecoute, César; je serais désolée de te voir entreprendre des affaires en dehors de ton commerce.

BIROTTEAU.

Mais bichette, je t'assure...

CONSTANCE.

Celle-ci peut être bonne; je le crois même, tu as assez d'expérience pour ne pas agir légèrement.

BIROTTEAU, avec dignité.

J'ai été juge au tribunal de commerce.

CONSTANCE.

Mais enfin, je te connais, César... tu n'as pas une tête bien forte...

BIROTTEAU.

J'ai une tête ordinaire.

CONSTANCE.

Tu n'es pas pour faire deux choses à la fois... pour t'occuper de l'une, il faudra que tu négliges l'autre...

BIROTTEAU.

Erreur... erreur plus que complète, je donne mes fonds... l'entreprise va son train, et je n'ai que la peine d'empocher les bénéfices... Ah! cela t'étonne, ça sera bien autre chose quand tu verras les résultats; quand je te dirai : Je double aujourd'hui la dot de Césarine... Car c'est pour elle, vois-tu, que je deviens ambitieux ; je veux qu'elle fasse un mariage foudroyant!.. J'ai bien d'autres idées; pendant que je veux doubler sa dot par ici... je prétends tripler son héritage par là!

CONSTANCE.

Encore une spéculation!

BIROTTEAU.

Oh! quant à celle-ci, parfumerie, simple parfumerie...

CONSTANCE.

J'aime mieux ça.

BIROTTEAU.

Allons, as-tu toujours peur? voyons, parle, es-tu rassurée?

CONSTANCE.

Eh bien! non.

BIROTTEAU.

Non! alors, c'est que tu me caches aussi quelque chose.

CONSTANCE.

Eh bien! oui.

BIROTTEAU.

J'en étais sûr.

CONSTANCE.

J'ai fait un rêve.

BIROTTEAU.

Comment un rêve! un songe?

CONSTANCE.

Un songe affreux! à propos de toi!

BIROTTEAU.

Tu as eu le cauchemar, je vois ça!

CONSTANCE.

Tu étais dans ta boutique, là... (Elle lui indique l'endroit et lui prend la main.) Pâle, défait... des hommes à figures sinistres te présentaient des papiers et cherchaient à t'entraîner...

BIROTTEAU.

Tu me fais trembler.

CONSTANCE.

Moi, j'étais assise dans mon comptoir, et, chose étrange, je me voyais passer dans la rue, m'arrêter à la porte et me demander l'aumône à moi-même.

BIROTTEAU, riant avec effort.

Ah! ah! ah! que c'est bête!.. et tu attache de l'importance à de semblables niaiseries... (A part.) J'ai le frisson dans le dos!

CONSTANCE.

Je ne suis pas superstitieuse...

BIROTTEAU, d'un air d'assurance.

Ni moi, morbleu!

CONSTANCE.

Mais ce maudit rêve ne me sort pas de la tête... crois-moi, César, il y a des pressentimens qui ne trompent jamais... tu as de l'aisance, tu es considéré dans le monde, heureux dans ta famille... ne cherche pas au-delà...

BIROTTEAU.

C'est inimaginable... au-dehors, tout le monde m'accorde de la capacité... mais ici, quand je sue sang et eau pour te plaire...tu me regardes comme un être obtus.

CONSTANCE.

Eh bien! si tu m'aimes, si tu veux me rendre bien heureuse... renonce à ta spéculation avec Dutillet.

BIROTTEAU.
Impossible, j'ai donné ma parole!
CONSTANCE.
C'est différent! alors, n'en parlons plus.
BIROTTEAU.
Et tâche une autre fois de ne plus faire de mauvais rêves, entends-tu bichette... ça finirait par me faire peur!

SCENE VII.
Les Mêmes, un architecte et un tapissier.
L'ARCHITECTE.
M. Birotteau, j'ai l'honneur de vous saluer.
BIROTTEAU.
Ah! bonjour, messieurs.
L'ARCHITECTE.
Vous voyez que nous sommes exacts.
BIROTTEAU.
Très bien, très bien... (A part.) Diable, ma femme qui est là, je ne voudrais pourtant pas devant elle... au fait, il faudrait bien le lui dire tôt ou tard.
L'ARCHITECTE, qui a tiré des papiers de sa poche.
J'ai fait un plan des réparations, agrandissemens, embellissemens que vous avez projetés dans vos appartemens...
CONSTANCE, à part.
Qu'entends-je?..
LE TAPISSIER.
Voici des échantillons pour les meubles et les tentures... c'est du meilleur goût et de la dernière nouveauté.
CONSTANCE.
César!..
BIROTTEAU, passant vers sa femme, un peu embarrassé.
Bichette!.. voilà la troisième surprise que je te ménageais... oui, Constance, oui, mon épouse adorée... il est temps que je vous donne une demeure digne de vous... en harmonie avec cette beauté qui fit mon bonheur et l'envie de tous mes confrères!.. et d'ailleurs quand on occupe un certain rang... quand on est adjoint de sa mairie... n'est-on pas obligé de recevoir et de rendre des visites?.. de donner des soirées... des bals!..
CONSTANCE.
Des bals!..
BIROTTEAU.
Le gouvernement m'a mis en évidence... j'appartiens au gouvernement... je dois lui faire honneur.
CONSTANCE.
Comment, toi, tu veux donner un bal...
BIROTTEAU.
Un bal flamboyant... accompagné de raffraîchissemens, souper, cornet à piston et tout le tralala!.. voyons, monsieur l'architecte... voyons votre plan.
L'ARCHITECTE.
Ici... le grand salon moyen-âge...
BIROTTEAU.
Hein, moyen-âge... comme c'est nouveau.
L'ARCHITECTE.
A gauche, le salon de musique... style Louis XIV... à droite, la chambre de madame... décoration Pompadour...
BIROTTEAU.
Très bien!.. Pompadour!.. entends-tu, bichette... Pompadour!.. (Bas, à l'architecte.) C'était une farceuse de ce temps-là. (Sérieusement.) Il n'y aura pas de choses risquées?..
L'ARCHITECTE.
Des amours... des colombes qui se béquettent.
BIROTTEAU.
Va pour l'amour et les colombes... mais rien de plus... diable!.. les mœurs avant tout...

César Birotteau.

L'ARCHITECTE.

Là, nous ferons percer le mur... pour établir une porte de communication.

CONSTANCE.

Percer un mur!..

BIROTTEAU.

Un petit mur de rien!..

L'ARCHITECTE.

Et en fesant sauter le plafond... nous établirons un escalier tournant.

CONSTANCE.

Sauter le plafond!..

BIROTTEAU.

Qu'est-ce que c'est que ça... un méchant plafond!.. fesons sauter le plafond... ah! à propos... et la salle à manger... diable... diable!

L'ARCHITECTE.

Ici... entre l'antichambre et le grand salon... juste au-dessus de la cuisine.

BIROTTEAU.

Oh! la cuisine!.. c'est plus essentiel que tout le reste.

Air : Un homme pour faire un tableau.

Mon cher ami de tous les temps
La cuisine fut, je m'en vante,
Dans tous les grands appartemens,
La pièce la plus importante.
Chez moi, déjà, sont invités
Des gens qu'il faut que je câline,
Banquiers, ministres, députés...
Soignons, soignons la cuisine.

CONSTANCE, à part.

Je ne reconnais plus mon mari... il est devenu fou!

BIROTTEAU.

Quant à vous, monsieur le tapissier... je n'ai qu'un mot à vous dire... tout ce qu'il y aura de mieux... quand on fait les choses, il faut les faire grandement... vous vous entendrez avec monsieur pour les couleurs... ah! seulement je vous recommande le rose pour la chambre de ma femme.. elle est brune... et le rose lui va si bien... (lui prenant la taille) à cette chère petite biche blanche.

CONSTANCE, passant entre son mari et les fournisseurs.

Moi, messieurs, je vous recommande de ne pas entraîner mon mari dans des dépenses au-dessus de nos moyens... nous ne sommes pas en position de faire des folies, et d'après ce que je viens d'entendre...

L'ARCHITECTE, auquel Birotteau fait des signes par derrière.

Mais non, madame, rassurez-vous, les frais ne s'élèveront pas trop haut... je vous le jure.

CONSTANCE.

A combien, à peu près?

L'ARCHITECTE.

A peu près?.. dame... à...

BIROTTEAU.

Tout au plus.

CONSTANCE.

Mais enfin...

L'ARCHITECTE, regardant toujours Birotteau.

Cinq ou six mille francs... à vue de nez...

CONSTANCE.

A vue de nez... messieurs, je vous en prie, ne commencez pas sans un devis et des marchés signés... six mille francs veulent dire souvent trente mille.

BIROTTEAU.

Mais sois donc tranquille... que diable!.. je suis là!.. moi!..

CONSTANCE, à part.

Ça ne me rassure pas du tout..

L'ARCHITECTE.

Nous avons encore besoin de prendre quelques mesures...

BIROTTEAU.

Très bien, ma femme va vous conduire... n'est-ce pas, bichette?

Air : Vito, Marie à ma toilette.

Allez et faites diligence,
Dans quinze jours soyez tous prêts,
Car je brûle d'impatience
De me voir dans mon palais!
Quel bonheur,
Quel honneur!
Dans le monde en bonne odeur
Ça mettra le parfumeur!

CONSTANCE.

Moi j'ai peur
Et mon cœur
Blâme ces projets de grandeur.

ENSEMBLE.

BIROTTEAU.

Allez et faites diligence, etc.

CONSTANCE.

Allez; surtout de la prudence,
Malgré moi je crains ces apprêts,
N'élevez pas trop la dépense,
Ne nous faites pas un palais.

L'ARCHITECTE et le TAPISSIER.

Nous allons faire diligence,
Dans quinze jours nous serons prêts,
Car nous brûlons d'impatience
De terminer votre palais.

(Constance sort suivie des deux fournisseurs. Popinot est entré pendant la sortie et du côté opposé. En revenant, Birotteau se trouve face à face avec lui.)

SCÈNE VIII.

BIROTTEAU, POPINOT.

POPINOT.

Me voilà, bourgeois, prêt à vous ouïr et à vous obéir.

(Birotteau prend la main de Popinot et l'amène gravement sur l'avant-scène.)

POPINOT, à part.

Paraîtrait que c'est du sérieux...

BIROTTEAU, lui frappant rudement sur l'épaule.

Popinot!.. as-tu du cœur?..

POPINOT, se frottant l'épaule.

Comment l'entendez-vous, ô bourgeois!

BIROTTEAU.

Je te demande si tu as du cœur dans le cœur... autrement dit... si tu as du courage!

POPINOT.

Ah!.. du courage... est-ce que par hasard vous auriez eu des mots... des raisons avec quelqu'un?.. est-ce que vous auriez besoin que je me batte pour vous?.. j'irais chercher Gaudissart...

BIROTTEAU.

Eh! il ne s'agit ni de querelle ni de duel...

POPINOT.

Ah!.. ben, tant mieux... alors comme ça j'ai beaucoup de courage... j'en ai trop pour un homme seul!..

BIROTTEAU.

Bien... Popinot!.. bien!.. j'avais deviné cette réponse... oui, mon garçon, depuis long-temps je t'observe... je t'étudie... et j'ai compris tout ce que tu avais là et là!.. (Il lui frappe sur la tête et sur le cœur.)

POPINOT, étonné.

Là et là! (A part.) Ah! mon Dieu, aurait-il deviné mon amour pour sa fille?

BIROTTEAU.

Tu es un brave jeune homme, on peut avoir confiance en toi...

POPINOT, à part.

Plus de doute... il a deviné.

BIROTTEAU.
Et je veux faire ta fortune et ton bonheur!..

POPINOT.
A moi!.. mon bonheur!.. ah! bourgeois... oh! que ça fait du bien... ah! voilà que je me trouve mal!..

BIROTTEAU, le soutenant.
Hein... comment... tu...

POPINOT.
Ah! que ça fait du bien de se trouver mal!..

BIROTTEAU.
Voyons, assieds-toi... calme-toi... nigaud!..

POPINOT, attendri et prenant les mains de Birotteau.
Ah! bourgeois! ah! ça il paraît que ça se voyait... hein!..

BIROTTEAU.
Quoi?

POPINOT.
Mais le feu qui me dévore, qui me calcine et que je croyais sans espoir.

BIROTTEAU, à part.
Est-ce qu'il est fou!

POPINOT.
Jamais... jamais! je n'aurais osé aspirer à une telle alliance... mais vous n'avez pas de préjugés... vous savez qu'on est pauvre aujourd'hui, riche demain... vous vous êtes dit : Popinot est actif, intelligent, dévoué, il adore ma fille, eh bien! je ferai sa fortune et son bonheur...

BIROTTEAU, à part.
Ah! mon Dieu!

POPINOT, s'essuyant les yeux.
C'est grand, c'est généreux!.. j'en pleure comme une bête...

BIROTTEAU, à part.
Il adore ma fille!.. quel diable de chien vient-il me lâcher là dans une conversation d'affaires. (Haut.) Voyons, Popinot, mon ami...

POPINOT.
Appelez-moi votre fils... je vous en prie, votre fils...

BIROTTEAU.
Oui, je ne dis pas... plus tard... un jour... dans quelques années, peut-être...

POPINOT.
Quelques années!

BIROTTEAU.
Tu ne m'as pas bien compris, Popinot... quand je t'ai parlé de fortune et de bonheur, ça ne voulait pas dire qu'il s'agissait d'un mariage... mais bien d'une spéculation...

POPINOT.
D'une spéculation.

BIROTTEAU.
Commerciale... et nullement matrimoniale.

POPINOT.
Ainsi donc, cet amour dont je vous ai fait l'aveu...

BIROTTEAU.
Je te promets de l'oublier, et je ne t'en veux pas; à ta place... diable!.. j'en aurais fait autant... elle est si jolie, ma Césarine!

POPINOT.
Oh! jolie... à en sécher sur plante.

BIROTTEAU.
Mais, mon garçon, il y a des mais... des si... des car... Je ne rougirais pas de t'avoir pour gendre... Allons, voyons, essuye tes yeux, tiens ton cœur en bride, et que l'amoureux fasse place au commis.

POPINOT.
Je suis tout oreilles, bourgeois... (A part.) Je suis enfoncé.

BIROTTEAU.
Eh! justement, voilà la mère Madou! Entrez, entrez, ma brave femme.

SCÈNE VIII.

LES MÊMES, LA MADOU.

LA MADOU.
Salut bien, monsieur et la companie.

BIROTTEAU.
Vous arrivez à propos, mère Madou.
LA MADOU.
Vous êtes bien honnête, mon magistrat.
BIROTTEAU, à part.
Son magistrat!.. à la bonne heure, voilà une femme qui comprend le respect dû aux autorités civiles.
LA MADOU.
J' vous apportons un échantillon de not' marchandise... Tenez, ça vous ira... (Elle lui présente un petit sac.) Je défie de trouver dans toute la France, des plus belles noisettes.
POPINOT.
Des noisettes!
LA MADOU, à Birotteau qui regarde.
Hein? comme c'est rose! comme c'est plein... pas une de verreuse... Et c' bouquet... approchez-moi ça de vot' nez d' magistrat.
BIROTTEAU.
Et combien ces noisettes?
LA MADOU.
D'abord, combien qui vous en faut, mon cher amour?
BIROTTEAU.
Six mille pesant.
LA MADOU.
Excusez du peu, vous n'êtes pas dans les feignans pour marier les filles et les parfumer...
BIROTTEAU.
Enfin, votre dernier mot?
LA MADOU.
Pour vous, mon bourgeois, cent francs le cent.
BIROTTEAU.
Cent francs! mais il m'en faudra peut-être, des milliers par an.
LA MADOU.
S'il vous en faut tant, et si vous êtes gentil, on pourra faire marché à soixante-douze... car faut pas renvoyer un adjoint, ça port'rait malheur!
BIROTTEAU.
Allons, c'est convenu, envoyez-moi six milliers à 4000 francs et à quatre-vingt-dix jours.
LA MADOU.
Fameux! la signature d'un magistrat, c'est de l'or en barres!
BIROTTEAU.
A demain de grand matin!
LA MADOU.
N' craignez rien, on s'ra pressée comme une mariée.
BIROTTEAU.
Mais, nous pèserons par cent livres, pour ne pas avoir de creuses... sans quoi, rien de fait.
LA MADOU, à part.
Ah! le chien! il s'y connaît, on n' peut pas lui r'faire le poil... (Haut.) A demain, mon magistrat... à demain!

SCÈNE IX.
BIROTTEAU, POPINOT.
BIROTTEAU.
Vois-tu ces fruits, Popinot? sais-tu ce qu'on peut en faire?
POPINOT.
Dame! on peut les manger... en faire des quatre mendians...
BIROTTEAU.
On en peut faire de l'huile, imbécile! une huile pour exciter la pousse des cheveux, raviver le cuir chevelu, maintenir la couleur des chevelures mâles et femelles... une huile qui portera le coup de mort à sa rivale de Macassar! ce produit exotique dont le succès depuis trois mois m'empêche de dormir... Ah! Popinot, mon ami!.. je touche à l'apogée de ma gloire... je vais anéantir l'huile de Macassar.
POPINOT.
Ah! fichtre! ce serait un coup de maître!

BIROTTEAU.

Mais je ne veux pas exploiter ce secret par moi-même, je pense à me retirer du commerce, et c'est toi, mon garçon, qui lanceras mon huile comagène... c'est ainsi que je l'ai baptisée!

POPINOT.

Ah! monsieur, si nous l'appelions Césarienne...

BIROTTEAU.

Ah! monsieur l'amoureux, vous voulez flatter le père et la fille... eh bien! soit, je te donnerai les premiers fonds... tu seras mon associé! ambitieux jeune homme, es-tu content?

POPINOT.

Oh! je réussirai comme vous.

BIROTTEAU.

Si tu n'as pas ma fille, tu auras du moins une partie de ma fortune.

POPINOT.

Laissez-moi espérer qu'en acquérant l'une, j'obtiendrai l'autre.

BIROTTEAU.

Espère, mon garçon, espère... mais en attendant, dès aujourd'hui, occupe-toi de trouver une boutique, et chaud, chaud!..

Air ronde du Serment

Bon courage,
Et vite à l'ouvrage,
Lançons avec esprit
Ce merveilleux produit.

POPINOT.

Quel beau jour!
Le destin prospère,
Va bientôt, j'espère,
Couronner mon amour.

ENSEMBLE.
{
BIROTTEAU.
Bon courage, etc.
POPINOT, dansant de joie.
Bon courage, etc.
Quel beau jour!
Le destin prospère,
Va bientôt, j'espère,
Couronner mon amour.
}

(Birotteau sort.)

SCÈNE X.

POPINOT, puis GAUDISSART.

POPINOT.

En voilà des événemens... ah! mon Dieu! je ne sais plus où j'en suis!.. mon amour, mon huile... tout ça me bout dans la tête!.. si j'avais Gaudissart... Ah! heureusement le voici!..

GAUDISSART, entrant par le fond.

Air de Gribouille.

Toujours chantant,
Toujours roulant,
Gaîment
Dans toute la France,
Je promène mon existence,
Le plaisir est mon élément!

ENSEMBLE.

GAUDISSART.	POPINOT.
Toujours chantant, etc.	Toujours chantant, etc.

GAUDISSART.

Bonjour, fanfan!

POPINOT.

Toujours en train!.. toujours gai!..

GAUDISSART.

Tiens, pourquoi pas, donc?.. la gaîté!.. je n' connais qu'ça, c'est ce qui soutient le commis-voyageur dans son existence vagabonde!..

Air : Quand je m'y mets un peu.

Je suis voyageur,
Il n'est pas sur la terre,
D'état plus flatteur,
D'état plus séducteur
Que celui d' voyageur !
C'est le seul qui puiss' me plaire
Et charmer mon cœur,
Viv' l'état d' voyageur !

Tous les boutiquiers
De France et de Navarre,
Gantiers, chapeliers,
Mêm' tous les épiciers...
Par mon gai babil,
Aisément j' m'en empare,
J'ai l'esprit subtil,
Pour enfoncer, j'ai l' fil !..
Quand j' flair' des placemens,
Faut voir cette platine !
Un temps, deux mouvemens,
L'affaire se termine !..
Et le provincial,
Quoiqu' pas trop libéral,
Paye encor le régal...
Mais un fameux régal !..

Ah ! dam', c'est qu'ils n'y voient que du feu ces pauvres moutons ! faut voir comme je les embroche quand je lâche les phrases à quatre chevaux et les raisonnemens en fa dièze ! rien ne me coûte, à moi... je fume, je bois, je mange... je passe pour un mylord dans les villages, et j'embête les jobards sur la route.

Je suis voyageur, etc.

S'il trouv' sur ses pas
Que'qu' jolie insulaire,
La bell' ne peut pas
Lui résister hélas !
Mortel séduisant,
Près d'un' particulière
Il est entraînant,
Fascinant, subjugant !
Tout cède à ses vœux,
Et de ses douc's paroles,
Du feu de ses yeux
Tout's les femmes sont folles,
Oui, pour la gaîté,
Son amabilité,
Partout il est cité,
Mais la fidélité !..

Zut !.. c'est autre chose !.. la fidélité !.. mot rayé du dictionnaire !.. un voyageur être fidèle... pas d' ça Lisette !.. il ne connaît que l'amour au galop... en poste !.. et quand une passion s'avise de le poursuivre... postillon !.. fermez la portière et filez raide !..

Je suis voyageur, etc.
POPINOT.
Ah ça ! Gaudissart, quand tu auras fini... j'ai à te parler.
GAUDISSART.
Toi, moutard !.. tant pire... je n'écoute rien que nous ne soyons partis... voyons, es-tu prêt... t'es-tu mis sur ton trente-six ?..
POPINOT.
Mais je te dis que je ne peux pas sortir !..
GAUDISSART.
Hein ?.. comment est-ce que tu as dialogué ça ?.. tu ne peux pas sortir !
POPINOT.
Impossible !

GAUDISSART.

Eh bien ! c'est gentil !.. moi qui comptais sur toi pour toute la journée et pour donner le bras à mon amante... Clorinda, une beauté numéro un... enlumineuse de son état, mais, style soigné... genre mousseux...

POPINOT.

Je suis désolé... mais...

GAUDISSART.

Ça t'aurait fait honneur, parole d'honneur !

POPINOT.

J'en conviens, mais...

GAUDISSART.

J'avais des plans superbes... une crâne partie...

POPINOT.

C'est malheureux, mais...

GAUDISSART.

Je voulais te conduire dans des régions, à toi inconnues, et t'initier à des plaisirs que tu ignores...

POPINOT.

Fichtre !

GAUDISSART.

Bref, j'avais conçu l'espérance de folâtrer ensemble aux Prés Saint-Gervais...

POPINOT.

Aux Prés Saint-Gervais !..

GAUDISSART.

Le paradis de la banlieue ! une véritable volière peuplée de séduisantes fauvettes...

Air : La nuit porte conseil.

C'est aux Prés Saint-Gervais,
Que la fillette
Et la grisette
Vont prom'ner leurs attraits,
Cueillir des lilas, prend' le frais !

Jeunes gens pleins d'ardeur,
Espoir de la patrie,
Qui d'une tendre amie
Voulez gagner le cœur,
Vite aux Prés Saint-Gervais,
Là, point d'belles
Cruelles,
On est sûr du succès
Et surtout à peu d' frais...

Tous les moyens de séduction réunis... du veau, de la salade... et puis l'escarpolette, le jeu de bague et des ânes... Oh ! mon ami quels ânes !.. faut voir comme ça trotte !.. arrêtez-le, M. Ernest... je vais tomber... Ah ! je tombe !.. soudain tu t'élances... mais la culbute est opérée... la toilette chiffonnée, la ceinture déchirée... ah ! quel voluptueux désordre !

ENSEMBLE.

C'est aux Prés Saint-Gervais,
Que la fillette
Et la grisette
Vont prom'ner leurs attraits,
Cueillir des lilas, prend' le frais.

GAUDISSART.

Viens avec Gaudissart,
Là, de fair' des victimes,
D' commettr' des charmans crimes,
Il t'enseignera l'art.
Saint-Gervais ! pré charmant !..
Sur ton herbe fleurie,
La vertu qui s'oublie,
Glisse agréablement.

Seulement, mon cher, faut connaître l'article... méfie-toi généralement des blondes... la blonde est langoureuse... mais trompeuse... Ah ! tandis que la brune !.. c'est encore pis... On n'a que l'embarras du choix !..

ENSEMBLE.

C'est au pré Saint-Gervais, etc.

POPINOT.

Tout ça c'est très gentil, je ne dis pas, mais pour l'instant, il s'agit d'autre chose. Gaudissart, j'ai besoin de toi.

GAUDISSART.

Si c'est pour de l'argent, absent par congé... si c'est pour un duel... mon épée est à ton service, une, deux !.. touché !..

POPINOT.

Finis donc !.. que diable !.. tiens, vois-tu ces noisettes... ces simples noisettes... eh bien ! j'ai là une fortune.

GAUDISSART.

Une fortune !.. prête-moi vingt francs.

POPINOT.

M. Birotteau m'a confié une découverte miraculeuse... il me commandite... j'achète une boutique, je fonde une fabrique, et je compte sur toi pour lancer dans toute la France le produit des noisettes... l'huile Césarienne !

GAUDISSART.

Oh ! très bien !.. tu comptes sur moi pour la province !.. tu es millionnaire !..

POPINOT.

Tout à l'heure nous sortirons ensemble et je t'expliquerai tout.

GAUDISSART.

Merveilleux !.. adieu le Pré Saint-Gervais... les affaires avant la bamboche... Ah ! pardon !.. la politesse est la vertu du Français... deux mots à Clorinda. (Il va au comptoir, prend une plume, du papier et écrit.) « Chère amour » de mon cœur, fais-moi le plaisir d'aller te promener toute seule, ou si » tu le préfères, en m'attendant, amuse-toi à te distraire en raccommo- » dant mes faux-cols... avant deux heures d'ici je serai à tes pieds ; qui » est-ce qui t'embrasse sur les œils ?.. ton Félix ! »

POPINOT.

Es-tu heureux d'être ferré sur l'amour !..

GAUDISSART.

A propos de ça... l'huile Césarienne va joliment te pousser auprès de la petite Birotteau.

POPINOT.

Eh ! mon ami, j'ai eu la bêtise de faire l'aveu de ma flamme...

GAUDISSART.

A la demoiselle ?

POPINOT.

Non, au papa.

GAUDISSART.

Triple jobard !

POPINOT.

Il m'a légèrement repoussé... mais si j'étais sûr de l'amour de Césarine...

GAUDISSART.

On s'en assure.

POPINOT.

Je n'ose pas... quand je la vois... quand je l'entends... ça me fait un effet... Oh ! Dieu, mon ami, la voilà !..

GAUDISSART.

La petite !.. très bien... chauffe l'article... je vas te souffler...

(Il se cache dans le comptoir.)

SCÈNE XI.

LES MÊMES, CÉSARINE.

CÉSARINE, s'arrêtant.

Ah ! vous êtes seul, monsieur... je croyais trouver mon père ici...

GAUDISSART, bas.

Va donc... va donc...

POPINOT.
Va donc... va donc... Pardon, mademoiselle...
GAUDISSART.
Les instans sont précieux...
POPINOT, répétant.
Les instans sont précieux...
GAUDISSART.
Il y a un secret qui me dévore et que je brûle de vous révéler...
(Popinot fait signe qu'il ne peut pas parler.)
CÉSARINE, à part.
Je suis toute tremblante...
GAUDISSART, à part.
L'imbécile qui va rester court... (Soufflant.) Ah! mademoiselle!..
POPINOT, faisant un effort.
Ah! mademoiselle!..

GAUDISSART.
Air : O bords heureux.
De mon audace extrême
POPINOT.
De mon audace extrême.
GAUDISSART.
N'ayez pas de courroux,
POPINOT.
N'ayez pas de courroux...
GAUDISSART.
Mam'zelle je vous aime,
POPINOT.
Mam'zelle je vous aime...
GAUDISSART.
Et j'tombe à vos genoux,
POPINOT.
Et j'tombe à vos genoux.
ENSEMBLE.

GAUDISSART.	POPINOT.
Ici, mon éloquence,	Mon amour, ma constance,
Le sert bien je le vois,	Triompheront je crois,
Et la petit', je pense,	La crainte et l'espérance,
N'est pas sourde à ma voix.	Me troublent à la fois.

CÉSARINE.
Ayons de la prudence,
Car je sens qu'à sa voix,
La crainte et l'espérance,
Me troublent à la fois.
GAUDISSART.
A cet aveu si tendre,
POPINOT.
A cet aveu si tendre.
GAUDISSART.
Ne répondrez-vous pas?
POPINOT.
Ne répondrez-vous pas?
CÉSARINE.
On pourrait nous entendre,
POPINOT, à Gaudissart.
C'est vrai qu'on peut entendre.
GAUDISSART.
Eh bien! parlez tout bas,
POPINOT.
Eh bien! parlez tout bas.

REPRISE DE L'ENSEMBLE.

GAUDISSART.	POPINOT.
Ici mon éloquence, etc.	Mon amour, ma constance, etc.

CÉSARINE.
Ayons de la prudence, etc.

POPINOT.
Ah! mademoiselle, de grace... dites-moi seulement que vous me permettez d'espérer... il y va de mon bonheur... de ma vie.
CÉSARINE, troublée et cherchant à s'éloigner.
Oh! mon Dieu!..
POPINOT.
Si à force de travail... je parvenais un jour à vous mériter... m'aimeriez-vous?
CÉSARINE.
Peut-être!.. (Elle se sauve.)
POPINOT.
Peut-être!.. ah! mon ami, peut-être!.. ah! je défaille... je m'évanouis!
GAUDISSART, le soutenant.
Dindon!.. fallait lui baiser la main... ça flatte les femmes et c'est autant de pris. (Pendant la fin de cette scène des musiciens ont paru au fond, dans la rue, ils se mettent à jouer avec accompagnement de grosse caisse la marche des Tartares.)
GAUDISSART.
Ah! mon Dieu!.. qu'est-ce que c'est que ça?

SCENE XII.

LES MÊMES, BIROTTEAU, CONSTANCE, CÉSARINE, arrivant de différens côtés, puis DUTILLET.

BIROTTEAU.
Que veut dire tout ce vacarme?
CONSTANCE.
Et pourquoi tout ce monde arrêté devant la boutique?
GAUDISSART.
C'est peut-être des saltimbanques, des funambules.
BIROTTEAU.
Mais je ne me trompe pas... il me semble que je reconnais des ouvriers de ma fabrique.
DUTILLET, entrant.
Ah! mon cher Birotteau... combien je vous félicite, voilà un triomphe bien mérité.
BIROTTEAU.
Un triomphe!.. cette fanfare serait en mon honneur?
DUTILLET.
Ah! ça vous n'avez donc pas lu le Moniteur?.. vous ne savez donc rien.
BIROTTEAU.
Absolument rien!..
DUTILLET.
Alors, je suis enchanté d'être le premier à vous annoncer cette bonne nouvelle.
BIROTTEAU.
De grace, expliquez-vous.
DUTILLET.
Mais non... je ne veux pas vous ôter le plaisir de la surprise.
BIROTTEAU, voyant un municipal qui est entré.
Une dépêche à mon adresse!
DUTILLET.
Rassurez-vous... et lisez!..
GAUDISSART, à Popinot.
Quel est donc cet individu?
POPINOT.
M. Ferdinand Dutillet, un agent de change.
GAUDISSART.
Ferdinand Dutillet... je connais cette boule-là!
BIROTTEAU, qui a ouvert la dépêche.
Je suis nommé... ah! grand Dieu... chevalier... est-il possible!.. chevalier de la Légion-d'Honneur.
CHOEUR.
La croix d'honneur,
Ah! quel honneur
Pour un parfumeur!
La croix d'honneur!
Que cet honneur
Est flatteur!

BIROTTEAU, transporté.

Ah! ma femme!.. mes amis!..

DUTILLET.

Voilà la récompense du travail et de la probité!

BIROTTEAU.

Hein!.. dis donc, bichette... quel effet ça fera le jour de mon grand bal!

DUTILLET, à Birotteau.

Vous avez signé nos effets!

BIROTTEAU.

Oui... oui... certainement, les voilà!..   (Il va pour les donner.)

CONSTANCE, l'arrêtant.

César!.. mon ami!.. réfléchis bien! il en est temps!

BIROTTEAU.

Encore!.. que diable, Mme Birotteau, il faudra que je me mette à genoux pour vous prier de vous laisser enrichir.

(Il remet les effets à Dutillet.

GAUDISSART, à part.

Ferdinand Dutillet... mais oui... je connais ça...

CÉSARINE, à Constance.

Qu'as-tu donc, maman?..

CONSTANCE.

Ah! ma fille!.. l'ambition perdra ton père!..

CHOEUR en dehors.

Vive M. Birotteau!..

BIROTTEAU.

Merci, mes amis, merci!.. ah! Birotteau!.. mon gaillard, tu es né coiffé.

REPRISE DE LA FANFARE.

FIN DU PREMIER ACTE.

ACTE II.

Le théâtre représente un riche salon. — Ameublement élégant.

SCENE I.

PILLERAULT, seul à la cantonnade.

Non, non, point de façons, ne réveillez personne, j'aime mieux attendre un instant (Il se retourne et paraît stupéfait de se trouver dans ce salon.) Ah ça! mais... je n'ai cependant pas la berlue, et je suis bien ici chez mon neveu Birotteau. Je ne reconnais plus rien; bon Dieu! quelle richesse! quelle élégance! il faut qu'il ait perdu la raison pour s'afficher ainsi et oser faire de pareilles folies!.. c'est la ruine d'une maison.

SCÈNE II.

PILLERAULT, CONSTANCE en peignoir élégant.

CONSTANCE.

Quoi, mon bon oncle, c'est vous et vous ne me faites pas prévenir.

PILLERAULT.

Tu dormais, je n'ai pas voulu qu'on troublât ton sommeil.

CONSTANCE.

Que je suis contente de vous revoir parmi nous!...

PILLERAULT.

Il paraît que pendant mon absence de trois mois vous avez fait de brillantes affaires, diable! vous n'y allez pas de main morte à ce que je vois.

CONSTANCE.

Vous trouvez notre logement un peu changé, n'est-ce pas?

PILLERAULT.

C'est-à-dire que si je n'eusse pas traversé la boutique pour entrer ici, j'aurais cru que je m'étais trompé de porte, et que j'étais tombé par mégarde dans le salon d'un marquis, d'un duc et pair, que sais-je moi!... je suis tout dépaysé, il me semble que je ne suis pas à ma place.

CONSTANCE.
Allons donc, vous plaisantez.
PILLERAULT.
Non vraiment, tiens entre nous je préférais ton arrière-boutique avec ses modestes chaises de paille, là du moins j'étais à mon aise, tandis que ici tout ce luxe me gêne, je reste confondu, étonné...
CONSTANCE.
Mais ce n'est rien que ça, que direz-vous donc quand vous verrez mon boudoir Pompadour.
PILLERAULT.
Ton boudoir!
CONSTANCE.
Pompadour, mon oncle, Pompadour!... et ma chambre en gros de Naples rose, et celle de Césarine en tenture de Perse! c'est alors que vous ferez des ah!... des oh!... à perte de vue.
PILLERAULT,
Je rêve éveillé!
CONSTANCE.
Cela vous surprend?
PILLERAULT.
Cela m'effraye.
CONSTANCE.
Comme vous, mon oncle, j'ai commencé par jeter les hauts cris, mais mon mari m'a fait comprendre que dans sa position, c'était une nécessité indispensable et je n'ai plus rien dit.
PILLERAULT.
Pour opérer en trois mois de tels prodiges quelque fée vous a sans doute prêté sa baguette?
CONSTANCE.
Non, mais un habile architecte qui, en moins de quinze jours...
PILLERAULT.
Fort bien! son mémoire doit être salé!
CONSTANCE.
Vous ne savez pas tout, nous avons donné un bal.
PILLERAULT.
Je tombe en pétrification! comment?.. vous?.. un bal!
CONSTANCE.
Et qui a fait du bruit dans le quartier, je vous en réponds.

Air: Ah! le charmant pays.

Que ce bal était beau,
Le séduisant tableau,
Que ce bal était beau...
Plaisir pour moi nouveau!...
Toilettes élégantes,
Et brillantes,
De l'éclat!.. et du bruit!...
Ah! l'énivrante nuit...

Je me voyais complimentée.
Par tous les nouveaux arrivans,
Pour danser j'étais invitée,
Par une foule d'élégans...
C'était un monde! une cohue!...
Deux cents voitures dans la rue,
Dans nos salons on se pressait,
On se poussait,
On étouffait,
Que ce bal était beau!.., etc.

PILLERAULT.
Peste!.. ça devait être magnifique!..
CONSTANCE.
Nous avons reçu des sommités dans tous les genres... des notaires, des banquiers, des agents de change, des maires, des députés, tous gens huppés...

PILLERAULT.

Ah! vous donnez des bals et vous recevez des sommités huppées!

CONSTANCE.

Il ne manquait que vous, mon bon oncle, pour que la fête fût complète.

PILLERAULT.

Mais enfin, pourquoi toute cette dépense?

CONSTANCE.

Je n'vous l'ai donc pas dit? Birotteau a été nommé adjoint de la mairie et chevalier de la légion d'honneur.

PILLERAULT.

Vraiment!... et tu ne me l'as pas écrit!

CONSTANCE.

Pour vous laisser le plaisir de la surprise! mais le voici.

SCÈNE III.

Les Précédens, BIROTTEAU en robe de chambre à ramages, un bonnet de velours brodé sur la tête.

BIROTTEAU, à la cantonnade.

Portez vite cette lettre et en revenant n'oubliez pas d'écrire mon nom chez M. de la Billardière, dépêchez-vous.

CONSTANCE.

Mon ami, voici mon oncle.

BIROTTEAU.

Ah!.. vous voilà de retour mon cher Pillerault, vous avez fait un bon voyage? (lui frappant légèrement sur le ventre.) Et cette santé?... toujours resplendissante!

PILLERAULT.

Comme à l'ordinaire.

BIROTTEAU.

Savez-vous bien, mon oncle, qu'on ne vous donnerait jamais votre âge.

PILLERAULT.

C'est que je n'ai pas dépensé toute ma monnaie en un jour, j'ai mieux aimé faire feu qui dure et je m'en trouve plus heureux.

BIROTTEAU.

Vous êtes un homme de la vieille roche.

PILLERAULT.

Mon ami, permets à mon tour que je te félicite! ta femme m'a tout appris, peste! il paraît que les places et les honneurs pleuvent chez toi.

BIROTTEAU.

Je n'ai rien sollicité, on est venu m'offrir, il eut été impoli...

PILLERAULT.

De ne pas accepter, je conçois. Qui m'aurait dit cela, il y a dix-huit ans, quand tu vins pauvre petit tourangeau en tremblant me demander la main de Constance! tu me regardais alors comme un gros richard, parce que après vingt-cinq ans de travail assidu, j'avais amassé six mille livres de rente.

BIROTTEAU.

Et que moi je n'avais que cent écus d'épargnes, du zèle, de la bonne volonté, (prenant la main de Constance) et beaucoup d'amour.

CONSTANCE.

Le ciel a fait le reste, mais tel que vous me voyez je suis en train de devenir millionnaire.

PILLERAULT.

Rien que ça; excusez, tu as donc découvert une mine d'or?

BIROTTEAU.

Voilà la chose en deux mots.

PILLERAULT.

Voyons.

BIROTTEAU.

Je suis entré dans une spéculation colossale... mais à propos, j'y pense, c'est hier qu'a dû avoir lieu l'adjudication, permettez... (il va à la porte du fond et dit en dehors.) Célestin, courez-vite chez M. Dutillet, vous savez, rue St-Georges, et priez-le de vous remettre mon acte de vente, vous entendez?

PILLERAULT.
Enfin cette grande spéculation sur laquelle tu fondes tout cet avenir doré?
BIROTTEAU.
C'est l'achat des terrains de Chaillot, dans deux ans, les baux, étant expirés nous deviendrons maîtres d'exploiter et nous gagnerons selon toute probalité trois cents pour cent.
PILLERAULT.
C'est beaucoup, mais, combien as-tu mis dans cette affaire!
BIROTTEAU.
Tout notre avoir liquide, je me suis même engagé.
PILLERAULT.
Mon ami, il me semble que, pour toi surtout, tu as agi un peu à la légère, tu as mis toute ta fortune sur un coup de cartes, tu n'es pas le seul à la jouer, Dieu veuille que tu n'aies pas lieu de t'en repentir!
BIROTTEAU.
Rassurez-vous, mon oncle, tout m'a réussi, je ne m'apelle pas César pour rien... et d'ailleurs!...

Air: Et pourtant Papa.

Je suis né coiffé,
J'ai fait des miracles,
Et d'tous les obstacles,
Moi j'ai triomphé
Belle était ma mère,
Chacun l'adorait,
Malgré ça d'mon père,
J'suis tout le portrait,
Je suis né coiffé, etc,

J'avais pour avance;
En v'nant à Paris,
Vingt ans, l'espérance...
Voyez où j'en suis!
Je suis né coiffé, etc.

Je l'suis je l'proclame;
Marié sans regret,
En prenant ma femme,
Qu'est-c' que je risquais?

SCÈNE IV.

LES MÊMES, GAUDISSART.

GAUDISSART, en dehors.
C'est bon... c'est bon... j'ai pas besoin qu'on m'annonce.
BIROTTEAU.
Ah!.. j'entends notre ami Gaudissart.
GAUDISSART, entrant.
Oh! pardon!.. vous êtes en société...
CONSTANCE.
Entrez donc, M. Gaudissart, entrez donc.
GAUDISSART.
Vous êtes trop bonne, madame; si je vous importune... dites-le... et crac... je m'évapore.
BIROTTEAU.
Nous étions en famille... avec mon oncle, M. Pillerault, dont vous avez sans doute entendu parler...
GAUDISSART.
Comment donc... M. Pillerault!.. ah! ah! (A part.) Je connais pas du tout.. c'est égal... il a une bonne balle d'oncle, ce vieux-là.
CONSTANCE.
Je vais vous conduire auprès de Césarine.
BIROTTEAU.
Je vous demande pardon, mon oncle, mais...
PILLERAULT.
Va donc... va donc... les affaires d'abord... et d'ailleurs je ne m'envais pas.

BIROTTEAU.

A la bonne heure.

SCENE V.
BIROTTEAU, GAUDISSART.

BIROTTEAU.

Eh! bien, mon cher, c'est donc cé soir que vous partez?

GAUDISSART.

Dans deux heures mon bucéphale sera à votre porte et nous brûlerons le pavé, je m'en flatte!

BIROTTEAU.

Vous avez vu Popinot?

GAUDISSART.

Je le quitte à l'instant... je l'ai laissé dans sa boutique de la rue des Cinq-Diamans où il travaille comme un manœuvre... vertueux jeune homme!.. en v'là un qui trime!

BIROTTEAU.

Le fait est que nous ne l'avons pas vu depuis plus de quinze jours... et je ne sais pas seulement comment marche notre huile.

GAUDISSART.

Votre huile! elle coule à grands flots! en ce moment la maison Popinot et Cie se pavane sur tous les murs et dans toutes les devantures des parfumeurs; coiffeurs, perruquiers et autres industriels, déjà la parade se déploie, le public achète et l'huile se change en pluie d'or!

BIROTTEAU.

Nous me ravissez!

GAUDISSART.

Paris a donné l'exemple... l'Europe entière... que dis-je le monde suivra... c'est mon affaire à moi, je prendrai des cors de chasse... je crierai à son de trompe... tout l'esbroufle du commerce!... affiches, annonces, prospectus, blague à mort!

BIROTTEAU.

Comment la blague.

GAUDISSART.

Ce mot-là vous effraie... il est dans le dictionnaire, maintenant.

Air du Château de mon oncle.

Aujourd'hui l'on blag' sur tout,
La blague est de très bon goût;
   Chaque jour, (bis.)
Blagueurs, blagués tour à tour,
Le grand aussi bien qu' le p'tit,
L'imbécil', l'homme d'esprit,
Laids ou beaux, grands ou vieux,
C'est à qui blagu'ra le mieux.
   La p'tite grisette,
   La grande coquette,
    Adroit'ment,
   Blagu'nt l'amant
Qui s'croit aimé fidèlement...
  Lui, blagu' sans scrupule
  Sa maîtresse crédule,
Et chacun d'eux d' bon cœur,
Croit être le seul blagueur.
Les f'seurs de spéculations,
Vend'nt des blagues par actions,
Pour blaguer, ces blagueurs,
Gardez en poche vos valeurs!
   Ces journaux
  Si grands, si beaux,
   Sans pudeur
  Blagu'nt le lecteur,
Mais l' lecteur prend viv'ment
Sa r'vanche au bout d' l'abonn'ment.

De blagues en procédure,
En médecine, en peinture,
En sculpture,
Littérature,
Combien de faiseurs !
En comique;
En dramatique,
De blaguer chacun se pique,
En musique,
En politique,
Que de grands blagueurs !
Aujourd'hui, l'on blagu' sur tout, etc.

BIROTTEAU.

Allons, allons, je vois que vous êtes fort sur la... et je me fie à vous, Gaudissart.

GAUDISSART.

Je vais fondre sur l'Allemagne comme un torrent... envahir l'Angleterre comme un brouillard... j'éclaterai en Italie comme un volcan !

BIROTTEAU.

Très bien !

GAUDISSART.

J'emporte des affiches dans toutes les langues... et quelles affiches ! aut les voir !.. je les fais placarder partout, dans les villages, à la porte fdes églises... à tous les bons endroits que je connais.

BIROTTEAU.

Sublime !

GAUDISSART.

Elle brillera.. elle s'allumera cette huile ! elle sera sur toutes les têtes !..

BIROTTEAU.

Vous êtes un garçon de génie, Gaudissart.

GAUDISSART.

Ce que j'en fais, c'est par amitié pour vous et par dévoûment pour Popinot : je ne demande qu'une récompense, c'est d'être garçon de noce à son mariage.

BIROTTEAU.

Son mariage ! ah ça ! il y pense donc toujours ?

GAUDISSART.

Ah ! parbleu ! et je réponds, moi, qu'il aura mamselle Césarine, ou je n' m'appellerai plus l'illustre Gaudissart !

BIROTTEAU.

Quant à ça, c'est ce que nous verrons.

GAUDISSART.

De quoi ! ce que nous verrons ! par exemple, vous ferez le méchant, vous, César Birotteau... avec une figure de bon diable, comme la vôtre... En v'là une figure à faire la jubilation de tout le monde... ah ! ah !

(Il lui prend la main et la serre de toutes ses forces.)

BIROTTEAU.

Ne serrez donc pas si fort, Gaudissart.

GAUDISSART, serrant toujours.

N'est-ce pas que vous consentirez, père sensible ?

BIROTTEAU, secouant la main.

Eh bien ! oui, je ne dis pas... s'il va bien...

GAUDISSART.

S'il va bien ! ah bien ! je crois bien qu'il ira bien, il fera fortune, le petit bonhomme ! et son mariage ne sera pas un mariage à la détrempe... Ah ! dites donc, en parlant d' ça... j'ai pris les commissions de la parfumerie parisienne.

BIROTTEAU.

Et pou. quoi donc, s'il vous plait ! pour faire de la concurrence !..

GAUDISSART,

Vous êtes encore un fameux innocent ! j'ai pris leurs commissions pour les étrangler vifs !.. pour faire boire de l'huile à leurs perfides cosmétiques en ne parlant que de la vôtre... un fameux tour de voyageur... Ah ! ah ! nous sommes les diplomates du commerce !

BIROTTEAU.

Mais il me semble, Gaudissart, que ce ceci n'est pas très délicat!

GAUDISSART.

La loi le défend-elle?

BIROTTEAU.

Dame... non.

GAUDISSART.

Alors, c'est permis! j'enfonce la parfumerie parisienne en passant la jambe à vos rivaux! (Il passe la jambe à Birotteau qui trébuche.)

BIROTTEAU.

Aie! aie! prenez donc garde, Gaudissart.

GAUDISSART, le retenant dans ses bras.

Craignez rien, papa, la vieille garde est là!

SCÈNE VI.
Les Mêmes, CÉSARINE.

CÉSARINE.

Bonjour, M. Gaudissart.

GAUDISSART.

Mademoiselle...

BIROTTEAU.

Eh bien! tu as quitté ton oncle?

CÉSARINE.

Pendant que ma mère causait avec lui, je suis descendue un instant à la boutique.

BIROTTEAU.

Sais-tu si Célestin est revenu?

CÉSARINE.

Oui, mon père, et comme il est occupé à la vente, il m'a priée de vous dire que M. Dutillet était parti.

BIROTTEAU.

Parti!

CÉSARINE.

Oui, parti; qu'il avait disparu depuis hier...

BIROTTEAU.

Allons donc, ce n'est pas possible... j'entends mal!.. on se sera trompé!

GAUDISSART.

Mais du tout, rien n'est plus véridique... comment, vous ne saviez pas ça... vous! il a pris ce qu'on appelle de la poudre d'escampette, le chemin de Bruxelles... tout le commerce en parle...

BIROTTEAU.

Ah! mon Dieu!

GAUDISSART.

Un farceur comme ça, qui se faisait appeler Ferdinand Dutillet, comme je pourrais me faire appeler Gaudissart de Pantin! un escroc doré!.. Il paraît qu'il emporte des sommes immenses qu'on lui avait confiées pour acheter des terrains!

BIROTTEAU.

Mais c'est infâme!.. malheureux que je suis! (Il se jette sur une chaise.)

CÉSARINE.

Mon père, qu'avez-vous?

GAUDISSART.

Est-ce que par hasard, vous auriez remis des valeurs à ce Dutillet?

BIROTTEAU.

Oui, oui, d'énormes valeurs.

GAUDISSART.

Ah! sapristie!.. (A part.) Il est fumé!

BIROTTEAU.

Heureusement qu'elles n'étaient pas à négocier... et il ne les aura pas mises en circulation.

GAUDISSART.

Alors, il n'y a que demi-mal...

BIROTTEAU.

Demi-mal! et les 200 mille francs argent qu'il me vole...

CÉSARINE.

O ciel!

BIROTTEAU.

Tais-toi! tais-toi! que ta mère ne se doute de rien; pauvre femme, il y aurait de quoi la tuer! Ah! elle avait raison!

SCENE VII.
Les Mêmes, CÉLESTIN.

CÉLESTIN.

Monsieur, on vient recevoir un effet.

BIROTTEAU.

Eh bien! qu'on le paye.

CÉLESTIN.

Mais, monsieur, ce billet est de vingt mille francs.

BIROTTEAU.

Vingt mille francs!

CÉLESTIN.

A l'ordre de M. Dutillet.

BIROTTEAU.

Le misérable! il a négocié mes effets!

CÉLESTIN.

C'est juste la somme que nous avions en caisse pour les échéances d'aujourd'hui, et si nous acquittons ce billet...

BIROTTEAU.

C'est un coup de massue... Célestin, descendez à la caisse et qu'on paye ce billet; quant aux autres, attendez qu'ils se présentent, je vais vous donner des fonds... dans une heure, ce soir, demain avant midi... Oh! ma tête, ma tête! (Célestin sort.)

CÉSARINE.

Mon père, calmez-vous, je vous en prie.

GAUDISSART.

Que diable! vous avez les reins solides, est-ce qu'il faut perdre la boule comme ça!

BIROTTEAU.

Oh! malheur! malheur! cent mille francs d'effets sur la place... et rien en caisse, rien! mon bal! ma croix! ces dépenses excessives... je passerai pour un fripon!

GAUDISSART.

Par exemple!

BIROTTEAU.

Gaudissart, vous êtes mon ami; descendez au magasin, parlez au caissier, qu'il prenne les adresses, dites-lui qu'il y va de ma vie, de celle de ma femme, que sous aucun prétexte, on ne jase de la fuite de Dutillet... allez, allez!

GAUDISSART.

Oui, père Birotteau, j'y cours... (A part.) Pauvre homme, sa tête déménage. (Il sort.)

SCENE VIII.
BIROTTEAU, CÉSARINE.

BIROTTEAU.

Ma pauvre Césarine, je suis perdu, deshonoré, si dans deux heures, je n'ai pas trouvé cent mille francs... mes effets seront protestés, mon crédit détruit, ma réputation flétrie! comprends-tu cela? mais à qui m'adresser?.. il y a une heure encore, je me connaissais une foule d'amis... je ne m'en vois plus un seul maintenant... Voyons, Césarine, tu es calme, toi, cherche-donc, nomme-m'en donc un...

CÉSARINE.

Mais, mon père, je ne sais vraiment... Ah! M. de Nucingen!

BIROTTEAU.

Un banquier! pour mettre tout le commerce de Paris dans le secret de ma gêne... non, non.

CÉSARINE.

C'est juste! cela ne se peut pas...

BIROTTEAU.

Et comment trouver cent mille francs dans deux heures!.. Voyons, voyons... si j'allais... non, impossible... je deviendrai fou, ce bal, ce maudit bal... Ah! je suis perdu!

CÉSARINE.

Mon père, vous êtes sauvé; M. Popinot!

BIROTTEAU.

Popinot!

CÉSARINE.

N'a-t-il pas dit qu'il verserait son sang pour vous!

BIROTTEAU.

Oui, pour moi, et pour ma famille... Ah! chère enfant, c'est le ciel qui t'a inspirée... Popinot! mais conçoit-on que je ne pensais pas à lui... oui, oui, j'y cours.

CÉSARINE.

Il est bon, sensible, vous n'aurez qu'un mot à dire...

BIROTTEAU.

Que me faut-il? sa signature, des effets que je puisse escompter en les endossant... tu as raison, je suis sauvé! sauvé!.. ah! embrasse-moi!..

CÉSARINE.

Ma mère!

BIROTTEAU.

Chût!

SCENE IX.

Les Mêmes, CONSTANCE.

BIROTTEAU, affectant de prendre un air d'indifférence.

Césarine, donne-moi mon chapeau... (A Constance.) Ah! le voilà, bichette; as-tu bien dormi, cette nuit?

CONSTANCE.

Singulière question, on dirait que tu ne m'as pas vue de la journée.

BIROTTEAU.

C'est vrai, une distraction... les affaires... donne-moi donc mon chapeau, Césarine.

CÉSARINE.

Voilà mon père.

BIROTTEAU.

Merci... (Il met son chapeau sur sa tête et ferme sa robe de chambre comme si c'était une redingote.)

CONSTANCE.

Est-ce que tu sors?

BIROTTEAU.

Oui, sans doute, adieu, mes enfans.

CONSTANCE.

Eh bien! César... qu'est-ce que tu fais donc? comment tu sors en robe de chambre!

BIROTTEAU.

Tiens, c'est ma foi vrai! Ah ça! où diable ai-je donc la tête, aujourd'hui? sortir en robe de chambre à ramages... ah! ah! ah! (A part.) Comme je souffre.

CONSTANCE.

Tiens, voilà ton habit!

BIROTTEAU, ôtant sa robe de chambre et passant son habit.

Comment, bichette, c'est toi! quel trésor j'ai là, ma Constance; ma Césarine, je suis si heureux près de vous!

CONSTANCE.

Mais qu'as-tu donc, Birotteau, comme tu es agité?

BIROTTEAU.

Vous m'aimerez toujours? nous ne nous séparerons jamais, n'est-ce pas?.. oh! non, jamais!.. Adieu, mes chers enfans... Ah! ma canne que j'oublie encore. (Il fait un signe d'intelligence à Césarine.)) Adieu!

(Il s'éloigne. Constance étonnée le suit jusqu'au fond et le regarde descendre.)

SCENE X.
CÉSARINE, CONSTANCE, puis PILLERAULT.

CÉSARINE, à part, pendant que Constance accompagne Birotteau.

O mon Dieu! qu'allons-nous devenir? j'ose à peine y penser... pauvre père, fasse le ciel qu'il réussisse! mais pourquoi douter? M. Popinot nous est dévoué, je connais son cœur, il ne refusera pas de venir à notre secours; oh! non, j'en suis sûre... et moi je l'en aimerai encore davantage.

CONSTANCE, revenant en scène et à part.

Que s'est-il donc passé? je ne l'ai jamais vu dans un état pareil. (Haut.) Dis-moi, Césarine, sais-tu ce qui force ton père à sortir si brusquement?

CÉSARINE.

Quelque affaire pressée, sans doute... peut-être un mariage à la mairie. Tu sais comme il tient à être exact, il aura oublié l'heure, et la crainte de se faire attendre...

CONSTANCE.

Tu t'abuses, ma chère enfant, non, cela ne suffirait pas pour motiver ce trouble, cet embarras... sa voix émue, sa figure bouleversée; tu n'as donc pas remarqué?

CÉSARINE.

Mais non, maman.

CONSTANCE.

Il m'a fait peur... j'en suis encore toute saisie.

CÉSARINE.

Te voilà bien, tu t'effraies pour la moindre chose.

PILLERAULT, entrant.

Très bien! très joli! parfait! oui, vraiment, je commence à me faire à l'appartement, et quoique je sois toujours d'avis qu'on aurait pu se passer de tout cela, je dois cependant convenir que c'est distribué avec un goût, une élégance!..

CÉSARINE.

N'est-ce pas, mon oncle? mais reposez-vous donc, vous devez être fatigué.

PILLERAULT.

Ce n'est pas de refus, voilà deux heures que je suis sur mes jambes.

CÉSARINE, lui approchant un siège.

Tenez, asseyez-vous. (Pillerault s'assied.) Maintenant, voici le journal d'aujourd'hui.   (Elle le lui donne.)

PILLERAULT.

Ah! vous êtes abonnés aux DÉBATS? au fait, c'est tout simple, un fonctionnaire public...

CÉSARINE.

Moi, je vais me mettre là, près de vous avec ma broderie, et s'il y a quelque nouvelle intéressante, vous me la direz. (Constance est restée pensive de l'autre côté de la scène.) Eh bien! maman, est-ce que tu vas rester toute seule dans ton coin? tu as l'air de nous bouder, viens donc ici, viens, ma chère maman.   (On entend du bruit au dehors.)

LA MADOU, en dehors.

Monsieur le caissier, je n'ai pas le temps d'attendre, moi!

PILLERAULT.

Quel est ce bruit?

CONSTANCE.

C'est une dispute dans la boutique... que signifie?.. restez, maman, restez, je vais voir moi-même ce que c'est.

SCENE XI.

LES MÊMES, LA MADOU, un billet à ordre à la main, paraît tout à coup à la porte du fond.

LA MADOU, se retournant vers l'escalier.

Ah ça! veux-tu ben m'lâcher, ou j'te réchauffe la joue avec une girofiée à cinq feuilles.

CONSTANCE.

Entrez, madame, et expliquez-vous tranquillement.

LA MADOU, s'avançant.

Excusez si je vous dérange, ma princesse.

CONSTANCE.

Voyons, parlez, que demandez-vous ?

LA MADOU.

Je demande, qu'on m' solde mon billet.

CONSTANCE.

Vous allez être satisfaite. (Elle appelle.) Célestin !.. (A part.) Je ne puis comprendre !.. (Appelant.) Célestin...

CÉSARINE, à part.

La vérité va se découvrir !

SCENE XII.

Les Mêmes, CÉLESTIN.

CONSTANCE.

Arrivez donc, monsieur, que veut dire ceci?.. pourquoi n'avez-vous pas payé ce billet?..   (Césarine fait signe à Célestin de se taire.)

CÉLESTIN.

Madame... c'est que...

CONSTANCE.

Eh bien ! quoi ?.. voyons, mais parlez donc !..

CÉLESTIN.

C'est que... je n'ai plus rien en caisse.

PILLERAULT, à part.

Qu'est-ce que j'entends là !

CONSTANCE.

Voilà qui est nouveau... hier au soir, vous aviez encore vingt mille francs... qu'en avez-vous fait ?

CÉLESTIN.

Madame... ils ont servi pour un effet de pareille somme qu'on est venu toucher ce matin... ordre Dutillet!   (Il sort.)

CONSTANCE.

Ah! mon Dieu ! quel affreux éclair !

CÉSARINE.

Oui, maman, c'est la vérité... mon père avait oublié...

PILLERAULT.

Oublier vingt mille francs !..

CONSTANCE.

Voilà donc la cause de son agitation !

LA MADOU, s'échauffant peu à peu.

Tout ça est bel et bon, mais je n' me paie pas en monnaie de singe; je veux mon argent, il m' le faut, vous me l' donnerez, ou je vas emporter d' la marchandise pour mes quatre mille francs.

CÉSARINE.

Madame, je vous en prie... ce n'est qu'un instant de retard !

LA MADOU.

Jour de Dieu ! si vous ne me payez pas, comme je suis une faible femme de mon sexe, j' vous envoie tous aux galères, j' vais chez le procureur du roi, le tremblement de la justice ira son train. Ah ben !..

CÉSARINE.

Parlez plus bas... si l'on vous entendait... vous perdriez notre maison; madame, au nom du ciel, n'ameutez pas les passans.

LA MADOU.

Eh! qu'ils entrent, je leux y dirai la chose, histoire de rire ! oui, ma marchandise et mes écus ramassés à la sueur de mon front servent à donner vos bals, vous vous gobergez, vous vous pavanez, vous allez vêtues comme des reines du Malabar avec la laine que vous prenez à des pauvres igneaux comme moi... Jésus! ça me brûlerait les épaules à moi, du bien volé; mon cachemire est en poil de lapin, mais il m'appartient...

CÉSARINE, allant à Pillerault.

Mon oncle !

PILLERAULT, se levant.

Ah ça ! mère Madou, aurez-vous bientôt fini ?

LA MADOU.
Quiens! c'est le brave père Pillerault.
PILLERAULT.
Quelle diable de scène venez-vous faire là, ne craignez rien, demain vous serez payée.
LA MADOU.
Ah! vous êtes un brave homme! pardon de mes paroles, madame; j'ai été un peu vive, trop, peut-être! que voulez-vous, la Madou prend feu, mais elle a bon cœur... Allons, vous êtes d'honnêtes gens! (A Pillerault.) Je n' prendrai rien, est-ce pas? à demain, mon vieux...

SCÈNE XIII.
CONSTANCE, CÉSARINE, PILLERAULT.

CÉSARINE, sautant au cou de Pillerault.
Oh! merci, mon oncle, merci!
PILLERAULT, avec peine.
Mes chers enfans, tout ce que je vois, tout ce que j'apprends me fait une peine extrême... j'ai l'expérience de la vie et je ne vous le cache pas, je prévois quelque horrible catastrophe.
CONSTANCE.
Mon Dieu! mon Dieu! prenez pitié de nous!..
CÉSARINE.
Maman, ne t'afflige pas ainsi.
CONSTANCE.
Ce n'est pas sur moi que je pleure, ma fille, j'aurai de la force, mais toi, ma pauvre enfant, toi, dont je voyais l'avenir si riant... Ah! j'aurais dû prévoir ce malheur!
CÉSARINE.
Je te le répète, tu t'alarmes à tort; rien n'est encore désespéré, ce n'est qu'une erreur de date facile à réparer...
CONSTANCE.
Tu savais donc?..
CÉSARINE.
Oui, maman, mais mon père m'avait recommandé de ne pas t'en parler... il te connaît... et la crainte de te causer quelque inquiétude... va, je ne souhaite qu'une chose au monde, c'est d'être aimée comme il t'aime.
CONSTANCE, la pressant dans ses bras.
Chère enfant!.. je voudrais me faire illusion...
CÉSARINE.
Allons, voyons, rassure-toi, sèche tes pleurs... il va revenir, il a été chez une personne qui l'aidera, je ne puis en douter... tiens, on ferme la porte, j'entends ses pas dans l'escalier, oui, le voilà, le voilà!

SCÈNE XIV.

LES MÊMES, BIROTTEAU, pâle, défait, comme égaré, se précipite en scène.
CÉSARINE, courant à sa rencontre.
Mon père, nous sommes sauvés, n'est-ce pas?
BIROTTEAU, après un temps et avec effort, mais bas à sa fille.
Nous sommes perdus!
CÉSARINE.
Vous n'avez donc pas vu Popinot?
BIROTTEAU.
Je l'ai vu.
CÉSARINE.
Eh bien?
BIROTTEAU.
C'est un ingrat.
CÉSARINE, se cachant la figure dans son mouchoir.
Oh! mon Dieu!
BIROTTEAU.
Maudissez-moi, nous sommes ruinés!

TOUS.

Ruinés!

BIROTTEAU.

Sans ressources... oh! misérable Dutillet!

CONSTANCE, avec effroi.

Que dis-tu?

BIROTTEAU.

Il est parti.

CONSTANCE.

Est-il possible!

BIROTTEAU.

Et personne pour me tendre une main amie, pour m'aider à sortir de cet abîme!.. un espoir me restait, je devais y compter... un être que j'avais élevé comme mon enfant, dont j'avais commencé la fortune... je me suis adressé à lui : Popinot, lui ai-je dit, tu peux me sauver l'honneur et la vie ; savez-vous ce qu'il m'a répondu? Vous me demandez des billets à quatre-vingt-dix jours ; dans trois mois, il me sera impossible de les payer, je ne le puis, je vous refuse! O! ingratitude des hommes!...

PILLERAULT.

Il a bien fait, et je l'approuve, souscrire des effets de complaisance, se lancer dans un système de circulation, c'est, selon moi, un commencement de friponnerie, c'est la fausse monnaie du papier!

BIROTTEAU.

Mais vous, mon oncle, m'abandonnerez-vous aussi?.. vous ne répondez pas?

PILLERAULT.

Mon neveu, quand bien même je vendrais tout ce que je possède, cela serait insuffisant, tu es trop fortement compromis... il vous faudra peut-être du pain à tous, et vous le trouverez chez moi.

BIROTTEAU.

Du pain!

PILLERAULT.

Oui, du pain ; vois donc les choses comme elles sont, tu ne t'en tireras pas ; je te vois fâché contre moi, mais plus tard, tu me rendras justice en pensant à ta fille et à ta femme.

BIROTTEAU, altéré.

Je n'ai donc plus qu'à mourir! (Il se laisse tomber sur un siége.)

SCÈNE XV.

LES MÊMES, POPINOT.

POPINOT, qui a entendu les derniers mots.

Non, vous ne mourrez pas!

CÉSARINE.

Ah! c'est lui!

POPINOT, s'approchant de Birotteau.

Mon cher et bien aimé patron, n'est-ce pas que j'avais perdu déjà dans votre estime... vous doutiez de mon attachement pour vous, de mon amour pour... pour votre famille entière... je vous avais refusé cruellement... vous, à qui je dois tout ce que je sais!.. ah! pardon! pardon!.. voilà ce que vous m'avez demandé. (Il lui montre des billets.)

Air de Téniers

Ah! ce n'est point un sacrifice,
Je les ai signés sans regrets ;
Moi refuser de vous rendre service,
Comme un ingrat, me conduire, oh! jamais!
Quand le sort dans son inconstance,
Vient vous accabler de ses coups,
Par dévoûment et par reconnaissance,
Je dois lutter et périr avec vous.

PILLERAULT, à part.

Brave garçon... excellent cœur!..

CÉSARINE.

J'étais bien sûre de lui!

POPINOT.

Oh! soyez sans inquiétude... j'ai étudié ma position... je paierai... sauvez, sauvez votre honneur!

BIROTTEAU, se levant.

Oh! tu me rends la vie!.. Popinot!.. tu m'avais fait bien du mal!.. mais ce moment efface tout!.. donne! donne!

PILLERAULT, saisissant les billets.

Un moment! un moment!.. (Se retournant vers Popinot.) Jeune homme, tu es digne de l'estime de tous ceux qui ont du cœur!.. si j'avais une fille, eût-elle un million, n'eusses-tu rien!.. si elle t'aimait, avant quinze jours vous seriez mariés!.. (A Birotteau.) Mon neveu, plus d'illusions, on doit faire les affaires avec des écus et non avec des sentimens... ceci est sublime, mais inutile!.. (Il déchire les billets.)

POPINOT.

Monsieur!

BIROTTEAU.

Que faites-vous!

CONSTANCE et CÉSARINE.

Mon oncle!

PILLERAULT.

Pourquoi donc entraîner cet enfant dans ta chute? c'est détruire son avenir!.. c'est vous priver l'un et l'autre de toutes les chances de sa maison!.. et qui sait si un jour elle ne sera pas ton refuge!

BIROTTEAU.

Mais mon oncle, que voulez-vous donc que je fasse?

PILLERAULT.

Que tu déposes ton bilan!..

BIROTTEAU.

Jamais! jamais!

PILLERAULT.

Aimes-tu mieux arriver à une faillite honteuse? aujourd'hui, tu n'es qu'un imprudent... dans deux mois tu serais un malhonnête homme!..

CONSTANCE, à part.

Il en mourra!

CÉSARINE.

Mon père!..   (Birotteau se cache la figure dans ses mains.)

PILLERAULT, à Popinot.

Mon garçon, apporte les livres... (Popinot sort.) Allons, Birotteau, un peu de fermeté!   (Il lui prend la main.)

BIROTTEAU, accablé.

Oui, mon oncle, oui...

CONSTANCE.

Voilà donc mon rêve accompli!

BIROTTEAU.

Oh! oui... je m'attends à tes reproches... insensé que je suis, de ne t'avoir pas écoutée!..

CONSTANCE.

Oh! pardon, mon ami, j'ai tort... voilà le malheur venu, je serai résignée, pleine de force, et tu n'entendras jamais une plainte!..

BIROTTEAU, passant vers Césarine.

Ma chère Césarine!..   (Il l'embrasse.)

CÉSARINE.

Voyez, mon père, je suis calme, je ne pleure pas.

BIROTTEAU, montrant Popinot qui s'est placé à une table avec les livres.

Pauvre Popinot... le malheur a cela de bon, ma fille, qu'il nous apprend à connaître nos amis.

SCENE XVI.

Les Mêmes, GAUDISSART, en tenue de voyage, une cravache à la main. Popinot et Pillerault travaillent sur les livres à droite. Césarine et Constance occupent la gauche. Birotteau est au milieu.

GAUDISSART, en dehors.

Retenez bien la grise, sans quoi, elle va partir, la gaillarde...

César Birotteau.

Entrant. Vite en route
Beau voyageur!..

Ah! pardon!.. gatté intempestive... (Il regarde de tous les côtés.) Je saisis l'anecdote... allons, Gaudissart, ne plaisantons pas, ou je vous ôte mon estime!.. (Il s'approche de Birotteau et lui saisit la main.) M. Birotteau... quand un homme comme vous... certainement ça fend le cœur... mais l'honneur est sauf!.. et je ne vous en dirai pas davantage...

BIROTTEAU.

Merci, mon ami... vous partez?.. bonne chance.

GAUDISSART.

Comptez sur moi, M. Birotteau! voilà qui vous sauvera!
(Il déploie une affiche monstre sur laquelle on lit : Huile Césarienne en caractères énormes.)

Trouvez m'en une pareille!.. Popinot!.. es-tu satisfait ? si j'étais chauve, j'en achèterais de votre huile, non pas pour me faire pousser des cheveux, parce que je ne crois pas à ces bamboches-là, mais rien que pour l'affiche.

Air du Maçon.

Amis, dans ce moment funeste,
Qu' l'espoir anime votre cœur...
Songez-y, Gaudissart vous reste,
Il ramènera le bonheur !
Ah! quand je me mets à l'ouvrage,
Vous allez le voir à l'ouvrage
Avec l'affiche que voilà !..
Du courage
Les amis sont toujours là !

(Pendant que l'orchestre joue en sourdine la ritournelle et accompagne jusqu'à la fin de l'acte.)

Adieu, mes amis, adieu, Popinot... nous nous reverrons aux prés Saint-Gervais... c'est-à-dire, non... je me blouse!.. (Presque bas.) Nous nous reverrons à la mairie... adieu... à bientôt!.. (En sortant.) Oh! la grise! oh!..

SCENE XVII.

LES MÊMES, excepté GAUDISSART.

PILLERAULT, se levant et présentant une plume à Birotteau.

Allons, mon ami, le moment est venu... il faut signer!..

BIROTTEAU.

Le déshonneur est là... je ne dois plus songer qu'à la réparation... j'ai rêvé pendant vingt-deux ans... je me réveille aujourd'hui paysan tourangeau, mon bâton à la main!.. (Il prend la plume et va pour signer) Ah! attendez!.. (Il détache sa croix et la présentant à Pillerault.) Vous me la rendrez quand je pourrai la porter sans honte!

CONSTANCE, à part.

Que Dieu lui donne la force de supporter ce coup-là !
(Birotteau a signé et reste comme anéanti.)

POPINOT.

Maintenant, monsieur, et vous, madame, faites-moi l'honneur de m'accorder la main de Mlle Césarine.

BIROTTEAU, vivement.

Mon enfant, tu n'épouseras jamais la fille d'un failli!

GAUDISSART, dans la coulisse.

Du courage
Les amis sont toujours là !..

Adieu, Popinot!

POPINOT, allant à la croisée.

Adieu!.. adieu!..

TOUS.

Du courage,
Les amis sont toujours là !..
(On entoure Birotteau qui embrasse sa femme et sa fille.—Tableau.)

FIN DU DEUXIÈME ACTE.

ACTE III.

Au lever du rideau Césarine est endormie dans un fauteuil placé sur l'avant-scène de gauche et près d'une porte ouverte; à côté d'elle est une table sur laquelle se trouvent, une potion, un verre et une lampe de nuit: Césarine tient encore à la main l'ouvrage auquel elle travaillait. Birotteau est du côté opposé assis à un bureau, il travaille: le jour arrive par degrés.

SCÈNE I.
BIROTTEAU, CÉSARINE.

BIROTTEAU.

Déjà sept heures... mon travail est bientôt fini... je pourrai le porter ce matin à mon bureau... je suis assez fort maintenant pour sortir, pour travailler...

CÉSARINE, rêvant.

Mon père... ne bougez pas... je vais vous donner votre potion...

BIROTTEAU, se retournant.

Pauvre Césarine!.. elle s'est endormie en travaillant!.. elle me croit dans ma chambre et dans mon lit!.. si elle savait que j'ai passé une partie de la nuit à écrire... c'est qu'au bout du compte... il y a deux mois que je suis malade, que je ne fais rien... pendant ce temps-là les appointemens s'arrêtent et les visites du médecin marchent toujours. (Il se lève.) Là, voilà qui est fait... à présent, il faut rentrer dans ma chambre, bien doucement afin que Césarine ne sache pas...

CÉSARINE, se réveillant.

O ciel!.. mon père!.. vous souffrez!.. me voilà!.. me voilà. (Elle se lève.)

BIROTTEAU.

Bon!.. elle est éveillée!..

CÉSARINE, passant la main sur ses yeux.

Malheureuse!.. je m'étais endormie... et mon père!.. mais ce cri... c'est bien lui... il m'a appelée... (Elle s'élance vers la porte de la chambre.)

BIROTTEAU.

Césarine? (Elle s'arrête et se retourne.) Je suis là.

CÉSARINE.

Levé!. levé!. à cette heure!.. oh!.. quelle imprudence!. (Elle vient à lui.)

BIROTTEAU.

Non... non je suis bien je te jure.

CÉSARINE.

Mais vous oubliez donc ce qu'a dit le docteur?.. le plus grand repos est encore nécessaire... la moindre imprudence pourrait rendre à la maladie toute sa première force... oh! mais je vous accuse... et je suis seule coupable!.. mon père est convalescent... je le veille et je m'endors.. oh!.. c'est mal... bien mal... pardon, mon père... pardon.

BIROTTEAU, après l'avoir embrassée sur le front.

Allons... allons calme-toi... je me suis levé un peu plus tôt qu'à l'ordinaire et voilà tout.

CÉSARINE.

Et vous avez travaillé, j'en suis sûre... oh!... tenez, en voilà la preuve... mais vous voulez donc nous chagriner tous? il faut donc vous surveiller comme un enfant?...

BIROTTEAU.

Ne me gronde pas... je t'en prie...

CÉSARINE.

Mais il ne faut pas vous tuer!

BIROTTEAU.

Il n'y a pas de danger... je suis solide, va!...

Air: mon Galoubet.

Je suis guéri, (bis.)
Rassure-toi chère petite,
Sur mes pieds je suis raffermi;
Mon médecin homm' de mérite,

Ne veut plus me fair'de visite.
Je suis guéri, (bis.)

CÉSARINE.

Comment, mon père, vous êtes décidé à retourner à votre bureau... dès demain...

BIROTTEAU.

Oui, dès demain... tout le monde travaille autour de moi... et pour moi! pour réparer le mal dont je suis cause... ta mère... ma Constance... ne s'est-elle pas condamnée à tenir les écritures chez des étrangers? toi-même, chère enfant, n'es-tu pas réduite à être demoiselle de magasin?..

CÉSARINE.

Mon père!...

BIROTTEAU.

Et tu veux que je reste les bras croisés à vous regarder? non, non, je me dois à mes créanciers, je n'aurai ni repos, ni trêve que je ne les aie tous payés intégralement... ah! le jour où je serai réhabilité sera un beau jour pour moi!.. et pour toi aussi, ma Césarine... car je comprends tes petits chagrins... et ceux de ce pauvre Popinot... si bon, si dévoué!.. écoute!. tu sais si je t'aime, si je serais heureux de te voir mariée, mais je l'ai dit et j'y tiens... point de mariage tant que je ne serai qu'un failli... eh bien! tu pleures?...

CÉSARINE.

C'est plus fort que moi, car je puis vous l'avouer mon père... je l'aime... oh!.. tenez... à mon tour je vous jure que je n'y penserai plus à ce mariage... tant que... vous ne serez pas heureux et réhabilité!...

BIROTTEAU.

Embrasse-moi, te voilà raisonnable!.. (Il l'embrasse.) Un peu de patience... dans peu de temps, je l'espère... (A part, en se dirigeant vers la porte de gauche.) peu de tems... des années peut-être! (S'arrêtant sur le seuil de la porte et tendant la main à Césarine.) Patience... tu entends... mais jusque-là!...

CÉSARINE.

Je vous l'ai promis, je n'y penserai pas. (Birotteau sort.)

SCÈNE II.

CÉSARINE.

N'y plus penser!.. oh!. cela me serait impossible.

Air: Mon Seigneur l'a défendu.

Ma mémoire avec ivresse,
Me rappelle encor ces jours,
Où le cœur plein de tendresse;
Il jurait de m'aimer toujours...
(Mettant la main sur son cœur.)
Non de là j'aurai beau faire,
Rien ne pourrait l'effacer...
Mais je l'ai promis à mon père,
Non... non je n'y dois plus penser,

Comment veut-on que j'oublie;
Son dévoument, son amitié?
Pour nous quand il se sacrifie,
Mon sort au sien est lié,
De mon amour je suis fière;
Ah! pourrais-je y renoncer!..
Mais je l'ai promis à mon père,
Non, non, je n'y dois plus penser!

SCÈNE III.

CÉSARINE, CONSTANCE, puis après BIROTTEAU,

CONSTANCE, entrant par le fond.

Bonjour, ma fille... eh! bien?.. ton père?..

CÉSARINE.

Mieux... beaucoup mieux...

CONSTANCE.
Enfin!.. ses palpitations?.. ont-elles été bien fortes?..
CÉSARINE.
Non... au contraire.
CONSTANCE.
Pourvu que les pressentimens du médecin ne se réalisent pas!.. il craignait un anévrisme au cœur!.. et c'est une maladie cruelle qui pardonne si rarement!
CÉSARINE.
Chut!.. le voici!..
BIROTTEAU, entrant.
Ah!.. ma femme!.. tu es donc libre, aujourd'hui, bichette?
CONSTANCE.
Sans doute... n'est-ce pas dimanche?
BIROTTEAU.
C'est vrai...
CONSTANCE.
Et la fête de Césarine!..
BIROTTEAU, passant près de sa fille.
Oh! je l'avais oublié... Eh bien... tant mieux!..ce sera un jour de repos et de bonheur au milieu de nos jours d'affliction.
CÉSARINE.
Oh! oui; car nous fêterons votre retour à la santé.
BIROTTEAU.
C'est à toi, chère fille, à toi et à ta mère que je dois d'être encore de ce monde... quels soins touchans, quelle tendre amitié!.. pendant cette longue et douloureuse maladie, je n'ai pas ouvert les yeux une seule fois sans trouver là, près de moi, ma femme et ma fille, et souvent la nuit, toutes les deux, inquiètes, attentives, cherchant à deviner ma souffrance pour la prévenir ou la combattre!.. Oh! que de fois aussi n'ayant pas la force de vous remercier en vous serrant dans mes bras, je vous ai bénies dans ma pensée!.. que de fois j'ai remercié Dieu de m'avoir donné ces deux biens inappréciables, une bonne épouse et une fille tendre!

Air de l'Anonyme.

Vous méritez de bien justes louanges;
A votre amour que ne devrai-je pas?
Auprès de moi, j'ai toujours eu deux anges,
Et leurs doux soins éloignaient le trépas.
Ah! je le vois!.. pendant notre existence,
Pour nous aimer la femme est toujours là...
Quand le plaisir réclame sa présence,
Quand le malheur lui dit: viens, me voilà!

CONSTANCE.
Que je suis heureuse! (A Césarine qui a repris les livres sur lesquels elle travaillait.) Eh bien! où vas-tu donc, Césarine?
CÉSARINE.
Je vais me disposer à reporter au magasin les livres de compte... car on doit en avoir besoin.
CONSTANCE.
Hâte-toi, mon enfant... et tâchons aujourd'hui de nous quitter le moins possible. (Césarine sort.)

SCÈNE IV.
CONSTANCE, BIROTTEAU, PILLERAULT.

PILLERAULT.
Bonjour, mes amis... Eh bien! Birotteau, il paraît que nous sommes sur pied?
BIROTTEAU.
Vous voyez, mon oncle...
PILLERAULT.
Allons... je t'apporte quelque chose qui ne te fera pas de mal, je le jure.
BIROTTEAU.
Encore quelques châteries... des futilités...

PILLERAULT.

Ah ben! oui; de l'argent!.. à toi, bien à toi... et que tu vas pouvoir distribuer à tes créanciers... aujourd'hui tu pourras en solder deux de plus!..

BIROTTEAU.

Ah! mon oncle!.. quel bien vous me faites!.. mais cet argent d'où vient-il donc?

PILLERAULT.

Eh! parbleu!.. le mois d'appointemens de ta femme... celui de ta fille... et le tien...

BIROTTEAU.

Le mien!.. Je suis malade depuis six semaines!..

PILLERAULT.

Ça ne fait rien... on a payé...

BIROTTEAU.

Mais, ce n'est pas juste... je ne veux pas... je ne dois pas...

PILLERAULT.

Quelle diable de susceptibilité... ça se fait toujours.

CONSTANCE, à part.

Cher oncle!.. je suis bien sûre que c'est lui!..

PILLERAULT.

Ensuite, il y a ta part dans les bénéfices de l'huile Césarienne pendant le dernier trimestre...

BIROTTEAU.

Ah! pour ceci... un instant!.. diable! je ne veux pas accepter... je ne suis pas l'associé de Popinot!..

PILLERAULT.

Eh! n'est-il pas libre de te considérer comme tel?

BIROTTEAU.

J'en conviens... mais c'est égal, si j'acceptais... cela n'empêcherait pas d'économiser pour le payer.

PILLERAULT.

Libre à toi!.. mais je te préviens que j'ai écrit à la mère Madou et au tapissier... ce matin, ils viendront toucher la solde de leurs créances.

CONSTANCE.

Ah!.. mon ami!.. vois donc, quel bonheur!..

BIROTTEAU.

Je ne sais pas comment vous faites, mon oncle, mais vous avez le don de me persuader...

PILLERAULT.

A la bonne heure!..

Air : Apportez vos pinceaux. (Le Vendu.)

Ça va bien,
Espérance
Et confiance,
Ça va bien
Quand l'honneur ne risque rien !

Chacun cite ta droiture,
La noblesse de ton cœur...
Quand la conscience est pure,
On grandit par le malheur !

ENSEMBLE.

Ça va bien, etc.

CONSTANCE.

Si tu n'as plus la richesse,
Si tes biens te sont ravis,
Il te reste ma tendresse,
Une fille!..

BIROTTEAU, prenant la main de Pillerault.

Et des amis !..

ENSEMBLE.

Ça va bien, etc.

SCENE VI.
Les Mêmes, LA MADOU.

LA MADOU, entr'ouvrant la porte du fond.
On peut-y entrer?

PILLERAULT.
Oui... oui... entrez, mère Madou.

LA MADOU.
Salut, mes bourgeois... j'ai reçu vot' poulet ous que vous me dites de passer... et je passe en passant... est-ce qu'il vous faudrait des noisettes?.. car Dieu soit béni, je n' vends pas aut' chose depuis que c' bon M. Birotteau...

PILLERAULT.
C'est lui qui veut vous parler.

BIROTTEAU.
Oui, mère Madou, c'est moi...

LA MADOU.
Ah! seigneur Jésus... est-il possible!.. c'est vrai que c'est lui.. ah! l' cher homme...

BIROTTEAU.
Vous me trouvez un peu changé?

LA MADOU, à part.
Comme il est blanchi!

BIROTTEAU.
C'est que j'ai été malade!

LA MADOU.
Vrai!.. et vous n' m'avez pas fait demander?.. j'vous aurais soigné, moi, gratis prodéo!..

CONSTANCE.
Merci, Mme Madou... mais nous étions là, ma fille et moi...

LA MADOU.
Encore des belles gardes-malades... c'est fort comme des allumettes, et ça se donne un mal de chien caniche... ah! si j'osais m' fâcher...

BIROTTEAU.
Excellente femme! le plaisir que j'ai à vous entendre double celui que je vais avoir à vous payer.

LA MADOU.
Me payer... mais vous n' me devez rien!.. je vous ai donné mon acquit et c'est une affaire bâclée!

BIROTTEAU.
Non... non!.. je ne l'entends pas pas ainsi!..

Air : Amis, voici la riante semaine.

> Mes créanciers m'ont tous donné quittance,
> Je ne leur dois plus rien d'après la loi,
> Mais je leur dois d'après ma conscience,
> Et les solder est un devoir pour moi!..
> (Présentant de l'or à La Madou)
> De mon travail, cet or est le salaire!..
> Prenez!.. prenez!.. je l'offre avec bonheur!
> Je n'ai plus rien... qu'importe la misère!..
> Je suis au moins riche de mon honneur!..

LA MADOU.
Ah ben! si c'est comme ça, j'me ferai pas prier long-temps!.. ous' qu'il y a une plume que j'vous griffonne ça.

PILLERAULT, à la table à droite.
Tenez, ici... mère Madou.

LA MADOU.
Ah ben!.. ah ben!.. la farce est bonne, excusez!.. drès ce matin j'vas proclamer c' l'action-là dans toute la halle!.. en v'là d'l'honneur à la bonne mesure et les quatre au cent.   (Elle va signer.)

BIROTTEAU.
Ah! mon oncle, vous aviez raison tout à l'heure, et c'est maintenant que je puis chanter:

Ça va bien,
Espérance
Et confiance,
Ça va bien,
Quand l'honneur ne risque rien!..

LA MADOU.

Quand par hasard, sur la terre,
On trouve un homm' si parfait,
Il faudrait le mett' sous verre,
Pour la rareté du fait.

BIROTTEAU.

Attendez-moi, mère Madou, et nous partons ensemble... oui... je veux aller moi-même solder le tapissier... c'est un plaisir que je veux me donner pour ma première sortie...

ENSEMBLE.

Ça va bien, etc.

(Birotteau donne le bras à la Madou et ils sortent ensemble.)

SCENE VII.
CONSTANCE, PILLERAULT.

CONSTANCE.

Mon oncle, maintenant que nous sommes seuls, je puis vous exprimer toute ma reconnaissance... depuis long-temps je vous ai deviné, et sur les sommes que vous avez remises à Birotteau, une grande partie a été ajoutée par vous... oh!.. convenez-en, mon oncle!..

PILLERAULT.

Eh bien!.. eh bien, oui!

CONSTANCE.

Ainsi, ce n'est pas assez de nous avoir recueillis chez vous... vous entamez encore votre modique fortune pour aider mon mari dans la tâche qu'il s'est imposée...

PILLERAULT.

C'est que cette tâche est honorable... que Birotteau est affaibli par le travail, par la souffrance, et que s'il n'arrive pas bientôt au but de tous ses désirs, il en mourra de chagrin!

CONSTANCE.

Vous me désespérez, mon oncle.

PILLERAULT.

Que veux-tu, ma pauvre enfant, je ne me fais pas illusion, moi, et je pense sans cesse à ce que le médecin nous a dit : « Une émotion violente pourrait le tuer! »

SCENE VIII.
LES MÊMES, POPINOT.

(Il tient un grand pot de fleurs à la main et il a ses poches pleines de différens objets.)

POPINOT.

C'est moi, M. Pillerault!.. salut bien, ma future belle-mère!.. ah! ça paraîtrait que mon futur beau-père est guéri... je viens de l'apercevoir sous le bras droit de la mère Madou... tant mieux, fichtre!.. car j'ai donné campo à tous mes subalternes, je suis indépendant de mon dimanche et je suis d'avis qu'on égaie un peu la journée!.. n'avez-vous pas dit qu'il y aurait une petite... régalade?..

PILLERAULT,

Oui... un dîner de famille.

POPINOT.

Bravo!.. je me suis mis en mesure, je n'ai déjeuné qu'une fois, comme dans la semaine, afin d'avoir plus d'appétit...

PILLERAULT.

Ah ça! et les affaires?

POPINOT.

Oh! la capitale marche bien... je suis content d'elle... et mes relations ne font que croître et embellir... (A mesure qu'il parle, il tire des sacs de sa poche et les remet à Constance ou à Pillerault, en fesant passer son pot de fleurs d'un bras sur l'autre.) J'ai envoyé cent bouteilles aux trois Capucins... ce sont des mendians... Cinquante bouteilles au Chat qui Pêche... un homard... Et enfin j'ai reçu une demande conséquente des Bayadères... poires tapées!

CONSTANCE.

Avez-vous fini?

POPINOT.

Oui, future belle-mère!.. ah! non!.. (Il tire une énorme clé.) ah! si! c'est mon passe-partout! (Il le remet dans sa poche.) ah! si la province allait comme Paris... mais hélas!..

CONSTANCE.

Est-ce que les demandes deviennent plus rares?

POPINOT.

C'est-à-dire que depuis un mois... dame!.. il faut que je vous l'avoue... depuis un mois... n, i, ni... plus de nouvelles de la province... pas un mot de Gaudissart!..

CONSTANCE.

En vérité!.. lui qui avait si bien réussi d'abord, et qui vous fesait dans toutes ses lettres de si belles promesses!..

POPINOT.

Voilà les amis!.. il aura trouvé plus d'avantages dans une autre partie... et bonsoir pour la nôtre!..

PILLERAULT.

Diable!.. c'est dommage... Gaudissart était un puissant auxiliaire!..

CONSTANCE.

Encore une contrariété!..

POPINOT.

Bah!.. bah!.. faut pas s'affliger de ça... mais à propos, et Mlle Césarine.

CONSTANCE.

Elle va venir!

POPINOT.

Il me semble qu'aujourd'hui nous pourrions bien profiter de la circonstance pour chauffer ferme le papa... et pour enlever d'assaut son consentement.

CONSTANCE.

Nous essaierons... mon ami...

POPINOT.

Si vous voulez bien vous en charger, nous réussirons, j'en suis sûr! et vrai il sera temps; car depuis six mois, je sens que le sentiment m'étouffe... et il est cruel de manger toujours du pain sec à la fumée... d'un bon dîner?

CONSTANCE.

Voici ma fille.

SCENE VIII.

Les Mêmes, Césarine.

POPINOT, passant vers elle.

Mademoiselle...

CÉSARINE, surprise.

Ah! c'est vous, monsieur.

POPINOT.

Souffrez qu'en présence de votre mère et de votre oncle, je vous renouvelle l'aveu d'un amour qui remplit mon cœur... et dont ce simple pot est le gage.

CÉSARINE.

Je vous remercie, monsieur.

(Elle prend le pot et le pose sur la table, à côté d'elle.)

CONSTANCE.

Embrassez-la donc.

POPINOT.

Que je... ah! ciel! je sens un frisson qui m'inonde tout le corps. (A Césarine.) Souffrez... (Il l'embrasse. A part.) Ah! fichtre! c'est crânement bon!

CONSTANCE.

Allons, ma fille, n'oublie pas ton magasin!

CÉSARINE.

Oui, ma mère, j'y vais. (Elle remonte la scène.)

UNE DOMESTIQUE, entrant.

Mademoiselle, voici une lettre qu'un commissionnaire vient d'apporter, il attend la réponse.

CÉSARINE.

Une lettre pour moi? (Elle la prend et la donne à Constance.) Tenez, ma mère.

CONSTANCE, après avoir ouvert la lettre et l'avoir lue.

Oh! pauvre enfant!

CÉSARINE.

Qu'est-ce donc?

CONSTANCE.

Rien, rien... on te demande les livres de ton magasin.

CÉSARINE.

Je vais les reporter moi-même.

CONSTANCE.

Non, tu n'iras pas... donne. (Elle prend les livres et les donnant à la domestique.) Voici la réponse.

LA DOMESTIQUE.

C'est bien, madame. (Elle sort.)

CÉSARINE.

Je ne puis comprendre ce que cela signifie.

CONSTANCE.

On te reproche le temps que tu as passé auprès de ton père pour le soigner... on t'accuse d'avoir laissé les écritures en arrière de quelques jours... et enfin...

CÉSARINE.

On me renvoie!..

CONSTANCE.

Ainsi donc, tout arrive à la fois, tout!

CÉSARINE.

Une place de douze cents francs!.. vous le voyez, M. Popinot, mon jour de fête sera pour moi, un jour de chagrin... j'étais utile à mes parens, et je vais leur être à charge.

PILLERAULT.

Eh bien! petite folle, que dis-tu? et moi donc!.. est-ce que je ne suis pas là? nous te trouverons une autre place... Mais au nom du ciel, que Birotteau ne se doute de rien... il est aujourd'hui plus gai, plus heureux qu'à l'ordinaire, et... mais, je l'entends... oui, c'est lui qui revient... vite, vite essuyez vos larmes, et ne changez pas sa joie en tristesse.

SCENE IX.

LES MÊMES, BIROTTEAU.

BIROTTEAU, revenant dans la plus vive agitation et se retournant à la porte comme pour parler à quelqu'un.

Va, va... misérable... va faire de nouvelles dupes, et étaler sans honte les richesses volées.

CONSTANCE.

Mon Dieu! mon ami, qu'est-il donc arrivé?

BIROTTEAU.

Je revenais le cœur joyeux, content, lorsqu'au détour de la rue, forcé de m'adosser à la muraille pour éviter d'être écrasé, je lève les yeux et j'aperçois dans un brillant équipage, l'auteur de tous mes maux, l'infâme Dutillet!.. sa vue a réveillé toutes mes souffrances... je n'ai pu maîtriser mon indignation... Je sentais là quelque chose qui m'étouffait, je voulais lui jeter à la face son titre de fripon! mais il était déjà bien loin, emporté par la vitesse de ses chevaux; et moi, j'étais resté cloué contre ma borne, le désespoir dans l'ame et la rage dans le cœur!..

PILLERAULT.

Allons, voyons, calme-toi!..

BIROTTEAU.

Que je me calme! quand je le vois riche!.. lui, riche! après la plus honteuse des faillites! il a donné quinze pour cent... et il éclabousse dans la rue ceux qu'il a volés!.. moi j'ai donné quatre-vingt pour cent et je me tue pour payer le reste!

PILLERAULT.

Il a volé le code à la main en remplissant toutes les conditions voulues... la loi le protége, et appuyé sur elle le banqueroutier fait l'insolent!

BIROTTEAU.

Oh! c'est à se briser la tête!

Air : Un page aimait la jeune Adèle.

Entre nous deux, voyez la différence,
Après m'avoir lâchement ruiné,
Il vit heureux au sein de l'opulence,
Au travail, moi je suis condamné !
Voilà donc la chance commune !
Par un renversement fatal,
Le fripon marche à la fortune,
Et l'honnête homme à l'hôpital.

PILLERAULT.

Tu as raison, mon neveu, mais tu ne changerais pas ta position contre la sienne!

BIROTTEAU.

Oh! non, non, chers amis... pardon si je vous afflige...

CONSTANCE.

N'y pensons plus!

PILLERAULT.

Un temps meilleur viendra, sois-en sûr!   (On entend au-dehors.)

Du courage, (bis.)
Les amis sont toujours là!

POPINOT.

Ah! mon Dieu! cet air... cette voix... c'est Gaudissart! (Il court au fond.)

BIROTTEAU.

Gaudissart!

PILLERAULT.

Eh bien! que te disais-je?

POPINOT.

Eh! oui, le voilà!.. arrive donc!

SCÈNE X.
Les Mêmes, GAUDISSART.

GAUDISSART.

Bonjour, moutard... bonjour, tout le monde!
(Il embrasse Birotteau, Constance, donne la main à Pillerault et salue Césarine.)

POPINOT.

Tu ne nous as donc pas oubliés, tu as donc toujours pensé à nous?

GAUDISSART.

Vous oublier! Gaudissart oublier ses amis! qu'est-ce qui a dit ça? toi?.. Bénis le jour où tu devins mon ami... sans ce jour-là... et si j'avais le temps!.. (A Birotteau.)

Air du Maçon.

Dans tout' la France, avec l'affiche,
Votre huile a pris et se vend bien ;
Mais aujourd'hui, pour vous fair' riche,
Je possède un plus sûr moyen.
Votre bonheur sera mon ouvrage,
Et j' réussirai, tout le présage,
Grace aux deux chiffons que voilà.   (Il montre deux lettres.)
Du courage, (bis.)
Les amis sont toujours là.

ENSEMBLE.

Du courage, etc.

ENSEMBLE.

POPINOT.
Explique-toi.

BIROTTEAU.
Je ne comprends pas.

PILLERAULT.
Que signifie.

CONSTANCE.
Mais dites-nous...

CÉSARINE.
Parlez donc...

GAUDISSART.

Un peu de silence, si c'est possible!.. plus tard nous jaserons à notre aise!.. et vous me bénirez!.. Ah! d'abord, père Pillerault, je me suis permis de disposer de votre local... on va venir me demander; j'ai prévenu votre suisse et votre soubrette!.. mais attendez!.. une voiture s'arrête à la porte (Allant à la fenêtre.) Oui, c'est lui!..

BIROTTEAU.
Lui!.. qui lui?..

GAUDISSART.
Vite, rentrez dans votre chambre... gardez-vous de paraître... quand il en sera temps je vous préviendrai... et vous, mesdames, laissez-moi et priez le ciel que je réussisse dans mon projet.

ENSEMBLE.

Finale du 1er acte de la Modiste.

Quel est donc
La raison
De ce rendez-vous?
Taisons-nous,
Et retirons-nous!

GAUDISSART.
Allez donc, laisez-nous
Et retirez-vous,
Vous saurez la raison
De ce rendez-vous.

(On sonne au-dehors. Gaudissart pousse Birotteau, Césarine et Constance qui rentrent par la gauche.)

GAUDISSART, retenant Pillerault et Popinot.

Quant à vous, mes amis, soyez prêts à me soutenir si je vous appelle à mon secours... car il sera peut-être nécessaire d'en venir... vous m'entendez!..

PILLERAULT.
Une esclandre chez moi!..

GAUDISSART.
C'est pour votre repos à tous...

POPINOT.
Ne crains rien, je vas prendre mes précautions.

GAUDISSART.
Vite! à votre poste. (Pillerault entre à droite, Popinot à gauche.)

SCENE XI.
GAUDISSART, DUTILLET.

DUTILLET, paraissant au fond.
Monsieur Gaudissart?..

GAUDISSART.
C'est moi-même... entrez donc, monsieur, je vous en prie... c'est à M. Dutillet que j'ai l'insigne honneur de parler?

DUTILLET.
Vous vous êtes donné la peine de passer à mon hôtel... j'étais absent!..

GAUDISSART.
Désolé de vous avoir dérangé...

DUTILLET.
Mes courses m'ont amené dans le quartier... j'ai vu d'après votre billet que vous aviez une affaire importante à me proposer...

GAUDISSART.

Mais prenez donc un fauteuil, je vous en conjure. (Il lui avance un fauteuil et va chercher une chaise pour lui. A part.) Ferme, Gaudissart!.. sois adroit mon bonhomme!.. tu as affaire à un malin!.. il faut le jouer sous jambe!
(Il vient s'asseoir près de Dutillet.)

DUTILLET.

Je vous écoute, monsieur.

GAUDISSART.

Il s'agit d'une créance que j'ai achetée, et que je désirerais vous céder.

DUTILLET.

A combien s'élève-t-elle ?

GAUDISSART.

Environ deux cent mille francs.

DUTILLET.

Ça commence à compter, reste à savoir si le débiteur est solvable.

GAUDISSART.

Il mène un train de millionnaire.

DUTILLET.

Je vois que nous pourrons nous entendre...

GAUDISSART.

Oh!.. comme des larrons en foire!

DUTILLET.

Voyons les pièces.

GAUDISSART.

Je les ai là... mais avant de vous les montrer, il est bon que vous sachiez comment elles se trouvent entre mes mains.

DUTILLET.

C'est inutile.

GAUDISSART.

Au contraire, c'est très utile!.. mon débiteur est un gaillard qui a fait faillite il y a quelques années...

DUTILLET.

On n'est pas à l'abri du malheur.

GAUDISSART.

Justement; pour s'abriter il avait eu l'heureuse inspiration de tromper ses créanciers en introduisant parmi eux un adroit industriel de ses amis pour une somme énorme... vous comprenez?..

DUTILLET.

Mais c'est une banqueroute frauduleuse.

GAUDISSART.

Dame... ça y ressemble.

DUTILLET.

Et vous auriez la preuve?..

GAUDISSART.

Authentique... cet industriel, qui, par prudence, est passé à l'étranger, ne s'est pas trouvé suffisamment récompensé de sa complaisance... le hasard m'a fait rencontrer avec lui, et après des explications que je vous passe, il a consenti à me vendre le secret de son ingrat ami. Voilà ce que je veux exploiter pour forcer la main à mon débiteur, et comme vous êtes habile, j'ai compté sur vous.

DUTILLET, se levant.

Monsieur, vous vous êtes mépris... et jamais un honnête homme?..

GAUDISSART, se levant aussi.

Allons donc, pas de fausse délicatesse, mon cher...

DUTILLET.

Employer de semblables moyens... et d'ailleurs se peut-il que la personne ait été assez maladroite...

GAUDISSART.

On ne pense pas toujours à tout.

DUTILLET.

Je ne puis en entendre d'avantage.   (Fausse sortie.)

GAUDISSART.

Comment, pas même la lecture d'une lettre!..

DUTILLET, s'arrêtant.

Une lettre!..

GAUDISSART, *tirant un papier de sa poche et lisant.*
« Mon cher Claparon. »

DUTILLET.
Claparon!..

GAUDISSART.
» Réjouis-toi, je t'ai porté sur mon bilan pour une somme fictive de
» quinze cent mille francs, mes imbéciles de créanciers ont donné dans
» le panneau; ils n'auront rien, nous sommes riches... et... (*Dutillet se jette sur la lettre, s'en empare et la déchire.*) Que faites-vous?

DUTILLET.
Je vous empêche de ternir la réputation d'un homme d'honneur.

GAUDISSART.
Dites celle d'un coquin!

DUTILLET.
Monsieur!

GAUDISSART.
La vôtre, Dutillet!..

DUTILLET.
Vous n'avez plus de preuves.

GAUDISSART.
Oh! je savais de quoi vous étiez capable... vous n'avez déchiré que la copie! l'original me reste!

DUTILLET.
Malheureux!.. vous me rendrez cette lettre!..

GAUDISSART.
Pas un geste!.. nous sommes en force. (*La porte du cabinet s'ouvre.*) Vous êtes floué, mon ancien!

SCENE XII.
LES MÊMES, POPINOT.

POPINOT, *avec un manche à balai.*
Faut-il taper?

DUTILLET.
Mais c'est un guet-apens.

GAUDISSART.
Je vous conseille d'aller vous plaindre au procureur du roi, je vous accompagnerai si ça vous est agréable!.. oh! vous hésitez!.. et vous faites bien, M. Dutillet, car l'accusateur pourrait bien devenir l'accusé... et nous avons là pour dix ans de galères... un guet-apens!.. mais savez-vous chez qui vous êtes?.. chez une de vos victimes... chez Birotteau!

DUTILLET.
Je suis perdu!

GAUDISSART.
Popinot... viens ici!

POPINOT.
Faut-il taper?

GAUDISSART.
Non laisse ça et prends cette plume, écris : Bon pour remettre au porteur.. cent quarante mille francs.. (*Se retournant vers Dutillet.*) Chez monsieur... un nom solide, au moins... monsieur?

DUTILLET.
David!

GAUDISSART.
Le banquier qui demeure dans cette rue?.. excellent!.. allons, monsieur, veuillez approuver (*Dutillet prend la plume.*) Impossible de faire les choses avec plus de grâce.

DUTILLET.
Mais qui me répondra?.

GAUDISSART.
Ma parole... et puis donnant... donnant! (*Dutillet signe.*) Vite Popinot!..

POPINOT, *sortant vivement.*
Je cours!

GAUDISSART, allant ouvrir la porte de Pillerault.

Vous, brave oncle, faites entrer votre neveu! (A Dutillet.) Eh bien!...M. Dutillet... vous l'aviez dit... nous devions nous entendre.

SCENE XIII.
Les Mêmes, BIROTTEAU, CONSTANCE, CÉSARINE, PILLERAULT.

Pillerault, est entré dans la chambre de Birotteau et en ressort aussitôt suivi de ce dernier, de Constance et de Césarine.

DUTILLET, vivement à Gaudissart.

Ma lettre, monsieur, ma lettre...

GAUDISSART.

Minute, pas avant que nous ayons palpé les espèces.

BIROTTEAU, entrant.

Que dites-vous, mon oncle?. lui, dans cette maison!.. il a osé!

GAUDISSART.

Eh! venez donc, M. Birotteau, venez remercier M. Dutillet...

BIROTTEAU.

Le remercier!

GAUDISSART.

Sans doute, car nous nous sommes étrangement abusés sur sa moralité... jamais monsieur n'a eu l'intention de vous faire du tort et il n'a point oublié ce qu'il vous devait... il a été malheureux pendant un tems, mais aujourd'hui qu'il a retrouvé sa fortune, il s'en sert noblement pour vous rendre la vôtre.

CONSTANCE.

Il se pourrait?...

PILLERAULT.

Je n'en puis revenir!

BIROTTEAU.

Oh! cela n'est pas croyable!

GAUDISSART, à Dutillet.

Mais dites-leur donc, monsieur, que c'est de plein gré et avec plaisir..

DUTILLET, avec contrainte.

Oui, je dois en convenir... des circonstances impérieuses m'ont seules forcé... et je suis heureux...

BIROTTEAU, confus.

Ah! monsieur!.. et moi qui tout à l'heure encore vous accusais... oui, monsieur, oui... j'ai eu l'infamie de vous accuser... de dire que vous m'aviez volé...

PILLERAULT.

Et nous l'avons tous répété, mon Dieu!

CONSTANCE.

Voyez comme on juge témérairement.

BIROTTEAU.

Vous m'excusez, n'est-ce pas?.. c'est que le malheur rend injuste!

DUTILLET.

Oh! que tout soit oublié... n'en parlons plus... de grâce...

GAUDISSART.

Que de magnanimité!

SCENE XIV.
Les Mêmes, POPINOT.

POPINOT.

Me voilà... me voilà... je les ai... je les tiens... prenez patron, cent quarante mille francs... en bons billets de banque.

BIROTTEAU, s'emparant des billets.

Voyons... voyons... oui, c'est bien vrai... des billets de banque... oh! ma fortune qui m'est rendue!... mes amis... mes amis!.. comprenez-vous.. ma fortune... (Il chancelle.)

GAUDISSART.

Eh bien, M. Birotteau, que faites-vous? vous avez été fort dans l'adversité, et quand le bonheur arrive, vous faiblissez, morbleu!

BIROTTEAU, soutenu par Césarine et Constance se laisse tomber dans un fauteuil.

Ah! tant d'émotions... à la fois... de l'air!.. de l'air!..

CONSTANCE.

Des sels!

CÉSARINE.

Du secours!

PILLERAULT.

Un flacon! (Dutillet s'empresse de donner un flacon qu'il a sur lui. — Pillerault la main sur le cœur de Birotteau.) Attendez... son cœur bat moins vite... il se calme!.. o ciel!.. il ne bat plus.

TOUS, avec effroi.

Ah!..

GAUDISSART, à Dutillet.

Mille tonnerres! si vous l'aviez tué. (Birotteau fait un mouvement.)

CÉSARINE.

Mon père!

CONSTANCE.

Mon ami.

BIROTTEAU, revenant à lui peu à peu.

Ce n'est rien.. ne vous effrayez pas... non... non... je suis mieux,.. ah!.. ce serait affreux de mourir maintenant; je vivrai... pour faire votre bonheur, chers enfans!.. bientôt... bientôt vous serez unis... (Se levant et s'adressant à Dutillet.) Ils vous le devront, monsieur!

CONSTANCE, à Dutillet.

Croyez que notre reconnaissance...

DUTILLET.

Madame, je vous en prie... (A part) Je suis au supplice!

GAUDISSART, bas, lui remettant un papier.

Voici votre lettre... nous sommes quittes! à l'avantage de vous voir.

(Tout le monde s'incline devant Dutillet qui s'éloigne.)

GAUDISSART.

Enfoncé Robert-Macaire!

BIROTTEAU, au milieu de sa femme et de sa fille.

Demain réhabilité...aujourd'hui, je puis sans honte porter la croix d'honneur!...

CHOEUR FINAL.

Air : de l'If de Croissey.

Plus de craintes, d'alarmes,
Le ciel comble nos vœux!
Il sèche enfin nos larmes,
Et nous rend tous heureux!

FIN.

J.-R. MEVREL, pass. du Caire, 54.

www.ingramcontent.com/pod-product-compliance
Lightning Source LLC
Chambersburg PA
CBHW052035230426
43671CB00011B/1652